THE NIV APPLICATION COMMENTARY

NIV 적용주석

클라인 스노드글래스 ● 에베소서

솔로몬

NIV 적용주석 시리즈 – 에베소서

2014년 4월 10일 초판 1쇄 발행
2017년 12월 20일 초판 2쇄 발행

지은이 | 클라인 스노드글래스
옮긴이 | 채천석
펴낸이 | 박영호
펴낸곳 | 도서출판 솔로몬

주소 | 서울시 동작구 사당로 155 신주빌딩 B1
전화 | 599-1482
팩스 | 592-2104
직영서점 | 596-5225

등록일 | 1990년 7월 31일
등록번호 | 제 16-24호

ISBN 978-89-8255-516-9 94230
ISBN 978-89-8255-449-0(세트)

THE NIV APPLICATION COMMENTARY

KLYNE SNODGRASS

NIV EPHESIANS

From biblical text... to contemporary life

이 시리즈는 성경의 영원한 메시지를 이 시대에 말하기를 추구하는 목사와 교사들을 위한 필수적인 도구가 될 것을 약속한다.

–빌리 그레이엄

NIV 적용주석 시리즈는 내가 바라는 사역의 열정과 동일한 목표—하나님의 말씀의 온전한 영향을 느낄 수 있도록, 메시지를 현대의 청중들에게 전하는 것—를 공유하고 있다.

–빌 하이벨스, 윌로우 크릭 교회

NIV 적용주석은 '하나님의 말씀을 행하는 자들'을 양육하는 데 헌신하고 있는 목사와 여타 사람들을 위한 탁월한 자료다.

–릭 워렌, 새들백 교회

이 주석 시리즈는 진부하지 않다. 그것은 새로운 시대의 신선함으로, 친구의 포옹처럼 직접적으로 들려지고 전달될 수 있도록, 오래된 강력한 하나님의 말씀을 현재로 가져오는 일을 제대로 해내고 있다.

–유진 피터슨, 리젠트 대학

해석의 실타래에서 제대로 된 적용을 얻기 원한다면, NIV 적용주석은 바로 당신을 위한 것이다! 이 시리즈는 원 의미와 현대적 의미에서 탁월하다. 나는 이 주석을 전적으로 추천한다.

–하워드 핸드릭슨, 달라스 신학교

NIV 적용주석 시리즈는 이전에 학자들이 다루지 않았던 것을 과감하게 다룬다—목사와 교사들이 매일 직면하는 성경적 적용의 실제적 세계로 나아간다. 이것이 바로 좋은 주석 시리즈가 가져야 하는 모든 것이다.

–레잇 앤더슨, 우드데일 교회 목사

이것은 21세기의 설교 주석이다.

—조지 브루샤바르, 베델 대학의 신학교 총장

성경의 세계에서 도시 중심가로 적절히 순회하는 주석이 드디어 나왔다.

—켄트 휴 박사, 일리노이주 휘튼 대학교회 목사

NIV 적용주석은 성경이 무엇을 의미하고, 그것을 어떻게 적용해야 하는지, 또 어떻게 반응해야 하는지를 알기 원하는 독자들에게 크게 봉사한다.

—스튜어트 브리스코, 엘름브룩 교회 목사

NIV 적용주석 시리즈는 하나님의 말씀을 설교하고 가르치는 모든 이들에게 매우 탁월한 도움이 될 것을 약속한다.

—J. I. 패커, 리젠트 대학

NIV 적용주석은 NIV 성경에 기반한 철저하고 권위 있는 주석의 긴급한 필요를 충족시킨다. 이 시리즈를 모든 복음주의 공동체의 도서관과 서재에서 곧 발견하게 될 것이다.

—제임스 케네디 박사, 코랄 리지 장로교회 담임목사

차례

시리즈 서문

NIV 적용주석 시리즈는 독특하다. 대부분의 주석들은 우리들이 사는 이 세상에서 성경의 세계로 거슬러 올라가는 여행을 한다. 이 주석들은 우리를 성경의 세계와 분리시키는 시간, 문화, 언어 그리고 지형의 장벽을 넘어설 수 있게 한다. 하지만 그것들은 과거로의 편도 티켓만을 제공할 뿐이고, 돌아오는 여행은 우리들이 알아서 할 수 있다고 가정한다. 이런 주석들이 성경의 각 권이나 구절의 '원 의미'를 설명하지만 '현대적 의미'를 탐구하는 데는 우리에게 거의 아무런 도움을 주지 못한다. 이런 주석들이 제공하는 정보가 가치가 있기는 하지만, 단지 절반의 임무를 다 하고 있을 뿐이다.

최근에 몇몇 주석들이 다소 현대적인 적용을 주석의 목표 중 하나로 포함시켰다. 하지만 그 적용이 자주 피상적이며 도덕적인 데서 그치고 있다. 또 다른 주석집들은 주석이라기보다는 인쇄된 설교처럼 들린다.

NIV 적용주석 시리즈의 주된 목표는 고대의 메시지를 현대의 정황으로 가져오는 어려우면서도 중요한 임무를 가지고서 여러분을 돕는 것이다. 이 시리즈가 완성된 하나의 책으로서 적용에 초점을 맞추지만 저자들은 성경 구절의 원 의미에서 현대적 의미로 나아가는 '과정'을 통해서 독자들이 스스로 생각할 수 있도록 돕는다. 본 시리즈는 주석서이지 대중적인 강해서는 아니다. 이것은 참고서적이지 경건 서적은 아니다.

본 주석은 '원 의미', '상황잇기' 그리고 '현대적 의미'라는 세 항목으로 시리즈의 목표를 이룰 수 있도록 구성되었다.

원 의미

이 항목은 원래의 배경에서 성경의 의미를 이해하도록 돕는다. 여기서는 간결한 형태로 전통적인 주해의 모든 요소들을 논한다. 성경 본문의 역사적, 문학적, 문화적 배경들이 여기에 포함된다. 주석 시리즈의 저자들은 문법과 구문론 그리고 성경 단어들의 의미와 관련한 문제들을 논한다. 시리즈 저자들은 성경구절들의 주요한 개념들을 탐구하고, 성경의 저자들이 이 개념을 어떻게 발전시키는가를 연구한다.

이 항목을 읽고 나면 '원 청중'이 갖고 있었던 문제와 의문, 그리고 관심을 이해하게 되고, 성경의 저자들이 어떻게 이런 이슈들에 대처했는지를 알게 될 것이다. 이런 이해가 오늘날 성경 본문의 합법적인 적용을 행할 수 있는 기초를 제공해준다.

상황잇기

이 항목은 성경의 세계와 오늘날의 세계를 잇는 다리를 놓는다. 즉 성경 본문의 시간적인 측면과 초시간적 측면에 초점을 맞춤으로써 원래의 배경과 현대의 배경을 서로 연결시켜 준다.

하나님의 말씀은 시간적이다. 성경의 저자들은 구체적인 상황과 문제 그리고 질문들에 대해 이야기하였다. 여호수아의 저자는 진노하시는 전사이신 하나님의 손에 난공불락의 도성으로 보였던 여리고의 함락을 이야기함으로써 원 독자들의 용기를 북돋아 주었다(수 6장). 바울은 할례의 결과에 대해서 그리고 율법으로 의롭다함을 얻으려는 위험성을 갈라디아인들에게 경고하였다(갈 5:2-5). 히브리서의 저자는 그리스도가 모세, 아론계열의 제사장들, 그리고 구약성경의 희생제사보다도 우월하시다는 것을 독자들에게 확증하려고 애썼다. 요한은 초기 영지주의의 형태를 가르쳤던 자들의 "영을 시험해 볼" 것을 독자들에게 촉구했다(요일 4:1-6). 이와 같은 경우에 성경의 시간적인 본질이 추상적이 아니라 '구체적'인 상황에서 우리로 하여금 하나님의 말씀을 들을 수 있게 해준다.

하지만 성경의 시간적인 본질은 몇 가지 문제를 낳을 수 있다. 지금 우리의 상황과 난제와 의문들이 성경의 사람들이 직면했던 것들과 항상 직접적으로 연관이 있을 수는 없다. 따라서 성경 시대의 사람들에게 주어진 하나님의 말씀이 항상 우리와 연관이 있어 보이지는 않는다. 예를 들어, 할례가 칭의의 필수적인 요소라고 주장하면서 지금 당신보고 할례를 받으라고 언제 누가 그렇게 주장하였던가? 그리스도가 아론계열의 제사장보다 우월하다는 것에 오늘날 얼마나 많은 사람들이 관심을 쏟고 있는가? 초기 영지주의를 드러내도록 의도된 "실험"이 현대 문화에서 얼마나 가치가 있겠는가?

다행히도 성경은 시간적일 뿐만 아니라 '초시간적'이다. 하나님이 원 청중들에게 말씀하셨던 것처럼 성경 말씀을 통해서 지금 우리에게도 여전히 말씀하신다.

우리는 성경의 사람들과 공통된 인간성을 공유하고 있기 때문에 성경 시대의 사람들이 직면했던 문제들과 하나님이 그들에게 주셨던 해결책 속에서 '보편적인 특징'을 발견한다. 성경의 초시간적인 본질이 모든 문화의 모든 시간에 능력으로 말씀한다.

성경이 시간적이면서도 초시간적인 측면을 갖고 있음을 인식하지 못하는 사람들은 여러 가지 문제에 직면할 수 있다. 예를 들어, 히브리서와 갈라디아서 또는 신명기와 같은 시간적인 성경책으로 인해 지루함을 느낀 사람들은 오늘날 그런 책들이 의미 없어 보이기 때문에 다시는 그것을 읽지 않으려고 할 수 있다. 한편으로 성경의 초시간적인 본질을 확신하고 있지만 시간적인 요소를 분별하지 못하는 사람들은 멜기세덱의 반차를 좇은 제사장에 대해서 "열변을 토하지만" 청중들은 잠을 자고 있고, 설상가상으로 구약성경의 거룩한 전쟁을 오늘날의 하나님의 대적자들에게 물리적인 방식으로 적용하려고 시도할 것이다.

따라서 이 항목의 목적은 성경의 시간적인 본문에서 무엇이 초시간적인지(또는 무엇이 초시간적이 아닌지)를 여러분들이 식별하도록 돕는데 있다. 예를 들어, 구약의 거룩한 전쟁(성전, 聖戰)은 신약의 영적인 전쟁과 어떻게 관련이 있는가? 바울의 주요한 관심이 (그가 갈 5:6에서 말하고 있는 것처럼) 할례가 아니라면, 그는 무엇에 관심이 있는가? 아론계의 제자장직이나 멜기세덱에 대한 논의가 오늘날 우리와 관련이 없어 보인다면, 오늘날 이 구절에 담겨진 가치는 무엇인가? 1세기의 특정 이단을 분별하기 위해 맞추어진 실험으로 오늘날의 "영을 검증"하려면, 어떤 성경적 검증이 더 적합할 것인가?

하지만 이 항목은 성경 본문에서 어떤 것이 초시간적인지를 밝힐 뿐 아니라 초시간적인 것을 발견하는 방법을 알 수 있도록 돕는다. 주석 시리즈의 저자들은 본문에 함축되어 있는 것들을 명시적으로 밝힌다. 그들은 통상적으로 직관적인 과정을 취하여 논리적이고 정리된 방식으로 그것을 설명한다. 할례가 바울의 주요한 관심사가 아님을 우리는 어떻게 알 수 있는가? 성경 원문이나 배경의 어떤 단서가 바울의 진정한 관심이 더 깊은 차원에 속한 것임을 깨닫게 하는가?

물론 우리들과 원 독자들간의 역사적인 거리가 상당히 있는 구절들은 더 많은 취급을 요할 것이다. 하지만 역사적인 거리가 그리 길지 않거나 겉으로 보기에 거의 존재하지 않는 구절들은 덜 주의를 기울여도 될 것이다.

마지막으로 덧붙여 말하고 싶은 것은 이 항목이 성경 본문의 '현대적 의미'를 논의하기 위한 방식을 준비하고 있기 때문에 이 항목과 뒤이어지는 '현대적 의미'

항목간에는 분명한 단절이나 예리한 구분은 주어지지 않는다. 하지만 두 항목들을 종합해서 읽을 때, 여러분들은 성경의 세계에서 오늘의 세계로 이동하는 강력한 감정을 체험하게 될 것이다.

현대적 의미

이 항목은 성경이 처음 작성되었을 때에 그러했던 것처럼 오늘날에도 성경의 메시지가 권능으로 역사하도록 만들어 준다. 당신이 예루살렘, 에베소, 또는 고린도에 대해 배운 것을 시카고, 로스앤젤레스, 또는 런던에서 오늘날 필요한 것들에 어떻게 적용할 수 있는가? 본래 헬라어, 히브리어, 아람어로 전해진 메시지를 우리 자신의 언어로 어떻게 명료하게 전달할 수 있는가? 본래 다른 시대와 문화에 전해진 영원한 진리를 취하여, 유사하지만 다른 필요를 갖고 있는 문화의 사람들에게 어떻게 적용할 수 있는가?

이런 목표를 이루기 위해서 이 항목은 몇 가지 핵심적인 영역에서 도움을 준다.

(1) 이 항목은 원 청중들이 직면했던 상황과 문제 또는 의문들에 상응하는 현대적인 문제들을 식별하도록 돕는다. 현대의 상황이 원 청중들이 직면했던 상황과 좀처럼 일치하지 않기 때문에, 당신의 적용이 연관성이 있으려면 유추적인 상황들을 찾아야 한다.

(2) 이 항목은 성경 본문을 오늘날 적용할 수 있는 다양한 배경들을 탐구한다. 개인적인 적용을 살피기도 하지만, 개인적인 관심을 넘어서서 대체로 사회와 문화에 대해 생각하도록 고무시킨다.

(3) 이 항목은 성경본문을 적용하는 데서 발생할 수 있는 문제나 난관들을 환기시킨다. 그리고 어떤 본문이 적용할 수 있는 다양한 합리적 방식들이 있다면 (즉, 기독교인들이 서로 일치하지 않는 영역이 있다면), 본 시리즈의 저자들은 독자들이 이런 다양한 견해들에 관심을 갖고, 스스로 이런 이슈들에 참여하도록 돕는다.

이런 목표를 추구하는 본 시리즈의 기고자들은 두 가지 극단을 피하였다. 하나는 이 주석이 얼마 지나지 않아 구식이 되지 않도록 너무 구체적인 적용을 피하는 것이고, 다른 하나는 현대인의 삶과 문화와 연관짓지 못하는 아주 일반적인 방식으로 성경 본문의 의미를 논하는 것을 삼가는 것이다.

무엇보다도 본 주석 시리즈의 기고자들은 이 주석이 도덕책이나 설교집이 되지 않도록 상당한 노력을 기울였다. NIV 적용 주석 시리즈는 바로 써먹을 수 있는 설교 자료집을 제공하려 했다기보다는 당신이 하나님의 말씀을 능력으로 전달할 수 있도록 돕는 도구, 개념, 그리고 통찰을 제공하려 했다. 당신으로 하여금 이 목표를 이룰 수만 있게 한다면, 우리는 이 시리즈의 목적을 이룬 셈이다.

편집자 서문

복음은 항상 변화와 선택에 대한 것이었다. 예수 그리스도가 없는 옛 삶의 방식에서 예수 그리스도가 있는 새 삶의 방식으로의 '변화'는 성경에서 우리에 대한 하나님의 메시지의 전형이다. 그러나 예수 그리스도 안에서 우리의 새로운 위치와 관련한 '선택'은 동등하게 중요한 메시지에 속한다. 선택은 우리가 살아가는 방식에서 이 새로운 위치에 진실로 차이를 만드는가? 실로 선택은 적절하게 변화를 반영하는가? 변화와 선택은 복음의 쌍둥이 기둥이라 불릴 수 있다.

에베소서는 이 쌍둥이 기둥을 강조하는 신약성경의 한 책이다. 이 탁월한 에베소서 주석의 저자인 클라인 스노드글래스가 어둠속에서의 삶에서 빛의 사람으로의 변화를 묘사하는 첫 세 장(章)과 이 새로운 질서가 요구하는 어려운 선택들을 이야기하는 뒤의 세 장 간에 손쉬운 이분법을 경계할지라도, 에베소서의 주제는 적어도 전반부에서 변화를 강조하고 후반부에서 선택을 강조하고 있다. 구원, 회심, 또는 변화는 하나님의 선물이라고 바울은 말한다. 이전에 너희는 "무할례자"였으나 이제 "할례자"가 되었다. 너희가 "외인이요 이방인"이었으나, 이제 "동료 시민"이 되었다. 위치에서 이런 변화는 선택을 요구한다—분리와 연합 사이에서의 선택, 선한 가정의 삶과 나쁜 가정의 삶 사이에서의 선택, 그리고 선한 사회적 구조와 나쁜 사회적 구조 사이에서의 선택.

변화와 선택에 대한 이런 이야기는 실로 에베소서를 현대적인 서신처럼 읽을 수 있게 만들어준다. 에베소서에서 거의 모든 것이 현대 문화에 관심이 있는 사람들에게 공감을 불러일으킨다. 이 용어들—변화와 선택—은 현대의 자립적인 심리학, 교육, 그리고 직업 지침에 전문용어가 되고 있다. 그러한 분위기 속에서 적용은 한 가지 고려사항을 제외하고는 특별한 문제가 없는 것으로 보인다. 변화와 선택 간의 상관적인 강조가 1세기의 독자들과 21세기의 독자들에게 서로 다르다고 볼 수 있는가? 물론 두 시대 모두 변화와 선택에 관심이 있다. 그러나 1세기의 독자는 변화와 선택 간의 관계에서 약간 다르게 보았는가?

1세기의 독자들에게서 변화의 기적, 즉 전능하신 하나님으로부터 은혜로 주어진 구원의 기적이 이런 종류의 논의의 핵심 요지였다는 것이 가능하다. 하나님(또는 신들)이 존재하셨다는 것은 사실적인 문제로서 가정되었다. 이 신들이 특별하고 통상적인 것들—기후, 곡식, 전쟁—을 지배했다는 것은 의문의 여지가 없었다. 그러나 그러한 하나님께서 개별적인 죄인인 바로 내 안에서 변화를 가져오실 수 있는 시간을 가지실 것인가? 대부분의 1세기 신들은 내가 태어났던, 불변하고 불가피한, 운명에 대해서는 지나쳤고, 내가 똑똑하다면, 그것을 포기하였다. 신이 실제로 내 삶에 지속적인 변화를 가져올 것이라는 것을 생각할 수 없었다. 따라서 삶의 선택은 회심의 '변화'에 힘겹게 뒤따라온다. 하지만 그러한 변화를 행하실 수 있는 하나님은 우리가 이제 만들어야 하는 선택들을 개요하기 위해서 우리에게 영감된 가이드북인 성경을 주신다.

현대인들에게 변화는 전혀 생각할 수 없는 것이 아니다. 지역의 책방에 가보라. 거기서 개인을 돕는 심리학 코너로 가보라. 책 열마다 당신은 변화에 대한 것을 발견할 수 있다. 30일 안에 당신의 몸의 형태를 바꾸라, 이 7가지 핵심 원리를 따름으로써 실패한 사업에서 성공한 사업으로 바꾸라. 그러나 변화(설사 그것이 인간 주도적인 변화일지라도)가 현대인들에게 너무 많이 가정된다. 지금 현대인들에게 초점은 선택이다. 우리가 전능하신 하나님에서 인간 이성으로의 변화에 그 능력을 재배치시켰기 때문에, "우리가 어떻게 살아야 할 것인가" 하는 선택은 그것들을 제안한 사람들의 수만큼이나 다양하다. 하나님이 변화시키지 않는다면, 그때에 선택이 중심이 된다. 그리고 현대인들은 모든 것에서 우리가 직면하는 다양한 선택들에 포위되어 있고, 글자 그대로 압도되어 있다—자녀를 어떻게 기르고, 이웃을 어떻게 사랑해야 하며, 무엇을 먹어야할지, 그리고 정치적인 선택에서 누구에게 투표해야 할지 등등.

저자가 우리에게 능력 있게 보여주는 것처럼, 에베소서의 위대한 지혜는 쌍둥이 기둥으로서 변화와 선택을 강조한다. 하나가 없다면 다른 하나는 존재할 수가 없다. 그리고 변화와 선택이 계속해서 발생하는 곳은 예배와 예전에서다. 에베소서는 우리의 주권적인 하나님을 위한 찬미와 기도로 가득하다. 우리가 하나님을 예배할 때, 하나님 없이 행동하면 새로운 피조물이 될 수 없고, 예수 그리스도 안에서 새로운 삶을 가져오는 변화를 인식하지 못한다면 행하는 방법을 알 수 없다.

저자 서문

우리가 에베소서로 알고 있는 이 서신은 나에게 항상 매력적이었다. 에베소서의 그리스도 안에서 그리고 그리스도와 함께 하는 삶에 대한 묘사는 나에게 흥미로웠고, 나를 도전했다. 도전의 일부는 그 말씀을 이해하는 것이고, 다른 일부는 그 말씀을 순종하는 것이었다. 에베소서는 평강과 소망의 감정을 역시 제공했고, 그것은 확실히 사도 바울이 이 서신을 썼던 이유 중에 하나다. NIV 적용 주석 시리즈를 써달라는 요청에 대해 내가 어느 신약성경 책을 선택할 것인지는 당연했다. 나는 에베소서를 선택했다. 또는 오히려 에베소서가 오래 전에 나를 선택했다. 내가 가르치고 있는 노스 파크 신학교(North Park Theological Seminary)의 선교적 표제는 에베소서 1:10에 초점을 맞추고 있다. "하늘에 있는 것이나 땅에 있는 것이 다 그리스도 안에서 통일되게 하려 하심이라."

에베소서에 관한 나의 첫 진지한 작업은 신학교에서 시작했고, 그 이래로 거의 30년 동안 이 서신은 나의 관심의 주제였다. 나는 신학교와 교회에서 자주 에베소서를 가르쳤고, 그것은 어느 다른 신약성경 책보다 더 많이 나의 설교의 초점이 되었다. 하지만 내가 이 서신이 제공하는 모든 것을 이해했다는 환상을 갖지는 않는다. 많은 다른 질문들을 다룰 수 있다. 내가 취급하고 있는 이슈들은 목사와 교회 지도자들에게 가장 중요하다고 느끼는 것들이다. 더 전문적인 항목에 관한 논의들은 주요한 비평적 주석들에서 발견할 수 있을 것이다.

NIV의 번역에 대한 나의 설명은 헬라어 원문에 기초해 있다. 사실상 이 연구의 과정 동안에, 나는 성경을 연구할 때 원어로 작업하는 일의 가치와 중요성을 더욱 인식하게 되었다. 성경 번역자들의 많은 노력에도 불구하고 모든 번역들에서 오역이 있다. 나는 헬라어 원문이 어떻게 기능하고, 또 의문에 대답할 필요가 있는 것들을 NIV의 독자들이 알 수 있도록 가능한 한 명확히 설명하려고 애썼다.

나는 에베소서에 대해서 내가 다른 이들로부터 터득한 많은 것들이 있음을 충분히 인식한다. 나는 여러 학자들, 특히 주석들과 논문들에 많이 빚을 졌다. 나는 나의 독창성을 강하게 주장하지는 않는다. 설사 내가 참고한 자료들을 충분히 인용하지 않은 곳에서조차도, 그들이 나의 생각에 많이 기여했다.

나는 몇몇 사람들에게 감사를 표하지 않을 수 없다. 나의 작품은 노스 파크 신학교의 행정부와 교수들에 의해 지원을 받았다. 이 공동체와 대학의 성경 교수진은 나의 작품에 따뜻한 환경을 제공했다. 동료 신학 교수인 존 울보르그는 특히 유익한 대화 상대였다. 노스 파크 신학교의 사서들인 소니아 보디와 앤 브리오디는 자료를 찾는데 헌신적인 노력을 해주었다. 나의 조교이자 친구인 나단 파울은 나로 하여금 상당한 양의 시간을 덜 수 있게 했고, 이 작업을 즐거이 할 수 있게 해주었다. 예상된 책임을 넘어서서 그는 전체 글을 읽고 조언을 해주었으며, 색인을 준비해주었다. 호주의 라트로브대학교의 존 페인터는 이 주석의 첫 부분을 읽고 몇 가지 유익한 제안을 해주었다. 에베소서에 관한 방대한 연구를 했던 남침례교신학교의 게리 뉴먼도 거의 전체 글을 은혜롭게 읽고서 자세한 표시를 해주었다. 동료들로부터 그러한 도움은 큰 은혜가 아닐 수 없다. 또한 노스 파크 신학교의 학생들과 함께 에베소서를 논의한 것에서 유익함을 얻었다. 이 프로젝트의 편집자들—테리 먹, 마리안 메이 톰슨, 그리고 스캇 맥나이트—과 존더반 출판사의 사람들—잭 쿠하체크과 스탠 건드리—이 나의 사고를 명확히 하는데 도움을 주었다. 특히 앞부분의 일부를 읽어주고 내용이 추상적이 되지 않도록 지적해준 마리안에게 감사한다. 베르린 베르브그르에게도 역시 감사하지 않을 수 없다. 그녀는 이 주석을 더욱 읽을 만하게 만들 수 있도록 도와주었다. 이 모든 사람들에게 진심으로 감사의 말을 표한다.

그러나 무엇보다 나는 나를 지금까지 지원해준 아내 필리스에게 감사한다. 그녀는 변함없이 나를 격려해주며 오랜 여행을 즐겁게 같이 하고 있다.

클라인 스노드글래스

약어표

BJRL	*Bulletin of the John Rylands University Library*
CBQ	*Catholic Biblical Quarterly*
ExpTim	*Expository Times*
GTJ	*Grace Theological Journal*
JBL	*Hournal of Biblical Literature*
JSNT	*Journal for the Study of the New Testament*
JTS	*Journal of Theological Studies*
KJV	King James Version
LXX	Septuagint
NASB	New American Standard Bible
NCB	New Century Bible
NEB	New English Bible
NIV	New International Version
NRSV	New Revised Standard Version
NTS	*New Testament Studies*
RevEx	*Review and Expositor*
RSV	Revised Standard Version
SJT	*Scottish Journal of Theology*
TDNT	*Theological Dictionary of the New Testament*
TrinJ	*Trinity Journal*
WTJ	*Westminster Theological Journal*

서론

에베소서는 일찍이 작성된 가장 영향력 있는 문서에 "동등하게" 속할 것이다. 기독교 역사에서 작성된 시편, 요한복음, 그리고 로마서는 크리스천의 삶과 사상을 형성하는데 그토록 영향력이 있었지만, 이 세 작품들은 에베소서의 적은 페이지보다 훨씬 더 길다. 에베소서는 "신약성경의 스위스", 바울신학의 절정이요 왕관, 그리고 "사람의 가장 거룩한 작품 중에 하나"로 정당하게 묘사할 수 있을 것이다. 여기서 제시된 그리스도의 복음과 삶에 관한 설명은 강력하고 직접적이다. 수용적으로 읽는다면, 그것은 폭탄과도 같다.

이 서신은 성경에서 가장 현대적인 책이다.[1] 일부 용어들과 노예에 관한 취급을 제외하면, 에베소서는 현대 교회에 대해 작성되었다. 그것은 '우리'에 관한 것이다. 인간과 인간의 곤경, 죄 그리고 타락을 묘사하고 있지만, 인간을 새로운 사회로 재창조하시고 변화시키기 위해서 인간에게 하나님이 다가오시는 것을 묘사하고 있다.[2] 이 서신의 대부분은 두 주제에 관한 것이다. '능력'과 '정체성.' 에베소서는 하나님의 성령이 인생을 위해 제공하시는 능력을 묘사한다. 그리스도가 없다면 우리가 참으로 어떤 존재이고, 그리스도와 더불어 우리가 개인적으로 집합적으로 어떤 존재가 되었는지를 보여준다. 우리는 우리 자신을 어떻게 이해하고 하나님과 이웃들과 어떻게 조화할 수 있는지를 말해 준다. 하나님의 새로운 사회에 대한 초점은 교회를 이해하는데 있어서 가장 중요한 작품 중에 하나로 에베소서를 만들어 준다.

현대 사회는 어지럽다. 우리가 누리는 모든 좋은 것들에 있어서도, 우리는 올바른 정의와 방향 감각을 상실한 것으로 보인다. 우리가 참으로 누구이고, 무엇을 붙

1. John Mackay, *God's Order: The Ephesian Letter and this Present Time*(New York: Macmillan, 1953), 19.
2. 『하나님의 새 사회』(*God's New Society*)는 존 스토트(John R. W. Stott)의 에베소서 주석에 관한 제목인데 (Downer's Grove, Ill.: InterVarsity, 1979), 지금은 *The Message of Ephesians: God's New Society*란 제목으로 출판되어 있다. 존 메케이(John Mackay)의 『하나님의 질서』(*God's Order*)와 유사하다.

잡아야 하는가? 우리는 모두 소속될 필요가 있지만, 그 무엇에 소속해야 하는가? 우리가 헌신을 바칠 만한 것이 있는가? 이 세상은 힘겹고, 우리는 이 인생을 헤쳐 나갈 자원을 어디에서 발견할 것인가? 우리 사회의 도덕적 기준이 상실되고 있다. 합법적인 기준으로 기능할 수 있는 가치와 경계가 있는가? 어쨌든 인간은 무엇을 위해 살아가는가?

교회는 그러한 질문에 대답할 것으로 예상되나, 우리 시대의 교회는 그 방향과 목소리를 상실했다. 크리스천의 삶은 불신자의 삶과 자주 다르지 않다. 복음이 비생산적인 자료들로 인해 희석되어 신약성경의 내용을 거의 닮지 않은 문화적 덫에 의해 왜곡되고 있다. 미국교회를 포함하여 서방 교회는 신약성경의 그―어떤―교회가 아니다. 우리는 다름 아닌 새로운 개혁을 필요로 하고, 에베소서는 그 일을 초래케 할 수 있는 문서다. 이 짧은 서신은 놀랍게도 하나님과 하나님의 역사, 그리스도의 복음, 성령과 함께 하는 사람, 그리고 올바른 삶을 사는 방법에 관해서 포괄적인 진술을 한다.

에베소서의 메시지

이 서신은 일관되게 신중심적이고 삼위일체적이다. 하나님의 은혜와 사랑에 대한 메시지는 매우 격려적이고 보상적이다. 하나님은 멀리 계신 분이 아니시고, 이 서신 전체에서 주연이시다. 처음부터 이 서신은 우리가 하나님께 속해 있고, 하나님이 항상 같이 하시며, 하나님과 우리의 관계의 실제가 발생할 수 있도록 역사하신다는 것을 보여준다. 그리스도 안에서 그리고 성령에 의해서 하나님은 우리를 그 자신에게로 데려오시고 우리의 삶을 위해 필요한 것들을 주신다.

인생의 이런 모든 특권은 '그리스도와의 연합'에 의해 발견되고, 성령에 의해 전수된다. 에베소서는 그리스도와 연합하는 복음을 어느 신약성경의 서신보다도 더 강력하게 제시한다. 그리스도에게 연합하는 일에 부족한 어떤 것도 우리를 인간의 곤경에서 구해낼 수 없고, 그리스도에게 연합하는 것만이 우리를 참된 인간으로서 정의할 수 있다. 그리스도와 함께 삶으로써 우리는 그를 위해 사는 법을 배운다.

에베소서에서 복음에 관한 이해는 우리 시대에 범람하고 있는 피상적인 복음의 이해를 도전하고 재정의할 수 있다. 이 복음은 사람들이 행동하도록 요구하고, 이 믿음은 역사한다. 신자들은 선택할 책임이 있고, 그들의 삶의 패턴을 변화시켜야 한다. 손쉬운 믿음주의나 수동적인 믿음은 이 서신을 꿰뚫는 메시지에 견딜 수가 없다.

반복해서 에베소서는 이전의 삶의 방식과 그리스도 안에서 삶의 방식을 구분한다. 이 '이전-이제'의 대조는 하나님이 없는 삶에 대한 고통스럽지만 현실적인 평가를 제공하고, 또한 회심과 그 영향에 대한 묘사를 전달해주고 있다. 성경의 어느 곳에서도 회심이 에베소서에서처럼 그토록 분명하게 묘사된 곳은 없다. 사실상 5:8에서의 대조는 이 서신의 많은 것을 요약하는 것으로 기능한다: "너희가 전에는 어둠이더니 이제는 주 안에서 빛이라 빛의 자녀들처럼 행하라." 이전의 삶과 그리스도와 함께 하는 삶에 관한 그러한 묘사는 크리스천이 그들 주변의 모든 사람들처럼 살지 못하게 하고, 매일의 삶에서 그리스도와의 관계에 비추어 살 것을 요청한다.

결과적으로 에베소서는 성경에서 발견할 수 있는 가장 직접적으로 실제적인 삶의 가이드라인을 제공한다. 모든 주제가 어떤 수단들을 제공하고 있지는 않지만, 그 근본과 지침은 아주 분명해서 다른 이슈들에 대한 적용이 직접적으로 뒤따라 나온다. 그러나 조심해야 한다. 즉 에베소서는 따라야할 규율의 목록을 제공하고 있는 것도 아니고, 그 반응이 피상적이지도 손쉬울 수도 없다. 이 서신은 우리의 내적인 존재와 성품을 근본적인 방식으로 바꿀 것을 요구한다. 인생은 더 이상 단순하게 발생하지 않는다. 이제 우리의 모든 활동이 주님 안에서 주님에 대해서 그리고 주님을 위해서 발생해야 한다. 그리스도에 의해 정의된 진리와 사랑이 모든 것을 인도하는 두 세력이 된다. 사실상 에베소서는 거의 모든 다른 신약성경의 문서보다도 진리와 사랑에 초점을 맞춘다.[3]

진리와 사랑에 대한 관심이 하나님과 인간 사이에 그리고 사람들 사이에 관계에 관한 강조를 뒷받침해준다. 이 서신에서 모든 관계는 개인적이 아니라 그리스도와의 연합의 관점에서 조망된다. 그리스도와의 삶에서 하나님과 다른 사람들과 관계된다. 우리는 그리스도의 일부이고 서로서로의 일부이다(참조. 4:25; 5:30). 이 진술은 크리스천이 무엇을 의미하는지를 적절히 요약하는 것으로 기능한다. 그때에 당연하게 연합과 평강의 주제와 그리스도의 몸이 이 서신의 지배적인 역할을 한다. 우리는 그리스도와 연합하여 하나님께 나아오고 그리스도 안에서 다른 사람

3. 서신들 중에서 요한일서만이 진리와 사랑을 동시에 더욱 초점을 맞추고 있고, 오직 고린도전서만이 사랑에 관해 더욱 초점을 맞춘다.

과 연관된다. 하나님은 그리스도 안에서 연합된 사람들의 무리로 인해 영화롭게 되신다.

이 무리가 무엇이고 어떻게 기능하는가를 설명함에 있어서, 에베소서는 신약성경의 교회에 관한 가장 통찰력 있는 신학적 사고를 제공한다. 다양한 형상들—몸, 건물, 가정, 그리고 결혼—은 관계와 소속과 연관과 상호성을 강조하는 것으로 조합된다. 우리의 세계가 인종차별주의, 개인주의, 그리고 계급주의로 분열되어 있고, 우리 모두는 이런 문제들의 고통과 죄악에 대해 알고 있다. 에베소서는 인종차별주의와 분열들을 부셔버리는 다른 모델을 지원하는데, 그것은 우리를 연합시키는 하나님이 주시는 온전함에 대해서 말하고 있기 때문이다. 우리 교회는 그리스도와 연합된 사람들의 공동체적인 모습으로서의 정체성을 회복할 필요가 있다. 에베소서는 교회가 어떠해야하는지를 우리에게 말해준다.

교회의 가장 커다란 실패 중의 하나는 예배와 기도에서다. 에베소서는 이런 주제들을 직접적으로 논하고 있지는 않지만, 에베소서의 상당 부분이 그 자체로 예배와 기도다. 첫 장은 전적으로 찬양과 기도이며, 예배가 어떤 것인지를 보여주고, 예배에 우리가 어떻게 참여해야 하는지를 보여주는 예배에 관한 독본이다. 아마도 첫 세 장은 기도다. 또한 에베소서 전반은 초대교회의 예배 용어를 포함하고 있으므로 학자들은 이 서신 전체를 바울이 초기 자료들에서 빌려온 찬송이나 전승과 동일시했다. 모든 그러한 정체성이 설득력이 있는 것은 아니지만 에베소서는 기도하고 예배하는 방법을 배울 수 있는 표준적인 자료다.

아울러 에베소서는 전도에 초점을 맞추고 있다. 그리고 그 초점은 현대교회의 위태로운 시도와는 많이 다르다. 에베소서에서 제시되는 복음의 신학과 교회에 대한 이해는 복음전도를 어떻게 해야 하는지를 우리가 재상고하게 만든다. 이 서신은 우리가 복음전도를 하는 방식을 활성화시키는 잠재력을 갖는다.

크리스천의 정체성과 관련한 모든 관심과 더불어 에베소서는 마음에 관해서 광범위한 강조를 한다. 복음의 계시는 우리의 사고의 과정을 변화시킨다. 회심은 마음의 갱신이다. 어둠의 혼미에서 깨어 있는 지혜로 전환시킨다. 너무 자주 크리스천들은 마음의 보물을 소홀히 하고 교회와 사회는 그런 모습을 보인다. 삶의 문제가 커져가고 인생과 올바른 삶에 대한 위협이 실제적이지만, 에베소서는 두려움이나 퇴보를 우리에게 허락하지 않는다. 오히려 우리가 올바로 생각하고 배우고 지혜로우며 말씀에 순종하도록 요구한다. 당신이 정신적으로 깨어 있으려 하지 않는다면, 에베소서는 기독교가 당신을 위한 종교가 아니라는 것을 주장한다.

에베소서는 참으로 오늘을 위한 서신이다.[4] 이것은 우리가 필요로 하는 메시지이다. 우리가 어떤 존재이고, 하나님은 어떤 분이시고, 우리는 무엇을 해야 하는지를 말해준다. 또 에베소서는 크리스천에게서 모든 행위의 근원과 수령자는 예수 그리스도시라는 것을 우리에게 말해준다(특히 6:5-9을 보라). 이 서신은 2000년이 흘렀지만 하나님의 말씀으로서 우리에게 들어와서 우리로부터 반응을 요구한다. 그것은 삶을 위한 방향과 확신을 제공한다. 우리와 우리 교회는 이 서신을 우리 존재의 일부로 만들어야 한다.

이 서신은 무엇인가?

서신의 장엄함과 영향의 넓이에도 불구하고, 에베소서는 수수께끼 같은 것이 있다. 우리는 이 서신이 누구에게 보내졌고, 어디로부터 작성되었는지, 왜 보내졌는지를 알지 못한다. (바울의 저작권을 인정하지 않는 사람들은 '누구에 의해 보내졌는지' 도 추가할 것이다.) 바울 서신의 모든 것은 디모데나 실라와 같은 공동 저작자를 포함하지만 가장 영향력 있는 두 기독교 서신인 로마서와 에베소서는 그렇지 않다. 놀랍게도 정확히 이 두 신약성경의 서신들에서 그 목적이 진지한 논쟁의 대상이 되기를 계속하고 있다.

서론적인 이슈의 보다 상세한 취급은 표준적인 신약성경의 서론과 전문적인 주석들에서 찾아볼 수 있을 것이다. 이 주석에서는 가장 중요한 이슈들의 요약만을 제공한다. 아울러 그런 선택의 평가와 결정이 이 서신의 적용에 어떻게 영향을 주는가를 지적할 뿐이다. 분석을 필요로 하는 가장 중요한 주제는 서신의 도착지(서신의 이름), 목적, 그리고 저자이며, 그것은 서로 얽혀 있다.

서신의 도착지

두 요소가 에베소를 이 서신의 도착지로 특정하지 못하게 만든다. (1) "에베소에" 란 말은 p46을 포함하여 몇몇 초기 증거본들에는 생략되어 있다. p46은 3세기 초로부터 기원되고 우리가 이 서신에 대해서 갖고 있는 가장 초기 사본이다. 몇몇

4. Neil Alexander, "The Epistle for Today," *Biblical Studies: Essays in Honour of William Barclay*, eds. Johnston R. McKay and James F. Miller(London: Collins, 1976), 99-118에 의한 취급을 보라.

학자들은 에베소가 본래의 도착지였지만 이 서신이 더 넓은 청중에 적용될 수 있도록 그 도시의 이름을 없앴다고 주장한다. 그러나 대부분의 학자들은 "에베소에"란 말이 본문에 후대에 첨가되었다고 인식한다. 문제는 "수신자"가 없이는 1절이 많은 의미를 만들지 못한다는 것이다.[5] 몇몇 수정들이 제기되었고, 그것들이 흥미로울지라도, 어느 것도 설득력이 있지는 않다.[6] 이 서신이 한 장소보다도 더 많은 장소에서 읽혀지는 순환 서신이라는 주장은 아마도 옳을 것이나, 원 서신이 빈칸으로 남겨져서 이 서신의 전달자인 두기고(참조. 6:21-22)가 채워 넣을 수 있게 했다는 가정은 근거가 없다.

(2) 십중팔구 저자는 독자들을 개인적으로 알지 못했을 것이다. 1:15; 3:2-4; 6:23-24의 진술은 독자들을 미리 알고 있었다는 말처럼 들리지 않는다. 사도행전에 따르면, 바울은 에베소에서 2년 이상을 보냈고, 감정적으로 그곳의 신자들과 교감했다.[7] 이 서신이 에베소에 대한 것이라면, 일반적인 논조보다는 빌립보서에서 증거되는 것처럼 애뜻함이 있을 것으로 사람들은 예상할 수 있을 것이다.

분명히 에베소에 관한 구체적인 지식—이 고대의 도시는 놀라웠다—이 이 서신을 해석하는데 별 도움이 되지 않는다. 따라서 우리는 이 서신이 남서부 소아시아에 이방인 신자들에게 보내는 일반적인 편지였으며, 그 장소가 로마와 안디옥 사이에 가장 중요한 도시로서 에베소와 동일시되었다고 안전하게 가정해 볼 수 있다.[8]

서신의 목적

이 서신의 목적은 저자에 관한 문제와 직접적으로 연관되어 있다. 한 세기 이상 전에 아돌프 쥐리허는 바울의 저작임을 인정할 수밖에 없다는 것을 느꼈는데, 어느 설득력 있는 가정도 바울의 제자가 그러한 서신을 작성했을 것이라는 이유를

5. 특히 헬라어 본문을 문자적으로 번역하면 이렇게 읽을 수 있다. "하나님의 뜻으로 말미암아 그리스도 예수의 사도된 바울은 거룩한 자들과 그리스도 예수 안에 있는 신실한 자들에게."
6. 이 수정들 중에 가장 매력적인 것은 (a) "아시아", (b) "히에라폴리스와 라오디게아", (c) "예수 그리스도 안에 있는 거룩하고 신실한 자들"이다. 헤이라폴리스와 라오디게아는 세 도시의 복합을 형성하면서 골로새 근처에 있는 두 도시들이었다. 말시온은 에베소서를 라오디게아에 대한 서신으로 명명했다(참조. 골 4:16).
7. 행 18:19-21; 19:1-41; 20:17-38.
8. 에베소가 이 서신이 순환된 여러 도시들 중에 하나였을 가능성이 역시 있다.

설명할 수 없었기 때문이다.[9] 여전히 그 경우에 해당되는데, 바울의 제자에 의한 저작으로 이 서신의 목적을 무리하게 설명하는 것은 오히려 그 문제를 당황스럽게 만든다는 것을 보여준다. 예를 들어, 에베소서가 바울의 서신 수집의 목록에 들어가기 위해서 의도되었다는 E. J. 굿스피드(Good Speed)의 주장은 거의 받아들여지지 않는다.[10] 무엇이 익명의 저자가 불특정한 청중을 위해 이런 일반적인 문서를 작성하도록 동기부여를 할 것인가?

이런 난해함은 이 서신이 바울 이외의 다른 사람에 의해 작성되었다고 믿는 A. 링컨(Lincoln)의 논쟁에서도 분명하게 나타난다. 그는 이 서신을 개괄한 후에 결국이 "개괄은 서신을 작성한 사람을 찾는 노력을 기울일 만한 가치가 있는 것으로 보이지 않는다"고 인정한다.…[11] 그는 원래의 독자들이 바울에게 진 빚을 상기할 필요가 있었다고 주장하지만, 그가 죽은 지 20년이 지난 후에 왜 그것이 중요했고, 그 목표를 이루는 방법이 왜 이 서신인가? 나아가서 링컨은 골로새서를 촉발시킨 지역적 관심이 여전히 주변에 있었고 이에 대해 응답할 필요가 있었다고 주장하지만,[12] 에베소서가 골로새서의 상황의 문맥에 더욱 맞을수록 그것이 같은 시기에 바울에 의해 작성되었을 가능성이 더 있다.

쉬나켄부르그(R. Schnackenburg)의 해결책은 별 도움이 되지 못한다. 그의 견해에 따르면 이 서신의 저자는 당대에 목회적인 관심에 응답하고 있는데, 그것은 쉽게 결정하기가 어렵다는 것이다. 그는 에베소의 저자가 다양한 지역적 상황 때문에 '구체적이지 않은' 방식으로 지적했지만 그럼에도 불구하고 불길한 것으로 생각했던 리더십의 '위기'가 있었다고 주장한다. 쉬나켄부르그는 "우리가 에베소서가 침묵한 교훈에서 비추어지는 '영적인 위기'에 관한 이야기를 말하는 것은 정당하다"고 결론짓는다.[13] 그런데 "침묵"과 "위기"를 이렇게 나란히 병렬시킨 것은 이런 가정이 불가능함을 보여준다.

에베소서는 위기에 반응하는 것으로 보이지 않고 있고, 구체적인 대적자들을

---

9. Adolf Julicher, *An Introduction to the New Testament*, trans. Janet Penrose Ward(London: Smith, Elder, 1904), 146-47.

10. Edgar J. Goodspeed, *The Key to Ephesians*(Chicago: Univ. of Chicago Press, 1956).

11. Lincoln, *Ephesians*, lxxix.

12. Ibid., lxxxii.

13. R. Schnackenburg, *Ephesians: A Commentary*, 23, 34-35(이탤릭은 내가 한 것이다). 또한 Werner Georg Kümmel, *Introduction to the New Testament*, trans. Howard Clark Kee(Nashville: Abingdon, 1975), 364는 에베소서가 "일반적인 영적 위기"에 대해 말하고 있다고 주장한다. 하지만 위기가 일반적일 수 있는가?

공격하고 있지도 않다. 왜 익명의 저자가 일반적인 서신을 특별한 목적도 없이 쓰겠는가? 그러므로 누군가 에베소서와 같은 서신을 왜 작성했고 그 사람이 바울의 서신으로 그것을 보냄으로써 무엇을 이루려고 했는지에 관해서 설득력 있는 설명이 나타날 때까지는 바울의 저작이 아니라는 설명이 매력적이거나 강력한 것으로 판단할 수 없다.

한편으로 이 서신이 바울에게서 기원하는 것이라 해도, 여전히 그 목적을 탐지하기가 어렵다. 이 서신은 아주 일반적이어서 서신으로 정리된 설교나 소책자인 것으로 거의 보인다. 사실상 어떤 이는 에베소서가 세례의 맹세를 새롭게 하는 세례 시의 권면이나 설교라고 주장했다. 하지만 그것은 그럴 것 같지 않다. 설사 4:22-24이 세례 시의 고백이라고 말할 수 있을지라도 말이다. 이 문서의 주제가 일반적이라 할지라도, 에베소서는 진정으로 서신이며 그 형태를 과소평가해서는 안 된다.

에베소서의 목적을 이해하는 열쇠는 바로 골로새서에 있다. 골로새서에서 바울은 크리스천들이 경시되고 하찮게 보이며 다른 종교적 가르침에 의해 유리될 위험성이 있었던 문제에 대해 대답했다(골 2:4-23). 이 문제는 바울의 투옥으로 인해 그 당황스러움이 가중되었다. 골로새 교회는 바울이 만나지 못했던 크리스천들이었지만, 2:1-5에서 이방인 신자들을 위해 표현된 감정의 깊이를 우리는 인식할 수 있다. 바울이 그들을 직접 알고 있지는 않았을지라도, 그들은 그의 사역에 속해 있었다. 그들을 위한 바람은 그들이 '사랑 안에서 연합하며 격려를 받고', 그리스도 안에서 하나님의 신비를 충만히 '이해하는' 것이었다.[14] 골로새의 구체적인 문제에 응답한 후에 그리고 이방인 크리스천들을 위한 동일한 깊은 감정을 가진 바울은 그 영역에 모든 신자들을 격려하고 연합하고 알리기 원하는 보다 일반적인 서신을 썼다.

그때에 에베소서는 주요한 목적으로 정체성에 관한 정보를 제공하고 있다.[15] 그것은 그리스도 안에서 하나님의 역사가 얼마나 놀랍고, 그리스도 안에서 그들의 연합이 얼마나 중요하며, 그리스도를 위한 삶이 어떠한지를 그들에게 상기시킴으로써 신자들의 정체성을 형성하기를 추구한다. 에베소서는 정의(定義, definition)와 격려의 서신이다.[16] 바울은 독자들이 믿음의 삶을 살 수 있도록 믿음의 토대를

14. 참조. 골 2:2과 엡 6:22.

15. J. Paul Sampley, "Ephesians," *The Deutero-Pauline Letters* (Minneapolis: Fortress, 1993), 23.

놓고 형성하며 그들이 도전하기를 추구했다.

저자

바울로부터의 서신으로서 에베소서의 영향에 대한 초대교회의 증거는 광범위하다. 그것은 일찍이 자주 로마의 클레멘트(A.D. 95)로부터도 언급된다. 이그나티우스와 폴리갑도 그 사실을 인용하고 있고, 바울서신의 말시온 정경(약 140년)과 무라토리안 단편(보통 180년경으로 추정된다)도 그 사실을 포함하고 있다.

게다가 에베소서는 자체적으로 바울이 작성한 것으로 주장하고 있고, 바울의 용어와 신학을 공유하고 있다. 19세기까지는 바울의 서신으로서의 그 진정성이 전혀 의심되지 않았다.

하지만 우리 시대에 이 서신의 저자에 대해서 상당히 논쟁하고, 학문계에서 바울의 저작권을 주장하는 것은 점차적으로 존중을 받지 못하고 있다.[17] 그러나 바울의 저작을 자주 부정함에도 불구하고 에베소서에 대항하는 사례는 명확하지 않다. 그 상황은 용어에서 주요한 차이들이 존재하는 목회서신과는 다르다. 에베소서의 용어와 사상은 여전히 매우 바울 자신의 것이다. 바울의 저작을 부정하는 사람들조차도 바울의 심정을 구비할 수 있도록 아주 밀접하게 바울서신(특히 골로새서)을 연구한 것으로 익명의 저자에 대해서 말한다.[18] 그러나 에베소서가 그토록 바울적이라면, 왜 바울의 저작이 의심을 받았는가?

바울의 저작에 대한 장애는 몇 가지 범주로 나누어진다.

(1) **어휘적이고 형태적인 논증.** 예를 들어, 에베소서는 "하늘의 영역으로"(in the heavenly realms)(바울의 다른 서신들은 오직 형용사로만 그것을 사용한다)를 사용하고, (그의 논쟁되지 않는 서신들에서) "사탄"(Satan) 대신에 "마귀"

---

16. 닐스 달(Nils A. Dahl)은 에베소서가 상기와 축하의 서신이라고 유사하게 주장한다. 그의 "Interpreting Ephesians: Then and Now," *Currents in Theology and Mission*, 5(1978): 133-43을 보라.
17. 저자에 대한 두 방대한 연구들을 심사해야 한다. C. Leslie Mitton, *The Epistle to the Ephesians*은 바울이 저자라는 것을 반대하는 사례를 제시하는 반면에 A. Van Roon, *The Authenticity of Ephesians*은 바울이 저자라고 주장한다.
18. Mitton, *The Epistle to the Ephesians*, 261. Ernst Käsemann, "Ephesians and Acts," *Studies in Luke-Acts*, eds. L. E. Keck and J. L. Martyn(London: SPCK, 1968), 288을 보라. 그는 저자의 기술이 바울과 매우 유사한 것으로 이끈다고 주장한다.

(the devil)를 사용한다. 에베소서는 긴 문장과 많은 전치사 그리고 속격("of") 구문을 사용하여 훨씬 더 예전적이고 확장적이다.

(2) **역사적 논증.** 유대-이방인 논쟁이 해결되어 있고, 2:14에서 무너진 "장벽"은 A.D. 70년의 성전 파괴 이후로 이해하기가 더 쉽다.

(3) **문학적 고려사항들.** 에베소서와 골로새서 그리고 다른 신약 서신들간의 관계는 다른 문서들에 저자가 의존했음을 암시한다. 게다가 2:20과 3:1-13에서의 언급은 사도들과 바울에 대한 견해를 바울로부터 온 것이라고 이해하기에는 너무 높은데 그 견해를 두고 있다. 바울이 과연 "'거룩한' 사도들"이라고 표현했을 것인가?(3:5)

(4) **진정한 서신과의 신학적인 차이.** 에베소서에 '교회'란 말은 보편교회를 가리키고 있는 반면에 바울의 다른 서신들에서는 그 용어가 일반적으로 지역교회를 가리킨다. 아울러 그리스도의 죽음이 축소되어 있는 것으로 보인다. 또 '몸'과 '신비'란 용어가 바울의 다른 서신들과는 약간 다른 방식으로 사용되고 있다.

그러한 이슈들이 무관계한 것은 아니지만, 그것들을 다루기가 그리 어려운 것도 아니다. 언어적이고 형태적인 변화는 에베소서의 상당 부분이 송영과 기도라는 사실과 주제로 보건대 상관이 없다. 이 서신이 A.D. 60년경에 작성되었다면, 유대화에 관한 문제가 전면에 있지 않았을 것이다. 사실상 로마서의 논조도 이미 갈라디아서와는 다르고, 에베소서에서 이방인과 유대인의 연합에 대한 관심은 로마서에서 바울의 관심과 유사하다. 다른 신학적 차이들은 이 서신이 순환되는 서신으로 의도되었고, 또한 주요한 관심이 연합이었다면 모두 이해될 수 있는 문제들이다. 그리스도의 죽음이 그 반대자들의 주장에도 불구하고 에베소서의 주제로 여전히 많은 부분을 차지하고 있다(참조. 1:7; 2:13-16; 5:2).

사실상 에베소서는 어떤 면에서 다를 수 있겠지만, 제기된 이의제기의 대부분은 명확하지 않다. 기본적으로 바울 저작에 대한 반대는 두 항목에 기초해 있다. 골로새서와의 관계와 2:20과 3:1-13에 바울과 사도와 선지자에 대한 묘사(그것은 과도하게 사도들의 역할과 바울의 역할을 높이는 것으로 보인다). 이 항목들에 대한 결정이 저자에 대한 결론을 보통 결정짓는다.

골로새서와의 관계. 골로새서는 에베소서를 해석할 때 반복해서 읽어야 한다. 이 둘은 밀접하게 관련이 있기 때문이다. 이는 다소 로마서와 갈라디아서의 관계와 같다(물론 로마서와 갈라디아서에서 두 평행은 광범위하지는 않다). 골로새서의 거의 34퍼센트가 에베소서의 25퍼센트와 유사하다. 이 평행들은 정확하지 않고 연속해서 다섯 단어를 넘어가지는 않는다.[19] 이런 사실에 대한 예외 중에 하나가 두기고에 대한 지시인데, 그것에 대해 두 서신은 공통적으로 32단어를 갖고 있고, 거의 축어적으로 일치한다.[20] 이것들은 사실이고, 그밖에 모든 것은 이론이다. 이 평행들은 동일한 시기에 두 서신들을 바울이 작성한 증거가 되는가—골로새서는 구체적인 문제를 구체적인 교회에 전달했고, 에베소서는 보다 일반적으로 더 넓은 지역에 전달하고 있는가? 또는 이 평행들은 하나 또는 양 서신에 책임이 있는 바울의 제자에 대한 증거가 되는가?[21]

바울과 사도들에 대한 묘사(2:20과 3:1-13). 교회의 기초의 일부로서 사도와 선지자에 관한 묘사(2:20)는 이 비유들을 경직되게 간주하지 않는 한, 적어도 이해할 만하다. 사도와 선지자들은 요한계시록 21:14에서 증거된 것처럼 기초적인 역할을 했다. 그 구절에서 천사의 도시의 성벽은 열두 사도의 이름을 가진 열두 기초석이 있다. 에베소서 2:20의 초점은 개인적으로 사도와 선지자에게 있지 않고, 믿음을 세운 교사로서 그들의 기여에 있다. 이 구절의 의도는 골로새서 2:7과 다르지 않다("그 안에 뿌리를 박으며 세움을 입어 교훈을 받은 대로 믿음에 굳게 서서"). 골로새서가 이런 가르침을 행한 사람들을 언급하지 않을지라도 말이다.[22]

3:1-13의 자료는 바울의 저작권에 반하는 가장 강력한 논증(3:5)을 제시하면서 동시에 바울의 저작권에 대한 가장 강력한 논증을 제시한다. 예를 들어, 바울 자신의 사도적 역할에 대한 겉으로 보기에 자기중심적인 진술은 바울의 저작권을 반대하는 사람들이 이 구절들이 바울의 권위와 신학을 주장하는 익명의 저자에 의한

19. 엡 1:1-2과 그렇게 중요하지 않은 골 1:1-2; 엡 1:7과 골 1:14; 엡 2:5과 골 2:13; 엡 3:2과 골 1:25; 엡 3:9과 골 1:26; 엡 4:16과 골 2:19; 엡 4:32과 골 3:13; 엡 5:5-6과 골 3:5-6; 엡 5:19-20과 골 3:16-17; 엡 6:1-4과 골 3:20-21; 엡 6:5-9과 골 3:22-4:1을 비교해보라. 보다 상세한 비교를 *Zondervan NIV Bible Commentary*(Grand Rapids: Zondervan, 1994), 2:758-759과 Abbott, *A Critical and Exegetical Commentary on Ephesians and Colossians*, xxiii에서 발견할 수 있다.

20. 엡 6:21-22과 골 4:7-8을 보라.

21. 대부분의 학자들은 골로새서가 먼저 작성되어서 에베소서를 위한 모델로 작용했다고 가정한다. 에베소서가 바울에 의해 작성되지 않았다고 주장하는 사람들은 그 저자가 골로새서에서 베꼈다고 주장하지는 않을 것이다. 그들은 그 저자가 에베소서의 용어법이 골로새서의 용어법이 될 수 있도록 골로새서에 아주 매료되었다고 말할 것이다. 다른 학자들은 에베소서가 먼저 작성되어 골로새서를 위한 모델로서 기능했다고 주장함으로써 이 구조에 도전하는 반면에 어떤 학자들은 심지어 어느 문학적 관계도 전적으로 의심한다.

22. 2:20의 더 자세한 논의를 위해서 pp. 168-69을 보라.

시도라고 결론 내리게 했다. 동시에 그들은 3:8에서 자기 정체성("모든 성도 중에 지극히 작은 자보다 더 작은 나에게")을 "이론적이고…인위적인 과장으로서 부자연스러운 것"으로 본다.[23] 한편으로 바울의 저작권을 인정하는 사람들은 그러한 판단을 거부하고, 3:8의 설명을 "사도적 진정성의 참된 표제"로 보며, 바울의 제자가 그를 그렇게 낮은 자리에 둘 것을 생각하지 못했을 것이라고 주장한다.[24] 적어도 우리는 8절의 논조와 태도가 고린도전서 15:8-10과 고린도후서 10-12장에서의 바울의 말과 유사하다는 것을 인식해야 한다.

바울의 사도적 직무에 대한 그의 높임말(3:3-7)과 그의 겸손(3:8)간에 긴장이 분명히 존재하지만, 이런 현상은 의문의 여지가 없는 바울의 서신들에서 흔하다. 바울은 그의 사도적 직무에 대한 높은 견해를 갖고 있었고, 그 직무의 합법성을 주장했으며, 어느 누구에게도 물러서지 않는다. 고린도후서 3:1-4:6에서 바울은 심지어 그의 복음의 계시를 모세의 계시보다 우월한 것으로 보았고 빛의 창조와 비교한다![25] 사도로서 그의 반열은 부활하신 주님이 그에게 준 계시에 의존했고, 사도행전과 그의 서신들은 그에 대한 계시가 이방인들에게 복음을 전하라는 요청을 포함했다(행 9:15; 22:21; 26:17; 롬 1:1-5; 갈 1:15-17). 동시에 그는 자신이 이 사역에 무가치하다는 것을 알았다. 그는 교회를 박해하였기 때문이다(고전 15:8-10).

가장 곤란한 용어는 "거룩한 사도들과 선지자들"(3:5)이란 표현이다. 이는 바울 서신에서 어느 평행도 발견할 수 없다. 이것은 바울과 같은 사람들을 존중하는 후대 세대의 지침을 보여주는가? 얼핏 보기에 이는 설득력이 있어 보이고, 역시 2:20을 설명해줄 수 있지만 더 자세한 심사는 이런 논증의 의미를 축소시킨다. 곤란한 용어가 '거룩한' 이지만 우리는 그 용어에서 높임과 경외와 존중을 암시하는 분위기를 읽을 수 있다. 크리스천을 언급하는 바울의 가장 공통된 방식은 '거룩한 자' (NIV는 '성도')임을 기억하라. 이 용어는 단지 "하나님이 구별한 사람들"을 의미한다.[26] 그것이 3:5에서 함축된 것이라면, 바울 이후 시대 사람들의 의도적인 존중이 내재되어 있지 않다. 다시 말해서 '거룩한' 이란 용어는 바울의 저작권을 거부하기

23. Mitton, *The Epistle to the Ephesians*, 15, 136, 152.
24. Bruce, *The Epistle to the Ephesians*, 63.
25. 또한 롬 1:1-17; 10:5-8; 15:15-21; 고전 3:10-11, 9:1-27; 15:1-11, 고후 10-13, 갈 1:15-24을 보라.
26. 바울은 성경(Holy Scriptures, 롬 1:2)과 거룩한 것으로서 율법(7:12)에 관해 언급하지만, 그는 거룩한 입맞춤(16:16 등등)과 살전 5:27의 많은 사본들에서 거룩한 형제들을 언급한다. 이 후자가 올바른 독법이라면, 그것은 뚜렷한 논증이 될 것이다.

에 충분한 근거가 되지 못한다.[27] 나는 3:5이 로마서 1:1-5에서 발견할 수 있는 것보다 더 많은 어떤 것을 의도하고 있지 않다고 주장한다. 로마서 1:1-5에서 바울은 이방인들 사이에서 믿음의 순종을 가져오기 위해서 자신을 "하나님의 복음을 위해 구별된 사도라 칭하는" 것으로 묘사한다. 에베소서 3장에서 사도와 선지자들에 대한 이런 묘사는 독자들을 격려하는 목적에 적합하고, 6:20에서 그리스도의 사신으로서 바울이 자신을 묘사한 것과 비견된다.

더욱이 익명의 저자가 그러한 용어(3:1-13을 포함하여)를 사용함으로써 얻는 게 무엇인가? 왜 그는 죄수로서 바울을 언급하고 그의 갇힌 것에 대해서는 아무것도 말하지 않겠는가? 우리는 바울의 이방인 선교와 그것을 강조하려는 것에 대해서 깊이 바울의 감정을 이해하지만 익명의 저자가 왜 그것을 행할 것인가? 익명이 속이려는 의도를 갖지 않은 순수한 문학적 고안물이라고 주장하지만, 3:1, 13과 6:19-20에서와 같은 진술들을 "진실한 시도"라고 말할 수 있겠는가?[28]

사실상 3:13과 6:19-20은 이런 논의에서 열쇠가 될 수 있을 것이다. 그것들이 바울로부터 기원하는 것이라면, 이 구절들은 바울이 빌립보서에서 가졌던 동일한 관심 즉 그리스도인은 그가 갇힌 것 때문에 낙심하지 말아야 한다는 것을 보여준다. 익명의 저자에 의해 작성되었다면, 이 구절들은 거의 아무것도 이루지 못한다. 이미 오래 전에 죽은 사람에 대해서 사람들이 낙심하지 말라고 왜 경고를 받으며, 왜 그를 위해 기도할 것을 요청받는가?

결국에 저작에 대한 결정은 3:1-13이 왜 포함되었는지를 이해하는 것에 달려 있을 것이다. 후대의 익명의 저자가 그 구절들을 왜 포함시켰는지가 불분명하다.[29] 아주 많이 투자하지만 아주 적게 그의 독자들과 그 자료와 연관되기를 원하는 그러한 저자를 나는 상상하기가 어렵다.

다른 요소들. 세 가지 부가적인 요소를 상고할 만한 가치가 있다. (1) 가명이 고대 세계에서 증명된 문학적 고안일지라도, 가명의 서신에 관한 주제에 너무 적은 관

---

27. Barth, *Ephesians*, 1:335을 보라.

28. 3:1과 유사하게 바울은 다른 서신들의 본론에도 이름으로 자기 자신을 언급한다(고후 10:1; 갈 5:2; 살전 2:18을 보라). 6:19-20에 관한 Lincoln, *Ephesians*, 455을 참조하라. 그는 기도에 대한 바울의 요청이, 설사 그가 죽었을지라도, 문학적 고안물이자 참된 저자에 의한 복음의 선포를 위한 기도의 요청이라고 생각할 수 있다고 주장한다. Lewis R. Donelson, *Pseudepigraphy and Ethical Argument in the Pastoral Epistles*(Tübingen: J. C. B. Mohr, 1986), 10-11은 익명성이 속이려는 의도를 갖지 않은 순수한 문학적 고안물이라는 빈번한 주장을 의문한다.

29. Schnackenburg, *Ephesians: A Commentary*, 135-36이 이 질문에 대답하는 방식을 참조하라. 그러나 그렇게 설득력이 있지는 않다. Lincoln, *Ephesians*, 171-72, 193-95에게도 동일하게 말할 수 있다.

심이 주어졌다. 바울은 데살로니가후서 2:2에서 그러한 관행을 용인하지 말 것을 분명히 하는 방식으로 가명의 저자의 가능성에 대해서 경고한다.[30] 또한 우리가 갖고 있는 모든 증거로부터, 초대교회는 알려진 가명의 저작들을 거부했다.[31] 우리가 가명의 글의 구체적인 동기를 설명해주는 더 좋은 작업을 완수할 때까지, 즉 실제 독자는 누구이고, 그 서신이 어떻게 그들을 위해 작성되었는지를 구체적으로 알 때까지는 가명의 저자 이론은 부적절하게 기초한 것으로 간주해야 한다.[32]

(2) 바울의 모방자에 대한 가정은 문제를 낳는다. 그 저자는 바울의 서신들, 특히 골로새서를 읽음으로써, 약간 바울처럼 들리게 한 사람이 아니라 바울의 '거울'이 되었다. 인간의 마음이 특히 골로새서와 같은 짧은 서신에 기초해서 이런 식으로 작용할 수 있는가? 1세기의 모방자가 그의 자료의 형태를 고수하기를 시도할 수 있겠는가? 이런 일이 일어났다는 어떤 증거도 존재하지 않는다.[33] 바울을 비추어주고 심지어 그를 능가하지만 다른 이들에게는 전혀 흔적도 남기지 않은 놀랍도록 신비스러운 신학자가 누가 있겠는가? 이런 사람이 이 서신의 가장 덜 중요한 부분인 두기고에 대한 지침을 왜 축어적으로(글자 그대로) 복사하겠는가? 카이어드(G. B. Caird)가 지적했던 것처럼, 에베소서를 바울에게 귀속시키는 데에 난해한 점이 있지만, 그것을 모방자에게 귀속시키는 난해함과 비교할 땐 사소하다.[34]

가장 중요하게는 에베소서가 쿰란 문서와 용어와 형태에서 광범위한 유사성을 갖고 있다는 것이다. 이 광범위한 유사성이 35년 전에 설명되었다는 사실에도 불구하고,[35] 사람들은 그것의 의미에 대해 거의 정당성을 부여하지 않았다. 신약성

---

30. 물론 많은 사람들이 데살로니가후서의 진정성도 역시 부인한다.

31. Donelson, *Pseudepigraphy*, 11을 보라. 그는 몇몇 신약성경의 서신들이 가명이라고 가정했지만 위조된 문서로 인정할 수 있는 이의 어떤 단일한 사례도 발견할 수 없었다. 가명에 관한 최근의 논의에 대한 개요를 위해서는 Thomas D. Lea, "Pseudonymity and the New Testament," *New Testament Criticism and Interpretation*, eds. David Alan Black and David S. Dockery(Grand Rapids: Zondervan, 1991), 535-59을 보라.

32. 이것은 특히 에베소서만큼이나 많은 진리를 강조하는 서신에서 특히 그러하다. 또한 Richard Bauckham, "Pseudo-Apostolic Letters," *JBL* 107(1988): 469-94을 보라. 그는 가명의 수신자가 참된 독자들일 수 없다는 것을 지적한다. 즉 그들은 유추된 상황에서 후대의 사람들이 되어야 한다. 가명이 참된 서신과 동일한 기능을 행할 수는 없다(p. 475). 그는 묵시적인 사도적 서신이 얼마나 드물었는지를 역시 지적한다.

33. H. J. Cadbury, "The Dilemma of Ephesians," *NTS* 5(1958-1959): 95-96의 언급을 보라.

34. Caird, *Paul's Letters From Prison*, 29.

35. Karl Georg Kuhn, "The Epistle to the Ephesians in the Light of the Qumran Texts," *Paul and Qumran: Studies in New Testament Exegesis*, ed. Jerome Murphy-O'Connor(Chicago: Priory Press, 1968), 115-31(본래 *NTS*, 7[1960-91]: 334-46에서 출간되었다)과 동일한 책에서 Franz Mussner, "Contributions

경의 어느 다른 문서도 특히 예전적인 항목에서 에베소서처럼 쿰란 자료와 그렇게 유사하지는 않다. 이런 유사성은 저자가 유대인이었고, 그것은 사실상 이 서신이 저작의 초기 연대를 요구한다는 것을 보여준다.[36] 에베소서의 연대가 늦게 설정되면 될수록 이 서신이 유대적 정황에서 멀어지고, 그 평행들을 설명하기가 더욱더 어려워진다.[37] 쿰란 공동체가 A.D. 66년에 파괴되었고, 유대교는 A.D. 70년 이후에 급격하게 변했다. 이 서신이 A.D. 80-95년 사이에 연대가 설정된다면, 소아시아의 유대인이 쿰란의 유대교처럼 어떻게 그렇게 많이 들리게 할 수 있었는가?

저자와 관련한 선택들. 다양한 가능성이 저자의 문제를 해결하는데 있어서 존재한다. 대안적인 것들은 다음과 같다.

(1) 이 서신은 바울에 의해 작성되었다. 대필자가 사용되었는지는 거의 상관이 없다. 저작의 연대는 바울이 어디에서 구금되었는지에 달려 있다.
   (a) 에베소라면 이 서신은 A.D. 55년경에 작성되었을 것이다.
   (b) 가이사랴라면 A.D. 58년경에 작성되었을 것이다.
   (c) 로마라면 A.D. 60년경에 작성되었을 것이다.
   어느 경우의 구금이라도 가능할 수 있을지라도, 로마에서의 구금이 가장 그럴 법하다.

(2) 이 서신이 바울에 의해 작성되었지만 다른 이에 의해 추가되었다. 그것은 그럴 것 같지 않지만 그 주장이 취하는 구체적인 형태에 달려 있을 것이다. 이런 접근에 따르면, 서신의 주요한 부분은 위에서 적은 연대 중에 하나에서 기원할 것이다.

(3) 이 서신은 바울의 지시 하에서 그의 의도를 따라 바울과 가장 가까운 제자에 의해 작성되었다. 바울이 여전히 구금 상태에 있든지 아니면 그가 죽은 직후이든지 말이다.[38] 다시금 연대는 A.D. 60-64년 사이나 어떤 변화 속에서 늦어도 70년대 초에 해당될 것이다.

Made by Qumran to the Understanding of the Epistle to the Ephesians," 159-78을 보라.

36. Barth, *Ephesians*, 1:21.

37. 이것은 역시 에베소서의 배후에 영지주의적인 영향을 발견하려는 이전의 시도들을 무효로 만든다.

38. Ralph P. Martin, "Ephesians," *The Broadman Bible Commentary*(Nashville: Broadman, 1971), 11:129은 누가가 그 제자라고 생각한다. Luke Timothy Johnson, *The Writings of the New Testament: An Interpretation*(Philadelphia: Fortress, 1986), 369-372은 바울의 사역 동안에 그와 함께한 바울 학파의 활동을 주장한다.

(4) 이 서신은 바울이 죽은 지 오래 지나서 바울의 제자와 모방자에 의해 작성되었다. 자주 이 사람은 익명으로 남아 있지만 다른 이들은 이 제자가 오네시모나 두기고라고 주장한다. 이런 접근에 따르면, 저작의 연대는 이르면 A.D. 80년이나 늦으면 95년까지로 할당된다.

거의 40년 전에 카드버리(H. J. Cadbury)는 설득력 있게 물었다. "1세기의 바울의 모방자가 바울의 스타일에 따라서 90퍼센트나 95퍼센트로 글을 작성했는가 아니면 바울이 그의 통상적인 스타일로 5퍼센트나 10퍼센트를 일탈하여 서신을 작성했는가—어느 것이 더 가능성이 있겠는가?"[39] 나에게서 그 대답은 분명히 후자다.

그것은 무슨 차이를 만드는가?

두 가지 이유 때문에 에베소서가 바울 또는 바울의 제자에게서 기원하는 것인지가 커다란 중요성을 갖는다.

(1) 바울이 에베소서를 저작한 것이 아니라면, 에베소서는 바울의 사상과 초대교회의 사상을 재구성하는데 사용될 수 없다. 단지 잠재의식적일지라도, 모든 성경의 독자들은 그것으로 머릿속에 성경을 이해하는 골격을 간직한다. 어떤 문서가 작성된 시기와 경우에 관한 가정이 그것을 이해하는 방법을 결정짓는다. 우리는 데살로니가전서를 빌립보서 읽는 것과 동일한 방식으로 읽지는 않는다. A.D. 50년에 선교사 바울과 A.D. 60년에 구금자 바울에 대한 서로 다른 개념 때문이다. 우리는 바울을 이해하려는 시도로 에베소서를 포함하는가? 바울의 사상에 대해 쓴 많은 책들은 에베소서를 완전히 무시한다. 에베소서가 바울에 의한 것이라면, 이런 현존하는 작품들은 왜곡되어 있다.

(2) 에베소서가 바울이 저작한 것이 아니라면, 그것은 바울의 다른 서신들보다 덜 중요성을 갖는 것으로 생각하게 될 것이고, 덜 확신을 갖고 사용될 것이다. 에베소서를 1세기 후반부에 연대를 두는 사람들은 에베소서를 "초기 가톨릭주의"(보통 부정적인 함축을 갖는)를 향한 운동으로 자주 바라본다. 이런 접근에 따르면 에베소서는 성경에 관해 덜 초점이 맞추어져 있고, 재림과 이신칭의와 기독론에 대해

39. Cadbury, "The Dilemma of Ephesians," 101.

서 덜 관심을 가지며, 교회론과 질서에 더 많은 관심을 갖는다. 그런데 사실상 에베소서는 발전을 보이고 있기는 하지만, 초기 가톨릭주의는 아니다.

바울의 저작임을 거부하는 사람들은 그것이 에베소서의 가치를 평가절하하는 것으로 귀결되어서는 안 된다고 자주 주장하지만, 사실상 이런 학자들의 대부분은 에베소서를 덜 권위적인 것으로 간주한다. 저자와 목적에 대한 결정이 필연적으로 에베소서를 덜 권위적인 것으로 만들지는 않을지라도, 실제적으로는 에베소서에 덜 관심과 목소리가 주어진다. 하지만 에베소서는 "참된 것"이며, 최대의 관심과 적용을 받을 만하다.

에베소서의 개요

에베소서를 큰 항목으로 쉽게 나눌 수 있을지라도, 첫 세 장들을 어떻게 개요해야 하는가에 대해서 불일치가 있다. 바울의 송영과 기도를 1:3에서 1:23, 2:10, 2:22, 또는 3:21로까지 쭉 확대할 수도 있기 때문이다. 서신의 후반부가 윤리에 초점이 맞추어져 있을지라도, 에베소서를 신학적인 부분과 윤리적인 부분으로 나누어서는 안 된다. 후반부도 신학적일 수 있고 전반부도 윤리적일 수 있다.

I. 인사: 저자, 수령자, 그리고 인사말(1:1-2)

II. 서신의 본론(1:3-6:20)

A. 구원의 하나님의 선물에 관한 묵상(1:3-3:21)

1. 송영(1:3-14)
2. 감사와 중보의 기도(1:15-23)
3. 곤경과 사건과 결과의 측면에서 포괄적으로 바라본 구원(2:1-10)
   '2:2과 4-10에서 이전과 지금간의 대조'
4. 수령자의 관점에서 바라본 구원:
   이방인의 곤경, 구원, 그리고 결과에 관한 상기(2:11-22)
   '2:11-13에서 이전과 지금간의 대조'
   '2:19-22에서 이전과 지금간의 대조'
5. 개인적으로 바라본 구원: 이방인에 대한 하나님의 은혜의 청지기로서 바울의 역할(3:1-13)
6. 강건함을 위한 기도와 하나님의 사랑에 관한 이해(3:14-19)
7. 송영(3:20-21)

B. 하나님의 소명에 합당한 삶을 살라는 지침들(4:1-6:20)

1. 연합에 대한 교회의 의무(4:1-16)
2. 그리스도 안에서 옛 삶과 새 삶에 관한 묘사(4:17-24)

'이전과 지금간의 대조'

3. 새 삶의 실제적인 결과들(4:25-6:9)

a. 더불어 사는 삶에 대한 지침: 사랑으로 삶(4:25-5:2)

b. 어두운 옛 방식과 구분되는 방식을 위한 지침들(5:3-14)

'5:8에서 이전과 지금간의 대조'

c. 성령으로 현명하게 살아가라는 일반적인 지침(5:15-21)

d. 가정생활에 대한 성령의 삶에 대한 구체적인 적용들(5:22-6:9)

i. 아내와 남편에 대한 지침들(5:22-33)

ii. 자녀와 부모에 대한 지침들(6:1-4)

iii. 종과 주인에 대한 지침들(6:5-9)

4. 강건하여 하나님을 위해 살아가라는 감정적인 호소(6:10-20)

III. 서신의 마감(6:21-24)

A. 서신의 전달자인 두기고와 관련한 지침들(6:21-22)

B. 축원(6:23-24)

참고 문헌

에베소서에 관한 주석들

에베소서에 관한 작품의 목록은 결코 다함이 없을 것이다. 교회에서 사역하는 사람들에게 유익할 것이라고 보는 작품들만 여기에 포함되어 있다.

현대의 포괄적인 주석들

세 가지 주석을 이 서신의 주요한 설명들을 다루는 것으로 추천할 수 있다. 네 번째 주석은 NICC(New International Critical Commentary) 시리즈가 출간될 때 이 그룹에 합세할 것으로 예상된다.

Barth, Markus. *Ephesians.* Volumes 34 and 34A of The Anchor Bible. Garden City, N. Y.: Doubleday, 1974(labeled vol. 1 and 2 in the footnotes). 바르트의 주석은 필적할 것이 없다. 800페이지가 넘는 이 주석은 설명적인 각주와 광범위한 신학적 언급들, 그리고 참고문헌을 담고 있다. 헬라어는 음역하여 번역해 놓고 있다. 결정한 선택이 설득력이 없을 때조차도 제공된 정보는 생각해 볼만한 충분한 자료다. 바르트는 바울의 저작권을 인정한다.

Lincoln, Andrew T. *Ephesians.* Vol 42 of Word Biblical Commentary. Dallas: Word, 1990. 링컨의 주석은 포괄적이며(468페이지), 이슈들을 잘 요약해 놓고 있고, 더 자세한 작업을 위한 훌륭한 참고문헌 자료들을 제공한다. 이 주석은 헬라어 본문에 기초해 있지만 번역이 제공된다. 링컨은 바울의 저작권을 부정한다.

Schnackenburg, Rudolf. *Ephesians: A Commentary.* Trans. Helen Heron. Edinburgh: T. & T. Clark 1991. 다소 간략할지라도(345페이지), 본래 독일어로 출간된 이 주요한 전문적 주석은 가톨릭 학자가 쓴 것이다. 일부 결정들은 의문의 여지가 있지만, 그렇다할지라도 항상 상고할 만한 가치가 있다. 헬라어가 사용될지라도, 그것은 번역되어 있다. 쉬나켄부르그는 바울의 저작권을 부정한다.

오래된 포괄적인 참고 문헌들

Abbott, Thomas K. *A Critical and Exegetical Commentary on the Epistle to the Ephesians and to the Colossians.* 이 작품은 위에서 열거한 세 작품만큼 포괄적이지는 않지만 여전히 유익하다. 헬라어 본문에 입각해 있지만 헬라어나 외국어 인용을 번역하지 않았다.

Eadie, J. *A Commentary on the Greek Text of the Epistle of Paul to the Ephesians.* 2d ed. New York: Carter, 1861. 이 긴 주석(485페이지)은 오래되고 때로 통상적이지 않는 전환을 취하고 있을지라도 여전히 통찰력이 있고, 읽을 만한 가치가 있다. 외국어는 보통 번역되어 있다.

Hodge, Charles. *A Commentary on the Epistle to the Ephesians.* 자주 재판이 되고 있는 이 주석은 389페이지의 주해적이고 신학적인 분석을 제공한다.

Robinson, J. Armitage. *St. Paul's Epistle to the Ephesians.* 오래된 주석들 가운데 이 주석은 아마도 가장 의미가 있다. 사실상 이 주석은 한 책 안에 두 주석이 있다. 저자는 에베소서 본문을 두 번 살펴보고 있기 때문이다. 한 번은 영어본문을 해석하고, 다른 한 번은 헬라어 본문에 대한 전문적인 주석을 제공하고 있다. 두 번째 부분에서 외국어 자료는 번역해 놓고 있지 않다.

Westcott, Brooke Foss. *Saint Paul's Epistle to the Ephesians.* 많은 정보가 헬라어 본문에 관한 이 주석에 포함되어 있다. 그 간결함 때문에 때로 이해가 잘 안될지라도 관심을 가질 만한 가치가 있다. 서신의 신학과 많은 특별한 어구에 관한 정보가 이 주석의 마지막 75페이지를 형성한다.

더 짧지만 유익한 주석들

Bruce, F. F. *The Epistle to the Ephesians.* 이 작품은 브루스의 두 주석 가운데 더 짧은 것이다(136페이지). 그것은 영어 본문에 기초하고 있다. 모든 브루스의 작품들과 마찬가지로 이 주석은 직설적이고, 좋은 정보를 제공한다.

________. *The Epistles to the Colossians, to Philemon, and to the Ephesians.* 예상할 수 있는 것처럼, 그 내용은 더 짧은 그의 주석과 다소 중복된다. 이 주석은 200페이지 정도로 구성되어 있고, 부차적인 자료와 많이 관련되어 있다. 헬

라어는 보통 각주로 한정된다.

Caird, G. B. *Paul's Letters from Prison.* 이 짧은 주석은 에베소서의 영어 본문에 집중하는 94페이지의 작은 책에 해당한다. 간략할지라도 상당히 통찰력있어 유용한 가치가 있다.

Foulkes, Francis. *The Letter of Paul to the Ephesians.* 영어 본문에 기초하여 논의한다. 가끔 실제적인 통찰이 들어 있는 언급은 이 주석을 읽을 만한 가치가 있게 만들어준다.

Hendriksen, William. *Exposition of Ephesians.* 이 주석은 이 범주의 대부분의 작품들보다 더 길다(286페이지). 유능한 해석적 능력은 본문의 신학적이고 해석적인 논증을 가능하게 만든다. 헬라어가 가끔 나타나지만 각주로 제한된다.

Mitton, C. Leslile. *Ephesians.* New Century Bible. London: Oliphants, 1976. 저작권 문제를 놓고 광범위하게 작업했던 학자가 에베소서 영어 본문을 실제적으로 다루고 있다.

Stott, John R. W. *God's New Society.* Downers Groves, Ill.: InterVarsity, 1979. 이전에 『에베소서의 메시지』란 제목으로 출간되었다. 이 작품은 에베소서에 관한 모든 비전문적인 주석 가운데 가장 유익할 것이다. 스토트는 설교의 달인이지만 세심한 학자이기도 하다. 이 주석에서 그는 영어본문에 관한 가치 있는 논의를 거의 300페이지에 걸쳐서 제공한다. 헬라어가 나올 경우에 그것은 번역되어 있다.

Zerwick, Max. *The Epistle to the Ephesians.* 제르윅은 헬라어 문법에 관한 그의 작품으로 아주 잘 알려져 있지만 이 주석은 비전문적이다. 본래 독일어로 출간되었었다. 자주 저자는 다른 사람들이 놓치고 있는 통찰을 제공한다.

해석과 설교들

Calvin, John. *Sermons on the Epistle to the Ephesians.* 물론 칼빈도 관심을 갖게 할 만한 에베소서에 관한 주석을 갖고 있지만 이것은 700페이지에 달하는 에베소서에 관한 48개의 설교 모음집이다. 이 설교는 산만하지만 제네바의 종교개혁자가 에베소서의 중요성에 대한 주요한 증거를 제공하고 있는 것을 보는 것은 흥미롭다.

Chrysostom, John. *Homilies on Ephesians.* 크리소스톰은 에베소서에 관한 24개의

설교를 갖고 있다. 그것들은 칼빈의 설교와 유사하지만 크리소스톰은 보통 성경 분문에 충실하다.

Mackay, John A. *God's Order: The Ephesian Letter and This Present Time.* New York: Macmillan, 1953. 이 책은 본래 에딘버러 대학교에서 주어진 에베소 강의의 원문을 담고 있다. 여기서 그 자료는 신학적으로 통찰력이 있고, 설득력 있는 형태로 제시된다. 이 책은 읽을 만한 가치가 있다.

Moody, Dale. *Christ and the Church: An Exposition of Ephesians.* 맥케이처럼 무디는 신학자였다. 에베소서에 관한 그의 설교는 이 해석을 위한 본질을 제공했다. 그는 에베소서의 내용과 가치를 잘 전달한다.

Morris, Leon. *Expository Reflection on the Letter to the Ephesians.* 이 책은 학자가 인도하는 성경공부처럼 읽을 수 있다—그것이 실제로 의도한 바다. 비전문적이지만 본문에 대한 훌륭한 정보와 실제적이고 건전한 해석을 담고 있다.

유익한 논문들

Arnold, Clinton E. *Ephesians: Power and Magic: The Concept of Power in Ephesians in Light of Historical Setting.* New York: Cambridge Univ. Press, 1989. 이것은 중요한 주제에 관한 중요한 책이다. 에베소서는 능력과 영의 세력을 강조하고, 아놀드는 독자들에게 1세기 교회에서 이 주제의 중요성을 이해하도록 돕는다. 주해적인 관심은 에베소서의 모든 적절한 본문에 주어져 있다.

Caragounis, Chrys C. *The Ephesians Mysterion: Meaning and Content.* Lund: C. W. K. Gleerup, 1977. 이 논문은 '신비'란 용어를 탐구한 것만이 아니라, 에베소서의 여러 주요한 항목과 주제들을 분석한다.

Hanson, Stig. *The Unity of the Church in the New Testament: Colossians and Ephesians.* Uppsala: Almquist, 1946. 부제목이 그 포커스가 골로새서와 에베소서에 있는 것으로 제기할지라도, 이 책은 신약성경에서 연합에 관한 전문적인 논의를 제공하고 있고 에베소서에 40페이지가 할당된다. 폭넓은 초점에도 불구하고 또는 그 사실 때문에 이 책이 에베소서에서 연합의 주제를 이해하는데 유익한 기여를 한다.

Lincoln, Andrew T. *Paradise Now and Not Yet.* 이것은 하늘과 종말론에 대한 바울

의 사상에 관한 일반적인 연구서다. 단지 35페이지만 에베소서에 명백히 초점을 맞추고 있지만 에베소서에서 "하늘의 영역"에 대한 중요성이 이 책을 언급할 만한 가치가 있게 만든다.

Lincoln, Andrew T. *The Theology of the Later Pauline Letters.* 약 90페이지가 에베소서의 신학에 관한 설명에 주어져 있다. 즉 에베소서(익명의 저자로 이해되는)는 바울의 신학과 어떻게 관련이 있으며 현대 시대에 그것을 어떻게 적용할 것인가를 살핀다.

Rader, William. *The Church and Racial Hostility: A History of Interpretation.* 이 책은 사도 교부들로부터 현대 시대에 이르는 2:11-22의 해석에 관한 연대기를 제공하고 이 역사를 인종과 관련한 현대적 논의로 가져온다.

저작권에 관한 주요한 취급들

Mitton, C. Leslie. *The Epistle to the Ephesians.* Oxford: Clarendon. 밀톤의 연구는 바울의 저작권을 거부하는 사람의 고전적인 논증에 해당한다. 그는 에베소서와 다른 신약서신들(골로새서를 제외하고)간의 평행들을 아주 많이 다루고 있고, 또 모든 글들의 배후에 초기 기독교적 전승을 인정하지 않는다.

Van Roon, A. *The Authenticity of Ephesians.* Leiden: E. J. Brill, 1974. 이 방대한 연구는 바울의 저작권을 옹호하는 논증만이 아니라, 약 150페이지가 에베소서의 우주적이고 인간학적인 표현(예를 들어, "하늘", "능력", "충만", "몸", "머리")에 관한 탐구로 채워져 있어 유익하다.

에베소서 1:1-2

1 하나님의 뜻으로 말미암아 그리스도 예수의 사도 된 바울은 에베소에 있는 성도들과 그리스도 예수 안에 있는 신실한 자들에게 편지하노니
2 하나님 우리 아버지와 주 예수 그리스도로부터 은혜와 평강이 너희에게 있을지어다

원 의미

고대 세계의 서신들은 정해진 형태를 따랐다. 그것들은 저자와 독자들 또는 수신자를 확인해줌으로써 시작한다. 그 뒤를 통상적으로 인사와 기도 또는 건강을 위한 소원(심지어 세속적인 서신에서도), 그 다음에 서신의 본론, 그리고 마지막으로 서신을 보내는 것과 관련한 설명을 포함하는 마감 글과 또 다른 인사가 뒤따랐다. 이런 형태의 사례가 (기도는 없이) 사도행전 15:23-29에 나타난다.

크리스천 저자들은 이 정해진 형태를 자신들의 목적에 따라 적용했다. 즉 그것을 변화시키거나 전통적인 요소를 확장시킴으로써 "기독교화"했다. 저자와 수령자를 단순히 확인해주는 것만이 아니라, 그리스도와 그들의 관계도 역시 묘사되었다. 인사는 특히 기독교적이었다. 단순히 "에베소에 바울이 문안드립니다"라고 말하는 대신에, 바울은 자신을 "하나님의 뜻에 의해 그리스도 예수의 사도"로, 그의 독자들을 거룩하고(NIV, "성도") "그리스도 예수 안에 있는 신실한 자들"이라고 묘사한다. 그리고 표준적인 말인 "문안"('카이레인')을 사용하는 대신에 언어유희를 통해 바울은 이 인사를 "하나님 우리 아버지와 주 예수 그리스도로부터 은혜('카리스')와 평강이 너희에게 있기를"이라고 독법하는 것으로 바꾸었다.

그리스도의 사도. 하나님이 세우신 사도로 자신을 바울이 지칭한 것은 서신을 시작하는 그의 관습적인 방식이다(참조. 고후 1:1; 골 1:1; 딤후 1:1에서 정확한 평행들). 자주 바울은 사도로서 자신의 합법성을 변호해야 했지만, 여기서는 그 논조가 단순히 묘사적이다. '사도'란 용어는 초대교회에 몇 가지 함축을 담고 있었는데, 그 모든 것이 바울에게 해당되었다. 그것(사도)은 부활하신 그리스도를 보았고(고

전 9:1), 선교적인 임무로 교회에 의해 보내졌거나 더 넓게는 대리자나 대표자로 기능하는 사람을 일컫는다. 이런 자기 묘사는 바울이 쓰고 있는 글의 권위를 강조한다. 그가 하나님의 뜻으로 사도가 되었다면, 그가 쓴 것은 하나님으로부터 전달되는 것으로 간주해야 한다.

하나님의 뜻은 에베소서에서 중요한 주제인데, 어느 다른 서신보다도 여기서 자주 나타난다. 그 관심은 하나님의 뜻을 발견하는 크리스천에 대한 것이 아니라, 오히려 그 강조가 인간을 위해서 행하시는 하나님의 '목적'에 있다. 여기서의 요지는 하나님이 원하셨기 때문에 바울이 사도가 되었다는 것이다.

바울의 서신에서 "그리스도"("기름부음 받은 자"를 의미하는)는 더 이상 유대 문맥에서 있었던 칭호가 아니다. 특히 이방인 크리스천들 중에 그리스도는 "예수"란 이름과 연결된 이름이 되었다. 그러나 에베소서에서 "그리스도"란 말의 46번의 출현 중에 23번은 헬라어에 관사를 갖고 있고, 그중에 어떤 것은 이방인의 구원에서 유대 메시아의 역할을 여전히 가리킨다(1:10; 2:13; 4:20을 보라).

거룩한 자들(성도들). "성도들"로 수령자를 지칭한 것(직역하면 "거룩한 자들")은 크리스천을 묘사하는 바울의 흔한 방법이다. 그런데 "성도들"은 유익한 번역이 아니다. 이 용어의 영어는 대단히 경건한 사람들을 가리키는 것이기 때문이다. 바울의 첫 번째 의도는 이 사람들이 특히 거룩한 삶을 살았다는 것이 아니었다—그는 고린도의 크리스천들도 동일한 방식으로 묘사했지만(고전 1:2), 그들의 삶의 거룩함에 대한 환영(幻影, illusions)을 갖지 않았다. 오히려 그의 주요한 관심은 자신이 하나님에 의해 사도로 임명되었던 것처럼, 그들도 역시 하나님에게로 구별되었다는 것을 강조하는 것이었다(구별이 "거룩한"이란 용어에서 핵심적인 개념이다). 바울의 수신자들은 하나님이 그들을 그의 백성들로 구별하였기 때문에 거룩하였다. 초점이 전적으로 하나님의 행위에 있고, 그것은 하나님의 구원하시는 역사를 언급한다.[1]

이 서신의 수령자들[2]은 "그리스도 예수 안에 있는 신실한 자들"로 역시 묘사된다(참조. 골 1:2). "신실한 자들"은 '신실함'을 입증한 사람들이나 신자 즉, '믿음

---

1. 고전 6:11을 보라. 그 구절에서 "거룩하게 되다"는 "거룩한"이란 말의 동사 형태다. 구약성경에서 이스라엘 백성들과 천사들은 때로 "거룩한 자들"이라고 불렸다. 그러한 용어는 신약성경에서 하나님의 백성들을 묘사하기 위해서 적용되었다.
2. "에베소에"가 원문에 속하는지에 관한 텍스트의 문제와 이 서신의 수신지에 관한 문제에 대해서는 서론의 pp. 25-26을 보라.

을 가진' 자들을 일컬을 수 있다. 후자가 여기서 더 좋은 선택인 것으로 보인다(참조. 요 20:27; 행 10:45; 16:1, 15; 고후 6:15).

"예수 그리스도 안에"란 표현에서 우리는 바울의 문서에서 가장 의미 있고 어려운 요지 중 하나를 만나게 된다. 바울은 이 사람들이 그리스도를 믿는다는 것을 말하는 것만이 아니라, 그들이 '위치적으로' 그리스도 '안에' 있다는 것이다. 그리스도 안에 있는 존재의 개념은 바울 신학의 가장 중요한 부분(유일한 것은 아닐지라도) 중에 하나다. 이것은 바울이 구원을 이해하고 설명했던 중심 개념이다. 바울의 13서신들은 "그리스도 안에", "주 안에", "그 안에" 또는 유사한 표현을 사용하여 다양한 개념들을 표현한다. "그리스도"는 보통 구원과 은혜를 말하는 문맥에서 사용되는 반면에 "주"는 크리스천의 행위와 삶에 대해서 말하는데 주로 사용된다. 때로 이 용어들은 그리스도 안에서 신자들이 얻은 것을 전달하는데 사용되고(1:7 처럼 "우리는 그리스도 안에서 속량함을 얻었다"), 어떤 경우에는 "그리스도 안에"가 사람이 행하려는 것을 묘사한다(4:17, "그러므로 내가 이것을 말하며 주 안에서 증언하노니"). 또 어떤 경우에 그 초점이 직접적으로 크리스천이 그리스도 안에 있는 사람이라는 사실에 있다. 이 용어는 신자가 그리스도와 공유하는 하나됨과 정체성을 표현한다. 바울의 복음은 그리스도와의 연합에 관한 복음이고, 이것이 1:1에서 의미하는 바다. 에베소서는 어느 다른 서신보다도 그리스도와의 연합과 '그리스도 안에' 있는 존재에 더욱 초점을 맞춘다(36번).[3]

인사. 이 구절의 용어는 일곱 개의 다른 서신들과 정확히 평행이다. "은혜와 평강"은 에베소서 전체를 통해서 중요한 주제다. 둘 다 하나님이 주도하시는 구원을 묘사하는 핵심적인 용어들이고, 둘 다 하나님의 백성들 사이에서 하나님의 계속된 역사를 묘사한다. 우리가 1:3-14에서 보게 되는 것처럼, "은혜"는 바울신학에서 가장 중요한 용어 중에 하나다. 다른 저자들도 이 인사를 사용할지라도(벧전 1:2; 벧후 1:2; 계 1:4), 어느 다른 저자도 바울만큼 은혜에 많은 강조를 두지는 않는다. 우연이 아니라 그는 모든 서신을 "은혜"로 시작하고 끝낸다. 모든 삶을 은혜의 척도로 살았다는 것을 강조하는 것처럼 말이다. 자주 사용되지는 않을지라도, "평강"은 바울신학에서 기초적인 역할을 갖는다. 하나님만이 은혜와 평강을 전달하시는 분이시고, 바울은 독자들이 이것을 경험하기를 바란다.

"하나님 우리 아버지와 주 예수 그리스도"는 은혜와 평강의 근원이시다. 처음부

3. 특히 1:3-14; 2:5-7, 11-22의 언급을 보라.

터 바울의 사상은 신중심적이고, 예수 그리스도 안에서 하나님의 활동에 초점을 맞춘다. 사도는 예수 그리스도를 하나님과 연결하는 것에서 주저하지 않지만, 그는 하나님과 예수 사이에 건전한 구분을 유지한다. 보통 그는 하나님에 대해서 말할 때 '하나님 아버지'란 용어를 사용하고, 예수에 대해서 말할 땐 '그리스도'를 사용한다. "주"는 이스라엘의 하나님과 관련해서 구약성경에서 사용되는데, 이 칭호를 예수에게 적용한 것이 두드러진다.

상황잇기

우리 문화에서 바울의 사상의 낯설음이 있다. 이미 이 항목에서 우리는 용어, 기독교화된 서신의 형태, 그리고 연결을 필요로 하는 신학적 전제에 직면한다.

용어. "사도", "성도", "그리스도 안에", 그리고 "은혜"와 같은 표현들은 흔한 용어가 아니며, 그것들이 가리키는 실제들은 이 주석의 많은 부분을 통해서 우리에게 다가올 것이다. 우리가 바울의 의도를 이해하기 위해서 애쓰는 동안, 그에게서 그런 용어들은 그의 삶의 호흡이고, 독자들이 그것들을 잘 이해한다고 그는 확신한다. 하지만 오늘날 대부분의 교인들은 그러한 개념들을 깊이 있게 이해하는데 어려움을 겪는다. 상황잇기는 이런 용어들의 신학을 전달해야 한다. 1:3-14을 다룰 때 이 임무를 시작할 것이다.

서신의 형태. 바울이 특히 기독교적으로 그의 문화의 서신의 형태를 취한 방식은 인상적이지만, 그것은 우리에게 문제를 발생시킨다. 현대의 신자들이 서신이나 우리 문화의 다른 양상들을 기독교화하려고 시도할 때, 그 결과는 자주 낡고 인위적이다. 우리는 바울의 신학적 용어를 깊이 있게 이해하지 않거나 적절한 용어들을 발견하지 않고서 모방하여 그것을 전달하려고 한다. 그럴 경우에 차이는 우리가 경험하지 않은 것을 모방하려고 하는 게 된다. 사도 바울은 단지 멋진 신학적 용어들을 사용하고 있는 것이 아니라, 다메섹 도상에서 있었던 하나님과의 만남과 하나님과의 그의 삶을 표현하고 있는 것이다.

우리가 성경 본문에서 문화적인 차이들과 세월들을 연결하려면, 단순히 신학적 용어들을 복사하는 것으로는 부족하다. 우리는 이 용어들이 가리키는 실제를 경험하고 그것을 묘사하는 현대적 방법들을 발견해야 한다. 그 본문이 하나님, 인간, 하나님과의 삶, 그리고 다른 여타 주제들을 가르치는 것을 물어야할 뿐 아니라, 그것이 가르치는 것을 소유하고 우리 자신의 영혼에 실제적으로 다가오는 용어를 창출해야 한다.

신학적 가정. 이와 같이 짧은 항목에서는 특히 본문들이 자주 그것이 표현하고 있는 것 이상을 전제하고 있다. 우리가 바울이 살고 생각했던 전제들을 알 수 있다면 하나님과 함께 하는 우리의 삶을 상고하는데 중요한 자료를 갖게 된다. 두 전제들이 이 서론에 지배적이다: 하나님의 활동하심과 "위치"에 관한 바울의 인식.

(1) 1:3-14의 설명에서 보게 되는 것처럼, 바울은 하나님이 인간을 데려오시고 삶을 구비케 하기 위해서 오래도록 역사하시고 의도하시며 목적하시고 있다고 간주한다. 바울은 구원에 관한 하나님의 계획의 일부로 자신의 삶을 보았다. 그의 사역은 그가 만든 선택이나 일이 아니라 인간에게 구원을 가져오기 위한 하나님의 역사의 일환이었다. 이 서신의 나머지 부분은 이 활동과 인간이 어떻게 반응해야 하는가를 설명할 것이다.

(2) "위치"에 관한 바울의 인식을 말하는 것은 그가 크리스천의 삶을 인식했던 "위치"를 묘사하는 시도가 될 것이다. 바울의 심중에 이 크리스천들이 에베소 근처의 지역에 실제 살고 있을지라도, 그들은 역시 그리스도 안에 살고 있다. 사람들이 성장하고 살아가는 지역, 기후, 가치, 그리고 역사가 그들이 누구인지를 정의하는데 도움이 된다. 에베소 근처의 이 지역이 그들이 누구인지를 정의해주는 것처럼, 그리스도는 신자들이 실로 누구인지를 정의한다. 그리스도는 신자들이 살아가고 혜택을 누리며 변화되는 "영향의 영역"이나 "능력의 현장"이다. 즉 그리스도의 성령, 가치, 성품, 역사, 그리고 목적이 그들의 삶을 형성한다. 사람들은 각기 다른 영역에서 살 수 있지만(참조. 2:1-3), 크리스천들은 그리스도 안에 살고 있다. 예수 그리스도는 그러한 용어로 객관화될 수는 없지만, 만약 우리가 그리스도 '안에서' 사는 삶을 생각하기를 배우지 않는다면, 우리는 바울을 이해하지 못할 것이다. 1:3-14이 보여주게 되는 것처럼, 이 의미는 놀랍다.

현대적 의미

그리스도와 바울의 관계는 그의 서신의 형태조차도 바꾸었다. 우리는 우리의 삶에서 그리스도의 실제를 어떻게 볼 수 있는가? 우리는 경건하게 보일 수 있도록 단순히 외적인 용어를 사용함으로써가 아니라 그리스도와의 관계에서 기인하는 실제적인 변화를 통해서 이 일을 행해야 한다.

복음과 문화. 바울은 당대 문화의 서신의 형태를 사용하여 기독교 서신을 작성했지만 그의 방법은 중요한 문제를 제기한다: 문화와 복음은 어떻게 관련이 있는가? 복음이 크리스천의 삶을 정의하지만 그 삶은 항상 문화 속에서 살고 있고, 이 문화도 역시 항상 우리를 정의하기를 추구한다. 그러므로 크리스천은 자신이 살고 있는 문화를 이해해야 하고, 문화 속에서 합법적으로 적용하고 누릴 것과 거부해야 할 것을 결정해야 한다.

너무도 자주 우리는 기독교의 문화적 표현과 복음 자체를 혼동한다. 초대 교회도 음식을 나누어주는 일과 관련해서 사도행전 6장에서 이런 문제에 직면했고, 사도행전 15장에서는 유대의 율법적 관습을 지키는 일의 필요성과 관련해서 "예루살렘 공의회"를 열었다. 유사한 방식으로 우리는 복음의 핵심을 복음의 문화적 표현과 구분해야 한다. 예를 들어, 아프리카의 부족 공동체에서 기독교가 서방의 기독교처럼 보일 필요는 없다.

우리는 문화와 관련짓는 방법을 역시 결정해야 한다. 종교적인 용어의 사용이 대화에 도움이 되는가 방해가 되는가? 예를 들어, "종교적인 권리"와 미국의 다른 그룹들 사이에 분리와 종교적인 광란주의로 보건대, 종교적인 용어는 자주 기독교를 전파하는 데 '방해가 된다.' 사도행전 17장과 22-26장은 비기독교인들 청중에게 연설하는 바울과 기독교인들에게 보내는 편지에서 나타나는 바울에 대해 많이 다른 분위기를 만들어준다. 메시지의 수용에 대한 민감성이 용어들의 선택을 결정짓는다.

문화와 관련짓는데 있어서 기독교인들의 주요한 요소는 확실히 진실성이다. 우리는 그리스도에 대한 바울의 경험을 전달하려고 애쓰는 것이 아니라, 우리 자신의 경험을 전달하려고 해야 한다. 우리는 바울로부터 배우지만 복음에 대한 우리 자신의 경험이 하나님과 사람들 앞에서 진정으로 살아 움직여야 한다. 이것은 성경보다 경험을 위에 올려놓으려는 것이 아니라 우리가 직접 깨닫지 못한 신학을 따라 살 수는 없기 때문이다. 깨달음이 없는 신학은 위선이고 확신을 갖지 못할 것이다. 우리 문화에서 복음에 대한 표현은 종교적이라고 칭하는 단순한 용어들을 빌려오는 것이 아니라, 그리스도와의 관계의 깊이에서 자연스럽게 흘러나오는 것이어야 한다.

하나님이 활동하시고 있다면 우리는 무엇을 하고 있는가? 모든 글은 필연적으로 많은 개념들이나 사실을 분명하게 가정하고 있다. 그렇지 않다면 그 글은 참을 수 없을 정도로 긴 것이 될 것이다. 그러므로 본문에서 가정에 관한 상고는 적용의 중요한 부분이다. 물론 가정이 되도록 동일한 서신의 다른 부분에서도 가져올 수 있을 정도로 정당해야 한다. 현재의 본문은 하나님이 자기 자신을 위해서 사람들을 따로 역동적으로 세우시고 있다는 것을 가정한다. 다시 말해서 은혜, 구원, 인간의 책임, 그리고 윤리는 우리가 이 서신을 읽기 시작하기 전에 이미 고려되고 있다.

너무도 자주 사람들은 하나님의 활동이나 계획의 의미를 먼 과거의 일로 완화시킨다. 마치 하나님이 1세기에는 활동하셨지만 지금은 활동하시지 않는 것처럼 말이다. 하지만 하나님은 구원을 위해서 사람들을 따로 구별하여 세우시고 여전히 그의 특별한 대리자가 되도록 사람들을 부르신다. 하나님이 능동적으로 활동하시느냐 그렇지 않으면 수동적으로 가만히 계시느냐를 우리가 가정하는 것이 반응에 대한 우리의 기대와 준비를 결정짓는다. '하나님이 지금도 역동하시고 있음을 믿음으로써 우리는 하나님에 대한 건강한 반응을 위해 우리 자신을 준비시킨다.'

그러나 우리는 조심성이 요구된다. 어느 개념도 극단적이 될 수 있기 때문이다. 유감스럽게도 어떤 이들은 하나님이 그들을 따로 구별하시었기 때문에 자신들이 다른 사람들보다 우월하다고 결론짓는다. 또 어떤 이들은 하나님이 활동하시고 있기 때문에 삶에 대한 해결은 단순하고, 또는 모든 행위가 하나님의 행위의 결과라고 결론짓는다. 하지만 성경은 그렇게 단순하지 않다. 성경 본문의 적용은 단지 개별적인 성경 본문의 적용이 아니어야 한다. 본문을 전체 성경의 구조 내에서 적용해야 한다. 다른 본문이 개별적인 단락의 남용을 제어해야 한다. 예를 들어, 고린도전서 1-4장이 지적하는 것처럼, 십자가의 메시지가 우월성에 대한 감정을 허락하지 않는다. 또는 욥, 하박국, 그리고 시편기자가 한탄한 것처럼 하나님은 자주 활동하시지 않는 것처럼 보이고, 인생은 쉬운 해결책을 갖지 못한다. 그러한 배경에 비추어서 우리는 다른 특별한 본문을 적용할 수 있다.[4]

위치에 관한 바울의 인식–그리스도 안에 그리고 세상 안에. '위치'에 대한 바울의 가정–구체적인 지역에 그리고 그리스도 안에 사는 것–은 하나님과의 삶에서 심오한 통찰을 제공한다. 크리스천의 믿음은 개념의 매력적인 설정이나 따라야 할 멋진 방법이 아니다. 오히려 크리스천의 믿음은 그리스도와의 깊은 관계이고 주님과의 깊은 연합이다. 바울은 그것을 '그리스도 안에서' 사는 것으로 묘사한다. 그리스도 안에 사는 것은 그리스도에 의해 결정되어지는 것이다. 그리스도가 우리의 존재를 형성한다. 사람이 그리스도에 의해 둘러싸인 것을 의식하지 않고서는 전적으로 그의 성품과 일치하는 방식으로 행동할 수 없다. 나중에 우리는 이 신학이 구원에 관한 바울의 이해의 기초가 된다는 것을 알게 될 것이지만, 그것은 분명히 그

4. 성경 자료에서 그러한 긴장들에 관한 주제에 대해서는 나의 *Between Two Truths*(Grand Rapids: Zondervan, 1990)을 보라.

의 윤리를 이끌고 크리스천에 관한 그의 가장 적절한 묘사다.

이 "위치"의 의미가 중요하다. 크리스천이 동시에 두 영역에서 살고 있다는 사실의 중요성은 무엇인가? 바울의 독자들은 에베소 지역에서 그리고 그리스도 안에서 살았다. 그들이 그리스도 안에 있다는 것이 지역과 관련해서 어떤 의미를 가지며, 또 그들이 이 지역에 살고 있다는 것이 그리스도와 어떤 의미를 갖는가? 크리스천들은 살아가는 방식을 결정하는데 있어서 이 질문을 개별적으로 물어보아야 한다. 우리는 지금 살고 있는 장소를 회피할 수 없고, 우리 안에 살아 계신 그리스도를 배신할 수도 없다.

에베소서의 나머지 부분은 아주 일반적인 방식을 제외하고는 그들의 지역에 대한 독자들의 책임에 초점을 맞추지는 않는다. 그 관심의 대부분은 구원과 기독교 공동체의 삶에서 그리스도 안에 있는 것의 의미에 주어지게 될 것이다. 이 둘이 중요하지만 본문을 적용함에 있어서 우리는 그 신학을 확장할 필요가 있다. 우리는 기독교 공동체 외부와의 관계에 대해서 그리스도 안에 있는 존재의 의미를 실천해야 한다.

에베소서 1:3-14

3 찬송하리로다 하나님 곧 우리 주 예수 그리
스도의 아버지께서 그리스도 안에서 하늘에
속한 모든 신령한 복을 우리에게 주시되
4 곧 창세 전에 그리스도 안에서 우리를 택하
사 우리로 사랑 안에서 그 앞에 거룩하고
흠이 없게 하시려고
5 그 기쁘신 뜻대로 우리를 예정하사 예수 그
리스도로 말미암아 자기의 아들들이 되게
하셨으니
6 이는 그가 사랑하시는 자 안에서 우리에게
거저 주시는 바 그의 은혜의 영광을 찬송하
게 하려는 것이라
7 우리는 그리스도 안에서 그의 은혜의 풍성
함을 따라 그의 피로 말미암아 속량 곧 죄
사함을 받았느니라
8 이는 그가 모든 지혜와 총명을 우리에게 넘
치게 하사
9 그 뜻의 비밀을 우리에게 알리신 것이요 그
의 기뻐하심을 따라 그리스도 안에서 때가
찬 경륜을 위하여 예정하신 것이니
10 하늘에 있는 것이나 땅에 있는 것이 다 그
리스도 안에서 통일되게 하려 하심이라
11 모든 일을 그의 뜻의 결정대로 일하시는 이
의 계획을 따라 우리가 예정을 입어 그 안
에서 기업이 되었으니
12 이는 우리가 그리스도 안에서 전부터 바라
던 그의 영광의 찬송이 되게 하려 하심이라
13 그 안에서 너희도 진리의 말씀 곧 너희의
구원의 복음을 듣고 그 안에서 또한 믿어
약속의 성령으로 인치심을 받았으니
14 이는 우리 기업의 보증이 되사 그 얻으신
것을 속량하시고 그의 영광을 찬송하게 하
려 하심이라

원 의미

1:1-2의 논의에서 보았던 것처럼, 고대의 서신들은 오늘날 우리의 서신들처럼 전형적인 형태를 따랐다. 처음에 저자와 수령자의 신원을 밝히고 인사를 한 후에 보통 기도가 포함된다. 이 기도는 자주 건강에 대한 소원이 담겨 있다. 갈라디아서를 제외한 모든 바울의 서신은 기도를 포함한다. 그러나 그의 기도는 좋은 건강에 대한 소원이 아니라 그리스도 안에서 하나님의 행위에 대한 찬미나 독자들을 위한 감사 그리고 크리스천으로서 그들의 삶을 위한 중보 기도를 표현하고 있다. 이 서두의 기도는 몇 가지 이유 때문에 각 서신에서 중요한 부분을 형성한다. (1) 기도는 서신의 관심사에 대한 정보를 제공하고 앞으로 다룰 주제들에 대한 서

론으로 거의 기능한다. (2) 기도와 함께 바울은 그의 사랑과 관심을 크리스천 친구들에게 표현했다. (3) 바울은 독자들이 예배를 위해 모여서 그의 서신을 읽었을 때, 그의 독자들의 예배 경험 속으로 들어왔다. 사실상 그는 그들을 위한 예배의 모델이 됨으로써 그들을 예배로 인도했다.

에베소서의 기도는 특이하다. 그것은 긴 송영(사실상 축복, 1:3-14), 감사(1:15-16), 그리고 중보기도(1:17-20)를 담고 있기 때문이다. 어느 다른 신약성경의 서신도 송영과 감사-중보기도를 담고 있지 않다. 문제는 그 기도가 어디에서 끝나는지를 아는 것에 있다. 에베소서의 첫 세 장 전체는 교회에 익숙한 용어를 사용하면서 예배와 예전적인 표현으로 가득하다. 그것은 사실상 음악에 맞추어진 교리다.[1] 하지만 바울의 기도가 1:23에서 끝나는가, 아니면 3:21로까지 확대되고 있는가? 3:14-21이 분명히 기도이고, 1:15-23에서 중보기도의 주제가 3:14-21에 내재되어 있음을 주목하라(하나님의 영광의 부요함, 성령, 능력, 믿음, 우리가 그리스도 안에 속해 있다는 것을 아는 것, 충만과 온전함, 그리고 교회). 첫 세 장들은 기도와 찬미의 표현인가?[2] 적어도 우리는 에베소서 1-3장에서 신학과 기도를 구분하는 선이 매우 흐릿하다는 것을 말할 수 있다. 기도에서 우리는 하나님에 관한 이해를 다시 얻을 수 있다.

이 서론적인 기도에서 우리는 에베소서를 쓴 바울의 관심을 엿볼 수 있다. 그는 구체적인 신학적 또는 교회론적 문제에 대답하려고 하지 않는다. 오히려 에베소서는 그리스도 안에서 구원의 경이로움을 설명하고, 사람들이 그리스도와 함께 하는 삶의 선물의 의미를 알게 하는 일반적인 서신이다. 이 이슈들에 초점을 맞추면서 1:3-14에서의 송영은 그리스도 안에서 하나님의 역사하심에 관한 신학적으로 '적재되고' 구조적으로 '복합적인' 요약을 제시한다.

주제와 구조. 몇 가지 핵심적인 개념이 이 항목을 힘 있게 만든다. 가장 중요한 것은 "그리스도 안에"란 표현이고, 그것은 "그 안에"서와 같은 표현과 함께 헬라어 본문에서 11번 나타난다(NIV에서는 9번). 우리가 1:1과 관련해서 이미 보았던 것처럼,[3] "그리스도 안에" 있는 존재의 개념은 바울신학에서 가장 중요한 요소 중에 하나다. 바울은 여기서 하나님의 영광의 찬미(6, 12, 14절)와 하나님의 기쁨(5, 9절),

1. 맥케이(Mackay) p. 17을 보라. 그는 이 어구를 전체 서신을 묘사하는 것으로 사용한다.
2. 유사한 정황이 데살로니가전서 1-3장에 나타난다. 거기서도 바울의 기도가 어디에서 끝나고 있는지를 알기가 어렵다.
3. pp. 49-51을 보라.

구원, 하나님의 계획(선택), 그리고 거룩한 신비의 계시를 강조한다.

이 항목은 삼위일체적 초점을 갖는데, 3-12절은 성부와 그리스도에게 집중하고, 3절과 13-14절은 성령에 집중한다. 시간적으로 세 관점이 역시 나타난다. 영원 속에서 하나님의 활동(3-5, 9, 11절), 그리스도 안에서의 인간 역사와 믿는 사람들 속에서 하나님의 활동(6-8, 11-14절), 그리고 모든 것이 그리스도 안에서 완성될 때의 역사의 종말(10절).

대부분의 영어 번역이 그 사실을 보여주지는 못할지라도, 1:3-14의 헬라어 본문은 하나의 특이한 긴 문장이며, 그리스도 안에서 연달아 발생하는 하나님의 행위를 하나로 연결해서 묘사하고 있다. 모든 새로운 요소가 하나님이 이루신 것에 진전된 설명을 제공하고 있다. 바울은 하나님의 은혜의 부요함을 느꼈고, 그의 용어의 충일함이 그것을 보여준다. 리듬, 반복하는 어구, 그리고 고양된 신학이 이 송영을 이제껏 작성된 찬미 중에 가장 인상적인 표현으로 만들어준다. 그것의 목적은 하나님이 그리스도 안에서 보이신 은혜로 우리를 묶으시는 것에 대해서 그 하나님을 찬미하는 것이다.[4]

세 헬라어 분사를 따라 이 항목을 구성하는 것이 가장 좋다. 본문은 이렇게 전개된다. 1:3에 "우리를 복주시고", 1:5에 "우리를 예정하사", 그리고 1:9에 "우리에게 알리시고." 이 분사들은 한 가지 주요한 요지를 강조한다: 하나님의 백성들을 선택하시는 바람에서 나타난 하나님의 선하심. 첫 분사가 나타나는 3-4절은 '전체 서신의 주제로 기능하고', 나머지는 보충이다. 즉 이 서신은 그리스도 안에서 하나님이 우리를 복 주신 것과 우리가 하나님 앞에서 거룩하고 흠 없게 살 수 있도록 우리를 선택하신 것에 관한 것이다. 남아있는 장들은 하나님이 우리를 구원하신 일에 대한 이 두 가지 강조와 그 구원이 낳는 행위에서의 변화를 전개한다. 인접한 문맥에서(1:5-14) 두 번째와 세 번째 분사는 하나님의 구원을 설명한다. 4-6장까지는 그 관심이 하나님 앞에서 거룩한 삶으로 전환되지는 않는다.

그러므로 이 처음 항목은 다음과 같이 개요할 수 있다.

A. 하나님 앞에서 흠 없게 살도록 하나님에 의해 복을 받고 선택을 받음(논제)(1:3-4)

4. 고후 1:3-7과 벧전 1:3-9에서의 송영은 동일한 방식으로 시작한다. "찬송하리로다[Blessed is] 그는 우리 주 예수 그리스도의 하나님 아버지이시오."

B. 은혜로 말미암아 용서를 받고 양자로 하나님에 의해 선택됨(설명)(1:5-8a)
C. 영원을 위한 하나님의 계획이 계시되고 성령이 보증으로 주어짐(설명)(1:8b-14)

하나님의 선택이 중심적인 개념이고(4-5, 9-12절), 그리스도 안에서 경험한 은혜(6-8절)와 성령의 은사(13-14절)가 하나님의 선택과 목적에서 직접적으로 흘러나온다. 바울의 예배—1:2에서 그의 인사처럼—는 '신중심적'이다. 세 가지 주요한 분사는 모두 하나님의 행위를 묘사한다. 하나님은 그리스도를 높이셨고 그를 주가 되게 하셨지만, 하나님은 여전히 주요한 행위자시다. 하나님은 인간이 무슨 일을 하는가를 보기 위해서 기다리는 멀리 계신 존재가 아니시다. 하나님은 시작이시고, 인간을 위해서 인간과 함께 그리스도와 성령을 통해서 역사하시는 분이시며, 목적이시다.

하나님이 그리스도 안에서 우리가 거룩하게 되도록 복주셨다(1:3-4)

그리스도 안에서 행하시고 크리스천들을 그 앞에서 살도록 선택하신 하나님은 찬양을 받으실 만하다. "찬송하리로다"로 번역된 말들은 사실상 "하나님은 복되시다"이다. "찬송"(praise)이란 말을 사용함으로써 NIV는 "복되다"(bless)란 어근이 세 번 출현하는 언어유희를 상실하고 있다: 모든 "영적인 '복'으로 우리를 '복 주신' 하나님은 '복되시다.'" 하나님에 대한 우리의 예배와 하나님이 영적인 은사를 우리에게 부어주신 것에 대해 동일한 용어를 사용한 것이 우리에게 낯설지만 '복되다'란 말의 이 이중적인 의미는 구약과 신약에서 흔하다. 예를 들어, 민수기 6:24에서 "주님이 당신을 복 주신다"와 시편 103:1에서 "여호와를 송축하라"를 참조하라.[5] 누가복음 1:68-75에 스가랴의 경배는 "이스라엘의 주 하나님을 찬송하리로다(blessed)"로 시작한다는 점에서 에베소서 1:3-14와 유사하고,[6] 하나님이 그의 백성들을 구원하시기 위해서 행하신 모든 것을 설명하는 것으로 나아간다. 그러한 복이 시편의 다섯 책들을 각기 결론짓는다.

---

5. NIV: "Praise the LORD."
6. NIV: "Praise be to the Lord." 또한 롬 1:25과 9:5을 보라.

"모든 신령한 복"은 그리스도 안에서 우리에게 부여되었다(벧후 1:3을 보라). "신령한"은 이 선물(복—개역개정)이 "저세상적"임을 의미하지 않으며, 또한 고린도전서 12:3-11, 28에 열거된 영적인 은사들을 암시하지도 않는다. 오히려 이 표현은 하나님의 영이 생명을 가능하게 하기 위해 가져오신 모든 것을 가리킨다.[7] 이 서신은 이 모든 복들을 전개할 것이지만, 인접한 문맥은 선택, 양자, 은혜, 용서, 계시, 복음, 그리고 성령을 언급한다. 13-14절이 보여주는 것처럼 성령은 주요한 은사이고 모든 다른 것들의 근원이시다.

"하늘에 속한"(in the heavenly realms)이란 표현은 난해하다. 바울은 이 신령한 복이 나중에 하늘에서 누리게 될 것임을 의미하지는 않는다. 이 본문의 초점은 하나님의 선물의 '현재적' 누림에 관한 것이다. 사실상 장래에 "하늘에 속하게 될" 것에 관한 초점은 신약성경의 주요한 관심이 아니다. 신약성경의 관심은 하나님과 그리스도 안에서 현재의 삶에 더욱더 있다. '다가올 시대'가 에베소서에서 중요할지라도, 오직 5:5과 6:8만이 장래의 구원을 얻는 것에 초점을 맞추고 있고, 이 두 구절도 현재 삶을 위한 자극으로서 미래를 언급한다. 문자적으로 이 본문은 "하늘에"로 오직 독법할 수 있고, 이 용어가 다른 곳에서 형용사의 "하늘의"로 나타날지라도, 그것은 에베소서에서만 "하늘의 영역"(the heavenly realms)이란 의미를 갖는다. 하지만 이 용어는 에베소서에서 네 번의 서로 다른 출현을 살필 때에 나타나는 것처럼 단순히 "하늘"과 동의어가 아니라는 아래와 같은 것들을 가리킨다.

(1) 그리스도(1:20)와 신자(2:6)의 높임을 위한 장소
(2) 통치자와 권위자들에 대한 하나님의 지혜의 계시를 위한 장소(3:10)
(3) 보다 부정적으로는 신자와 악한 영적 세력간에 전투의 장소(6:12)

다시 말해서 "하늘의 영역"은 물리적인 장소를 가리키는 것이 아니라 영적인 실제를 가리킨다—신자들이 공유하고 악한 세력들이 여전히 공격을 가하려고 하는 하나님의 세계. 그것은 하나님과 신자의 관계와 교회가 경험하는 모든 것을 포함한다.[8] 이는 이 세상이 유일한 실제가 아니라는 것을 말하는 방식이기도 하다.

---

7. Gordon D. Fee, *God's Empowering Presence: The Holy Spirit in the Letters of Paul*(Peabody, Mass.: Hendrickson, 1994), 666-67을 보라.
8. Stott, *God's New Society*, 35을 보라. 그는 "영적인 실재의 보이지 않는 세계"를 주장하고, Schnackenburg, *Ephesians: A Commentary*, 51은 "하나님의 활동의 영역과 영향이나 불경건한 '세력들'의 영향"을 제

그리스도가 이미 주님으로 높아지시고 신자들이 그리스도의 승리에 참여하고 영적인 세력들이 배척되는 더 커다란 실제가 존재한다. 신자들이 이 땅에서 육체적으로 살고 있을지라도, 그들은 영적인 근원과 더 높은 영역에서 그들의 정체성을 부여받고 있다. 우리는 크리스천에게 주어진 영적인 복을 현재 삶에서 누리게 된다. 그 복은 하나님이 '하늘에서' 그리스도 안에서 이미 이루신 것에서 유래하기 때문이다.

"그리스도 안에" 그리고 이와 연관된 표현들은 이미 1:1의 주석에서 보았던 것처럼 바울신학, 특히 에베소서에서 가장 중요한 요소 가운데 속한다.[9] 바울의 가르침의 모든 요소는 그리스도와의 연합을 이해한 것에서 흘러나온다. 이 표현들이 이 항목을 지배하고 있다. 하나님의 목적과 선택은 그리스도 안에서 발생한다(1:4, 9, 11). 하나님의 은혜와 구속이 그리스도 안에서 발견된다(1:6-7). 하늘과 땅의 모든 것은 그리스도 안에서 통일된다(1:10). 사람들은 그리스도 안에서 소망하고 그리스도 안에서 말씀을 들으며, 믿음으로 그리스도 안에서 인증된다(1:12-13). 이 전체 항목이 경배라는 것을 기억하라. 하나님이 찬미를 받으시고, 그 찬미의 초점은 하나님이 그리스도 안에서 이루시고 그리스도 안에서 모든 것이 가능하게 되었다는 것이다.

"그리스도 안에"를 단순하게 정의할 수는 없다. 그 용어가 출현할 때마다 개별적으로 문맥 속에서 분석해야 한다. 때로 "그리스도 안에"는 "그리스도 예수 안에 있는 생명의 성령의 법이 죄와 사망의 법에서 너를 해방하였음이라"(롬 8:2)[10]와 같이 그리스도에 '의해서' 또는 그리스도의 역사를 '통해서' 어떤 일이 발생하는 것을 전달하기 위해서 도구적으로 기능한다. 다른 때에는 이 표현이 "크리스천"이라는 의미로 단순히 사용된다(고후 12:2을 보라). 다른 경우에 그것은 에베소서 6:1에서와 같이 행위를 제한한다. "자녀들아 너희 부모를 주 안에서 순종하라."

그러나 "그리스도 안에"의 가장 중요한 사용은 "위치적"인 의미이고, 그것은 그리스도에게로 포함되는 것을 가리킨다. 즉 그리스도는 신자들이 거하는 "장소"이

기한다.

9. "그리스도 안에서"가 바울 서신에서 나타나는 164번 이외에 헬라어 상응어인 "성령 안에서"가 22번 나타나고(에베소서에서는 5번), "하나님 안에서"는 3번 나타난다(에베소서에서는 한 번도 나타나지 않는다). 에베소서에서 36번의 출현 중에 23번이 첫 두 장에서 나타나고 있음을 주목하라. 무엇보다도 에베소서는 그리스도와의 연합을 설명하는 '그' 서신이다.

10. 이 본문은 보다 문자적으로 번역하면, "그리스도 예수 안에서 생명의 성령의 법이 나를 자유케 했다"이다.

고, 그들이 하나님의 구원과 복을 발견하는 근원이며, 그들이 살고 행하는 구조이다. 그리스도는 마치 하나님의 은사들을 보유하고 있는 방대한 저장소와 같다. 하지만 물론 인격으로서 그리스도의 의미를 상실하지 않은 채로 말이다. 그리스도는 모든 영적인 복의 근원이시다. 신자들이 그 안에 거하기 때문에 그들은 그 복을 누릴 수 있다. 그리스도의 인격이 상실되지 않기 때문에 신자들의 인격도 상실되지 않는다. 이것은 신성으로 흡입되는 동방의 종교적 사상이 아니다. 그렇지 않고 오히려 그리스도와 신자들은 그리스도가 삶의 척도가 되고 생명을 위한 하나님의 공급을 가능하게 만드는 연합으로 묶여진다. 이런 사상의 논리적 결론은 에베소서에서 아주 중요한 '몸' 이미지에 대한 바울의 사용이다.

'그리스도 안에'란 바울의 사상의 기원은 불확실하다. 신약성경에서 유사함을 갖고 있는 유일한 다른 문서들은 요한의 문서뿐이다. 요한의 문서들은 신자가 그리스도 안에 거하고 그리스도가 신자들 안에 거하는 상호호혜적인 개념에 초점을 맞춘다. 이는 이 사상의 근원이 예수에게서 유래한다는 것을 암시할 수 있지만, 바울의 용법을 예수의 명백한 말씀에서 추적할 수는 없다. 어떤 학자들은 그 기원이 온 민족이 복을 받는 자로서 아브라함을 언급하는 구약성경 본문에 있다고 주장한다.[11] 이스라엘의 임무를 취하신 자이신 그리스도가 모든 이들이 복을 받는 새로운 대표적인 머리가 되셨다. 이것이 한 요소일 수 있으나 그리스도와 함께 죽고 사는 것으로서 세례에 대한 바울의 신학이 그리스도 안에 있는 존재에 관한 개념의 배후에 있을 수 있다(롬 6:3-8).

우리는 1:4에서[12] 처음부터 바울의 관심이 윤리적인 변화라는 것을 주목해야 한다. 그가 4-6장까지는 이 문제를 탐구하지 않을지라도 말이다. 바울은 신자들에게 구원의 장엄함을 말함으로써 그들을 격려하기를 추구하지만 하나님의 은혜에 일치하는 삶을 살도록 그들을 도전하기를 원했다. 하나님으로부터의 삶이 하나님과 함께 하는 변화된 삶을 낳는다. "거룩하고 흠 없는" 삶에 관한 이런 기대가 하나님의 선택하시고 구별 되게 세우신 백성에게서 자연스럽게 흘러나온다. 이 사상은 1:1에서 "성도"나 "거룩한 자들"이란 칭호에 대한 해석이고, 이는 교회가 거룩하고 흠이 없어야 한다는 5:27에서의 기대와 유사하다.

---

11. 창 12:3; 18:18의 문맥에서 갈 3:8을 보라. 또한 고전 15:22에서 "그리스도 안에"와 "아담 안에서" 간의 대조를 참조하라.
12. 1:4에서 선택에 관한 가르침은 1:5-6과 함께 다루어질 것이지만 그것은 이 서신의 주요한 진술의 일부로서 1:3에 속한다.

선택(1:4-6)

1:1이 바울을 사도로 세우신 하나님의 활동을 강조했던 것처럼, 이 항목은 그리스도 안에서 하나님이 사람들을 계획하시고 선택하신 활동을 강조한다. 선택은 하나님이 백성들을 뽑으셨다는 것을 의미하고, 이 가르침은 사람들이 하나님을 선택하였다는 사상과 부합하지 않는다. 선택은 하나님의 백성들이란 존재를 오직 하나님의 성품과 계획과 행위에 근거해서만 설명할 수 있는 것이지 선택된 사람들의 자질 속에서 설명할 수는 없다. 주도권은 항상 하나님의 은혜에 기초한 하나님에게 있다(6-7절, "은혜"는 주제의 변화가 아니라, 다른 용어를 사용한 동일한 주제의 연속이다). 구원은 하나님의 편에서 어떤 우연이나 결과론이 아니다.

하나님의 목적은 '항상' 인간을 자신에게로 데려오는 것이었다. "창세전에"는 "창조가 있기 직전에"를 의미 하지 않고 오히려 하나님의 목적이 그의 본질 깊은 곳에 뿌리내려 있다는 것을 표현한다. 하나님은 인간을 사랑하고 찾으시는 하나님이시다(참조. 신 7:7-9). 강조가 하나님의 영원한 계획, 곧 9-11절에서 다시 나타나는 주제에 있다.

이것은 성경에서 선택에 관한 가장 중요한 본문 중 하나다. 선택은 낯설고 불필요한 교리가 아니라, 단순히 하나님의 은혜와 구원을 말하는 또 다른 방법이다. "선택하다"와 "예정하다"와 같은 말은 사람들을 따로 구별하여 세워놓으신 하나님의 활동을 강조한다. 선택이 "성도들"을 낳는다(1:1; 즉 "거룩한 자들", "구별한 자들").

1:5에서 양자("아들들"—개역개정)에 대한 강조는 선택의 목적이 관계적이라는 것을 보여준다. 하나님은 사랑의 하나님이시기 때문에 예수 그리스도를 통해서 '그의 가족으로' 사람들을 양자 삼으실 것을 선택하셨다. '양자'(아들됨)는 현재(참조. 롬 8:15; 갈 4:5)와 미래(롬 8:23)에 구원의 경험을 설명하는데 사용되는 가족의 이미지다.[13]

거룩한 선택에 관해서 말할 때 사람들은 보통 개인의 선택과 그들에 대한 혜택을 생각한다. 하지만 성경의 본문들은 다른 강조를 갖는다. 선택은 주로 집합적인 용어이기 때문이다. 에베소서 1장에서 어느 것도 개인에 초점을 맞추지 않고, 그리스도 안에 있는 사람들에게 집합적으로 초점을 맞춘다. 이것이 신학을 바꾸어놓는다. 사람들은 선택된 자—그리스도—안에서 오직 선택된다. 이스라엘이 하나님의

13. 1:14에서 "기업"과 "하나님의 소유"에 관한 초점이 이 사상을 계속 존속시킨다(참조. 롬 8:14-15, 28-30).

복을 세상에 전달하려고 선택되었지만, 이제 그리스도가 그 임무를 취하셨다. 그리스도는 이스라엘의 선택을 완성하시는 탁월한 "아브라함의 씨"이시다(참조. 갈 3:7-29). 선택은 '그리스도 안에서'(엡 1:4) '그리스도를 통해서'(1:5) 발생한다. 개인 스스로 선택되어서 그리스도 안에 두어진 것이 아니다. 그들이 그리스도 안에 있으므로, 선택된 것이다.[14]

선택은 실로 특권을 가져오지만, 인간이 스스로를 자랑스럽게 여기고 다른 이들을 경시할 수는 없다. 선택은 항상 책임을 불러온다. 하나님은 우리가 어떤 일을 하도록 선택하셨다—즉, 하나님 앞에서 거룩하고 흠 없는 사람을 살도록 부르셨다(1:4; 참조. 5:27). 선택에 관한 다른 성경의 본문은 그것이 이스라엘, 남은 자, 또는 바울이나 예레미야와 같은 개인을 언급하든 간에 동일한 이해를 갖는다. 하나님의 선택은 그의 역사에 사람들을 편입시키시고 그들에게 책임을 부여하신다.

마침표의 문제가 4절의 끝에 존재한다. "사랑 안에서"는 4절과 연결되는가(크리스천들이 "사랑 안에서 하나님 앞에서 거룩하고 흠이 없게 하시려고") 아니면 5절과 연결되는가?(NIV처럼 "사랑 안에서 하나님이 우리를 예정하셨다")[15] 학자들은 이 문제에 둘로 나뉜다. 1:4-5의 어느 번역도 사실일 수 있으나 여기서 초점은 하나님의 활동에 있기 때문에 NIV의 선택이 선호된다.

반복되는 "그의 영광의 찬송"(to the praise of his glory, 1:6, 12, 14)이 보여주는 것처럼 선택의 궁극적인 목적은 하나님의 영광이다. 이 어구에 대한 정확한 평행은 신약성경이나 70인경에서 나타나지 않는다. 이 개념은 하나님이 자기 자신을 찬송하기를 원한다는 것이 아니다. 오히려 하나님의 선택하시는 활동의 목적은 사랑하시고 구원하시는 하나님으로서 그 자신의 성품을 드러내는 것이라는 사실이다. 하나님이 자신을 드러내실 때—그리고 "영광"은 주로 계시에 대한 말이다—찬송은 불가피한 결과다.

---

14. T. F. Torrance("Universalism or Election," *SJT* 2[1949]: 315)은 선택을 "하나님의 사랑이 엄격한 의미에서 예수 그리스도가 하나님의 선택일 수 있도록 예수 그리스도의 삶과 죽음과 부활에서 역사에 들어오고 시행된 것"으로 정의했다. 벧전 2:4-8에서 유사한 개념과 사 42:1에서 가져온 용어인 눅 9:35에서 예수를 묘사하기 위해서 "선택된 자"를 사용한 것을 참조하라. 선택의 주제에 관해서는 A. A. Solomon, "The New Testament Doctrine of Election," *SJT* 11(1958): 406-22; H. H. Rowley, *The Biblical Doctrine of Election*(London: Lutterworth, 1953); William W. Klein, *The New Chosen People: A Corporate View of Election*(Grand Rapids: Zondervan, 1990)을 보라.

15. 동일한 문제가 "사랑 안에"를 갖는 3:17과 "모든 지혜와 총명으로"를 갖는 1:8에서 나타난다.

은혜로 충만함(1:6b-8a)

'은혜'('카리스')란 말의 신약성경의 의미는 구약성경의 용어들로부터의 요소를 조합하고 있다. '헨'은 열등한 자에 대한 우월한 자의 자비에 초점을 맞추고 있고, '헤세드'는 언약의 신실함을 강조한다. 헬라어의 근본적인 함축은 그것이 기쁨과 희락을 야기한다는 것이다. 아름다움, 온유, 매력, 호의 등. 그때에 '은혜'는 우리에 대한 하나님의 놀라운 수용을 가리킨다. 그것은 하나님이 우리에게 주시는 어떤 것이라기보다는 '하나님이 그 자신을 우리에게 주신 것'을 의미한다.[16] 우리를 포용하시고 우리의 혜택을 위해 일하시기 위해서 우리 곁으로 그가 오신 것이다. 은혜는 우주의 심판자가 죄인들이 그의 집에 앉아서 음식을 먹게 하시는 것이다. 주도권은 항상 하나님께 있고, 그는 사람들에게 그리스도 안에서 영원한 생명의 선물을 부여하신다.

은혜는 구원을 행하시는 능력이고(2:5-8), 복음을 요약하는 말이다(고후 6:1). 바울서신의 다른 곳에서 은혜는 폭넓은 범주의 개념을 전달한다. 은혜는 크리스천의 삶으로 들어가는 것만을 가리키는 것이 아니라 전 삶을 망라한다(롬 5:2; 6:14). 우리는 은혜로 구원받을 뿐 아니라 은혜로 산다. 이 용어는 하나님이 바울(엡 3:7-8)과 크리스천(4:7)에게 사역을 주신 것에도 사용되고 있고, 아울러 크리스천들이 각기 서로 교훈하는 말을 하는 '수혜'에도 사용되고 있다(4:29). 또한 가난한 사람들을 위해 돈을 모으는 것에도(고후 8:1-19), 그리고 감사의 표현으로도 사용된다(고후 8:16). "은혜"가 에베소서에 나타나는 열두 번 가운데 4:29만이 인간으로부터의 은혜를 가리킨다. 다른 열한 번의 출현은 구원하시거나 우리를 사역과 연관시키시는 은혜에 초점을 맞춘다. 1:6-8에서는 네 가지 진술로 하나님의 구원하시는 은혜에 강조가 두어진다.

(1) 하나님이 선택하시는 사람은 하나님의 은혜에 대한 찬미로 인도된다.

(2) 하나님의 은혜는 하나님이 사랑하시는 자 안에서 우리에게 "거저 주신다." (NIV의 "우리에게 거저 주어진다"는 사실상 "은혜"란 말의 서술적인 형태이다. 문자적인 번역은 "사랑하시는 자 안에서 우리에게 부여된 은혜"가 될 것이다.)

16. Harold H. Ditmanson, *Grace in Experience and Theology*(Minneapolis: Augsburg, 1977), 57-59을 보라.

(3) 구원은 하나님의 은혜의 풍성함으로부터 발생한다(참조. 2:7—"풍성함"이 1:18; 3:8, 16에서 나타난다).

(4) 은혜가 우리에게 아낌없이 주어졌다.

이런 왕성한 용어로 바울은 하나님이 이 서신을 읽는 자들에게 부여하신 가치와 중요성을 깊이 느끼게 한다.

"그가 사랑하시는 자"는 그리스도를 가리킨다. 공관복음서에서 이 표현(문자적으로는 "사랑받는 자")은 메시아 칭호다(참조. 마 3:17; 12:18)—또는 적어도 그것에 가깝다. 여기서 그것의 사용도 유사하다. 동일한 용어가 크리스천(롬 1:7)과 유대인들(11:28)에게도 사용된다. 그것은 사실상 "선택된 자"와 동의어다. 선택은 하나님의 사랑이나 그리스도와 분리될 수 없다.

선택이 그리스도 안에서 발생한 것처럼, "속량"(구속)도 그리스도 안에서 발견된다. '속량'이란 용어는 언약에 관한 구약성경의 개념과 고대의 시장 용어에 기초하고 있다. 양 경우에 그 용어는 소실되거나 죄수로 갇히거나 멸망케 될 사람 또는 물건을 팔거나 사는 개념과 관련이 있었다. 예를 들어, 보아스는 나오미의 남편에게 속한 땅을 사서(속량했고) 룻과 결혼할 권리를 얻었고(룻 4:1-12), 가난 때문에 노예로 팔린 사람들은 친척들에 의해 속량될(되돌릴) 수 있었다. 이 용어는 애굽에서 이스라엘을 구속하신 하나님을 설명하는데 사용되거나(삼하 7:23), 낙심 상태에서 사람들을 구원하는 것에 사용되었다(시 72:14; 렘 15:21). 1세기에 헬라 세계에서 "속량"은 비교적 드물게 사용되었지만, 노예의 자유를 사는 것과 연관해서 사용되었다.

신약성경에 나타나는 "속량"이란 말의 열 번의 출현 가운데 일곱 번이 바울의 서신에 나타나고, 그 중에 세 번이 에베소서에 나타난다. 바울의 독자들은 대가의 지불을 통해서 노예상태에서 해방을 의미하는 것으로 이 용어를 이해했다. 지불한 대가는 분명히 그리스도의 "피"였고, 이 피는 희생적인 죽음과 하나님과 함께 맺었던 새 언약을 가리키는 상징적인 방식이다. 속량은 여기서 현재에 소유됨으로 나타나지만 다른 곳에서 그 강조는 미래에 있다(예를 들어, 1:14; 4:30). 현재와 미래의 이런 긴장은 기독교 사상의 가장 일관된 방편 중에 하나다. 크리스천의 믿음의 모든 것은 '지금' 하지만 '아직 아닌'의 조합이다. 우리는 이미 그리스도 안에 소유되어 있으면서, 여전히 그것을 기다리고 있다.[17]

"죄 사함"은 속량을 더 자세히 설명하는 것으로 부연된다. "죄"에 대해서 사용된 용어는 보다 문자적으로는 "위반"('파라프토마')이지만 죄에 대해서 더 자주 사용되는 단어인 '하마르티아'와의 구분이 의도되어 있지는 않다. 바울은 여기서만 용서에 대해서 '아페시스'란 헬라어를 사용하는데, 이는 골로새서 1:14에서의 평행적인 단락에서도 사용된다. 상응하는 동사가 구약성경을 인용하고 있는 로마서 4:7에 나타난다. 사도는 몇몇 다른 단락들에서 용서에 대해서 다른 용어를 사용하지만(예. 엡 4:32), 구원에 대한 그의 사상은 보통 용서에 초점을 두지는 않았다. 바울은 구체적인 잘못된 행위들이 중요한 문제가 될지라도, 세력이나 압제자로서 죄에 더 관심이 있었다. 다시 말해서 사도는 구원을 주로 해방(풀려남)의 측면에서 생각했다. '아페시스'는 자주 해방의 개념을 내포하고,[18] "속량"과의 연관은 여기서 그런 뉘앙스를 갖는다는 것을 보여준다.[19] 바울의 사상은 죄와 그 죄가 가져온 기소에서 '풀려나는' 것에 대한 것이다. 은혜로 인해 크리스천은 죄 속에 또는 그 죄의 기소 아래 더 이상 살지 않고 그리스도 안에서 산다.

하나님의 뜻의 계시(1:8b-1:12)

1:4-6a에서의 초점이 그리스도 안에서 사람들에 대한 하나님의 선택에 있는 반면에 바울은 이제 하나님의 계획에 대한 계시와 그 계획이 어떻게 그리스도를 중심으로 하고 있는가에 관한 것으로 전환한다. 하나님의 뜻, 목적, 그리고 바람에 대한 용어들이 9절과 11절을 지배한다. 바울은 그리스도 안에서 하나님의 행위가 우주의 우연한 사건이나 결과론이 아니라는 것을 강조한다. 오히려 하나님이 오래도록 의도하셨던 것이다.

두 가지 문제가 "모든 지혜와 총명을"(in all wisdom and understanding)이라는 어구에 나타난다(8b절). (1) 그것은 8b절에 속하는가 9a절에 속하는가? 바울은 하나님의 은혜가 모든 지혜와 총명 속에서 우리에게 부여되었다는 것을 의미하는가 아니면 모든 지혜와 총명과 함께 하나님이 우리에게 그의 뜻의 신비를 알리셨는가를 의미하는가? 양쪽 다 가능하지만 후자가 더 적절한 것으로 보인다(참조. 1:17에서 유사한 주제; 3:10-11). (2) 바울은 하나님이 그의 뜻을 알리실 때 '그의' 지

17. C. Marvin Pate, *The End of the Age Has Come: The Theology of Paul*(Grand Rapids: Zondervan, 1995)에 의한 최근의 책을 보라.

18. 예를 들어, 눅 4:18을 보라.

19. 동일한 연결이 골 1:14에서 나타난다.

혜와 총명을 행하신 것을 의미하는가 아니면 하나님이 그의 뜻을 알리실 때 '인간 존재에 부여하신' 지혜와 총명을 가리키는가? 에베소서 3:10-11은 전자를 암시하나 1:17은 후자를 암시한다. "지혜"는 자주 인간에 의한 현명한 삶을 가리키나 특히 하나님의 구원하시는 계획을 말하는 단락에서는 하나님의 지혜에 대해서도 역시 사용된다.[20] 두 선택 사이에서 결정하는 일은 쉽지 않고 두 개념이 모두 포함되어야 한다. 각각의 선택은 다른 하나를 함축하고 있다고 말할 수 있을 것이다. 하지만 여기서의 초점은 하나님 자신의 지혜와 총명의 연출에 있는 것으로 보인다. "지혜"와 "총명"이란 용어 사이에 구분은 의도되어 있지 않다. 두 용어는 중언법—두 단어를 통해 전달한 하나의 개념—을 형성한다.

복음은 무엇보다도 하나님의 목적과 행위에 대한 계시이고, 여기서 하나님의 계시적인 활동이 찬송의 원인이다. 바울의 소명과 책임에 나타난 바울의 사역은 하나님의 계시의 증거다. '신비'(mystery, 비밀—개역개정)란 용어는 계시의 주제를 보다 더 강조한다. 현대적인 용법에서 '신비'는 알려지지 않은 것을 일컬을지라도, 유대와 초기 기독교 문헌에서 이 용어는 하나님이 지금 드러내신 감추어져 있던 거룩한 계획을 가리킨다(참조. 3:3-9; 6:19).[21]

이 단락에서 모든 관심은 때가 찬 구원의 계획을 하나님이 완성하시는 것에 있다. 어떤 학자들은 1:10을 전체 서신의 핵심으로 보지만, 그것이 중요한 만큼 두 용어들로 인해서 이해하기가 난해하다. (1) '오이코노미아'는 NIV에서 "경륜을 이루다"로 번역되어 있지만, 이 번역은 바울의 초점이 오직 종말의 시간에 있다는 것을 암시하는데, 이는 논쟁이 된다. 보다 흔하게는 이 용어가 "관리"나 "청지기직"을 의미한다.[22] 일부 번역들은 "행정"이나 심지어 "계획"을 사용하지만 후자는 신약성경 시대에 잘 입증되지 않는다. 바울은 3:2에서 이 용어를 자신의 사역에 대해 사용하고, 3:9에서는 하나님의 감추어진 비밀의 계시에 대한 자신의 책임에 대해 사용한다. 1:10에서 요지는 하나님이 그리스도로 하여금 "완전한 시간"을 통치하고 지배하게 하셨다는 것이다.[23] 이 본문은 그리스도의 영원한 주되심에 관한 것이다.[24] (2) '아나케팔라이우'는 NIV에서 "한 머리 아래로 모두 가져오다"로 번역

20. 또한 고전 1:21-30; 2:7을 보라.

21. Raymond E. Brown, *The Semitic Background of the Term "Mystery" in the New Testament*(Philadelphia: Fortress, 1968); Chrys C. Caragounis, *The Ephesian Mysterion*.

22. 몇 가지 뉘앙스가 가능하다. 관리의 행위와 관리의 책임, 또는 관리에 책임이 있는 직무(눅 16:2; 고전 9:17을 보라).

23. 아마도 하나님보다는 그리스도가 관리하는 분으로 간주된다.

되어 있지만 그 용어가 "머리"나 "머리됨"의 함축과 관련이 있는 것인지는 의심스럽다. 그 용어는 "수렴하다"나 "통일하다"를 의미한다.[25] 전체 우주는 그리스도 안에서 통일되어질 것이다. 그리스도는 모든 피조물에 일관성을 부여하는 초점이시다. 어느 날 모든 무릎이 그에게 꿇을 것이고(빌 2:10), 하나님의 창조는 그리스도를 따라 통일될 것이다. 그때에 이 두 곤란한 용어들은 모든 것의 주님으로서 그리스도에게 초점이 맞추어진다.[26]

NIV는 10절을 종말의 때를 가리키는 것으로 이해한다. 문자적으로는 이 본문이 "완전한 시간"으로 독법된다. 이것은 종말의 시간을 가리키는가 아니면 그리스도의 오심 이후로 전체 시대를 포함하는가?(막 1:15; 갈 4:4) 어느 시대의 시간도 완성되어지는 것으로 말할 수 있다.[27] 묵시적인 저자들은 하나님에 의해 설정된 시간의 시대를 말하였고, 분명히 "완전한 시간"은 하나님의 행위의 절정을 가리킨다. 에베소서에서조차도 그리스도가 주님이실지라도, 하늘과 땅의 모든 것은 아직 그리스도 안에서 완성되지 않았다(1:20-21; 5:16; 6:10-12). 이 본문의 주요한 의도가 종말의 시기에 하나님의 목적의 궁극적인 성취에 관심이 있을지라도, 바울은 이 성취를 그리스도의 삶과 죽음과 부활에서 이미 시작한 것으로 간주했다. 그는 모든 시간의 주님이시다. 구속이 현재와 미래에 있는 것처럼, 하나님의 뜻의 계시도 현재와 미래를 가리킨다.

에베소서를 이해하는 일에서 난해한 것 중에 하나는 저자가 "우리"와 "우리의"를 "너희"와 "너희의"로 바꾼 방식이다. 첫 번째 그러한 난해함이 1:11-14에 나타난다. 1:11에서 "우리"와 1:14에서 "우리의"는 분명히 모든 크리스천을 가리키고, 1:13에서 "너희"는 서신을 받는 이방인 수령자들을 묘사한다. 이 난해함은 1:12에서 "우리가 그리스도 안에서 전부터 바라던"이란 말에서 나타난다. 일부 학자들은 "전부터 바라던"이라고 번역된 용어가 시간적인 초점을 갖는 것이 아니라고 주장하고 1:12을 모든 크리스천을 가리키는 것으로 간주한다. 그런데 NIV가 제기하고 있는 것처럼 이 언급은 유대 크리스천들에 대한 것이다. 에베소서가 유대 크리스천과 이방인들의 관계에 대해서 관심이 있기 때문에 이 추론은 아마도 옳을 것이다.

---

24. 참조. 골 1:25-26.
25. 그 용어의 유일한 다른 신약성경의 출현인 롬 13:9을 보라.
26. 참조. 골 1:20.
27. 행 7:23이나 9:23을 보라. 두 구절은 "성취하다"(fulfill)란 헬라어를 갖는다.

성령: 크리스천들을 위한 혜택(1:13-14)

송영이 하나님의 계획에 대한 초점에서 복음 즉, "진리의 말씀"(the word of truth)에 대한 수용으로 전환한다.[28] 복음은 생명을 주시는 하나님으로부터의 진리에 대한 것이다. 이 진리는 이 서신과 바울신학의 근본적인 개념 중에 하나이다.

1:3-14에서 "그리스도 안에" 있는 존재에 관한 바울의 일관된 강조가 여기서 더 설명이 부여된다. 믿음으로 인해서 그리스도 안에 있는 사람들은 성령으로 인이 쳐진다. 이 진술은 세례나 회심 후에 두 번째 경험을 일컫는 것이 아니라 회심 자체를 묘사한다. 회심에서 모든 신자들은 하나님과의 미래의 삶을 보증하는 "인"과 "공탁"으로 성령이 부여된다.

인은 오늘날과 유사한 방식으로 고대 세계에서 사용되었다. 화물이 선적되기 전에 인이 쳐지고, 서신들이 내용의 진정성을 보증하기 위해서 인이 쳐진다. 인은 진실성과 소유권을 전달했다. 이 경우에 성령은 신자들이 하나님께 속해 있음을 증거하기 위해서 부여된 인이시다.[29] 성령은 종말에 성령의 부으심을 말하는 에스겔 36:26-27과 요엘 2:28과 같은 본문 때문에 "약속된" 성령이라 불려진다. 예수의 부활과 더불어 성령의 오심은 초대 교회에 종말의 시간이 시작되었다는 것을 확신시켰다.

성령은 "보증"이시다. 여기서 사용된 헬라어('아라본')는 완전한 지불을 약속했던 선지불금을 나타낸다(또한 고후 1:22; 5:5을 보라. 참조. 8:23).[30] 다시 말해서 성령은 우리의 구원에 대한 하나님의 첫 지불금이고, 장래의 완전한 상속을 전달할 보증이다. NIV는 1:14을 올바르게 번역하고 있다. 그 소유는 사람들이 구원을 소유한 것이 아니라 하나님이 그의 백성들을 소유한 것으로 간주된다. 그렇지 않다면, 속량이란 용어의 사용이 의미를 갖지 못한다. 백성들을 소유하시는 하나님에 관한 용어는 말라기 3:17에서와 유사하다. 이 전체 문맥이 보여주고 1:19이 증거하는 것처럼, 바울은 하나님이 사람들, 특히 이방인들을 포함하는 사람들을 획

28. "of" 구문이 헬라어에 나타날 때마다 의도된 뉘앙스에 대해서 결정이 이루어져야 한다. "참된 말씀"(the true word)이 가능한 번역일지라도, 여기서 아마도 의도된 것은 "진리에 대한 말씀"(the word about the truth)일 것이다.

29. 4:30; 고후 1:22.

30. 바울의 성령에 관해서는 Gordon Fee, *God's Empowering Presence*을 보라. 텍스트적인 문제가 성령을 가리키는 헬라어 대명사의 성과 관련하여 1:14에서 나타난다. 이것은 성령의 제사장직에 관한 문제가 아니라 명사가 대명사의 선행사란 문제로 간주해야 한다.

득하셨다는 것을 매우 중대하게 생각했다.

상황잇기

바울의 사상을 오늘날에 적용하기 위해 우리는 익숙하지 않거나 옛 방식의 개념들을 설명할 필요가 있다. 그러나 더 중요한 것은 '신학화'의 과정이고, 어떻게 우리가 암묵적이든 명시적이든 본문에서 작용하고 있는 신학을 이해하느냐다.

구성 요소. 특히 1:3-14과 같이 신학적인 것으로 가득한 단락에서 우리는 그리스도 안에서와 은혜와 같은 특별한 주제들을 다뤄야할 뿐 아니라, 우리는 물러나서 전체적으로 본문을 살펴야 한다. 본문의 "구성 요소"를 살핌으로써 더 커다란 신학적 관점들이 나타나게 된다. 적어도 세 가지 구성요소들을 주목해야 한다: 삼위일체의 세 위격에 관한 초점과 시간에 관한 세 가지 관점 그리고 예배의 신학.

(1) 이 항목의 많은 것들은 익숙하지 않은 사상을 담고 있다. 우리는 하나님과 그의 계획에 초점을 맞추는데 익숙해 있지 않다. 선택과 같은 개념들은 우리들에게 낯설고 "번역"을 요구하지만, 다른 요소들은 우리의 전반적인 세계관을 재배열할 것을 요구한다. 우리의 현대적 관점에서, 인간으로서 우리는 역사의 단계에 주요한 행위자이지만, 바울의 송영은 하나님이 주요한 행위자라는 것을 강조한다. 하나님에 대한 경배에서 우리의 세계관을 연결하는 다리가 있어야 한다. 관점의 변화가 본문을 적용하기를 시작하기 전에 필요하다. 우리는 그리스도 안에서 성령을 통해 우리를 위해서 역사하시는 하나님에 관한 바울의 인식을 필요로 한다.

(2) 하나님의 성품은 우리를 선택하신 분, 즉 "우리를 위한 하나님"으로 가장 잘 묘사된다(참조. 롬 8:31). 하나님은 항상 계셨고, 항상 이런 종류의 하나님이시다. 하나님은 과거, 현재, 미래의 하나님이시고, 우리를 위해서 이 세 가지 시간 속에서 역사하신다.

우리의 안전은 창세전에 하나님이 행한 것에 기초하고 있다. 아울러 우리의 안전은 하나님이 그리스도와 성령 안에서 우리를 위해 행하셨고, 행하시고 있으며, 또한 장래를 위해 약속하신 것에 기초한다. 하나님은 사람들을 위한 구원을 이루시기 위해서 의도적으로 선택하셨고, 어떤 일도 마다하지 않을 것을 계획하셨다. 이는 하나님의 편에서 결과론이 아니라 하나님의 존재의 본질을 보여준다. 하나님은 그와의 관계를 위해 사람들을 창조하신 교제의 하나님이시다. 창조의 결과는 의심할 것도 없다. 하나님은 처음부터 역사하셨고, 그의 목적을 이루실 분으로 그리스도를 내정하셨다. 하나님은 사람들을 그에게로 가져오실 것이다. 그 일이 일어날 때 사람들은 하나님이 얼마나 사랑이시고 관계적인지를 알게 될 것이다. 에베소서 1:9-14의 용어는 그날을 고대한다.

(3) 이 본문이 송영이기 때문에, 분명히 그 첫 번째 중요성은 그것이 예배와 예배를 받으시는 하나님에 대해서 가르치고 있다는 것이다. 시편에서처럼 바울의 찬송은 하나님과 하나님의 행위에 대한 '묘사'다. 예배는 하나님의 행위를 설명하는 이런 "설명적"인 특성을 항상 갖는다. 크리스천들이 하나님의 다른 행위들을 무시하지는 않을지라도, 그들에게서 그 중심은 송영이 보여주는 것처럼 '그리스도 안에서' 하나님의 행위에 항상 있다. 우리가 바울의 기도가 정확히 어디에서 중단되고 있는지를 알지 못할지라도, 그의 기도는 하나님의 행위에 대한 설명을 포함하고 아울러 그것이 본질상 신학적이라는 사실은 분명하다. 송영은 신학이고 또 그 역이기도 하다. 그러나 이것은 분명히 냉정한 설명이 아니다. 우리를 위한 하나님의 행위의 실제는 우리에게 힘을 주시는 깊은 감정을 불러일으킨다.

그리스도 안에서. 신약성경의 저자들은 메시아와 주로서 예수 안에 있는 신자들로서 그들이 발견한 실재를 설명하기 위한 단어들을 찾았다. 어느 단일한 설명이나 이미지만으로는 적합하지 않기에 결과적으로 그들은 다양한 비유를 사용했고, 때로 새로운 표현들을 창출했다. "그리스도 안에"는 단지 그러한 부산물이다.

우리는 실재가 우리가 보고 경험하는 주변의 물리적인 세계라고 가정한다. 송영—모든 성경으로서—은 그 실재가 훨씬 더 커서 하나님과 그의 행위가 포함되고, 또 그것이 "그리스도 안에서"와 "하늘의 영역에서" 발생한다고 주장한다. 상황잇기에서 우리는 이런 "더 큰 실재"를 분별하기 위해서 우리의 사고를 확장해야 한다. 크리스천들은 동시에 두 가지 실재 속에 살고 있다. 그들의 물리적인 세계와 그리스도 안에서 하늘의 영역. 우리는 그리스도 안에서 하나님의 행위에 관한 실재와 성령의 은사 속에 살고 있다. 우리가 삶을 위해 필요로 하는 것은 그리스도 안에서 발견되는 것이고 또한 골로새서가 특히 강조하는 것처럼 그리스도는 우리가 필요로 하는 모든 것이다.

"그리스도 안에" 있는 존재의 개념은 상황을 잇는 일에서 에베소서에서 가장 어려운 임무 중에 하나다. 초대 크리스천들이 얼마 전에 자기들과 함께 살았고 그의 형제들을 이미 알고 있는 사람 "안에" 있다고 어떻게 생각할 수 있었는가? 그들은 야고보 안에 있다고 말하지 않았고, 또한 존 웨슬리나 마틴 루터 안에 있다고 말하지도 않는다. 우리가 그리스도 안에 있는 개념을 이해하는데 있어서 어려운 점은 회심에 대한 전형적인 복음주의적 용어에 의해 가중된다. 크리스천들은 천국에 가기 위해서 오늘날 그리스도를 자신들의 마음에 초대하는 것으로 보통 언급하지만, "우리 안에 그리스도가 있는 것"에 대한 용어와 우리가 하늘로 가는 것에 대한 부분은 성경에서, 특히 바울에게서, 비교적 드물게 나타난다.[31]

학자들은 어느 신학적 개념이 바울의 사상에 핵심인지를 자주 논쟁한다. 어떤 이들은 이신칭의를 선택하지만 '의롭게 되다' 란 동사는 로마서와 갈라디아서 바깥에서는 네 번만 나타나고, 에베소서에서는 전혀 나타나지 않는다. "그리스도 안에"라는 용어의 164번의 출현 가운데 36번이 에베소서에 나타나고, 이는 아마도 훨씬 더 중심적인 모티브이고, 적어도 하나의 중심적인 모티브다. 속량이 "그리스도 안에" 있는 것처럼(1:7), 칭의와 하나님의 모든 다른 행위도 그리스도 안에서 발생한다.[32] 사실상 보속이 의미를 갖는 유일한 방식, 즉 그리스도의 죽음이 우리들을 위해서 효력을 발생하는 유일한 방식은 그리스도와 신자들의 연합이 아주 강력해서 어떤 방식으로든 그리스도의 죽음이 우리의 죽음이 되고 그의 삶이 우리의 삶이 되는 것이다. 이런 유대성은 성육신과 믿음을 통한 이중적인 일치에 의해 이루어진다. 성육신 속에서 그리스도는 우리와 하나가 되시고, 믿음으로 우리는 그리스도와 하나가 된다.

"그리스도 안에" 있는 존재에 관한 개념과 밀접하게 관련된 것은 "그리스도와 함께" 어떤 일을 행하거나 "그리스도와 함께 죽고 사는 것"에 관한 용어다.[33] 이런 결과는 신자들이 그리스도와 아주 밀접하게 관련이 되어 있어서 "몸"이란 이미지가 그 관계를 가장 특징적으로 잘 표현해 준다. '크리스천은 그리스도의 일부(5:30)이고 서로의 일부다(4:25).' 에베소서는 상당히 이런 두 진술로 요약된다.

크리스천들이 그리스도의 일부라는 진술은 우리가 구원과 기독론을 이해하는 방식에 중대한 의미를 갖는다. (1) 구원과 관련해서 바울은 우리가 그리스도 안에서 체현되었고, 그리스도의 죽음과 부활을 공유한다고 가르친다. 복음주의자들은 보통 구원의 핵심 개념으로 우리를 위한 그리스도의 대속에 초점을 맞춘다. 대속이 중요할지라도(5:2을 보라), 그것은 구원을 설명해주는 '한' 양상일 뿐이고 전체적인 가르침은 아니다. 사실상 대속을 이해하는 방식은 그리스도 안에 있는 존재

---

31. 바울서신에서 오직 '다섯' 본문들이 우리 안에 있는 그리스도를 가리킨다: 롬 8:10; 고후 13:5; 갈 2:20; 4:19; 엡 3:17. 골 1:27은 "영광의 소망인 너희 중에 그리스도" 즉, 이방인들 사이에서 그리스도로 이해해야 한다.
32. "그리스도 안에서" 발생하는 칭의에 대해서는 갈 2:17을 보라.
33. 예를 들어, 롬 8:1-4; 고후 5:14-21; 갈 2:19b-20; 빌 3:8-10; 엡 2:4-10을 보라.

에 관한 바울의 강조에 자주 불리하다. 대속이 그리스도가 우리를 대신하고 우리는 그 상황에서 사라졌다는 것을 암시하지만, 바울의 견해에서 우리는 그리스도에 포함되었고, 그와 함께 하나가 되었다. (2) 기독론과 관련해서 바울의 그리스도는 더 이상 단순히 인간 존재로 간주되지 않는다. 그는 우주적인 그리스도이시고 영원부터 하나님의 행위의 중심이시다(1:4). 그는 온 인류를 대변하시고 구현하신 분이시고(1:6-7), 모든 선한 은사(복)들을 얻을 수 있게 하시는 분이시며(1:3), 피조물들이 통일되는(수렴되는) 분이시다(1:10). 기독론적인 칭호를 사용하지 않고서도 그리스도 안에서라는 바울의 사상은 온전한 기독론을 표현한다.[34]

선택. "그리스도 안에"가 현대 문화에서 설명하기가 쉽지 않다면, 선택도 마찬가지다. 얼핏 보기에 선택은 고풍스러운 개념이고, 성경적 사고방식으로 제한되며, 현대의 청중들에게 도움보다는 곤란을 더욱 주는 것으로 보인다. 우리는 하나님이 어떤 이들은 선택하시고 나머지는 간과하신다고 생각하기가 어렵다. 하나님은 사랑의 하나님이신데 어떻게 이렇게 행하실 수 있는가? 그러나 그러한 결론은 에베소서의 본문을 넘어서서 추론한 것이다.

동시에 아마도 선택은 처음 생각처럼 그렇게 낯설지 않다. 팀이나 조직으로 선택되고, 학교에 받아들여지거나 반대편 성의 사람에 의해 선택되는 것은 모두 가치를 확증해준다. 최근에 흑인 무슬림 극단주의자들은 유대인들이 하나님의 선택된 백성이 아니라 흑인들이 선택된 백성이라고 주장했다. 유사하게 백인 우월주의자들은 유대인이 아니라 백인이 하나님의 선택된 종족이라고 주장했다. 두 그룹은 자신들의 가치를 높이기 위해서 그 용어를 멋대로 사용하기를 추구하고 있다. '인간과 관련할 때' 선택은 두 가지 개념을 표현한다. 하나님에 의해 인간에게 주어진 가치와 인간이 하나님께 빚지고 있는 책임, 둘 다 여전히 중요하다.

에베소서 1장에서 선택이란 용어는 '주로 하나님에 대한 것'이고, 하나님을 왜 찬양해야하는지를 보여준다. 이끌어낸 어느 결론도 이것이 조직신학이 아니라 송영이라는 사실에서 유래해야 한다. 이는 송영의 신학적 중요성을 간과하려는 것이 아니라 바울이 하나님에 대한 경배에서 의도한 것에 머무르고자 하는 것이다. 바울의 목적은 그리스도로 말미암아 사람들을 하나님 자신에게로 오게 하려고 계획하신 하나님의 역사에 초점을 맞추는 것이다. 그 초점이 개인적이기보다 집합적이

---

34. 참조. James S. Stewart, *A Man in Christ*(London: Hodder and Stoughton, 1936), 154: "우리가 '그리스도 안에' 있다는 것을 말할 때, 우리는 의식적으로나 무의식적으로나 믿음의 고백을 하고 있고, 우리는 기독론을 형성하고 있다."

고 사람들이 택하신 자 즉 그리스도 안에서만 선택을 받는다면, 이 본문은 하나님이 어떤 이들을 선택하시고 다른 이들은 간과하신다는 것을 두려움과 연관 지을 필요가 없다. 그것은 선택의 '결과'에 대한 비성경적인 결론이다. 성경 본문의 초점은 선택의 '원인'—하나님—과 그 '목적'—크리스천이 하나님 앞에서 거룩하고 흠 없는 삶을 사는 것—에 있다. 하나님은 인간을 소중히 여기시고 그들을—유대인과 이방인들—그리스도 안에서 자신에게로 이끄신다. 하나님의 은혜가 초점이고, 이 본문은 하나님의 임의적인 결정에 대한 어느 논의도 지원하지 않는다.

많은 질문들이 선택에 주어지나, 크리스천들은 그 대답에 거의 의견이 다를 것이다. 선택은 상실될 수 있는가? 그리스도 안에 있었던 사람이 나중에 그리스도에게서 내쳐질 수 있는가? 그러나 이 본문(그리고 대부분의 다른 본문들)은 이런 질문들을 다루지 않고 있으며, 이런 질문들은 호도될 수 있다. 바울은 하나님의 은혜에 대해서 그를 찬미하는 것에 더 관심이 있었다. 선택의 주제에서 신비의 요소를 부여해야 하지만 일부 요지들을 강조해야 한다.

(1) 선택은 하나님의 은혜의 행위다.
(2) 하나님은 아브라함을 선택하셨고, 그 다음에 그 임무를 위해 이스라엘을 선택하셨다—열방의 모든 민족들에게 복을 주는 것(창 12:3).
(3) 예수는 하나님의 선택된 자로서 이스라엘의 임무를 취하셨다.
(4) 사람들은 하나님과 관련해서 그리스도 안에서 선택된다.
(5) 하나님이 선택하실지라도, 인간은 여전히 선택권을 갖고 있고, 자신들의 결정에 책임이 있다.
(6) 선택은 어려울 때에 강력한 지원이 될 수 있는 하나님의 호의를 보여주지만, 그렇다고 결코 우월함의 표지로서 다루어서는 안 된다.
(7) 더 중요하게는 '선택은 항상 책임을 함축한다.' 사람들은 어떤 일을 하기 위해서 선택되어진다.
(8) 선택의 궁극적인 목적은 에베소서가 '하나님의 영광의 찬미'로 표현하고 있는 하나님의 성품에 대한 계시다.

결과적으로 선택에 대한 논쟁의 대부분은 점잖게 내려놓아야 한다. 우리를 높이신 것에 대해서 하나님을 찬양하는데 초점을 맞춘다면, 우리는 바울을 이해할 수 있고, 선택에 관한 다른 질문들은 약해진다. 어느 누구도 자신이 선택되었는지를 염려해서는 안 된다. 주요한 질문은 "당신이 그리스도 안에서 그와 하나가 되었느냐"다.

선택이 이 본문에서 가져오는 책임은 윤리적이다. 우리는 하나님 앞에서 거룩하고 흠 없는 삶을 살아야 한다. 어떤 이들은 거룩하고 흠 없는 삶에 대한 요청을 상관하지 않을 것이다. 바울은 유대인으로서 자신의 소위 흠 없는 경력을 배격했을지라도, 그는 여전히 크리스천들에게 흠 없이 살 것을 요청했다(참조. 3:6과 함께 빌 2:15). 이 본문은 완벽주의를 촉진하고 있는 것이 아니라, 크리스천들이 하나님을 섬기는 삶을 살도록 요청한다.

구원이란 용어. 바울은 자신의 메시지를 "구원의 복음"이라 묘사했지만(1:13), 우리 문화에서 많은 이들은 삶의 위험성을 감지하지 못하거나 구원에 대한 필요를 느끼지 못한다. 구원에 대한 특별한 용어들이 이를 이해하려는 우리의 시도를 복잡하게 만든다. 예를 들어, "은혜"와 같은 말들은 오늘날에 어느 내용도 전달하지 못하는 것 같고, 심지어 "양자"와 "상속"이란 익숙한 말조차도 하나님에 대한 논의에서는 이상스러워 보인다. 상황을 잇는 것은 이런 용어들을 풀어놓고 인간의 곤경과 그 문제를 다루시는 하나님의 행위를 논하는 인내를 필요로 한다. 결국에 모든 구원의 용어는 인간을 하나님께로 회복시키시기 위해서 하나님이 인간의 죄를 다루시고 그로부터의 소외를 다루신 것을 묘사한다.

이 구원의 행위를 묘사함에 있어서 송영은 바울신학의 주요한 개념들의 배열을 제시한다. 물론 모든 것을 포함하고 있지는 않지만 바울은 기독교를 묘사할 수 있는 다섯 핵심적인 용어들—은혜, 진리, 믿음, 사랑, 그리고 소망—을 사용한다. 모든 다섯 가지가 1:3-14과[35] 서신 전반의 핵심적인 단락에서 나타난다. 다섯 가지에는 논리적인 순서가 있다. 은혜가 항상 먼저 온다. 은혜가 이 서신의 시작에서부터 아주 많은 관심을 받는 것은 그 때문이다. 은혜는 하나님의 행위와 다른 용어들을 이해하기 위한 기초적인 역할을 한다.

하지만 은혜는 난해한 말이다.[36] 사람들은 그것이 중요한 것을 알지만 너무도 자주 그것에 적은 의미를 부여하고("놀라운 은혜"라는 노래를 익히 잘 알고 있음에도 말이다) 오로지 "예전적인 기능"만을 생각한다. 은혜는 우리가 생명을 위해 필요로 하는 실재다. 은혜는 하나님이 우리의 실패와 죄에도 불구하고, 우리를 가

35. 믿음은 1:13에서 "믿었다"란 말의 명사 형태다.
36. pp. 66-67을 보라.

치 있게 하시고 찾으심을 강조한다. 설사 인간이 하나님을 간과할 때조차도 그는 여전히 사람들을 찾으시고 그들을 하나님 자신에게로 이끄신다. "은혜"는 너무도 신학적으로 중요해서 간과할 수 없지만, 너무 어려워서 그것을 이해하기 전에 모델이 있어야 한다.

상황을 잇는 일을 필요로 하는 다른 구원의 용어는 '속량'(참조. 1:7)이다. 이 용어는 최근에는 거의 사용되지 않고, 신학적인 내용이 쉽게 인식되지 않는다. 사람들이 알 필요가 있는 것은 신자들이 하나님께 속하고 항상 하나님과 같이 있다는 것이다. 게다가 하나님은 인간과 동일시되기 위해서 어떤 것도 마다하지 않으셨다(그는 지극한 대가를 치르셨다). 하나님은 아들의 삶과 죽음과 부활을 통해서 인간과 같이 되시고 그들을 그 자신에게로 돌리셨다. 속량은 하나님이 사람들을 그 자신에게로 되돌리려고 역사하신 것을 의미한다. 우리는 누구에게 그 대가를 지불하는가를 추측할 필요가 없다. 이것은 비유의 용어이고, 성경은 문자적인 지불의 개념을 논하지 않는다.

시간의 의미. 이 단락에서 우리는 시간에 관해서 상고할 필요가 있다. 우리는 현재에 대해서만 생각하는 경향이 있지만, 온전한 삶은 과거와 현재와 미래에 초점을 맞추어야 한다. 사람들은 자신들의 뿌리와 궁극적인 정착지, 아울러 자신들의 현재를 알아야 한다. 크리스천에게서 이 모든 것이 조명되어야 한다. 우리는 하나님의 전체 스토리에 대한 깊은 감각을 가져야 한다: 이스라엘에서 하나님의 활동, 특히 그리스도 안에서 하나님의 기초적인 행위, 그리고 장래에 대한 하나님의 위로하시는 약속. 하지만 우리는 과거나 미래를 위해 현재를 포기해서는 안 된다. 크리스천은 과거에 기초해서, 미래로 이끌어지는, 현재 속에 살고 있는 사람들이다. 게다가 미래는 단순히 "저기 나중에"가 아니라 이미 경험되고 있다. 신자는 하나님의 궁극적인 약속을 이미 현재에 누리고 있다. 설사 그 완성이 여전히 오지는 않았을지라도 말이다. 이 "이미 하지만 아직은 아닌"이란 시간의 이해가 크리스천의 삶을 지배해야 한다.

"이미 하지만 아직은 아닌"이란 사상의 아주 중요한 양상은 성령과 관련이 있다. 이 본문의 성부 하나님과 기독론적 의미에 관한 행위와 더불어 1:3과 1:13-14은 성령에 대한 중요한 정보를 드러낸다. 종말에 약속되었을지라도, 성령은 이미 부활하신 그리스도에 의해 우리에게 주어졌다. 성령은 우리에게 하나님의 현재의 복을 전달해주고(3절), 우리가 하나님께 속해 있다는 증거다(13절). 성령을 통해서 크리스천들은 하나님과의 삶의 특권을 지금 이미 누린다. 그리고 성령은 하나님과의 삶이 장래의 구원에서 성취될 때인 여전히 미래에 있는 것을 역시 보증하신다.

현대적 의미

송영의 적용을 직접적인 방식으로 행할 수는 없다. 이 단락은 독자들에게 어느 것도 명백하게 요구하지 않지만, 암묵적인 메시지는 두 가지 단계의 적용을 제시한다. 첫 번째 단계에서 적용은 모방이다. 독자들은 바울이 행한 것—하나님을 경배하고 찬송한 것—을 단지 행해야 한다. 이 단락을 분석하고 설명하려는 어느 시도도 바울의 찬송의 왕성함에는 부족할 것이다. 하지만 두 번째 단계에서 크리스천의 삶을 위한 이 단락에 신학의 적용은 방대하다. 우리는 여기서 그것들 중에 몇 가지를 상고할 것이고, 다른 것들은 서신의 나머지 부분에서 설명할 것이다.

실재와 예배. 사람들은 하나님과 관련해서 살고 그를 섬기는 것에서 왜 실패하는가? 대체로 우리가 하나님을 우리와 단절시키고 우리와 상관이 없는 멀리 계신 분으로 간주하기 때문이 아닌가?—하나님의 기대는 우리가 알고 있는 실재에 그리 중요하지 않다. 어느 다른 책보다도 에베소서는 하나님이 멀리 계시지 않으며 항상 임재하시고 우리를 위해 활동하시며 개인과 교회에 영향을 미치시는 것을 보여주기를 추구한다.

복음은 실재의 표현, 즉 우리가 알고 있는 실재를 사실상 공격하고 있다. 실재는 단지 이 세상만이 아니라 이 세상과 다음 세상에서 하나님의 목적을 포함한다. 월터 윙크(Walter Wink)가 우리에게 상기시킨 것처럼, "예배하는 것은 그 집을 소유하신 분을 기억하는 것이다."[37] 우리가 살고 있는 "진정한 실재"가 우리를 가치 있게 하고 우리를 위해 활동하시는 하나님과 관련이 있다는 관점을 갖는다면, 필연적으로 우리의 삶을 변화시킬 것이다. 갑작스럽게 하나님이 기대하신 것이 중요하게 된다.

예배와 찬송이 그토록 중요한 이유가 바로 이 때문이다. 예배와 찬송은 하나님과 우리 자신에 대한 진리를 우리가 말할 기회를 제공해준다. 예배에서 공동체는 자신의 영혼을 재창출하고,[38] 참으로 그 존재를 재형성시킨다. 예배에서 우리는

---

37. Walter Wink, *Engaging the Powers: Discerning and Resistance in a World of Domination*(Minneapolis: Fortress, 1992), 160.
38. 이런 묘사는 Émile Durkheim, *The Elementary Forms of the Religious Life*, trans. Joseph Ward Swain(Glencoe, Ill.: The Free Press, 1947)에서 기원한다. 유감스럽게도 사실상 많은 공동체들이 예배에서 자기 자신들만을 반영하고 하나님을 만나지는 못한다.

우리를 정의하는 모조적인 실재와 부적절한 것을 거부하고 하나님의 "참된 실재"와 그의 구원, 그리고 인간의 책임을 확증한다.

어느 박해받는 그룹도 이 사실을 알지만, 아마도 어느 교회 그룹도 흑인교회보다 이 사실을 더 잘 알지는 못할 것이다. 세대를 내려오는 동안 흑인 크리스천들은 그들이 경험하는 이 세상의 정의는 모조적인 실재라는 것을 간직했다. 흑인들도 역시 하나님의 특권을 입은 자녀들이고, 하나님이 어느 날 정의를 범람하게 하실 것이라는 것을 그들은 알았다. 유감스럽게도 오늘날 교회들—흑인과 백인—은 하나님의 뜻이 기껏해야 흐릿한 방식으로 이 세상의 모조적인 실재를 너무도 자주 사고 있다. 많은 이들이 죄가 이길 것이라는 견해를 수용했다. 참으로 예배는 표현을 위해서 문화를 사용한다는 점에서 항상 문화적이지만, 예배는 항상 타문화적이다. 그것은 당대의 모조적인 실재를 받아들이기를 거부하기 때문이다. 우리는 하나님의 "참된 실재"를 살아 있게 하는 꿈을 간직해야 한다. 그러므로 우리는 바울이 그의 송영에서 행한 초점과 강렬함으로 예배할 필요가 있다. 죄가 이기는 것이 아니라 하나님이 이기신다. 예배에서 우리는 하나님이 우리를 인정하셨기 때문에 하나님을 인정한다(참조. 롬 1:21, 28).

기도와 찬송은 우리들 앞에 "참된 실재"를 붙드는 활동이다. 칼 바르트가 말한 것처럼, "기도의 손을 잡는 것은 세상의 무질서를 제압하는 바로 그 시작이다."[39] 따라서 우리의 기도와 예배는 우리에게 하나님이 어떤 분이신지를 상기시키는 '신학적'인 특징을 항상 갖는다. 기도가 모조적인 실재를 위한 필요의 목록이 되기보다 기도는 하나님과 하나님의 실재를 묘사하고, 그럼으로써 하나님께 우리가 더 가까이 나아갈 수 있게 해야 한다.

우리가 예배하는 하나님은 멀리 계신 하나님이 아니시다. 그는 우리의 아버지이시고(1:3), 우리는 그의 자녀다(1:5). 인생은 하나님 '앞에서' 살고 있고(1:4), 하나님의 영이 우리에게 주어져 있다(1:13-14). '인생은 관계적이다.' 우리는 하나님 그리고 다른 사람과 관계되어 있다. 이 본문은 하나님과의 관계로서 삶에 초점이 맞추어져 있다. 사람들은 자신들이 하나님과 관계하여 산다면 인생에서 어떤 것을 잃을 것이라고 자주 두려워한다. 그들이 놓치는 것은 하나님이 없는 인생의 왜곡과 남용이며 이에 따른 비통이다. 하나님과의 삶은 인생에서 최소한 억제해야 하는 것이 아니라, 하나님의 성령이 우리의 모든 특권을 가져오신다.

---

39. Richard Foster, *Prayer: Finding the Heart's True Home*(San Francisco: Harper, 1992), 243에서 인용함.

나는 우리 시대의 교회가 예배하는 법을 잊어버렸다는 인식을 갖는다. 예배의 옛 형태는 적합하지가 않고 새로운 형태는 확실하지가 않다. 우리는 바울의 송영의 깊이와 자연스러움을 어떻게 발견할 것인가? 나는 고정된 예배의 계획을 제공하려는 것이 아니다. 예배의 핵심은 절차가 아니라 하나님을 경험하는데 있고, 또한 예배의 핵심은 예배를 계획하는데 있지 않고 예배를 위한 시간과 하나님과 하나님의 역사를 분별하기에 충분히 민감한 눈에 있다고 나는 확신한다. 하나님에 관한 지식은 경이와 예배로 이끈다. 이와 동떨어져서 예배하는 것을 배우는 방도는 없다. 아브라함 헤셸(Abraham Heschel)은 예배에 관한 특징을 잘 이해했다.

> 기도는 삶의 형언할 수 없는 놀라움에 대한 겸손한 '응답'이다. 오직 한 가지 반응이 우리에게 유지될 필요가 있다: 경이로움을 목격한 것에 대한 감사 그리고 섬기고 찬송하고 채울 수 있는 권리를 은혜로 얻은 것에 대한 감사. 그것은 내 영혼을 위대하게 만드는 감사다.[40]

아울러 사람들은 어떤 것을 경배해야 하고, 자기 자신을 내어줌으로써 그리해야 할 것이다. 하지만 하나님 이외에 그 어느 것도 관심의 대상이 될 수는 없다. 하나님 이외에 다른 어떤 것들이 보답을 제공할 수 없다. 사실상 우상들은 값비싼 희생을 보통 요구한다—당신의 위엄, 당신의 자유, 당신의 고결함, 그리고 건강한 관계. 톰 라이트(Tom Wright)가 지적한 것처럼, "당신이 무엇을 경배하느냐가 당신이란 사람을 만들어줄 것이다."[41] 헌신이 당신을 형성한다. 하지만 우리가 하나님의 형상으로 창조되었기 때문에, 오직 하나님만이 우리를 올바르게 형성할 권리를 가지신다. 그밖에 다른 모든 것은 왜곡이고 죄다. 하나님께 대한 경배가 우리의 생명을 붙들게 하는 호흡이다. 예배하는 것을 배우라.

그리스도 안에 있는 존재의 실제. 가장 중요하게는 우리는 '그리스도 안에'서 살고 있다.[42] 하나님의 임재와 그리스도 안에서의 삶을 인식하는 것이 모든 인생의 열쇠다. 사람들은 하나님을 잊어버리기 때문에 죄를 짓는다. 우리가 지금 살고 있

---

40. Abraham Joshua Heschel, *Quest for God: Studies in Prayer and Symbolism*(New York: Crossroad, 1990), 5(이탤릭체는 그의 것이다).
41. Thomas Wright, *Bringing the Church to the World*(Minneapolis: Bethany, 1992), 51. 라이트는 우상숭배의 커다란 대가를 논한다.
42. 하나님 안에서 우리가 살고 행하고 존재를 갖는다고 말하는 행 17:28과 비교해보라.

는 "위치"를 잊어버리는 것은 얼마나 이상한 일인가? 우리가 하나님 앞에서 그리고 그리스도 안에서 살고 있다는 것을 안다면, 그 명확한 임재 속에서 살고 있다는 것을 알게 된다. 우리의 삶은 그리스도와 하나님의 성품에 의해 결정된다. "내가 그리스도 안에 살고 있음을 알고 있지만, 나는 그리스도가 기대하는 것과 반대되는 것을 행할 것이라"고 말하기는 어렵다. 기독교 윤리는 그리스도 안에 있는 우리의 존재에 기초해 있다. 대안적인 규칙을 지키는 것은 기독교 윤리에 대한 부적절한 기초다. 그것은 외적인 규범으로 개인을 한정하는 것을 요구하기 때문이다. 그러나 사람이 그리스도 안에 산다면, 그리스도가 그 사람의 환경이 된다. 크리스천은 성령에 의해 능력이 부여되고, 그리스도 안에서 발생하는 내적인 정의로부터 살아야 한다. 하나님 앞에서 거룩하고 흠 없는 삶을 살아가는 1:4b에서의 기대는 이런 이해로부터 자연스럽게 흘러나온다.

우리 안에 그리스도의 존재의 중요성을 간과하지 않을지라도, 그리스도 안에서의 우리의 존재를 소홀히 하는 개념은 문제가 있다. 만약 그리스도가 우리 안에 있다는 것만을 강조한다면, 우리가 실재를 정의하고 그리스도는 부차적이 된다. 그런데 만약 우리가 그리스도 안에 있다는 것을 깨닫는다면, 그리스도가 실재를 정의하고 우리의 모든 것을 둘러싸신다.

바울에게서 믿음은 그리스도 안에 포함되는 것, 즉 삶을 결정짓는 분과의 교제를 의미한다. 기독교 종교는 최근에 뉴스 매거진이 주장했던 것처럼 단순히 어떤 사실을 믿는 것과는 다르다. 그리스도와의 교제가 그리스도에 대한 어떤 교리에 대한 믿음으로 축소될 수는 없다. 우리는 우리를 위한 그리스도의 죽음을 그리스도 안에서 우리의 존재와 동떨어져서 개인적으로 적용할 수는 없다. 그리스도 안에 참여함은 잘못된 충성과 지배와 방향을 무너뜨리는 것이고, "그리스도의 담지자"가 될 수 있도록 역동적이고 창조적이 된다. 그리스도 안에 있는 것은 예수가 주님이시라는 사실을 말하는 또 다른 방식이다. 그리스도가 우리의 존재를 결정하신다.

크리스천은 그 "위치"를 알고, 그리스도 안에 살고 있으므로 자신이 그리스도의 일부라는 것을 아는 사람들처럼 살아야 한다. 결과적으로 크리스천은 그들 자신을 단순히 한 개인으로 간주하지 않아야 한다. 그들은 여전히 개별적인 인간이지만 '단순히' 한 인간이 아니라 그리스도의 일부이고, 이 서신에서 전개되는 것처럼, 그리스도 안에서 다른 사람들의 일부다. 그처럼, 크리스천은 그리스도의 존재에 따라서 항상 행동해야 한다. 그들이 행하는 모든 것—좋은 것이든 나쁜 것이든—

그리스도와 관련이 있다. 우리가 그리스도의 일부라는 것을 아는 것이 윤리적인 변화를 가져온다.[43]

바울의 "그리스도 안에" 신학은 불가피하게 우리가 복음전도를 행하는 방식을 변화시킬 것이다. "당신이 천국에 갈 수 있도록 예수를 당신의 마음에 품을 것을 요구하는" 표준적인 흐름은 바울이 묘사하고 있는 것과 비교해서 빈약하고, 이 외침이 바울의 절차라는 증거가 별로 없다. 분명히 바울은 예수 안에서 믿음을 요청하지만, 이것은 무엇을 의미하는가? 에베소서의 다른 단락들은 이 질문에 대답할 수 있도록 도와줄 것이지만(2:8에 관해서 보라), 이미 분명한 것은 바울에게서 믿음은 그리스도와의 연합을 가져왔다는 것이다.

우리는 그리스도 안으로 사람들을 초청하기 위해서 어떤 용어를 사용할 것인가? 아마도 예수를 따르거나 예수에게 자신을 부착시키는 제자도의 이미지는 시작할 수 있는 좋은 지점이다. 그리스도와 함께 죽고 사는 바울의 용어는 효과적이다. 하지만 어떤 용어를 사용하든지 간에 사람들은 믿음이 관계적이고 그들의 삶이 그리스도의 생명과 연합하여 그의 몸의 일부가 된다는 것을 알아야 한다. 다시 말해서 구원을 얻는 것은 사실들을 충분히 믿는 것에서 기인한다기보다는 그리스도와 연합하는 것에서 온다. 그리스도와의 현재의 삶과 성령 안에서의 삶이 적절한 관심을 받을 수 있도록 올바른 관점 속에서 천국으로 가는 것에 대한 강조가 주어져야 한다. 그러한 복음전도는 더 많은 생각을 요구하겠지만, 거의 확실히 삶을 변화시키는 영향을 갖게 될 것이다.

복과 가치에 대한 실제. 모든 영적인 축복으로 우리를 복 주시는 하나님에 대한 1:3의 강조는 쉽게 오해를 불러일으킬 수 있다. 우리가 건강과 물질적인 것들의 차원에서 주로 복을 생각하지만, 이 구절은 건강과 부의 신학에 관한 것이 아니다. 때로 우리가 이와 같은 본문을 읽을 때, "하지만 나는 복되다고 느끼지 않습니다"라고 말하는 유혹을 받는다. 바울이 이 글을 거의 또는 전혀 알지 못했던 일반 청중들에게 쓰고 있다는 것을 기억하라. 그는 그들이 이 세상의 관점에서 얼마나 좋고 얼마나 행복을 느끼고 있는지를 묘사하고 있지 않다. 이미 언급했던 것처럼 물질적인 세계는 그의 실재의 한계가 아니다. 그리스도 안에서 복되다는 그의 진술은 그의 수신자들이 설사 박해를 견디고 있을지라도 해당된다. 이 복은 유복한 미국의 크리스천들만큼이나 전쟁으로 찢긴 아프리카에 고통 받고 있는 크리스천에게

43. 고전 6:15-20에서 성적인 행위와 관련하여 이 개념들에 대한 바울의 취급을 보라.

도 해당된다. 바울의 초점은 하나님이 성령과 함께 그리스도 안에서 제공하신 것에 있다. 이 본문은 이 세상과 대조되는 "저세상"에 관한 것이 아니라 "다른 실재"와 '이 삶에서의 그것의 영향'에 초점을 맞춘다. 복은 이 단락의 나머지 부분에서 묘사되는 구원과 가치에 관한 것이다.

선택. 선택은 거의 현대적인 중요성을 갖지 못하는 것으로 보이고, 사람들에게 이 용어를 강요함으로써 어느 것도 얻어지지 않는다. 사실상 선택이란 용어는 오용되고 있다. 그것은 가치, 장점, 인정, 그리고 성취에 근거해서 투표하는 것을 암시한다—이는 어느 것도 하나님의 선택의 내용을 담고 있지 않다. 그렇지만 이 용어는 포기할 수 없는 소중한 가치가 있다. 선택의 교리는 우리가 제어한다는 개념을 없애버린다. 우리는 우리가 모든 것을 선택하고 하나님은 선택을 받기 위해서 가만히 서서 기다리고 있는 분으로 가정해서는 안 된다. 우리가 모든 것을 제어하기를 원하지만 하나님의 선택은 이와는 다르다.

우리가 어떻게 그 말을 사용하든지 간에 선택이란 용어의 '기능'은 중요하다. 그것은 하나님이 이스라엘을 다루신 기독교 운동에 엄격하게 뿌리내려 있고—그것을 결코 축소시켜서는 안 된다—하나님이 인간을 자신에게로 끌어오신 활동과 가치를 강조한다. 사람들이 하나님이 그들을 소중하게 하셨다는 사실을 진지하게 취하는 순간, 그들의 전체 삶에 대한 조망이 바뀐다. 만약 하나님이 우리가 독립적으로 선택하고 행할 자유를 주셨지만 항상 우리를 구애하고 수용하시면서 우리에게 그 자신을 내어 주신다면, 그때에 다른 어떤 것도 이룰 수 없는 위엄과 가치가 우리 안에 두어져 있다. 그러한 가치가 모든 삶에 동기부여를 준다.

하나님의 선택과 행하심에 관한 모든 초점을 극단적으로 취해서는 안 된다. 한 신학자가 말한 것처럼, "신학에서 당신은 항상 다른 지불을 고려해야 한다."[44] 그는 우리가 한 신학적인 개념에 너무 많이 지불한다면 다른 필요한 진리에 대한 여지를 남기지 않는다는 것을 의미했다. 사람들은 선택과 같은 개념에 자주 너무 많이 지불함으로써 인간의 자유와 책임과 같은 다른 필요들에 대해서 지불할 것을 남기지 않는다. 성경의 개념들은 항상 다른 성경적 개념과 긴장 관계를 유지해야 한다. 하나님의 선택에 관한 바울의 논의는 인간의 행위와 책임을 축소시키는 결정주의나 운명주의와는 관계가 없다. 구원이 얼마나 하나님의 편에 달려 있고 얼마나 인간의 편에 달려 있는가를 질문하는 경향은 오도된다. 그것은 인간 존재와

44. 이 말은 스웨덴 신학자인 엘데보(Runar Eldebo)의 대화에서 가져왔다.

하나님을 분리시키는 것을 가정하고 있다. 진리는 구원이란 인간이 전적으로 관련된 하나님의 전적인 행위라는 것이다. 하나님이 우리 안에 사시고 움직이시고 우리의 존재를 가지시는 분이라면(행 17:28), 우리는 하나님을 위한 결정에서 하나님과 분리되어 있지 않다. 설사 우리가 그를 선택할 때조차도 하나님은 우리 안에서 그리고 우리를 통해서 역사하시는 분이시다.

웬델 베리(Wendell Berry)는 하나님의 삶과 우리의 삶의 이런 상호작용을 이렇게 이해했다.

> 물론 문제는 우리가 우리 자신의 저자가 아니라는 것이다. 우리 각자는 많은 다른 저자들을 갖고 있다.…우리 인간 종족은 우리 자신과 다른 사람들을 만듦에 있어서 하나님과 자연과 협력하고 있는 중요한 저자라고 말할 수 있었다. 이 사실을 피할 수는 없다.[45]

우리는 우리 자신과 다른 사람을 만들기 위해서 하나님과 협력한다. 이것이 에베소서에서 바울의 논증이다. 하지만 바울은 우선되는 요지를 만든다. 하나님이 먼저 행하셨다. 하나님이 우리를 창조하셨고, 우리가 그리스도 안에서 필요로 하는 모든 것을 주셨고, 우리가 거룩한 삶을 살기 위해 하나님과 협력할 수 있도록 우리 안에 성령을 주셨다. 기독교는 놀랍게 자유롭고 창조적인 믿음이다.

거룩함으로 복을 받다. 때로 크리스천들은 교회가 자유로운 신자들의 무리인지 아픈 영혼들을 위한 병원인지를 논쟁한다. 이것은 이것이냐 저것이냐의 선택의 문제가 아니다. 확실히 교회는 상한 자를 치유하기 위한 공동체가 되기 위해서 그리스도 안에서 자유가 주어진 무리들로 구성되어 있다. 그러나 이 본문은 교회의 성격, 즉 이 서신의 중심적인 주제 중 하나를 재상고하게 만든다. 크리스천들은 하나님 앞에서 거룩하고 흠 없는 방식으로 살아야 한다(1:4). 이것은 과도한 압박이 아니다. 크리스천은 특권만큼이나 책임이 있다. 우리는 하나님이 우리를 위해 의도한 것에 맞추어 살도록 부름을 받고 있다.

교회가 무엇이든 간에 '변화된' 사람들의 공동체, 즉 하나님 앞에서 윤리적인 삶에 초점을 맞춘 공동체임에는 틀림없다. 주로 그 관심이 "사회개량주의"나 어떤

---

45. Wendell Berry, "Men and Women in Search of Common Ground," *Home Economics*(San Francisco: North Point Press, 1987), 115(이탤릭체는 그의 것이다).

규칙을 지키는데 있다기보다는 하나님과의 관계 속에서 살아가는데 있다. 교회 안이나 바깥의 사람들은 그리스도인들로부터 변화된 행동을 기대할 권리를 갖는다. 정결—또는 올바른 삶—은 선택이 아니다.

교회 지도자들과 목사들의 삶에서보다 적절한 행동이 더 필요한 곳은 없다. 우리는 사실상 목사들과 교회 지도자들에 대한 모든 존경이 사라진 시대에 살고 있다. 이 부류에 속한 많은 사람들이 이기적인 이유로 인해 자신의 위치를 남용하거나 하나님과의 관계가 별 차이를 만들지 못했음을 보여주었기 때문이다. 하나님과의 삶에서 나오는 윤리적인 삶은 모든 크리스천들에게 책임이며, 지도자들이 그것을 보여주지 못한다면 그 직을 그만 두어야 한다. 하나님에 의해 복을 받고 가치가 있게 되는 것은 하나님의 뜻에 따른 삶을 요구한다.

은혜. 이 본문은 신약성경에서 '은혜'에 관한 가장 인상적인 본문 중에 하나다. 하나님의 은혜의 풍성함이 우리에게 부여되었고(1:6-8), 이것은 우리가 하나님을 찬송하는 주요한 이유가 된다. 바울의 은혜신학이 2:4-10; 3:7-10; 4:7-10, 29-32로 확장될 것이지만, 이미 여기서 충분히 함축되어 있다. 주요한 적용은 우리가 우리 자신과 자아를 어떻게 간주하느냐와 관련이 있다. 하나님의 은혜로 충만해진 감정은 어느 부정적인 자아 인식이나 열등의식 그리고 삶의 무의미함에 대한 감정을 배제시킨다. 하나님이 아주 소중하게 여긴 것을 우리가 어떻게 무의미하다고 칭할 수 있는가? 하나님이 선택하시고 투자하신 것을 우리가 어떻게 무가치하다고 간주할 수 있는가? 동시에 모든 가치가 하나님으로부터 나오기 때문에 자아에 대한 과대평가나 오만이 있을 수 없다. 은혜는 자기중심주의와 자기 비하를 근절시킨다.

바울은 여기서 은혜와 함께 오는 책임을 설명하고 있지는 않지만 분명히 "값싼 은혜"는 생각할 수 있는 선택이 아니다. 하나님이 우리들에게 아주 많은 가치를 부여하셨다면, 우리는 하나님과 삶에 대한 의미를 간과함으로써 하나님이 베푸신 은혜를 평가절하시킬 수는 없다. 은혜는 이 본문에서 인도하는 바로 그 자리로 이끈다—감사, 즉 말과 삶으로 표현되는 감사. 기독교에서 '신앙은 은혜이고, 윤리는 감사다.'[46] 하나님이 우리를 소중하게 하신 것에 대한 첫 번째 반응은 하나님께 대한 감사와 찬송이다. 크리스천의 삶의 나머지 모든 것은 이 반응으로부터 발생한다.

은혜와 선택의 용어가 보여주는 것처럼, 사실상 이 송영의 대부분은 하나님이

---

46. Karl Barth, *Ethics*, ed. Dietrich Braun, trans. Geoffrey W. Bromiley(New York: Seabury, 1981), 499.

우리를 소중하게 하신 것에 관한 것이다. 하나님이 우리를 복주셨고, 우리를 영원으로부터 선택하셨고, 우리에게 은혜를 주셨으며, 우리를 계획하셨고, 우리를 위해 그리스도를 보내셨으며, 우리에게 계시하셨고, 우리가 그 일부가 되는 그리스도 안에서 만물을 통일하셨고, 성령을 보증자로 우리에게 주셨으며, 그리고 우리를 그의 백성으로서 온전히 구속하실 것이다. '그의 영광을 찬송한다'는 세 번의 반복(1:6, 12, 14)은 유일하게 가능한 반응이다—우리를 소중하게 하시고 우리를 위해 행하신 하나님께 대한 경배와 감사. 이 본문은 예배에 대한 요청과 예배가 무엇인지에 대한 고전적인 모범이다.

하나님이 그들을 위해 가지신 가치를 아는 사람들은 예배와 순종을 자연스럽게 발견한다—필연적으로 쉽지는 않지만, 자연스럽다. 문제는 우리 중에 많은 이들이 하나님이 실로 우리에게 개인적으로 인격적으로 가치 있게 하셨다는 것을 믿기가 어렵다는 것이다. 하나님이 소중하게 하셨다는 단순한 말들이 이미 부정적인 자기 이미지를 갖고 있거나 인생에 찌든 사람들의 개념을 바꾸지 못할 것이다. 교회는 사람들을 가치 있게 하는 책임이 있다. 크리스천들은 예배로 하나님이 인간을 소중하게 하시고 찾으신다는 "참된 실재"를 증거해야 하고 그들이 살아가는 방식에서 다른 이들에게 그 가치를 전달해야 한다.

선택과 관련해서 이전에 언급했던 것처럼, 우리는 '어떤' 신학적인 요지를 극단으로 취할 수 있다. 하나님으로부터의 가치에 너무 많은 또는 잘못된 종류의 강조를 둘 때, 오만과 바리새주의의 위험이 있게 된다. 선택과 계시의 특권에 관한 초점이 고대 세계에서 유대인들로 하여금 비유대인들을 경시하는 것으로 이끌었다. 크리스천들은 동일한 죄를 지을 가능성이 있다. 하나님으로부터의 가치를 다른 사람들보다 본질적으로 우월한 것으로 해석할 수는 없다. 그러한 태도는 은혜의 적절한 이해에 해당하지 않는다.

역사하시는 하나님의 실제. 이 본문은 과거, 현재 그리고 미래와 관련해서 하나님의 활동을 분명하게 강조한다. 사람들은 하나님으로부터의 분명한 행동을 보지 못하기 때문에 너무 쉽게 하나님이 활동하시지 않는다고 가정한다. 하지만 하나님은 "공적으로"는 드물게 행하신다. 사실상 이사야 45:15은 하나님이 숨어계신 하나님이라고 말하거나 어떤 학자가 말한 것처럼 "파악하기 어렵게 존재하신다." 하나님은 우리들에게 눈에 띄게 보이시지 않지만, 숨어계신 하나님은 자신을 드러내시고 그리스도 안에서 그의 은혜와 목적을 알게 하시는 일에서 역동적이시다. 우리는 "천천히—하나님이 역사하시게"라고 말하는 표지를 필요로 한다. 하나님이 그의 목적을 이루시기 위해 역사하시고 있다는 확신은 우리가 그의 행위를 기대하게 하고, 그것에 대해 수용적이게 만든다. 역동적인 하나님에 대한 올바른 신학이 좋은 삶으로 이끈다.

그러나 하나님의 행위를 말함에 있어서 우리가 조심해야할 필요가 있다. 하나님이 역사하시고 있다는 것을 확신하는 사람들 가운데 일어나는 모든 것들이 하나님의 행위라고 가정하는데 이는 옳지 않다. 우리는 선한 것과 악한 것이 선한 사람과 악한 사람에게 발생하는 부수적인 세상에 살고 있다. 하나님이 일어나는 모든 것을 발생케 하신 분은 아니다. 그러한 개념은 하나님의 주권을 과도하게 강조한 것이다. 하나님은 일어나는 사건들을 허락은 하시지만 꼭두각시처럼 그러한 사건들을 조정하시지는 않는다. 물론 하나님이 왜 인간에게 끔직한 일이 일어나게 하시는가에 대한 문제는 우리들에게 여전히 남는다. 에베소서 2:1-3은 불순종하는 자들에게 역사하는 "공중나라의 권세 잡은 자들"을 언급하고 5:3-16은 인간의 악에 대해 언급한다. 병과 본성적 악이 이 문제를 복잡하게 만든다.

가장 중요한 것은 신자로서 우리들은 무슨 일이 일어나든지 간에 우리에게 그 일이 단순하게 발생하지 않는다는 것을 확신하는 것이다. 우리는 혼자가 아니다. 특히 우리가 그리스도 안에 살 때, 일어나는 모든 일에서 우리는 하나님을 대할 수 있어야 한다. 우리는 우리의 모든 것이신 하나님으로부터 왔다. 우리가 무엇을 행하든지 간에 설사 그것이 죄일지라도 우리는 하나님을 대할 수 있어야 한다. 우리는 결코 혼자가 아니고, 하나님의 시야나 관심에서 벗어날 수 없다. 그리고 우리는 하나님께로 갈 것이고, 하나님은 우리를 위한 미래의 계획이 있으시다. 이것이 사람들을 자신에게로 데려오시는 하나님의 영원한 계획, 그리스도와 성령 안에서 하나님의 역사, 그리고 하나님의 장래의 구속과 그리스도 안에서 만물을 통일시키려 하시는 일에 대한 초점을 갖는 송영의 의미다.

이 본문은 우리가 천국에 도달하는 것보다는 하나님의 장래의 승리에 대해서 더욱 관심이 있다. 우리는 이 승리가 그리스도 안에서 하나님의 행위에 의해 이미 나타났다는 것을 기억해야 한다. 에베소서 1:18-23과 2:4-10은 이 사상을 발전시킬 것이지만, 이 송영에서 이미 장래는 단순히 후대에 있을 한 사건이 아니다. 이 장래는 현재 속에서 움직이며, 크리스천들이 살아가는 방식을 변화시킨다. 우리는 구속을 이미 가졌고 또 구속을 기다린다(1:7, 14). 이는 크리스천들이 지금 하나님께 속해 있고 그의 소유권이 그리스도가 만물을 통일하실 때 완성될 것임을 의미한다. 크리스천들은 하나님께 속해 있는 사람—하나님께 속해 있기 때문이 그들이 이미 누구의 것인지를 알고 여전히 장래를 기다리는 사람들—으로서 살아가야 한다.

하나님의 장래의 승리는 성령의 선물만큼 그렇게 분명하게 전달되는 것은 없다. 에베소서는 성령의 신학에 관한 몇 가지 양상들을 나중에 전개할 것이지만 1:13-14은 우리가 하나님께 속하고 하나님이 우리에게 그의 약속을 완성할 것이라는 증거로서 성령에 초점을 맞춘다. 이와 같은 본문들은 성령의 은사가 두 번째 복이나 기독교 신앙과 삶의 더 높은 단계—영적으로 엘리트적인 어떤 것—가 아님을 보여준다. 오히려 그것은 성령이 모든 크리스천—필연적인 소유—을 소유하고 계심을 보여준다. 성령은 우리가 그의 것이고 우리에게 하나님의 임재의 감각을 부여하시며, 그가 우리의 삶에 관여하신다는 것을 보이시는 우리에 대한 하나님의 선물이다.[47] 성령을 소유함이 가져다주는 분명한 혜택은 하나님께 속함으로 인해 오는 평강과 안전의 의식이다. 사람들은 어떻게 자신이 성령을 갖고 있음을 아는가? 삶에서 있게 되는 변화에서 주로 특히 사랑에서 알 수 있다. 변화는 성령의 역사이고 성령의 증거다.

하나님께 속해 있다는 실제는 우리가 살아가는 실제다. 하나님은 역사하시고 계획하시고, 복주시고, 소중하게 하시고, 사람들을 사랑하게 하신다. 그리스도와 성령 안에서 하나님의 역사는 하나님의 역사하심의 수단과 증거다. 실제에 관한 묘사와 더불어 송영은 서신의 나머지 부분에서 묘사되는 크리스천의 삶을 위한 방향을 이미 설정했다. 이것이 크리스천이 이해하고 살아가야 하는 실제다.

우리는 에베소서 1:3-14의 송영을 의역하는 것으로 이 단락을 마감한다.

우리 주 예수 그리스도의 아버지 되시는 하나님께 한없는 찬양을 드립니다. 하나님께서는 하늘의 온갖 영적인 복을 그리스도께 속한 우리에게 베풀어 주셨습니다.

하나님께서는 이 세상을 창조하시기 전에 이미 그리스도를 통해 이룰 일을 정하시고 우리를 하나님의 것으로 택하셨습니다. 그리고 우리를 친히 보시기에 한 점 흠이 없는 거룩한 사람으로 만들려고 작정하셨습니다. 하나님 앞에 서 있는 우리는 그분의 사랑 속에 싸여 있는 것입니다. 하나님의 뜻은 예수 그리스도를 보내 우리 대신 죽게 하시어 우리를 하나님의 가족으로 삼아 주시는 일이었습니다. 그리고 하나님께서는 원하시는 대로 이 계획을 실천하셨습니다. 놀라운 은총과 사랑을 우리에게 쏟아 부어 우리

47. 참조. 롬 8:9-15; 요일 4:13.

를 가장 사랑하시는 아들의 사람이 되게 하신 하나님께 찬양을 드립시다. 하나님의 사랑은 너무도 커서 우리의 죄를 없애시려고 아들의 피를 흘리게까지 하셨습니다. 그리하여 우리는 이 아들을 통해서 구원을 얻은 것입니다.

하나님께서는 모든 지혜와 총명을 갖게 하는 풍성한 은혜를 주셨습니다. 그리스도를 보내신 심오한 뜻을 우리에게 알리셨습니다. 하나님이 은혜로 오래 전에 정하신 그 계획은 때가 차면 하나님께서 우리를 하늘에 있든지 땅에 있든지 사방에서 모아 영원히 그리스도 안에서 하나님과 함께 있게 하시려는 것입니다. 이처럼 모든 일을 뜻대로 이루시는 하나님의 그 계획에 따라 우리는 처음부터 하나님의 것으로 선택되었습니다. 하나님께서 이런 계획을 세우신 것은 우리가 하나님을 찬양하고, 우리를 위해 이와 같이 위대한 일을 하신 분이 하나님임을 깨달아 하나님께 영광을 돌리게 하시려는 것입니다. 그리스도께서 구원의 성업을 이루어 놓으셨기 때문에 여러분은 구원을 얻는 복음을 듣고 그리스도를 믿게 되었으며, 그리스도의 사람이라는 표로 하나님께서는 여러분에게 약속하신 성령을 주셨습니다. 이 성령은 이미 오래 전에 우리 모든 그리스도인에게 오시기로 약속된 분입니다. 우리 속에 성령께서 임재하시는 것은 하나님께서 우리에게 약속한 모든 것을 실제로 주신다는 보증입니다. 그리고 우리에게 인쳐 주신 성령의 인은 하나님께서 이미 우리를 값을 치르고 사서 하나님의 것으로 만드셨음을 보증하는 것입니다. 이것이 바로 영광스러운 하나님을 찬양하는 또 하나의 이유입니다.

에베소서 1:15-23

15 이로 말미암아 주 예수 안에서 너희 믿음과
모든 성도를 향한 사랑을 나도 듣고
16 내가 기도할 때에 기억하며 너희로 말미암
아 감사하기를 그치지 아니하고
17 우리 주 예수 그리스도의 하나님, 영광의 아
버지께서 지혜와 계시의 영을 너희에게 주
사 하나님을 알게 하시고
18 너희 마음의 눈을 밝히사 그의 부르심의 소
망이 무엇이며 성도 안에서 그 기업의 영광
의 풍성함이 무엇이며
19 그의 힘의 위력으로 역사하심을 따라 믿는
우리에게 베푸신 능력의 지극히 크심이 어
떠한 것을 너희로 알게 하시기를 구하노라
20 그의 능력이 그리스도 안에서 역사하사 죽
은 자들 가운데서 다시 살리시고 하늘에서
자기의 오른편에 앉히사
21 모든 통치와 권세와 능력과 주권과 이 세상
뿐 아니라 오는 세상에 일컫는 모든 이름
위에 뛰어나게 하시고
22 또 만물을 그의 발 아래에 복종하게 하시고
그를 만물 위에 교회의 머리로 삼으셨느니라
23 교회는 그의 몸이니 만물 안에서 만물을 충
만하게 하시는 이의 충만함이니라

원 의미

이것은 송영과 감사-중보를 조합한 바울의 유일한 서신이다. 독자들에게 하나님의 역사가 계속되기를 바라는 바울의 간구는 하나님이 이미 그들 안에서 이루신 것에 대해서 감사하는 것에서 파생한다. 1:15-23의 중보 기도의 주제가 3:14-21에서 나타나고 있기 때문에 두 단락을 비교해 보아야 한다.[1] 또한 이 단락과 골로새서 1:4-12, 15-19 간에 광범위한 평행을 참조하라.

구조. 이전 단락과 유사하게 1:15-23의 헬라어 원문은 하나의 긴 문장이다. 사상의 발전 과정은 분명하다.

A. 바울이 에베소 신자들의 믿음과 사랑에 대해서 듣고 있는 소식에 대한 보고

1. "그의 영광의 풍성함", "성령", "능력", 그리스도 안에 소유된 것을 아는 "믿음", "채우다", "충만", 그리고 "교회"를 참조하라.

(1:15)

B. 바울이 감사를 드리고 그들을 위해 기도를 하고 있다는 확증(1:16)

C. 계시의 은사를 위한 중보(1:17-23)

1. 주요한 요청은 하나님이 계시하시는 성령을 주시라는 것이다(1:17)
2. 기도의 목표는 그 계시가 하나님에 대한 세 부분의 지식을 가져올 것이다 (1:18-19)
   a. 그의 부르심의 소망을 아는 것(1:18a)
   b. 성도들 안에 그의 영광스러운 기업의 풍요함을 아는 것(1:18b)
   c. 그의 비교할 수 없는 커다란 능력을 아는 것(1:19)
3. 그리스도 안에서 하나님의 능력의 역사에 관한 묘사(1:20-23)
   a. 죽은 자로부터의 부활(1:20a)
   b. 하나님의 오른 편과 모든 통치자나 권세자 위에 오르심(1:20b-21)
   c. 그리스도에게 만물이 복종하리라는 성경적 증거(1:22a)
   d. 그의 몸, 곧 교회를 위한 모든 것의 머리로서 그리스도(1:22b-23a)
   e. 모든 것을 채우는 충만(1:23b)

이 장과 구절의 구분은 성경 본문에 후대에 부가되었다는 것을 상기할 필요가 있다(각기 13세기와 16세기). 전환이 2:1에서 발생하기는 할지라도, 이 지점에서 장 구분은 유감스럽다. 다음 단락(2:1-10)이 이 본문의 연속이기 때문이다. 2:2에 공중에 통치자에 대한 묘사는 1:21에 "모든 통치자와 권세자"에 대한 사상을 발전시키고, 2:5-6는 1:20에서 그리스도에 대해서 확증했던 것을 신자들에게로 확대한다.

기도에 대한 서론(1:15-16)

"이로 말미암아"는 송영을 가리키고, 이는 송영이 이 단락의 기초적인 성격을 갖고 있음을 확증한다. 송영의 신학이 이 서신의 다른 곳에서 동기부여를 해주고, 우리는 각각의 새 항목과 연관해서 송영을 다시 읽어야 한다. 하나님이 구원을 이루시기 위해서 역사하신 방법이 바울의 찬송과 중보에 동기부여를 제공한다. 이 기도의 내용은 사람들이 송영에서 언급된 은혜를 그들의 삶속에서 알게 되는 것이다.

"주 예수 안에서 믿음"은 믿음의 대상으로서 예수에 대해서 말하는 바울의 통상적인 방법은 아니지만, 바울 서신의 다른 단락들은 이런 방식으로 예수에 대해서 가끔 언급하곤 한다(1:13; 골 1:4[참조. 몬 5], 유사하게는 롬 3:25; 갈 3:26; 딤전 3:13; 딤후 3:15). "주 예수"란 지칭은 에베소서에서 여기서만 나타나지만 바울의 다른 서신들, 특히 데살로니가서에서 나타난다. 때로 "예수"란 이름이 역사적 예수의 인격을 강조하는데 사용되지만 여기서는 그러한 뉘앙스가 의도되어 있지 않다. 예수를 위한 이름에서 변화와 그 순서는 의도된 구분이 없는 것으로 보인다.

그리스도 안에서의 믿음은 하나님이 그리스도 안에서 하나님 자신에게로 따로 구별한 사람들을 위한 "사랑"으로 불가피하게 이끈다. 여기와 신약성경의 적어도 다른 아홉 단락에서 나타나는 믿음, 소망, 사랑의 삼중주를 보라.[2] 이 단락에서 바울은 그의 수신자들의 믿음과 사랑에 대해서 듣고 그들이 소망을 알 것을 기도하는 반면에, 골로새서에서 소망은 믿음과 사랑에 기초한 것으로 보인다. 다양한 뉘앙스가 이 삼중주를 사용하는 방식에서 나타난다. 이 삼중주가 초대교회 문헌들에서 아주 자주 동시에 나타난 것은 우연이 아니다. 그것들은 기독교에 기초적인 용어들이고, 은혜와 진리와 더불어 복음과 그 영향을 요약한다.[3]

15-16절은 바울이 서신의 수령자들을 알고 있지는 못하지만 그들의 믿음과 삶에 대해서 들었다는 것을 암시한다. 이에 기초해서 그는 그들과 공감을 갖고 그들을 위한 중보기도를 행한다. 바울이 그들을 위해 기도하기를 멈추지 않는다고 한 것은 그가 규칙적으로 그들을 위해 기도하고 있음을 말하는 비유적인 방식이다. 유사한 개념이 그의 많은 서신의 서두 기도들에서 표현된다(특히 롬 1:9-10을 보라).

바울의 중보기도(1:17-19a)

"영광스러운 아버지"(The Glorious Father—NIV, "영광의 아버지"—개역개정)는 직역하면 "영광의 아버지"(the Father of glory)다. 이것이 헬라어 "of"란 표현을 번역하는 합법적인 방법일지라도, "영광스러운 아버지"는 아마도 너무 약할 것이다. "영광"은 하나님을 보이시게 하거나 하나님 자신을 보이게 만드는 하나님의 활동을 자주 가리킨다. 예를 들어, 모세가 하나님의 영광을 보기를 간구하는 출애굽

2. 롬 5:1-5; 고전 13:13; 갈 5:5-6; 엡 4:2-5; 골 1:4-5; 살전 1:3; 5:8; 히 6:10-12; (참조. 10:23-24); 벧전 1:21-22. "사랑"이 에베소서 1:15에 속하느냐의 텍스트적인 문제는 긍정으로 대답해야 한다.
3. pp. 74-75를 보라. 송영에서처럼, 모든 다섯 용어들이 갈 5:4-7; 엡 4:2-15; 골 1:4-6에 나타난다.

기 33:17-34:7에서 하나님의 계시에 대한 고전적인 묘사를 참조하라.[4] 에베소서의 문맥으로 보건대, 그 뉘앙스는 "그의 영광을 보이신 아버지", 즉 그 자신을 계시하신 아버지인 것으로 보인다.[5] 송영에서처럼, 하나님은 그의 '성품'과 계획과 더불어 그 자신을 알리시는 베푸는 분으로 간주된다.

바울의 기도의 내용은 분명하다. 사람들이 그리스도 안에서 그들이 갖고 있는 것을 아는 계시를 받는 것이다. 그러나 구체적인 용어들의 내용과 관련해서 의문이 발생한다. 예를 들어, "지혜와 계시의 영"을 어떻게 이해해야 하는가? 그것은 지혜와 계시를 가져오시는 성령을 가리키는가(그러므로 NIV) 아니면 하나님이 주시는 지혜와 계시를 볼 수 있도록 하나님에 의해 부여되는 인간의 영을 가리키는가?[6] 어떤 주석가들은 두 개념이 내재되어 있다고 말하지만, 이것은 여기서 바울의 의도가 아닐 것이다. 지혜와 계시의 주제는 이미 1:8-9에서 강조되었다. 바울은 여기서 인간을 위해 이루어진 것에 초점을 맞추지만, 3:16이 보여주는 것처럼, 그는 이 임무를 수행하시는 분으로서의 성령에 대해서 생각하고 있을 것이다(또한 고전 2:10-12을 보라).[7]

에베소서 3:5은 사도와 선지자들에 대해서 성령이 주신 계시를 언급하고 있지만, 여기서의 계시는 모든 이들에게 열려 있고 또 필요한 것이다. 5:18이 성령으로 충만할 것을 신자들에게 권면하고 있는 것처럼(성령은 보증으로서 이미 그들의 것이다), 여기서도 바울은 성령이 그들에게 하나님에 대한 지식을 계속해서 드러내실 것을 기도한다(1:17에서 "그를"[him]은 그리스도가 아니라 하나님을 가리킨다). 송영에서처럼 이 본문은 '신중심적'이고 '삼위일체'적이다. 에베소서의 어떤 단락들(예를 들어, 2:11-22)은 주로 기독론 중심적이지만 에베소서의 대부분, 특히 1:3-2:10은 신중심적이다.

1:17과 1:18의 연결은 문제가 있다. NIV가 "나는 너희의 마음의 눈이 밝아질 수 있도록 기도한다"라고 되어 있지만, 직역하면 본문은 "마음의 눈이 밝아지도록"이

4. 또한 롬 6:4; 8:18; 고후 3:18을 보라.
5. 전문적으로 이것은 히브리어 속격일 것이다. "영광으로 특징지어진 아버지 하나님."
6. 헬라어 '프뉴마'("영")는 에베소서에서 14번 나타나고, 그 중에 12번이 성령을 가리킨다(1:13, 17; 2:18, 22; 3:5, 16; 4:3, 4, 30; 5:18; 6:17, 18). 이 용어는 2:2에서 이 세상의 통치자와 4:23에 인간의 영에 대해서 사용된다. 에베소서에서 성령은 구원의 보증자(1:14; 4:30), 계시자(1:17; 3:5), 연합의 기초(2:18; 4:3-4), 교회의 설립자(2:22), 임재의 능력(3:16), 생명의 근원(5:18), 그리고 사역의 수단(6:17-18)이다.
7. Gordon Fee, *God's Empowering Presence: The Holy Spirit in the Letters of Paul*(Peabody, Mass.: Hendrickson, 1994), 674-76에서의 논증을 보라.

라고 독법할 수 있다. 또한 이 분사구는 대격으로 본문의 나머지 부분과 분명한 문법적 연관을 갖지 않는다. NIV는 바울이 두 은사가 주어지기를 기도했다고 제기한다. (1) 지혜와 계시의 성령과 (2) 마음의 밝아짐. 이것이 가능하기는 하지만 사람들은 그러한 개념이 다르게 표현되는 것을 예상했을 것이다. 대안적이지만 문법적으로 더 어렵게는 이 어구가 "지혜와 계시의 성령"에 관한 설명을 삽입구적으로 제공하고 있다는 것이다.

문법적인 난해함에도 불구하고 바울의 의도는 분명하다—이미 독자들에게 주어진 하나님의 영이 계속해서 인생을 위한 지혜와 계시 그리고 명철을 주는 것. 그 결과는 "내적인 눈들"(즉, 내적인 존재를 위한 명철과 통찰의 도구)이 볼 수 있는 빛을 받는 것이다. 다시 말해서 사도는 그들이 하나님을 알고 복음의 혜택을 이해할 수 있도록 그 빛이 사람들 안에 계속해서 있기를 기도한다.

바울의 중보기도의 내용과 관련해서 그는 독자들이 하나님에 대한 세 가지 실체를 알기를 원한다: 그의 부르심의 소망, 성도 안에서 그 기업의 풍성함, 그리고 우리를 위한 그의 능력의 비교할 수 없는 위대함. 이 세 가지가 각기 어떻게 관련이 있는가는 불확실하다. 이 세 가지는 각기 다른 항목인가 아니면 두 설명을 갖는 한 항목인가? 또는 세 가지 견해에서 나오는 한 항목인가? 두 번째 항목이 하나님의 기업의 풍성함을 다루고 있고, 다른 두 항목은 신자들을 위한 혜택을 다루고 있기 때문에 세 가지 서로 다른 항목에 초점을 맞추고 있다고 보는 것이 가장 좋다. 이것은 다른 항목들이 중요하지 않다는 것을 암시하는 것이 아니라 이 세 항목들이 여기서 초점이라는 것을 암시한다.

(1) 크리스천이 "[하나님]이 그들을 부르신 소망"을 알아야 하는 것은 하나님의 부르심이 그들의 장래에 갖게 되는 의미심장함을 알아야 한다는 것을 의미한다. 사실상 바울은 하나님이 그들을 선택하신 것의 의미를 알 것을 기도한다—송영의 주제 중에 하나. 여기서 초점은 하나님의 선택하신 사실에 있다기보다는 영원 속에서 하나님의 계획의 완성 곧 결과에 있다. 바울은 하나님의 부르심이 신자들의 장래에 갖게 될 것에서 근본적—그리고 긍정적인—변화를 이룬다는 사실을 그들이 알기를 원한다. 따라서 그 소망에 관한 이해는 그들이 살아가는 방식을 바꿀 것이다. 4:1, 4에서 바울은 매일의 삶과 연합을 위한 하나님의 부르심의 윤리적 의미로 이 초점을 확대할 것이다.

소망은 이 서신에서 중요한 주제다. 그 용어가 여기서와 2:12와 4:4에서만 나타난다는 사실에도 불구하고 말이다.[8] 소망의 내용은 "믿음"이란 말에 이미 함축되어 있다. 사실상 C. F. D. 모울(C. F. D. Moule)은 "소망"을 "학수고대하는 믿음"으로 올바르게 정의했다.[9] 로마서 8:24에서 심지어 바울은 우리가 소망에 의해 구원을 받는다고 적었다. 기독교의 본질적인 특징은 장래를 향한 '수고'이고, 바울은 독자들에게 하나님의 현재의 부르심이 장래에 무엇을 의미하는지를 인식하기를 바란다.

(2) NIV가 두 번째 사실을 번역한 방식은 의문이 있다. "성도들 안에서 그의 영광스러운 기업의 풍성함"(the riches of his glorious inheritance in the saints, 1:18b)은 직역하면 "거룩한 자들 안에 그의 기업의 영광의 풍성함"(the wealth of the glory of his inheritance)이다. 이런 종류의 예전적인 조합은 번역자들에게 어려움을 발생시키지만(고후 4:4, 6), "영광의"(of the glory)가 형용사의 "영광스러운"(glorious)으로 취해야할지라도, 그것은 "기업"보다는 "풍성함"을 수식해야 한다. 그러나 "영광의 풍성함"은 이런 개념들 이상을 의미한다. 바울은 하나님이 따로 세우신 사람들에게 기업을 이으실 때 내재되어 있는 놀라운 영광을 가리킨다. 여기서 바울이 가리키는 것은 신자들의 기업이 아니라 하나님 아버지의 기업이다(참조. 1:14). "성도 안에서"는 그 기업이 이 사람들 속에서 발견되거나 구성되어 있다는 것을 의미한다. 하나님이 어떤 분이신가에 대한 계시와 하나님과의 누림은 하나님이 그의 백성들을 상속하실 때에 발생할 것이다. 그때에 그의 영광은 명확하게 나타날 것이다.

(3) 신자들이 알아야 하는 세 번째 사실은 믿음을 가진 사람들을 위한 하나님의 "비교할 수 없는 커다란 능력"이다. '능력'에 관한 언급으로 바울은 처음부터 암시적이었던 주제, 즉 이 서신의 중심적인 주제를 명확히 한다. 사실상 통계적으로 에베소서는 어느 다른 신약성경의 서신보다 능력이란 말에 초점을 맞춘다. 19절에서 능력에 대한 네 가지 서로 다른 용어들이 나타나서 사람들의 삶에서 하나님의 활동을 강조한다. 여기서 사도는 하나님의 능력이 그리스도의 부활 그리고 하나님 우편에 그가 높아지신 것에서 성취되었음을 강조한다. 바울은 이 위대한 능력이 '신자들을 위해' 가능하다는 것을 그들이 알기를 바란다.

의미심장하게도 여기서 하나님의 능력에 관한 초점은 하나님의 상속하시는 능력이나 우주적인 힘의 연출에 있는 것이 아니라 신자들에게 특히 가능한 생명을

8. 몇몇 다른 단락들도 장래에 관해 초점을 맞춘다(1:10, 12, 14; 2:7; 3:11; 4:13, 30; 5:5; 6:8-9을 보라).
9. 와렌(M. Warren)을 인용하고 있는 C. F. D. Moule, *The Meaning of Hope*(Philadelphia: Fortress, 1963), 11.

주시는 하나님의 능력에 있다. 이런 방식으로 기도는 우리와 우리의 구원을 위한 계획과 역사에서 하나님의 활동에 관한 송영에서의 강조를 되돌아본다.[10]

그리스도의 높아지심(1:19b-23)

20절에서 NIV는 대부분의 번역들처럼, "죽은 자로부터 그를 일으키셨다"라고 독법한다. 헬라어 원문은 사실상 "죽은 자들로부터"라는 복수를 사용한다(그리스도의 부활을 언급하는 신약성경의 대부분의 단락들이 그렇다). 이 요지는 그리스도가 죽음의 상태에서 일어나셨다는 것이 아니라 그리스도가 죽은 사람들로 '부터' 일어나셨다는 것이다. 이것은 중요한 차이가 있다. 그리스도의 부활은 개별적인 사건으로 간주되는 것이 아니라 장래의 부활에 첫 열매로서 간주되었음을 암시한다.[11] 그의 부활은 최종적인 부활의 시작이다.

그리스도는 부활하시어 이제 "하늘의 영역으로" 높아지셨다. 그 말은 하나님의 능력이 그리스도에게 주셨던 위엄과 영예를 표현한다(빌 2:9-11). 이전에 지적했던 것처럼,[12] "하늘의 영역에서"(in the heavenly realms, "하늘에서"—개역개정)는 천국이나 문자적인 지역을 가리키는 것이 아니다. 통치자와 권세자들(3:10) 그리고 영적인 전쟁(6:12)과 관련해서 이 용어를 사용한 것이 이런 전제를 차단한다. "하늘의 영역에서"는 하나님과 함께 하는 그리스도의 임재와 하나님과 함께 하는 삶의 더 큰 실재를 가리킨다. 그리스도가 가장 높으신 곳으로 높아지셨다는 것은 그의 삶, 죽음, 그리고 부활의 중요성을 보여준다. 나아가서 그의 높아지심은 전환이 발생했음을 보여준다. 중대한 생명의 중심이 이 땅의 삶에 있지 않고 그리스도와 하나님이 함께 하시는 하늘의 영역에 있다. 높아지신 분으로서 그리스도는 주님이시고, 그의 높아지심은 교회와 인간의 생명을 위해 결정적이다. 이 높아지심의 의미는 이 서신 전반을 통해서 전개될 것이다(특히 2:5-6; 4:7-16).

여기서 바울의 용어는 그리스도의 부활과 높아지심을 가리키기 위해서 초대 교회에서 자주 사용되었다. 그러므로 일부 학자들은 초기 기독교 찬송이 이 본문의 배후에 있을 것이라는 그럴 법 하지 않은 주장을 한다. 하나님의 우편에 앉아계시고 능력으로 높아지신 그리스도에 관한 1:20의 심상은 시편 110:1에서 파생한

10. pp. 57-68을 보라.
11. 참조. 행 4:2; 고전 15:20-24.
12. pp. 58-60을 보라.

다.[13] 바울은 1:22a에서 시편 8:6b에 있는 권세들의 복종과 연관시키는 것으로 나아간다. 이 두 구약성경 본문은 고린도전서 15:25-28과 히브리서 1:13-2:9에서 그리스도의 부활과 높아지심을 묘사하기 위해서 역시 사용되었다.

분명히 그리스도의 부활과 높아지심에 관한 이 구약성경의 입증은 초대교회에서 중요했는데, 그리스도가 살아 계시고 그가 주님이시며 구원하실 수 있고 어느 누구도 그로부터 피할 수 없다는 것을 보여주기 위해서다. 시편 8편에서 만물이 복종하고, 시편 110편에서 만물은 복종되는 과정에 있다. 유사하게 일부 신약성경의 본문들은 아직 완성되지 않은 것으로 능력들의 복종을 바라본다(참조. 고전 15:25-28; 히 2:5-9). 다른 본문들은 만물의 복종이 이미 완성된 것으로 가정한다(참조. 엡 1:20-22; 벧전 3:22). 이는 다시금 '이미 하지만 아직 아닌' 사이에 긴장을 예증해준다. 그리스도의 부활과 주님으로 높아지심은 이미 그에게 모든 능력과 권위를 부여한 것이지만 만물이 아직 그 안에서 통일되지 않았다(엡 1:10). 2:1-3이 보여주는 것처럼 다른 세력들이 여전히 활동하고 있다.

영적인 세력에 대한 관심은 이 서신 전반을 통해서 나타날 것이고 6:10-20에서 영적인 전쟁에 관한 논의에서 절정에 달할 것이다. 에베소서에 관한 최근의 연구는 이 서신이 1세기 소아시아에서 영적인 능력들에 관한 믿음과 태도에 답하기 위해 작성되었고, 에베소서는 영적인 능력들에 대한 그리스도와 신자의 관계에 대해서 독자들에게 교훈하기 위한 목회적 관심에 따른 결과라고 주장한다.[14] 에베소 안팎에서 마술과 영적인 세력들에 관한 강조가 이런 견해에 대한 가능성을 불러일으킨다(기적과 축사, 마술책을 불사름, 그리고 아데미 여신과 관련한 폭동, 에베소의 주요한 신, 점성술과 관련한 믿음을 언급하는 행 19:11-41을 참조하라). 하지만 이 서신은 이런 한 주제로 전적으로 수렴할 수는 없다.

능력들(1:21-22a). 1:21에서 언급된 능력들의 다섯 가지 범주들—통치와 권세와 능력과 주권과 모든 이름—은 그들에 대한 그리스도의 승리가 전체적이라는 것을 강조하기 위해서 여러 용어들을 열거한 것이다. 이 용어들의 구분과 관련하여 어떤 확실한 결론도 이끌어낼 수 없고 능력들의 계급구조도 고려되고 있지 않다.[15]

13. 신약성경은 어떤 다른 구약성경보다 시편 110:1을 더 자주 언급한다: 마 22:44/막 12:36/눅 20:42-43; 마 26:64/막 14:62/눅 22:69; [막 16:19]; 행 2:34-35; 롬 8:34; 골 3:1; 히 1:3, 13; 8:1; 10:12-13; 12:2; 벧전 3:22.

14. Clinton E. Arnold, Ephesians, Power, and Magic: The Concept of Power in Ephesians in Light of its Historical Setting(Grand Rapids: Baker, 1992)은 여기서 바울의 기도의 목표가 크리스천들에게 가능한 타의 추종을 불허하는 능력의 적용이라고 주장한다.

사실상 다섯 용어들의 정확한 정의는 세 가지 이유 때문에 어렵다. (1) 능력들에 대한 신약성경의 논의들은 간단하고 일반적이다. (2) 이 용어들의 대부분은 인간 '과' 영적인 존재들에 대해서 사용되고 있다. (3) 이 용어들의 일부에 관한 이전의 사용은 거의 통찰을 제공하지 않는다. 예를 들어, "통치와 권세"는 누가복음 12:11과 20:20에서 인간에 대해 사용된다. "권세"('엑수시아')는 신약성경 이전에는 천사적이거나 악마적인 세력들에 관해서 사용되지 않고, "지배"(직역하면, "주권")는 그 용어의 기독교적인 용법이 있기 이전에는 나타나지 않는다. "통치"의 의미('아르케' 나 '아르콘')는 논쟁이 된다. 고린도전서 2:8은 영광의 주님을 십자가에 못 박은 인간들이나 영적인 세력들을 가리키는가? 유사하게 로마서 13:1에서 "권세"는 인간 정치 지도자들이나, 쿨만이 주장한 것처럼, 인간 권세자들과 인간의 배후에 있는 영적인 존재에 대해 언급하고 있는가?[16]

의심할 것도 없이, 1:21에서 다섯 가지 용어들은 2:1-3에서 그 개념의 진전된 발전이 보여주는 것처럼 영적인 존재를 언급한다. 하지만 그것들은 인간 통치자들을 역시 포함하는가? 바르트(M. Barth)가 "보이는 특별한 통치자와 그들에 의해 시행되는 보이지 않는 권세, 구체적인 상태와 삶의 표징, 그리고 보이지 않는 심리적인 신비를 동시에 바울이 고려하였다"고 주장한다. 이것으로 그는 정치적이건 재정적이건, 생물학적이거나 역사적이건, 인생의 구조를 의미한다.[17] 월터 윙크(Walter Wink)는 능력에 관한 그의 세 권의 책에서 "공국과 능력들"은 나타나는 능력의 내적 외적 양상들을 가리킨다고 주장하면서 유사한 접근을 시도한다.[18]

그러나 바울이 인간 권세자들을 고려하고 있다는 것은 분명하지 않다. 그의 강조는 영적인 존재들에 있는 것으로 보인다. 어느 경우에도 우리가 다섯 가지 범주를 명확하게 정의할 수는 없을지라도, 이 단락의 내용은 분명하다. 어떤 능력들이 존재하든 간에—실제적이건 환상적이건, 인간이거나 비인간이거나 간에—그것들은 '모두' 그리스도에 복종한다. 사실상 신약성경은 다양한 본문들이 확증하는 것처럼 세력들이 패배를 당하는 것을 말하는 것 외에는 능력들에 대해서 거의 관심이 없음을 보여준다.[19] 골로새서 2:15에서 능력들의 패배가 십자가에서 나타나고,

---

15. pp. 413-17에서 6:10-20의 논의를 보라.
16. Oscar Cullmann, *The State in the New Testament*(New York : Charles Scribner's Sons, 1956), 95-114.
17. Barth, *Ephesians*, 1:154, 174-75(이탤릭체는 그의 것이다).
18. Walter Wink, *Naming the Powers*, vol. 1, *The Powers*(Philadelphia : Fortress, 1984), 5.
19. 특히 롬 8:34-39; 고전 15:20-28; 빌 2:9-11; 엡 3:10; 4:8; 6:10-20; 골 2:10, 15; 벧전 3:22을 보라.

에베소서의 이 구절을 포함하여 다른 본문들에서 능력들의 패배는 부활에서 발생한다. 골로새서 1:16에서의 강조(거기서 엡 1:21의 다섯 가지 용어 중에 세 가지가 나타난다)는 모든 다른 것들처럼 그것들이 그리스도에 의해 또 그리스도를 위해 만들어졌으므로 그리스도의 지배에 복종한다는 점에서 능력들의 열등함에 있다(또한 6:10-18을 참조하라). 능력들이 통제하지 않고, 그리스도가 통제한다. 능력들은 인생의 단계에서 그리스도와 동등한 전투자가 아니다. 그들은 복종자이고, 통제하는 유일한 분은 예수 그리스도시다.

"세상에 일컫는 모든 이름"은 직역하면 "거론되는 모든 이름들"이다. 이 어구에서 바울은 말하자면 "거기에 다른 어떤 것이 있다면, 그것은 모두 그리스도에게 역시 복종한다"는 것을 포괄하려고 애쓰고 있다. 아울러 이름을 언급한 것은 고대 세계, 특히 에베소 안팎에서 축사와 마술적인 관행에서 중요했다.[20]

"이 세상뿐 아니라 오는 세상에"란 표현은 일부 묵시적 문서와 랍비 문헌에서 나타나지만, 그것은 예수의 가르침 이전에는 나타나지 않는다. 라드(G. E. Ladd)는 예수가 처음으로 그 표현을 사용했다고 주장한다.[21] 이 어구는 이 시대와 하나님의 미래 사이에 시간의 경계에 대한 믿음을 보여준다. 어떤 학자들은 에베소서가 현재에만 오직 초점을 맞추고 있고, 모든 것이 이미 성취된 실현된 종말론을 옹호하고 있다고 주장했다. 그러나 이와 같은 본문들은 에베소서가 실현된 종말론과 미래의 종말론을 동시에 갖고 있음을 보여준다. 우리는 1:13과 4:30을 비교함으로써 이미 이 사실을 보았지만, 하나님의 장래에 관한 초점은 에베소 전반을 통해 나타난다.[22]

그리스도, 교회, 몸(1:22b-23). "하나님이 만물을 그의 발아래에 복종하게 하시고"(1:22)란 진술은 자연스럽게 "머리"로서 그리스도에 대한 사상과 몸의 이미지로 이끈다. 1:22의 하반절은 그리스도가 "교회를 위한 모든 것의 머리"시라는 것을 강조한다. 이 개념이 "교회와 관련한 모든 것의 머리"가 될 수 있었을지라도, NIV의 번역은 확실히 옳다. 그 요지는 그리스도가 '교회의 혜택을 위해서' 만물의 머리가 되셨다는 것이다. 교회는 예수 그리스도가 주님이시기 때문에 혜택의 위치

---

20. Clinton E. Arnold, *Ephesians*, 54-56. 에베소 "서신들"에 관한 지식은 한 마술적 능력을 주는 것으로 믿어졌다. 또한 행 19:13을 보라.
21. George E. Ladd, *The Presence of the Future*(Grand Rapids: Eerdmans, 1974), 90, 115. 마 12:32 그리고 막 10:30과 딤전 4:8에서 유사한 어구들을 참조하라.
22. 모든 것이 그리스도 안으로 통일되리라는 기대(1:10), 다가올 시대에 대한 관심(2:7), 온 세대들을 통한 영원에 대한 언급(3:21), 마지막 연합(4:13), 그 나라(5:5), 그리고 심판(6:8)을 참조하라.

에 있다(또한 골 1:15-20을 참조하라).

에베소서에서 "교회"('에클레시아')란 용어의 첫 번째 출현으로 이 서신이 주요하게 강조하는 한 주제가 도입된다. 어느 다른 서신도 에베소서만큼 교회의 신학에 특별히 초점을 맞추고 있지 않으며, 어느 다른 서신도 교회에 대해서 그러한 높은 존중을 표하지 않는다(특히 5:23-33). 바울의 다른 서신들이 "교회"를 개인의 집합을 가리키는 것으로 보통 사용하는 반면에, 에베소서에서 교회에 대한 모든 출현은 범주상 우주적이다.

"머리"란 용어는 최근 수십 년간에 가열찬 논쟁의 주제가 되었다. 특히 아내의 머리로서 남편에 관한 묘사 때문이다(5:22의 주석을 보라). 이 논쟁은 "머리"란 용어가 "근원"이나 "권위"를 의미하는지와 관련이 있다. 그러나 여기서 확실히 그 사실이 존재한다. 바울은 그리스도가 '만물의 주인'이시라는 권위의 개념을 주장하고자 의도하고 있다.

1:23에서 '몸'의 개념이 처음으로 도입된다. 이 개념은 바울의 사상의 기본적인 특징 중 하나이며, 뒤이어 나오는 장들(6장을 제외하고서)에서 중요할 것이다. 바울의 다른 어느 곳에서도 몸의 이미지는 역시 중요하지만 때로 다른 역할을 갖는다.[23] 바울은 다양한 신학적 요지를 표현하기 위해서 몸의 이미지를 사용한다. 여기서 그의 초점은 교회도 몸도 아니고 만물의 주인 되신 그리스도에게 있다. 그리스도의 권위와 몸과의 밀접한 관계가 강조된다.

발과 머리에서 몸으로의 전환이 자연스러울지라도, 에베소서와 골로새서에서 머리와 몸의 이미지를 바울이 사용한 것은 그의 다른 서신들과는 다르고, 그의 사상의 후대의 발전을 반영해준다. 예를 들어, 고린도전서 12:21에서 몸에 관한 논증에서 몸의 머리는 그리스도가 아니고 몸의 다른 인간 구성원이었다. 바울은 이미 11:3에서 머리로서 그리스도를 언급했었지만 분명히 두 이미지가 아직 관계적으로 연결되지 않았었다.

바울이 에베소서와 골로새서에서 "머리"를 사용할 때, "몸"은 항상 같은 문맥에서 나타난다(하지만 "몸"은 때로 머리를 언급하지 않고 사용된다). 이것은 "몸"의 두 가지 다른 의미가 있는지, 그리고 "머리"와 "몸"이 어떻게 관련되는지에 대한 논쟁으로 이끌었다. 하지만 머리로서 그리스도가 몸의 일부인지를 묻는 것은 이 비유에 대한 너무 과도한 독법일 것이다. 주요한 요지는 "머리"로서 예수의 위치가

---

23. 롬 12:3-8; 고전 6:16; 10:14-17; 11:23-34; 12:4-31; 골 1:18-24; 2:6-19; 3:15을 보라.

그가 주님이시라는 것을 강조하고, "몸"의 이미지가 신자들과 그의 연합 그리고 신자들 간에 연합을 강조하는 것이다.

몸 이미지에 관한 바울의 용법의 기원은 불확실하다.[24] 보다 중요한 것은 내용의 문제다. 몸 이미지는 "그리스도 안에서"란 바울의 사상의 발전이다. 그것은 우리가 이미 알고 있었던 것—크리스천들은 그리스도 안에 살고 있고 그리스도로부터 정체성을 취한다—을 표현한다. 신자들은 그리스도의 일부이다(5:30, 또한 그리스도로 세례 되며, 그리스도에게 두어지며, 그리스도 안에 있는 사람들과 하나가 되는 것을 말하는 갈 3:26-28을 참조하라).

이 단락의 가장 난해한 부분(실로 이 전체 서신 중에서 가장 난해한 부분)은 1:23이다. 네 가지 이슈를 해결해야 한다. (1) "충만함"의 의미, (2) "충만"의 지시대상—그것은 그리스도를 묘사하는가 교회를 묘사하는가? (3) 헬라어 중간태("채우다", "fills")로 또는 수동태("채워지다", "is being filled")로 이해될 수 있는 "채우다"(충만하게 하다)에 대한 적절한 이해, (4) "만물"(everything)을 "모든 것들"(all things)을 가리키는 것으로 이해해야 하는가, 아니면 부사적으로 "모든 측면에서"(in every respect)로 이해해야 하는가?[25]

다른 가능성 중에서 이 이슈에 관한 결정이 다음과 같은 선택을 낳는다.

(1) 교회는 '모든 것을 채우시는'(fills all things) 하나님의 충만이다.

(2) 교회는 '하나님에 의해 모든 측면에서 채워지는'(being filled in every respect) 그리스도의 충만이다.

(3) 그리스도는 '모든 것을 채우시는'(fills all things) 하나님의 충만이다.

'충만함'('플레로마')은 다양한 뉘앙스를 표현할 수 있으나 주요한 개념은 "완전함"인 것으로 보인다. 이 용어는 "전체"나 "충만한 수"(롬 11:25), "완성된 것"(예를 들어, 롬 13:10, "사랑은 율법의 완성[직역하면 충만]이니라"), 또는 "채워진 것"(that which is filled, 신약성경에서는 드물거나 존재하지 않는 것)을 의미할 수 있다. 이 용어는 신약성경에서 일곱 번만 나타나고, 어느 신약성경도 에베소서만큼 이 용어에 신학적 용법을 두고 있지 않다. 에베소서의 세 번의 다른 출현들 중

24. 그것이 영지주의, 스토아철학, 집합적인 결속에 관한 셈어적인 개념, 유카리스트, 또는 고대 의학적 사고에서 유래한 심리적 통찰에서 유래했다는 주장들이 제기되었다. 바울 사상의 근원으로서 오늘날 영지주의를 고려하지 않지만, 바울의 사상에서 다른 가능성들이 도움이 될 수 있다.

25. "모든 것들"과 "모든 측면에서"의 차이는 사소하지만, "충만하다"가 중간태인지 수동태인지의 결정과 관련이 있다. "충만하다"가 수동태라면, 부사적인 "모든 측면에서"가 역시 선택되어야 한다.

에서 1:10은 시간의 충만에 대해서 언급하는데 이 본문을 해석하는데 그리 도움을 주지는 못한다. 그러나 에베소서 3:19은 이 본문과 주제에서 밀접하고 "하나님의 모든 충만하신 것으로 너희에게 충만할 수 있도록"(직역하면, "너희가 하나님의 모든 충만으로 채워질 수 있도록") 그리스도의 사랑을 아는 일의 중요성을 강조한다. 에베소서 4:13은 "그리스도의 장성한 분량이 충만한 데까지" 이를 수 있는 성숙을 언급한다. '플레로마'를 이해하는데 있어서 골로새서 2:9-10과의 평행은 유익하다: "그리스도 안에는 신성의 모든 충만이 육체로 거하시고 너희도 그리스도 안에서 충만하여졌다."[26] 이런 본문들에서 "충만"은 하나님과 그리스도에 대해 사용된다. 크리스천들은 그리스도와 관련하여 삶으로써 충만해지고, 그들은 그리스도의 충만으로 인도된다(참조. 1:16).

구약성경은 "충만"을 이해하는데 적절한 배경을 제공해준다. 하나님의 쉐키나로 나중에 언급된 그의 영광인 하나님의 임재가 성막과 성전을 채웠고, 하나님의 영과 하나님의 지혜가 각 개인들을 채웠다.[27] 다시 말해서 "충만"은 하나님이 그의 임재와 능력을 느끼게 만드신 것을 가리킨다. 구약성경에서 하나님이 성전을 충만하게 하셨던 반면에 이제 그는 그리스도를 충만케 하시고 나아가서 그리스도는 교회가 거룩한 충만을 공유할 수 있도록 그 자신을 충만케 하신다. 그 초점은 계시와 구원에서 하나님의 선물에 있다.

구약성경의 배경과 에베소서와 골로새서에서 "충만"에 대한 다른 사용들로 보건대, "충만"은 교회를 가리킬 가능성이 없어 보인다(선택 1과 2). 그런 방식으로 이 용어를 이해하는 것은 어떤 다른 서신에도 갖지 않은 높은 위치로 교회를 올려놓는 것이 될 것이다(설사 에베소서가 교회의 고양된 견해를 가질지라도 말이다. 참조. 3:21). 그 대신에 "충만"은 그리스도를 가리키고(선택 3), 모울(Moule)이 제기한 것처럼,[28] 1:23a에서 "그의 몸"이란 어구는 단순히 교회에 대한 삽입구적인 언급으로 이해된다. 1:19-23에서 하나님이 주요한 행위자시다. 하나님은 그리스도를 일으키셨고 높이셨다. 그리스도에게 만물을 복종케 하셨고, 교회의 머리로 그

---

26. 헬라어 원문은 NIV에서 "충만"의 두 번째 출현에 대해서는 '플레로마'를 사용하지 않고, 분사인 "너희가 그 안에서 충만해졌다"를 사용한다.

27. Barth, *Ephesians*, 1:203-5을 보라. 영지주의에서 배경을 찾으려는 시도는 오도된 것이다. 오직 2세기의 발렌티니안주의자들이 전문적인 의미로 '플레로마'를 사용했다. P. D. Overfield, "Pleroma: A Study in Content and Context," *NTS* 25(1979): 384-96의 논증을 보라.

28. C. F. D. Moule, *The Epistles to the Colossians and Philemon*(Cambridge: Cambridge Univ. Press, 1962), 168.

리스도를 주셨다. 따라서 1:23b은 그리스도 그리고 하나님과 그리스도의 관계에 대한 진전된 묘사다. 그는 만물을 채우시는 하나님의 충만이시다. 그리스도는 하나님의 임재, 능력, 그리고 구원이 알려지시는 곳이고, 교회는 이 충만을 그리스도에게서 얻는다(또한 4:15-16을 보라).

상황잇기

이 단락을 우리의 현대적 세계로 가져오는 것은 성경의 문화와 우리 자신의 문화를 분석하는 것과 관련이 있다. 이 상황을 잇는 작업에서 우리는 필연적으로 우리 자신을 살펴보아야 한다. 때로 고대의 문화는 멀리 있지 않고, 그 과정은 마치 거울 속에 비추어지는 것처럼 보인다. 부분적으로 이 단락이 바로 그 경우에 해당할 것이다.

1:15-20에서 바울의 기도는 직접적으로 우리와 관련이 있고 쉽게 적용된다—그것이 처음 작성되었을 때처럼 지금 우리와 관련이 있다. 그것은 기도의 중요성에 대한 확신과 다른 신자들에 대한 헌신을 드러낸다. 1:15-16의 감정적인 분위기는 바울이 독자들의 믿음과 사랑에 대해 받았던 소식이 얼마나 고무적이었는지를 보여준다. 또한 그것은 바울이 한 번도 만나지 못했을 것으로 보이는 사람들에게서 느꼈던 관계의 깊이를 역시 보여준다. 그들은 바울과 그의 믿음에서 중요했고, 그들은 그를 하나님과 더 가까이 맺어주는 감사의 사례였다. 바울의 모범은 그의 독자들에게 하나님의 사람들의 모든 것을 위해서 계속해서 기도할 것을 격려해주었다(이것을 격려하고 있는 6:18을 참조하라).

바울은 독자들이 "모든 성도들을 향한"(1:15) 사랑이 있다는 것을 이야기한다(1:15). 그들은 그들의 사랑을 성도들에게로 '제한' 했는가? 일부 비평가들은 신약성경의 저자들이 너무 내부 지향적이었다고 불평한다. 그러나 에베소서와 같은 서신들은 교회의 사상에 관한 충분한 설명은 아니다. 특히 신자들을 향한 글에서 우리는 신자들을 위한 사랑을 듣기를 기대하고, 확실히 신자들이 갈라디아서 6:10에서 반영된 접근을 취하는 것이 적절하다("우리는 기회 있는 대로 모든 이에게 착한 일을 하되 더욱 믿음의 가정들에게 할지니라"). 말씀을 전하는 사람들은 그들 자신의 작은 그룹으로 한정할 수는 없지만(3:8-9; 6:18-20), 우리는 동일한 차원에서 모든 사람들을 알고 관심을 기울일 수는 없다. 사람들에 대한 지식과 존중이 그들에 대한 헌신과 관심으로 이끈다. 그것이 이 기도에 반영되어 있다.

1:3-14의 송영처럼, 바울의 기도는 신중심적이고 삼위일체적이다. 하나님과 하

나님의 행위에 대한 이해는 그의 기도가 기초가 되고, 그것은 그의 기도 속에서 나타난다. 참된 기도는 항상 이런 방식을 보여준다. 참된 기도는 신학을 표현해주므로, 우리는 기도하고 있는 하나님이 어떤 분이신가에 대한 세심한 묵상을 필요로 한다. 우리는 기도가 주는 신학적인 전제를 숙고해볼 필요가 있다.

성령과 통찰. 하나님이 지혜와 계시의 영을 주시라는 바울의 간청은 성령의 두 번째 역사나 소수의 크리스천들에게서 특별한 어떤 것을 위해 기도하고 있지 않다. 오히려 그는 '모든' 독자들이 하나님의 영의 계속된 계시적 역사를 앎으로써 하나님을 '알기'를 원한다. 성령의 주요한 임무 중에 하나는 하나님이 그들에게 주셨던 것을 크리스천들이 알게 하는 것이다(고전 2:12). 필립 멜랑히톤(Philip Melanchthon)은 "그리스도를 아는 것은 그의 은혜를 아는 것이다"[29]라고 말했다. 바울의 기도는 사실상 "하나님의 은혜를 앎으로써 당신이 하나님을 알 것이다"라고 말한다. 송영에서처럼, 하나님은 베풀어주심으로써 그 자신을 알리시는 분으로 간주된다. 하나님을 아는 것은 우연히 또는 마술적인 것에 의해서 발생하지 않는다. 성령이 하나님과 하나님의 은혜를 알게 만드신다.

성령은 구원의 보증과 인으로 우리에게 주어졌고(1:13-14), 우리가 하나님을 이해할 수 있게 하시는 분으로서 우리에게 주어졌다. 크리스천의 삶은 계속해서 성령에 대해 열려 있어 그가 우리가 계속 교제할 것을 요구한다. 이는 이상한 신비에 대한 것이 아니라 크리스천이 복음 안에서 갖는 생명의 의미에 대한 것이다. 복음은 하나님이 그의 성품과 인간을 위한 뜻을 계시하셨다는 것을 우리에게 말해준다.

크리스천은 항상 믿음의 통찰을 필요로 한다. 그들은 계몽을 필요로 하는 어둠 가운데 있기 때문이다(1:17-18). 이 어둠은 죄의 결과일 뿐 아니라 하나님의 광대하심과 그리스도 안에서 그가 이루신 역사의 위대함을 알지 못하는 인간의 무능력으로 인한 것이다. 21세기의 지식의 발전에도 불구하고 1세기와 마찬가지로 이 사실은 변함이 없다. 하나님은 우리의 한계와 어둠에 말씀하시고, 성령을 통해서 우리가 이런 부족함을 이기고 하나님과 그리스도에 대한 지식을 얻고 유지하도록 도우신다.

소망. 우리의 문화는 소망에 대한 근거를 제공하지 않는다. 우리는 무의미함을 알지만 소망을 알지 못한다. 죽음이 우리의 모든 것을 따라다니며 괴롭힌다. 우리

---

29. *The Loci Communes of Philipp Melanchthon*, trans. Charles L. Hill(Boston: Meador, 1944), 68을 보라.

의 모든 혜택에도 불구하고, 이 사회는 소란스럽고 문제가 너무도 커서 그것을 해결하기를 포기할 정도다. 범죄, 가난, 인간의 어리석음, 인종차별주의, 테러리즘, 그리고 다양한 다른 "주의들"(isms)이 우리의 회복을 위협한다. 노인들은 먼저 죽음을 바라본다. 젊은이들은 차이를 만들거나 "성공할" 수 있는 소망감을 상실하고 있다. 그들의 음악이 그것을 보여준다. 중년의 사람들은 지루하기만 하다. 다른 나라에서는 이 목록에 전쟁과 기근이 첨가되어 이 상황을 절대적으로 숨막히게 한다. 우리는 우리의 문제들을 해결할 수 없다는 인식을 갖는다—개인적으로든 사회적으로든 말이다. 현재의 소망에 대한 상실은 장래에 대한 소망의 상실에 기초해 있다. 이 사회가 가난과 에이즈와 전쟁과 자연재해에 직면하여, 전력으로 빠져나갈 길을 찾고 있지만, 소망이 있는가?

소망은 오늘만큼이나 바울이 전달했던 1세기 세계에서 희귀한 필수품이었다. 운명, 결정주의, 그리고 좌절이 고대 세계를 지배했다. 사람들은 그들의 상황을 더 좋게 할 수 있는 소망을 거의 갖지 못했다. 흔한 비문은 "무에서 왔다고 무로 돌아간다." 삶—그 모든 기쁨에도 불구하고—은 항상 어렵고 억압적이었다. 사람들은 보이지 않은 세력들에 의해 조정을 받는 것으로 느껴지고, 종교는 불운, 병, 그리고 악한 세력들에서 보호를 발견할 수 있는 유일한 방법이었다.

종교는 항상 있었고, 여전히 사람들이 무의미함과 악에 대처할 수 있는 수단이다. 칼 마르크스는 "종교는 억압된 피조물의 한숨이고, 상처 입은 세계의 마음이요 영혼 없는 상태의 영혼이다. 종교는 사람들의 아편이다"라고 말했다.[30] 모든 인간이 억압된 피조물로 살고 있고 무의미함과 악에 찌들었다고 하는 것은 진리다. 이 사회에서 우리는 우리 자신을 좌절과 차단시키려고 영화와 텔레비전과 다른 형태의 오락을 시도한다. 우리는 옛 시대부터 "그들 모두가 이후로부터 행복하게 살았다"고 가르침을 받고, 우리는 이 환상을 추구한다. 인생과 하나님의 창조가 선하고 감사할지라도, 우리는 '행복한 끝마침이 없다'—적어도 이 세상에서—는 진리를 항상 기억해야 한다. 우리는 모두 무의미함과 악과 병과 죽음에 대처해야 한다.

그리스도 안에서 하나님의 행위는 우리의 무의미함과 악의 문제, 그리고 죽음에 대답한다. 기독교는 자신들이 절망적이라는 것을 아는 사람들을 위한 위대한 종교(신앙)이고, 모든 인간들이 절망적이라고 느끼는 것이 진리다—심지어 그들이

---

30. 그의 *A Critique of Hegel's Philosophy of Right*, ed. Joseph O'Malley(Cambridge: Cambridge Univ. Press, 1970), 131을 보라.

그것을 부정하려고 할 때조차도 말이다. 심지어 죽음의 침상에서 마틴 루터의 마지막 말도 "우리는 모두 거지다"였다.

그러나 죽음은 끝이 아니다. 우리는 하나님과 함께 하는 생명의 행복한 끝을 고대할 수 있다. 그러므로 소망은 긍정적인 힘이다. 하나님은 소망 없는 죽음 가운데서도 하나님의 생명의 창조 속에서 새로운 소망을 놓으셨다. 이 소망은 삶을 변화시키는 경험이다. 바울은 저세상적이고 그림의 떡과 같은 신학을 제시하지 않고 역사의 과정을 변화시킨 우주적인 사건으로서 부활 속에서 하나님의 역사를 바라본다. 그러므로 그는 하나님의 부르심이 사람들의 장래를 위해서 그러므로 그들의 현재를 위해서 무엇을 의미하는지를 그들이 알 것을 기도한다. 우리 사회에서 사람들—크리스천들을 포함하여—은 현재를 위해서만 주로 관심이 있다. 그러나 하나님이 우리를 그의 장래의 사람들 사이에서 부르셨다면, 소망이 모든 것을 변화시키고 현재에 살아가는 기초가 된다.

바울의 기도는 생명에서 죽음으로 데려오신 하나님의 능력—우리가 죽음에 대처할 수 있고 또 장래에 죽은 자로부터 일어날 수 있는 능력—을 지적하고 있다. 1:21에서 바울은 현재의 시대와 다가올 시대를 지적한다. 초대교회는 새 시대가 두 사건들—예수의 부활과 성령의 부으심(1:13-14, 20-21; 참조. 행 2:17-36; 고전 15:20-28)—로 인해 이미 시작되었다고 믿었다. 소망은 그리스도의 부활과 성령 안에 기초해 있다. 소망으로 인해서 크리스천들은 "시대들 사이에서" 살고 있다—이 시대와 다가올 시대의 거주자. 다음 장(2:6)은 크리스천들이 역시 그리스도와 함께 이미 부활하여 높임을 받았다고 주장할 것이다. 그 장래가 하나님에 의한 그리스도의 부활에 의해 이미 시작되었고, '크리스천들은 그들의 장래' 즉 하나님이 그들을 위해 세우신 장래로부터 살고 있다. 이것은 우리의 세계관의 변화를 요구한다—무의미함에서 하나님의 새 시대가 이미 시작되었고, 또 소망이 우리에게 주어져 있다는 인식으로의 변화.

능력과 권세들(1:19-21). 아마도 이 본문을 이해하는데 있어서 가장 커다란 난제는 두 요지에 있다: 하나님의 능력에 대한 믿음과 통치자와 권세들의 관련성에 대한 문제. (1) 하나님의 능력에 대한 믿음은 추상적이어서 쉬울 수 있으나, 오늘날 사람들은 부활이나 산자들을 위한 하나님의 능력의 유효성을 참으로 믿는가? 기독교는 능력에 대한 종교이다.[31] 기독교는 그리스도의 부활과 승천에 초점을 맞추

31. Hans-Reudi Weber, *Power: Focus for a Biblical Theology*(Geneva: WCC Publication, 1989)을 보라.

고 있기 때문이다. 현대 기독교는 부활을 거의 보족 정도로 취급하면서 예수의 죽음이나 다양한 윤리적 개념들에 초점을 맞추는 실수를 때로 한다. 그 대신에 예수의 죽음과 부활의 "쌍두 사건"에 초점이 주어져야 하고,[32] 성령의 부으심인 세 번째 사건이 부활로부터 직접적으로 나오는 것으로 이해해야 한다. 그밖에 모든 것은 이 세 사건들로부터 출원한다.

고대 세계는 우리들만큼이나 부활을 믿는 것에 열심을 내지 않았다. 부활이 그들의 세계관에 맞지 않았기 때문이다. 그러나 우리는 우리의 옛 세계관으로부터 이런 가르침을 판단해보아야 한다. 그리스도의 죽음과 부활은 우리의 세계관과 가치 체계를 공격하고, 그것들을 죽음 가운데서도 생명을 주시는 하나님에게 정당성을 부여하는 세계관과 가치로 대체시킨다. 믿음은 산 자와 죽은 자에게 가능한 하나님의 생명을 주시는 능력을 확증해준다. 이런 확신은 초대교회의 증거, 성경, 그리고 하나님의 현재의 역사에 의지한다. 설사 종말의 시간에 입증을 기다릴지라도 말이다.

(2) 이 본문은 신자들의 삶에서 능력과 그 영향에 대한 충분한 설명을 제공하지는 않는다. 오히려 초점은 영적인 능력으로부터의 자유에 있다. 고대 세계에서 사람들은 적대적인 영적 능력에 대한 괴상한 두려움을 가졌다. 건강, 사랑, 그리고 성공이 모두 영적인 영향에 좌우되었다. 특히 에베소에서 마술, 부적, 요술, 점성학, 어떤 종교적 관행이 아주 중요했던 것은 바로 이 때문이다. 오늘날 "덜 발전된" 문화는 여전히 유사한 태도를 갖고 있지만, 현대 서방 세계의 많은 부분은 이런 과도한 두려움에 해당하는 것을 갖고 있지는 않다.

동시에 놀랍게도 우리 문화는 영적인 세력들에 대한 태도에서 분열주의적이다. 한편으로 우리의 "과학적"인 세계관은 영적인 존재, 악마, 천사, 등등에 대한 어떤 믿음도 거부하지만, 다른 한편으로 우리 사회의 많은 부분은 여전히 미신적이고 점성술을 수용하며, 영적인 존재에 대한 사상에 매료되어 있다. "심령적인 네트워크"가 수억 달러의 산업이 되고 있다. 뉴에이지 운동의 최근의 영향은 "영적인 가이드"와 천사에 관한 용어를 흔한 것이 되게 했다. 우리의 "과학적" 문화의 와중에서 주요한 뉴스 매거진과 텔레비전 시리즈들이 천사들에 초점을 맞추고 있다. 그러나 대부분의 경우에 마귀의 소유에 대한 영화에도 불구하고 우리 문화는 오로지 긍정적인 영적 능력들에 초점을 맞춘다. 우리 사회는 영적인 세력들을 두려워하거

32. Paul S. Minear, *To Die and To Live*(New York: Seabury, 1977), 49을 보라.

나 잘못된 것들에 대해서 그것들을 비난하지 않는다. 오히려 도움과 행운을 위한 것으로 그것들을 바라본다.

다른 한편으로 최근에 일부 크리스천들은 주변문화와 달리 영적인 세력들의 부정적인 역할에 더욱 초점을 맞추었다. 돕는 자 대신에 크리스천들은 이 세력들을 억압하고 위협하는 존재로 간주하고, "사탄을 결박하고", "지역의 영들"을 식별하며, 악과 씨름하는 것에 관심이 있었다. 이런 흐름의 초점은 성경에서 유래한 것도 아니고, 또한 적어도 불균형적이다. 신약성경의 증거가 보증하는 것 이상으로 훨씬 더 많은 관심이 마귀에 대해 주어진다.

우리는 영적인 능력들에 대한 신약성경의 증거를 어떻게 다루어야 하는가? 우리의 대기(atmosphere)는 우리의 삶에 영향을 주는 악한 세력과 선한 세력으로 채워져 있는가? 또는 우리는 공국(principalities)과 세력들을 "비신화하여" 우리가 영적인 존재들을 다루어야 하는 것이 아니라 사회와 삶에서 구조와 제도—정부, 정치 구조, 회사나 산업의 구조, 역사적인 제한, 인종차별주의 등등—를 다루어야 한다고 이해해야 하는가?

예상할 수 있는 것처럼, 이런 주제들은 더욱더 학계의 관심을 받고 있다. 최근에 월터 윙크는 이에 관한 세 권의 작품을 내놓았다.[33] 그는 공국과 능력들을 비신화화하지 않고 다루려고 애썼지만 종국에는 그렇게 되고 말았다. 그는 악한 영적 실재가 '사실'임을 다룰 수 있도록 그러한 영적 존재가 존재하는지에 관한 "존재론적"인 문제를 괄호로 묶어놓는다. 우리는 그의 시도를 인정할 수는 있다. 우리 모두—우리의 믿음과 상관없이—는 악의 실제를 다루어야 한다. 하지만 우리는 영적인 세력들을 실험적인 방식으로 탐구하여 그것들의 존재를 증명하거나 증거할 수는 없다. 그런 연구를 하기 위한 적절한 실험실이 존재하지 않는다. 하지만 우리는 존재론적인 질문을 괄호로(열외로) 묶어둘 수는 없다. 우리가 그렇게 한다면, 하나님의 존재와 관련해서 존재론적인 질문을 쉽게 열외로 둘 수 있다.

문제는 우리가 모든 것을 설명해야 한다고 생각하고 있는 것이다. 우리는 그렇게 할 수 없다. 인간은 불완전하고 모든 답을 알 수는 없다. 이것은 대답을 찾기가 어려운 영역이고, 우리가 말할 수 있는 것 이상으로 말하는 것은 항상 위험하다. 특히 이런 주제에서 우리는 "말씀하신 것을 넘어서서 나아가지 않아야 한다"(고전

33. 그의 *Naming the Powers*(이전의 각주 18)와 더불어, Wink's *Unmasking the Powers*, vol. 2: *The Powers*(Philadelphia: Fortress, 1986)과 *Engaging the Powers*, vol. 3: *The Powers*(Minneapolis: Fortress, 1992)을 보라.

4:6). 우리가 그러할 때, 거의 확실히 잘못된다. 마귀와 천사에 대해서 초점을 맞추고 있는 플랭크 페레티(Frank Peretti)의 소설은 기독교 사상을 벗어나고 있다. 그것은 균형을 상실하였고 성경이 간직하지 않은 추측을 하고 있기 때문이다.[34] 크리스천은 "그것이 어디에 말씀되어 있는가?"라고 항상 물어야 한다.

이런 문제는 악에 대한 우리의 경험이 성경 본문이 취급하고 있는 것을 넘어서서 나아갈 때 상승한다. 모든 것이 성경에 있지는 않지만 우리는 왜곡된 렌즈와 다른 사람들(그들이 단테든, 페레티든)에게서 유래한 개념의 영향 하에서 해석한 경험을 규범화하지 않도록 조심해야 한다. 우리의 사상을 성경적 관심에 굳게 두는 것이 재미를 주지는 않을 수 있을지라도 생명을 위해 필요로 하는 것을 줄 것이다.

우리는 이 서신의 다른 곳에서 공국과 능력들에 직면할 것이지만 이 여기서 이슈는 분명하다. 의심할 것도 없이 바울은 영적인 존재에 대해서 상고하지만, 그들의 존재는 그에게서 별 중요성을 갖지 않는다. 그는 공국과 능력들 자체에는 거의 관심을 두지 않고, 그의 주요한 목적은 그러한 세력들이 그리스도에게 복종하고 패배할 것임을 보여주는 것이다. 말하자면, "존재하는 그 어떤 것이든 그리스도의 통치에 무릎을 꿇고 패할 것이다." 우리는 바울이 행했던 곳에 정확히 강조를 둘 필요가 있다.

그리스도와 그의 교회(1:22-23). 이 두 구절들은 대체로 무관계한 것으로 보이고, 특히 23절을 취하는 방법을 알기가 어렵다. 그리스도가 만물 위에 머리라 칭해진 것은 초대교회의 가장 중요한 고백 중에 하나를 강조하는 비유적인 방법이다—"예수는 주님이시다." 23b절에 대한 우리의 해석이 옳다면, 그리스도는 우리에게 하나님을 전달해주시는 분이시다. 이것은 중요한 신학적 확신이다. 예수가 주님이시고 하나님의 충만을 구현하신다면, 그때에 그는 사람들이 참으로 인생이 무엇인지를 알 수 있도록 명확하게 실재를 정의하신다.

아울러 이 구절들은 예수가 '교회의 혜택을 위해' 만물의 머리가 되신다는 것을 강조한다. 교회는 그리스도와 아주 밀접하게 연관되어 있어서, 교회는 그의 몸이고 그의 삶과 통치에 참여한다. 이런 밀접한 관계성은 대부분의 크리스천들이 그리스도를 믿는 "결정을 할" 때, 그들이 행하고 있다고 생각하는 것을 훨씬 넘어선다. 이 신학을 진지하게 취한다면, 교회—그리고 교회의 개별적인 구성원들—는

---

34. Frank E. Peretti, *This Present Darkness*(Westchester, Ill.: Crossway, 1986)과 *Prophet*(Westchester, Ill.: Crossway, 1992).

놀라운 특권과 혜택의 자리를 차지한다. 우리는 하나님의 모든 충만을 구현하고 전달하는 분과 밀접하게 연관이 있다.

요약. 요컨대 1:15-23의 이해를 위한 바울의 기도는 다음과 같은 것을 구현하는 신학을 표현한다.

사랑과 기도에 초점을 맞추어 시작하고 그리스도 안에 있는 충만에서 출원하는 몸에 대한 언급으로 끝나는 것을 보여주는 '관계성의 교회론'

신자들이 하나님으로부터 갖는 것을 이해하게 하고 하나님을 알 수 있도록 그들의 삶에서 계속해서 역사하고 있는 '계시자로서 성령 신학'

신자들을 하나님 자신에게로 데려오기 위해서 역사하시는 '신론'

그리스도의 부활하심과 그리스도가 하나님의 지극한 영광으로까지 높아지심을 강조하는 '승귀의 기독론.'

현대적 의미

이 본문은 인생에 대한 구체적인 방향을 제공하지는 않지만, 삶을 반영해주고 삶에 대한 기초를 놓아준다. 그리스도 안에서 하나님의 역사의 우주적인 본질에 초점을 맞춘 것은 본문의 개인주의적인 적용을 하지 못하게 한다. 본문은 교회가 마땅히 되어야 하는 종류의 '공동체'를 함축한다.

(1) **교회는 전세계적인 돌봄의 공동체다.** 마르쿠스 바르트가 우리가 모든 사람들을 사랑할 수 없다고 말한 것은 옳다.[35] 우리의 마음은 너무 좁아서 언급할 수 있는 구조가 포괄적이지 못하다. 그러나 우리의 사랑이 우리 자신의 특별한 공동체로 한정될 수는 없다. 우리는 하나님의 더 크고 넓은 움직임과 다른 크리스천들과의 관계를 의식해야 한다. 바울이 심지어 알지도 못한 크리스천들에게 관심을 갖고 헌신한 방식을 보라. 그는 자기 자신을 위한 제국을 건설하려고 한 것이 아니라 그리스도의 몸에 대한 믿음을 진지하게 취했다. 다른 사람들은 그들의 상호적인 믿음 때문에 바울과 밀접하게 관련되었다. 다른 크리스천들과의 그러한 연관은 우리가 편협하지 않게 해주고, 교회와 목사들이 "론 레인저"(lone rangers))가 되지 않게 해준다. 그 의무를 위해서는 너무 좁은 감정인 고독과 교만은 사람들이 그리스도의 몸 안에서 다른 크리스천들과 관련되는 감정을 가질 때에 견디기가 어렵다.

35. Barth, *Ephesians*, 1:147.

바울은 모든 곳에서 크리스천에 대한 깊은 애착을 느꼈고, 우리도 역시 그러해야 한다. 우리가 비그리스도인들과 관련해야할지라도, 이 본문에서의 초점은 그리스도에게 속한 것으로 인해 오는 다른 신자들과의 나눔의 깊이에 있다. 그리스도의 일부가 되는 것은 그리스도 안에서 다른 이들의 일부가 되는 것을 의미하고, 하나님의 나라를 위해서 그들과 함께 일하는 것을 의미한다.

(2) 크리스천이 다른 사람들을 돌보기 때문에 **교회는 기도하는 공동체다.** 기도하는 것은 "누가 그 집을 소유하고 있는가"를 기억하는 것이다.[36] 이 집은 하나님의 세계이고, 그 안에 있는 사람들은 하나님의 것이다. 교회는 독립적이고 자기 결정적인 그룹이 아니라 누구의 소유이고 누구의 지도 아래 있는가를 인식하는 공동체다. 우리의 규칙적인 관습은 다른 크리스천들을 위해 기도하는 것을 포함해야 한다—심지어 우리가 알지 못하는 사람들조차도 말이다. 그러한 기도를 통해서 우리가 동일한 하나님께 속해 있고 공통된 하나님이 주신 사명에 참여하고 있다는 것을 인식한다. 믿음에 대한 지식과 다른 이들에 대한 사랑이 감사로 이끌어야 한다. 다른 이들이 성공할 때 그것이 우리의 기쁨이 되기 때문이다. 우리는 그리스도 안에 있는 사람들과 하나이고, 그들과 그리스도 안에서 삶을 공유한다.

(3) **교회는 생각하는 공동체다.** 18절에서 마음의 눈을 밝히는 일에 초점을 맞춘 것은 중요하지만 너무 자주 간과하는 바울의 사상의 일부를 소개하고 있다. 너무 많은 크리스천들이 그들의 생각과 지식에서 수동적이거나 반지성적인 편협함을 갖고 있다. 이렇게 된 이유의 일부는 이해할 만하다. "지성주의"가 자주 파괴적이고 오만함을 보였다. 하지만 크리스천은 무지로 이끄는 반지성주의로 움츠러들어서는 안 된다. 우리는 덜 사려 깊게 됨으로써 지적인 공격을 막을 수는 없다.

크리스천만이 반지성주의의 죄책을 갖고 있지는 않다. 우리는 대체로 생각하기를 멈추어버린 사회 속에서 살고 있다. 삶의 복잡함과 오늘날의 과도한 정보의 적재는 우리가 정신적인 자극의 주요한 영역으로 진부한 텔레비전 쇼와 멋진 스포츠들에 열광하게 만들었다. 이 본문은 우리가 학문적이 되어야 한다거나 삶에 대한 해결책이 모두 학문적이라고 주장하지 않는다. 하지만 크리스천들은 삶, 하나님, 그리고 믿음의 관계에 대한 지혜와 총명에서 항상 성장해야 한다. 지혜는 올바른 삶을 위한 실제적인 지식이다. '교회는 무엇보다도 생각하는 자들의 공동체가 되어야 한다'—행동과 별개인 생각이 아니라, 행동에 대한 기초로서의 생각. 무지는

36. Wink, *Engaging the Powers*, 160.

'윤리적인' 문제를 낳는다.

역사적으로 기독교는 교육을 촉진하고 대학을 설립하는 방식을 낳았다. 그런데 이제 이전에 기독교 학교의 대부분이 믿음에 대한 애착을 상실하고 세속적인 학교와 별반 다르지 않다.[37] 목사들은 사회에서 지적이고 도덕적인 지도자로서 존중을 받아왔다. 그런데 이제 지적으로 은사가 있는 자들은 사업이나 과학으로 나아가는 경향이 있고, 목사들은 어느 영역에서도 덜 유능한 리더가 되고 있다. 과거에 교회가 의미 있는 발전을 했을 때—예를 들어, 종교개혁이나 대부흥의 시대—당대의 가장 훌륭한 사상가들이 그 운동을 지도하고 움직였다. 마틴 루터, 존 웨슬리, 또는 디트리히 본훼퍼와 같은 사람들은 현실을 수용하지 않고 그들의 마음을 복음의 의미를 이해하는데 적용했던 개척적인 '사상가'였다. 복음과 삶에 대한 이런 종류의 의문하고 분석하는 헌신은 우리 '모든' 이들에게 필요하다.

유감스럽게도 현대 기독교의 많은 부분이 얄궂은 감상주의자나 더 나쁘게는 선정주의의 죄를 짓고 있다. 후자의 경우에 설교자들은 청중을 흥분시키는 종교적인 프로 레슬러와 같이 들린다. 우리는 하나님에 대한 이해와 삶을 위한 지혜를 제공하려고 하기보다 감정적인 느낌을 창출하려는데 더 관심이 있는 것으로 보인다. 결과적으로 세상의 많은 사람들은 크리스천들에 대해서 "당신들의 사상은 우리가 살고 있는 세상의 복잡함에 대해서 너무 피상적이다"라고 말한다. 크리스천들은 이 세상의 극단에 대해 그들의 선택의 의미를 살피지 않고 반응했다. 이런 형태는 바뀌어야 한다. 교회는 복음의 의미에 대한 분석과 묵상을 적절히 논의하는 자리가 되어야 한다. 크리스천들은 생각하는 사람으로서 평판을 얻어야 한다.

이 본문은 성령이 우리의 마음을 밝게 해주기 위해서 가져오시는 통찰의 은사에 초점을 맞추고 있지만, 성령은 보통 저절로 이 일을 이루시지는 않는다. 성령의 역사에 대해 열려 있음이 확실히 필요하지만, 생각과 지식에서도 역시 투자가 필요하다. 우리의 마음을 다룰 때보다 "쓰레기를 넣으면 쓰레기가 나온다"란 격언이 더 적합한 곳은 없다. 우리가 포르노그래피, 상황 코미디(시트콤), 그리고 영화들에 탐닉한다면, 하나님에 관한 지식을 얻지 못할 것이다. 이것은 "영적인 개념"에 대한 좁은 초점을 주장하는 것이 아니다. 오히려 우리는 가장 넓고 복합적인 주제

37. George M. Marsden, *The Soul of the American University: From Protestant Establishment to Established Nonbelief*(New York: Oxford Univ. Press, 1994)을 보라. 또한 Mark A. Noll's *The Scandal of the Evangelical Mind*(Grand Rapids: Eerdmans, 1994)에서 그 사상과 관련한 교회의 실패를 한탄하는 것을 보라.

들—하나님, 인간의 삶, 그리고 하나님이 그리스도 안에서 인간을 위해 이루신 것—에 초점을 맞추어야 한다. 이런 기초적인 것으로부터 모든 다른 주제들을 심사할 필요가 있고, 크리스천들은 인간의 삶을 위해 중요한 모든 주제들의 분석을 위한 최전선에 서야 한다—몇 가지를 거론하면 의학 윤리와 의학 연구, 신학과 비즈니스, 오락과 고난. 우리는 어둠을 몰아내고, 그 임무를 위한 힘을 얻기 위해 "마음의 눈"을 밝게 해야 한다.

우리는 여기서 두 가지 중요한 사실을 기억해야 한다. 요청되는 사고는 '계시'에 기초해 있고, 그것은 하나님에 관한 '지식'으로 이끈다. 성경을 묵상하는 목적은 신학적인 학문을 위한 것—하나님에 대해서 아는 것—이 아니라 하나님을 알고 하나님과 관계를 가지며 하나님의 목적과 뜻을 그의 백성들을 위해 아는 것에 있다. 그것으로부터 모든 다른 지식이 유래한다. 인간이 완전하게 하나님을 알 수 없을지라도, 우리는 하나님을 진정으로 알 수 있다—우리는 하나님과 관계를 가질 수 있으며 우리의 삶에서 하나님의 임재와 역사를 경험할 수 있다.

(4) **교회는 시간을 이해하는 공동체다.** 송영처럼(1:3-14), 이 단락은 과거, 현재, 미래를 이해하는데 초점이 맞추어져 있다. 이 서신은 수령자의 소망 없는 과거를 현재와 미래의 그리스도 안에서의 특권과 자주 대조시킬 것이지만, 여기서는 그리스도 안에서 하나님이 이루신 과거의 특별한 사건—그리스도의 삶과 죽음 그리고 역사의 과정을 바꾸고 미래를 결정지은 사건으로서 특히 부활—을 바라본다.

현재를 제외한 어느 시간도 알지 못하는 이 세상에서, 크리스천들은 미래—우리가 자주 실패하는 것—에 대해 사람들에게 상기시켜야 한다. 우리는 역시 현재에 사로잡혀서 우리의 설교와 가르침에서 지금 여기만을 강조한다. 하지만 미래가 없다면, 복음도 없다. 인생의 짧음과 부정의(不正義), 고난, 그리고 죽음은 하나님의 궁극적인 승리를 외친다. 크리스천들은 하나님이 놀라운 일을 이루시고 그 일이 아직 완성되지 않은 것을 알기 때문에 종말론적으로 지향한다. 새 시대가 옛 시대 가운데 있지만 어느 날 새 시대만이 남겨지게 될 것이다.

크리스천은 그리스도 안에서 이미 그들이 갖고 있는 것과 여전히 그들이 기다리고 있는 것을 알아야 한다. 우리는 역시 피조물과 함께 탄식하며 하나님의 마지막 구속을 기다린다(롬 8:19-24). 그것은 시간을 이해하는 방식의 일부다. 우리는 부활의 시작과 그 끝 사이에 살고 있다. 크리스천들—그들의 좌절에도 불구하고—은 믿음에서 오는 인내를 알고 있다. 터툴리안이 말한 것처럼 "믿음은 등잔불을 갖고 있는 인내다."[38]

그러나 너무 자주 우리는 미래에 대해서 상관하지 않는 현재로만 만족한다. 이 생에서의 기쁨에 오로지 초점을 맞추려고 하는 사람들에게 기독교는 삶의 고난과 죽음의 진리로부터의 사회의 고립을 제거할 책임이 있다. 병적이지 않고 기쁨의 삶의 합리성을 소홀히 함이 없이 우리는 고난과 죽음을 대면하고 포용해야 한다. 복음이 우리가 그렇게 할 수 있게 한다.[39]

이 삶이 잠정적임을 알고 또 무의미하다고 느끼는 사람에게 우리는 하나님의 장래의 소망을 전달해야 한다. 죽음에 직면해 있는 사람들조차도 소망을 가질 수 있다. 에이즈와 암과 같은 질병의 무서운 고통을 축소시킬 수는 없을지라도, 사람들이 하나님이 질병보다 더 크시고, 하나님이 그들을 떠나지 않으시며, 하나님이 그들에게 장래를 부여하신다는 것을 알 수 있다. 그것이 죽음의 실제를 바꿀 수는 없지만, 하나님이 부활로 패배시킨 대적들을 축소시켜 궁극적이고 최종적인 승리를 가져다준다.

(5) **교회는 확신의 공동체다.** 확실히 바울이 독자들이 소망과 하나님의 기업, 그리고 능력을 알기를 기도하는 이유는 그들이 확신 있게 살게 하기 위한 것이다. 그들이 연결되어 있는 그리스도가 모든 다른 능력보다 위에 계시다면, 크리스천으로서 우리도 능력들에 대해서 염려할 필요가 없다. 어느 것도 그리스도로부터 우리를 뗄 수 없고, 우리를 제한하거나 정죄할 수 없다(롬 8:31-39). 그리스도가 하나님의 충만함을 수여하시는 분이라면, 우리는 어떤 것을 잃어버릴 것에 대해서 염려할 필요가 없다. 우리는 하나님의 목적 안에 있는 우리의 가치와 위치를 알고 있다. 우리는 그리스도의 주되심의 수혜자이며, 그리스도의 주되심 아래 살고 있다.

그러나 교회의 확신을 승리주의—죄와 곤란과 고통을 인식하지 못하고 대처하지 않을 정도로 과도하게 "승리"를 강조하는 죄—로 오해해서는 안 된다. 교만한 승리주의는 십자가와 세상의 고통과 일치되신 하나님을 잊어버린다. 또한 그것은 우리가 장래에 하나님의 완전한 승리를 여전히 기다리고 있다는 것을 잊어버리게 한다. 고린도 공동체는 승리주의 죄책이 있었으므로, 바울은 그들에게 십자가를 상기시켰고 또한 하나님의 능력이 약함—십자가의 자기를 주는 사랑과 동일시된 약함—에서 완전해진다는 사실을 상기시켰다(특히 고후 12:9; 13:4). 그러한 확신은 삶의 문제를 얼버무리려는 것이 아니라 예수 그리스도의 부활과 주되심에

38. "믿음이란 무엇인가"라는 자신의 질문에 반응한 터툴리안. James S. Stewart, *The Wind of the Spirit*(Nashville: Abingdon, 1968), 53에서 참고문헌이 없이 인용됨.

39. 고전 3:21-23과 고후 4:7-15과 비교해보라.

의해 정의된 것이다.

(6) **교회는 능력의 공동체다.** 크리스천이 갖는 능력은 본질적인 능력 즉, 그들 스스로 갖고 있는 능력이 아니라, 예수의 부활과 지금과 장래에 모든 다른 세력들에 대한 주인으로서 예수의 높아지심으로 정의된 하나님으로부터 오는 능력이다. 어느 다른 능력도 그리스도와 견줄 수 없기 때문에 그리고 그리스도 안에서 하나님의 충만함이 존재하기 때문에 크리스천들은 삶을 위해 필요한 것을 발견하기 위해서 다른 곳에 문의할 필요가 없다. 그들이 필요로 하는 것은 그리스도 안에 있다. 그러나 이 능력은 추상적인 능력이 아니다. 그것은 '관계적'인 능력이다—능력이 거하는 분과 연계되었기 때문에 알게 되는 능력이다.

그러나 많은 사람들이 정확히 다른 곳을 바라보고 있다. 그리스도 안에 있는 믿음을 혼합적인 특징을 갖는 몇 가지 선택들을 언급할 수 있는 어떤 다른 성분들—행위, 두 번째 복, 마귀에 대한 능력, 또는 점성학—과 혼합시키는 이상한 시도들이 범람하고 있다. 하지만 그리스도로 충족하고, 다른 어떤 것도 필요치 않다. '그리스도에 다른 어떤 것을 더하기를 시도하는 것은 그리스도를 폄하하는 것이다.'

우리는 1:21에 영적인 능력들에 대한 말을 적용하기를 추구할 때 이것을 기억해야 한다. 이 구절의 목적은 크리스천들이 영적인 존재들을 염려하거나 그것들을 거명하고 속박할 수 있도록 영적인 존재에 대한 정보를 주고 있지 않다는 사실이다. 여기서 그것을 언급한 목적은 사람들이 그리스도에게 초점을 맞추고, 기뻐하고, 확신하며 살라는 것이다. 우리가 마귀에 초점을 맞추는 것은 그리스도에 대한 초점을 흐리게 한다—이것이 정확히 프랑크 페리티의 소설에서 발생하고 있는 것이다. 그러한 초점은 월터 윙크가 마귀에 대한 언급에서 주장한 것처럼 한계를 벗어난 것이다.[40] 악이 실재하고, 우리가 말할 수 있는 한 영적인 존재가 있다. 하지만 그들이 하나의 위협이거나 근심의 원인이 되기 때문에 이 단락에서 언급되고 있지는 않다. 오히려 그들은 종국에 패배할 것이므로 염려할 필요가 없다.

여기서와 성경 전반을 통한 참된 이슈는 "우리가 누구인지를 무엇이 결정하고 우리는 어디에서 우리의 정체성을 얻는가?"라는 질문이다. 크리스천은 예수 그리스도와 그의 삶, 죽음, 그리고 부활에 의해 정의되고 형성된다. 마귀와 영적인 세력들은 결정적이거나 형태를 만드는 요인들이 아니다. 그들은 지극히 제한된 역할만

---

40. 각주 18과 Wink, *Unmasking the Powers*, 57, 77을 보라. 심지어 윙크는 "식물들의 천사들"에 대해서 말하는 사람들을 설득력 있게 논증한다.

을 갖는다. 이것은 악의 실재에 대해서 무시하자는 것이 아니다. (에베소서의 나머지 부분이 보여주는 것처럼) 악은 매우 실재한다. 하지만 '이' 본문의 적용은 영적인 존재에 집중하는 것을 허락하지 않는다.

두 가지 부가적인 초점을 언급할 필요가 있다. ⓐ 능력에 관한 초점은 "능력 종교"－기적, 미래를 보는 예언, 축사에 초점을 맞춘 현대적 운동－에 관한 초점을 제공하지 않는다.[41] 에베소서는 그러한 운동을 거의 지원하지 않는다. 한편으로 우리는 기적이 1세기로 제한된다는 견해를 수용해서는 안 된다. 성경 시대에 개입하신 동일한 하나님이 오늘날도 개입하실 수 있다.[42]

ⓑ 크리스천이 갖고 있는 능력이 기적과 같은 것들에 초점을 맞추지 않는다면 그것이 무슨 소용이 있는가? 능력이 가능하다면, 우리는 왜 그것을 더욱더 바라보지 않는가? 물론 우리는 시대들 사이에 살고 있고 바울은 이 서신에서 악이 우리들과 함께 여전히 내재해 있다는 것을 인식한다. 이렇게 새 시대는 옛 시대 가운데 왔지만(2:1-3; 4:17-19; 5:3-17; 6:10-20), 그의 요지는 하나님의 능력이 현재의 악에 의해 제한을 받지 않는다는 것이다. 오히려 에베소서는 하나님의 능력이 '우리를 위한' 부활로 현재의 악한 시대에 침투했다는 것을 강조한다(1:19-21). 여기서의 신학은 정확히 로마서 8:31-39에서 선언한 것이다: 하나님의 능력이 우리를 박해와 위험과 곤란과 죽음에서 건져내신 것이 아니라 그런 모든 것들에서 승리자 이상이 되게 하신다. 이것은 마술을 행하고 곤란을 회피하는 능력이 아니라 '악한 세상에서 살아가는 능력'이다. 이것은 경건한 삶을 위한 능력이다. 이 서신의 많은 부분은 이 문제에 대해 말할 것이고, 하나님이 그의 백성들 속에서 생산하는 변화를 이야기할 것이다. 능력에 관한 논의의 적용은 이 사실에 집중한다.

눈에 띄는 질문이 여전히 남아 있다. 하나님의 능력이 그의 백성들의 변화에 맞추어져 있다면, 우리는 왜 이런 변화를 사람들－우리들을 포함하여－의 삶속에서 더 자주 보지 못하는가? 이 질문은 고통스럽고 제쳐둘 수 없지만, 적어도 암시적으로 에베소서가 언급하고 있는 문제이기도 한다. 에베소서는 하나님이 의도하신 것을 붙든다. 에베소서가 하나님의 뜻이 실제가 되는 도구가 되게 하소서!

---

41. Michael Scott Horton, ed., *Power Religion: The Selling Out of the Evangelical Church?*(Chicago: Moody, 1992)에서 이 운동에 관한 비판과 Gary S. Greig and Kevin N. Springer, eds., *The Kingdom and the Power*(Ventura, Calif.: Regal Books, 1993)에서 변호를 보라.
42. 이런 주제의 대부분이 에베소서의 관심 바깥에 있는 것일지라도, 우리는 6장에서 이 문제를 다룰 것이다.

에베소서 2:1-10

1 그는 허물과 죄로 죽었던 너희를 살리셨도다
2 그때에 너희는 그 가운데서 행하여 이 세상
풍조를 따르고 공중의 권세 잡은 자를 따랐
으니 곧 지금 불순종의 아들들 가운데서 역
사하는 영이라
3 전에는 우리도 다 그 가운데서 우리 육체의
욕심을 따라 지내며 육체와 마음의 원하는
것을 하여 다른 이들과 같이 본질상 진노의
자녀이었더니
4 긍휼이 풍성하신 하나님이 우리를 사랑하신
그 큰 사랑을 인하여
5 허물로 죽은 우리를 그리스도와 함께 살리
셨고 (너희는 은혜로 구원을 받은 것이라)
6 또 함께 일으키사 그리스도 예수 안에서 함
께 하늘에 앉히시니
7 이는 그리스도 예수 안에서 우리에게 자비
하심으로써 그 은혜의 지극히 풍성함을 오
는 여러 세대에 나타내려 하심이라
8 너희는 그 은혜에 의하여 믿음으로 말미암
아 구원을 받았으니 이것은 너희에게서 난
것이 아니요 하나님의 선물이라
9 행위에서 난 것이 아니니 이는 누구든지 자
랑하지 못하게 함이라
10 우리는 그가 만드신 바라 그리스도 예수 안
에서 선한 일을 위하여 지으심을 받은 자니
이 일은 하나님이 전에 예비하사 우리로 그
가운데서 행하게 하려 하심이니라

원 의미

이 단락은 신약성경에서 구원에 관한 가장 명확하고 사랑받는 설명 중에 하나다. 그것은 그리스도 이전의 죄된 삶과 소외를 그리스도 안에서의 믿음의 삶과 구분 짓는 다섯 가지 명시적인 "이전-이제"의 대조 중에 첫 번째를 포함하고 있다. 이 대조는 에베소서에서 주요한 주제 중에 하나를 형성한다.[1]

이 단락에서는 많은 대조가 눈에 띈다: 죄악된 삶 대 하나님에 의해 예비된 선한 행위의 삶, 이 세상 대 하늘의 영역, 죽음 대 생명, 죄된 본성(즉, "육체의") 대 그리스도와의 연합, 진노 대 자비와 구원, 세상의 "통치" 아래 대 그리스도가 좌정하

1. 2:11-13, 19-22; 4:17-24; 5:8을 보라. 또한 동일한 개념을 표현한 것이 3:5과 4:28이다. 롬 8:9-15을 참조하라.

심, 본성 대 은혜, 행위에 의해서가 아닌 대 믿음으로 말미암은.

바울의 구원 신학의 주요한 주제들의 대부분이 2:1-10에 내재해 있다. 사실상 2:8-9(또는 더 좋게는 2:8-10)은 "믿음으로 말미암은 은혜의 구원에 관한 바울의 교리를 가장 효과적으로 요약"하고 있는 것으로 자주 선별된다.[2] 이 항목이 1장에서 연속되는 기도이든지, 또는 크리스천을 묘사하는 새 항목의 시작이든지 간에 그것은 이 서신의 나머지 부분이 세워질 기초적인 신학적 개념을 제공한다. 그리스도 안에서 하나님의 구원의 과거, 현재, 미래가 여기에 상고되고 있다.

우리는 처음부터 몇 가지를 주목할 수 있다. NIV는 2:1을 "As for you"(너희에 관해서)로 도입할지라도, 헬라어 원문은 이 항목을 1:15-23과 밀접하게 연결해주는 "and"(그리고)만을 갖는다.[3] 의미 있는 평행이 1:18-21과 2:1-7에 나타난다: "일으키셨다", "하늘에 앉으셨다", "풍성함", "통치자", "이 시대와 다가올 시대", 그리고 하나님이 사람들을 가지셨다는 개념. 1:19-21에 대해 언급되었던 것이 이제 크리스천들에게 적용된다: 하나님은 그리스도를 일으키셨고 높이셨으며 그는 그와 함께 크리스천들을 일으키셨고 세우셨다(또한 골 2:12-13; 3:1-4을 참조하라).

구조. 2:1-7의 헬라어 원문은 하나의 긴 문장이다. 바울은 2:1에서 인간이 허물과 죄로 죽은 것에 대해서 쓰기 시작했고, 2:2-4에서 죄된 삶과 자비로운 하나님의 사랑에 대해 더욱 말하는 것으로 분기했고, 그 다음에 2:5에서 죄 안에서 죽은 것에 대한 사상을 시작했다.[4] 분명히 2:1-10에서 바울의 의도는 "그리고 너희는 역시 하나님의 행위에 참여했다. 예수가 죽은 자 가운데서 일으키심을 받았을 때, 너희도 역시 죽음에서 생명으로 일으킴을 받았다"라고 말하는 것이었다. 이 항목은 세 가지 움직임으로 구성되어 있다.

A. 죄된 사람의 이전 방식(2:1-3)
B. 그리스도 안에서 하나님의 자비로운 구원과 그 목적(2:4-7)
C. 은혜에 의한 구원에 대한 더 자세한 설명(2:8-10)

---

2. C. L. Mitton, *Ephesians*, 155. Andrew T. Lincoln, "Ephesians 2:8-10: A Summary of Paul's Gospel," *CBQ* 45(1983): 617-30에 의한 논의를 보라. 그러나 저자는 바울의 저작을 인정하지 않고, 링컨은 어떤 다른 사람이 이 편지를 썼다는 증거로 바울의 형태에서의 변화를 확인하기를 시도한다.
3. 어떤 이들은 심지어 1:23이 마침표 대신에 콤마로 끝나야 한다고 주장하지만 그것은 보증되지 않은 것이다.
4. 사실상 RSV는 2:5에서 "그가 살리셨고"란 말을 빌려와서 바울의 사상을 부드럽게 하기 위해서 2:1에서 그것들을 중복시킨다.

핵심적인 개념의 반복은 저자가 특출 나게 하고자 하는 항목을 강조한다: “허물로 인해 죽음”(1, 5절), “이전에”(2, 3절), “살았다”(2, 10절, NIV: “live”와 “do”[5]), “세대”(2, 7절), “그리스도와 함께”(5-6절), “은혜로 너희가 구원을 받았다”(5, 8절), 그리고 “그리스도 예수 안에서”(6, 7, 10절).

이전의 죄된 삶의 방식(2:1-3)

이 단락에서 대명사의 변화를 주목하라. 이것은 바울의 서신과 에베소서 전반을 통해 규칙적으로 나타나는 특징이다.[6] 때로 이 변화는 두 가지 서로 다른 그룹이 언급되고 있다는 것을 가리키지만, 어떤 다른 때에는 변화에 대한 이유를 식별할 수가 없다. 특히 2:11-22에서 이방인과 유대인에 대한 초점 때문에 일부 학자들은 2:1-3에서 “너희”와 “너희의”를 이방인들을 가리키고 “우리를”, “우리의”, “우리는”을 유대 크리스천을 가리키는 것으로 간주한다.[7] 하지만 이 본문을 면밀히 분석하면 이런 접근은 맞지 않는다. 유사한 변화가 특별한 이유 없이 2:5-10에서 나타나기 때문이다. 이 단락에서 대명사의 변화에 대해서 어떤 설명을 할 수 있다면, 아마도 바울은 이인칭 대명사를 독자들과의 관계성을 강조하기 위해서 사용했을 것이다.

허물과 죄 안에서 죽음(2:1). 그리스도 안에서 생명에 관한 관점으로부터 살펴볼 때, 바울은 이전의 삶을 죽음, 즉 영적인 죽음,[8] 하나님이 없는 삶, 또는 살 가치가 없는 무의미한 삶으로 간주했다.[9] 생명이 하나님으로부터 오고 하나님과 관련해서 경험된다고 생각하는 사람들에게 하나님과의 분리는 죽음에 상응한다(참조. 4:18).

그밖에 다른 곳에서 바울은 죽음을 구속받지 않은 인간을 지배하는 독재자로 간주한다. 현재의 삶에서든 그리고 무덤에서 그들의 운명에서든 말이다.[10] 어니스

---

5. 문자적으로는 2절과 10절에서 “걸었다”(walked). 이 용어는 4장과 5장에서 윤리적인 논의를 지배할 것이다(4:1, 17; 5:2, 8, 15을 보라).
6. 예를 들어, 롬 7:4-5; 8:12-16; 갈 3:29; 4:6. 에베소서에서는 2:11-22; 4:1-16; 5:1-2; 6:11-12을 보라.
7. Barth, *Ephesians*, 1:212, 216을 보라.
8. ‘네크로스’와 ‘다나토스’는 신약성경에서 이런 비유적인 죽음을 표현하기 위해서 사용된다.
9. 이 용어는 신구약 성경과 다른 유대적 자료들에서 아주 흔하였다(시 88:3-6; 143:3; 겔 37:11-14; 마 8:22; 23:27; 눅 15:24; 롬 5:12-21; 엡 5:14; 딤전 5:6[일락을 좋아하는 과부를 살아있으나 죽은 것으로 언급함], 그리고 계 3:1[살아 있으나 죽었다는 평판을 가졌던 사데 교회를 언급함]을 보라).
10. 특히 롬 5:12-21; 6:15-23; 7:5, 24; 8:6-13을 보라.

트 베스트(Ernest Best)는 2:1의 개념을 "죽음에 관한 실현된 종말론적 개념"으로 묘사한다.[11] 다시 말해서 종말의 결과가 현재에 침투했고 내재했다. 죽음이 생명을 제어한다. 죽음은 비관계적이고, 무기력하고, 부패하다. 죄의 결과로서 인간은 하나님과의 관계를 갖지 못했고, 다른 사람들과의 관계를 왜곡시켰다. 그들은 변화할 수 없는 무기력을 가졌고, 파괴로 내몰렸다.

로마서 5:12-21에서처럼 죽음은 죄의 결과다. "너희의 허물과 죄로 죽었다"는 표현은 죄가 사망의 원인이고 죽음의 증거라는 것을 암시한다. "허물"과 "죄"를 구분하려는 시도를 만들 필요는 없다. 두 용어는 죄의 다양성과 지배와 관련한, 한 개념을 표현하는데 사용된다.[12]

죄 속에 사는 것(2:2-3). "살다"(live)로 번역된 용어는 사실상 "걷다"(walk)이고, 이는 신약성경이 삶의 방식을 묘사하기 위해 자주 사용되는 단어다. 4장과 5장에서의 교훈은 이 용어를 따라 구성되어 있다. 다른 바울 서신들보다 에베소서에서 더 자주 이 용어는 바울의 윤리적 사상의 중심에 서 있다.[13] 이 비유는 주님의 방식으로 걷는다는 구약성경의 개념에서 기원을 갖는다(예. 신 5:33; 시 1:1; 사 30:21).

특히 그리스도 안에 있는 존재에 관한 이 서신의 초점과 더불어, 허물과 죄로 이전 삶을 묘사한 것은 의미가 있다. 이 용어들은 사람들이 걷는 길과 그들의 삶을 형성하는 경계를 묘사한다. 우리가 이미 보았던 것처럼, 바울은 "영향의 영역"(spheres of influence)의 신학을 갖고 있다.[14] 사람들은 두 영역이나 환경 가운데 살고 있다. 즉 그리스도 안에 살고 있든지 죄 안에 살고 있다. 허물과 죄는 이전에 삶의 방식의 환경을 결정짓는다(참조. 고전 15:17).

이전의 삶에 대한 두 가지 서로 다른 묘사가 2:2에서 주어진다: "세상 풍조를 따르고 공중의 권세 잡은 자를 따랐으니." 이 세상의 "풍조"(ways, 방식)는 적절한 번역이지만 뉘앙스는 놓치고 있다. 보다 직역하면 그것은 "이 세상의 시대"(age of

---

11. Ernest Best, "Dead in Trespasses and Sins," *JSNT* 13(1981): 16.
12. 이 두 용어들이 단수와 복수에서 상호적으로 사용된다(예. 롬 5:20; 골 1:14; 2:13. "죄"('하마르티아')와 관련해서, 바울서신에서 이 용어의 64번의 출현 중에 48번은 로마서에서 나타나고, 그중에 세 번만이 복수다. 로마서에서 바울은 죄를 개인의 잘못된 행위로서보다는 인간을 지배하는 폭군으로 간주한다. 로마서 이외에 16번의 출현 중에서 9번은 복수다.
13. 롬 6:4; 8:4; 고전 3:3; 7:17; 고후 4:2; 갈 5:16을 보라. "걷다"(walk)의 사용이 역시 요한의 문서와 신약성경의 다른 곳에서 나타난다(예. 요 8:12; 11:9-10; 요일 1:6-7; 행 21:21).
14. pp. 80-81을 보라.

this world)다—현재와 다가올 시대에 관한 1:21 그리고 하나님의 은혜가 나타나게 되는 다가올 시대에 관한 2:7에서 사용된 것과 동일한 용어. 신자들의 이전 삶의 방식은 현재의 세상적인 시대에 부합한 것과 관련이 있다.[15] "세상"은 신약성경에서 폭넓은 셈어적인 범주를 갖는데, 그것은 창조, 사람, 그리고 하나님을 현장에서 제외시키거나 하나님에게 공개적으로 적대하는 세상적 구조를 망라한다. 분명히 여기서 바울의 의도는 세상의 구조 즉 하나님을 생각하지 않는 체제에 의해 형성된 삶의 방식("육체에 따른 삶"으로 표현된 것과 유사한)에 초점을 맞추고 있다.[16]

죄 속에 살아가는 것은 "공중 나라의 권세 잡은 자"(the ruler of the kingdom of the air)에 부합하여 살아가는 것이다. 그리스도는 모든 능력들보다 높아지셨고 만물을 충만하게 하시지만(1:21-23), 또 다른 능력에 역시 작용하고 있다. 바울이 이 권세 잡은 자의 이름을 말하고 있지는 않지만, 그는 악한 것(6:16)이나 마귀(4:27; 6:11)를 따르는 삶을 분명히 말하고 있다.[17]

정확히 "공중 나라의 권세 잡은 자"로 무엇을 의도하고 있는지 그리고 그것이 뒤이어지는 용어들과 어떤 관계가 있는지는 불분명하다. "나라"(kingdom)로 번역된 용어는 사실상 "권위"로 번역되는 용어다.[18] 골로새서 1:13은 유사한 신학을 갖는다. 크리스천들은 어둠의 영역이나 지배로부터 구원받았다. 3:10과 6:12에 따르면 권세 잡은 자와 능력들의 지배는 하늘의 영역에 있다. 고대 세계는 영들이 지배하는 것으로 하늘과 땅 사이에 공중을 명확히 간주했다.[19] 성경적인 관점에서 이것을 하나님의 보좌 앞에 나타난 사탄에 대해 말하는 욥기 1-2장에서 확장할 수 있지만, 그것은 불확실하다. 권세 잡은 자는 이 불경건한 영역과 분위기를 지배하고, 하나님의 통치를 따라 살지 않는 삶을 사는 사람들은 그들을 창조하셨던 하나님을

---

15. 2:2의 "시대"(age)를 의인화된 존재를 가리키는 것으로 보는 Schnackenburg, *Ephesians: A Commentary*, 91과 96의 시도는 1:21과 2:7에서 이 용어의 시간적인 의미에 부합하지 않는다.
16. 크리스천을 현재의 악한 시대에서 구조된(rescued) 것으로 말하는 갈 1:4과 크리스천에게 현 시대에 부합하지 말 것을 경고하는 롬 12:2과 비교해보라(NIV, "이 세상의 유형").
17. 요 12:31; 14:30; 16:11에서 "이 세상의 왕자"와 마 9:34; 12:24에서 "마귀의 왕자"와 비교해 보라. 거기서 "왕자"('아르콘')란 용어는 여기서 "권세 잡은 자"로 번역된 것과 동일한 용어를 번역하고 있다. 엡 1:21; 3:10; 6:12에서 "통치하다"나 "통치자"에 대한 언급은 관련된 용어인 '아르케'를 사용하고 있다.
18. '엑수시아': NEB는 이 단수 용어를 집합적인 명사인 "영적인 능력들"로 번역하지만 그것은 보증할 수 없다.
19. Clinton E. Arnold, *Ephesians, Power, and Magic*, 60-61; Everett Ferguson, *Demonology of the Early Christian World*(Lewiston, N.Y.: Edwin Mellen, 1984), 45-47, 75-86을 보라.

대신해서 이 폭군을 선택한다.[20]

"곧 지금 불순종의 아들들 가운데서 역사하는 영이라"는 다양한 방식으로 취할 수 있다.[21] 그 "영"은 "권세 잡은 자"나 "나라"를 가리킬 수도 있을 것이다. 만약 전자라면 권세 잡은 자는 지금 작용하고 있는 영이다. 만약 후자라면, "영"은 그가 통치하고 있는 곳과 작용하고 있는 영역을 가리킨다. 그 차이는 의미가 있다. 왜냐하면 첫 번째 경우에 통치자는 불순종하는 사람들에게 작용하는 마귀를 일컫는 인격적인 것인 반면에, 두 번째 경우에는 역사하고 있는 세상 질서를 의미하는 비인격적인 것이기 때문이다(고전 2:6-8, 12에서의 유사한 개념과 문제들을 참조하라). NIV는 "영"을 권세 잡은 자 자신을 묘사하는 것으로 해석했다. 이것은 나라보다 권세 잡은 자를 현재에 작용하고 있는 것으로 보기가 더 쉽다는 사실에 의해 지원된다. 하지만 그것이 작용하고 있는 세상 질서를 가리키는 것이라 할지라도, 악한 자가 여전히 세상 질서의 권세 잡은 자다.

불순종과 불신앙은 자주 신약성경에서 동격이다.[22] 헬라어는 사실상 "불순종한다"고 할 때 "불신자"를 가끔 사용한다(참조. 롬 15:31에서 NIV). 불순종과 죄 속에 사는 것은 에베소서 2:10에서 하나님이 예비하신 선한 행실로 살아가는 것과 대조된다.

죄악된 본성과 진노(2:3). 독자들이 유일하게 악한 그룹이었다는 암시를 피하기 위한 것처럼, 바울은 1인칭 복수로 전환하고 우리 모두가 불순종 하는 자들 가운데 한때 살았다는 것을 확증한다. 그의 관심은 크리스천들이 불순종 하는 자들 '가운데'(among) 단순히 살았다는 것이 아니라 그들도 역시 불순종하는 자들 '처럼' 살았고 옛 질서에 의해 결정되었다는 것이다. 옛 영역의 권세 잡은 자가 작용하고 있을지라도 그 비난은 그자에게 있지 않다. 오히려 "죄악된 본성"('사르크스', sinful nature, 직역하면, "육체")에 있다. '사르크스'를 "죄악된 본성"으로 번역한 것은 인간이나 물질이 부정적이라는 것을 암시하는 오도된 개념을 피하지만, 그것은 영어로 "본성"(nature)의 두 번째 출현과 혼란을 야기한다. 그것은 다른 헬라어를 그렇게 번역하고 있기 때문이다.

---

20. Walter Wink, *Naming the Powers*, Vol. 1: *The Powers*(Philadelphia: Fortress, 1984), 83. '엑수시아'("권위", "나라"로 번역된 용어)는 동격의 속격일 가능성이 있다. 그렇다면, 우리는 "통치자, 공중의 권세 잡은 자"로 번역해야 한다.
21. "영"이란 용어의 그러한 부정적인 사용은 바울의 서신에서는 드물다(오직 고전 2:12; 고후 11:4; 살후 2:2에서만 나타난다).
22. 요 3:36; 롬 2:8; 10:16, 21; 15:31; 히 3:12, 18-19; 4:2, 6, 11을 보라.

바울은 '사르크스'를 그의 서신들에서 다양한 방식으로 사용하는데, 보통 여기서처럼 부정적인 윤리적 함축을 담고 있다. 그것은 보통 하나님을 도외시하고 '단순히 인간'과 인간의 고안물에 중심을 둔 것을 가리키는데, 이는 하나님이 없는 욕심이 주인이 되어 지배하고 있다는 사상이 내재되어 있다. 본성은 그 욕심을 만족시키고 따른다. 이전의 삶에서 우리는 죄악된 욕심으로 살았고, 그 욕심이 우리에게 말하는 대로 행했다. "욕심"과 "마음이 원하는 것"은 왜곡되고, 편협하고, 비합리적인 자기중심적인 것을 낳는 인간의 욕구를 가리킨다(4:17-19, 28-29의 주석을 보라). 다시 한 번 바울은 마음에 초점을 맞춘다. 이전의 삶은 죄악된 본성이 말하는 것을 행하게 하는 잘못된 추론의 과정으로 특징지어진다. 죄가 마음에 왜곡을 야기한다(특히 롬 1:21-22, 28을 보라).

그 결과는 모든 사람들이 "본질상 진노의 대상"(by nature objects of wrath)이 되었다는 것이다. 즉 모든 사람들이 하나님의 진노를 맞게 되어 있다. "진노의 대상"은 직역하면 "진노의 자녀"다. "…의 자녀들"(또는…"아들들")은 "…으로 특징지어지거나" "…으로 묘사되"었다고 말하는 셈어적인 방식이다.[23] 이 사람들은 하나님의 진노 즉, 현재의 진노(참조. 요 3:26; 롬 1:18)[24]와 장래의 진노(참조. 롬 5:9; 엡 5:4) 아래 있다. 두 가지 진노가 모두 여기에 함축되어 있다. 바울은 하나님의 편에서 분노의 감정을 제어되지 않은 폭발을 생각하고 있거나 비인격적인 분노를 생각하고 있지 않다. 오히려 이 진노는 하나님의 끊임없는 불쾌감과 죄에 대한 반응을 가리킨다.

"본질"(nature, '피시스')은 다양한 의미를 갖는다: 예를 들어, 자연 질서(롬 1:26; 롬 11:21; 고전 11:14[25]), "여러 종류의 짐승"(약 3:7), 그리고 경험이나 환경으로부터보다는 제도에 의한 것(예. 롬 2:27; 갈 2:15; 4:8; 벧후 1:4). 에베소서 2:3에서의 용법은 이 세 번째 범주에 해당한다. 그들의 본성에 의해 타락한 세계의 인간은 죄악되고, 그러므로 하나님의 진노 아래 있다. 설사 이 본문이 이것이 어떻게 발생하는지를 설명하고 있지 않을지라도 말이다.

이 본문은 죄의 보편성을 말하고 있지만, '인간의 가치 자체를 거부하고 있지는 않는다.' 그것은 '범람한 부패', 즉 모든 인간의 사상과 행위로 확대된 부패를 가리

23. "태형이 합당한"이 직역하면 "매질의 아들"인 신 25:2과 "죽기에 합당한"이 직역하면 "죽음의 아들"인 삼상 26:16을 참조하라.
24. 4절에서 하나님의 자비와의 대조는 3절에서 진노가 역시 내재해 있을 것을 요구하는 것으로 보인다.
25. 여기서 그 의미는 사실상 "관습"이고, 이는 이 용어의 가장 느슨한 사용이다.

키지만, 절대적인 가치의 측면에서 '완전한 부패'를 암시하지는 않는다. 모든 인간—신자이건 불신자이건—은 하나님의 형상으로 창조되었고, 놀라운 가치와 능력이 있다. 하나님은 인간이 전적으로 부패했음에도 불구하고 사랑할 만한 가치가 있음을 발견하신다.[26] 이 본문이 그리고 있는 모습은 황량하다. 죄로 인해 인간은 살아 있으나 죽은 것이다. 그들은 하나님을 간과하는 세상 질서를 따라 그리고 불순종을 야기하게 만드는 폭군을 따라 살고 있다. 그들이 세상의 권세 잡은 자의 노예가 됨으로써 욕심을 따르고 이성을 왜곡하며 하나님을 도외시함으로써 하나님의 진노 아래 있게 되었다. 하지만 에베소서—특히 2:1-10—의 주요한 요지는 하나님이 이런 모습을 그냥 두지 않으실 것이라는 점이다.

그리스도 안에서 하나님의 자비로운 구원과 그 목적(2:4-7)

많은 사람들은 초대 기독교 찬송이나 신조가 아마도 세례와 연관해서 사용된 입문 찬송인 2:4-10의 배후에 있다고 주장한다. 에베소서는 4:22-24과 5:14에서 아주 분명하게 초기의 예전적 전통들을 분명히 사용한다. 찬송이나 신조에 대한 의존은 입증하기가 어렵다. 바울이 이 단락의 신학과 형태를 만들어낼 수 있는 능력이 확실히 있기 때문이다. 유사한 신학이 로마서 7:4-6와 디도서 3:3-7에 나타난다. 세례의 찬미에 관한 의존을 입증할 수는 없을지라도, 세례의 '개념'이 분명히 이 본문에 내재해 있다(참조. 골 2:12-13의 평행). 로마서 6:2-11도 그리스도와 함께 죽고 사는 것과 연관해서 세례에 대한 명백한 언급을 만들고 있다(또한 갈 3:27을 보라).

하나님의 긍휼와 사랑. NIV가 그것을 보여주지는 않을지라도, 2:4은 하나님에 관한 강조로 시작한다. 그 모습이 황량하였지만 '하나님'이 그의 사랑과 긍휼 때문에

26. "본성상 진노의 대상"이 원죄 교리를 가르치는 것을 의도하고 있었는지는 논쟁이 된다. 이 표현의 배후에 있는 "진노의 자녀들"이란 셈어투는 유아를 언급하고 있지 않다. 바울은 어린이들이 아니라 성인을 묘사하고 있다. 그러므로 이 부분의 진술은 원죄에 관한 것이 아니다. 핵심적인 용어는 "본성"(nature)이다. 아마도 이 본문이 원죄교리를 가르치고 있다기보다 원죄 교리를 가정하고 있다고 말하는 것이 더 좋을 것이다. 죄가 어떻게 들어와서 범해지는지는 여기나 다른 곳에서 논의되지 않는다. 죄가 인간에게 영향을 준 것이 전제된다. 이 본문은 로마서 5:12-14에서 바울의 논의와 유사하다. 원죄 교리와 엡 2:3의 상관성에 대한 가장 강력한 최근의 논증은 David L. Turner, "Ephesians 2:3c and *Pecattum Originale*," *GTJ* 1(1980): 195-219이 행한 것이다.

행하셨다. 구원이 선물이고 받는 자에게서 어떤 것이 있기 때문에 오지 않는다는 것이 2:8-9에서 명백하게 나타나지만, 그것은 이미 2:4에서 함축되어 있었다. 긍휼과 사랑은 하나님의 존재의 계시이지 인간 개인이 사랑 받을 만한 것에 대한 반응이 아니다. 하나님은 사랑의 하나님이시기 때문에 긍휼로 행하신다. "긍휼"('엘레오스')이란 용어는 바울서신에서 자주 나타나지 않는다. 그러나 바울에게서 이 주제가 중요한 것은 로마서의 사용(9:16-18, 23; 11:30-32; 15:9)과 바울 자신의 회심에 관한 묘사(딤전 1:13-16)에 의해 명확하다. 구약성경의 출애굽기 34:6; 신명기 4:31; 7:7-9; 시편 78:38; 이사야 55:7; 예레미야 31:20; 미가 7:18, 그리고 신약성경의 마태복음 5:7; 9:13; 23:23; 베드로전서 1:3과 같은 많은 다른 성경이 하나님의 긍휼에 초점을 맞춘다. 하나님의 긍휼을 떠나서 소망이 인간에게 존재하지 않는다.

하나님의 "사랑"은 구원에 관한 바울의 이해에서 주요한 주제다.[27] 다시 한 번 에베소서의 신중심적인 초점이 강조된다. 하나님은 구원의 과정에서 방관자나 달래주기를 기다리는 "성난 호통자"가 아니시다. 오히려 하나님은 주요한 행위자시다. 그는 사랑으로 자신의 진노를 다루시고 그의 백성들에게 긍휼을 보이신다.

2:4-10에서 "자비", "사랑", "은혜", "온유"와 "선물"은 분명히 서로 밀접하게 연관되어 있고, 바울이 복음의 실제를 적절하게 묘사하기 위한 시도로 이런 용어들을 함께 모아두고 있다. 이 용어들은 각기 서로 다른 뉘앙스를 담고 있을지라도, 그 의미들은 서로 상통한다. 그 용어들은 하나님의 돌보심의 장엄함과 예수 안에서 이루신 그의 행위로 표현된 인간에 대한 헌신을 묘사하는 확장된 용어를 서로 연결시키고 있다.

확장된 용어는 "풍성한"(2:4)과 "풍성함"(2:7)이란 용어에서도 역시 타나난다. 이것은 하나님의 특질이나 선물의 불가해하고 다함이 없는 공급을 묘사하는데 사용된다(롬 2:4; 11:33을 보라). 에베소서는 이 용어를 다른 어느 서신보다도 더 많이 사용하고 하나님의 은혜(1:7; 2:7)와 긍휼(2:4)과 영광(1:18; 3:16)의 풍성함과 그리스도의 풍성함(3:8)을 강조한다. 하나님의 "부요함"은 그의 백성들을 돌보시고 그의 본질을 계시하시는 하나님의 근원이다.

그리스도와 함께 죽음에서 생명으로 일어나다. 바울은 하나님의 사랑의 깊이를 마

27. 하나님의 사랑이 1:4, 6과 5:1에 나타난다. 그리스도의 사랑이 3:18-19; 5:2, 25에서 나타난다. 또한 롬 5:5, 8; 8:35, 39; 15:30; 고후 13:11, 13; 골 3:12; 살전 1:4; 살후 2:13, 16을 보라.

치 거의 믿을 수 없는 것처럼 2:5에서 2:1로부터의 진술을 반복한다: "허물로 죽은 우리를 그리스도와 함께 살리셨고." 2:6에 두 말("또 함께 일으키사 그리스도 예수 안에서 함께 하늘에 앉히시니")은 2:5에서 우리를 "그리스도와 함께 살리셨다"는 것을 부연하고 있다. 이 표현은 장래의 부활을 가리키는 것이 아니라 과거에 그리스도와 함께 일어난 것, 즉 그리스도와 "함께 부활한" 것을 가리킨다. 바울의 신학은 크리스천들이 그리스도의 죽음과 부활의 구속 사건에 포함되었다고 주장한다. "함께"(with)를 세 번 반복한 것은 의미가 있고, 이는 그리스도와의 참여를 강조한다. 구원을 누리는 것은 구세주에게 합세하는 것을 필요로 한다(참조. 롬 7:4). 선물은 주는 자와 분리할 수 없다.[28]

여기서 그 용어는 로마서 5:6-10을 생각나게 하는데, 그것은 우리가 연약하고 죄인 되었으며 대적자가 되었을 때조차도 하나님이 그의 사랑을 보이셨다는 것을 말하고 있다. 구원은 하나님이 죽음 가운데서 생명을 창출하셨기 때문에 존재한다. 부활이 없다면, 구원이 없을 것이다. 로마서 5:6-10—다른 본문들처럼—은 구원의 수단으로서 그리스도의 죽음을 강조하고 부활은 암시적이다. 반면에 여기 에베소서 2장에서 바울은 그리스도의 죽음을 언급하지 않고, 그의 부활에 초점을 맞춘다(참조. 벧전 1:3).

우리가 어떻게 "일으킴 받았는지는" 설명되지 않는다. 그렇지만 이것은 육체적인 부활을 의미하는 것이 아니라 동시적인 부활을 의미한다. 인간의 곤경이 몸은 살아 있으나 영이 죽은 것이라면(2:2-3), 그 해결책은 영적인 부활이다. 생명이 주입되어야 한다. 몇 가지 사실들이 성령이 죽은 자를 살리게 하는 분이시라는 것을 제기한다. 1:13에서 성령의 보증은 분명히 2:5과 동일한 사건을 가리키고, 고린도후서 3:6은 우리를 살아 있게 하시는 성령을 언급한다(또한 요 6:63을 보라).[29]

어떤 이들은 에베소서가 십자가에 관한 초점을 상실했다고 주장하지만, 그러한 불평은 에베소서의 움직임을 이해하지 못하였음을 드러내고 예수의 죽음에 관해서 초점을 맞추고 있는 본문들을 간과한 것이다.[30] 에베소서 2:5-6은 1:19-20에서

---

28. 케제만(Ernst Käsemann)은 이 표현을 대중적이게 했다. 그의 "'The Righteousness of God' in Paul," *New Testament Questions of Today*(London: SCM, 1969), 174-76을 보라. "함께 살았다"가 그리스도와의 부활과 유대인과 이방인의 연합을 가리키는 이중적인 의미가 있다고 주장하는 바르트의 시도(*Ephesians*, 1:220)는 설득력이 없다.

29. 다른 본문들은 구원에서 역시 성령의 역할을 강조한다(예. 롬 5:5; 8:9-17[8:10에서 죽음-생명의 대조를 참조하라]; 고전 6:11; 12:3, 13; 갈 3:2-6; 엡 2:18).

30. 1:7; 2:13, 15-16; 5:2을 보라.

언급된 그리스도의 부활과 높아지심에 관한 하나님의 행위를 신자들에게로 확장하고 있다. 바울은 여기서 그리스도와 함께 죽은 것에 초점을 맞추지 않는다. 그는 이미 우리가 허물 속에서 죽었다는 이미지를 사용하고 있기 때문이다. 다음 단락(2:13-16)은 죽으심으로써 그리스도가 우리의 "살아 있으나 죽은 것"을 다루시고 모든 반목(인간과 하나님 사이에 반목과 인간들 사이에 반목)을 없앤다고 주장할 것이다. 여기서의 요지는 하나님이 그리스도를 죽은 자로부터 일으키시고 그를 높이셨을 때 크리스천들을 그리스도와 함께 일으키시고 높이셨다는 것이다.

여기서 또는 다른 곳에서 바울은 그리스도의 죽음과 부활을 따로 분리해서 바라보지 않는다.[31] 구원은 이 둘 다에 의존한다. 우리가 믿을 때 예수의 죽음과 부활의 두 사건에 참여한다. 예수의 이 두 사건과의 연합이나 동일시에 대한 평행들이 자주 나타난다.[32] 이 신학이 신약성경 전반을 통해서 암시되고 있을지라도(예. 마 16:24-25), 바울 서신 이외에서는 오직 베드로전서 2:4-5, 24에서만 명시적이다.

크리스천들이 그리스도와 함께 일어날 뿐 아니라, 하늘의 영역에 그리스도와 함께 앉는다. 그리스도에게 해당된 것(1:20)이 우리들에게도 해당된다. 그가 하나님의 우편으로 높아지셨다면, 우리도 역시 그러하다. 우리는 그리스도가 있는 곳에 있을 수 있도록 그에게 합세된다. 몇 가지 다른 본문들이 그리스도의 높아지심에 관해서 말하지만(롬 8:37; 고전 15:48; 고후 2:14; 갈 4:26; 빌 3:20; 골 3:1-4), 어느 본문도 에베소서 2:5-6만큼 강력하게 이 개념을 진술하지는 않는다. 여기서의 의도는 신자들이 지금 그리스도와 함께 갖는 생명을 강조하고, 그 생명과 함께 특권, 영예, 안전, 그리고 책임이 따른다는 것이다.

그러나 이것은 우리가 실제로 하늘에 앉게 된다는 말과 동일하지 않다. 우리가 1:3과 연관해서 보았던 것처럼,[33] "하늘의 영역에서"("하늘에"—개역개정)는 단순히 "하늘"과 동의어가 아니다. 능력들의 계시에 대한 장소로 3:10에 그 용어를 사용한 것과 악한 세력들과의 전쟁의 장소로 6:12에서 그 용어를 사용한 것은 단순히 그런 생각을 금지시킨다. 이 어구는 하나님의 하늘의—영적인—실제와 그리스도 안에서 하나님의 역사를 가리킨다. 레온 모리스는 "영적인 실제의 영역"[34] 이라

31. 그리스도의 죽음과 부활에 관한 "쌍둥이 사건"을 언급하는 중요성에 대해서는 p. 106를 보라.
32. 롬 6:1-14; 7:4; 8:11-13; 고전 10:16; 고후 4:10-12; 갈 2:19-20; 6:14; 빌 3:9-10; 골 2:12-13; 3:1-4; 딤후 2:11-13.
33. pp. 58-59를 보라.
34. Morris, *Expository Reflections on Ephesians*, 50-51.

고 주장한다. 말하자면 이 "하늘의 영역"은 이 세상과 단절되지 않고 오히려 이 세상과 관계가 있다.

그리스도와 함께 일어나서 그와 함께 앉는 것은 "그리스도 예수 안에서" 가능하다. 이 어구를 세 번 반복한 것은 다시 한 번 "그리스도 안에서"가 바울 신학에서 갖는 중심성을 강조해준다.[35] "그리스도 안에 있는 것은 그 사람의 기독교적 존재의 근본적인 사실일 뿐 아니라 전체적인 실제다."[36] 바울의 심중에 그리스도의 죽음과 부활은 단순히 신자들을 위한 혜택을 낳는 사건이 아니라 신자들이 포함되는 사건이다.[37] 바울의 "영향의 영역" 신학에 따라서 사람들은 죄나 그 영향 아래 살거나 그리스도와 그 영향 아래 산다. 그것은 죄의 폭군을 섬기느냐 주 예수 그리스도를 섬기느냐의 문제다. 회심은 한 영역에서 다른 영역으로 전환되는 것이다. 즉 주군이 바뀌는 것이다. 그리고 그리스도와 함께 일어나는 것은 바울이 죽음의 영역에서 생명의 영역으로 이 전환을 묘사하기 위해서 사용하는 용어다.[38] 그러한 신학에 부족한 것은 바울을 이해하지 못한 것이다.

은혜로 구원받음. NIV가 보여주는 것처럼, "은혜로 너희가 구원을 받았다"란 말은 사상의 흐름을 중단시키고 하나님이 살아 있으나 죽은 목숨에서 사람들을 구원해야 한다는 놀라운 사실을 보여준다. 구원을 받았다는 용어와 완료 시제의 사용은 바울의 통상적인 형태를 따르고 있지 않다. 이 용어 이 외에 바울은 "구원하다"(save, '소조')란 말에 대해서 완료 시제를 사용하지 않는다.[39] 이 시제는 과거의 사건과 그것의 계속되는 결과를 가리킨다. 구원은 여기서 이미 발생했고 그리스도

35. pp. 48-51, 53, 59-61, 70-72, 80-81을 보라.

36. Lewis B. Smedes, *Union with Christ: A Biblical View of New Life in Jesus Christ*(Grand Rapids: Eerdmans, 1983), 59.

37. Robert C. Tannehill, *Dying and Rising with Christ*(Berlin: Verlag Alfred Töpelmann, 1967), 1을 보라.

38. Käsemann, "'The Righteousness of God' in Paul," 170-76; E. P. Sanders, *Paul and Palestinian Judaism*(Philadelphia: Fortress, 1977), 463-72, 506-8; *Paul, the Law, and the Jewish People*(Philadelphia: Fortress, 1983), 4-10. 모르나 후커(Morna Hooker)는 구원에 관한 유익한 설명으로 "호환"을 촉진하는 몇 가지 글들을 갖는다. "호환"은 "우리가 그와 같이 될 수 있도록 그가 우리와 같이 되셨다"라는 진술로 가장 잘 요약된다(Irenaeus, Against Heresies, Preface로부터). 그녀의 "Interchange in Christ," *JTS* 22(1971): 349-61; "Interchange and Atonement," *BJRL* 60(1978): 462-81; "Interchange and Suffering," in *Suffering and Martyrdom in the New Testament*, ed. William Horbury and Brian McNeill(Cambridge: Cambridge Univ. Press, 1981), 70-83; 그리고 "Interchange and Ethics," *JSNT* 25(1985): 3-17. 참조. 요 5:24; 요일 3:14을 보라.

39. 바울서신은 "구원하다"('소조')란 동사를 29번 사용하고 명사 "구원"('소테리아')을 19번 사용한다. 보통 바울은 우리의 장래의 구원을 염두에 두지만(롬 5:9-10), 과거의 사건(롬 8:24)이나 현재에 경험하고 있는 어떤 것을 가리키기 위해서 그 용어를 사용한다(고전 1:18; 고후 6:2).

안에 있는 사람들이 현재 경험하고 있는 것으로 간주된다.[40] 구원의 용어는 위험에서 구조 받았다는 개념을 주로 가리키지만, 물론 이것은 바울이 하나님의 구속하시는 활동에 대해 말하는 몇 가지 방식 중에 하나일 뿐이다. 단일한 이미지—칭의, 구원, 구속, 화해, 자유, 또는 다른 어떤 것—가 하나님이 우리를 위해 행하신 실제를 설명하기에 적절하지 않다.

확실히 구원에 관한 바울의 논의에서 가장 의미 있는 용어는 "은혜"다(참조. 1:6-8). 우리는 다섯 가지 핵심적인 용어들(은혜, 진리, 믿음, 사랑, 그리고 소망)이 기독교 복음을 요약한다는 것을 이미 지적했다.[41] 은혜는 그중에서 필연적으로 가장 먼저 오는 핵심적인 요소다. 그밖에 다른 것은 은혜의 신학에서 파생하고 세워진다. 은혜는 우리에 대한 하나님의 완전한 사랑의 헌신을 의미한다. 우리들에게 알려지지는 않지만 하나님의 본성에 기초한 이유 때문에 하나님은 그 자신을 우리에게 주시고, 우리를 붙드시며, 우리를 구원하기 위해서 행하신다. 진노를 받아야 할지라도, 구원하는 은혜가 온다. 이런 행위는 하나님의 본질에 기초한다.[42] 주도권은 항상 하나님께 온전히 또한 하나님께만 있다. 은혜가 하나님이 우리에게 자기 자신을 주시는 것이라면, 이 본문은 은혜가 우리를 그리스도에게 '연결시킨' 다는 것을 강조한다.

다가올 시대를 위해서 보여주심(2:7). 우리를 구원하시는 하나님의 행위의 목적은 다가올 시대에 그의 은혜가 얼마나 풍성한지를 보여주시는 것이고, 우리를 위해 간섭하심으로써 하나님은 그의 성품을 보여주신다(참조. 롬 3:25-26). 바로 그 본질에 의해 복음이 계시된다.[43] 하나님의 성품의 계시는 영원을 통해서 계속될 것이고, 그의 은혜와 온유의 주요한 증거는 그리스도 예수 안에서 생명을 받은 사람들이다. 우리는 1:16, 12, 14에서 "그의 영광의 찬송"에 대한 표현을 기억해야 한다. 하나님의 구원하시는 행위는 그가 참으로 어떤 분이신지를 보여주고, 지금과 영원을 통해서 예배를 낳는다.

---

40. 장래의 요소인 기독교의 "아직 아닌"은 여기서 언급되고 있지 않지만 에베소서의 다른 곳에서 나타난다(1:10, 14; 4:30; 5:5).

41. p. 74을 보라.

42. 이 진술은 하나님의 형상으로 창조된 인간의 중요성과 인간의 잠재적 가치를 부인하지 않는다. 오히려 그것은 인간 곤경에 대한 진지한 인식에서 파생한다.

43. "The Gospel in Romans: A Theology of Revelation," *Gospel in Paul: Studies on Corinthians, Galatians and Romans for Richard Longenecker*, eds. L. Ann Jervis and peter Richardson(Sheffield: Sheffield Academic Press, 1994), 288-314에서 이 이슈에 관한 나의 논의를 보라.

더 진전된 은혜의 구원에 관한 설명(2:8-10)

이 항목은 2:5에서 삽입되고 2:8에서 반복되는("은혜로 너희가 구원을 받았다") 것에 관한 부연설명을 제공하지만, "믿음으로 말미암아"가 이 구원이 어떻게 적용되는지를 보여주기 위해서 첨가된다. 이렇게 더 진전된 설명은 구원이 독자들에게서 갖는 상관성을 보여준다. "너희"로 바뀐 것을 참조하라. 두 가지 다른 주제들이 9-10절에서 도입되는데, 그것은 후대의 단락들에서 확장될 것이다—새 창조와 하나님의 행위에 관한 윤리적인 영향. 개념들의 조합은 2:8-10을 믿음을 통한 은혜의 구원이란 바울 복음의 가장 효과적인 요약 중 하나를 만들어준다.[44]

믿음. 로마서 1:17과 갈라디아서 3:11은 "믿음"에 관한 바울의 이해의 기원을 위해서 하박국 2:4의 중요성과 구약성경 본문이 여기서 내재해 있을 가능성을 보여준다. 서신에서 이 시점까지 "믿음"과 그 동족어는 신자로서 독자들을 분별하고(1:1, 15, 19) 복음의 수용을 나타내는 것으로 기능했다(1:13). 8절은 구원이 적용되는 '수단'을 묘사하는데, 이는 1:13과 유사하다. 용어가 특히 여기서 중요하다. 크리스천들은 믿음에 의해서가 아니라 하나님의 은혜에 의해서 구원을 받는다. 믿음은 이 은혜가 수납되는 유일한 '수단'이다. 서신의 나머지 부분은 구원과 생명을 위한 믿음과 그 동족어들의 중요성을 강조한다(3:12, 17; 4:5; 6:16, 21, 23).

믿음('피스티스')은 정신적인 동의나 어떤 개념들을 믿는 것으로 제한할 수 없다. 헬라어 명사는 "믿음", "신실", "의존", "약속", "맹세", "증거", "신뢰", 그리고 "확신"을 의미할 수 있다. 아울러 믿음은 믿는 행위, 믿어지는 내용이나 복음이 대변하는 모든 것—본질적으로 "믿음 종교"(참조. 갈 3:23; 엡 4:5)—을 나타내는 용어로 사용될 수 있다. '피스튜오'란 동사는 "신뢰하다", "신뢰를 주다", "설득되다", "의탁하다", 그리고 "확신을 갖다"를 의미할 수 있다. 주로 이 어군은 '의존하는 것이나 의존할 만하다고 믿어지는 것에 대해서 의탁하는 행위'를 다룬다. 동전의 양면이 내재되어 있다—어떤 것을 의존하는 것이나 의존할 만하다고 믿어지는 어떤 것. 항상 문맥—가능성의 목록은 아니다—이 의미를 결정짓는다.

바울은 구원에 관한 논의에서 믿음의 이 두 측면의 본질을 가정한다. 믿음은 믿을 만한 하나님에 대한 의존을 묘사하면서, '관계적이다.' 믿음은 두 당사자들을 묶어주는 헌신과 신뢰를 표현하는, '언약'의 말씀이다. 성경 전반을 통해서 하나님

44. 각주 2.

은 그의 은혜로 약속하시고 그의 백성들에게 헌신하신다. 그때에 그의 백성들은 그 약속을 신뢰하고 그 약속에 비추어서 산다. 하나님은 신실함을 보이시고, 사람들은 신실함에 반응한다. "내가 믿음을 갖는다"라고 말하는 것은 자기 자신에 대해서 어떤 것을 말하는 것보다 "하나님은 믿을 만한 하나님이시다"라고 말하는 것이다.[45]

믿는 사람들은 어떤 개념들에 단순히 동의하는 것이 아니라 하나님에 묶여서 하나님께 반응해서 산다는 것이다. "그리스도와 함께"와 "그리스도 안에서"와 같은 어구를 바울이 빈번하게 사용한 것은 믿음이 그들을 예수 그리스도에게로 합세케 하여 아주 강력하게 그들이 그 안에 있고, 그에게 해당되는 것이 그들에게도 해당된다는 확신을 보여준다. 그리스도의 과거가 그들의 과거가 되고, 그리스도는 그들의 현재와 미래를 결정짓는다. 믿음은 접착적인 특성을 갖고 있고,[46] 그것은 신자들을 구원받는 사람들과 묶어준다. 구원은 개념을 믿는 것이나 감정적인 결정에서 오는 것이 아니라, 그리스도에게 붙어있음으로 온다.

8절 중간에서 문제가 발생한다. 이 진술에서 "이것은"의 선행사와 "이것은 너희에게서부터 난 것이 아니라"는 것은 무엇인가? 다른 본문들이 하나님의 선물로서 믿음을 가리킬지라도(행 3:16; 14:27; 18:27),[47] 그것은 여기서 바울의 요지가 아니다. "이것은"이란 말은 중성인 반면에 "믿음"은 여성 명사다. "이것은"의 분명한 선행사로서 이전 어절에서 중성 명사가 없기 때문에, 이 용어는 십중팔구 은혜로 하나님이 사람들을 구원하시는 '전체 과정'을 가리킬 것이다. ("너희에게로부터 난 것이 아니라"와 "행위로 난 것이 아니라는" 말의 평행을 참조하라.) 바울의 요지는 구원이 우리가 믿고 신뢰하는 하나님으로부터의 선물이라는 것이다.

행위와 자랑(2:9). 바울은 로마서와 갈라디아서에서 그리고 어느 정도 빌립보서에서 가졌던 회심자에 대한 유대 율법의 부과에 관한 문제를 더 이상 다루지 않는다. 이 서신들에서 바울은 "율법의 행위"로 구원받는다는 근거를 강력하게 부정했다. 확실히 "행위에서 난 것이 아니라"는 진술의 배후에는 이전 논증에서 "율법의 행위"란 긴 설명이 있다. 하지만 그 의미는 유대인과 이방인을 구분하는(예를 들

45. D. H. van Daalen, "Faith' According to Paul," *ExpTim* 87(1975-76): 83-85을 보라.

46. William Sanday and Arthur C. Headlan, *The Epistle to the Romans*(Edinburgh: T. & T. Clark, 1896)을 보라. 그는 믿음을 "그리스도에 대한 생생한 행위나 부착의 충동"(11), 그리고 "'열정적인' 애착, 개인적인 집착, 인간이 행할 수 있는 가장 효과적인 동력"(34, 강조한 부분은 그들이 한 것이다)으로 정의한다.

47. 아마도 행 15:11을 은혜가 믿음을 가능하게 하는 것으로 독법할 수 있다. 분명히 "저항할 수 없는 은혜"를 강조하는 신학적인 체계는 믿음 자체가 하나님의 선물이라는 개념에 매력을 준다.

어, 할례, 안식일 준수, 음식법) 특별한 "경계적 표지들"로 제한되지 않는다.[48] "행위들"은 하나님 앞에서 위치나 특권을 부여받는다고 생각하는 인간의 조건이나 성취를 가리킨다. 그러나 사실상 우리가 행하는 어느 것도 하나님 앞에 설 수 있게 하지 못한다. 인간은 하나님에게 주장할 것이 아무것도 없다.

자랑은 사실상 바울의 신학의 결정적인 부분이다. 그의 관심의 많은 부분이 칭송이 오직 하나님께만 있다는 것을 확실히 한다. 그는 인간이 자랑할 만한 근거가 있다는 것을 생각하지 못하게 한다. 인간의 모든 입은 침묵해야 하고 하나님 앞에서 어떤 방어나 주장을 할 수가 없다.[49] 유일한 합법적인 자랑은 하나님이 행하신 것, 즉 바울이 예레미야 9:24에서 채택한 신학에 있다(고전 1:31). 구약성경의 본문은 바울의 예배, 사역, 그리고 자기 이해에 대한 기초를 제공했다.[50] "행위 의(義)"는 이 서신이 전달하려고 했던 문제가 아니지만 바울은 개인의 자랑에 관한 가능성을 배제하지 않고서는 구원에 관해서 말할 수가 없다. 그러나 그러한 배제는 인간의 유능함을 배격하는 것과 관련이 없다. 단지 우리가 존재하고 행하는 모든 것이 하나님의 선물이라는 것을 제기하고 있다.

하나님의 새로운 창조(2:10). "우리는"으로 전환이 있음을 주목하라. 인간의 자랑에 대한 여지를 남기지 않는 한 가지 분명한 이유는 바울이 하나님의 새 창조로서 구원을 간주하고 있다는 사실이다. 사람들이 자연적인 태생에 아무런 기여를 할 수 없는 것처럼 재탄생에도 아무런 기여를 할 수가 없다. 1:1에서 시작된 하나님의 행위에 관한 강조가 여기서 강화된다. "우리는 하나님의 작품이다"(We are God's workmanship)는 "우리는 하나님의 활동의 결과다"로 더 잘 번역할 수 있다. 구원과 새로운 생명은 하나님의 역사이고, 인간은 수령자이며, 원인적인 동인이 아니다. 창조의 언어가 사용된 것을 가볍게 여겨서는 안 된다(또한 2:15; 4:24을 보라). 신약성경은 그리스도 안에서 하나님의 행위가 창조에 비견된다는 것을 가정한다.[51] 이 새 창조—에베소서에서 다른 곳과 마찬가지로—는 "예수 그리스도 안에

---

48. 제임스 던(James D. G. Dunn)이 주장한 것처럼 말이다. 그의 "Works of the Law and the Curse of the Law(Galatians 3:10-14)," *NTS* 31(1985): 523-42; "Yet Once More-'The Works of the Law': A Response," *JSNT* 46(1992): 99-117을 보라. Douglas J. Moo, "'Law.' 'Works of the Law,' and Legalism in Paul," *WTJ*, 45(1983): 73-100; C. D. B. Cranfield, "'The Works of the Law' in the Epistle to the Romans," *JSNT*, 43(1991): 89-101을 보라.
49. 특히 롬 3:19, 27; 4:2; 고전 1:18-29; 3:21; 4:7; 갈 6:14을 보라.
50. 특히 자랑의 신학(동시에 부정적으로 긍정적으로 이해되는)은 고린도서신을 통해 반복되는 주제다. 자랑에 대한 긍정적인 의미는 자랑을 번역에서 '기뻐하다'로 대체함으로써 자주 상실된다(참조. NIV의 롬 5:2, 3, 11).

서"를 대신한다. 이 새 창조는 그리스도의 부활 곧 죽음 가운데서 생명의 창조에 기초하고 있다.

미리 준비된 하나님의 행위. 하나님의 창조적인 행위의 목적은 마치 예술 작품을 구상하고 있는 것처럼 단순히 사람들을 갖는 것이 아니라 이 새 창조는 창조자처럼 역동하시고 생산하시는 것을 의미한다. 크리스천들은 "하나님이 우리를 위해 미리 예비하신 선한 행위를 행해야 한다"(2:2과 대조해보라).[52] 구원은 행위로 '인한' 것이 아니라 행위를 '위한' 것이다. 즉 순종하며 생산적으로 살아가는 것을 위한 것이다. 하나님의 계획과 선택 그리고 행위에 관한 1:3-14에 맞추어 이 구절은 하나님이 구원하기기 위해서 계획하시고 행하신 것뿐 아니라 우리가 살아야 하는 방식을 특징지어야 하는 것을 보여준다. 존 스토트의 말이 눈에 띈다. "선한 행위는 구원에 필수적이다—그 근거나 수단으로서가 아니라 그 결과와 증거로서 말이다."[53]

바울은 통상적으로 "선한 일들"(good works)에 관해서 말하지 않는다. "일들"은 바울에게서 율법의 행위들에 관한 논쟁으로 인해 부정적인 함축을 갖는다. 그는 좀처럼 긍정적인 의미로 이 용어의 복수를 사용하지 않는다(다른 곳은 오직 구약성경을 인용하고 있는 로마서 2:6과 목회서신에서만 나타난다[54]). 긍정적으로 "일들"(행위들)을 사용할 때, 그는 오해를 차단하기 위해서 형용사 "선한"을 추가한다.[55] 자랑할 이유를 위해서 자기에게 초점을 맞추는 것은 허락되지 않는다. 오로지 윤리적인 책임을 확증하기 위해서 자기에 대한 관심이 요구될 뿐이다.

---

51. 고전 15:20-24, 45-49을 보라. 거기서 부활은 새 질서의 시작으로 그리스도는 "새 아담"으로 간주된다(참조. 롬 5:12-21). 고후 4:6에서 복음이 온 것은 빛의 창조에 상응하고, 5:17에서 그리스도 안에 있는 사람들은 새로운 피조물이다. 골 1:15-20은 피조물과 구속의 관계성을 강조한다(롬 8:18-23; 엡 3:9; 4:24; 골 3:10을 보라). 복음서들은 각기—특히, 요한복음—그 기사와 창세기간에 평행을 그린다. Paul S. Minear, *Christians and the New Creation: Genesis Motifs in the New Testament*(Louisville: Westminster/John Knox, 1994)을 보라.
52. 이 진술은 이미 1:4에서 예기되었다. "창세 전에 그리스도 안에서 우리를 택하사 우리로 사랑 안에서 그 앞에 거룩하고 흠이 없게 하시려고."
53. Stott, *God's New Society*, 84-85.
54. 딤전 2:10; 5:10, 25; 6:18(NIV는 "좋은 행위들"[good deeds]을 갖는다), 딛 2:7, 14; 3:8, 14(NIV는 "좋은 것을 행하는"[doing what is good]을 갖는다)을 보라. 딤후 2:21과 엡 2:10의 유사성을 참조하라.
55. 역으로 말해서 바울의 서신에서 단수의 "행위"(work)는 두 본문을 제외하고는 항상 긍정적이다. 고전 5:2(NIV, "This")과 딤후 4:18(NIV, "attack")은 확실히 부정적이다—하나는 문맥에 의해서, 다른 하나는 "악한"이란 용어의 부가에 의해서 그렇게 정의된다.

상황잇기

고대 문화에서 믿음과 관행의 낯설음, 기독교가 가져온 세계관의 새로움, 또는 현대의 교회 문화를 포함하여 현대 문화의 믿음과 관행의 왜곡 때문에 때로 상황잇기가 요구된다. 가끔 이 연결이 우리의 편에서 단절되었다. 이 본문을 이해하는데 있어서 이 세 가지 간격이 존재한다.

이 단락을 적용함에 있어서 주요한 문제는 우리가 그것을 진지하게 취하는 것이다. 대체로 우리는 우리 자신의 모습이 바울이 말하는 것만큼 그렇게 나쁘다고 믿지 않는다. 우리가 그렇게 무의미하다고 가르치는 삶—살아 있으나 죽은—은 그 모습에서 하나님이 없는 것인가? 다른 한편으로 그것이 바울이 말한 것처럼 사실이라고 믿기가 어렵다고 여긴다. 하나님이 우리를 아주 깊이 사랑하셔서 우리를 실제로 하늘의 영역으로 그리스도와 함께 높이셨는가? 중요한 것은 이 단락이 가치와 소망에 대한 것이라는 사실이다: 하나님이 없다면 인간은 이것에서 부족하다. 하나님으로 인해 인간은 놀라운 소망과 지속적인 가치가 주어진다.

두 잘못된 전환(2:1–3). 적용의 과정은 항상 단락의 내용과 기능을 따라야 한다. 그렇게 함으로써 잘못된 전환을 삼가야 한다. (1) 첫 번째 잘못된 전환은 본문을 '과도하게 독법하는' 것이다. 성경의 구절들이 나타내는 대로 그 내용을 취해야 한다—인간에 대한 완전한 신학이 아니라 이전 삶에 대한 인상적인 묘사. (2) 두 번째 잘못된 전환은 본문에 '과도하게 반응하는' 것이다. 세상과 인간에 대한 묘사는 황량하다. 따라서 세상을 거부하고 불신자들과의 모든 관계를 거부하기가 쉬울 수 있다. 하지만 창조의 건강한 신학은 인간이나 물질적인 세계 그리고 그 물질에 대한 누림을 거부하지 않는다. 하나님은 그의 창조를 선하다고 말씀하셨다(창 1장). 이 전제가 바울의 신학에 근본적이다(고전 10:26; 딤전 4:4을 보라). "세상으로부터의 분리"는 가볍게 취해서는 안 되지만 그 가르침이 불신자를 멀리하거나 존중하지 말라는 것을 의미하지 않는다(고전 5:9-10). 하나님의 백성들이 불신자를 향해 취하는 태도는 에베소서 2:4-10에서 묘사된 사랑을 반영해야 한다.

그것이 그렇게 나쁜가?(2:1–3) 얼핏 보기에 그리스도가 없는 삶에 대한 바울의 묘사는 너무 혹독한 것으로 보인다. 모든 사람들이 그가 주장한 것과 같이 타락했는가? 인생은 그 안에 기쁨과 행복을 갖고 있지 못한가? 바울이 묘사한 것에 적합하지 않은 많은 훌륭하고 윤리적인 사람들이 있지 않은가? 모든 사람들이 하나님의 진노로 운명지워졌는가? 바울은 창조와 하나님의 형상으로 만들어진 인간의 가치를 부정하고 있지 않다. 그는 모든 인간 존재가 무가치 하다고 말하고 있지 않고,

그의 주요한 관심은 심판날에 일어날 것도 아니다. 그의 관심은 하나님이 없는 인간의 곤경을 하나님과 그리스도 안에서 인간의 특권과 대조시키는 것이다.

유감스럽게도 하나님이 없는 인간에 대한 바울의 평가는 부적절하게 냉혹하지 않다. 고대와 현대 세계의 사람들—종교를 떠나서조차도—도 동일한 결론에 이르게 되었다. 일부 고대 헬라인들은 '소마 세마'—"몸은 무덤이다"—라는 잠언을 만들 정도로 살아 있으나 죽은 것을 알았다.[56] 시편 90편, 전도서, 또는 이사야 40:6-8과 같은 구약성경의 단락들은 하나님을 떠난 인생의 무상함과 무의미함을 동일하게 인식했음을 보여준다. 힌두교와 같은 종교들은 이 인생에서의 도피를 통해 니르바나(열반)와 윤회를 추구한다.

이 모든 것이 현대 서방 문화에 너무 병적으로 들린다면, 우리는 우리 사회의 악, 자살률, 술과 약물을 통한 도피로 야기된 커다란 문제들, 그리고 우리가 부당함, 질병, 우리 자신의 죽음에 직면할 때 우리 모두를 도전하는 무의미함을 상고할 필요가 있다.[57] 죽음이 우리를 괴롭히고, 그것이 우리의 운명이다. 만약 우리가 10억 명의 사람들이 극심한 가난 가운데 살고 있고, 전쟁과 테러가 지구를 괴롭힌다는 것을 기억한다면 "살아 있으나 죽은 몸"이라는 말이 오히려 부드러운 묘사가 될 것이다.

그러나 에베소서 2:1-3은 일반적인 용어로 단순히 인간의 곤경을 언급하고 있지 않다. 그것은 '허물과 죄로' 죽은 것을 특히 이야기하고 있다. 죄는 우리 자신의 방식을 선택하고 하나님을 도외시한 행위다. 그 때문에 바울은 "믿음으로 하지 않은 모든 것은 죄라"(롬 14:23)고 말한다. 하나님이 생명을 주시는 분이시라면 하나님을 간과하는 모든 행위는 죄다. 우리는 스스로 생명을 찾으려고 했고 우리 자신의 욕심을 좇았으며, 그 과정에서 생명을 주신 분과 우리 자신을 단절시켰고, 다른 사람들과의 관계가 불구가 되었다. 그 결과는 죽음—정의상 비관계적인—이다.

하지만 이 본문이 단순히 악한 죄인들—다른 사람들—을 언급하고 있지 않다는 것을 유념하라. 그것은 우리 모두에게 말하고 있다. 종교적인 사람들도 역시 죄 속에서 죽어 있을 수 있다. 바리새인들이 죽은 뼈로 가득한 회칠한 무덤과 같다고 말씀하신 예수의 비판을 기억하라(마 23:27-28). 하나님이 없는 삶은 죄책이 있다. 아

56. "무에서 와서 무로 돌아간다"라는 흔한 비문이 증거하는 것처럼 고대 세계에서 무의미함이 득세한 사실을 이전에 묘사한 것에서 참조하라(pp. 103-104).

57. 죽음에 관한 강의가 몇몇 대학 캠퍼스에서 인기 있는 선택과목이 되고 있다(Nathaniel Sheppard, Jr., "Popular College Courses Reflect Students' Changing Values," *Chicago Tribune*, May 7, 1995, sec 1, 13).

무리 많은 사람들 속에 우아함과 선함이 있다하더라도, 하나님이 없다면, 그것은 잠정적이고 무의미하다. 보편적인 죄의 실제를 바꾸지 못한다.

일종의 무지가 이 본문의 적용을 어렵게 만든다. 우리는 세상과 "세상의 권세 잡은 자들"에 맞추어 살아가지만 우리 스스로 결정한다고 믿는 것으로 유혹받고 있다. 우리는 동료의 압박에 예민하지 않고, 우리가 원하는 것을 어떤 무엇이나 어느 누구가 결정한다고 의문하지 않고 우리가 원하는 것을 행한다고 말한다. 하지만 우리 모두는 우리 시대의 자녀들이고, 진리는 우리 시대가 하나님에게서 떠나 죄와 무의미를 향하고 있다는 사실이다. 악은 우리를 결정짓는 세력이다—그것이 우리의 자아 추구적인 영혼에서의 악이든, 우리의 자아 추구 사회가 붙잡는 악이든, 또는 "권세 잡은 자"가 이루기를 추구하는 악이든 말이다.

권세 잡은 자. "권세 잡은 자"가 작용하고—분명히 불순종을 야기하는—있다는 바울의 진술은 경험적인 심사를 할 수 있는 것이 아니다. 이 논의에서 우리는 균형이 중요하고, 마귀와 관련해서 성경을 신화적으로 독법하지 않도록 조심해야 한다. 성경은 일부 크리스천들이 말하는 것보다 훨씬 덜 마귀에 대해서 이야기한다. 물론 확실히 바울은 악을 조장하는 존재가 있음을 믿었다. 현대인들은 그러한 존재를 진실로 믿는가? 혹은 마귀에 대한 고대의 개념은 이 세상에서 악의 '세력' 으로 축소시킬 수 있는가?

월터 윙크는 그렇게 생각한다. 그는 악의 '실제와 경험' 을 다루기 위해서 "사탄이 존재하는가"라는 존재적인 질문을 괄호로 묶는다(고려 대상 밖으로 둔다).[58] 그는 어떤 차원에서는 옳다. 우리 모두는 이 세상과 우리 자신 속에서 악의 실제를 직면하기 때문이다. 사탄에 관한 그의 묘사는 시사하는 바가 있다: "하나님을 떠난 전체 사회의 정신의 상징인 인간 타락의 집합적인 무게를 대변하는 원형", "가장 지극한 선으로 우상 숭배적인 확장을 추구하는 사회의 실제적인 내면성", "영혼 소멸을 갈망하는 악의 실제적인 세력으로 자주 경험되는 것."[59] 한편으로 마귀의 존재에 대한 존재론적인 질문을 하나님의 존재에 대한 질문과 마찬가지로 미뤄둘 수는 없다. 우리에게 혜택을 주는 존재를 믿는 것은 상대적으로 쉬워도 해롭게 하

---

58. 이전의 pp. 106-107의 항목에서 이에 관한 논의를 보라.

59. Walter Wink, *Unmasking the Powers*, vol. 2: *The Powers*(Philadelhpia: Fortress, 1986), 10-11, 24-26. 30 페이지에서 그는 "우리가 사탄으로부터의 가면을 찢을 때, 우리는 우리 자신을 발견하는가"라고 묻는다. *Engaging the Powers*, vol. 3: *The Powers*(Minneapolis: Fortress, 1992), 8에서 윙크는 그것이 단순히 인격적인 존재로서 능력들에 대해서 생각하게 하는 사상의 습관이 있다고 주장하고 비인격적인 실체로서 그 능력들을 생각하는 그의 선호를 진술한다.

는 존재를 믿는 것은 왜 그렇게 어려운가?

하나님과 마귀의 존재에 관한 질문은 "우리는 홀로인가" 그리고 "우리는 스스로 이 인간의 곤경을 빠져나올 수 있는가"라는 질문으로 사실상 다양하게 할 수 있다. 이것이 하나님과 관련될 때, 이슈는 창조와 그 목적 그리고 하나님으로 인해 오는 결과적인 삶과 관련이 있다. 마귀와 관련될 때, 그 이슈는 인간의 죄와 부패와 관련이 있다. 성경은 죄가 들어온 것에 대해서 유혹자(즉, 마귀)를 지적한다. 그러나 훨씬 성경은 이 세상에서 곤란과 악의 원인으로서—마귀가 아니라—인간의 죄를 강조한다. 마귀는 구약성경에서 세 번만 언급되고,[60] 신약성경은 더 자주 언급될지라도, 마귀의 위치는 제한이 있다.[61] 마귀가 "가장 중요한 작용자"가 아니다. 우리 대부분이 스스로 충분히 악을 행한다.

다시 말해서 마귀의 역할에 대한 과도한 강조는 잘못된 것이다. 이 단락은 이전의 곤경을 독자들에게 상기시키지만 비합법적인 권세 잡은 자를 극대화하지는 않는다. 우리는 마귀에 대한 믿음과 관련해서 긴장을 인식할 필요가 있다. 우리가 마귀를 더욱더 강조하면 할수록 인간의 죄악을 덜 강조한다. 마귀에 대한 과도한 강조는 우리가 비난 받는 것을 피할 수 있도록 우리에게 과도하게 가치를 부여하는 것이 된다. 신약성경에서 마귀는 우리가 해결을 필요로 하는 문제로 제시되지 않는다. 우리 자신의 죄와 이 악한 세대가 문제가 된다. 게다가 마귀를 과도하게 강조하는 것은 그리스도를 과소하게 강조하는 것이 된다. 사실상 이 권세 잡은 자가 우리의 관심을 사로잡을 수는 없다—그것은 위협은 되지만 절대적인 작용인은 아니다.

많은 현대의 크리스천들이 마귀에 대해 너무 많은 관심과 능력을 부여한다. 마치 마귀가 편재하는 것처럼 말이다. 성경은 하나님과 마귀가 인간을 위해서 씨름하는 실제적인 양파인 것처럼 우주론적 이원론을 제시하지 않는다. 오직 유일하게 지극한 존재가 존재하신다—하나님. 이 전체 단락의 의미는 그리스도 안에서 하나님의 승리를 강조하는 것이다(1:18-23). 에베소서는 작용하고 있는 다른 세력을 인식하지만, 그것은 하나님의 목적에 대한 위협이 되지 못하고, 적어도 2:1-3이 관심을 갖는 것처럼, 심지어 크리스천에게도 위협이 되지 못한다(또한 4:27; 6:10-20

60. 대상 21:1; 욥 1-2; 슥 3:1-2(창 3장에서 유혹의 기사를 또한 참조하라). 이사야 14장과 에스겔 28장은 사탄의 함락이 아닌 바벨론과 두로의 왕을 각기 가리킨다. 또한 악한 영과 마귀는 구약성경에서 드물게 언급된다(신 32:17; 삼상 16:14-23; 19:9; 사 65:11).

61. 바울서신은 사탄을 오직 열 번 그리고 마귀를 여덟 번 언급한다.

을 참조하라). 마귀와 그 세력들에 대한 두려움이나 근심은 성경에서 유래한 것이 아니므로 거기에 사로잡히거나 매력을 가져서는 안 된다. 분명히 균형이 요구된다. 바울은 여기서 어떤 위협이 있음을 보지만, 사람들이 이 세상의 권세 잡은 자와 제휴하는 것에 더욱 관심이 있지 마귀에게 사로잡히는 것에 관심이 있지 않다.

결국 그 비난이 권세 잡은 자에게 두어지는 것이 아니라 우리에게 두어진다. 우리가 우리 자신의 욕구를 따라서 선택했고, 우리 사회는 이 선택을 강화시켰다. 그러나 그것이 만족을 가져오기보다 우리를 하나님의 진노 아래 있게 만들었다.

하나님이 화를 내시는가?(2:3) 하나님의 진노의 개념은 21세기에 우리들에게 문제를 야기한다. 그것은 신학적으로 정교하지도 않고 공격적이다. 어떻게 사랑의 하나님이 화를 내실 수 있는가? 하지만 어떤 방식으로도 성경−창세기 3장에서 요한계시록 끝까지−은 하나님의 진노 곧 불순종과 죄에 대한 하나님의 반응에 관한 이야기다. 하나님은 잘못된 것을 간과하시는 무기력한 부모인가? 사실상 하나님의 진노는 필수적인 교리다. 진노와 심판은 구원의 전제조건이다. 하나님이 진노하시지 않는다면, 구원이 필요 없게 된다.

하나님의 진노에 대한 부주의한 용어는 하나님이 인간에게 진노하시지만 그리스도가 그들을 사랑하시고 십자가에 죽으심으로써 그들에 대한 하나님의 호의를 되돌렸다는 인상을 남긴다. 그러나 십자가는 하나님의 호의를 되돌린 것이 아니라 하나님의 호의가 예수의 죽으심의 '근간' 이다. 로마서 5:8은 '하나님' 이 '우리가 여전히 죄인이었을 동안에' 그리스도를 보내심으로써 그의 사랑을 보이셨다는 것을 상기시킨다. 하나님 아버지와 아들 간에 그리고 하나님의 진노와 하나님의 사랑 간에 신성에서 분열이 존재하지 않는다. 사랑은 진노의 반대가 아니다. 이해하기 어려울지라도, 하나님의 진노는 하나님의 사랑의 표현이고, 그의 백성들에 대한 깊은 애착이다. 이미 3세기에 신학자인 락탄티우스가 "화를 내지 않는 자는 사랑의 돌봄이 없다"라고 적었다.[62] 하나님이 죄와 부정의를 이 세상에서 보시고서 화를 내시지 않는다면, 그는 진정으로 하나님이 아니시다! 성경의 하나님은 거동도 하지 않으시고 아무 감정도 없으신 분이 아니라 돌보시는 하나님이시다.

성경의 이야기는 하나님이 인간을 멸하시는 진노를 참으시는 하나님에 관한 이야기다. 타락 후에, 광야에서, 희생 제도에서, 선지자들에서, 유배와 회귀에서, 그리고 무엇보다도 십자가에서 하나님은 그의 진노를 다루시고 긍휼을 베푸시었

62. 그의 *A Treatise On the Anger of God*, secs. 5-6, 16-17을 보라.

다.[63] 그렇다. 하나님은 진노하신다. 그는 깊이 돌아보시고, 그의 진노는 그의 사랑의 표현이며 그의 사랑이 나타나는 방책이다.

그것은 선이 될 수 있는가?(2:4-7) 이 구절의 적용은 그것이 너무 좋게 들리기 때문에 어렵다. 두 의문들이 나타난다. (1) 우리는 하나님이 '우리를' 그렇게 사랑하신 것을 진지하게 믿을 수 있는가? (2) 우리는 그리스도에게 일어난 사건에 진정으로 참여하였는가? 양 경우에 이 메시지의 적용은 말씀을 듣는 것(롬 10:17)과 성령의 역사에 의존한다.

(1) 하나님이 사랑하시고 긍휼을 보이신 것은 자명한 일이다. 문제는 우리가 하나님의 사랑을 현재 우리의 삶에 영향을 주지 못하는 것으로 간주하거나 하나님이 우리와 같은 사소한 죄인을 사랑하실 수 있었던 것을 거부하는 것이다. 좋은 소식은 하나님이 얼마나 나쁜 것들인가를 아시고 그것들을 바꾸신다는 것이다. 진노가 와야 할 곳에 오히려 긍휼이 온다. 곤경이 크다는 것을 인식할 때 하나님의 사랑을 당연하게 취하는 것을 막아주지만, 이 하나님의 사랑을 개별적으로 적용해야 한다. 바울은 하나님의 자비와 사랑의 '풍성함'을 강조한다. 사랑을 위한 그의 근원은 제한이 없고, 그의 사랑은 적은 자에게까지도 미친다. 복음의 메시지에 우리가 열려있을 때, 성령은 하나님의 사랑을 우리에게 전달하시는 분이시다(롬 5:5).

(2) 에베소서를 우리의 삶에 가져오는 일에서 가장 어려운 임무는 아마도 그리스도에게서 발생했던 사건이 우리와 어떻게 관련되었는지를 이해하는 것이다. 그리스도에게 발생했던 것이 동시에 우리에게 발생했다(과거 시제)는 것이 어떻게 사실일 수 있는가? 우리는 그때에 심지어 태어나지도 않았고, 우리는 지금 2000년 전에 그와, 문화와 지역과 인종과 모든 상상할 수 있는 실제와 분리되어 있다. 예수와 우리는 각기 개별적이다. 그것이 우리 존재가 그리스도에게 특별한 행위들과 관련되는 것을 차단하지 않는가?

이 개념을 이해할 수 있는 도움이 구약성경과 헬라 사상에 이미 있다. 바울의 진술의 의미를 느끼기 위해서 이해할 필요가 있는 실제는 우리가 하나님 안에서 살고 있다는 개념이다. 이 개념은 전적으로 새롭지 않다. 시편 기자는 "주여 주는 대대에 우리의 거처가 되셨나이다"(시 90:1)라고 기도했고, 헬라 시인은 "우리가 그 안에서 살고 거동하며 우리의 존재를 갖는다"(행 17:28)라는 진술로 바울에 의

63. 시편 78편, 호세아, 로마서 1-3장(특히 3:21-26)과 같은 단락들과 현재 에베소서의 본문은 감동적인 형태로 하나님이 그의 진노를 다루시고 자비를 보여주시는 것을 제시한다.

해 설득력 있게 인용된다.

구약성경과 셈적 문화의 "집합적인 유대"는 더 진전된 배경을 제공해준다.[64] 초점은 개인이 행한 것이 공동체에 영향을 주고 또 그 역이 될 수 있도록 개인과 공동체 사이의 유대에 있다. "인간의 아들"(son of man), "종"(servant), 그리고 "하나님의 아들"(son of God)과 같은 칭호는 개인들만이 아니라 이스라엘이나 남은 자들에게 사용된 집합적인 용어였다. 이 칭호들은 예수가 하나님의 목적에 대한 이스라엘의 임무와 동일시하셨기 때문에 그분에 의해서 취해졌다. 사실상 예수는 이스라엘, 즉 하나님의 선택되신 자가 되셨다(눅 9:35).

초대 기독교인들이 예수와 그의 사역을 묘사하려고 애썼을 때, 그들은 어떤 일이 발생했던 한 개인으로서 단순히 그를 묘사하지 않았다. 그들은 새 질서의 시작으로 즉 새 아담이 새 시대를 여신 것으로 예수를 보았다. 결과적으로 그들은 단순히 개인들로서가 아니라 예수와 관련되고 취해진 개인들로서 그들 자신을 보았다.

아울러 십자가와 부활이 역사적인 사건일지라도, 그것은 단순히 역사적인 사건만은 아니다. 그것들은 종말론적이고 포괄적인 사건이다—사망의 죽음이요 종말의 부활의 첫 열매다.[65] 탄네힐(R. Tannehill)이 말한 것처럼, "그리스도의 죽음과 부활은 단순히 신자들을 위한 혜택을 주는 사건만이 아니라, 신자가 참여한 사건들이다."[66]

유사하게 예수가 역사적인 인물일지라도, 그는 단순히 역사적인 인물만은 아니다. 오히려 그는 인간을 대변하고 포함시킨 분이시다. 이 전체 새 질서가 그리스도 안에서 구현되기 때문에 그 시간은 초월적이고 현재적이다. 예수는 인간의 곤경과 인간을 위한 이스라엘의 임무와 동일시하셨다. 그는 인간과 하나가 되시었고, 죄의 벌을 취하셨다. 회심과 세례에서 우리는 그리스도의 죽음과 부활과 하나가 되고, 우리의 삶에서 죽음과 부활의 형태를 따라 산다. 기독교는 주로 개념의 종교가 아니라 참여의, 관여의, 그리스도 안에서 하나님과의 교제의 종교다. 크리스천들은 하나님의 아들과 교제로 불리어졌고, 그리스도와 함께 십자가에 못박혔으며, 옛

64. 이전에는 "집합적이 개성"으로 불렸다. Russell Philip Shedd, *Man in Community: A Study of St. Paul's Application of Old Testament and Early Jewish Conceptions of Human Solidarity*(Grand Rapids: Eerdmans, 1964; H. Wheeler Robinson, *Corporate Personality in Ancient Israel*(Philadelphia: Fortress, 1964)을 보라.

65. 고전 15:20-23; 딤후 1:10; 히 2:14-15을 보고, Tannehill, *Dying and Rising with Christ*, 123을 보라.

66. Ibid., 1. 또한 Ben Witherington, III, *Paul's Narrative Thought World*(Louisville: Westminster/John Knox, 1994)을 보라. 그는 회심이 그리스도의 이야기 속으로 들어가는 것을 제기한다.

존재를 벗어버리고 그리스도와 함께 옷 입혀졌으며, 부활에서 그리스도와 함께 연합할 것이다(롬 6:2-11; 13:14; 고전 1:9; 갈 2:19-20; 3:26-27).

그러나 이런 참여를 어떻게 이해할 수 있는가? 그것은 문자적일 수는 없다. 우리는 예수가 십자가에 못 박히셨을 때 그곳에 있지 않았다. 한편으로 그것이 비유적이라고 말하는 것은 그것의 진정한 의미를 강탈하는 것이다. 그리스도와의 참여라는 이 용어가 믿음을 통해서 우리가 하나님의 은혜를 경험하는 유대(solidarity)를 잘 말해준다.[67] 우리는 믿음으로 그리스도에게 부착되고, 그리스도와 함께 한다. 성령은 그리스도와의 연합을 야기하는 분이시다(1:13; 롬 8:1-17; 고전 12:13을 보라).

하늘의 영역으로 그리스도와 같이 우리가 높아지는 것은 이런 유대의 확장이다. 문자적이지는 않을지라도 이것은 실제다. 그렇기 때문에 바울은 예수가 승리적이고 그의 승리—인간의 곤경이 아니라—가 우리의 실제를 결정짓는다고 말한다. 이것이 "예수는 주님이시다"라는 초대 기독교인들의 신앙고백의 직접적인 의미다. 여기에는 실현된 종말론에 관한 강력한 강조가 들어 있다.

그렇다. 복음은 2:4-7이 말하는 것과 같다. 2:4-7에서의 확증에 부족한 어떤 것도 복음이 아니며, 예수 그리스도 안에서 우리를 구속하신 하나님에게 적합하지 않다.

믿음에서 교회의 실패(2:8-10). 이 본문에서 사용된 믿음에서 현대 세계에서 이해된 믿음으로 나아가는데 있어서 커다란 문제가 있다. 어떤 파괴적이고 교활한 세력이 "믿음"이란 용어의 의미를 그토록 왜곡시켰는가? 이전에 지적했던 것처럼, "믿음"에 대한 바울의 이해는 그리스도와의 연합, 부착, 그리고 유대를 포함하는 반면에, 복음주의 교회를 포함하여 많은 교회에서 "믿음"이 동의, 결정, 또는 사람들이 확신하는 가르침을 의미한다. 바울의 사상에서 "믿음"이 삶을 변화시키거나 생산적인 선한 행위인 반면에, 많은 교회들에서 변화는 믿음에서 바람직하지만 필연적인 것은 아니며, "행위에 의하지 않은 것"은 사람이 어느 것도 할 필요가 없음

---

67. 칼빈의 언급을 참조하라. "그리스도가 우리 바깥에 머무시고, 우리가 그와 분리되는 한, 그가 당한 모든 것과 인간 종족의 구원을 위해 행한 모든 것은 소용이 없고 우리를 위한 가치가 없다"(기독교강요, 3:1.1). 그리스도와의 연합과 참여자의 범주에 관한 논의에 대해서는 스메데스(Smedes), 탄네힐(Tannehill), 샌더스(Sanders), 그리고 쉐드(Shedd)의 작품과 더불어 James S. Stewart, *A Man in Christ*(London: Hodder and Stoughton, 1936); Michel Bouttier, *Christianity According to Paul*, trans. Franke Clarke(Napierville: Allenson, 1966); Albert Schweitzer, *The Mysticism of Paul the Apostle*, trans. William Montgomery(London: A. & C. Black, 1931)을 보라.

을 의미하고 있다. 올바른 기도자가 기도한 결정은 하늘로 올라가기에 충분하다. 어떻게 그리스도 안에서의 믿음이 그리스도에 대한 사상을 왜곡시켰는가? 모든 초점이 하늘에 올라가는 것에 어떻게 두어졌는가? 신약성경을 읽고, 사람들은 어떻게 우리가 어느 것도 행할 필요가 없다고 결론지었는가?

많은 크리스천들이 구원이 하늘에 올라가는 것을 보증하기 위한 하나님과의 거래라는 개념을 반박했다.[68] 물론 마틴 루터와 종교개혁자들은 면죄부의 남용과 행함으로 하나님께 나아갈 수 있다는 사상을 반박했다. 이 단락을 포함하여 바울의 사상의 많은 부분이 그러한 개념을 막는 것으로 의도되어 있다. 그러나 우리는 믿음이 그리스도에게 합세하고 우리의 삶의 전체 실제에 영향을 주는 것으로 보지 못할 때 믿음의 본질적인 개념을 왜곡시킨다. 많은 사람들이 고백하는 믿음이 단지 심판을 피하려는 거짓되고 '근거 없는' 희망에 불과하다. 우리는 우리의 구원과 하나님과의 생명을 얻기 위해 어느 것도 할 수 없지만, '하나님께 대한 그러한 합세가 우리에게 모든 것이 일어나게 한다.' 이 본문에서 우리의 상황으로 연결하기 위해서 우리는 성경적인 믿음, 즉 우리를 그리스도와 연관시켜주고, 우리 안에 새 창조를 이루게 하며, 우리에게 하나님이 기대하시는 선한 일을 행할 수 있도록 추진케 해주는 믿음을 발견하고 선포해야 한다. 크리스천의 삶에서 신실은 믿음의 선택적인 부분이 아니다.

현대적 의미

이 단락은 독자들에게 어떤 것을 '할' 것을 가르치지 않고 하나님이 그리스도 안에서 행하신 것을 진술한다. 그러나 함축된 의미는 크리스천이 행동하고 생각해야 할 것으로 방대하다. 확실히 이 본문의 적절한 적용은 '무언'으로 시작해서, 그 다음에 경이와 예배로, 마지막으로 순종과 봉사로 이동한다. "허물로 죽었다"(1절과 5절)는 반복에서 반영된 놀라움과 하나님의 은혜를 묘사하는 광대한 용어가 고백되어야 한다. 하나님이 없는 인간의 곤경과 하나님과 함께 하는 인간의 특권간의 대조가 두드러진다. 여기서 묘사된 구원과 은혜는 이 서신이 1:3에서 송영으로 시작된 이유이기도 하다. 예배—삶의 모든 것을 포함하는 예배—는 적절한 반응이다.

---

68. 두드러지게는 P. P. Waldenstrom ; Axel Andersson, *The Christian Doctrine of the Atonement According to P. P. Waldenstrom*, trans. G. F. Hedstrand(Chicago : Covenant, 1937). 그러한 개념에서 발덴스트롬(Waldenstrom)의 반응은 그의 설명에서 몇 가지 잘못된 강조로 이끌었다.

이 단락은 삶의 두 가지 방식, 즉 죄 속에서의 이전 삶과 그리스도 안에서의 현재의 삶을 대조시킨다. 의미상 본문은 "너희는 어디에서 살 것인가"라고 묻는다. 우리가 걷는 길을 규정하는 채점자는 무엇이고 누가 그 길을 놓았는가?[69] 이 단락은 "이 세상의 삶이 실제로 무엇과 같으며 하나님과 함께 삶은 실제로 무엇과 같은지"를 말하는 것처럼 실제적인 묘사를 제공해준다. 이 본문의 초점은 정체성이다. 우리는 누구이며 하나님은 어떤 분이신가? 우리가 누구인지를 아는 것에서부터 우리는 살아가는 방법을 안다. 그러므로 이 단락은 하나님이 없는 인간의 정체성과 그리스도 안에서 사람들의 정체성 그리고 하나님의 정체성을 계시해준다.

위치가 정체성을 결정해준다: 이전의 삶(2:1-3). 우리는 누구인가? 우리는 모두 과거, 즉 불순종과 실패로 특징지어진 과거를 가진 사람들이다. 그것은 우리 인간 존재의 핵심에서 어떤 것이 매우 잘못되어 있다는 것을 보여준다. 이는 모든 사람들에게 해당된다. 우리 중에 어느 누구도 이 기소를 면할 수 없다. 우리는 자기 추구와 자기중심적인 갈망의 만족을 위해 애쓴다—삶에서 그것을 눈에 보이게 하든지 암암리에 행하든지 간에 말이다.

우리는 "영향의 영역" 신학을 언급하는 바울의 "위치에 대한 인식"을 이전에 말했다. 그것은 삶을 죄 속에서 사느냐 그리스도 안에서 사느냐로 구분한다.[70] 이 신학이 이 본문에 표현되어 있다. 죄 속에 살고 있다는 그 사람의 정체성은 죄와 옛 세계의 질서 그리고 "공중의 권세 잡은 자"에 의해 결정된다. 그러한 사람은 죄된 욕심과 이성에 의해 제어 받음으로 하나님의 진노 아래 산다.

따라서 이 본문은 우리가 죄를 보다 진지하게 취할 것을 요구한다. 인간의 곤경과 관련해서 죄를 개인과 그 개인이 만든 선택의 측면에서만 생각할 수 없다. 오히려 우리는 먼저 세상 질서와 우리의 관점과 행동을 지배하는 악의 세력을 생각해야 한다. 우리가 살고 있는 세계는 우리를 이 세상의 가정과 특징으로 덧입히기를 추구한다. 분명히 바울은 사람들이 이런 악한 영역과 시대로부터 구원을 필요로 한다고 믿었다(참조. 갈 1:4).

예를 들어, 독일인들은 어떻게 나치주의를 따를 정도로 그토록 심각하게 왜곡될 수 있었는가? 독일 사람들이 다른 사람들보다 더 죄스럽기 때문이 아니라 전반적인 자기 추구적인 질서가 교회의 많은 사람들을 포함하여 대공황 이후에 혼돈을

69. "살다"(live, 2절)와 "행하다"(do, 10절)란 동사가 사실상 "걷다"(walk)라는 것을 기억하라.

70. 특히 pp. 48-50, 52과 80-81을 보라.

발전시켰고, 수많은 사람들을 속였다. 독일인들은 우리 모두가 추구하는 것—안전, 존경, 그리고 경제적인 번영—을 추구하였다.

미국이 어떻게 베트남 전쟁과 인종차별주의로 그토록 왜곡될 수 있었는가? 왜 물질주의가 현대 사회를 그토록 사로잡고 있는가? 필요들이 어떻게 갈망이 되는가? 성적인 관행이 우상숭배적인 것이 될 만큼 어떻게 그토록 왜곡될 수 있는가? 선이 하나님을 도외시하는 세계의 체제로 왜곡되고 있는데, 이것은 항상 죄가 행하는 것이다. 이사야의 고백은 우리 모두의 표현이다: "화로다 나여 망하게 되었도다 나는 입술이 부정한 사람이요 입술이 부정한 백성 중에 거하도다"(사 6:5). 죄는 인격적이고, 개인적이고, 집합적이며, 하나님 없는 교묘한 시대에 대한 동의다.

크리스천들의 문제는 두 가지 중복되는 영역이나 시대가 존재한다는 사실이다(1:21과 2:2을 비교해보라). 새 시대가 그리스도 안에서 존재할지라도, 옛 시대가 여전히 우리와 함께 있어 작용하고 있다. 어느 영역이 우리를 규정지을 것인가? 이 본문은 이전에 사실이었던 것을 묘사하기를 시도하고 있지만(2:2-3), 많은 크리스천들에게서 그것은 여전히 그들의 현실이다. 과거와의 단절이 진정으로 발생하지 않았다. 그들은 세상의 화려하고 번득이는 것에 여전히 매료된다. 하나님을 알지 못하는 사람들은 살았으나 죽은 상태에 있다고 이해할 수 있지만 여전히 죽음으로 되돌아가고 있는 삶을 발견하는 크리스천들을 어떻게 이해할 수 있는가? 크리스천들은 옛 질서가 여전히 우리의 존재를 정의하기를 원한다는 것을 훨씬 더 인식할 필요가 있다. 크리스천의 바람이 비그리스도인들의 바람과 동일하다면, 그리고 그 바람이 동일한 방식으로 성취되어진다면, 복음은 소용이 없다.

이 본문의 의미를 실천하는 것은 자기 분석과 도전을 필요로 한다. 크리스천들은 항상 하나님과 함께 하는 삶과 하나님이 없는 삶을 구분해야 한다. 다시금 그 초점이 우리의 마음에 있다. 우리는 하나님이 처음 창조하시고 우리의 기쁨을 위해 주신 삶에 속하여 있는가? 하나님이 없이 자기 자신에 속해 있는 삶을 찾기를 시도하는 세상에 속해 있는가? 얼핏 보기에 두 가지가 동일해 보인다—모든 인간은 동일한 필요와 욕구를 갖고 있다—하지만 두 접근이 상반된다. 우리는 하나님이 창조하신 세계와 인간이 자신의 목적대로 왜곡시킨 세상을 구분해야 한다. 하나님이 창조하신 세계는 하나님에 대한 예배로 인도하고, 인간이 왜곡시킨 세계는 하나님의 진노로 이끈다. 우리가 하나님의 질서를 옛 질서와 구분하였다면, 우리는 "예수는 주님이시다"라는 고백에 근거한 도전을 할 의무가 있다. 예수가 주님이시라면, 죄와 옛 세계의 질서는 우리가 속한 지형(위치)이 될 수 없고, 크리스천들은 끊임없이 우리를 세상적으로 정의하고자 시도하는 것들에 대해서 "아니오"라고 말해야 한다.

위치가 정체성을 결정한다: 그리스도 안에서 그리스도와 함께 하는 삶(2:4-10). 크리스천의 자기 이해는 자기 자신의 외부에서 발견되고,[71] 회심은 새로운 정체성으로의 전환이다.[72] 우리의 참된 정체성은 개인의 특징, 경험, 그리고 능력에 의해 결정되지 않는다. 설사 이런 조항들이 중요할지라도 말이다. 그것은 예수 그리스도 안에서 예수 그리스도와 함께 하는 삶에 의해 결정된다. 예수가 우리를 형성하시는 삶의 정황이다. 바울은 이것을 아주 강력하게 느꼈기에 "내가 그리스도와 함께 십자가에 못 박혔나니 그런즉 이제는 내가 산 것이 아니요 오직 내 안에 그리스도께서 사신 것이라"(갈 2:20)고 말했다. 특히 그리스도의 죽음과 부활은 우리의 삶에서 재생산되는 사건들이다. 우리는 옛 세상과 죄의 권세 그리고 자아에 대해서 죽고, 성령 안에서 생명으로 부활한다(6:14-15). 예수를 닮는 것이 중요할지라도, 그리스도와의 합일이 훨씬 더 중요하다. 우리의 문화가 항상 우리를 형성하려고 하지만 예수 그리스도가 우리의 주요한 문화가 되어야 한다.[73] 그것이 "동시 부활"(co-resurrection)이란 용어의 의미다.

그리스도 '안에' 그리스도와 '함께' 있는 것은 우리의 것은 더 이상 우리 개인의 정체성이 아니라는 것을 의미한다. 우리는 그리스도와의 유대 속에 있고, 5:31이 말한 것처럼, "우리는 그의 몸의 지체다." 삶은 관계적이며 우리의 주된 관계는 예수 그리스도시다. 그러므로 이 새로운 정체성은 무엇인가? 우리가 그리스도와 연합한 것 때문에 신자들은 아래에 설명한 것과 같은 사람들이다.

(1) 신자들은 부활을 경험했다. 살아 있으나 죽은 인간의 상태가 참된 생명으로 전환되었다.[74] 그들은 현재적 실제로서 구원을 경험한다.
(2) 그들의 새로운 삶은 하나님의 멋진 창조다.
(3) 그들의 주이신 그리스도와 함께 높아진 신자들은 비교할 수 없는 특권과 영예와 안전을 누린다. 그들은 두려움이나 연약함에 붙들려 있는 것이 아니라

---

71. Smedes, *Union with Christ*, 109.
72. Beverly Roberts Gaventa, *From Darkness to Light: Aspects of Conversion in the New Testament* (Philadelphia: Fortress, 1986), 9에서의 논의를 보라.
73. 5:6-14에서 분리와 문화에 관한 논의를 보라.
74. 롬 6:13은 크리스천을 방금 무덤에서 나와서 어떤 것을 바라보는 자로 묘사한다.

하나님과 함께 하는 삶에서 필요한 것을 얻는다.

(4) 그들은 영혼을 통해서 하나님의 풍성한 온유를 경험한다.

본질적으로 이 단락은 "활력을 얻으라"고 소리친다. 너무 자주 우리는 삶의 방관자가 되고 하찮은 것에 너무 많은 시간을 소비한다. "부자와 유명인들의 삶에 매료되는 것은 우리의 하찮음 때문이 아니가? 왜 우리 사회는 진부하고 기괴한 것을 논하는 토크 쇼를 보는 것에 아주 많은 시간을 소비하는가? 우리는 진부한 삶에서 그리스도와 함께 하는 삶으로 전환함으로써 죽음에서 생명으로의 전환을 활력 있게 해야 한다.

이 정체성에 관한 문제가 왜 그렇게 중요한가? 정체성에 관한 이해는 게으른 묵상을 위한 철학적이거나 신학적인 질문이 아니다. 우리가 누구인지에 관한 이해이고—의식적으로 알고 있는 것이든 무의식적으로 알고 있는 것이든—그것이 우리가 살아가는 방식을 결정짓는다.

세 가지 더욱 잘못된 방식. 우리의 새로운 정체성을 아는 것이 교만과 도피주의와 완벽주의로 이끌 수 있다. 이런 것들은 하나님과 함께 하는 우리의 걸음걸이에서 각기 잘못된 방식이다. 이는 승리주의의 기독교적 죄에 대한 변형이다. 크리스천으로서 우리는 우리의 합법적인 승리(예. 롬 8:37; 고후 2:14-3:6)를 승리주의의 오만한 죄와 구분하는 것을 배워야 한다.

(1) 우리가 구원으로 말미암아 하나님으로부터 갖는 특권은 쉽게 바리새적인 '교만'과 동시에 이 사실을 알지 못한 다른 사람들에 대한 경시로 쉽게 바뀔 수 있다. 그렇게 한다면, 우리는 우리의 모든 특권이 우리 자신 때문이 아니라 그리스도 때문이라는 것을 잊어버리는 것이다. 교만은 이전만큼이나 회심 이후에도 나쁘다. 예배와 순종이 하나님의 부르심에 유일하게 적법한 반응이다.

(2) 그리스도로 인한 특권과 높아짐의 개념이 영적인 '도피주의'로 이끌 수 있다. 말하자면 우리가 그리스도와 함께 높아졌기 때문에 이 세상과 관계할 필요가 없다는 것이다. 이보다 더 바울의 심정과 멀어진 것은 없다. 바울은 신비적인 나르시즘이나 윤리적인 수동성을 지원하지 않는다. 오히려 그는 우리의 삶을 형성하는 요인으로서 그리스도와 함께 하는 새 창조와 정체성을 촉진시킨다. 그리스도 안에서의 존재는 그가 우리에게 우리의 정체성을 확증해주시고 우리가 어떤 사람인지를 결정짓는다. 제임스 스튜어트(James Stewart)가 지적한 것처럼 그리스도와의 연합은 바울의 윤리의 기초다.[75]

(3) 이 같은 본문들은 일부 사람들을 '완벽주의'의 환상으로 이끌었다. 우리가 그리스도와 함께 높아졌다면, 우리는 모든 죄에서 자유로워야 하지 않는가? 우리가 그리스도 안에 있고 그리스도가 우리 안에 있다면, 죄가 우리에게 불가능해야 하지 않는가? 다시금 여기서 균형이 요구된다. 우리 대부분은 죄가 단지 삶의 필연적인 부분이라고 가정한다. 죄에 대항한 우리의 싸움에서 기대치가 낮다. 하지만 바울의 기대치는 높았다. 그는 낙천적이었고, 온전히 확신하는 신자들은 경건한 삶을 살 것이라고 믿었다. 하지만 그는 완벽주의를 믿거나 암시하지 않았다(고전 13:8-13; 빌 3:12-16을 보라).[76] 완벽주의를 믿는 것은 '지금 하지만 아직 아닌'의 성경적 기독교의 특징을 잊어버리는 것이다. 우리는 두 시대 속에서 살고 있고, 옛 시대의 실제와 우리에 대한 영향력을 간과할 수 없다. 더욱 나쁘게는 완벽주의를 믿는 것은 자신의 영적인 오만에 무지해진 것이다.

잘못된 방향에 대한 것과 더불어 한 가지 '조심할 것'이 요구된다. 이 단락은 죽음에서 생명으로 이동함에 있어서 근본적인 변화의 모습을 제시한다. 이 모습이 사실상 실제일지라도, 모든 사람들이 그러한 극적인 회심을 경험하지는 않으며, 또 그런 것들을 기대해서는 안 된다.[77] 경건한 가정에서 자라온 사람들은 심지어 회심의 시간을 분별할 수 없다. 바울의 경우와 같이(행 9장) 어떤 회심들은 드라마틱하고, 디모데와 같이(딤후 1:5) 어떤 회심은 점진적이다. 어떤 회심은 혁명적이고, 어떤 회심은 진화적이다—양 경우에 죄에 관한 동일한 신학을 다루면서 죽음에서 생명으로의 움직임이 내재해 있다.

영원한 안전? 영원한 안전과 관련한 신학적인 질문이 본문의 승리적인 논조와 "그리스도 안에" 있는 존재에 관한 에베소서의 강조에 의해 촉진된다. 어떤 이가 그리스도 안에 있으면 그리스도 바깥으로 나아갈 수 없는가? 어떤 이가 천국에서 그리스도와 함께 앉혀진다면, 그 자리가 상실될 수 없는가? 이 본문의 배후에 있는 논리가 영원한 안전을 전제한다고 가정하도록 유혹한다. 우리가 구원을 받았다면 그것은 영원한 안전을 전제하지 않는가?

그러한 결론은 부당하다. 신약성경에서 구원은 과거, 현재, 미래에 있다.[78] 바울

75. Stewart, *A Man in Christ*, 194.

76. 신약성경의 다른 곳으로는 특히 요일 1:8-10을 보라.

77. Gaventa, *From Darkness to Light*, 10-14을 보라.

78. C. F. D. Moule, *The Meaning of Hope*(Philadelphia: Fortress, 1963), 5은 19세기의 유명한 신약성경 학자인 웨스트콧(B. F. Westcott)의(묵시적)인 이야기를 한다. 그는 구세군 여성에 의해서 그가 구원을 받았는지를 질문 받았다. 그는 그때에 "사랑하는 이여, 당신은 '소데이스', '세소스메노스', 또는 '소조메노

은 구원을 확실히 현재에 누리고 있고—그렇다고 주제넘지는 않다—장래의 심판에 대해서도 확신한다. 그러나 그는 여기서 신약성경이 실제적인 위협으로 간주하는 배교의 가능성을 다루고 있지 않다. 오히려 그는 그리스도에게 합세된 존재의 특권을 묘사하고 있다. 그 연합이 깨어질 수 있느냐는 다른 본문들에서 응답되어야 한다.[79]

그러나 우리는 영원한 안전에 대한 염려가 복음의 부적절한 견해, 즉 그리스도와의 연합에 관한 바울의 신학에 맞지 않는 견해에서 발생하고 있는지를 자문해 보아야 한다. 믿음의 빈약한 견해는 "한 번 구원 받으면 항상 구원받은 것이다"라는 과도한 강조에 의존하는 것이다. 그러한 설교는 너무도 자주 "결정을 하고는" 다시는 진지하게 믿음을 취하지 않는 사람들을 낳는다. 믿음에 관한 바울의 이해에서 이보다 더 멀리 떨어진 것은 없다. 어느 누구도 그러한 복음을 주장해서는 안 된다.

하나님의 정체성: 일관되게 사랑하시는 하나님. 현대의 한 가수가 이렇게 말했다. "나는 당신이 다른 사람이나 청중에게 줄 수 있는 가장 커다란 선물은 당신의 마음과 영혼 속에 있는 것을 보여주는(계시하는) 것이라고 느낀다."[80] 하나님은 그러한 자기 계시의 선물을 주셨다. 구원에 대한 선물을 주심에 있어서 하나님은 긍휼과 사랑과 은혜와 온유로 가득한 마음과 영혼을 보여주셨다. 하나님이 우리를 죽음에서 생명으로 옮기기 위해서 이 모든 것을 행하셨다면, 자기 자신을 보이시는 이 하나님은 얼마나 놀랍고 사랑스러운 분이신가! 이 항목은 바울의 복음의 중요한 요약을 제공한다. 그것이 '하나님이 우리를 위해 행하신' 것을 핵심적으로 표현하고 있기 때문이다. 우리는 여기서 로마서 8:31-32을 거의 들을 수 있다. "그런즉 이 일에 대하여 우리가 무슨 말 하리요 만일 하나님이 우리를 위하시면 누가 우리를 대적하리요 자기 아들을 아끼지 아니하시고 우리 모든 사람을 위하여 내어 주신 이가 어찌 그 아들과 함께 모든 것을 우리에게 은사로 주지 아니하시겠느뇨?"

스'를 의미하는가? 당신이 의미하는 것은 헬라어 동사의 부정과거 분사인가, 완료인가, 현재인가?" 이 모든 세 가지가 사실이다—과거의 행위, 과거의 행위와 현재의 영향, 그리고 현재의 실제, 회심은 여전히 발생하고 있는 과정이고 완성을 향해 나아가고 있다.

79. I. Howard Marshall, *Kept By the Power of God*(Minneapolis: Bethany, 1969); Judith M. Gundry Volf, *Paul and Perseverance: Staying In and Falling Away*(Louisville: Westminster/John Knox, 1990); Gerald L. Borchert, *Assurance and Warning*(Nashville: Broadman, 1987)에서의 논의를 보라.

80. 시몬(Carly Simon)이 인용하고 있는 Larry Katz, "Between the Lines," *Chicago Tribune*, May 7, 1995, sec. 13, p. 21.

이 단락을 적용하는 것은 단순히 과거나 추상적으로 하나님에 대해서 생각하는 것이 아니라 '우리를 위한 하나님'에 대한 정체성을 아는 것이다. 어떤 이가 말한 것처럼, "하나님은 끊임없이 인간을 위해 활동하시는 분이시다."[81] 하나님은 긍휼과 은혜에서 풍성하신 일관된 사랑의 하나님이시다.

에베소서에서 되풀이해서 바울은 하나님을 사람들에게 은혜를 베푸시는 분으로 계시한다. 하나님은 멀리 앉아서 기다리시는 이신론의 하나님이 아니시다. 그는 현장에서 배제되지 않으시고, 언제 어디서나 활동하시는 하나님이시다. 그는 '임마누엘' 이시다—하나님은 우리와 함께 하신다. 그러한 하나님이 우리들의 삶에 기쁨과 희락을 가져오신다.

두 가지 더 잘못된 방향. 하나님의 자비를 가정하고서 하나님의 심판과 우리의 책임을 잊기가 쉽다. (1) "나는 죄짓기를 좋아해, 하나님은 그 죄를 용서하기를 좋아하시구 말이야, 참으로 이 세상은 놀랍게 배열되어 있어"[82]라고 말하는 사람은 무모하고 위험하다. (2) 동시에 하나님의 사랑과 활동을 강조하는 이와 같은 본문들은 우리가 이미 보았던 것처럼 "건강과 부"의 신학으로 쉽게 왜곡될 수 있다. 하나님의 사랑은 이 세상의 문제를 제거하고 크리스천들을 편한 곳에 두는 마술과 같은 행동을 하시지 않는다. 하나님의 사랑은 문제와 곤란 가운데 내재해 계신다(롬 8:35-39을 보라).

행함이 없는 구원. 구원이 은혜의 선물이라면, 인간은 그것을 이루기 위해서 어느 것도 할 수 없다. 그것은 하나님의 행위 즉, 모든 사람들에게로 확장되는 선물이다. 그 원인은 순전히 하나님의 성품에 근거하고 어느 인간의 성품이나 행위에 있지 않다. 승낙을 얻기 위해서 하나님에게 어느 행위나 덕성을 제시할 수 없다. 그러나 많은 사람들이 은혜를 믿거나 인정하기가 어렵다. 사실상 우리의 모든 경험은 우리가 인정과 사랑과 존중을 벌어들어야 한다고 우리에게 말해준다. 우리는 우리의 삶을 자아실현을 추구하는 일, 즉 우리에게 의미와 위치를 가져다줄 행위나 실제를 위해 소비한다. 자기 확신이 있다면, 우리가 어렵게 획득한 가치를 배제할 필요가 없다고 생각한다. 다른 사람들은 우리보다 훨씬 더 나쁘다. 그러므로 하나님이 우리를 용납하지 이유가 없다. 그런데 만약 우리가 자기 확신이 부족하다면, 하

81. Ross Miller, *Chicago Tribune*, May 7, 1995, sec. 14, p. 4에 의한 리뷰에서 인용하고 있는 Jack Miles, *God: A Biography*(Knopf, 1995).

82. 이것은 W. H. Auden's "For the Time Being"에서 헤롯으로부터의 말이다. 그의 *Collected Longer Poems*(New York: Random House, 1965), 189을 보라.

나님이 어느 상황에서도 우리를 용납하실 것이라고 생각하기가 어렵다는 것을 발견한다. 어쨌든 은혜를 취하기가 어렵다.

그러나 은혜는 하나님이 자기 자신을 우리에게 주신 것임을 기억하라. 그는 아무런 조건이나 불평 없이 우리를 용납하신다. 우리는 하나님과의 관계에 의해서 의미와 위치가 주어진다. 우리는 은혜에 의해서 가치가 부여된다. 그 관심은 우리에게 있지 않고 아주 깊게 사랑하시는 하나님에게 있다. 은혜는 우리가 예배와 참된 겸손으로 나아가게 한다. 모든 주도권이 하나님에게 있고, 모든 찬미가 하나님께 속한다. 우리에게 자랑이나 자기 경시에 대한 여지가 전혀 없다.[83] 은혜를 진지하게 취한다면, 그 초점이 우리 자신에게서 벗어나고, 교만이 끼어들 자리가 없다. 물론 은혜와 교만을 다루는 것은 매일의 임무이고, 그리스도의 죽음과 계속해서 하나가 되는 일의 일환이다.

유감스럽게도 크리스천들이 다른 사람들처럼 교만의 어려운 시간을 갖는다. 우리는 은혜가 구원을 위해서만 있고 그 다음에는 우리 자신을 입증하거나 행위로 다른 사람들 특히 비그리스도인들보다 더 나음을 입증해야 한다고 생각하는 경향이 있다. 물론 성취는 중요하지만 그것이 우리를 더욱 하나님이 받으실 만하게 만들지는 않는다. 게다가 우리의 선한 행위가 다른 사람들보다 우리를 더 중요하게 만들지는 않는다. 은혜는 크리스천의 삶의 시작일 뿐만 아니라 전체다. 우리는 은혜 안에 살고 있고(롬 5:2), 다른 사람들에게 은혜를 비추어야 한다. 구원을 낳은 역동성이 우리가 살아가야할 역동성이다(갈 3:3).

끔찍하게 잘못된 방향. 이 모든 것이 "값싼 은혜"와 많은 사람들에게서 아무것도 하지 않는 신앙으로 이끄는가? 유감스럽게도 그런 일이 있다. 하지만 이런 행위는 복음을 왜곡시킨다. 행위와 동떨어진 은혜와 믿음에 대한 바울의 말이 어느 것도 행하지 않는 신앙으로 이끌 수 있었다고 생각하는 것은 이 모든 세 어휘들의 의미에 대한 무지를 보여주는 것이다. 바울에게서 은혜는 그가 행할 수 있는 능력이었다(고전 15:10). "행위들"에 대항해서 글을 썼을 때, 그는 어떤 관습들—특히 유대인의 관습—이 하나님께 용납되기 위해서 사람들에게 필연적이라는 개념과 싸우고 있었다. 에베소서 2:10은 구원이 행위로 '부터' 오는 것이 아니라 행위를 '위해' 있다는 것을 보여준다. 하나님은 인간들을 위해 의도하신 것에 따라서 생산적인

83. 고전 15:10을 참조하라. 거기서 바울은 "그러나 나의 나 된 것은 하나님의 은혜로 된 것이니"라고 말했다.

삶을 살 수 있도록 그들을 구원하신다. "선한 행위들"로 바울은 "사회개량주의"를 생각하고 있는 것이 아니라 하나님의 사랑을 반영하는 삶을 생각하고 있는 것이다(4-6장을 보라).

여기서 묘사된 신약성경의 믿음의 회복은 교회를 새롭게 갖추게 할 것이다. 사람들이 예수 그리스도에게 연결되어 있어서 그와 연합하여 살고 그의 죽음과 부활을 반영하며, 하나님이 그들을 새롭게 창조하신 것을 의식하며, 생산적인 삶을 살아가는 것을 아는 교회를 상상해 보라. 그것이 바울이 설명하고 있는 것이며, 우리가 마땅히 부름 받은 것이다.

가질 만한 가치가 있는 믿음-그리고 나눔. 이 단락에서 나는 믿음에 관한 피상적인 이해를 반박했다. 현대교회에서 믿음에 대해서 통용하고 있는 것들이 가질 만한 가치가 없는 것들이기 때문이다. 그것은 깊은 헌신과 깊은 사상과 의미 있는 변화를 불러일으키지 못한다. 그런데 2:4-10에서 논의된 믿음은 가질 만한 가치가 있는 믿음이다. 그것은 관계적이기 때문이다. 믿음이 가져오는 선물은 우리를 주신 분과 연결시켜서 은혜가 우리 안에 역동할 수 있게 한다. 은혜가 우리를 소유하고[84] 변화를 가져온다.

확실히 에베소서 2:4-10이 복음의 가장 좋은 요약이라면, 이 단락은 복음전도를 위해서 아주 중요하다. 이전의 방식 속에 살고 있는 사람들이 그대로 하나님의 은혜를 상실한 채로 남아있게 할 수는 없다. 그 자신을 주신 분을 아는 것은 감염적인 기쁨을 낳는다. 죽음으로부터 생명을 낳은 능력은 감추어질 수가 없다. 2:1-3에서 2:4-10로의 변화—경험되었다면—말과 삶으로 드러나야 한다.

자주 크리스천들은 자신들이 어떻게 복음전도를 해야 하는지를 확신하지 못한다. 복음전도를 위한 기회가 자연스러움과 확신과 사랑보다 당황스러움과 불확실과 죄책감을 더욱 야기할 수도 있다. 복음전도에서 우리가 실패하는 이유는 많이 있다. 이 가운데는 일부 사람들이 사용하는 방책을 남용하여 혐오감을 불러일으키고, 가능한 한 빨리 사람들이 결정하게 할 필요가 있다고 생각하는 것이 포함된다. 그러나 확실히 복음전도의 성공은 하나님과 그의 복음에 관한 올바른 이해에 달려 있다—2:1-10의 초점. 만약 사람들이 사랑의 하나님에게 합세한 자들로서 크리스천들을 경험한다면, 만약 그들이 은혜를 경험했던 사람들로부터 확장되는 은혜를 본다면, 만약 그들이 불순종에서 순종으로 사망에서 생명으로 나아간 증거를 본다

84. Käsemann, " 'The Righteousness of God' in Paul," 173.

면, 만약 그들이 가질 만한 가치가 있는 믿음을 본다면? 복음증거는 의식적인 행동일 필요가 있지만 강압적이 될 필요는 없다. 복음전도는 사랑의 하나님께 합세한 삶의 자연스러운 표현이어야 하고, 가질 만한 가치가 있는 믿음의 나눔이어야 한다.

에베소서 2:11-22

11 그러므로 생각하라 너희는 그때에 육체로는
이방인이요 손으로 육체에 행한 할례를 받
은 무리라 칭하는 자들로부터 할례를 받지
않은 무리라 칭함을 받는 자들이라
12 그때에 너희는 그리스도 밖에 있었고 이스
라엘 나라 밖의 사람이라 약속의 언약들에
대하여는 외인이요 세상에서 소망이 없고
하나님도 없는 자이더니
13 이제는 전에 멀리 있던 너희가 그리스도 예
수 안에서 그리스도의 피로 가까워졌느니라
14 그는 우리의 화평이신지라 둘로 하나를 만
드사 원수 된 것 곧 중간에 막힌 담을 자기
육체로 허시고
15 법조문으로 된 계명의 율법을 폐하셨으니
이는 이 둘로 자기 안에서 한 새 사람을 지
어 화평하게 하시고
16 또 십자가로 이 둘을 한 몸으로 하나님과
화목하게 하려 하심이라 원수 된 것을 십자
가로 소멸하시고
17 또 오셔서 먼 데 있는 너희에게 평안을 전
하시고 가까운 데 있는 자들에게 평안을 전
하셨으니
18 이는 그로 말미암아 우리 둘이 한 성령 안에
서 아버지께 나아감을 얻게 하려 하심이라
19 그러므로 이제부터 너희는 외인도 아니요
나그네도 아니요 오직 성도들과 동일한 시
민이요 하나님의 권속이라
20 너희는 사도들과 선지자들의 터 위에 세우
심을 입은 자라 그리스도 예수께서 친히 모
퉁잇돌이 되셨느니라
21 그의 안에서 건물마다 서로 연결하여 주 안
에서 성전이 되어 가고
22 너희도 성령 안에서 하나님이 거하실 처소
가 되기 위하여 그리스도 예수 안에서 함께
지어져 가느니라

원 의미

마르쿠스 바르트(Markus Barth)는 이 단락을 "전체 서신의 핵심적인 주요 요지"라고 일컫고,[1] 또 그것이 정당하다. 사실상 이 단락은 신약성경에서 가장 의미 있는 교회론 본문일 것이다. 이 단락은 유대인과 이방인 사이에 분열을 다루지만, 구체적인 문제는 거론되지 않는다. 오히려 1:3에서 시작된 그리스도 안에서의 복에 대한 묘사가 여기서도 계속된다. 구원과 기독론이 역시 중요하지만 교회

1. Barth, *Ephesians*, 1:275.

의 본질이 핵심적인 주제다. 에베소서는 어느 다른 서신보다도 교회에 대한 많은 관심과 높은 진술을 제공한다. '에클레시아' 란 용어가 5장의 남편과 아내의 유추에 대한 부분을 제외하곤 오직 세 번만 나타난다는 사실에도 불구하고 말이다.[2] 이 단락은 다른 단락들이 형성하고 있는 신학을 개략적으로 스케치한다.

이것은 서신의 중심을 이루는 "이전-이제"의 명백한 대조의 두 번째 부분을 형성한다.[3] 첫 번째 그러한 대조(2:1-3)가 죄, 악, 그리고 "공중의 권세 잡은 자"에게 초점을 맞춘 반면에, 이 단락은 분열, 소외, 그리고 특권의 상실에 초점을 맞춘다. 악이 의미상으로 내재되어 있지만 세상의 권세 잡은 자는 나타나지 않는다.

특출함이 주어진 항목들은 저자의 의도가 무엇인지를 제공해준다. 이중에 하나는 NIV에서 상실되어 있다. '엔 사르키' (직역하면 "육체에")란 어구는 헬라어 원문에서 세 번 나타난다(11절에서 두 번—NIV로는 "by birth"와 "in the body"—15절에서 한 번). 이 용어의 세 번째 출현은 그 문제의 근원("육체로" 있는 이방인과 유대인들)이 역시 해결의 근원이라는 것을 보이기 위해서 처음 두 출현에 대비하여 설정되어 있다: 예수는 그의 '육체의' 죽으심으로 나누어진 장벽을 허무신다. 특출함이 주어진 다른 용어들은 "외인"(foreigners), "먼"(far), "가까운"(near), "평강"(peace), "둘 다"(both), "성령"(Spirit), 그리고 사람들이 예상할 수 있는 것처럼 "그리스도 안에"다. NIV는 일곱 가지 "그리스도 안에서"와 같은 표현들을 갖고 있지만(예를 들어, "그리스도 안에서", "그 안에서" 또는 "한 몸 안에서"), 헬라어 원문은 사실상 그러한 어구를 11개나 갖고 있다. 다시 한 번 바울은 모든 믿음의 결과가 "그리스도 안에서" 발생한다는 것을 강조하고 있다.[4]

이사야 52:7과 57:19은 이 본문의 형성에 중요했다. 2:13-18은 어느 정도 이 두 구약성경의 본문의 해석이라고 말할 수 있다.[5] 이 구약의 본문은 유대교와 초대교회의 복음의 이해와 선포에 중요했다.[6] 이사야 9:6, 미가 5:5, 스가랴 9:9-10에 대한 의존은 아주 흔하게 언급되지는 않지만, 이런 본문들과 연관된 복합적인 개념

---

2. 1:22; 3:10, 21; 5장에서 이 용어는 여섯 번 나타난다. 5:23, 24, 25, 27, 29, 32.

3. pp. 117-118을 보라.

4. "그리스도 안에서"와 이와 연관된 어구들의 36번의 출현 가운데 23번이 첫 두 장에서 나타난다는 것을 기억하라. 바울은 크리스천들이 그리스도와 함께 하는 유대와 그 연합으로 인해 오는 특권을 보여준다.

5. 사 57:19이 2:13에 이미 고려되고 있지 않다는 링컨(Lincoln)의 견해(*Ephesians*, 138)는 그럴 것 같지 않다. Peter Stuhlmacher, "'He is Our Peace' (Eph 2:14): On the Exegesis and Significance of Ephesians 2:14-18," *Reconciliation, Law, and Righteousness: Essays in Biblical Theology*(Philadelphia: Fortress, 1986), 182-200은 엡 2:14-18이 사 9:5-6; 52:7; 57:19의 기독론적 주해라고 주장한다.

6. 행 2:39; 10:36; 롬 10:15; 그리고 특히 6:15을 보라.

들이 바울의 사상을 형성하는데 도움이 되었을 것이다. 이 본문의 대부분이 그리스도가 과거에 이루신 것과 현재에 나타난 특권에 중심하고 있을지라도, 여전히 미래가 고려되고 있음을 역시 유념하라. 성전이 지어지고 있지만 그 완성은 여전히 미래다.

대명사 "너희"와 "우리/우리를"의 변화가 이 본문에서 계속되고, 일부 사람들은 찬미가 이 단락의 배후에 있다고 주장하도록 고무시켰다. 또한 두 영역간의 우주적인 화해에 대한 그럴 법한 영지주의 찬미를 주장하는 정교한 이론들이 발전되었다. 그런데 그러한 가정에 대한 증거는 매우 빈약하고 이런 이론들은 설득력이 없다.[7]

구조. 이 단락은 세 항목으로 쉽게 나뉜다.

A. 그리스도 안에서 가까워질 때까지 하나님과 하나님의 목적, 특권, 사람들로부터 멀어짐(2:11-13)
B. 그리스도가 화평을 가져오셨기 때문에 하나님과 그의 백성들 간에 화평이 옴(2:14-18)
C. 하나님의 거주로서 하나님의 백성들(2:19-22)

14-18절은 이 단락의 주요한 진술이 되는 "그는 우리의 화평이신지라"란 말씀을 가지고 13절에 대한 부연을 제공해준다. 그 나머지는 그리스도의 화평의 행위나 그 결과에 대한 설명이다. 14-16절의 구조는 "그는 우리의 화평이신지라"가 세 분사들("만지사", "허시고", "폐하시고")과 각기 분사로 끝나는("하시고", "소멸하시고") 두 목적절("지어", "화평하게 하시고")이 뒤따라 나온다. 이것은 다음과 같은 패턴을 낳는다.

그는 우리의 화평이시고
　둘을 하나가 되게 '하셨고'
　적대적인 분열의 장벽을 '허셨으며'

---

7. 이 논증의 요약에 대해서는 William Rader, *The Church and Racial Hostility*, 177-201을 보라. Lincoln, *Ephesians*, 127-34은 영지주의의 배경을 거부하지만 2:4-16을 찬미적인 것으로 그리고 헬라적인 유대 우주론적 사고를 반영하는 것으로 간주한다. Stuhlmacher, "He is Our Peace," 182-200은 영지주의와 찬미적 재구성에 관한 추측을 올바르게 부정한다.

그리고 율법을 '폐하셨다'
새로운 존재를 만들기 위해서
평강을 만듦으로써
둘을 하나님과 화목케 하시고
원수된 것을 소멸하셨다.

19-22절은 전체 단락의 요약적인 결론을 제공하고, 하나님과 함께 하는 생명의 특권이 어떻게 소외의 곤경을 이겨냈는가를 보여준다.[8]

그리스도 안에서 가까워질 때까지 멀어짐(2:11-13)

에베소서에서 "이전-이제"의 대조의 진정한 이유가 명확해진다. 바울은 독자들이 그리스도가 이루신 변화를 기억하기를 원한다. 2:11에서 "기억하라"("생각하라"—개역개정)란 명령은 1-3장에서 유일한 명령법이다. 이 기억은 이전의 삶만이 아니라 11-13절에서의 모든 언급을 망라한다. 그들이 어떤 사람이었고 지금은 어떤 사람이 되었는지를 계속해서 인식하는 것[9]이 하나님에 대한 감사와 그들의 순종을 풍성하게 할 것이다.

이전의 곤경(2:11-12). 11-12절은 이전 삶의 거리와 결핍에 초점을 맞춘다. 이전에 지적했던 것처럼, NIV에서 "by birth"와 "in the body"는 '엔 사르키'("육체로")를 번역하고 있다. 정확히 이 어구의 뉘앙스가 무엇인지는 논쟁이 된다. 난해한 점은 바울이 헬라어 '사르크스'("육체")를 사용한 상당히 복합적인 방식 때문에 발생한다. "죄된 본성"(sinful nature)은 이방인이나 유대인들을 대해서 2:11에 언급된 의미는 아니다. 한편으로 여기에는 단순한 육체적 기원과 물리적인 할례 이상의 것이 함축되어 있다. 바울이 '사르크스'를 사용할 때, 자주 하나님에게서 떠난 인간의 연약성을 지적한다. 그러므로 여기서 이 용어는 NIV가 제시한 것보다 더 폄하적일 수 있도록 그리스도 안에서나 성령 안에서의 삶과 대조되는 삶을 살아

8. 이 단락은 대체로 교차대구법적이다. 즉 첫 소절은 마지막 소절을 반영하고, 두 번째 소절은 마지막 두 번째 소절을 반영하는 것 등등의 거꾸로 된 대구법의 형태를 보인다(어떻게 12절이 19절에 13절이 17절에 그리고 14절이 16절에 반영되는지를 참조하라). 그러나 이 단락의 각 소절과 관련한 교차대구법적인 구조에 관한 정교한 설명들은 부자연스러워 보인다. 예를 들어, J. C. Kirby, *Ephesians, Baptism, and Pentecost*(London: SPCK, 1968), 156-57을 보라.

9. 이것은 명령에서 현재 시제의 의미다.

가는 단순히 인간의 영역을 가리킨다. 바울은 독자들이 이방인이었으며 약하고 인간적인 것으로 제한되어 있었으며, 자신들을 "할례자"로 그들을 "무할례자"라고 칭하였던 유대인들에 의해 혹평을 받았다는 것을 기억하기를 원한다. 하지만 우리가 보게 되는 것처럼, 유대인들은 더 나은 것이 아니며, 그들도 역시 복음을 필요로 했다.

"무할례자"와 "할례자"란 호칭은 이방인과 유대인을 각기 언급하는 흔한 '유대적' 방식이었다.[10] 전자는 선택받지 못한 불순종 자에 대한 경시를 표현한 반면에 후자는 하나님의 언약에 속한 사람들에 대한 특권과 영예에 대한 칭호였다. 빌립보서 3:2-3에서 심지어 바울은 "할례"를 '이방인 크리스천' 친구들에 대한 존중의 칭호로 사용하기도 하고, 언어유희를 통해서[11] 유대인들을 "절단한 자"로 언급한다. 이방인에 대한 유대인의 경시와 유대인에 대한 이방인의 상응하는 경시는 고대 세계에서 잘 입증된다.[12]

유대인들이 이방인들을 "무할례자"라고 혹평하였을지라도 바울의 심중에 유대인들은 더 나을 것이 없었다. 그들이 자랑했던 할례는 단순히 인간의 할례였기 때문이다. 그들도 역시 "육체로" 있었다. 그들이 할례를 했을지라도, 이방인처럼 동일한 영역 속에서 살고 있었다. "인간의 손으로"(by the hands of men)는 그들의 할례의 인간적 기원을 강조한다. 즉 하나님이 관여되지 않았다.[13]

12절은 이방인들이 빼앗기고 단절되고 멀어졌던 다섯 가지 요소를 묘사한다.[14]

---

10. 예를 들어, 행 10:45; 롬 2:26-27; 3:30; 갈 2:7-9, 12; 골 4:11; 딛 1:10. 할례는 언약에 속하였다는 표지이고 하나님의 율법에 대한 순종의 주요한 상징이다.
11. '카타토메'("절단")와 '페리토메'("할례"). 할례란 용어의 이런 선택은 그리스도가 이방인에게 행한 영적인 할례를 언급하는 골 2:11의 사상에 기초하고 있는 것으로 보인다.
12. Barth, *Ephesians*, 1:254-55. Scot McKnight, *A Light Among the Gentiles*(Minneapolis: Fortress, 1991), 11-29; John G. Gager, "Judaism as Seen by Outsiders," *Early Judaism and its Modern Interpreters*, eds. Robert A. Kraft and George W. E. Nickelsburg(Philadelphia: Fortress, 1986), 99-116에서 균형 잡힌 논의를 또한 보라. 유대인과 이방인간의 모든 관계를 적대로 특징지을 수는 없지만 율법을 다른 민족들과 혼합되는 것을 막아주는 것으로 간주하는 *The Letter of Aristeas*, 134-39 그리고 엡 2:11을 반영하고 있는 것으로 보이는, 유대인들이 비유대인들을 미워하는 것으로, 혹독하게 묘사하는 Tacitus, *Histories*, 5.5을 읽어야 한다. 팔레스타인에서 유대인과 로마 당국자들간의 빈번한 갈등과 로마에서 유대인들의 여러 번의 축출(참조. 행 18:2)은 그 긴장을 강화시켰다. 바울이 이방인에 대한 선교를 언급할 때까지 바울의 변호를 들었던 유대인들의 인내를 역시 참조하라(행 22:21-23).
13. "인간의 손으로가 아닌" 것의 반대는 하나님이 지으실 성전(막 14:58), 하늘의 우리의 영원한 거주(고후 5:1), 또는 그리스도가 회심에서 영향을 준 영적인 할례(엡 2:11과 비교되는 골 2:11)와 같이 하나님이 행하신 것을 묘사하는데 사용된다.
14. 이 요소들은 유대인들이 누렸던 특권을 가정한다(참조. 롬 3:1-2; 9:1-5).

(1) 그들은 그리스도에 대한 관계를 갖지 않았고, 이것은 그리스도 안에서 그들의 현재의 위치와 대조된다.[15]

(2) 그들은 "이스라엘의 시민권에서 배제되었다." "이스라엘"은 역사적인 이스라엘, 영적인 이스라엘, 또는 유대 크리스천들을 가리키는가? 아마도 바울은 하나님의 백성들로부터의 배제를 일반적으로 생각하였을 것이다. 즉 이방인들은 이스라엘과의 하나님의 목적에 참여하지 않았다.

(3) 그들은 "약속의 언약에 외인"이었다. 이 어구는 "배제된 것"과 동등한 거리감과 단절을 강조한다. 정확히 바울이 어느 언약을 염두에 둔 것인지는 불분명하다. 확실히 아브라함과 다윗과의 언약이 포함될 것이고, 아마도 역시 예레미야 31:31-34에서의 새 언약의 약속도 포함될 것이다. 확실히 바울에게서 "'언약'의 약속들"은 아브라함, 다윗, 그리고 예레미야와의 언약이 성취되는 수단인 메시아와 성령에 주로 초점이 맞추어져 있다(고후 3:3-18; 갈 3:14).

(4) 그들은 "소망이 없었다." 그들은 인간의 곤경을 탈출할 소망이 없었고, 어느 구조도 기대할 수 없었다(참조. 살전 4:13).

(5) 그들은 "하나님이 없었다." 이것은 그들이 무신론자였다는 것을 의미하지 않는다(이 용어가 이런 방식으로 사용될 수 있을지라도 말이다). 그들이 신들(gods)을 갖고 있지 않았던 것은 아니다(고대 이방인들은 많은 신들을 갖고 있었다). 오히려 그들은 '하나님'(God)을 갖지 않았다(참조. 행 17:23). 육체 속에 있었던 것과 더불어 이 이방인들은 "세상 속에"(2:2에 "세상"의 의미를 취한 폄하적인 용어) 있었다. 그들이 살았던 영역은 하나님과 하나님이 행하신 것에서 분리되었다.

인간의 곤경에 대한 하나님의 해결(2:13). 곤경이 분리와 거리였다면, 해결책은 속함과 가까워짐이다. 2:4-10에서 하나님의 은혜는 죄를 극복케 하고 그리스도와 함께 하늘의 영역에 세우신 것으로 묘사된다. 이 본문에서 그리스도의 피가 그리스도 안에 있는 사람들을 하나님께 가까이 나아갈 수 있게 한다. 바울의 "영향의 영역" 신학이 에베소서의 첫 두 장을 주도하고 있기 때문에 그러한 용어들로 제시한

---

15. "배제되었다"(excluded)란 용어는 4:18에서 "분리되었다"와 골 1:21에서 "소외되었다"로 번역된 것과 동일한 용어다. 이것들은 신약성경에서 그 용어가 유일하게 나타나는 다른 곳들이다.

해결책을 보는 것은 놀랍지가 않다. 이전에 멀리 있던 이방인들이 그리스도 안에서 하나님께 가까워졌다. 누가 이 과정의 대리자였는가? 그리스도 자신(2:14-18을 보라)이나 아마도 하나님(수동태의 동사인 "가까워졌다"는 하나님이 수행하신 행위를 묘사하는 "신적인" 수동태다).

이방인들이 이제 하나님의 목적에 포함되었다는 것은 결과론이 아니다. 이 주제는 구약성경에서 부차적일 수 있으나 그 안에 있었다. 아브라함과의 하나님의 언약은 이방인들의 축복을 고려하였고(창 12:2-3), 선지자들은 이방인들이 예루살렘으로 하나님을 예배하기 위해서 몰려들 날을 예상하고(특히 사 2:2-4; 56:6-7; 렘 3:17), 시편이 모든 열방들이 하나님을 예배해야 한다는 것을 가정한다(시 22:27; 86:9; 117:1; 148:11). 복음에 관한 바울의 이해에서 부차적이었던 것―이방인의 포함―이 '이제' 주요한 것이 되었다. 자주 바울은 "이제"를 사용하여 하나님이 그리스도 안에서 이루신 새로움과 그것이 낳은 현재의 상태를 표시한다. 그렇게 함으로써 그는 하나님의 역사에 대한 종말론적인 특징과 옛 시대 가운데서 새 시대가 들어온 것을 지적한다.[16]

"멀리"와 "가까운"이란 용어는 (엡 2:17에서 인용된) 이사야 57:19에서 유래된다. "먼 데 있는 너희"는 그리스도 안에 가까이 있었던 이방인들을 가리킨다. 이사야 57:19에서 '멀리'와 '가까운'이란 용어는 유배 동안에 유대인들을 가리키지만 나중에 유대 해석자들은 개종자에 관한 것으로 이 본문을 가끔 이해했다.[17] 이 해석이 1세기에 득세하였다면, 이 본문을 이방인 개종자를 가리키는 것으로 이해하는 단계는 어렵지 않았을 것이다.[18]

희생의 개념이 "그리스도의 피"가 사람들을 가깝게 한다는 사상에 내재되어 있다. 이 어구는 폭력적으로 취해진 생명에 초점을 맞춘다.[19] 희생은 구원을 이해하는 유일한 개념적 양태가 아니지만, 어느 누구도 희생이 신약성경의 구원에 관한 사상에 필연적으로 중요한 일부라는 것을 부인할 수 없다(5:2을 보라). 희생 용어의 의미는 그리스도가 '우리를 위해' 죽으셨다는 것이고, 그것은 그가 우리를 대신

---

16. "이제"(now, '눈'과 '누니')의 모든 출현들이 이 의미를 갖지는 않지만 많은 출현들이 그렇다(롬 3:21; 5:9-11; 7:6; 8:1; 16:26; 고전 15:20; 고후 5:16; 6:2; 엡 3:5; 골 1:22; 26; 딤후 1:10).

17. Lincoln, *Ephesians*, 146-47을 보라. 또한 시 148:14; 행 2:39; 22:21; 26:23을 참조하라.

18. 롬 9:24-26; 11:30-32; 벧전 2:10을 보라.

19. 롬 5:9-10에서 "피"와 "죽음"간의 평행을 참조하라(또한 고전 11:25-26; 골 1:20을 참조하라). Leon Morris, *The Apostolic Preaching of the Cross*(Grand Rapids: Eerdmans, 1965), 112-28의 논의를 보라. 새 언약의 피에 대한 암시가 있는가?

해서 우리의 혜택을 위해서 죽으셨다는 것을 의미한다.[20]

요컨대, 인간의 곤경은 하나님으로부터 분리에 의해 야기된다. 생명은 하나님으로부터 오고, 하나님의 임재 속에서 누리게 된다. 이런 곤경에 대한 유일한 해결책은 하나님께 가까이 나아가는 것이고, 그리스도가 이 일을 가능하게 하시는 분이시다.

그리스도로 말미암은 하나님과 그의 백성들과의 화평(2:14-18)

이 단락은 2:13에서 짤막하게 진술한 것을 확장하고 있다. 14절에서 1인칭으로, 17절에서 2인칭으로 그리고 18절에서 1인칭으로 다시 돌아가고 있는 변화를 유념하라. 1인칭의 출현은 바울이 유대인과 이방인의 연합을 강조하고 있기 때문에 요구된다. 전처럼 2인칭은 독자들과의 상관성을 언급하기 위해서 강조하고 있다.

우리의 화평이신 그리스도(2:14a, 17). "그는"(He himself)은 헬라어 원문에서 대명사의 강조를 정당하게 다루기 위한 시도다. "'그는' 우리의 화평이신지라"는 2:14-18을 위한 표제로서 기능한다. 바르트가 지적한 것처럼, "그리스도를 말하는 것—그것은 화평에 대해 말하는 것이다. 화평에 대해서 말하는 것—그것은 그리스도에 대해서 말하는 것!"[21]

이사야 52:7과 57:19의 영향이 2:13과 17에서 분명하지만 메시아와 관련한 보다 넓은 화평의 신학이 이 단락의 배후에 있을 것이다. 유대교는 이사야 9:6을 52:7과 연관시켰지만,[22] 미가 5:5a와 스가랴 9:9-10과 같은 본문들도 화평을 가져오시는 분으로서 메시아에 대해서 초점을 맞추었다. 메시아적인 목자의 통치를 묘사하는 미가 5:5a은 사실상 에베소서 2:14과 동일하고, 바울의 언급의 기원인 것으로 보인다.

'화평'이 명시적으로(14, 15, 17절[두 번]) 그리고 암시적으로(연합, 분열과 적대의 파괴, 근접, 그리고 화해) 이 단락을 지배한다. 그리스도는 우리의 평강이시고

---

20. Ernst Käsemann, "The Saving Significance of the Death of Jesus in Paul," *Perspectives on Paul*(London: SCM, 1969), 39을 보라.
21. Barth, *Ephesians*, 1:295.
22. 바룩2서 29와 73; 레위의 유언 18.4을 보라. 또한 11Q Melchizedek에서 사 52:7의 사용을 역시 보라. Stuhlmacher, "'He is Our Peace,'" 188을 보라.

화평을 만드시며, 평안을 선포하신다. 바울은 그리스도와 화평을 가능한 한 포괄적으로 연관시키기를 시도한다. 그리스도는 화평을 가능하게 하시고, 화평을 얻을 수 있음을 선언하시며, 우리가 화평을 누릴 수 있게 하시는 분이시다. 화평에 관한 신학은 기독론적이고 구원론적인 진술을 담고 있다.

화평('에이레네')이란 말은 바울 서신에서 43번 나타나고 그 중에 8번이 에베소서에 나타난다(1:2; 2:14-17; 4:3; 6:15, 23). 화평은 바울신학의 중심적이고 근본적인 요소다. 사실상 교리적인 의미의 모든 주제는 화평과 관련하여 제기된다. 인사와 축복에서 나타나는 것과 더불어 화평에 대한 다음과 같은 말들을 유념하라.

하나님은 평강의 하나님이시다(롬 15:33; 16:20; 고전 14:33; 고후 13:11; 살전 5:23).

그리스도는 평강을 주시는 화평의 주님이시다(살후 3:16).

복음은 화평의 복음이다(엡 6:15).

성령의 생각은 생명과 화평이다(롬 8:6).

화평은 종말론적인 보상이다(롬 2:10).

화평은 구원에 상응하고, 하나님과의 관계를 묘사한다(롬 5:1).

그 나라는 성령 안에서 의와 화평과 기쁨이다(롬 14:17).

화평은 인간관계를 위한 목표다(롬 14:19; 엡 4:3; 딤후 2:22).

화평은 문제를 해결하기 위한 기초다(고전 7:15; 14:33).

성령의 열매는 화평이다(갈 5:17).

화평은 우리의 마음을 보호하고(빌 4:7) 그 마음 안에서 통치한다(골 3:15).

그러한 다양한 사용으로 바울이 "그[그리스도]는 우리의 화평이시라"고 말함으로써 복음을 요약하고 있는 것은 놀랍지 않다. 화평은 적대의 중단일 뿐만 아니라 구원과 하나님과의 생명을 위한 포괄적인 용어다. 이 용어의 사용에 대한 배경은 구약성경에서 '살롬'의 개념이다. '살롬'은 온전함, 육체적인 건강, 번영, 안전, 좋은 관계, 그리고 고결성을 모두 망라한다.[23] 심지어 다윗은 전쟁 중에서도 '살롬'

---

23. 사례로서 창 37:14(NIV, "좋은"), 시 38:3(NIV, "건강한"), 73:3(NIV, "번성"), 레 26:6; 삿 4:17(NIV, "친근한 관계들"), 슥 8:16(NIV, "건전한" 판단)을 보라. 평화에 관한 좋은 논의에 대해서는 Ulrich Mauser, *The Gospel of Peace*(Louisville: Westminster/John Knox, 1992); Perry B. Yoder, *Shalom: The Bible's Word for Salvation, Justice, and Peace*(Newton, Kans.: Faith and life, 1987)을 보라.

에 대해서 말한다(삼하 11:7; NIV의 "싸움의 어떠한지를 묻고"). '살롬'은 갈등의 부재보다도 훨씬 더 긍정적이다. 그것은 인생이 마땅히 되어야 할 방식을 가리키고 하나님의 임재에서만 받을 수 있는 하나님의 선물이다. 다양한 본문들에서 '살롬'이 의와 정의와 구원과 하나님의 통치와 동일시된다.[24] 야훼는 화평이시고(삿 6:24), 그의 백성들과 화평의 언약을 하시며, 화평을 가져오실 분을 약속하신다.[25] 화평이 장래에 대한 위대한 예언에서 볼 수 있는 것처럼 하나님이 그의 백성들을 위해 뜻하시는 것이다.[26]

2:14-18에서 화평은 예기치 않게 파괴적이고 건설적인 행위를 모두 포함한다. 분열과 적대는 파괴되어야 하고 연합과 화평은 세워져야 한다. 화평과 화해(16절)는 수평적인 차원과 수직적인 차원에서 발생한다. 처음에 초점의 대부분은 유대인과 이방인들 사이에 구축된 수평적인 화평에 두어진다. "둘"(14절)은 11-12절에서 언급된 두 무리, 즉 유대인과 이방인을 가리키고,[27] 이 사실을 율법(15절)과 하나님의 백성들에 포함된 이방인들에 관한 언급(19절)이 더 확증해준다. 그리스도 안에서 유대인과 이방인은 하나의 새로운 존재가 된다.

동시에 "그는 우리의 화평이시라"는 수직적인 차원을 묘사해준다. 우리는 하나님과 화평한다(롬 5:1). 인간과 하나님 사이의 적대가 여기서 적어도 함축되어 있고, 2:16의 "원수된 것을 소멸하시고"[28]라는 말에서 명시적이 된다(이것이 유대인과 이방인간의 적대를 다시금 가리키는 것이 아니라면, 롬 5:8-10을 보라). 그리스도는 유대인과 이방인을 새로운 존재 속으로 합세케 하실 뿐만 아니라 하나님의 임재하시는 한 몸으로 그들을 데려오신다.

"먼 데 있는 너희에게 평안을 전하시고 가까운 데 있는 자들에게 평안을 전하셨으니"란 그리스도의 설교(17절)는 사도들과 선교사들이 각기 이방인들과 유대인

---

24. 레 26:3-23; 시 34:14; 37:37-40; 85:10; 119:165; 사 32:16-17; 52:7을 보라(엡 2:17에서 그것에 대한 암시가 주어진다).

25. 민 6:26; 25:12; 사 54:10; 겔 34:25; 37:26; 말 2:5을 보라; 평화를 가져올 분의 약속에 대해서는 사 9:1-7; 11:1-9; 미 5:2-5; 슥 9:9-10을 보라.

26. 사 2:2-4; 11:1-9; 렘 29:11(NIV, "번성한")과 같은 신약성경에서 평강에 관한 신학적인 의미는 못지않게 중요하다. 놀랍지 않게 요한복음서에서 부활한 그리스도의 제자들에 대한 첫 번째 말은 "평강"이었다.

27. 중성이 "둘"에 대해서(2:16과 18에서처럼 남성이라기보다는) 사용된 것은 그것이 본래 우주의 두 부분을 가리켰다는 증거가 아니다(반대로는 Lincoln, *Ephesians*, 128-29). 사람들과 관련하여 중성과 성의 혼합이 자주 발생한다(예를 들어, 요 1:11; 6:39-40; 고전 1:27-28).

28. 직역하면 "자신 안에서 적대를 죽임." 이 어구는 그 적대가 그의 것이 아니라 죽이는 것이 그의 존재 속에서 발생한다는 것을 의미한다.

들에게 행한 복음전파를 가리키는 것이지 문자적으로 예수에 의한 전파를 가리키지 않는다. 하지만 이 어구는 바울이 자기 자신과 다른 선포자들을 그리스도의 대리자로 어떻게 간주했는지를 보여준다. "전파된 화평"(preached peace, "평안을 전하셨으니"—개역개정)은 이사야 52:7에서 채택되고 있다(참조. 또한 슥 9:10).[29]

둘로 나뉜 담의 파괴(2:14b-15). "장벽 곧 중간에 막힌(나뉜, 곧 적대) 담"의 정체와 그것이 "계명과 규제를 갖는 율법"과 어떻게 관계되는지는 난해하다. "적대"(hostility)를 나뉜 담과 같이 취해야 하는지(NIV) 또는 율법과 같이 취해야 하는지 그리고 "자기 육체로"를 14절에서 "허시고"와 같이 취해야 하는지 또는 15절에 "폐하셨으니"와 같이 취해야하는지가 불확실함으로 문제가 복잡해진다.[30] "율법을 폐하셨다"(15절)가 "담을 허셨다"(14절)와 어떻게 관련이 있는가? "담"은 "율법"을 가리키는 유일한 방법인가 또는 다른 의도된 것이 있는가?

어느 정도 이 질문에 대한 대답은 "장벽, 곧 막힌(나뉜) 담"의 정체에 달려 있다. 다섯 가지 선택이 보통 제기된다.

육체

영지주의적 텍스트들에서 언급된 하늘과 땅 사이에 우주적인 장벽

율법

성전에서 지성소와 성소를 구분 짓는 휘장

이방인의 뜰과 이스라엘 백성들의 뜰 간에 성전에서의 장벽

첫 두 항목은 추천할 만한 여지가 적다.[31] 다른 세 항목은 모두 어떤 면에서 율법에 초점을 맞추고 있다. 율법은 이스라엘을 둘러싼 "철벽"과 다른 민족들의 사람들과 자신들을 분리시키는 "담"으로서 언급되었다.[32] 2:18에서 하나님에게 접근한다는 개념은 예수의 죽음으로 찢어진 성전 휘장을 암시할 수 있었지만, 이것은 그럴 것 같지 않은데, "나누는 담"(중간에 막힌 담—개역개정)이 성전의 휘장을 가리키기에는 낯선 방식이기 때문이다.[33] 가장 오래 전의 주석가들은 바울이 다섯

29. Koshi Usami, *Somatic Comprehension of Unity: The Church in Ephesus*(Rome: Biblical Institute Press, 1983), 53-55은 바울이 우월함의 태도를 표현하지 않기 위해서 17절에서 "우리"라는 대명사를 의도적으로 피했다는 것을 암시한다.

30. NRSV는 "육체로"를 앞으로 이동시켜 건설의 행위와 파괴의 행위와 동시에 연결시킨다.

31. Barth, *Ephesians*, 1:285-87; Schnackenburg, *Ephesians, A Commentary*, 111-16을 보라.

32. *The Letter of Aristeas*, 139, 142.

번째 선택, 즉 성전의 울타리를 염두에 두었을 것이라고 여겼다. 요세푸스와 필로는 이방인의 구역과 이스라엘인들의 구역을 묘사한다. 성전에는 이 구분을 무시하고 이방인들이 성전 경내로 더 이상 들어가면 죽음의 벌을 받을 것이라고 하는 경고가 라틴어와 헬라어로 게시되어 있었다. 고고학적이고 문학적인 증거가 이 표지가 있었음을 확증해준다.[34] 바울에게 드로비모라는 에베소인을 제한된 성전 영역으로 데려갔다는 특별한 죄목을 씌어 예루살렘에서 그를 체포한 것은 기억할 만한 가치가 있다(행 21:28-29을 보라). 바울이 성전에서 이 문자적인 울타리를 가리키지 않는다면, 적어도 그것은 율법이 야기한 분리의 두드러진 사례이다. 한편으로 "나누는 담"이 성전의 울타리라면, 그것은 본질적으로 분리의 도구로서 율법의 상징이다(참조. 엡 2:15).[35]

다시 말해서 바울이 성전의 울타리를 가리키고 있다면, "담을 허시고"(2:14)는 더 좁고 구체적인 초점을 갖는 반면에 "율법을 폐하셨으니"는 더 넓고 보다 일반적이다. "담"이 일반적으로 율법을 가리킨다면, 그때에 두 어구는 평행이다. 양 경우에 율법은 확실히 그리고 의도적으로 분리의 도구로서 간주된다. 이스라엘은 그들의 선택됨과 하나님의 율법을 주변 민족들과 자신들을 분리시키는 것으로 보았다. 특히 유배 이후에 말이다. 할례, 안식일 준수, 음식법은 모두 유대인과 다른 사람들을 구분하는 주요한 표지들이었고, 이는 오만과 매도로 이끌었다.

"율법을 폐하셨으니"는 강력한 용어이고 쉽게 오도될 수 있다. 그러나 이 부분에 대한 수식어를 유념하라: "계명과 규제를 갖는 율법"("법조문으로 된 계명의 율법"-개역개정). 바울은 하나님의 말씀으로서 또는 도덕적인 가이드로서의 율법이 폐지되었다고 말하고 있지 않다(바울이 6:2에서 십계명 중에 하나를 인용하고 있음을 참조하라). 폐지된 것은 '이방인들을 차단시키는 규제의 형태'로서의 율법이다.[36] 율법의 도덕적인 교훈이 계속되지만 바울은 이방인들을 차단시키고 그들을 억지로 유대인이 되게 하는 율법의 관행을 참을 수가 없다. 에베소서의 주요한

---

33. 마 27:51; 막 15:38; 눅 23:45; 히 6:19; 9:3; 10:20에서 "장벽"('메소토이콘')이나 "나누는 벽"('프라그모스')이 아니라 "휘장"('카타페타스마')을 사용한 것을 참조하라.

34. Josephus, *The Jewish War*, 2.193-94; 6.124-26; *Antiquities of the Jews*, 15.417; Philo, *Embassy to Gaius*, 212을 보라. Robinson, *St. Paul's Epistle to the Ephesians*, 59-60에서의 논의를 보라.

35. Schnackenburg, *Ephesians, A Commentary*, 113-14은 성전이 이 글을 쓴 시기에 파괴되어 있었다고 가정하고 성전 장벽을 선택하기를 거부한다. 로빈슨을 따라서 Stott, *God's New Society*, 91-92, 98-99는 성전 장벽이란 해석을 인정하고 성전이 여전히 서 있었다고 가정한다. 크리스천들에게서 성전은 십자가 이후에 하나님께 나아가는 것을 막는 장애가 아니다. 하지만 성전이 여전히 서 있었는지에 대해서는 이 구절로부터 어느 것도 결정할 수가 없다.

메시지 중에 하나는 이방인들이 유대인과 동등한 지위로 그리스도 안에서 하나님의 의해 수용되었다는 것이다.

담을 허무는 일은 "자기[그리스도] 육체로" 발생한다. 우리가 이미 지적했던 것처럼, 문제의 근원이 유대인과 이방인의 "육체에" 있었고(11절), 이제 하나님의 해결책도 성육신과 특히 십자가에서의 예수의 죽음을 가리키는 "육체에" 있다(15-16절을 보라).[37] 예수는 유대인과 이방인의 적대를 짊어지셨고, 그가 십자가에서 죽으셨을 때, 그 적대도 죽었다. 바울이 갈라디아서 3:13에서 말한 것처럼, "그리스도께서 우리를 위하여 저주를 받은 바 되사 율법의 저주에서 우리를 속량하셨다."[38] 훌륭한 근거를 가지고 바르트(M. Barth)는 이 항목의 제사장적 뉘앙스를 지적하고 그리스도가 제사장과 희생으로서 제시되는 결론을 가져온다.[39]

새로운 존재의 연합. 화목은 파괴적이면서 건설적인 행위다. 14-16절은 그리스도 안에서 이 두 가지가 발생한다는 것을 진술하기 위해서 네 표현을 사용한다: "자기 육체로", "자기 안에서", "한 몸으로", "그것으로"(by which, 직역하면 "그 안에서"). 그리스도는 스스로 그 적대를 짊어지셨을 뿐 아니라 새 존재를 창출하신다. 이 용어에 함축되어 있는 것은 부활의 신학이며, 그것은 새로운 창조의 근원이다.

새로운 존재(NIV, "한 새로운 사람"["one new man"])는 '집합적'인 개념이다.[40] 예수 그리스도는 그의 죽음과 부활로 인간과 동일시되셨고, 대변하셨다. 사람들은 이 그리스도 안에서 합해지며 그리스도가 새로운 생명으로 부활하셨을 때, 새로운 존재가 되었다. 즉 그리스도와 하나가 되었으며, 그리스도 안에서 서로 하나가 되었다. 은혜는 하나님과 그리스도를 우리에게 연결시켜줄 뿐 아니라 우리를 서로 연결시켜준다.

이런 가정(전제)이 "몸"에 관한 바울의 용법에 기초가 된다(16절). "몸"은 십자가상에서 그리스도의 몸을 가리키는가, 아니면 그의 몸으로서 교회를 가리키는가? 보통 에베소서에서 "몸"은 교회를 가리키지만,[41] 이 두 사용을 분리할 수 있는가?

---

36. "폐지하다"('카타르게오')란 헬라어가 로마서 3:31에 나타나는데, 거기서 바울은 자신이 율법을 폐하지 않는다(능동태, NIV: "폐하다"[nulify])고 진술한다. 로마서 7:6에서 그는 동일한 용어의 수동태를 사용하여, "우리가 율법에서 '해방'되었다"고 말한다. 바울은 율법을 확증해야 했고, 동시에 율법이 분열의 원인이나 하나님께 그들 자신을 보이는 수단이 되지 않게 해야 했다.
37. 인간의 문제에 대한 근원과 예수의 성육신과 죽음으로서 육체에 관한 이 견해는 롬 8:3과 유사하다(또한 7:4을 보라).
38. pp. 139-141에서 그리스도와의 유대에 관한 논의를 보라.
39. Barth, *Ephesians*, 1:267, 300.
40. "아직 아닌"이란 실제의 특징이 표현되는 4:13을 참조하라.

쉬나켄부르그가 주장한 것처럼, "교회는 십자가의 경내로 이끌려져서 사실상 십자가 사건에 있었다.…교회와 그리스도와의 연관은 아주 밀접해서 교회는 새 창조 즉 인간의 구속으로서 십자가에 이미 나타나 있다."[42] 새로운 존재[43]는 인간이 그의 몸으로서 포함되는 그리스도 자신이다.

새로운 존재의 목적은 유대인과 이방인간의 화평과 연합의 창출이다. 연합은 이 서신의 주요한 주제다.[44] 연합에 관한 네 확증이 2:14-18에서 존재한다.

"둘로 하나를 만드사"(2:14)
"이 둘로 자기 안에서 한 새 사람을 지어"(2:15)
"이 둘을 한 몸으로 하나님과 화목하게 하려 하심이라"(2:16)
"우리 둘이 한 성령 안에서 아버지께 나아감을 얻게 하려 하심이라"(2:18)

사람들의 이 두 무리가 하나가 된다. 1:10에서 소개되고 1:22-23에서 간단하게 다루어진 모든 것들의 연합을 위한 하나님의 목적이 이제 확장된다. 나뉘어진 인간이 그리스도 안에서 화목하고 통일된 예배하는 공동체에 합류된다. 사실상 바울은 크리스천들은 유대인과 이방인 외에 "세 번째 종족"이라고 제기하고 있다.[45] 그 둘이 예수 그리스도 안에서 하나가 된다. 2:11의 상호비방은 이제 끝났다.

화목. 이 단락은 화목의 교리를 논하는 몇 안 되는 본문 가운데 하나다. 그것은 깨어진 관계의 회복에 초점을 맞춘다. 신약성경에서 이 용어는 바울의 서신에서만 나타나고, 그것도 매우 드물게 나타난다.[46] "화해하다"('아포카탈라소'란 동사는

---

41. 1:23; 4:4, 12, 16(두 번); 5:23, 30. 이 용어가 2:16과 5:28에서도 나타난다. 후자는 육체적인 몸을 가리킨다.
42. Schnackenburg, *Ephesians: A Commentary*, 117.
43. 새로운 존재(인간, 자아)를 언급하는 유일한 다른 본문들은 4:24과 골 3:10이다.
44. 갈 3:28의 신학이 이 본문에서 흐른다: "너희는 유대인이나 헬라인이나 종이나 자유인이나 남자나 여자 없이 다 그리스도 예수 안에서 하나이니라." 이 구절에서 "하나"('헤시스')는 중성이 아니라 남성—한 사람—이라는 것을 주목하라.
45. Rader, *The Church and Racial Hostility*, 228-32; Lincoln, *Ephesians*, 134, 144의 논의를 보라.
46. 롬 5:10-11; 11:15; 고후 5:18-21; 엡 2:16; 골 1:20-22을 보라. 여전히 랄프 마틴(Ralph Martin)은 그것을 바울신학의 중심으로 생각한다. "Center of Paul's Theology," *Dictionary of Paul and his Letters*, eds. Gerald F. Hawthorne and Ralph P. Martin(Downers Grove, Ill.: InterVaristy, 1993), 92-95을 보라; 또한 그의 *Reconciliation: A Study of Paul's Theology*(Atlanta: John Knox, 1981); Peter Stuhlacher, "Jesus as Reconciler, Reflections on the Problem of Portraying Jesus Within the Framework of a Biblical Theology of the New Testament," *Reconciliation, Law, and Righteousness*, 1-15을 보라.

바울이 사용하기 이전에는 나타나지 않고, 신약성경에서 골로새서 1:20과 22에서만 다른 곳에서 나타난다.[47] 각각의 화목의 단락에서 초점이 다르다. 로마서 5:10-11은 하나님과 대적이 된 죄인들 간의 화목에 초점을 맞춘다. 고린도후서 5:18-21에서는 하나님이 우리/세상을 그 자신과 화해하시고, 우리에게 화목의 사역을 주신다. 골로새서 1:20-21에서 하나님은 하늘과 땅에 있는 모든 것들을 그 자신과 화해하신다. 에베소서 2:16에서 '이중적인 화목'이 나타난다—하나님과 인간 그리고 유대인과 이방인간의 화목.

신약성경의 본문들에서 하나님은 항상 화해하시는 분이시다. 인간이 화해하는 것이 아니라 하나님(또는 그리스도)이 화해하신다. 주도권이 항상 하나님에게 있다. 십자가는 사람들을 그 자신과 화해시키시는 하나님의 행위이지 하나님이 화해되는 행위가 아니다. 사람들이 하나님께 적대적이어서 하나님이 화를 내실 때조차도 그는 관계를 회복하기 위해서 사랑하고 행동을 취하신다.

화목의 결과는 "나아감"(2:18), 즉 하나님의 존전에 들어갈 수 있는 특권이다.[48] 이 용어는 왕을 알현하는 사람에게 사용되었으나 그 뉘앙스는 아마도 하나님께 나아가는 성전의 개념에서 더욱더 유래했을 것이다(히 6:18-20; 10:19-22). 성전의 용어가 이 본문에서 특히 2:19-22에서 분명하다(또한 사 56:6-8을 참조하라).[49] 성령은 연합과 합체의 대리자이시고 하나님의 임재를 우리들에게 중재하는 분이시다(또한 고전 12:13을 보라).

하나님이 거주하시는 하나님의 백성들(2:19-22)

이 항목은 이전 자료에 대한 요약적인 결론을 제공하지만 또한 건물과 성전 이미지를 발전시킴으로써 그 개념을 확장시킨다. 2:12에서 묘사된 이방인의 소외와 분리가 2:19에서 역전된다("너희"로 전환되고 있음을 유념하라). 이방인들은 "더 이상 외인도 나그네도 아니고",[50] 하나님의 목적에서 제외된 아웃사이더가 아니

47. 바울이 이 용어를 만들었을 것이다. 다른 바울의 문서들은 동사 '카탈라소'와 명사 '카탈라게'를 사용한다.

48. "가까이 나아가다"('프로사도게')란 말은 신약성경에서 오직 3:12과 롬 5:2에서만 나타난다. 동사 형태는 벧전 3:18에서 유사한 방식으로 사용된다.

49. "한 성경에 의한"이란 헬라어를 인간의 연합에 관한 빌 1:27과 같이 이해하는 것이 불가능하지는 않지만, 2:22에서 성령에 관한 초점으로 보건대, 이것은 그럴 것 같지 않다.

50. 이 표현은 중언법이다—한 개념을 표현하는 두 용어들. "외인들"은 여기서 부정적인 말이지만, 벧전

다. 오히려 이방인들도 역시 하나님의 백성들에 속한 시민들이요 하나님의 권속이다—사실상 가족의 구성원이다.[51]

2:20-22에서의 용어는 갑자기 가족에 대한 언급에서 성전으로 더 좁게 정의되는 건물을 묘사하는 것으로 전환된다. 이런 전환은 '오이코스'("집") 어군에 관한 다양한 언어유희로 헬라어에서 촉진되고 있다. 이방인 크리스천들은 더 이상 "외인"('파로이코이')이 아니고, 그들은 확실한 터 위에 "세워진"('에포이코도메덴테스') "하나님의 권속"('오이케이오이')이며, 이 "건물"('오이코도메')은 "함께 지어져간다"('쉰오이코도메이스데').[52]

2:5-6에서 우리는 그리스도와 신자를 연결하는 세 개의 "함께"("with", '쉰')를 주목했다. 여기 2:19-22에서 세 개의 더 "함께"("with")가 나타난다: "한[동료] 시민"('쉼포리타이'), "서로 연결하여"('쉰나르몰로기오'), 그리고 "함께 지어져 가느니라"('쉰오이코도메이스데').[53]

"하나님의 권속들"(2:19)은 문자적으로는 "거룩한 사람들"이다. 바울은 영적인 이스라엘, 유대인, 유대 크리스천, 모든 신자들, 또는 심지어 천사들을 일컫는가? NIV의 "하나님의 백성들"(God's people)은 적절하다. 바울은 배제된 사람들이 이제 이스라엘이 누렸던 특권에 합류하게 되었음을 단순히 의도한다. 이 본문에서 그는 이스라엘이 믿음에서 실패한 의미를 논하고 있지 않다. 이방인들이 이스라엘이 되지 않고 이스라엘과 공유하게 되었다고 말하는 것으로 정당하다.

새로운 성전(2:20-22). 유대와 초대 기독교 전승은 돌에 대한 몇몇 구약성경의 인용들—종말과 메시아를 가리키는 것으로 이해되는 본문들—에 초점을 맞추어서 하나님의 백성들을 영적인 성전으로 간주했다.[54] 건물은 "사도들과 선지자들의 터 위에 세워진다"(2:20). "선지자들"은 거의 확실히 구약성경의 선지자들을 가리키는 것이 아니라 신약성경의 선지자들을 가리킨다. 이것이 그 순서("사도들과 선지

2:11에서 그것은 그리스도인들이 이 세상에 속하지 않는다는 것을 강조하기 위해서 긍정적으로 사용된다.

51. 가정의 용어로 교회에 관한 묘사가 3:14-15; 5:1에서 다시 나타난다.

52. 4:16에서 언어의 유사성과 비유의 혼합을 참조하라.

53. "with"(함께) 복합어가 그리스도와의 연합과 그리스도 안에서의 연합을 강조하기 위해서 이 서신에서 14번 사용된다. 5:7과 10에서의 사용은 불신자들과의 연합을 막아준다.

54. 2:19과 벧전 2:4-6간의 유사성을 참조하라. 그 구절들은 사 28:16을 암시해준다. 사해 사본들도 이사야의 이 구절을 영적인 성전을 가리키는 것으로 이해했다(Manual of Discipline, 8.5-8). 벧전 2:1-10과 엡 2:19-22의 관계에 관한 논의에 대해서는 나의 "I Peter II.1-10: Its Formation and Literary Affinities," *NTS* 24(1977): 97-106을 보라.

자들")와 다른 세대들에게는 알려지지 않았지만 이제는 그의 "거룩한 사도들 그리고 선지자들"에게 드러난 신비에 대한 3:4-5에 대한 언급에서 나타난다. "사도들"은 부활한 주님을 목격했고 권위적인 전달자와 기독교 전통의 해석자였던 다소 제한된 그룹을 가리킨다(열두 사도, 바울, 그리고 소수의 사람들). 이 두 그룹들(사도와 선지자)은 계시의 수령자이기 때문에 선별된다(또한 4:11-16을 보라).

"사도들과 선지자들의 터"는 몇 가지 뉘앙스를 담을 수 있다. 이론적으로 그것은 놓여진 사도들과 선지자들의 터, 그들이 갖고 있는 터 또는 그들이 형성한 터를 의미할 수 있었다.[55] 그리스도 예수가 모퉁잇돌인 것으로 보건대, 거의 확실히 그것은 사도들과 선지자들이 형성한 터를 가리키는 것을 의도한다. 그들은 교회가 존재하는 터의 '일부'다.[56] 이 구절은 의인화된 용어로 다른 사람들이 크리스천 전통을 위해 가졌던 존중을 바울은 보여준다(참조. 고전 15:3-4; 골 2:6-7). 사도들과 선지자들의 가르침은 교회가 거하는 기반이다. 건물의 일부로서 모든 크리스천들은 이 사람들에 의해 전달되는 계시와 가르침 위에 세워져 있다.[57]

예수 그리스도는 "모퉁잇돌"('아크로고니아이오스')로서 터에 유일한 장소를 점유하신다. 이런 지칭은 그 용어의 배경과 의미를 알지 못한다면, 그리스도의 역할에 정당성을 부여하는 것이 이상하고 부적절해 보인다. 이것은 우리가 자주 그 용어를 사용하는 것처럼 연대가 새겨지고 항목들이 두어진 의식적인 모퉁잇돌이 아니다. 그것은 건물의 꼭대기를 덮고 있는 핵심 돌이나 갓돌(관석)을 가리키지 않는다—이런 선택을 취하는 많은 주석가들이 있을지라도 말이다. 70인경에서 이 헬라어는 기초석을 가리키는 이사야 28:16에서만 나타나고, 이사야 28:16("주 여호와께서 가라사대 보라 내가 한 돌을 시온에 두어 기초를 삼았노니 곧 시험한 돌이요 귀하고 견고한 기초 돌이라 그것을 믿는 자는 급절하게 되지 아니하리로다")에 대한 인용으로만 신약성경에 나타난다. 고대 건물에서 모퉁잇돌은 건물의 라인을 결정짓는 주요한 주춧돌이다. 그러한 돌들이 팔레스타인에서 발견되는데, 그것은

55. 문법적인 측면에서는 주격의 속격, 소유의 속격, 또는 동격의 속격.

56. 이 진술은 바울이 에베소서를 쓰지 않았다고 일부 사람들이 느끼는 이유 중에 하나다. 이것이 후대에 사도에 대한 존경을 나타내는 것인지에 관해서는 서론의 pp. 31-33을 보라.

57. 신약성경에서 모든 '터'에 관한 단락을 일치시키려는 시도를 해서는 안 된다. 고전 3:10-11에서 바울은 놓일 수 있는 유일한 터, 즉 그리스도를 언급한다. 마 16:18에서 베드로는 교회가 세워지는 반석이고, 계 21:14에서 새 예루살렘의 벽들은 열두 사도들의 이름이 있는 열두 터를 갖는다. 이런 비유의 말들은 다른 정황들을 상관하지 않거나 이전의 모습을 시정하는 것으로 보지 말고 각기 그 문맥 속에서 해석해야 한다.

570톤이나 무게가 나간다(또한 왕상 7:10을 보라).[58]

하지만 모퉁잇돌의 이미지는 건축학적인 함축을 넘어서는 매우 중요한 의미를 가졌다. 이사야 28:16은 멸망의 시기에 안전을 약속하였기 때문에 의미가 있었다. 홍수가 오고 모든 것을 쓸어갔을지라도, 모퉁잇돌은 피난처를 제공했다. 이 구절은 쿰란의 언급이 보여주는 것처럼, 기독교 이전의 유대교에서도 종말론적으로 이해되었다.[59] 아마도 70인경은 이사야 28:16을 탈굼 이사야에서 제시한 해석인 메시아를 가리키는 것으로 이미 이해했다.[60] 초기 기독교인들은 "모퉁잇돌"을 메시아를 가리키는 적절한 칭호로 발견했다(또한 롬 9:32-33; 10:11; 벧전 2:4-8).

구약성경의 돌의 인용(시 118:22; 사 8:14; 28:16)은 기독론, 구원론 그리고 교회론에 대한 중요한 자료를 제공했다. 그것은 여러 신학적인 이슈들을 해결하는 것으로 기능했다.[61] 그리스도는 사도들과 선지자들과 더불어 터가 되는 단지 다른 하나의 돌이 아니시다. 그의 위치는 다르다. 사도들과 선지자들이 그들의 가르침 때문에 언급되고 있는 반면에 그리스도는 그의 인격과 행위로 인해 언급되고 있다. 그는 터의 나머지 부분을 포함하여 전체 건물이 역할하게 하신다. 그는 하나님의 공동체가 세워지는 약속된 안전한 장소다.

이 건물은 모퉁잇돌이신 예수 그리스도 위에 세워질 뿐만 아니라 전체 건물이 역시 '그 안에서' 존재한다.[62] 2:21과 2:22은 "in"('엔') 전치사구로 시작하고 끝난다. 그 '안'에서 건물이 함께 세워지고, 주 '안'에서 성전으로 되어가고, 그 '안'에서 이방인들이 성령 '안'에서(NIV, "그의 성령에 의해서") 하나님의 처소가 되기 위해서 유대인들과 함께 세워져간다. "in"의 반복은 하나님과 다른 사람들과의 이 모든 연합이 '그리스도 안에서' 발생한다는 것을 강조한다. 그는 연합케 하시는 분이시고, 그 안에서 하나님을 만난다. 그리스도 안에서의 삶은 그리스도 안에서 하

---

58. "Temple Foundation Stone Discovered," *Christianity Today*, May 18, 1992, 52을 보라. 터를 가리키는 1QS 8.5-8에서 사 28:16의 사용은 A.D. 3세기까지 '아크로고니아이오스'의 의미로서 나타나지 않는 "갓돌"의 의미에 대항하여 논증한다.

59. 1 QS 8.5-8와 더불어 5.5; 1 QH 6.25-27; 7.8-9를 보라.

60. 탈굼은 히브리 구약성경의 아람어 의역이다.

61. 벧전 2:4-8에서 그것들은 그 서신의 가장 결정적인 진술들 중에 하나를 제공하고, 롬 9:32-33에서 그것들은 유대-이방인 문제에 대한 해결을 제공한다(10-11장의 많은 부분은 9:30-33에 관한 설명이다).

62. '엔'을 'in'보다는 "on"으로 이해하지 않아야 한다면. 2:21의 어떤 사본들에서 '파사 헤 오이코도메'("모든 건물"을 의미하는)로 독법하는 관사의 첨가는 후대의 것이고, 문맥은 그러한 독법을 배제한다. 오히려 '파사 오이코도메'는 아마도 "전체 건물"을 의미하는 히브리 어풍일 것이다. C. F. D. Moule, *An Idiom-Book of New Testament Greek*(2d ed.; Cambridge: Cambridge Univ. Press, 1963), 94-95에서의 논의를 보라.

나님과 다른 사람들과의 연합을 의미하고, 이 연합은 하나님이 거하시기를 결정하는 곳을 낳는다.

이 건물이 '성전' 이라는 것이 이사야 28:16의 사용에서 이미 함축되어 있다. 성전의 개념이 역시 2:13-14, 18에 내재되어 있지만, 이전에 함축적이었던 것이 여기서 명시적이 된다. 하나님의 백성들은 하나님의 성전이다. 이전에 성전 바깥에 있었던 자들이 이제 성전이 된다.

고린도전서 6:19이 하나님의 성전으로서 개인에 대해서 언급할지라도, 보통(여기서처럼) 사람들은 집합적으로 하나님의 성전이다(참조. 고전 3:16-17; 고후 6:16). 예루살렘에서 물리적인 성전의 목적은 하나님이 그의 백성들에게 같이 거하심을 보이는 것이었다. 신약성경은 예루살렘 성전이 그리스도와 그를 따르는 자들로 대체되었음을 강조한다. "성전보다 더 큰 이가 여기에 있다"(마 12:6; 또한 요 2:19-22을 보라).[63] 이 성전의 논의에서 삼위일체적인 초점을 참조하라: 그리스도 안에서 성령을 통해 우리는 하나님의 임재를 경험한다.

성전은 하나님이 거기에 거하시기 때문에 "거룩한" 성전이다. 그것은 하나님에 의해 그리고 하나님을 위해 구별된 성전이다. "거룩한"('하기오스')이란 말은 이방인들이 합세되는 "하나님의 백성들"을 위해 사용되는 용어로서 19절에서 이미 나타났다. 그 성전은 거룩하고 이 성전을 형성하는 사람들은 "거룩한 자들"이다. '그들은' 하나님에 의해 그리고 하나님을 위해 따로 구별된다.

다시 한 번 에베소서는 삶이 관계적이라는 것을 강조한다. 그리스도 안에서 분리가 무너지고 하나님과 사람들과의 관계가 형성된다. 이것은 단순히 과거에 어떤 행위가 아니라 현재에 하나님과 함께 하는 삶이다.

상황잇기

성경을 적용하는데 있어서 주요한 가정은 고대 세계의 사람들이 본질적으로 우리와 같았다는 것이다. 우리는 한 세대에서 다른 세대로의 전이에서 연속성을 보고, 본문에서 우리 자신을 찾게 된다. 공통성이 우리가 고대의 성경 본문을 취하여 우리의 정황으로 가져오는 것을 가능하게 만든다. 물론 그들의 세계와 우리의 세계 간에 차이를 인식하면서 말이다.

63. Bertil Gartner, *The Temple and the Community in Qumran and the New Testament*(Cambridge: Cambridge Univ. Press, 1965)을 보라.

우리는 잊어야하는가 기억해야 하는가? 에베소서 2:11은 신약성경에서 독특하다. 그것은 이전의 곤경을 우리가 기억할 것을 명백하게 말하고 있는 유일한 본문이기 때문이다. 이 메시지는 빌립보서 3:13-14과 어떻게 조화되는가? 그 성경구절은 우리가 뒤에 있는 것은 잊어버릴 것을 말하고 있다. 사실상 두 본문들이 동일한 관심을 갖고 있다—그리스도에 의해 형성된 삶. 빌립보서는 그리스도를 우리가 행하는 모든 것을 결정짓는 초점과 목표임을 강조한다. 그러나 3:5-11에서 바울은 에베소서 2:11에서 그가 요구한 것과 동일한 일을 행한다: 그는 그리스도를 얻기 위해서 그의 과거를 기억하고 그의 삶을 정리한다. 에베소서에서 그는 이전의 곤경만이 아니라 지금 그들이 어떤 사람이 되었는지를 기억하기를 원한다.

기억은 활력이 있게 하는 하나님으로부터의 놀라운 선물이다. 그것이 없다면, 참된 삶은 사실상 불가능하다. 기억이 하나님을 위해 살 수 있도록 우리의 마음을 구성한다. 그것은 우리의 정체성을 형성하고 그리스도 안에서 삶의 과정을 정립시킨다. 우리는 죄를 기억할 필요가 있다. 죄의 피해의 일부는 우리가 죄를 인식하지 못하게 하는 것이다. 우리는 성경의 이야기와 믿음의 내용을 기억하는 것이 역시 필요하다. 성찬에서 우리는 그리스도의 죽음과 부활을 기억하고, 우리 안에서 역사하는 변화를 기억한다. 기억하는 것이 우리의 교만과 자만을 다루고, 우리를 계속해서 하나님과 연관시키게 하는 방법이다.

새로운 옷 속에서 옛 문제들. 할례, 무할례, 피, 그리고 이스라엘에 관한 언급은 모두 낯설고—미개하지는 않을지라도—우리들과 분명한 관계성이 적어 보인다. 그러나 묘사된 문제들은 우리 모두를 괴롭히는 깊이 뿌리박힌 인간의 문제들로 연속되고 있다—소외, 분열, 비난, 하나님과 하나님의 목적으로부터의 분리, 그리고 소망 없음, 이런 문제들이 계속되는 한, 사람들은 고독, 단절, 신뢰의 부족, 그리고 낙심을 알게 될 것이다. 소외, 단절, 그리고 무목적으로 죄를 묘사하는 것을 유념하라(2:11-12). 이런 문제들로부터 시기, 미움, 거짓말, 갈등, 남용, 살인 그리고 전쟁과 같은 다른 많은 죄들이 들어온다.

소외의 문제가 종교적인 특권 속에서 어떻게 뿌리내려 있는가를 역시 유념하라. 본문은 이스라엘의 특권의 합법성을 가정하고 문제의 일부로서 그 특권을 바라본다. 세계의 반복과 갈등의 많은 부분은 종교에 의해 야기되고 있고, 교회 역사를 살펴보면 기독교인들이 매우 죄책이 있었다는 것을 고통스럽게 알 수 있다. 하지만 하나님으로부터의 특권의식은 불가피하게 오만과 분열로 이끄는가? 이 본문을 적용함에 있어서 우리는 그 특권이 분열이 아니라 연합으로 이끈다는 것을 확신해야 한다.

고대 유대교는 할례를 토라에 대한 순종과 하나님께 속함 그리고 순결의 주요한 상징으로 보았다.[64] 구약성경의 믿음과 유대교는 주변사람들과의 분리에 항상 관심이 있었고, 할례, 안식일 준수, 음식법, 그리고 다른 정결법과 같은 관행들은 그들의 차이를 특징지었다. 이런 구분들이 사회적인 관계에서 어려움을 낳았다. 유대인들이 할례 받지 않은 사람들과 부정한 사람들에 대해서 가졌던 경시는 그 문제를 악화시켰고, 예상할 수 있는 것처럼, 비유대인들은 동등한 경시와 비방으로 보복했다.[65] 그러나 유대인의 관행은 하나님의 선택과 이스라엘에 대한 하나님의 목적의 실제에서 형성되었다. 즉 이스라엘이 누렸던 특권은 실제였고, 오만과 무시는 이에 대한 실패였다.

이런 고대의 문제를 살피는 것은 우리가 거울을 보는 것과 같을 것이다. 교회도 역시 특권을 누리고 있지만 그것을 좋게 다루지 못했다. 교단 내에서의 갈등과 타 교단과의 갈등, 그리고 그리스도인과 비그리스도인 간의 갈등이 흔하다. 할례는 더 이상 초점이 아니지만, 중상과 비방, 그리고 소외가 여전히 발생하고 있다. 너무 자주 종교적인 관행이 완전히 육체적인 할례처럼 인간의 손이 만든 순전히 인간적인 "육체에" 의한 것이 되고 있다. 그것은 에베소서 이래로 달리 많은 발전이 이루어지고 있지 않다.

하지만 특권에서 비롯된 소외에 관한 묘사는 2:11-13의 유일한 부분이 아니다. 타락에 관한 초점이 역시 고려되어야 한다. 세상의 많은 부분이 여전히 이 이방인들이 서 있던 곳—하나님의 목적과 관계없이 하나님을 떠나서 소망이 없는 상태—에 여전히 있다. 하나님이 도외시 될 때, 인생은 참으로 황량하고 지루하다. 사람들은 즐기기를 원하면서 삶의 방관자로 있다. 자기 이외에 다른 어떤 것에 초점을 맞출 이유를 거의 찾지 못하고, 이는 소외와 분열 그리고 궁극적으로 실망으로 이끈다. 사람들은 하나님이 그들을 부르시고 평강으로 인도하시는 음성을 들을 필요가 있다.

그리스도가 어떻게 우리를 하나님께 가까이 나아가게 할 수 있는가? 우리는 여전히 희생을 하나님께 데려오기 위한 본질로서 여전히 생각해야 하는가? '피'는 여전히 구원을 위한 필수적인 요소인가? 그리스도는 어떻게 스스로 인간의 적대를 취하

64. 여성의 역할은 그들이 가정에 합세되는 것을 제외하고는 무시되었다.
65. 정당하게 우리는 유대인과 이방인의 모든 관계가 나쁘지는 않았다고 지적할 수 있다.

셔서 우리를 하나님께로 데려가실 수 있는가? 우리를 위한 그리스도의 죽음에 대한 문제는 전혀 축소시킬 수 없다. 그것은 기독교의 핵심이기 때문이다. 에베소서의 용어는 제쳐둘 수 있는 고대의 용어가 아니다. 그것은 믿음의 근본을 지적하고 있기 때문이다. 그리스도의 구원하시는 죽음에 관한 바울의 논의는 기독론과 우리를 그리스도와 관련시키는 믿음을 전제한다.[66] '기독론은 구원론이다.' 절반의 기독론은 아무것도 하지 못할 것이다. 만약 예수가 단지 유대인의 한 사람일 뿐이라면 그의 죽음은 비극적이거나 심지어 인상적이었을지라도, 구원을 발생시키지는 못한다. 또한 우리가 믿음으로 그리스도와 연관되어 있지 않다면, 그는 우리를 하나님께 가까이 나아가게 하실 수 없다. 그러나 그가 우리를 위해 보내지신 하나님의 아들이시고 우리가 성령에 의해 그와 연결되어 있다면, 그때에 바울의 말들은 의미를 갖는다.

여기서 몇 가지 사실들이 근본적으로 깔려 있다.

(1) 우리는 하나님이 받으실 만한 어떤 것도 행할 수 없다.
(2) 우리는 자기중심주의와 죄로 인해 하나님의 진노를 받아야 마땅하다.
(3) 고대 세계에서 희생은 보편적으로 관행화되어 있었고(그리고 여전히 많은 곳에서 그러하다),[67] 그것은 하나님과 관련해서 인간이 느끼는 부족을 드러낸다.
(4) 그리스도의 희생은 희생의 '끝' 이다—적어도 기독교가 어떤 영향을 갖는 곳에서 말이다.

이 네 가지는 기독교에 대해서 무엇을 생각하든지 간에 사실이다. 하나님이 인간의 곤경을 바꾸시지 않는다면 소망이 없다. 그러나 에베소서의 메시지는 하나님이 그의 사랑 안에서 행하신 것이다. 우리는 하나님이 죄를 다루실 수 있었던 다른 방식들을 추정할 수 있을지 모른다—예를 들어, 그 죄를 무시하거나 참회와 고행을 요구할 수도 있었다. 그러나 이런 다른 것은 있을 수 없다. 그러한 모든 선택들은 비인격적이다. 하나님의 사랑 안에서 "우리가 그와 같이 될 수 있도록 그는 우리와 같이 되셨다."[68] 그리스도 안에서 하나님은 가까이 오셔서 악이 야기한 문제

66. pp. 80-81, 127-129, 138-140, 144-147을 보라.
67. 다양한 희생제사의 형태가 구약성경과 다른 곳에 존재한다—감사제, 속죄제, 속건제, 화목제, 그리고 정결례와 같은 제사들.

로 들어오셔서 악에 대한 책임을 지셨으며, 그 고통과 인간 존재의 결과를 짊어지셨다. 그리스도는 우리 모두를 위한 대표적인 인간으로서 오셨다. 그는 약속된 평화를 가져오시는 분으로서 오셨다.

그러나 '피'에 관한 초점은 필연적인가? "피"란 용어에 마술적인 것은 없다. 일부 크리스천들이 그것을 그런 식으로 사용할지라도 말이다. 용어를 무시할 순 없지만 그것을 과장해서도 안 된다.[69] 피는 그 자체로는 중요하지 않다. 피가 복음의 중심인 그리스도의 희생적인 죽음을 가리키기 때문에 중요하다. 우리는 그리스도의 죽음을 약화시켜서는 안 되지만, 우리를 위한 그 죽음의 의미를 전달하는 좋은 방법을 찾을 자유는 있다.

21세기의 초에 구원에 관한 바울의 신학을 이해하는데 있어서 주요한 문제는 그의 사상의 복잡함에 있지 않고, 우리 사회가 하나님에게 관심을 두지 않거나 사소한 문제들을 재빨리 해결하는 것 외에는 하나님에 대한 진정한 필요를 깨닫지 못한다는데 있다. 이런 문제의 해결책은 죄에 대해서 사람들이 인식할 수 있도록 후려치는 것이 아니라 그리스도 안에서 연합과 평강에 대한 하나님의 요청을 제시하는 것이다. 인간은 하나님과 다른 인간에게 속하려는 본질적인 필요를 갖고 있고, 또 우리가 우리 자신에게 초점을 맞출수록 더욱 왜곡된 삶을 살게 된다. 죄와 소외를 정의해야 하지만, 그 초점은 하나님이 우리를 창조하신 뜻대로 되는 소명에 있다.

누가 이스라엘을 돌보시는가? 이 단락은 이스라엘의 특권을 가정하고 있고, 그것은 신약성경에서 이스라엘을 언급하는 가장 중요한 단락 중에 하나다. 우리는 별 중요하지 않은 설명으로 이스라엘에 대해서 단지 잊을 수 있는가? 사실상 교회에 대한 이스라엘의 관계는 초대 교회가 직면했던 가장 의미 있는 신학적 문제 중에 하나이고, 이 문제는 사실상 모든 신약성경 책에서 어느 정도 다루지고 있다. 왜 더 많은 유대인들이 예수를 믿지 않았는가? 이스라엘에 대한 하나님의 약속은 유효하고 여전히 효력이 있는가?

이 단락은 이런 질문들에 대답하지는 않는다. 그것은 이스라엘의 유산과 특권을 소중히 여기지만 그리스도 안에서 유대인과 이방인의 연합에 대해서만 말하고 있다. 사실상 그것은 믿지 않는 유대인들은 논하지 않는다(이에 관해서는 롬 9-11장

68. 이 말은 Irenaeus, *Against Heresies*, Preface(특히 pp. 128-129, 각주 38을 보라)에서 출원한다.
69. "피"는 바울서신에서 열두 번만 나타나고, 이중에 네 번은 속죄와 관련이 없다.

을 보라). 그러나 '크리스천들'은 하나님의 역사가 예수의 세례로 갑자기 시작되지 않았기 때문에 '이스라엘에 대해 관심을 기울여야 한다.' 그리스도와 그의 교회 안에서 하나님의 목적은 창조로 시작되었고, 이스라엘에 초점이 맞추어졌고, 이스라엘과 분리될 수 없으며, 이스라엘의 성경으로 구비된다. 교회는 구약성경의 유산과 역사를 통한 하나님의 목적의 흐름과 단절될 수 없다.

이 질문을 해야 하는 또 다른 이유가 있다. 세대주의자들과 그들을 반대하는 자들은 에베소서 2:11-22이 이스라엘과 교회의 관계와 관련해서 가르치고 있다는 것을 자주 논쟁했다.[70] 교회는 지금 이스라엘 안에 있는가 또는 이스라엘과 분리된 것인가? 로마서 11:17-24이 가지들이 이스라엘에 접붙여진 이방인을 말하는 반면에, 이 단락은 전에는 존재하지 않았던 새로운 존재, 말하자면 "세 번째 종족"을 말하고 있다. 그러나 옛 이스라엘과 그리스도 안에서 새로운 존재 간에 어떤 연속성이 있는가? 이스라엘은 제거되고 교회가 그 자리를 대신했는가? 이스라엘의 남은 자가 새로운 존재가 된 이방인에 합세했는가, 그렇다면, 다른 유대인은 어떠한가? 하나님은 타당하지만 분리된(그러므로 유대인들에 대한 복음전도는 필요치 않다) 그의 백성들의 두 그룹을 갖고 있는가?

세대주의자들은 이방인들이 이제 이스라엘의 일부가 되었다고 이 본문이 말하지 못하게 열성적이다. 이 본문은 그리스도에 의해 새롭게 창조된 것을 암시하는 것이지만, 이스라엘과 교회의 관계를 다루는데 있어서 조심성이 요구된다. 바울은 우리의 질문들에 답하려고 시도하고 있지 않으므로 우리의 질문이 이 본문을 혼란하게 하지 않게 해야 한다. 세 가지 사실들이 이 본문에 분명히 나타나 있다.

(1) 이스라엘은 특권적인 위치에 있는 것으로 가정된다.
(2) 이제 이방인들은 이 특권을 공유한다.
(3) 그리스도 안에서 유대인들과 이방인들은 한 새로운 존재로 연합된다.

이 사실 이외에 본문은 침묵한다. 그것은 비기독교인 유대인들의 이슈를 다루

70. Rader, *The Church and Racial Hostility*, 222-34; Carl B. Hoch, "The New Man of Ephesians 2," *Dispensationalism: Israel and the Church*, ed. Craig Blaising(Grand Rapids: Zondervan, 1992), 98-126; Andrew T. Lincoln, "The Church and Israel in Ephsians 2," *CBQ* 49(1987): 605-24; Markus Barth, *The People of God*(Sheffield: JSOT, 1983)을 보라. 그리스도가 이방인 크리스천들과 유대인(크리스천이건 아니건 간에)을 결합시킨다는 바르트의 주장은 에베소서의 주제를 넘어선다. 에베소서의 주제는 '그리스도 안에서' 유대인과 이방인에 관한 것이다.

지 않는다. 우리가 보게 되는 것처럼, 확실히 기독교인과 유대인의 관계에 대한 함축된 의미를 이끌어내야 한다. 하지만 해석자의 지혜는 자주 어디서 해석하는 것을 멈추어야 하는지를 아는데 있고, 우리는 이 본문이 다루지 않고 있는 질문을 억지로 대답하게 해서는 안 된다. 오히려 이 본문은 바울이 완전하게 매듭짓지 않은 이슈와 관련한 주제를 다루는 성경 신학을 형성하고 있는 로마서 9-11장과 같은 것들에 포함시켜야 한다.

그러나 창출된 새로운 존재는 교회가 아니고, "세 번째 종족"도 아니다. 물론 "세 번째 종족"이란 표현이 가치가 있으면서 남용될 여지가 있을지라도 말이다. 새로운 존재는 부활하신 주님으로서 그 자신 안에 유대인과 이방인을 연합시킨 예수 그리스도 자신이시다. 2:14-16에서 '그 안에' 있는 존재에 관한 네 번의 강조가 이 사실을 요구한다.

사도들과 선지자들의 터. 이 본문은 신학적인 전쟁에서 역시 부적절하게 해석이 강요된다. 2:20이 터로서 선지자들을 언급하고 있기 때문에 어떤 이들은 예언이 사도 시대 이후에 끝났음을 이것이 보여준다고 말한다.[71] 이런 결론을 피하기 위해서 그루뎀(W. Grudem)은 "사도들과 선지자들"을 "선지자들인 사도들"로 이해해야 한다고 주장했다.[72] 그것은 그럴 법하지 않다. 이런 식의 전반적인 논의는 터의 비유를 남용하고 그 한계를 넘어서서 본문을 밀치고 나간다. 우리가 성경 본문에서 현대 세계로 이동하여 비유를 다룰 때 특별히 조심해야 한다. 사실상 그 비유를 저자가 의도했던 것을 넘어서서 밀고 나갈 때, 때로 논리가 분명해 보일 수 있지만, 비유는 '문맥'에 특별한 목적을 위해 사용되고 있으므로 원 목적의 방향으로만 확장해야 한다. 에베소서 2:20은 교회가 사도들과 선지자들을 통한 복음의 계시 위에 세워져 있음을 말하는 것에만 오로지 관심이 있다. 우리는 이 비유를 여전히 오늘날 선지자들이 존재하는지의 논쟁을 해결하는 것으로 확장할 수는 없다.

그때의 장벽과 지금의 장벽. 성경 적용의 많은 부분이 유추로 발생한다. 상황잇기에서 우리는 본문에서 작용하고 있는 신학을 확인해야 하고, 그것을 다른 본문들과 신학과 연관하여 위치시켜야 한다. 그 다음에 그것을 성경 세계에서 우리 자신

---

71. R. Fowler White, "Gaffin and Grudem on Eph 2:20: In Defense of Gaffin's Cessationist Exegesis," *WTJ* 54(1992): 303-20; R. B. Gaffin, Jr. *Perspectives on Pentecost: New Testament Teaching on the Gifts of the Holy Spirit*(Phillipsburg, N.J.: Presbyterian and Reformed, 1979)에서의 논의를 보라.

72. Wayne Grudem, *The Gift of Prophecy in the New Testament and Today*(Westchester, Ill.: Crossway, 1988), 57-63.

의 세계로 확장시켜야 한다. 2:11-22에서 작용하고 있는 신학은 유대인과 이방인 간의 담이 무너지고 하나로 통합되었다는 연합의 신학이다.[73] 오늘날 우리가 유대인이나 팔레스타인의 가정에서 태어나지 않았다면, 유대교가 야기한 장벽을 거의 인식하지 못할 것이다. 한편으로 우리는 사회 내에서 많은 장벽들을 인식하고, 또 우리 사회와 다른 사람들을 무시하고, 불신하며 제한하고 이용하는 다른 사람들의 사회 간에 장벽을 역시 인식하고 있다. 어떤 면에서 율법은 고대 세계에서 나누는 벽이라면, 우리에게서 그것은 인종적인 차이다. 인종간의 적대, 특히 백인과 흑인 간의 적대는 사실상 모든 나라에서 당혹스럽게 계속되고 있다. 경제적이고 성적인 방벽들도 역시 갈등과 소외를 낳는다. 우리 세계는 그러한 장벽들로 가득하다.

그리스도의 죽음은 모든 장벽들을 무너뜨렸는가? 유대인과 이방인의 장벽이 역사에서 가장 명확한 장벽이었다. 예상했던 것보다 유대인과 이방인 간에 더욱더 혼합이 발생했을지라도,[74] 유대인의 분리와 구분은 명확히 규정되었다. 게다가 이 구분은 하나님의 명령에 토대를 두고 있었다. 그런데 바로 '이런' 장벽이 무너졌다면, 다른 장벽을 어찌 정당화시킬 수 있는가? 하나님이 편애함을 보이지 않는다면(행 10:34-35; 롬 2:11), 모든 이들이 그의 형상으로 창조되었다면, 하나님의 목적이 연합이라면, 우리가 우리의 적조차도 사랑해야 한다면(마 5:44), 그리스도가 장벽을 무너뜨리기 위해서 그 적대를 감당하셨다면, 무슨 근거로 우리가 장벽을 두는 것을 정당화할 수 있겠는가? 바울과 초대 교회는 그리스도 안에서 유대인과 이방인, 노예와 자유자, 그리고 남자와 여자의 연합(갈 3:28)을 이미 확장시켰다. 우리의 장벽들은 어느 것—다른 이들을 경시하고, 제한하며 이용하는 우리의 방식들—도 근거를 가질 수 없다.

십자가는 장벽들이 무너지는 곳이다. 십자가 앞에서 우리는 우리의 죄를 알고 우리 모두가 변호할 것도 하나님께 내세울 것도 없음을 인식하지 않고서는 그곳에 설 수가 없다. 어느 누구도 다른 누구보다 더 높은 가치를 갖지 않는다. 십자가의 토대는 수평이다. 우리가 갖고 있는 어느 위치도 하나님이 주신 것이고, 어떤 것도 다른 이들보다 본질적으로 더 낫게 우리를 만들지 못한다.

그러나 중요한 문제는 우리가 이미 알고 있는 것을 넘어서서 생각하지 못한다는 것이다. 미국의 남북전쟁 동안에 양편에 있던 크리스천들은 노예 문제에 대해

73. 연합은 이 서신의 주요한 주제 중에 하나임을 기억하라.

74. John G. Gager, "Judaism as Seen by Outsiders," 105-13을 보라.

서 에베소서 2:11-22의 의미를 왜 깨닫지 못했는가? 그들은 그리스도가 장벽들을 무너뜨리고 연합을 창출하셨다는 사실을 기억하기를 소홀히 함으로써 노예와 평등에 관한 논쟁에 사로잡히지 않았는가?[75] 우리는 이 본문을 듣지 않을 만큼 많이 장벽들을 가정하고 좋아하지 않는가? 연합에 관한 하나님의 설명이 우리가 살아가야 하는 이치가 되어야 한다.

그러나 그리스도 안에서 장벽들이 제거되었다면, 비그리스도인들과의 장벽은 어떠한가? 우리는 창조된 인간존재를 거부하는 어느 장벽도 정당화될 수 없다는 것을 우선 인식해야 한다. 우리가 만나는 모든 사람들은 '잠재적으로' 그리스도 안에 있게 될 사람들이다. 그러므로 우리와 하나가 될 사람들이다. 우리를 그리스도 안으로 수용해 주신 은혜는 '우리들에 의해서' 그들에게로 확장되어야 한다. 인종이나 지위—어떤 식으로 정의되든 간에—와 상관없이 모든 사람들이 가치가 있고 정당하게 취급되어야 한다.[76]

우리는 이 세상에서 화목을 가질 수 있는가? 전술한 것과 유사한 문제는 이 세상에서 화목과 관련한 것이다. 이 이슈에 대해서 우리들의 대부분은 "크리스마스날에 나는 벨소리를 듣는다"라는 노래의 세 번째 연의 작사자처럼 느낀다.

> 좌절 속에서 나는 나의 고개를 숙였다.
> "이 땅에는 평화가 없네"
> "미움이 강하고 이 땅에 평화에 관한 노래와
> 인간에 대한 선의를 조롱하네"라고 나는 말했다.[77]

여기서 바울은 우리의 실제가 구시대의 왜곡처럼 보이는 그리스도 안에서 하나님의 실제를 묘사한다. 우리는 이 세상의 실제를 부정할 수는 없지만, 하나님이 이룩하신 더 커다란 실제가 우리를 정의한다. 에베소서에 다른 모든 것들처럼, 평강

75. Rader, *The Church and Racial Hostility*, 173-74을 보라. 그는 엡 2:11-22이 대중적인 공표 형태로 언급되고 있지 않고, 노예 문제를 다루는 인쇄된 설교가 아니라는 것을 지적한다. 그는 이것이 일어났던 몇 가지 이유를 제공하는데, 그중에 하나는 사람들이 연합보다는 동등에 더 관심이 있었다는 것이다. 하지만 우리가 연합이 없이 동등을 진정으로 가질 수 있는가? 크리스천들이 노예 폐지를 반대하여 주장했던 방식의 고통스러운 다른 증거에 대해서는 E. N. Elliott, ed., *Cotton is King and Pro-Slavery Arguments* (Augusta, Ga.: Pritchard, Abbott, & Loomis, 1860)을 보라.

76. 한 장벽이 여전히 존재한다. 죄로 인한 분리가 여전히 요구된다(5장을 보라). 크리스천은 악과의 연합이 있을 수 없다. 어려운 부분은 분열과 증상과 불신 또는 오만의 죄를 짓지 않고 악과 분리하는 것이다.

77. *The Covenant Hymnal*(Chicago: Covenant Press, 1973), no. 139.

은 역시 '지금 하지만 아직 아닌' 이다. 완전한 평강은 "모든 것들이 한 머리로 통일될" 때까지(1:10)는 발생하지 않을 것이지만, 평강은 여전히 지금 우리들을 정의한다. 이 평강은 마음 안의 평강의 감정이나 마음의 평강으로 축소시킬 수는 없다. 이 본문은 인간의 관계를 다루고, 심지어 하나님의 임재로 들어간 연합된 사람들의 측면에서 하나님과의 평강을 보기 때문이다. "그리스도는 우리의 평강이다"는 그가 이루시고 우리에게 전달된 평강 속에서 우리가 사는 것을 의미한다. 이 평강의 수직적이고 수평적인 차원을 현재에 누려야 한다.

개인에서 집합으로. 2:1-10을 다룰 때, 우리는 크리스천들이란 더 이상 그들 자신을 단순히 개인으로 간주할 수 없다는 것을 보았다. 그들은 그리스도와 서로의 일부다. 2:11-22에서 이 주제가 "한 새로운 존재"와 "몸"과 "건물"의 이미지를 가지고서 다시 한 번 강조된다. 문제는 현대의 크리스천들—특히 서방 세계에서—오직 개인주의만을 알고 있는 것으로 보인다는 사실이다. 우리는 우리의 관점을 바꾸어야 한다. 이 단락은 우리의 개인주의를 도전하고 그리스도와 또한 그리스도 안에 있는 사람들과의 관계성을 강조한다. 우리는 하나님과 우리의 관계를 다른 사람들과 우리의 관계와 분리시킬 수 없다. 이 둘은 아주 밀접하게 연관되어 있어서 분리해서 존재하지 않는다. 설사 우리가 하나님과의 관계가 먼저라고 올바르게 주장할 수 있을지라도 말이다. 수직적이고 수평적인 차원이 작용하고 있고 서로를 정의해준다. 심지어 고백과 회개로 하나님을 접근할 때조차도 우리는 이미 수평적인 차원에서 행동하고 있다.

이 본문은 천국으로 가는 사람들이나 상호적인 지원을 위해 모인 개인들의 그룹으로 교회를 말하고 있지 않다. 그것이 중요할지라도, 목표는 사람들이 그리스도 안에서 서로 하나가 되고 현재에 하나님께 나아갈 수 있다는 것이다. 우리가 4:3과 관련해서 특히 보게 되는 것처럼, 연합이 우리의 삶에 주어져 있다.

교회는 집합적인 실체다. 이전에 우리는 기독론이 구원론이라는 것을 강조했지만, 이제 '기독론은 구원론이고, 구원론은 교회론이며, 교회론은 윤리' 라는 것이 분명해진다. 이 신학적인 범주들은 분석을 위해 용기에 담겨진 분리된 주제들이 아니다. 그것들은 그리스도에게 연결된 동일한 실체의 양상들이다. 그리스도는 사람들을 자신의 존재와 죽음과 부활에 포함시키시고, 그들의 구원이 있게 하신다. 그러나 그 안에서 그들은 그리스도 안에서 서로 연결되어 있는 집합적인 실체다(새로운 존재, 몸, 성전). 그들이 그리스도 안에서 서로 연결되어 있기 때문에 그들은 그로부터 특징을 부여받으며, 그들이 서로 속해 있다는 사실을 따라 산다. 이것이 크리스천들이 보여야 하는 사랑과 돌봄과 정의의 근원이다.

현대적 의미

이전의 항목에서처럼, 우리는 우리들에 대해서 어떤 것도 특별히 요구하지 않는 본문을 보게 된다. 행위나 태도와 관련해서 (기억하라는 것 외에는) 어떤 명령도 주어지지 않는다. 모든 초점이 그리스도가 이루신 변화와 그리스도 안에서 새로운 생명의 특권에 있다. 그러나 동시에 크리스천의 삶과 교회에 대한 이 단락의 상관성은 방대하다.

당신의 정체성을 기억하라. 기억은 우리가 살고 있는 실제에 대한 이해를 제공함으로써 삶을 활성화시킨다. 우리는 현재와 미래를 위한 적절한 선택을 만들기 위해서 고난, 기쁨, 사람들, 정보, 그리고 사건들을 기억한다. 우리는 어떤 기억들을 선택하고, 다른 기억들이 그 사건의 순전한 의미로 인해 우리 속에서 사라지지 않는다. 기억은 성공에 대한 길이 될 수 있거나 불구가 되게 만드는 상처가 될 수 있다. 때로 우리는 고통스러운 삶의 일부를 잊으려고 선택하고, 후대의 아마도 더 어려운 시기까지 그 기억을 억누르는데 자주 성공할 수도 있다. 우리는 특별히 고통스럽거나 즐거운 사건에 많은 관심을 줌으로써 기억을 선택할 수 있다. 기억은 우리가 과거를 자리매김하는 방식, 즉 우리가 어떻게 살 것인지를 알기 위해서 우리의 마음을 형성시키는 방식이 된다.

바울은 그리스도가 우리 안에 가져오신 삶의 결정적인 변화—즉, 죄안에서 죽은 존재에서 그리스도 안에서의 삶으로, 배제된 삶에서 포함된 삶으로의 근본적인 이동—를 기억할 것을 요구한다. 이 이동은 여전히 매일 우리의 삶에서 작용하고 있기 때문이다. 그러한 기억은 우리 안에서 계속해서 작용하고 있는 변화에 관심을 기울이고, 우리가 교만의 죄책이나 게으르지 않게 한다. 그러므로 기억하는 것은 하나님을 사랑하고 예배하는 열쇠가 된다. 그러나 여기서 균형이 요구된다. 우리는 그 자체를 위해 이전 삶을 기억하거나 그 기억을 탐닉하지 않는다. 그것은 더 이상 우리를 결정짓지 못한다. 그 대신에 우리는 그리스도와 그가 이루신 변화에 초점을 맞춘다.

어떤 사람들에게서 과거의 기억이 너무 고통스러워서 그것을 잊을 수가 없고 또 그러한 기억들이 쉽게 지울 수 있으리라고 주장할 수 없다. 하지만 크리스천들은 우리를 규정하는 유일한 사건이 우리가 관련된 그리스도의 죽음과 부활이라는 것을 알아야 한다. 우리는 죄된 자아에 대해서 죽고 그리스도 안에서 새로운 삶으로 일어나야 한다. 여기서 역시 '지금 하지만 아직 아닌'의 믿음의 특징이 내재해 있다. 옛 실체를 여전히 직면하지만, 그리스도 안에서 새로움이 우리를 규정짓는 능력이다.

강간을 당한 여성은 그녀에게 행해진 폭력을 잊을 수가 없지만 이 폭력이 계속된 상처나 삶을 망가뜨리는 자국이 되게 해야 하는가? 또는 그리스도에 의해 정의된 삶은 치유와 온전함을 가져올 수 있는가? 배반은 필연적으로 냉소주의와 불신으로 이끄는가? 또는 그 정의(定意, definition)가 다른 곳에서 오는가? 죄가 우리를 정의하는가 그리스도가 우리를 정의하는가? 우리는 우리들에게 발생하는 것을 항상 선택할 수는 없지만, 적어도 어느 정도는 어떤 능력이 부여될 것인지를 우리가 선택할 수 있다. 이것이 형식적으로 들린다면, 고린도후서 11:22-33을 살펴볼 때, 그것이 그렇지 않다는 것을 알 수 있다. 바울은 믿을 수 없는 고난과 치욕에 노출되어 있었지만, 그런 영향에도 불구하고 그리스도가 여전히 그를 정의하는 실재이셨고, 그의 서신의 어떤 것은 그가 고난당하였던 것을 심지어 드러내지도 않는다.

기억은 관심을 요구하고, 그 일은 자동적으로 발생하지 않는다. 이 본문을 적용하는 것이 하나님이 이루신 변화에 대해 생각하고 읽고 논하고 배우는 시간이 주어지는 것을 의미한다. 기억하는 것은 하나님의 임재에 대한 인식과 기도로 이끌 것이고, 우리가 행한 것이 그와 어떻게 관련이 있는지를 생각하게 만들 것이다.

크리스천을 위한 경고. 크리스천은 하나님의 가족으로 편입되는 놀라운 특권을 누리지만 그러한 사상은 '심각한' 남용에 열려 있을 수 있다. 즉 그러한 용어의 사용이 문제가 될 수 있도록 남용적일 수 있다. 너무도 자주 크리스천들은 자신들이 소유한 것을 특권으로 간주하고 그 은사를 주신 분(Giver)과 분리할 수 없다는 것을 잊는다.[78] 우리는 오직 우리와 연결된 그리스도만을 소유하고 있다. 어느 특권도 그리스도에게서 오고, 오직 그로 인한 것이다. 우리가 이 사실을 잊을 때, 믿음과 왜곡시키고 우리 자신을 과대평가한다.

에베소서 2:11-12은 크리스천에 대한 강력한 경고로서 기능한다. 우리도 유대인들처럼 실패할 수 있기 때문이다. 유감스럽게도 많은 중상모략들이 교회 안에서 발생하고 있다. 우리가 어떤 이를 폄하할 때, 우리도 역시 "육체로"—하나님과 연관되지 않은 단순히 인간적인 방식으로—행하고 있는 것이다. 할례가 유대인들에게 그렇게 작용했던 것처럼 우리가 품위를 떨어뜨리는 종교적 배지(badge, 표시)

78. pp. 125-127을 보라.

를 가질 수 있다. 특권에 대한 우리의 인식이 건강한 관계를 불가능하게 만드는 "너보다 더 거룩한" 태도를 갖게 할 수 있다. 우리가 분열과 경시를 전달할 때 우리의 종교적 행위는 "인간의 손으로 만들어진" 것이다.

나의 남침례교파는 분열로 갈라졌다. 모든 편에서 취해진 행위는 기독교적인 방식으로 행해지지 못했다. 우리는 "이것이 인간의 손으로 만들어진 육체의 '세례' 다"라고 말해야 하지 않는가? 유감스럽게도 많은 크리스천의 행위가 이런 범주에 속한다. 우리가 비기독교적인 방식으로 행동하면서 크리스천으로서 살 수는 없다. 우리가 우리를 데려오신 그분의 가족으로서 그분과 동일한 사랑과 은혜를 보이지 않는다면, 우리는 그 가정에 참으로 속하지 않았음을 드러낸다. 그럴 경우에 우리가 아무리 종교적인 행위를 수행한다고 할지라도, 하나님으로부터 멀어져 있음을 드러낼 뿐이다.

이 본문의 적용은 겸손과 회개로 발생한다. 그것은 우리가 누구인지를 전달하는 방식에 관한 진지한 논의가 뒤따른다. 어떻게 우리가 특권, 순종, 그리고 의로운 행위가 분열, 경시, 그리고 비방을 하지 못하게 할 수 있는가? "너보다 더 거룩하다"는 태도는 중단되어야 한다. 그것은 "거룩한" 것으로 인식되어질 수 없다. 우리는 부주의하게 사람들을 경시하면서 그들을 그리스도에게로 이끌 수는 없다. 특권은 감사로 인도되어야지 오만으로 이끌려져서는 안 된다. 다시 한 번 은혜에 대한 의식이 핵심 열쇠다. 은혜가 교만을 배제시키고 필요한 다른 사람들에게로 그것을 확장하게 만든다.

우리의 소속. 인생을 통해서 우리 대부분은 소속감을 갖지 못한다. 우리가 수용되지 못하였다거나 열등감을 느낀다. 중요하다고 여겨지는 어떤 사람, 어떤 그룹, 또는 어떤 대의와 동일시되려는 욕구—그것이 스포츠팀이라 할지라도—는 엄청나다. 그러한 동일시는 우리를 중요한 것으로 느끼게 만든다. 우리는 소속을 필요로 하고 이 세상에서 적합하게 소속이 되어있다는 감정을 필요로 하며, 소속감에서 어떤 이들을 성취하고 연관 짓는 능력이 발생한다. 물론 우리의 가정이 주로 우리에게 소속감을 준다.

이 본문은 우리의 소속감을 말한다. 그리스도가 우리를 하나님의 가정으로 데려오셨다. 우리는 하나님의 가정의 일원으로서 하나님의 집에서 살고 있고 동시에 우리는 하나님이 거하시는 집이다(2:19-22). 우리는 하나님께 속하며 하나님이 행하시는 것과 관련이 있다. 이 집의 다른 사람들은 우리와 함께 하는 가족이다. 이 가정이 우리를 정의해준다. 그리스도는 우리에게 그의 세상에서 거할 곳을 주셨고,

이 소속감에서 우리를 부르신 임무와 연관 짓고 이루는 능력을 신장시킬 수 있다. 이 본문은 우리가 속한 가정을 기억할 것을 요구한다: 우리는 하나님과 함께 하시는 가정에 속한다.

여기서부터 크리스천의 삶의 모든 다른 것들이 파생한다. 믿음의 가정으로서 교회는 가정의 느낌을 가져야 한다. 가정의 일원들은 서로를 돌보고 서로에게 헌신하며, 서로에게 도전을 주며 서로를 지원해 주어야 한다. 가족 의식이 우리의 예배를 형성해야 한다. 예배는 단지 지켜보는 프로덕션처럼 되어서는 안 된다. 오히려 우리는 가정의 경험과 관련한 자유와 위로를 필요로 하고, 듣고 대답하면서 하나님과 소통할 수 있어야 한다. 어느 누구도 교회 안에서 아웃사이더처럼 느끼게 해서는 안 된다. 모든 사람들이 그들이 속한 것을 알아야 한다.

장벽이 무너지고 크리스천들은 하나님과 함께 산다. 의식적으로 또는 무의식적으로 사람들—심지어 그리스도를 믿는 사람들조차도—은 하나님을 멀리 계셔서 접근할 수 없는 분으로 생각할 수 있다. 하나님과 가까이 있다는 이런 인식의 부족이 많은 인간의 실패의 원인이다. 하지만 믿음이 있기 전에조차도, 하나님은 결코 우리에게서 멀리 계신 적이 없다. 바울은 아테네 사람들(행 17:27)에게 이 사실을 상기시켰으며, 시편기자도 이를 증거한다(시 139:7-12). 물론 가까이 계심에 관한 용어는 비유적이고, 우리는 그것을 믿음 이전에 그리고 그리스도 안에서 우리가 가까워지기 이전에 하나님의 임재에 대한 용어와 구분할 필요가 있다. 이전에 하나님은 거룩하시고 은혜로우시며 사람들을 찾으시는 분이시지만 이때에 그의 거룩은 압도적인 임재였다. 그러나 그리스도 안에서 우리는 하나님께 나아올 수 있게 되었고, 죄, 적대, 그리고 육체의 연약함 같은 하나님께 나아가지 못하게 하는 장벽이 제거되었다.

평강, 나아감, 가까이 계심, 화목은 모두 하나님과 우리와의 장벽이 제거되었다는 것을 강조한다. 그러나 이 본문은 우리가 이런 정보를 가지고서 무엇을 하기를 원하는가? 어느 것도 명시적으로 언급되고 있지는 않지만 몇 가지 사실이 함축되어 있다.

(1) 우리는 하나님과 함께 살고, 하나님은 우리와 함께 사신다. 우리는 하나님과 교통하고 하나님의 임재가 우리를 형성한다. 다시 한 번 믿음이 어떤 결정이나 신념의 체계가 아니라 관계적임을 보여준다.

(2) 생명, 구원, 그리고 생명의 자원이 하나님에게서 그와 함께 하는 사람들에게

로 흘러나간다. 이것은 "건강과 부"의 신학이 아니라 하나님이 모든 좋은 것들을 주시는 분이시라는 것을 인식케 한다.

(3) 예배와 감사는 삶의 자연스러운 부분이다.

(4) 하나님의 성품이 우리의 지침이다. 이 본문에서 암시적인 것은 5:1에서 명시적이 될 것이다: 크리스천들은 하나님을 모방해야 한다.

장벽이 무너지고 크리스천이 연합되다. 이 세상의 태도는 "너는 나와 달라, 그래서 나는 그것에 대해서 너에게 분개해"라는 어구로 가장 잘 표현된다.[79] 우리는 인종들, 민족들, 종교들, 성들, 사회적 경제적 계층들, 교파들, 학교들, 공동체들, 팀들, 그리고 가족들 사에서 장벽을 '파생시킨다.' 차이는 정체성을 위해 필요하지만 '장벽'을 만드는 인간의 성향은 죄와 왜곡이다. 구분과 독특성이 분열로 이끌어서는 안 된다. 장벽을 쌓는 것은 다른 사람들을 평가절하함으로써 자신의 가치를 촉진시키는 방식에서 유래한다.

그리스도 안에 있기 전에 조차도, 인간은 다르다기보다는 공통적인 것이 많았다. 모든 이들이 하나님의 형상으로 만들어졌고, 동일한 필요를 가지며, 죄로부터 오는 동일한 왜곡을 경험한다. 그러나 그리스도 안에서 특히 장벽이나 분열에 대한 근거는 존재하지 않는다—인종적, 성적, 문화적, 또는 어떤 다른 노선에서도 마찬가지다. 우리가 좋아하던 좋아하지 않던 그리스도 안에서 우리는 다른 모든 사람들과 하나다. 분열을 유지하는 것은 그리스도가 이루신 것을 부정하는 것이다.

이에 대한 적용은 마음의 변화를 요구한다. 우리를 정의하는 채점자들은 우리가 어떤 존재인지를 말하는 '유일한' 결정적인 채점자—그리스도—에게 양도해야 한다. 다른 채점자들도 실재하지만, 그들은 우리를 정의할 수도 우리를 그리스도 안에서 다른 사람들과 분리시킬 수도 없다. 모든 사람들이 하나님 앞에서 동일한 가치를 가지며 우리는 다른 신자들과 동일한 가족에 속한다.

인종의 문제. 어느 곳에서도 인종적인 적대를 다루는데 있어서 이 신학이 현대 크리스천들에게 중요한 것은 없다. 다른 인종들의 크리스천들도 우리의 일부이며 분열이 계속되는 것을 허락할 수 없다. 인종적인 장벽들은 그리스도의 몸 안에 상처를 촉진하는 것과 같다. 우리는 더 이상 내가 어린이로서 목격한 것—어떤 이는 "하얀색" 또 어떤 이는 "색깔이 있는 것"으로 특징지어졌다—과 같은 따로 된 술잔

79. Tom Wright, *Bringing the Church to the World*(Minneapolis: Bethany, 1992), 25.

을 가질 수 없다. 하지만 인종적인 적대는 미국과 많은 다른 나라들에서 이면적으로 계속되고 있고, 크리스천들은 그 문제에 기여하고 있다. 주일날은 주간에서 가장 분리적인 날이기도 하다. 크리스천들이 주로 인종을 따라서 예배하기 때문이다.

적극적이고 또 수동적인 인종차별주의의 왜곡을 도전하고 멈추게 해야 한다. 교회는 이런 장벽들을 제거하고 해결책을 발견하며 인종적인 부정의를 다룰 수 있는 곳으로 사람들이 알게 해야 한다. 피부색깔 때문에 암묵적으로 또는 명시적으로 자신들이 교회 안에서 환영받지 못한다는 것을 들을 때 그 교회는 가장 터무니없는 장소가 되는 것이다.

인종차별주의는 두 가지 차원(일반적인 사회적 문제로서 그리고 특별히 그리스도의 몸 안에 있는 것으로서)에서 다루어져야 한다. 어느 형태의 인종차별주의도 하나님 앞에서 모든 인간이 동등하다는 사실과 그의 제한 없는 사랑에 의해 금지되어야 한다. 그러나 그리스도의 몸에 관한 신학은 또 다른 차원에서 이슈를 갖고 다룬다. 그것은 단순히 모든 크리스천들이 '동등하다' 는 것이 아니고 모든 크리스천들이 '연합되어' 있다는 것이다. 그것은 훨씬 더 의미 있고 영향력이 있다.

장벽이 무너지고 우리가 다른 신자들과 연합되어 있다면, 그때에 몇 가지 반응이 크리스천들로부터 나와야 한다. (1) 동등한 입장에서 다른 인종의 사람들을 수용하고 '소중하게' 여기는 것이 필요하다. 사실상 "그들은 우리와는 다른 종류다" 라고 말하는 태도는 그리스도의 몸을 망가뜨린다. 우리 모두가 그러한 태도로 행동하고 있기 때문에 계속된 회개가 필수적이다.

(2) 아울러 우리는 다른 인종들의 크리스천들에게 '투자' 할 필요가 있다. 우리는 우리가 알지 못하거나 관심이 없는 사람들을 수용하고 소중히 여길 수는 없다. 우리는 다른 그룹들이 우리에게 소중하다는 것을 보일 필요가 있다. 연합은 단순히 이론적인 것일 수 없고, 실천적이 되어야 한다.

(3) 우리는 역시 다른 그룹들을 위한 '정의'(正義)를 추구해야 한다. 정의에 대한 문제가 자주 복잡하지만—불법 이민자들에 대한 논쟁에서 목격하는 것처럼—교회는 어떤 사람들의 전체 그룹이 두 번째 부류에 두어지지 않도록 정의와 긍휼에 관한 논의를 이끌어야 한다. 인종차별주의를 거론하고 도전하며 거부해야 한다.

(4) 마지막으로 크리스천들 사이에서 '나눔' 의 차원이 발생해야 한다. 연합은 관계가 없이는 존재하지 않는다. 일손이 예배, 배움, 궁핍한 자에 대한 사역, 그리고 복음전도에서 연합되어야 한다. 그리스도의 사랑에 대한 가장 의미 있는 증거는 서로를 돌보며 함께 일하는 다양한 인종들의 크리스천의 능력에 있다.

남성과 여성. 고대 세계로부터, 성간의 장벽은 두 가지 주요한 이유들로 인해서 만들어졌다: 여성들에 대한 남용을 막기 위해서 그리고 여성들이 열등한 것으로 간주되어지기 때문에. 오늘날 급진적인 여성주의자들은 오랜 학대에 대한 반응으로 성 간에 적대를 더 심화시켰다. 여기서 역시 교회의 증거가 중요하다. 크리스천들은 그리스도 안에서 관계들이 서로 다르고, 여성들을 평가절하하지 않아야 하며, 또 여성들을 남용하거나 학대하지 않아야 하며, 장벽들이 그리스도 안에서 무너졌다는 것을 보여야 한다. 여성들은 남용을 두려워하지 말고 남성들과 동등하게 인정되고 소중히 여겨져야 한다는 것을 느껴야 한다. 다른 곳에서처럼 여기서도 이 세상에서 '아직은 아닌' 의 믿음의 특징이 아주 분명하지만, 교회는 사람들이 '아직 아닌' 속에서 '이제' 를 경험하는 장소가 되어야 한다. 여성들은 자신들이 그리스도의 몸의 일부이고, 장벽들이 그들의 충만한 참여를 가로막을 수 없다는 것을 알아야 한다.

가장 성스러운 유대인의 장소 중 하나가 예루살렘에 있는 소위 "울음의 벽" 인데, 그것은 예수의 시대에 성전 주변 산의 벽에 있다. 이 벽을 보았던 사람들은 한 울타리가 왼쪽에 기도하는 남자들과 오른쪽에 기도하는 여자들을 구분하고 있음을 알 수 있다.[80] 교회들이 이처럼 명확하게 선을 그어놓고 있지는 않지만, 크리스천들은 아주 오랫동안 여성들을 다르게 범주화시켰다. 이 본문은 이런 장벽이 계속될 수 있도록 허락하지 않는다.

교육, 사회적 지위, 그리고 경제와 같은 많은 다른 장벽들이 우리 사회에 존재한다. 이런 차이들이 모두 사라지지는 않을 것이지만 교회는 이 차이가 우리를 구분하거나 어떤 이를 덜 가치 있는 것으로 느끼게 하지 못한다는 사실을 숙고해야 한다.

두 가지 잘못된 전환. 때로 크리스천들은 그리스도 안에서의 연합이 "영적인" 실제이고, 다른 무리들과의 연관을 요구하지 않는다고 주장했다. "영적인" 것과 "세속적인" 것을 분리하는 것을 관용할 수는 없다. 그러한 시도는 복음의 의미를 회피하는 것이다. 오히려 영적인 것이 삶의 모든 것에 영향을 주고 방향을 지시해야 한다. 베드로가 이방인들과 같이 먹지 않는 것에 대해서 바울이 비판한 것을 살펴보라(갈 2:11-14). 그리스도 안에서의 연합은 함께 식탁에 앉아있는 것과 관련이 있

---

80. 성의 이런 분리는 거의 2000년 동안 회당의 관습이었다. 그것이 1세기에 이미 관행이 되어 있었는지는 불확실하다.

다. 교회는 자기 선별적이고 자기를 섬기는 그룹으로 존재하는 것이 허락되지 않는다.

둘째로 어떤 이들은 장벽이 무너졌기 때문에 크리스천들은 유대인들을 복음전도할 필요가 없다는 것이다. 유대인과 크리스천간의 관계는 미묘한 이슈다. 크리스천들이 유대적 유산으로 인해 존재하고, 나지 독일의 대학살(홀로코스트)이 있었기 때문이다. 주해적인 관점에서 본문이 말하는 연합은 유대 크리스천과 이방인 크리스천간의 연합이다—유대인들과 크리스천간의 연합이 아니다. 이것은 '그리스도 안에서'의 연합이다. 바울은 확실히 유대인의 회심을 추구하기를 주저하지 않았다. 복음전도의 행위를 위해 필요한 겸손과 존중을 생각할 때, 우리도 역시 그러해야 한다.[81]

그러나 크리스천들 사이에 아주 쉽게 나타나는 죄인 반셈족주의의 암시를 주장할 수 있는 근거는 없다. 유대인들이 그리스도를 십자가에 못 박았기 때문에 벌을 받아야 한다는 암묵적인 메시지는 신학적으로 순진한 것이다. '인종'으로서 유대인들은 어느 다른 종족과 마찬가지로 그리스도의 죽음에 대한 직접적인 책임이 없다. 우리는 유대인들이 속죄양이 될 수 없는 십자가를 묘사하지 않도록 조심해야 한다. 그들도 우리와 마찬가지로 구세주를 필요로 한다.

연합이냐 단일화냐. 연합에 관한 바울의 강조는 모든 크리스천들이 똑같아야 한다는 것을 의미하지 않는다. 그리스도 안에서 연합은 차이, 즉 문화적 독특성이나 문화의 가치를 부정하지 않는다. 그리스도 안에서 유대인들은 이방인들이 될 수 없고, 이방인들이 유대 크리스천들이 될 수 없다. 여성들이 남성이 될 수 없고 그 역도 마찬가지다. 사람들이 모두 갑자기 같은 능력을 갖는 것도 아니다. 바울의 몸 신학은 연합과 다양성을 동시에 가정한다(고전 12:14-26).

다시 한 번 복음과 문화의 관계에 관한 문제가 논의로 들어온다.[82] 자신의 문화를 누리는 것을 기대할 수 있고, 우리는 좋은 이유를 위해서 같은 마음을 가진 사람들을 선택한다. 교회가 자신과 문화적으로 유사한 타켓(목표) 그룹을 갖는다는 교회 성장의 동질 원리는 이해할 만하다. 의사소통은 유사성을 필요로 하고 유사한 사람이 유사한 사람에게 매력을 준다. 예배는 문화적 표현이고, 문화적으로 구체적인 방식으로 구성될 때 가장 영향력을 갖는다. 어느 누구도 흑인이 흑인 교회

81. 그러나 어떤 복음주의자들이 자주 주장했던 것처럼, 현대의 이스라엘에 팔레스타인보다 정치적인 특권이 주어져서는 안 된다.

82. pp. 52-53을 보라.

에서, 한국인들은 한국 교회에서, 백인들은 백인 교회에서 더 편함을 느끼는 것에 놀랍지 않고 또 흠이라고 여길 수 없다.

그러나 장벽들이 무너졌고, 동질 원리—그 모든 실제에도 불구하고—가 교회를 인도할 수는 없다. 문화적인 선호는 그리스도 안에서 뒷자리를 차지해야 한다. 가장 중요한 이슈는 항상 '정체성'이다: 우리를 정의하는 가장 강력한 실제는 무엇인가—그리스도인가 문화인가? 문화는 중요하지만—실로 우리의 삶의 구조의 필연적인 부분—문화가 아니라 그리스도가 삶의 주요한 정의를 제공하신다. 문화는 그리스도가 표현되는 수단이고, 그 메시지는 그리스도 자신이시다. 인종적인 교회들이 문화를 보존하기 위해 존재하는가 그리스도를 촉진하기 위해 존재하는가? 사람들은 우리의 모든 교회들의 실제적인 중심이 주님이 아니라 우리의 문화라는 인상을 자주 받는다. 그런 태도는 바뀌어야 한다.

교회는 문화를 사용할 때, 문화를 적용해야 할 때, 문화에 도전해야 할 때를 아는 것에 민감해야 한다.[83] 교회는 장벽이 무너졌음을 보여야 한다. 대부분의 교회들이 문화적으로 획일적이라는 것은 당황스럽다. 교회의 일원들은 그들이 문화적으로 경제적으로 정치적으로 또는 사회적으로 다를지라도, 자신들이 그리스도 안에서 다른 사람들에게 관심을 갖고 있다는 것을 보여야 한다. 다문화적인 상황에서 획일적인 교회는 실패다. 교회는 다른 문화의 크리스천들과의 연합을 보이고, 정의를 추구하고, 문화적 인종적 노선을 넘어서서 복음을 전파하여야 한다. 우리는 장벽이 무너졌음을 보여야 한다.

교회는 평강의 기구다. 이 본문에서 논의된 평화는 좋은 내적 감정에 관한 것이 아니라 관계에 관한 것이다. 너무 많은 사람들이 종교에 대해서 왜곡된 개념을 갖고 있다. 말하자면 종교는 홀로 있을 때, 조용할 때, 하나님에 관해서 생각할 때만이 행하는 것이라고 여긴다. 그들은 하나님과의 수직적인 관계가 사람들과의 수평적인 관계와 연관되고 표현된다는 것을 잊는다. 본문은 "그는 '나의' 화평이신지라"고 말하지 않고 "그는 '우리의' 화평이신지라"고 말하고 있음을 유념하다. 교회는 이것을 알고 하나님이 모든 그의 창조에서 화평을 구현하실 날을 고대하며 평강을 구현하는 사람들의 무리다. 교회에서 평강에 대한 하나님의 역사는 교두보이고 이미 나타났다. 기독교인들은 정의상 평강의 사람들이다. 그것은 우리가 수동

83. H. Richard Niebuhr, *Christ and Culture*(New York: Harper & Brothers, 1951)에 의한 고전적인 논의를 보라.

적이거나 조용한 것을 의미하지 않는다. 오히려 평강의 사람으로서 우리는 정의를 위해 힘쓴다.

우리의 교회에서 화평은 드물게 주어지는 가치다. 우리는 화평이 마지막 종말에 속하게 되는 정도로 문화의 불안정성을 가정했다. 그러므로 주요한 가치는 "내식으로 하는 것"과 "내가 말한 대로 믿는 것"에 두어진다. 크리스천들이 평화보다 분열로 더 특징지어진다. 그러나 화평은 바울이 문제를 해결했던 기준이라면, 화평이 우리를 위해서도 역시 규제적인 능력을 보유해야 한다. 즉 화평이 우리의 마음과 교회를 통치해야 한다. 교회에서 화평이 기회를 얻어야 한다. 전쟁을 위한 수많은 학교가 있고, 아마추어와 전문가들이 전쟁을 연구한다. 사람들은 거의 평화를 연구하지 않는다. 교회는 사람들이 화평을 연구하고 실천하는 곳이 되어야 한다. 그러나 다시금 조심성이 요구된다. 화평은 수동성을 의미하지 않는다. 이사야 57:21이 "악인에게는 평강이 없다"고 우리에게 상기시키고 있다면 평강에 관한 초점은 의와 정의에 집중하는 것을 의미할 것이다.[84]

크리스천들은 집합적인 무리다. 현대의 복음주의자들은 기독교를 개인의 종교로서 초점을 맞추는 경향이 있다. 교회의 실패가 자주 사람들이 이런 선택을 하게 만들었지만, 신약성경은 "론레인저"(혼자만)의 기독교를 알지 못한다. 개인과 개인의 믿음이 중요하지만 기독교인의 믿음은 집합적인 신앙이다. 어떤 이가 그리스도로 세례를 받을 때, 그는 그리스도의 몸 안으로 세례 받는 것이다(고전 12:13; 갈 3:27-28). 믿음의 실제에서 이 부분을 소홀히 해서는 안 된다. 사람들은 개인으로서 하나님과 관계하지만 그 초점은 집합적이다.[85] 수평적인 관계에서 수직적인 관계가 실행된다. 복음은 사람들이 '사회론' 적인 차원을 실현하는 방식으로 제시되어야 할 필요가 있다.

교회에서 아주 많은 그룹으로의 분열은 수치스러운 일이다. 나는 교회의 모든 부분이 일치해야 한다는 것을 주장하고 있지 않다. 목표가 연합의 구조를 형성하는 것에 있지 않고 그리스도 안에서 연합된 삶에 있다. 너무 자주 크리스천들이 그리스도 안에 있는 것보다 기독교의 명칭에 더 관심이 있다. 그들은 루터파, 침례파, 또는 그밖에 다른 것일 수 있으나 그것이 주체가 될 수는 없다. 구조에 초점을 맞

---

84. 각주 20에서의 작품들과 Wink, *Engaging the Powers*, 175-257을 보라.

85. 하나님은 개인들에게 내재하시지만, 크리스천들이 함께 모일 때 질적으로 다른 방식으로 경험된다. 그렇지 않다면, "두세 사람이 내 이름으로 모인 곳에는 나도 그들 중에 있느니라"(마 18:20)와 같은 말씀이나 성전의 용어에 관한 것이 필요 없었을 것이다.

추는 것이 아니라 교회가 그리스도 안에서 연합에 초점을 맞추어야 하지 않는가? 교회는 복음적이면서도 연합적이어야 하지 않는가?

연합에 초점을 맞추는 것이 교리의 약화를 가져오는 것과는 상관이 없다. 연합은 그 자체로 '신학적인' 필연성이 있다. 크리스천들이 연합을 이루기 위해서 복음의 진수를 희생할 수는 없다. 그것은 기독교적인 연합이 아니기 때문이다. 그러나 우리의 대부분의 분열은 정당성이 없이 발생했고, 보통 비기독교적인 태도와 행위가 수반되었다. 우리는 연합을 누릴 때 불일치를 관용할 준비가 되어야 한다. 하지만 명확한 신앙의 중심적인 기조—성경의 권위, 그리스도의 신성, 그리스도의 죽음과 부활—는 축소되어서는 안 된다. 이런 중심적인 특징이 없다면 우리는 더 이상 '기독' 교회가 아니다.

올바른 교리를 충실하게 붙드는 것만으로 믿음을 변호하기에 충분하지는 않다. 그리스도인의 태도와 실천 그리고 연합을 충실하게 붙들 필요가 있다. 소위 정통 교리의 옹호자들이 왜 은혜를 보이는데 그토록 어려운 시간을 갖는가? 은혜를 보이면서 동시에 정통적이고 관대할 수는 없는가? 정통은 사람들을 은혜롭게 해야 한다. 핵심은 믿음의 내용과 행위가 그리스도에 의해 결정된다는 것을 아는데 있다.

교회는 그리스도에게 중심하고 있다. 공동체는 다양한 이유를 위해 존재할 수 있지만, 기독교회는 그리스도와 그의 목적 때문에만 존재한다. 기독교는 한 인격에 중심한 종교다. 교회는 사람들의 특성이 아니라 그리스도의 인격을 둘러싸고 모인다. 그리스도의 죽음과 부활의 의미를 떠나서는 교회가 존재할 이유가 없다. 교회는 공동체이고, 전승과 의식을 갖고 있지만 이런 것들에 대한 것이 아니다. 교회는 예수 그리스도에 대한 것이고, 다른 여러 형태의 모습들은 교회에서 그리스도의 역할을 보여주기 위해 있다. 유대교에 종교적으로 헌신함이 없이 유월절과 같은 사건을 지키고 유대적이 될 가능성이 있다. 하지만 기독교 공동체는 그리스도 이외에 존재할 다른 이유를 갖지 못한다. 그리스도는 우리의 화평이시다. 그는 우리 모두가 연합되는 분이시고, 하나님께 나아갈 수 있게 하시는 분이시며, 건물이 세워져가는 모퉁잇돌이시다.

따라서 교회의 활동은 그리스도에 대한 이런 중심적인 포커스를 반영해야 한다. 오직 그때만이 신자들이 그들의 사명을 완수할 수 있다. 이런 주장은 제한을 두려는 것이 아니라 그리스도가 하나님의 목적의 핵심 포인트이고, 모든 것들이 수렴되는 분이시기 때문이다(1:10). 교회의 의제(어젠더)는 모든 주제들이 순서를 갖게 되는 그리스도시다.

결과적으로 그리스도에 대한 가르침과 설교가 초점이 되어야 한다. 이것이 2:17에서 평화에 대한 가르침과 2:20에서 "사도들과 선지자들"에 관한 언급에 함축되어 있다. 이 전체 단락이 그리스도가 이룩하신 것을 강조하고 있는 것처럼, 교회는 항상 그의 평강의 메시지를 선포하고 사람들에게 그리스도가 가져오신 변화의 의미를 가르쳐야 한다. 교회는 말과 행위로 그리스도를 교통한다. 만약 그렇지 않다면, 교회가 되기를 멈춘 것이다.

이 본문의 사회론적인 차원은 복음전도와 사회 정의의 분리를 배제시킨다. 그러한 이분법을 허락해서는 안 된다. 또한 복음전도를 근심지향적인 설득적 결정으로 간주할 순 없다. 복음전도는 말과 행위로 그리스도와 함께 진정으로 살아가는 것을 의미한다. 유감스럽게도 교회들이 너무도 자주 그리스도를 제시하는 것에 불편을 느끼고, 현재 상태를 유지하는 것으로 만족하고 있다. 이런 교회들은 변화와 그리스도가 가져오신 특권에 그리스도 중심적인 초점을 요구하는 이 본문을 유념하는 것이 가장 필요하다.

교회는 사람들이다. 우리가 더 잘 알고 있을 때조차도, 프로그램을 생산하는 물리적 구조나 조직적인 실체로서 교회를 생각하는 경향이 있다. '교회'란 용어의 그러한 의미는 파생된 의미다. 신약성경에서조차도 '에클레시아'란 용어는 비기독교인들의 "모임"[86]으로 사용되었고, 바울은 크리스천들에게 이 용어를 적용할 때 단지 "모임"이나 "회합"을 의도했다. 물리적인 구조나 조직이 교회가 되는데 필수적이 아니었다. 사람들이 하나님이 거하시는 이 건물을 형성하는 돌들이다.[87]

이 말은 물리적인 건물이나 조직을 얕보는 것을 의도하고 있지 않다. 도움 되는 공간이 예배와 사역을 가능하게 하고, 조직이 임무를 용이하게 한다. 하지만 이것이 교회는 아니다. 우리가 교회가 사람이라는 것을 기억한다면, 몇 가지 의미가 뒤따른다. (1) 교회는 더 이상 다른 사람들이 지켜볼 수 있도록 몇몇 사람들이 행하는 프로그램으로서 인식되어서는 안 된다. 모든 사람들이 참여자이고, 동시에 무리로 같이 있는 사람들에게 내재하시는 하나님과 교제하고 그를 예배하는 것이다. (2) 사역은 단지 목회자들만이 아니라 모든 사람들을 위한 것이다. 사람들이 하나님이 거하시는 성전이다. (3) 가치가 사람들에게 두어진다. 건물이 유지되고 프로그램이

86. 예를 들어, 행 7:38; 19:32, 39, 41; 참조. 히 2:12(NIV, "회중").

87. 바울은 보편적인 측면에서 교회를 말하지만, 로버트 뱅크스(Robert Banks)가 지역교회를 천상 교회의 눈에 보이는 표현으로 간주해야 한다고 말한 것은 옳다. *Paul's Idea of Community: The Early House Churches in Their Historical Setting*(Grand Rapids: Eerdmans, 1980), 47을 보라.

진행되는 한, 사람은 중요치 않다는 인상을 때로 받는다. 미국의 평균적인 교회는 자금의 대부분을 건물과 내부적인 활동에 바친다. 우리가 건물과 제도만큼이나 사람들에게 투자한다면?

극장에 앉아 있는 한 배우가 주변 사람들을 둘러보며 "이것이 나의 교회다"라고 말했다. 모든 사람들이 교회, 곧 당신이 의미를 찾기 위해서 그리고 당신의 충성을 주장하기 위해서 가는 곳을 갖고 있다. 어떤 이에게는 그것이 술집일 수도, 어떤 이에게는 그것이 운동장일 수도 있다. 크리스천에게서 그것은 그리스도가 규범이 되고 충성이 지불되는 곳이다.

에베소서 3:1-13

1 이러므로 그리스도 예수의 일로 너희 이방
인을 위하여 갇힌 자 된 나 바울이 말하거
니와
2 너희를 위하여 내게 주신 하나님의 그 은혜
의 경륜을 너희가 들었을 터이라
3 곧 계시로 내게 비밀을 알게 하신 것은 내
가 먼저 간단히 기록함과 같으니
4 그것을 읽으면 내가 그리스도의 비밀을 깨
달은 것을 너희가 알 수 있으리라
5 이제 그의 거룩한 사도들과 선지자들에게
성령으로 나타내신 것 같이 다른 세대에서
는 사람의 아들들에게 알리지 아니하셨으니
6 이는 이방인들이 복음으로 말미암아 그리스
도 예수 안에서 함께 상속자가 되고 함께
지체가 되고 함께 약속에 참여하는 자가 됨
이라
7 이 복음을 위하여 그의 능력이 역사하시는
대로 내게 주신 하나님의 은혜의 선물을 따
라 내가 일꾼이 되었노라
8 모든 성도 중에 지극히 작은 자보다 더 작
은 나에게 이 은혜를 주신 것은 측량할 수
없는 그리스도의 풍성함을 이방인에게 전하
게 하시고
9 영원부터 만물을 창조하신 하나님 속에 감
추어졌던 비밀의 경륜이 어떠한 것을 드러
내게 하려 하심이라
10 이는 이제 교회로 말미암아 하늘에 있는 통
치자들과 권세들에게 하나님의 각종 지혜를
알게 하려 하심이니
11 곧 영원부터 우리 주 그리스도 예수 안에서
예정하신 뜻대로 하신 것이라
12 우리가 그 안에서 그를 믿음으로 말미암아
담대함과 확신을 가지고 하나님께 나아감을
얻느니라
13 그러므로 너희에게 구하노니 너희를 위한
나의 여러 환난에 대하여 낙심하지 말라 이
는 너희의 영광이니라

원 의미

바울이 사용하고 있었던 동일한 묘사적인 송영 형태가 이 장을 통해서도 계속된다. 그가 이 시점에서 하고자 했던 것은 1:15-23에서 그러했던 것처럼 그가 그들을 위해서 어떻게 기도하고 있었는지를 설명하려는 것이다. 하지만 3:1과 14을 살필 때, 2:1-5에서처럼 바울이 어떤 생각을 시작하고, 분기(diverte)시키며, 그 다음에 그의 본래의 생각으로 되돌아가고 있음을 보여준다. 3:1에서 그는 그들을 위한 기도를 묘사하기를 시작하고 있지만, "이방인들"에 대한 언급은 그가 이방인에 대한 그의 사도적 사역과 그 의미를 언급하는 것으로 인도한다. 그때에 3:14

에서 그는 그의 기도로 되돌아간다. 3:14-21이 1:15-23과 평행인 것처럼, 3:2-13은 많은 면에서 1:3-14과 평행이다. 두 단락은 "경륜",[1] "은혜", "계시", "신비", "영광", 그리고 "하나님의 목적"을 강조한다.

특히 "은혜"(2, 7, 8절)와 계시에 대한 용어에 주어진 특출함을 보라. "계시"(3절), "나타내다"(5절), "알려지다"(3, 5, 10절), "전하다"(8절), "드러내게 하다"(9절), "신비"(3, 4, 9절). 1-10절에서 "나"와 "너희/너희의", 11-12절에서 "우리/우리의", 그 다음에 13절에서 "나"와 "너희"로의 대명사에서 변화를 역시 참조하라. 또한 이 단락과 골로새서 1:25-2:3에서 밀접한 평행이 있다.[2]

구조. 헬라어 원문은 두 개의 긴 문장으로 구성되어 있다(1-7절과 8-13절). 따라서 이런 구조를 갖는다.

A. 이방인을 위한 죄수 바울(3:1)
B. 은혜의 청지기이자 복음의 종 바울(3:2-7)
C. 바울의 복음의 목적(3:8-13)

M. 바르트는 3:2-13을 3:1에 대한 설명으로 간주하였지만 그것들은 설명보다는 더욱더 부연에 가깝다.[3] NIV는 편리를 위해서 7절을 8-13절과 같이 둔다. 이 구절들이 7절을 설명하고 있기 때문이다. 2-7절과 8-13절 사이에는 상당한 중복이 있다. 둘 다 은혜와 계시에 초점을 맞추고 있기 때문이다. 계시가 그리스도 안에서 알려진 신비에 초점을 맞출지라도(4절과 8절), 그리스도와 이방인에 대한 구원이 실제적인 초점은 아니다. 오히려 여기서 바울의 메시지는 더 높은 목적, 즉 하나님 자신의 계시이다. 하나님은 계시자이시고 계시되는 분이시다(2-3, 8, 10절). 2, 3, 5절, 그리고 8절에서 수동태의 사용을 참조하라. 그 모든 것은 "신적인 수동태다"(하나님의 행위를 묘사하기 위해서 사용된 수동태).

죄수 바울(3:1)

"이러므로"는 2장 전체가 아니라면, 적어도 2:11-22을 가리킨다. 생명을 주고

---

1. 1:10(NIV, "운영하다")와 3:2.
2. 저자의 문제에 관한 이 구절들의 영향에 대해서는 서론의 pp. 32-33을 보라.
3. Barth, *Ephesians*, 1:359-60. 이 항목은 바울의 투옥만이 아니라 그의 전반적인 사역의 특징을 설명해준다.

이방인들을 포함하는 복음은 바울이 이 글을 쓰고 있는 주요한 목적이다. "나 바울"은 뒤이어지는 것을 강조하는 방법으로서 그의 서신에서 여러 번 사용된다(고후 10:1; 갈 5:2; 골 1:23; 살전 2:18; 몬 19). 바울이 어느 감옥에 있었는지는 논쟁이 되지만,[4] 어느 결정도 이 서신을 독법하는 데 영향을 주지는 않는다. 바울이 "그리스도 예수의 죄수"라는 것이 중요하다. 그는 그의 구금에 대해서 로마인들을 비난할 수도 있었고, 심지어 유대인들을 비난할 수도 있었지만 그에게서 그들의 연관은 우연적이다. "그리스도 예수의"를 어떻게 이해해야 하는가? 그는 그를 위한 그리스도의 직접적인 목적으로서 감옥에 있게 되었다고 여기는가? 그러므로 사실상 그리스도가 그를 구금하였는가?[5] 또는 바울은 그리스도를 위한 그의 봉사의 일부로서 그의 현재의 상황을 그리스도를 위한 것으로 보고 있는가? 둘 다 가능하기는 하지만 6:20과 골로새서 4:3이 후자를 선호하는 것으로 보인다.[6] 어느 경우에도 그리스도는 바울을 붙드시는 분이시다.

바울이 구금되었던 유일한 이유는 이방인들이 유대인과 동일하게 하나님께 나아갈 수 있게 되었다고 생각했기 때문이다. 만약 그가 유대인들에게 선교하여 유대 크리스천들을 얻는 것에만 만족하였다면, 또는 그가 이방인들을 저급한 수준으로 간주하였다면, 그는 감옥에 있지 않았을 것이다.[7] 그러나 바울의 소명의 목적은 이방인들 사이에서 믿음의 순종을 가져오는 것이고(롬 1:5; 갈 1-2장), 믿음이 구원의 핵심이라면, 유대인과 이방인은 동등한 수준에 있다.

은혜의 청지기이자 복음의 종인 바울(3:2-7)

"확실히"(3:2, 개역개정은 번역해 놓고 있지 않음-옮긴이)는 이방인들이 복음에 대한 바울의 책임에 대해서 들었다는 것을 암시한다. 그것은 "내가 당연하게 여기는 것처럼"을 의미한다. 바울은 하나님의 은혜를 이방인들에게 집행할 책임이 있다. '오이코노모스'("청지기")와 관련된 "집행"(경륜"-개역개정, '오이코노미아)은 청지기의 직무와 책임의 집행을 가리킨다(그 용어는 1:10에서도 역시 사용

4. 에베소와 가이사랴 또는 로마를 선택할 수 있는데, 이 중에 마지막 둘이 가능해 보이고, 그중에 로마가 가장 그럴 법해 보인다(p. 35를 보라).
5. 행 20:22-23; 21:4, 10-14은 성령이 예루살렘으로 바울이 가게 한 것(직역하면 20:22은 "성령에 묶여"이다)과 투옥에 대해 예언적인 경고 모두를 강조한다.
6. 또한 4:1; 몬 1, 9-10, 13; 딤후 1:8. 16을 보라.
7. 또한 롬 15:30-32과 살전 2:14-16을 보라.

되고 있다[NIV, "이루다"]; 3:9).[8] 바울은 하나님의 은혜를 책임 맡고 있는 청지기다. 그가 그의 임무에 실패한다면, 이방인들이 하나님의 은혜를 빼앗길 것이다.

7-8절에서 "은혜"는 바울에게 부여된 선물이고, 9절에서 집행되는 것은 "신비"('미스테리온')다. "은혜"와 "신비"는 밀접하게 연관이 있다. 둘 다 집행되고 있을 뿐 아니라, 3:3에서 은혜의 경륜은 직접적으로 신비의 계시와 연관된다. '미스테리온'은 바울서신에서 21번 나타나는데, 그중에 여섯 번이 에베소서에 나타난다(1:9; 3:3, 4, 9; 5:32; 6:19). 이전에 지적했던 것처럼,[9] 이 용어는 알려지지 않은 어떤 것을 가리키는 것이 아니다. 오히려 셈어적인 상황에서 그것은 하나님이 드러내셨기 때문에 알려진 것을 가리킨다. 여기서 더 구체적으로 그것은 이방인들이 그리스도 안에서 동등하게 포함된 계시를 가리킨다(특히 3:6을 보라). 골로새서 1:26에서 신비는 하나님의 말씀이지만,[10] 다음 구절은 초점이 이방인들을 위한 복음에 있음을 보여준다. 그때에 골로새서 2:2-3에서 신비는 그리스도 자신에게로 축소되고, "그 안에 지혜와 지식의 모든 보물들이 감추어져 있다"(참조. 그리스도 안에서 통일되는 만물에 초점을 맞추었던 엡 1:9에서 '미스테리온'). 우리는 '신비'가 만물이 그리스도 안에서 통일될 계시를 가리키고, 특히 유대인과 이방인들이 통일된다고 결론지을 수 있다.[11] "그리스도 안에서"는 신비를 이해하는 핵심요소이다. 그 어구는 이중적인 연합—그리스도와의 연합과 그리스도 안에서 유대인과 이방인의 연합—을 가리킨다.[12]

이전의 서신?(3:3). 불확실성이 "내가 이전에 간단히 기록함과 같으니"란 언급에서 존재한다. 그것은 동일한 문서(즉, 에베소서)에서 이전에 말했던 것을 가리킬 수 있거나 이전의 다른 문서를 가리킬 수 있었다.[13] 우리가 독자들이 골로새서나 로마서를 접근할 수 있었다고 가정한다면, 그것은 이전의 문서를 가리킨다고 주장할 수 있었다. 그러나 1:1-2에서 수신자의 주소지에 대한 확인을 하기 어렵다는 사실에 비추어 볼 때, 수신자에 대해서 어느 것도 가정할 수가 없다. 대부분의 주석가들은 바울이 1:9-10이나 2:11-22을 가리키는 것으로 인정한다.[14] 이것은 3:4이 특

---

8. 고전 9:17(NIV, "신뢰"), 골 1:25(NIV, "위임") 그리고 딤전 1:4(NIV, "일하다")에서 바울의 다른 곳.
9. pp. 67-68에서 1:9에 관한 언급을 보라.
10. 참조. 롬 16:25-27; 고전 2:1; 엡 6:19; 골 4:3.
11. Chrys C. Caragounis, *The Ephesian Mysterion*, 특히 118을 보라.
12. 하나님과 인간 그리고 유대인과 이방인간에 2:16에서의 이중적인 화해와 유사함. Stott, *God's New Society*, 117을 보라.
13. 롬 15:4에서 그 용어의 사용을 참조하라.

이하게 보일지라도 가장 안전한 이해이다. 그렇다면, 그때에 4절은 사실상 "당신이 2:11-22을 읽었다면, 내가 그리스도 안에서 하나님의 계시의 의미를 파악했던 통찰을 알 것이다"를 의미한다.

새로운 계시(3:4-6). "그리스도의 신비"(4절)를 "그리스도에 대한 신비" 또는 "그리스도이신 신비"로 이해할 수 있다.[15] 골로새서 4:3로 인해 전자가 더 가능성이 있어 보인다. 계시는 그리스도에 초점을 맞춘 것이지만, 에베소서 3:6이 보여주는 것처럼, 더 좁은 초점은 유대인과 이방인들을 통일시킨 것에 대한 그리스도의 의미에 있다.

이전 세대들에게는 없었으나 "이제"(5절) 종말론적으로 나타난 계시의 개념(9절)은 복음을 묘사하는 많은 본문들과 유사함으로[16] 일부 학자들은 그것을 "계시의 도해"라고 말한다.[17] 지혜, 복음, 신비, 시대, 계시, 그리고 이방인들이 이 본문들의 여러 곳에서 수렴되고 있음이 두드러진다.[18] 신약성경에서 복음은 계시의 복음이다: 하나님이 구원하시는 하나님으로서 그 자신을 계시하신다. 이 단락의 삼위일체적인 초점을 역시 주목하라.

NIV의 "다른 세대들에서의 사람들"(5절)은 사실상 이중적인 복수인 특이한 어구의 의문이 가는 번역이다: "사람들(인간들)의 자녀들[아들들]"(신약성경에서 이 어구의 유일한 다른 출현인 막 3:28을 참조하라). "사람의 아들"(단수)이 일반적으로 인간을 가리키거나 선별된 개인들(특히 예수)을 가리킬지라도,[19] 복수는 모든 인간을 가리킨다. 이 구절은 구약성경에서 이방인들이 하나님의 목적에 포함되었다는 것을 부정하지 않지만,[20] 이전의 계시는 유대인과 동등한 입지에서 하나님이 받으신 이방인들에게 초점을 맞추지는 않았다. 그 대조는 "성령으로" 있게 된 종말론적인 계시의 의미를 조명해준다.

하지만 그 계시가 모든 크리스천들에게로 확대될지라도(1:9), 근본적인 계시는

---

14. 대표적인 것으로서 Caragpimos, *The Ephesian Mysterion*, 99-100; Schnackenburg, *Ephesians: A Commentary*, 132을 보라.
15. 각기 목적격 속격 또는 설명적 속격
16. 롬 16:25-27; 고전 2:6-16; 골 1:26-27; 딤후 1:9-11; 딛 1:2-3; 히 1:1-2; 벧전 1:19-21을 보라.
17. 예를 들어, Lincoln, *Ephesians*, 170. "Gospel in Romans: A Theology of Revelation," *Gospel in Paul*, eds. L. Ann Jervis and Peter Richardson(Sheffield: Sheffield Academic Press, 1994), 292-96에서 롬 16:25-27을 내가 다룬 것을 보라.
18. 롬 16:25-27; 고전 2:6-16; 엡 3:2-13; 골 1:25-2:3.
19. 각각 시 8:5과 겔 2:1의 70인경을 보라.
20. 창 12:3; 신 32:43; 사 2:2; 11:10; 49:6을 보라.

오직 확실히 선별된 개인들에게 있다. "사도들"은 부활하신 그리스도를 보았고 복음의 의미에 대해서 통찰이 주어지고 그것을 전달할 책임이 있었던 최초의 사도들을 가리킨다.[21] "선지자들", 분명히 신약성경의 선지자들은 일반적으로 초대 교회에서 선지자들을 일반적으로 일컫지 않고, 복음이 이해되고 활성화되는 구조에 도움을 주었던 계시를 받은 사람들을 일컫는다.[22] 이 사람들은 믿음이 성장하는 기준을 제공했다. 다른 사람들이 이방인들 사이에서 사역했을지라도, 바울은 독특한 소명을 받았지만, 그는 계시를 받은 것에서 유일하지 않다(행 15:6-29; 갈 2:1-10). 에베소서 3:5은 상당한 수의 사람들이 하나님의 성령으로부터 계시를 받았다는 것을 암시하고, 그중에 어떤 것들은 바울이 초대교회에서 적용했던 찬미와 고백적인 진술에서 반영되었을 것이다.

계시에 대한 주요한 강조는 이방인들에 대한 "증거"다. 그것은 두운법으로 헬라어 원문에서 강조된다(3:6, '쉰클레로노마 카이 쉬스소마 카이 쉼메토카' —"함께 상속자가 되고, 함께 지체가 되고, 함께 약속에 참여하는 자").[23] 약속이 이전에 이스라엘에게 만들어졌지만, 지금 이방인들이 유대 크리스천들과 "함께 상속자"가 되고(참조. 롬 8:17; 벧전 3:7), 모든 혜택을 온전히 공유하게 되었다. "기업"이란 용어는 구원에 대해서 말하는 기독교적인 방식이었다—하나님이 사람들을 전수하시거나 사람들이 하나님으로부터 기업을 받는다는 측면에서 말이다.

부여된 계시(3:7). 복음에서 오는 계시는 사람들이 이해할 수 있을 뿐 아니라 그들이 계시자를 위한 봉사로 모집된다. 바울은 "하나님의 은혜의 선물"로 인해 종이 되었다. 바울은 의무가 부여되었다. 이 구절에서 "은혜"는 바울의 구원과 관련한 것이 아니라 그의 사역과 관련한 것이다. 은혜를 통해서 그는 복음의 종이 되었다. 은혜는 하나님과 그리스도를 연결시켜줄 뿐 아니라 서로를 연결시켜준다. 아울러 은혜는 역시 우리를 위임하고 능력을 부여한다. 바울은 자신이 독자들을 위해서 기도했던 것을 몸소 경험했다(참조. 1:19; 3:16).

---

21. "거룩한"이 "사도들" 앞에 오고, "그의"(NIV, "하나님의")가 직시 뒤따르고 있기 때문에 혹자는 사도들만이 거룩하게 불리어진다고 생각한다(Lincoln, *Ephesians*, 179; Schnackenburg, *Ephesians, A Commentary*, 133-34을 보라). 이것은 불필요한 결론이다. NIV는 "성령으로"를 "예언자들"보다는 "계시된"과 올바르게 같이 취한다.
22. pp. 168-169의 2:20에서 이 문제에 관한 논의를 보라.
23. 이 서신에서 14번의 '쉰'("with") 복합어 중에 세 번이 이 구절에서 나타난다. NIV는 본문에 "이스라엘"을 추가한다.

복음의 목적과 의미(3:8-13)

고린도전서 15:9에서 바울은 자신을 "사도 중에 지극히 작은 자"로 일컬은 반면에 여기서 그는 "모든 하나님의 백성들의 지극히 작은 자보다도 못한"이라고 말한다.[24] 사도가 된 특권을 인식함에도 불구하고, 그는 자신이 교회를 박해하였기 때문에 거부되어야 했다고 느꼈다. 하지만 그는 선택되었다. 그 선택은 그의 능력에 기초한 것이 아니라 하나님의 은혜에 기초한 것이다. 그가 이루었던 어느 것도 그 안에서 역사하시는 하나님의 능력에 따른 결과였다.[25]

선포하고 드러내는 것(3:8b-11). 은혜는 그에게서 세 가지 목적을 위해 주어졌다. (1) 이방인들에게 그리스도의 부요함을 전파하는 것(8절), (2) 신비의 경륜을 알리는 것(9절), (3) 하나님의 지혜를 하늘의 영역에 통치자들과 권세들에게 알리는 것(10절). 이것들은 분리된 세 목적이 아니다. 이 모든 세 가지는 계시에 초점을 맞추고 있기 때문이다. 어떤 해석적인 결정을 하느냐에 달려있을지라도, 첫 두 목적은 본질적으로 동일하다.[26] 반면에 세 번째 목적은 다른 두 목적에 따른 결과다. 이방인들이 그리스도의 부요함을 이해할 때, 교회는 하나님의 지혜가 통치자와 권세자들에게 알려지는 곳이 될 것이다. 결국에 세 목적은 하나다—하나님이 유대인과 이방인을 구원하시고 연합하시는 자로서 자기 자신을 계시하시고 있는 복음을 알리는 것. "측량할 수 없는 그리스도의 풍성함"(3:8)으로 바울은 그리스도 안에서 가능한 측량할 수 없거나 다함이 없는 근원을 의미한다—즉, 구원과 생명과 만물을 통일시키시는 은혜와 능력.

"비밀의 경륜이 어떠한 것을 드러내게 하려 하심이라"(3:9)는 불분명하다. "드러내게 하다"는 크리스천이 눈을 밝히는 것에 대해서 1:18에서 사용된 것과 동일한 동사다. 하지만 누가 이 신비를 관장하는가. 그리스도, 하나님, 바울, 또는 교회?[27] 대부분의 사람들은 3:2-3과 골로새서 1:25에서 유사한 용어로 보건대, 그것

24. 일부 주석가들은 바울의 이름에 언어유희를 제기한다. 라틴어로 '파울루스'가 "작은"을 의미하기 때문이다(Bruce, *The Epistle to the Ephesians*, 63).

25. 고전 15:8-10과 딤전 1:12-17을 보라.

26. Paul S. Minear, *To Die and to Live: Christ's Resurrection and Christian Vocation*(New York: Seabury, 1977), 94-95은 처음 둘에서 청중을 구분한다. 첫 번째 목적은 이방인들에게 초점이 맞추어져 있고, 두 번째 목적은 유대인과 이방인들의 연합에 초점이 맞추어져 있다.

27. Barth, *Ephesians*, 1:343은 그리스도가 이 책임을 갖고 있다고 주장한다. Lincoln, *Ephesians*, 184은 그것이 하나님이 그의 목적을 드러내기 위해서 일하시는 행위를 가리킨다고 말한다.

이 바울을 가리킨다고 생각한다.[28] 바울은 이 신비를 이해되게 하는 강력한 책임을 느꼈다(2-5절과 9절 사이에 평행을 참조하라).[29] 그는 모든 이들이 하나님 안에서 감추어진 비밀을 알기 원했지만 이제 이방인들이 유대 신자들과 동등하게 하나님에 의해 수용된다는 것이 알려졌다. 9절에서 창조에 관한 언급과 11절에서 하나님이 영원하신 목적에 관한 초점은 그리스도 안에서 새 창조와 하나님의 원 창조, 그리고 역사를 통한 행위 사이에 연속성을 강조한다.

에베소서 3:10은 교회에 대한 높고 우주적인 역할을 할당한다. 교회는 하나님의 지혜가 "하늘의 영역에서 통치자들과 권세자들에게" 나타나는 통로다. 전처럼, "하늘의 영역"("하늘에 있는"—개역개정)은 어떤 장소라기보다는 영적인 실체, 즉 우리가 보는 것을 넘어선 실체를 가리킨다.[30] 교회의 역할에 대한 이런 묘사는 바울서신의 다른 곳이나 신약성경에서는 유례가 없다. 몇 가지 선택들이 가능하다.

(1) 교회는 하나님의 지혜를 선한 천사들에게 알려준다(벧전 1:12).[31]
(2) 교회는 하나님의 지혜를 악한 세력들에게 알린다. 그들의 회심을 가져오고,[32] 그들의 패배를 선언하며,[33] 그들을 놀라게 하기 위해서다.
(3) 교회는 하나님의 지혜를 인간 제도와 구조에 알려 그들의 행위를 변화시키게 한다.[34]
(4) 전술한 것들의 조합.

"통치자들과 권세들"에 대한 에베소서의 초점은 악한 세력들과 관련이 있는 것

28. "모든 사람"이 본문에 속하는지의 문제는 복잡하다. 그것이 이 본문에 속해 있다면, 그 초점은 복음을 위한 바울의 책임에 있다. 만약 그렇지 않다면, 그 초점은 새로운 계시를 위한 '그들의' 책임에 대해서 다른 '크리스천들' 을 계몽하는 바울의 임무에 관한 것이었을 수 있다.

29. 참조. 고전 4:1, 거기서 바울은 자신 그리고 자신과 같은 다른 사람들이 하나님의 신비에 관한 청지기들로 고려되어야 한다는 것을 요청한다.

30. pp.58-60을 보라.

31. Stott, *God's New Society*, 124은 McKay, *God's Order*, 61을 인용한다. 맥케이는 선한 영과 악한 영에게 알려진다고 생각했다.

32. Walter Wink, *Naming the Powers, vol. 1: The Powers*(Philadelphia: Fortress, 1984), 89, 93-96. G. B. Caird, *Principalities and Powers*(Oxford: Clarendon, 1956), 28, 81은 이것을 일찍이 논증했다. 윙크는 그의 해석의 난해함을 인정할지라도, 그는 민족들의 회심은 그 민족들의 '천사들' 에 대한 계시를 필요로 한다고 생각한다. 내가 평가할 때, 그는 너무 많이 가정했고, 이 구절을 과도하게 해석했다.

33. Schnackenburg, *Ephesians: A Commentary*, 140.

34. Barth, *Ephesians*, 1:365.

이지 선한 천사들이나 인간의 제도가 아니다. 그러므로 이 구절은 하나님을 적대하는 이들에게조차 하나님의 영광이 나타났다는 맥락에서 이해해야 한다. 1:19-22와 골로새서 2:15에서 바울은 십자가와 부활에 기초한 기독론적인 측면에서 권세의 패배를 선언한다. 여기서 그는 이 선언을 반복할 필요를 갖지 않는다. 오히려 그는 유대인과 이방인의 연합에서 나타나는 하나님의 장엄함에 초점을 맞춘다. 교회의 존재와 행위는 하나님의 구원 계획이 얼마나 위대한가를 알리는데 있다—사람들과 권세들에게. 이것은 교회의 유례가 없는 중요성을 제공한다.

"영원하신 목적"("영원부터…뜻"—개역개정)은 직역하면 9절에서 "과거 시대"와 1:9-11에 하나님의 목적에 관한 논의와 연관된 "시대들의 목적"이다. "이루어진"("예정하신"—개역개정)의 과거시제를 주목하라. 믿음의 "아직 아닌"이 여전히 여기에 있지만, 하나님의 목적은 이미 그리스도 안에서 성취되었다. 남은 것은 이미 이루어진 것의 전개다. 다시 한 번 에베소서는 '하나님'이 그리스도 안에서 이룩하신 것에 초점을 맞추면서 신중심적이다.

특권과 인내(3:12-13). 본문은 다시 그리스도 안에서 가능해진 특권으로 돌아간다. 3:12에서 NIV의 번역은 심미적이지만 본문의 의미를 약화시킨다. 보다 문자적인 번역과 NIV를 비교한 것은 이런 난해한 문제를 드러낼 것이다.

NIV: "그 안에서 그리고 그 안에서 믿음을 통해서 우리는 자유롭고 확신 있게 하나님께 나아갈 수 있다."

더욱 문자적으로는: "그 안에서 우리는 '그의 신실하심'[또는 그 안에서의 믿음]을 통해서 담대함을 갖고 확신 있게 가까이 나아간다."

개역개정: "우리가 그 안에서 그를 믿음으로 말미암아 담대함과 확신을 가지고 하나님께 나아감을 얻느니라."

보다 문자적인 번역은 본문의 강력함과 2:18에서 "아버지께 나아감"과의 연관을 보여준다. 두 명사들("담대함"과 "나아감")은 한 개념, 즉 히브리서 4:16에 가까운 사상을 표현하는 것으로 합세한다.[35] 바울의 관심은 장래의 어떤 날에 하늘에 나아갈 수 있다는 것이 아니라 지금 현재에 하나님께 나아갈 수 있다는데 있다.

35. 또한 히 10:19을 보라. 그것은 성소에 들어가는 "담대함"에 관해서 말한다. NIV는 히브리서의 양 단락에서 "확신"을 사용하여 "담대함"('파르레시아')이란 용어를 번역하지만 3:12에서 "확신"은 '페포이데시스'를 번역하고 있고, "자유"는 '파르레시아'를 사용하는데 사용된다.

NIV가 문장의 시작에 "그 안에서 믿음을 통해"를 두었지만 그렇게 함으로써 확신과 신실/믿음간의 연관을 상실한다. 헬라어 '피스티스'는 "신실함"/"믿음"을 의미할 수 있다. NIV는 '피스테오스 아우투'(직역하면, "신실함/'그'에 대한 믿음")를 "그 안에서 믿음"으로 이해하였다.[36] 보다 설득력 있는 이해는 인간의 믿음에 전혀 초점을 두지 않고 그리스도의 신실하심에 두는 것이다.[37] 크리스천이 갖는 어느 확신도 우리의 믿음에 있지 않고 그리스도의 신실하심에 있다[38](참조. 롬 8:35-39).

문자적인 번역은 역시 13절과의 연관을 바람직하게 해준다. 아버지 하나님께 가까이 나아가고 그리스도의 신실하심에 기초한 확신으로 인해 바울은 독자들에게 그들을 위한 그의 고난에 대해서 낙심하지 말 것을 독자들에게 요구한다. 이것은 13절이 12절과만 오직 관련이 있음을 암시하는 것은 아니다. "그러므로"는 3:2-12 모두를 취하고, 12절은 바울의 논의를 요약하고 있기 때문이다. 복음은 유대인과 이방인을 동등하게 하나님께 나아갈 수 있게 한다. 바울의 고난이 그의 독자들의 "영광"이었다는 사상은 처음에는 낯설어 보이지만 바울은 그의 투옥을 그리스도를 위한 그의 봉사, 즉 이방인들을 높였던 봉사의 일환으로 간주했다. 그가 이방인들에게 전파하는 것으로 인해 감옥에 갇혔다면, 어떤 이들은 이 이방인들을 위해 싸웠고, 또 이방인들의 위치에 관심을 주었다(참조. 롬 11:13; 빌 1:12-30; 골 1:24-27).[39] 그가 투옥되었다고 낙심해서는 안 된다. 오히려 낙심스러운 일은 이방인들에 대한 사역을 위해 투옥되는 것을 기꺼워하지 않는 것이다.

---

36. 목적격 속격으로서의 '아우투.'

37. Barth, *Ephesians*, 1:347. 이것은 "그리스도 안에 믿음"이나 "그리스도의 신실"로 번역될 수 있었던 단락에 대한 바울신학에서의 더 큰 논쟁의 일부분이다(롬 3:22, 26; 갈 2:16; 3:22; 빌 3:9을 보라). *Society of Biblical Literature 1991 Seminar Papers*, ed. E. H. Lovering, Jr.(Atlanta: Scholars Press, 1991), 714-29와 730-44에서 각기 Richard Hays, "ΠΙΣΤΙΣ and Pauline Christology: What Is at Stake?"와 James D. G. Dunn, "Once More, ΠΙΣΤΙΣ ΧΡΙΣΤΟΓ,"에 의한 논의를 보라.

38. NIV는 확신이 인간의 믿음에서 출원한다는 사상을 피하기 위해서 순서를 재배치했다.

39. 13절을 다른 방식으로 이해할 수 있다. (1) 나는 당신이 마음을 상실하지 않을 것을 간구한다, (2) 나는 내가 마음을 상실하지 않을 것을 하나님께 간구한다, (3) 나는 당신이 마음을 상실하지 않을 것을 하나님께 간구한다. NIV는 첫 번째 선택을 취하고 "낙심한"이란 말을 사용한다. 두 번째 선택은 이 문맥에서 바울의 태도에 적합한 것으로 보이지 않지만 생각할 만한 여지가 있다(참조. 고후 4:1—"이러하므로 우리가 이 직분을 받아 긍휼하심을 입은 대로 낙심하지 아니하고"). 세 번째 선택도 역시 생각해볼 만한 가치가 있다—사실상 그들이 마음을 상실하지 않게 될 것을 위한 기도.

상황잇기

이 본문은 대단히 개인적이고, 바울의 1세기 책임에 초점을 맞추고 있다. 얼핏 보기에 우리는 이 본문이 우리와는 상관이 없다고 결론짓고, 따라서 다음 단락으로 재빠르게 이동한다. 사실상 이런 일이 에베소서를 주석할 때에 자주 일어난다. 이것은 유감스러운 일이다. 바울의 소명과 사도들과 선지자들에 대한 계시를 되풀이할 수는 없을지라도, 이 구절들에서 구현된 신학들은 우리의 삶에 중요하다. 교회에 대한 바울의 묘사와 현재 우리의 경험간의 간격이 너무 크다. 상황잇기는 이 목적을 위해서 대대적인 재구성을 요청할 것이다.

사역을 위한 은혜의 신학. 바울은 우리에게 익숙하지 않은 방식으로 은혜에 대해서 말한다. 그는 은혜의 "경륜"에 대한 책임이 자신에게 주어졌고, 하나님의 능력의 역사로 말미암아 은혜의 종이 되었으며, 그리고 이방인에게 복음을 전파하는 은혜가 부여되었음을 말한다. 우리가 보통 은혜를 구원에 관한 하나님의 신학으로 한정하지만, 이 본문은 '은혜가 역시 사역의 선물임' 을 우리가 깨닫게 한다. 선물은 항상 의무가 부여된다. 은혜는 항상 책임을 가져온다. 은혜는 결코 특권이 아니다. 이것이 1:4에 이미 내재되어 있었지만, 이제 우리는 바울의 삶에서 그것이 어떻게 작용했는가를 보게 된다.

바울은 자신을 '은혜의 매니저' 로 간주했다. 이방인들에 대한 그의 사역은 독특했지만 모든 크리스천들이 은혜의 매니저가 되어야 한다. 은혜를 받았던 사람들은 다른 이들에게 그것을 확대해야 한다(4:7과 모든 크리스천들에게 하나님의 은혜를 신실하게 전할 것을 가르치는 벧전 4:10을 특히 보라). 은혜를 받은 것이 봉사로 나아가게 해야 한다. 은혜는 연결시키고 모집하고 능력을 부여한다. 은혜를 우리가 수동적이 되지 않게 한다. 은혜는 우리 안에서 역사하시는 하나님의 능력이기 때문이다(또한 고전 15:10을 참조하라). 이것은 교회가 발견해야 하는 은혜의 신학이다.

고난의 신학. 인간의 고난에 대한 많은 것들이 이 본문의 관심사는 아니지만, '사역' 에서 고난이 언급된다.[40] 바울의 투옥은 고난이며 잠재적인 곤란이었다. 그러나 놀랍게도 그는 그의 곤란에 거의 초점을 맞추지 않는다. 즉 고난에 관한 바울의 신학은 고난이 아니라 주님과 복음과 사람들에게 초점이 맞추어져 있다(참조. 빌 1:12-30). 그의 신학은 자신의 상황보다 더 큰 것을 인식하고 있다. 참으로 그의 투

40. 고린도후서, 빌립보서, 또는 골 1:24-29은 사역에서 고난에 관한 폭넓은 설명을 제공한다.

옥은 삶을 위협하는 것이 아니라, 그가 이루기 위한 일의 일환으로 제한되고 속박되어 있을 뿐이다.[41] 다시 한 번 이슈는 무엇이 삶을 정의하느냐 하는 것이다. 바울의 환경은 부수적인 요인일 뿐이다. 그것이 그의 존재를 결정짓지 못한다. 오직 복음만이 그를 결정짓는다.

바울은 자기 자신을 그리스도의 갇힌 자와 복음의 종으로 묘사한다. 다른 곳에서는 자기 자신을 그리스도의 노예로 묘사한다(예. 롬 1:1). 이런 칭호들은 어느 것도 보통 바라는 바가 아니지만, 바울은 그런 칭호들을 영예의 표지로 사용하고, 그리스도에 대한 충성을 표현한다. 그가 행한 것과 그에게 일어난 것은 그리스도에 대한 그의 봉사의 일환이다. 그리스도가 그를 규정하는 것이지 환경이 그를 규정하지 못한다. 그가 죄수라면 그리스도의 죄수다.

고난을 긍정적으로 간주했다. 3:13에서 분명히 바울은 그의 고난을 긍정적으로 간주한다. 그의 고난에 대해서 낙심하기보다 그것을 좋게 느끼기를 독자들에게 원한다. 다른 본문들로부터(예. 골 1:24) 우리는 그가 그리스도를 위해서 고난을 받는 것을 기뻐했다는 것을 안다. 두 가지 서로 다른 신학이 여기서 고난에 관한 긍정적인 견해의 배후에 작용하고 있다. (1) 바울은 고난이 다른 사람들을 위해서 그리스도의 죽음과 부활과 일치하는 수단이기 때문에 그 고난을 기뻐한다. 그리스도와 더불어 상속자가 되는 것은 그를 위한 고난을 전제한다.[42] (2) 바울의 특별한 고난은 이방인들을 하나님의 목적에 포함시키는 하나님의 지혜와 사랑의 증거다. 그것이 그의 사역에 대한 관심을 가져온다. 바울은 그가 경험하고 있는 것에서 긍정적일 수 있고, 또 그의 독자들이 긍정적이 될 것을 요구한다. 그는 그의 고난을 자기 안에서 역사하시는 직접적인 은혜의 결과로서 간주하기 때문이다. 하나님을 위한 행위의 특권과 하나님께 나아가는 것은 곤란을 훨씬 능가한다.

우리의 고난은 아마도 바울의 고난과 같지 않을 것이지만, 십자가와의 동일시는 선택적인 것이 아니고 항상 소중하다. 우리는 진정으로 주님처럼 자기를 내어주는 사랑을 보일 수 없고, 또 우리 자신을 섬겨서도 안 된다. 우리를 규정하는 것은 그리스도로부터 와야지 우리의 환경으로부터 와서는 안 된다.

계시의 신학. 이 단락에서 묘사된 바울과 여타 사람들에 대한 하나님의 계시는 독특하고, 1세기의 선별된 사람들에게로 제한된다. 하지만 그것은 여전히 세 가

---

41. 6:20; 행 28:20; 딤후 1:16을 보라. 빌립보서에서 그가 동일한 태도로 죽음에 직면했음을 역시 참조하라.

42. 롬 8:17; 고후 4:10-11; 13:4-5; 빌 1:29을 보라.

지 이유 때문에 우리와 신학적으로 관계가 있다. (1) 복음의 가치는 아주 분명하다. 복음은 삶을 변화시키기 위해서 계시된 좋은 소식이다. 그것은 좋은 개념일 뿐만 아니라, 하나님의 은혜에 초점을 맞춘 하나님의 계시이자 하나님에 의한 계시다. 이 복음은 하나님의 영원하신 목적과 그리스도가 가져오신 새로운 환경을 보여준다.

(2) 하나님은 계시하시는 하나님이심을 보여준다. 세대에 걸쳐서 감추어졌고 하나님이 자기 자신을 감추신다는 사실에도 불구하고(사 45:15), 그리고 우리가 하나님을 볼 수 없음에도 불구하고(골 1:15), 그는 자기 자신을 알리셨다. 궁극적인 계시가 성령에 의해서 그리고 그리스도 안에서 주어졌을지라도, 그리스도와 성령은 그들의 역사를 멈추지 않으신다. 무례하지만 않다면, 우리는 하나님이 여전히 그 자신을 알리신다는 것을 기대해야 한다.

(3) 이 단락은 성경의 교리에 중요하다. 마르쿠스 바르트(Markus Barth)는 이 단락 그리고 유사한 본문들에서 바울이 자신의 교리와 글을 규범화시키고 기독교 정경을 위한 길을 준비시킨 것으로 보인다고 제기한다.[43] 바울의 서신은 지역의 크리스천들이 모였을 때에 읽혀졌다. 초대 교회는 그러한 서신들, 구약성경, 예수의 말씀 그리고 초대 기독교 선지자들의 말씀을 제외하고는 규정짓는 것들이 없었다. 이와 같은 단락은 사도적 증거의 근본적인 특징을 강조한다. 이 초기 문서들에서 나타난 복음은 크리스천들이 그들의 삶을 살고 그들의 믿음을 이해했던 기준이다.

사역을 위한 계시. 바울의 사역은 계시에 대한 그의 확신에 기초해 있고, 그 계시의 선포에 초점이 맞추어져 있다. 동일한 것이 오늘날 기독교 사역에서도 여전히 실제한다. 그것은 하나님이 그리스도 안에서 독특하게 자기 자신을 나타내셨다는 확신에서 발생하고, 그 주요한 임무는 계시를 알리는 것이다. 바울의 사역은 그리스도의 헤아릴 수 없는 풍성한 좋은 소식을 선포하고 모든 이들에게 그 계시를 위한 책임이 있음을 밝히는 두 목적을 가졌다. 크리스천은 여전히 이 일을 위해서 사역해야 한다. 이는 말씀에 초점을 맞추고 말씀의 의해 진행되고 규정되는 말씀의 사역이다.

능력들에 대한 계시. 이 본문을 우리 시대로 가져오는데 있어서 가장 어려운 부분이 3:10과 관련이 있다. 하나님의 지혜를 능력들에게 우리가 어떻게 알게 하는가? 전술한 것처럼, 윙크(W. Wink)는 이것이 의미하는 바를 확신하지 못했지만, 능력

43. Barth, *Ephesians*, 1:362. 각주 16에서 언급된 단락들을 보라.

들에 대한 선포를 그들의 회심을 가져오는 것을 의미한다고 이해하였다. 그러나 이 본문을 적용함에 있어서 그는 능력들을 제도, 구조, 그리고 기구의 측면에서 정의하고,[44] 현대의 크리스천들은 이윤이 최종 목표가 되지 않아야 하고 거룩한 소명을 역시 가져야 한다는 것을 기업들에 요청하는 것을 듣게 된다.[45] 기업들에 대한 윙크의 메시지는 합법적이고 복음의 직접적인 추론이지만 그것이 3:10의 적용은 아니다. 나는 이것이 본문의 적용을 명확한 것에 초점을 맞추지 않은 한 부분—능력들에게 알게 하는 것—이라고 주장한다. 이 본문이나 다른 어떤 본문도 우리가 능력들에 대해서 어디서 어떻게 말할 수 있는지를 언급하지 않는다. 그 대신에 이 본문의 적용은 행사하도록 요청받은 역할을 완수하는 교회에 있다. 은혜의 메시지가 그 길을 찾고 연합이 형성되고 실천될 때, 능력들은 하나님의 다방면의 지혜를 알 것이다.

잘못된 전환. 우리가 2:20과 연관해서 보았던 것처럼, 이 단락은 사도들과 선지자들의 계속된 역할과 어떤 관계도 갖지 않는다. 이 문제는 4:11에서 논의할 때까지 기다려야 한다.

연합의 신학. 이방인들이 포함된 것에 대한 바울의 관심은 현대 교회가 갖는 어느 관심과도 거리가 있어 보인다. 어느 누구도 사도가 그렇게 열성적으로 싸웠다는 것을 의문하지 않는다. 사실상 이방인들이 교회에 우세했고, 소수의 유대 신자들은 당황했다. 그러나 다시 한 번 바울은 교회의 연합, 즉 2-5장을 지배하는 주제를 강조한다. 여기서 그의 초점은 이방인들이 소속되며, 이방인들이 유대 크리스천들과 동등한 위치에 있으며, 동일한 혜택을 받는다는 계시에 있다.[46] 이 연합은 예수 그리스도 안에 있는 것에 기초한다. 위치가 곧 정체성이다.[47] 하지만 그리스도 안에 있는 것이 정의상 이방인과 유대인들을 하나로 만들었다면, 그리스도 안에 있는 모든 다른 사람들과 우리가 동일하게 하나가 되어야 하지 않는가? 복음을 선포하는 것이 말씀의 일환으로서 연합에 관한 주장을 포함하는 것임을 알아야 하지 않는가? 유대인과 헬라인 사이에 구분이 없다. 이 본문에서 연합의 신학은 우리의 분열과 개인주의를 공격한다. 그리스도 안에 있는 것은 그리스도 안에 있는 모

---

44. Wink, *Unmasking the Powers*, vol. 2: *The Powers*(Philadelphia: Fortress, 1986), 173; *Engaging the Powers*, vol. 3: The Powers(Minneapolis: Fortress, 1992), 8-9. p. 202의 각주 32을 보라.

45. Wink, E*ngaging the Powers*, 68.

46. pp. 156-168과 175-176의 논의를 보라.

47. pp. 142-148을 보라.

든 사람들과 하나가 되는 것이다.

5절과 9-10절에서 "종말론적인 이제"는 현재의 새로운 삶에 초점을 맞출 것을 요구한다. 연합은 종말을 위한 어떤 목표가 아니라 지금 살아져야 하는 것이다. 이제 사물은 이전에 항상 있었던 대로가 아니다. 우리가 예수 그리스도 안으로 취해졌을 때, 우리는 우리의 다름과 상관없이 다른 크리스천들과 한 몸이 된다. 우리는 그리스도 안에서 모두 하나이다.

하나님과 함께 살아가는 담대함. 바울이 그의 교회들의 빈번한 실패로 보건대, 그가 낙심하지 않는 이유는 놀랍다. 고린도후서가 보여주는 것처럼(고후 1:6-11; 2:13; 4:7-18; 6:4-10; 11:21-33), 그는 낙심할 수 있는 순간을 맞았다. 하지만 그는 이런 문제들이 그의 교회와 그 자신을 위해서 잘 해결될 것을 확신했다. 예를 들어, 빌립보서를 보라. 바울은 낙심해야 했지만, 기쁨에 대해서 글을 썼다. 모든 상황에서 바울은 그가 직면한 문제에 대한 유일한 한 해결책을 가졌다: 복음과 그 의미를 적용하는 것.

바울은 독자들이 낙심하기보다 그의 확신을 공유하는데 열성적이었고, 다시 한 번 복음이 그의 접근을 형성한다. 낙심케 만드는 특별한 이유가 우리와는 거리가 있을지라도, 낙심은 여전히 우리를 위협하고 있다. 이런 낙심에 대한 해독제는 동일하고—복음—교회는 항상 확신을 필요로 한다.

우리는 "상대성의 시대"에 살고 있다. 절대적인 것이 우리 사회에서 많은 사람들에게서 존재하지 않는다. 진리는 어떤 이들을 위한 진리로 이해되고, 다른 진술들은 또 다른 사람을 위한 진리가 되고 있다. 진리에 대한 그러한 견해는 용인할 수 없으며, 확실히 확신에 대한 근거를 제공해주지 못한다. 확신은 확증에서 온다. 이 단락에서 우리의 삶에 부여된 담대함을 갖는데 있어서 가장 커다란 문제는 우리가 자주 복음의 진리를 확신하지 못한다는데 있다. 아마도 우리는 부주의하였을 수 있거나 메시지가 메신저에 의해서 너무 자주 왜곡되었다.

하나님은 참으로 그의 피조물을 위한 목적을 갖고 계시고, 구원하시는 하나님으로서 자신을 보여주셨다. 그는 사람들이 가족으로서 그에게 합세될 수 있도록 은혜를 주시고, 우리가 그에게 속한 것을 확신케 하신다. 또한 그의 신실하심을 확신케 하시며, 마지막 결과를 확신케 하신다. 하나님은 삶의 곤란과 기쁨에 직면하기 위해 필요한 것들을 우리에게 주셨다: 그는 우리에게 그 자신과 그의 좋은 소식을 주셨다.

현대적 의미

이 본문은 바울의 투옥으로 인해 낙심하지 말라는 것 외에는 독자들에게 아무것도 요구하지 않을지라도, 복음과 그 특권에 대한 묘사는 크리스천의 삶에 강력한 의미를 전달해준다. 이 본문의 적용은 거의 확실히 매우 필요한 정보를 제공해줄 것이다.

보물을 소중하게 여기기. 확실히 이 본문의 가장 중요한 적용은 그리스도 안에서 오게 된 계시를 향한 그의 태도를 재생산하는 것이다. 우리가 우리를 위한 하나님으로부터의 계시로서 복음을 소중하게 여기지 않는다면, 그것은 우리의 삶에 영향을 미치지 못할 것이다. 우리 모두는 가치 체계로부터 살고 있다. 자주 무의식적으로 어느 가치가 소중한지를 분석하지 않을지라도 말이다. 크리스천들은 다른 이들이 그렇게 하는 것처럼, 가치 체계를 왜곡시켰다. 가치는 전통, 교단 정치, 특별한 대의, 또는 복음적인 하부구조와 같은 종교적인 실체에 의해 할당된다. 너무 자주 크리스천들은 주변 문화의 가치 체계를 단순하게 채택하고 궁극적인 가치를 잊어버린다. 우리들에게서 한 가지 참되고 위대한 가치, 즉 "가장 소중한 가치의 진주"는 그리스도 안에서 하나님의 계시가 되어야 한다. 우리는 하나님이 참으로 그리스도 안에서 자기 자신을 계시하셨다는 확신이 필요하다.

이런 보물을 소중하게 하기 위해서 우리는 복음에 초점을 맞추어야 한다. 복음은 많은 것들 가운데 한 항목이 아니다. 복음이 바울이 가졌던 모든 것이고 우리가 갖고 있는 모든 것이다. 은혜와 죽음과 부활, 하나님 사람들과의 연합의 복음이 중심적인 위치를 차지해야 한다. 우리는 '복음의 사람들'이 될 필요가 있다. '복음적'이란 용어가 함축하는 것이 바로 그것이다.[48] 우리는 복음에 관심을 가져야 하고, 복음에 의해 정의되어야 한다. 우리의 문제를 복음에 적용함으로써 해결해야 한다. 다시 한 번 이것은 소위 기독교 하위문화를 포함하여 복음과 문화 간의 구분을 요구한다. 복음에 초점을 맞추는 것이 우리가 문화를 평가하고, 왜곡된 압력에 대항하여 맞서게 만든다.

더 많은 관심이 새로운 계시에 대한 연구와 옛 계시와의 관계에 주어져야 한다. 이것이 극단적으로 단순한 접근처럼 들린다면, 우리는 복음이나 "측량할 수 없고"(3:8) "다양한"("각종"—개역개정, 3:10)과 같은 용어들의 의미를 이해하지 못한 것이다. 이것은 "복음적"인 메시지에 단순한 초점을 주장하고 있는 것이 아니다.

48. 이 용어가 자주 논쟁되고 남용되어서 어떤 경우에는 거의 적합하지가 않다.

너무 자주 교회는 복음적인 메시지를 전하는 것으로서 복음에 초점을 맞춘 것이라고 생각했지만 그 과정에서 복음의 깊이와 내용을 선포하지 못하거나 알지 못했다. 복음은 단순히 천국에 도달하는 것에 관한 이야기가 아니라 영원만큼이나 지금의 삶에 대한 이야기다. 복음은 최초의 회심에 대한 것만큼이나 제자도에 관한 것이고, 개인의 믿음에 관한 것만큼이나 연합에 대한 것이고, 용서에 대한 것만큼이나 새로운 생명에 대한 것이다. 복음에 초점을 맞추는 것은 온전한 복음의 발견을 요구한다.

우리가 계시의 보물을 소중히 여길 것을 촉구함에 있어서 나는 계시의 특별한 이론에 관한 초점을 요구하고 있지 않다. 우리가 계시가 측량할 수 없고 다함이 없으며 우리의 이론이 항상 부적절할 수 있다는 것을 잊지 않는 한, 이론들은 좋다. 사람들은 보물을 소중하게 여기기 위해서 "무오류"와 동일한 말들을 사용하지 않아야 한다. 특별한 설명을 특별한 표현으로 설정하는 것은 잘못된 자료를 표준화할 가능성이 있고, 하나님의 계시를 손상시킬 수 있다(1:13). 어떤 이론들이 부적절한 반면에 어떤 다른 이론들은 합법적이고 유용할 수 있다. 하지만 우리의 이론들이 계시에 대한 대체물이 되어서는 안 된다. 우리는 우리의 이론이 아니라 계시를 연구해야 한다.

우리가 어떤 것에 두고 있는 가치가 우리가 그것을 위해 기꺼이 인내하는 고난을 결정짓는다. 우리는 매우 소중히 여기는 사람이나 소유물을 돌보기 위해서 엄청난 에너지와 자원을 확장시킬 것이다. 바울은 감옥에 갇힐 만큼 복음을 소중히 여겼다. 그는 디모데에게 감옥에 갇힌 자신을 부끄러워하지 말고 그와 함께 복음을 위해 고난을 받을 것을 요청했다(딤후 1:8). 우리는 복음을 위해 고난을 감내할 만큼 복음을 소중히 여기는가? 우리는 복음을 위해 감옥에도 갈 의지가 있는가? 우리 대부분의 사람들은 감옥에 직면하지 않을 것이나 무시를 당하고 성경을 연구하며 재정적인 투자를 하며 개인의 위험을 무릅쓰는 고난을 감내할 것인가? 우리는 그리스도와 함께 죽고 부활하기 위해서 생명을 찾기 위해서 생명을 잃을 준비가 되어 있는가?

계시를 소중히 여기는 것은 그것에 대한 책임이 있게 한다. 세상은 항상 복음을 보다 용인할 수 있는 것으로 제련하고 그리스도에서 다른 이슈로 초점을 바꾸기를 추구한다. 우리는 복음을 감당하고, 연구하고, 다음 세대에 전수하며, 중상과 변질이 없게 보호하며, 그것을 따라 살아야할 책임이 있다. 좋은 소식에 대해서 억제할 이유가 없고, 건강한 복음전도는 필연적인 결과다.

강력한 은혜. 은혜가 참여시키고 능력을 부여한다면, 교회는 왜 그렇게 수동적인가? 기독교는 행위의 종교는 아니지만, 여전히 행동의 종교다. 이 본문의 의미 있는 적용은 복음과 복음전도에 대한 우리의 이해와 관련이 있다. 너무 오랫동안 사람들은 "행동은 필요 없다"는 말을 듣고 수동적이 되는 것으로 만족했다. 하지만 당신은 기독교인으로서 수동적이 될 수는 없다. 랄프 왈도 에머슨은 "내가 아는 것만큼 행동한다"고 말했다.[49] 그것이 사실이라면, 많은 교회들이 어느 것도 알지 못하고 있다. 우리는 많은 교회들에서 들려지는 것보다 복음의 실제적인 선포를 필요로 한다. 은혜가 당혹스럽게 희석되어서 "값싼 은혜"가 고평가 되고 있기 때문이다.

우리는 행동의 복음으로서 복음을 제시해야 한다. 은혜는 항상 책임을 불러온다. 선물은 주시는 자와 분리될 수 없고, 주시는 자는 일하시는 분이시다. 우리는 은혜에 대한 새로운 이해를 필요로 한다. 오직 이해만으로는 충분치 않을지라도 말이다. 하나님과 그의 백성들 사이에 관계에 관한 신비에서 인간이 역시 여전히 중요하다. 우리는 행동에 대해 책임이 있고, 우리의 행동을 선택해야 한다. 복음에서 우리는 우리 자신을 주고 우리의 행동의 방향을 취하는 새로운 주님을 발견한다. 그것이 우리의 의지에 영향을 준다. 은혜는 선물로서 오지만 그 은혜가 우리를 참여시키고 능력을 부여하신다. 우리는 은혜의 청지기가 되어야 하고 다른 사람들에게 그 은혜가 작용하는 것을 보일 책임이 있다. 하나님으로부터의 모든 선물처럼, 다른 사람들에게로 나아가야 한다. 은혜가 우리를 보증하시고 부르시며 밀어당기시며 발전시키시며 우리에게 사역을 주신다. 사역은 은혜를 관장케 하시기 위해서 우리 안에서 역사하시는 하나님의 능력의 선물이다. 이 본문의 적용은 명확하다. 행동하라.

재정의된 사역. 은혜에 관한 그러한 이해는 사역에 대한 놀라운 재정의로 이끈다. 두 가지 요지가 주어진다. (1) 사역의 임무를 "부름 받은 자들"인 전문적인 목회자로 한정할 수 없다. 은혜는 우리 '모두'를 부른다. 목회자-평신도의 구분을 관용할 수 없고, 사역에 대한 책임은 목회자에게만 두어지지 않는다. 일부 사람들이 독특한 책임을 갖는다 할지라도, 모든 크리스천들이 은혜의 관리자가 되어야 하고 복음의 종이 되어야 한다.

(2) 암묵적으로 우리는 사역을 하나님에 대한 우리의 선물로 생각하지만 바울은

49. Ralph Waldo Emerson, "The American Scholar," *The Complete Essays and Other Writings of Ralph Waldo Emerson*, ed, Brooks Atkinson(New York: The Modern Library, 1950), 52.

자신에 대한 하나님의 선물로 사역을 생각했다. 우리가 그것을 진지하게 취할 때, 그것은 우리의 관점을 바꾸어놓는다. 사역은 참아내야 할 고단한 일이나 하나님이 우리에게 빚을 지시는 것이 아니다. 사역은 확실히 획득하고 보존하는 직업이 아니다. 오히려 사역은 하나님의 은혜에서 기원하고 하나님의 은혜의 표현이다. 사역은 우리를 통해서 하나님으로부터의 은혜가 다른 사람들에게 자연스럽게 흘러나가는 것이다.

이 단락이 모든 크리스천들과 관련이 있을지라도, 전문적인 사역을 하는 사람들에게 특히 적용이 된다. 사역자들은 아주 고되고 지쳐서 사역이 하나님으로부터 그들에게 온 선물이라는 것을 거의 인식하지 못한다. 교회 안의 사람들은 자주 사역자들을 공격하고, 쓸데없이 사역을 피곤하게 만든다. 하지만 이는 목사들이 은혜를 관리하지 못하게 가로막는 그들의 역할을 스스로 인정하였기 때문이다. 만약 목사들이 그들에게 주어진 진정으로 하나님의 은혜의 청지기가 되는 것으로 돌아갈 수만 있다면? 교회와 목사청빙위원회는 목사들이 하기를 원하는 것을 결정하는데 많은 어려움을 겪는다. 주요한 질문은 "이 목회자가 은혜를 설명하고 보여주고 나누어줄 수 있는가?"가 되어야 한다.

다시 한 번 은혜는 인간의 자아를 공격한다. 우리 모두는 우리가 왜 "모든 성도 중에 지극히 작은 자보다 더 작은"(3:8)지에 대한 좋은 이유를 알고 있다. 하지만 보통 그러한 생각들이 오도되거나 잘못된 겸손으로 이끈다. 은혜에 대한 인식은 우리가 과거의 실패 때문에 도피하거나 하나님이 할당하신 임무를 위해서 우리 자신을 너무 작게—또는 너무 크게— 보지 않게 한다. 우리가 우리 자신을 과도하게 평가하거나 다른 사람들을 축소시키지 않게 한다. 하나님이 모든 성공에 대한 책임을 가지신 분임을 인식하고 있기 때문이다. 다시 말해서 은혜는 삶에 대한 확신, 즉 하나님에 기초한 확신을 준다.

연합된 삶. 우리는 교회의 연합에 관한 강조와 정확히 이 영역에서 현대 교회의 실패를 살피지 않고는 이 단락을 넘어갈 수가 없다. 우리는 연합이 아니라 분열을 알고 있다—이 주제에 대해서 4장과 5장에서 강력하게 다룰 것이다. 이미 우리는 요구된 것을 안다. 우리는 연합해서 살아야 한다. 우리는 다른 크리스천들을 좋아하고 그들처럼 되거나 그들에게 동의해야 하는 것을 요구받고 있는 것이 아니라, 우리가 그들과 하나이고 동일하신 주님과 동일한 은혜를 공유하고 있다는 것을 인식해야 한다. 우리는 몸의 한 부분이 다른 부분을 인정하지 않을 수 없듯이 다른 사람들을 인정하지 않을 수 없다. 이 본문이 강조하는 것은 연합이 비본질적인 결과론이나 믿음의 부산물이 아니라 기독교의 핵심이라는 사실이다. 그리스도 안에서 오게 된 계시는 연합에 대한 계시였다. 우리가 연합을 선포하지 않는다면, 복음을 선포하지 않은 것이다. 우리가 연합해서 살지 않는다면, 우리는 복음의 영향을 놓치고 있는 것이다.

우리가 다른 이들을 향해 갖는 태도는 기본적인 것이다. 우리의 교회는 사람들이 동등한 가치가 있다는 것을 알게 함으로써 은혜와 수용성을 보여주는가? 아니면 오만과 우월성의 태도를 암묵적으로 전달하고 있는가? 인종적인 문제에 대한 이 본문의 적용은 명확하고 필연적인 것이지만,[50] 다른 종류의 분열도 역시 존재하고 있다. 낯선 교회에 들어온 많은 사람들(또는 심지어 익숙한 교회라도), 연합을 느끼지 못한다. 교회들이 연합하게 만들지 못하는 것들을 전달하고 있지는 않은가? 우리는 언어나 태도로 영적인 엘리트주의나 연합에 대한 장애를 만드는 문화적인 분위기를 전달하고 있지는 않은가? 교회가 해야 하는 것은 예배에서든, 세례의식에서든, 그리고 성찬이나 선교에서든 연합을 표현해야 한다. 문화, 인종, 음악 형태, 또는 전통 간의 차이가 분명히 있겠지만, 더욱 분명해야 하는 것은 그리스도 안에서 존재하는 연합이다. 그룹들이 다양한 관심이나 형태로 형성되겠지만 이 그룹을 받쳐주는 것은 그리스도에 대한 공통된 헌신에서 오는 진정한 연합이 되어야 한다.

사실상 연합이 목표가 아니라 그것은 필연적인 부산물이다. 연합은 그리스도 없이는 올 수가 없다. 이 연합은 그리스도에 기초한 연합이다. 하지만 너무 좁게 다른 종류의 크리스천들을 거부할 수는 없다. 분리에 대한 이유가 존재하고, 복음의 정의가 그러한 이유의 핵심에 놓이게 될 것이다. 하지만 유감스럽게도 세대를 통해서 교회는 연합보다는 분열에 더 관심이 있었다. 대부분의 경우에 분열은 오늘날 개성, 자아, 그리고 교리보다 문화로 인해서 발생한다. 우리는 연합의 측면에서 교회를 재정의할 필요가 있다.

우리는 사람들이 얻을 것을 찾아보기 위해서 교회로 나가는 시대에 살고 있다. 심지어 예배조차도 자아추구적인 활동이다. 크리스천들은 예배의 일부로서 그들의 연합을 표현하는 것을 훈련할 필요가 있다. 우리는 그리스도를 고백하는 사람들과 서로 공개적으로 의지적으로 제휴할 수 있어야 한다. 우리는 서로 현존하고 있는 분열을 '저항' 해야 한다. 크리스천의 연합은 하나님의 목적의 지혜를 보여주

50. pp. 172-173, 177-178, 185-186을 보라.

고, 연합하는 행위가 우리의 예배의 일부가 되어야 한다.

연합에 대한 관심은 무엇보다도 기독교 그룹의 지도자들의 책임이다. 그들은 분위기를 조성하고 설명하며, 그 그룹이 마땅히 되어야 하는 것에 모범이 되는 사람들이다. 그런데도 유감스럽게 지도자들이 능력에 관한 그들 자신의 이해에 의해 오도되어 연합이 효과적이지 못했다. 우리의 모든 기관들은 분열과 불화를 창출한 지도자들의 역사를 갖고 있다. 매번 그로 인해 사람들이 상처를 받고 냉소적이 되었으며, 교단은 덜 효과적이게 되었다. 크리스천의 연합은 기관을 재형성하고 관리 형태를 결정짓고 고용하고 훈련하는 일에서 유력한 능력이 된다. 세상은 기독교인들이 우리가 말하는 것에서 모델이 되는 일을 시작하기를 기다리고 있다.

연합에 초점을 맞춘 삶의 결과는 '회심이 사회적'이라는 더 큰 깨달음이 있게 된다. 그것은 항상 사람들의 무리 속으로의 회심이다. 이것은 두 가지 방식으로 우리의 조망을 변화시킨다. (1) 우리가 복음전도를 행하는 방식은 놀라운 의미를 갖는다. 개인과 교회는 자신들이 그리스도를 반영하거나 그 이미지를 왜곡시킬 것을 더욱더 인식하기 때문이다. 아울러 개인과 교회들이 사람들이 그리스도에게로 나아오는 것을 어렵게 하거나 쉽게 할 수 있다는 것을 더욱더 인식하기 때문이다. (2) 우리는 그리스도 안에서 다른 사람들과 한 몸이 되었다는 것을 진지하게 취해야 한다. 기독교는 공동적인 종교다. 기독교는 '코이노니아', 즉 연합된 나눔을 강조한다. "나와 예수"에만 초점을 맞춘 개인의 믿음은 공동적인 신앙을 이룰 수 없다. 그러한 개인주의적인 접근은 나르시즘의 또 다른 형태일 뿐이다.

교회 대 교회. 삶은 자주 이상을 이루기 위한 노력을 형성한다. 에베소서에서 교회의 모습은 이상을 제시하지만 바울은 이상주의적인 몽상가는 아니었다. 그는 그의 교회의 실패를 잘 알았다. 하지만 그는 그의 독자들에게 이상을 제시하는 것을 피곤해 하지 않았다. 바울에게서 그가 묘사했던 이상은 실제적이었다. 그것은 하나님이 형성한 것이었다. 우리는 그리스도와 함께 일어나서 하나가 되었다. 존재하는 분열은 왜곡일 뿐이다.

3:1-13에서 묘사된 교회는 우리가 아는 교회와는 상당히 다르다. 우리 사회에서 교회는 점차적으로 비효과적이고, 무관계한 것으로 간주된다. 교회가 삶의 실제적인 문제를 다루지 못하는 분열된 사람들로 붐빈다. 많은 크리스천들이 그 이상을 알지 못하거나 그 이상에 도달하는 것을 포기했다. 또 다른 사람들은 지루함이나 은혜와 연합의 부족으로 인해 공동체로부터 이탈했다. 교회가 이럴 수밖에 없는가 아니면 다른 교회가 존재하는가?

바울이 편지를 썼던 교회들은 대부분의 경우에 작은 가정교회들이었고, 다른 사람들의 평가에 의한다면 사소한 그룹이었다. 하지만 그는 그 교회들의 다국적인 특성과 우주적인 영향에 대해서 말했다. 다른 유대인들처럼, 그는 창조가 창조자의 연합을 반영하는 것이고, 메시아의 공동체는 종말론적인 연합을 시작시킨다고 생각했다.[51] 그는 교회들을 하나님의 종말의 공동체의 원형이자 능력들에 대한 증거로서 "하나님의 나라의 기능적인 전초기지로" 보았다.[52] 우리 대부분에게서 교회는 봉사로 옷 입혀진 장소다. 다소 우리는 이것을 넘어서서 하나님의 목적이 구현되고 하나님이 추구하는 연합이 실천되는 곳으로서 교회의 중요성을 발견해야 한다.

확신 있게 살기. 인생은 쉽지 않은 싸움이다. 고난, 악, 죽음이 우리를 둘러싼다. 실망과 낙심이 우리가 느끼는 삶의 방식을 자주 특징짓는다. 이런 삶의 방식 속에서 우리가 그런 고난을 부정하지 못한다면, 냉소와 회피가 불가피하게 뒤따른다. 하지만 이 본문은 우리가 확신 있게 살아야 한다고 제기한다. 우리가 실제적이면서 확신 있게 살아가는 것이 가능한가?

너무도 자주 크리스천들은 그들 자신을 설득하는 것처럼 그리스도 안에서 확신에 대해서 배우고 확신의 영성을 시도한다. 보통 이런 노력은 실패하고 불평이 따른다.

이제 여기서 당신은 믿음을 갖지만
당신의 피터팬은
당신이 얼굴에 상처를 갖지 말라고 조언한다
그렇지만 당신은 그 압력을 다룰 수가 없다.[53]

고난에 대한 부인이 해결책이 아니다. 바울은 고난이 있음을 알았지만 여전히 확신했다. 그는 고난을 분명하게 바라보았다. 하지만 그것이 궁극적이 아니라는 것을 알았다. 어떤 상황이 닥치든 간에 그리스도는 바울의 존재를 결정짓는 분이셨다. 그러한 확신은 어느 고난도 다룰 수 있는 "안정감"을 준다.

고난은 우리 모두에게 찾아온다. 어떤 고난은 우리가 십자가와의 동일시로 선

51. Hanson, *The Unity of the Church in the New Testament*을 보라.
52. Lincoln, *Ephesians*, 364.
53. 이 가사들은 빌리 조엘(Billy Joel)의 노래인 "압박"(Pressure)에서 가져왔다.

택하고, 어떤 고난은 우리가 선택하지 않지만 불가피하게 찾아온다. 우리는 이런 고난을 통해서 나아가야 하지만 결코 혼자가 아니다. 낙심할 수 있지만 그것이 종착역이게 할 수는 없다. 크리스천들은 하나님께 나아갈 수 있는 기쁨을 누리고 하나님 앞에서 확신 있게 설 수 있다. 하나님과 하나님의 복음에 대한 인식이 우리를 낙천가가 되게 한다. 우리는 하나님이 역사하시고 있음을 알고, 또 설사 인식하지 못할지라도 하나님의 장래의 승리가 이미 결정되었다는 것을 알고 있다. 상황이 아무리 나쁘다할지라도 우리는 넘어지지 않는다. 하나님이 우리를 지원하시고 있기 때문이다(참조. 롬 8:35-39). 크리스천은 하나님께 속한 것의 일부로서 죽음과 고난을 '소유한다'(고전 3:22-23). 외적인 환경이 낙심의 원인이 될 수는 없다. 무슨 일이 일어나고 우리가 어디에 있든지 간에 우리는 그곳에서 그리스도와 함께 그리스도를 위해 있다. 하나님의 은혜를 누리면서 말이다. 이것이 크리스천의 정체성이다.

이 말이 단지 좋게 들리는 말뿐으로 들리는가? 낙심이 찾아올 때 우리는 무엇을 하는가? 한탄, 심지어 항거는 합법적인 반응이다. 선지자와 시편기자들도 그것을 보여준다. 하지만 그들은 그 한탄 속에서 경외와 겸손을 역시 보여준다. 따라서 그 한탄은 항상 신뢰와 경배로 끝난다. 낙심을 해결할 수 있는 열쇠는 하나님과 그의 목적으로 항상 돌아가는 것이다.

에베소서는 낙천적이고 격려적이다. 낙심의 가장 커다란 위협은 현대 교회들이 그 저자가 묘사하는 것과는 거리가 있다고 에베소서의 독자들을 보는데 있다. 교회는 과연 에베소서가 묘사하는 것을 이룰 수 있는가? 바울은 이미 이루어지고 있다고 말할 것이다. 그것을 위해 살라.

세 가지 잘못된 전환들. 담대함에 대한 언급을 적용하기를 추구할 때에 세 가지 잘못을 삼가야 한다. (1) 하나님께 나아가는 담대함을 하나님 앞에서 경박할 수 있는 것으로 오인해서는 안 된다. 담대함과 경외, 심지어 하나님에 대한 적절한 두려움은 밀접히 연관되어 있다. 이것은 하나님 앞에 자유로이 나아갈 수 있고 속해 있다는 담대함이다. 그것은 하나님과 그의 뜻을 아는 것에서 과도한 확신이 아니며, 또한 마치 하나님을 우리가 명령하는 것처럼 주제넘게 기도하는 것도 아니다.

(2) 확신은 오만이 아니므로, 우월감에 대한 생각을 다른 사람들에게 전달하지 않아야 한다. 담대함과 겸손도 밀접하게 연관이 있다.

(3) 담대함은 아무것도 하지 않아도 되는 것처럼 수동성으로 생각해서는 안 된다. 잘못 이해된 확신의 극단적인 예는 한 사람이 눈속에 갇혀 트럭 안에 있었을

때에 발생했다. 그는 하나님이 자신을 돌보실 것으로 생각하고서 9주 동안을 굶주리다가 죽고 말았다. 그는 안전하고 눈이 치워진 포장도로로 몇 마일을 걸어 나가지 않았다. 이것은 확신이 아니라 지혜의 부족이다. 확신은 행동하게 한다. 확신은 수동적이게 하지 않는다.

역설의 삶. 이 단락과 연관해서 바르트는 크리스천의 삶을 역설적인 존재로 묘사한다.[54] 바울은 죄수이지만 하늘에서 그리스도와 함께 앉아 있었다. 바울은 가장 작은 자보다 더 작았지만 계시의 수령자였다. 그는 고난 가운데서 영광을 발견했고, '이제 하지만 아직 아닌'을 알았다. 그는 우리가 새로운 피조물임과 만물을 창조하셨던 영원하신 하나님의 목적을 강조했다. 그는 생명을 얻기 위해서 생명을 잃는 것이 무엇을 의미하는지를 알았다. 크리스천의 삶은 긴장의 삶—창조적이고 평화로운 긴장[55]—이고 균형과 깊이의 삶이다.

에베소서 3:1-13은 믿음에 대해서 단순한 대답을 할 수 없게 만드는 풍성한 본문이다. 그리스도 안에서 사는 것은 이 본문이 지적하는 복잡함으로 들어가는 것이거나, 바울이 묘사한 것처럼, 그리스도 안에서 발견된 '충만함'으로 들어가는 것이다. 이와 같은 본문은 우리가 기독교의 이름으로 자주 선전되는 단순한 대답을 넘어서게 만든다. 은혜의 깊은 곳에서 삶의 위험을 무릅쓰게 만든다. 그것을 위해 가라!

54. Barth, *Ephesians*, 1:357.

55. C. F. D. Moule, "'The New Life' in Colossians 3:1-17," *RevEx*, 70(1973), 481-493, 특히 481-82을 보라.

에베소서 3:14-21

14 이러므로 내가 하늘과 땅에 있는 각 족속에게
15 이름을 주신 아버지 앞에 무릎을 꿇고 비노니
16 그의 영광의 풍성함을 따라 그의 성령으로 말미암아 너희 속사람을 능력으로 강건하게 하시오며
17 믿음으로 말미암아 그리스도께서 너희 마음에 계시게 하시옵고 너희가 사랑 가운데서 뿌리가 박히고 터가 굳어져서
18 능히 모든 성도와 함께 지식에 넘치는 그리스도의 사랑을 알고
19 그 너비와 길이와 높이와 깊이가 어떠함을 깨달아 하나님의 모든 충만하신 것으로 너희에게 충만하게 하시기를 구하노라
20 우리 가운데서 역사하시는 능력대로 우리가 구하거나 생각하는 모든 것에 더 넘치도록 능히 하실 이에게
21 교회 안에서와 그리스도 예수 안에서 영광이 대대로 영원무궁하기를 원하노라 아멘

원 의미

이 단락은 3:1에서 시작된 사상을 재개한다. 그것은 2-13의 분기에 의해 방해를 받았다. '만약' 바울이 1:23 이후에 기도하는 것을 멈추었다면, 그는 이제 독자들에게 그들을 위한 바람을 설명하기 위해서 기도의 형태로 다시 돌아가고 있다. "이러므로"(14절)는 2장에서 묘사된 구원과 특권을 가리킨다. 내용과 구조의 측면에서 이 기도와 1:15-23에서의 기도에 유사성이 있다.[1] 사랑(1:4), 영광(1:6, 12, 14), 그리고 성령(1:13-14)에 관해 초점을 맞춘 최초의 송영과 연관이 역시 있다. 능력, 지식, 내적인 생명, 그리고 충만함에 대한 말에 특출함이 주어진다. 다시 한 번 이 단락은 강력하게 신중심적이고 삼위일체적이다.[2]

구조. 기도는 분명하게 구분되는 세 부분으로 나뉜다: 기도에 대한 서론(14-15절), 기도에 대한 묘사(16-19절), 그리고 송영(20-21절). 14-19절의 헬라어 원문은 한 긴

1. p. 89을 보라.
2. 골 2:6-10과의 평행을 참조하라.

문장으로 구성되어 있는데, NIV는 그것을 17절의 중간에 마침표를 두어 두 문장으로 나눈다. 이런 구분은 독립적인 단위로서보다는 "사랑 가운데서 '뿌리가 박히고 터가 굳어져서'"를 뒤이어지는 것과 같이 취하는 결정을 올바르게 전제한다. 이 분사들은 주격으로 "너희가"를 수식한다. 그 분사들이 수식할 수 있는 다른 어떤 것이 선행하지 않기 때문이다.[3] 기도는 '히나' 절과 부정사로 예술적으로 대칭적으로 열거되고 있고, 기도의 중심인 "사랑 가운데서 뿌리가 박히고 터가 굳어져서"란 분사들의 앞뒤에 배치해 있다.

내가…아버지 앞에 무릎을 꿇고 비노니(14-15절)
['히나', that] 그의 성령으로 말미암아 너희 속사람을 능력으로 강건하게 하시오며[4]
[부정사]…(16절)
[결과로서의 부정사] 너희 마음에 계시게 하시옵고(17절)
사랑 가운데서 뿌리가 박히고 터가 굳어져서[분사들][5]
['히나', that] 능력을 가질 수 있도록("능히" - 개역개정)…
알고[부정사]…(18절)
깨달아[부정사]…(19a절)
['히나', that] 충만하게 하시기를 구하노라…(19b절).

바울이 세 가지 것(성령의 능력, 그리스도의 내주, 그리고 충만함)을 기도하는 것일 수 있도록 우리가 평행으로 세 '히나'("that")를 이해할 수 있었을지라도,[6] 바울이 한 가지, 즉 성령의 능력만을 기도했을 가능성이 더 있다. 기도에서 다른 모든 것은 이 능력에 따른 결과와 의미를 설명하고 있을 뿐이다.

---

3. 유일한 대안은 이 분사들을 그럴 것 같지 않은 주격의 절대격이나 바르트(Barth, *Ephesians*, 1:371-72)가 주장하는 명령형으로 취하는 것이다. 뒤이어지는 것과 함께 그것들을 취하는 것은 18-19절이 결과에 관한 설명이라기보다 기도의 일부라는 것을 역시 보여준다. '히나'(that)절의 요소들이 '히나'를 선행하는 것은 통상적인 것은 아니지만, 요 13:29; 행 19:4; 고후 2:4; 갈 2:10을 보라.
4. NIV는 "나는 그가 당신을 능력으로 강건하게 하시기를 기도한다…"
5. NIV는 "능력을 갖다." 하지만 16절에서 사용된 것과는 다른 용어가 여기서 사용된다.
6. 또는 아마도 오직 첫 두 가지.

모든 이들의 아버지(3:14-15)

기도에서 무릎을 꿇는 자세는 성경에서 묘사된 여러 자세 중에 하나다.[7] 무릎을 꿇는 것은 경외와 즉각적인 순종을 보이는 것과 더불어 고양된 감정과 의도를 보여준다. 그것은 확실히 이 기도의 용어에 적합하다.[8] 바울은 이사야 45:23("내게 모든 무릎이 꿇겠고")을 아마도 암시한다.[9] 그렇다면 종말에 모든 것들에 해당하는 것이 이미 크리스천들에게 발생하고 있다.

바울은 하나님을 아버지로서 다시 강조한다. 그는 그의 서신들에서 42번 하나님을 아버지로 언급하는데, 그중에 8번이 에베소서에 나타난다.[10] 하나님에 대한 다른 묘사도 이렇게 신약성경에서 자주 사용되지 않는다. 이것은 확실히 '아바'로 하나님을 호칭할 것을 예수가 제자들에게 가르친 것을 상기시킨다. 이 '아바'라는 아람어는 자녀들과 성인들에 의해서 사용되었고, 유대인들은 하나님과 관련해서 수식어 없이 사용하기에는 익숙하지 않다고 생각했다.[11] 하나님은 신자들의 아버지이시지만 더 좁게 그리고 너 넓게 "아버지"란 용어가 나타난다. 더 좁게는 하나님은 우리 주 예수 그리스도의 아버지로 간주되는데, 이는 아버지와 예수의 유일한 관계를 나타낸다.[12] 3:15에서(그리고 4:6에서) 더 넓은 의미가 나타난다: 모든 인류의 아버지로서 하나님.[13] 에베소서에서 우주적인 그리스도와 교회의 우주적인 역할에 관한 강조는 하나님을 우주적인 아버지로 이해한 것에 기초한다. 만물이 그리스도 안에서 통일된다는 예상(1:10)은 하나님이 만물의 아버지라는 것을 전제한다.

영어 번역은 "아버지"('파테르')와 "가족"('파트리아')간의 언어유희를 쉽게 보

---

7. 기도를 위해서 서는 것이 더 흔하였던 것으로 보인다. 이런 기도와 다른 기도의 자세에 대해서는 마 26:39; 눅 10:13; 18:11, 13; 딤전 2:8을 보라.
8. Robinson, *St. Paul's Letter to the Ephesians*, 82-83을 보라.
9. Ibid., 83. "무릎 꿇다"('캄프토')라는 말이 신약성경에서 롬 11:4; 14:11; 빌 2:10에서만 다른 곳에서 나타난다. 롬 11:4는 왕상 19:18을 인용하고 있고, 롬 14:11과 빌 2:10은 사 45:23을 인용하거나 암시하고 있다.
10. 1:2, 3, 17; 2:18; 3:14; 4:6; 5:0; 6:23을 보라.
11. 막 14:36; 롬 8:15; 갈 4:6; 참조. 요 5:18. 예레미아스(J. Jeremias)의 *The Prayers of Jesus*(Naperville, Ill.: Allenson, 1967)에서 이런 표현을 고전적으로 다룬 것을 보라. 유대인들은 하나님을 "아버지"로 언급했지만, 보통 "빛의 아버지" 또는 "긍휼의 아버지"와 같이 속성을 나타내는 속격을 사용했다.
12. 롬 15:6; 고후 1:3; 11:31; 엡 1:3; 골 1:3을 보라.
13. 또한 고전 8:6을 보라. 이 구절과 엡 4:6은 오직 한 분 하나님만이 존재한다는 구약성경과 유대교의 주요한 고백인 '쉐마'에 의존하고 있다(신 6:4).

여주지 못한다. NIV의 "그의 온 가족"(his whole family)는 "모든 가족"(every family, NASB, NRSV)으로 보다 흔히 번역된다. 그것은 더 좋은 번역인 것으로 보인다(NIV는 역시 "his"[그의]를 첨가한다).[14] 몇 가지 대안들이 "하늘과 땅에 있는 각 족속"을 이해하기 위해 존재하지만, 가장 그럴 법한 것은 그것이 하나님의 통치와 목적의 우주적인 범주를 강조하기 위해서 포괄하기를 시도하고 있다는 것이다. 바울은 한분 하나님 아래서 존재하고 있는 인간 족속들 사이에 분열을 보았다. 이 서신이 추구하고 있는 연합에 대한 의미가 명확히 나타나 있다.[15]

그리스도의 그의 사랑을 아는 능력에 대한 기도(3:16-19)

바울의 기도의 주요한 내용은 명확하다. 그는 그의 독자들이 그리스도의 임재와 사랑을 친밀하게 앎으로써 성령에 의해 강화되기를 원한다. 이 일이 일어난다면, 다른 모든 것들은 순서적으로 발생할 것이다. 4-6장의 윤리는 이 기도에 기초하고 있다.

이 기도와 송영(3:20-21)은 "능력"과 "영광"이란 말들과 연관되어 있다. 바울의 기도(16절)는 하나님이 그의 '풍성하신 능력'(NIV의 "영광스러운 풍성함")으로 '능력'을 주시라는 것이다. 그리고 그의 송영은 우리가 요구하거나 생각하는 것보다 더 많이 능력을 주시는 하나님에 관한 것이고, 이 '영광'은 그 하나님께 속한다(20절).

"능력"과 "성령"은 신구약성경에서 아주 흔히 연관되어 있어서 그 용어들은 사실상 동의어다. 성령은 사람들 안에서 작용하는 하나님의 능력이다.[16] 바울은 성령이 신자들의 삶이 능력을 보일 수 있도록 그들의 존재의 중심에 영향을 줄 수 있기를 위해 기도한다. "너희 속사람"(16절)은 2:15이나 4:24에서 "새 사람"와 동일하지 않다. 이것은 로마서 7:22과 고린도후서 4:16에서만 다른 곳에서 나타나는 흔

14. NIV는 '파사 파트리아'를 "전체 가족"으로 번역하는데, 이는 '파사 오이코도메'를 2:21에서 "전체 건물"로 이해했던 방식과 유사하다. 이 구성을 이해하는 통상적인 방법은 "모든"(참조. 1:3에서 "모든 영적인 복")이란 용어에 있지만, 분명히 한 건물이 2:21에서 고려되고 있다.

15. '파트리아'는 신약성경에서 눅 2:4(NIV, "계보")과 행 3:25(NIV, "사람들")에서만 다른 곳에서 나타나는데, 행 3:25은 아브라함에 대한 약속의 인용, 즉 그의 자손을 통해서 "이 땅의 온 족속이 복을 받을 것이라"(창 22:18)는 것에서 나타난다.

16. 1:13-14에서 바울은 모든 신자들이 구원과 장래 소망의 표지로서 성령으로 인이 쳐져 있다는 것을 강조했다. 1:17-19에서 그는 하나님의 능력이 얼마나 위대한지를 성령이 알게 하시기를 기도했다.

치 않은 표현이다. 로마서 7:22은 "내 존재의 깊은 곳에서는"으로 의역할 수 있는 반면에 고린도후서 4:16은 "겉사람"과 "속사람"을 대조시킨다. 이 표현은 삶을 파악하고 선택을 하는 제어적인 중심인 "마음"과 동의어다.[17]

NIV가 17절을 "so that"으로 시작할지라도, 그리스도의 내주는 성령의 강화로부터 유래하는 것이 아니라, 그것은 성령이 강화되는 '방식'을 말해준다. 다시 말해서 17절은 16절을 설명해준다. 그리스도는 성령의 역사를 통해서 우리에게 거하신다. 성령의 능력부여나 거주 그리고 그리스도의 내주는 분리된 것들이 아니다.[18] 2:20-22에서 교회는 "하나님이 성령으로 거하시는 곳"이라 불린다. 교회에 대한 이런 숭고한 묘사는 이제 개인 신자들에 대한 동등하게 숭고한 묘사로 평행된다. 그들은 구원과 변화를 경험했다. 성령의 역사로 그리스도는 사람들 속에 거하신다. 바울은 여기서 그리스도가 너희의 온 존재에 스며들 것을 기도한다. 이는 성령으로 계속해서 충만함을 받으라는 5:18에서의 명령과 동등하다.

우리는 바울이 우리 안에 있는 그리스도보다 그리스도 안에 우리가 있다는 것을 언급하기를 더 좋아했다는 것을 알고 있다. 에베소서 3:17은 우리 안에 그리스도가 있다고 말하는 바울의 다섯 본문들 가운데 하나다(다른 곳들은 롬 8:10; 고후 13:5; 갈 2:20; 4:19).[19] 이 중에 갈라디아서 4:19은 에베소서 3:17과 아주 유사하다. 아이를 밴 어미처럼, 바울은 그리스도가 그들 안에 형성될 때까지 수고를 감내했다.

NIV의 "형성되었다"(established)는 다른 두 본문과의 유사성을 감추어버린다. "뿌리 내리고 세워진"(rooted and founded)으로 보다 문자적으로 번역하면, 우리는 2:20-22과 골로새서 2:6-7과 유사하다는 것을 알 수 있다. 골로새서 2:6-7의 구절에서 바울은 크리스천들이 그리스도 안에 뿌리를 박으며 세움을 입어 믿음에 굳게 서서[20] 그리스도 안에서 살 것을 교훈한다. 여기 3:17에서 그는 독자들이 믿음을 통해서 그들 안에 거하시는 그리스도와 함께 굳게 설 것을 기도한다. 아울러 사랑 안에서 뿌리를 박으며 세움을 입음으로써 그들이 사랑을 알게 되기를 기도한다. 식물학적이고 건축학적인 이미지의 혼합은 흔치 않은 것은 아니다.

---

17. 참조. 롬 5:5; 8:9-11; 고후 1:22; 갈 4:6; 엡 1:17-18. "속사람"을 그리스도로 이해하는 바르트(Barth, *Ephesians*, 1:392)에 의한 시도는 오도된 것이다.
18. 성령을 하나님의 영이나 그리스도의 영으로 부를 수 있음을 참조하라(예. 롬 8:9)
19. 이전의 pp. 72-73을 보라.
20. 에베소서에서 사용된 것과는 다른 "강화하다"란 용어.

3:17에서 "사랑 가운데서"는 그리스도의 거주와 함께 취할 수 있었지만 NIV가 그것을 "뿌리내리고 세워져서"와 함께 취한 것은 옳다. 하나님의 사랑은 신자들이 육성되고 그들이 발견한 터로부터 발생한다. 사랑 가운데서 뿌리를 내리고 세워지는 것이 그들로 하여금 사랑을 인식케 하고 인식된 사랑으로부터 그들은 하나님의 충만함으로 채워진다. 사랑이 근원이요 목표다. 그리스도가 사람들에게 침투하실 때, 그들은 그의 사랑 가운데 뿌리내린다는 것을 안다. 사랑의 경험으로부터 그들은 사랑을 알고 변화된다.[21]

기독교 신앙을 요약하는 다섯 가지 용어들 중에[22] "믿음"과 "사랑"은 여기서 명백하게 나타나 있지만, 은혜는 16절에서 함축되어 있고, "진리"와 "소망"은 19절에 함축되어 있다. 사랑은 그리스도와의 신자들의 경험을 묘사하는 중심적인 역할을 행한다(참조. 고전 13:13).

신앙의 강화를 위한 두 가지 다른 용어들이 3:16과 18에 나타난다(NIV는 "능력으로 강건하게 하다"). 성령은, 지각케 하시는, 내주하시는 그리스도에 의해 강화된다. 사랑이 근원과 목표인 것처럼, 그리스도는 목표(17절)와 우리 안에 역사하시는 하나님의 능력의 근원이다(19절). 연합에 대한 바울의 관심은 "모든 성도들"(18절)이란 언급으로 다시 돌아간다. 이 본문이 개인의 삶에 대한 것일지라도, 그것은 단순히 개인적인 삶에 관한 것이 아니다. 모든 단계에서 기독교는 집합적인 종교이고, 사람들이 같이 알아갈 때, 하나님이 그들을 위해 가지신 것을 경험할 수 있다.

네 가지 차원의 얼마나 "넓고, 길고, 높고 깊은지를 깨달아"(3:18)야 한다는 것은 NIV가 제기하는 것보다 더 문제가 있다. 헬라어 원문은 "그리스도의 사랑"을 갖고 있지 않고, 단순히 "하나님의 모든 사람들과 함께 너비와 길이와 높이와 깊이를 알고…"로 되어 있다. 대부분의 주석가들은 "그리스도의 사랑"을 목적으로 공급하지만 일부 주석가들은 "하나님의 지혜", "충만함", 또는 "하나님의 목적"과 같은 다른 선택을 제기한다.[23] 하지만 19절이 본질적으로 18절을 설명하고 있기 때문에, 그 목표가 그들이 그리스도의 사랑을 이해하는 것일 수 있다.

---

21. 또한 성령이 우리의 마음에 하나님의 사랑을 부으신다는 롬 5:5을 참조하라.
22. p. 75을 보라.
23. Schnackenburg, *Ephesians: A Commentary*, 152은 "지혜"를 제기하고, Bruce, *The Epistle to the Ephesians*, 68는 "충만"을 제기하며, Robinson, *St. Paul's Epistle to the Ephesians*, 176은 "하나님의 목적"을 제기한다. C. Arnold, *Ephesians: Power and Magic*, 91-93은 이 차원이 초자연적인 능력에 대한 고대 세계의 표현이기 때문에 어느 목적어도 필요하지 않다고 주장한다. 따라서 그는 하나님의 능력에 대한 요약으로 그 목표를 해석한다.

3:19의 전반부는 모순어법(모순으로 보이는 단어들의 조합)의 좋은 사례다: 바울은 그들이 지식에 넘치는 사랑을 알 것을 기도한다. 이것은 그리스도의 사랑으로 압도되고 놀라워하는 사람으로부터 나오는 용어다.

사랑은 움직임을 가져온다. 그것은 어떤 것을 야기한다. 그리스도의 사랑을 아는 것이 사랑으로 변화되고 하나님의 충만함을 확장하게 한다. "모든 충만하신 것"이란 표현은 골로새서 1:19과 2:9에서만 나타나는데. 이 두 곳은 하나님의 모든 것이 그리스도 안에 거한다는 것을 나타낸다. 우리가 1:23과 연관해서 "하나님의 충만하심"이 하나님이 그의 임재와 능력을 느끼시게 하시는 방법을 일컫는 것을 보았다.[24] 그리스도를 경험함으로써 크리스천들은 하나님과 하나님의 임재 그리고 그 능력의 충만함을 경험한다. 그리고 그 충만함으로 경험함으로써 그들은 그리스도에 의해 충만해진다. 즉 그들은 하나님과 함께 하며 그를 닮게 된다. 이것은 진행적인 과정이다. 골로새서 2:9-10의 사상은 유사하다: 하나님의 충만하심이 그리스도 안에서 거하고 그 안에서 크리스천들이 충만해진다. 에베소서에서의 의미는 신자들이 그리스도 안에서 하나님의 사랑을 대면할 때, 그들은 사랑으로 충만해질 것이라는 사실이다. 이와 동일한 사상이 5:1-2에서 명령형의 형태로 제시된다.

송영(3:20-21)

송영은 하나님에 대한 찬미를 줌으로써 1:3에서 시작된 곳에서 에베소서의 전반부를 마감하게 한다. "하나님께 영광"이란 형태로의 송영은 신약성경에서 자주 나오지만 대부분 훨씬 더 짧다.[25] 에베소서와 신약성경 전반에서 "영광"의 사용은 매력적이다. 하나님은 영광의 하나님이시고(1:17; 행 7:2), 그의 영광은 그의 존재를 드러내신다(요 1:4; 롬 6:4; 히 1:3). 하나님은 그리스도(요 17:22; 행 3:13; 고전 2:8; 벧전 1:21)와 사람들(롬 2:10; 8:30; 고전 2:7)에게 영광을 주신다. 크리스천들은 영광에 영광으로 변화된다(고후 3:18). 사람들은 하나님의 영광을 위해 모든 것을 해야 하고(고전 10:31), 하나님께 영광을 돌려야 한다(엡 1:6; 빌

---

24. pp. 100-102을 보라.

25. 롬 16:25-27과 유 24-25은 "하게 하시는"으로 시작하고 길이상 유사하다. 모든 세 송영들은 헬라어에서 동일하게 시작한다(다른 송영들에 대해서는 눅 2:14; 롬 11:36; 16:27; 갈 1:5; 빌 4:20; 딤전 1:17; 딤후 4:18; 히 13:21; 벧전 4:11; 벧후 3:18; 계 1:6; 5:13; 7:12; 참조. 또한 눅 17:18; 요 9:24; 행 12:23; 롬 4:20; 계 16:9).

1:11). 종말에 더 진전된 영광이 나타날 것이다(롬 8:18). "영광"은 사실상 기독교 전체를 포괄하는 용어다. 여기서 그 초점은 구원하시는 행위에 대해서 하나님에게 주어지는 찬미와 칭송에 있다.

이 송영의 제기에서 두드러지는 것은 "교회 안에서와 그리스도 예수 안에서 영광이 대대로 영원무궁하기를 원하노라"고 하나님에게 영광이 주어진 것에 있다. 어떤 다른 단락도 교회를 명시적으로 송영에서 언급하지는 않는다. 물론 다른 송영들이 크리스천들이 찬미를 주는 자들이기 때문에 그것을 함축하고 있을지라도 말이다. 교회와 그리스도가 동등한 위치를 점한다고 주장하는 것은 본말을 흐리게 만든다. 이 단락은 오직 하나님, 그의 백성들, 그리고 그리스도 간에 끝없는 관계를 가정하고 있을 뿐이다. 그리스도에 의해 사람들이 하나님과 함께 할 수 있게 되었다는 것은 영원한 찬미의 대의가 될 것이다. 이것이 바로 바울이 1:18의 "성도 안에서 그 기업의 영광의 풍성함"이란 표현에서 염두에 두었던 것이다(또한 2:7을 보라).

19절에서 그리스도의 사랑은 우리의 이해를 넘어서고, 20절에서 하나님의 활동은 우리의 예상이나 생각을 넘어선다. 전반적인 기도에서 고양된 용어는 바울의 감정의 깊이를 보여준다. 언어유희가 20절의 헬라어 원문에서 "능히 하실"('토 디나메노')과 "능력"('디나미스') 사이에 나타난다. 1:1로부터 이 서신을 특징지었던 주제인 하나님의 활동에 대한 용어의 탁월함을 유념하라.

이 송영은 이 서신의 전반부의 내용을 요약한다. 우리는 그리스도 예수 안에서 하나님의 놀라운 역사에 대해서 하나님을 찬양해야 한다. 바울의 요지는 하나님이 우리가 기대하는 것 이상을 넘어서서 행하실 수 있다는 것만이 아니라, 이 능력이 이미 우리 안에서 역사하고 있다는 것이다(바울의 사역에서 하나님의 역사를 묘사하는 골 1:29에서의 유사한 용어를 참조하라). 이 용어는 이사야 55:8-9을 상기시킨다: 하나님의 방식과 생각은 우리의 방식과 생각을 훨씬 초월하신다. 하나님은 구원을 위한 목적을 이루시기 위해서 우리 안에서 행하시고 역사하신다.

상황잇기

이 기도는 2000년 전처럼 오늘날도 기도하기에 적합하고 신학적인 개념들은 우리의 삶에 직접적으로 적용이 가능하다. 이 과정에서 가장 어려운 부분은 감정적인 차원에서 발생한다. 바울의 감정은 충일해 있고, 그를 예배에서 영적인 최고점에 이르게 한다. 이런 감정들을 어떻게 우리가 우리 자신의 예배에 동일한 영향력을 느낄 수 있도록 전이시킬 수 있는가? 감정들은 깊은 확신과 개인적인 연관에서 발생한다. 신학이 깊은 뿌리를 내리지 못한다면 감정들—그것을 모조할 수 있을지라도—이 진정으로 생성될 수 없다.

여전히 기도하기. 이 단락은 바울처럼 우리가 기도하고 찬양하기를 요구한다는 것은 분명해 보인다. 어느 확신을 갖는 신학은 우리를 기도와 예배로 이끌어야 한다. 신학은 장엄한 개념이나 학문을 위한 것이 아니라 하나님과 우리의 관계를 표현하기 위한 것이다. 그것은 단순히 하나님에 대해서 말하는 것이 아니라 하나님에게 응답하는 것이다. "예배는 하나님과의 내적인 일치의 행위다."[26] 기도는 "높은 관점에서 삶의 실제를 묵상하는 것이다. 기도는 목도하며 기뻐하는 영혼의 독백이다. 기도는 하나님의 영이 그의 행위를 선하다고 선언하시는 것이다."[27] 이것이 바울이 3:14-21에서 행한 것이다. 가장 높은 관점은 하나님이 그리스도 안에서 행하신 것을 깨닫는 것이다. 모든 무릎이 그리스도에 꿇을 날을 고대하여 지금 그 일을 행하는 것이다.

전반적으로 에베소서는 예배에 대한 교훈을 담고 있다. 1:3-23처럼 기도와 송영은 여기서 묘사적이고 특징상 신학적이며 개인의 필요보다 하나님과 더욱더 관련이 있다. 기도와 송영은 하나님의 성품에 뿌리내려 있고, 그리스도에게 초점을 맞추며, 영원을 가리키고 있다. 그것은 근시적이기보다는 전체적이다. 그러한 기도 속에서 하나님에 대한 말은 이해와 헌신을 증가시킨다. 그것은 우리가 하나님께 더 가까이 나아가게 하고 우리를 더욱더 하나님께 수용적이게 만든다.

이 송영은 우리가 하나님, 즉 우리가 예상하는 것보다 더욱더 강력하신 분에 대해서 묵상하도록 초청한다. 이것은 하나님이 행하실 일의 자기중심적인 식료품 목록을 생각하라는 초청이 아니다. 오히려 그것은 우리 안에서 이미 역사하시는 능력에 맞추어 우리 안에서 변화를 일으키시는 하나님의 예상치 못한 능력을 깨달으라는 요청이다.

우리의 하나님 아버지. 다시 한 번 우리는 하나님이 역사하시는 세계관, 즉 우리

---

26. Abraham Joshua Heschel, *Quest for God: Studies in Prayer and Symbolism*(New York: Crossroad, 1990), 18.

27. Ralph Waldo Emerson, "Self-Reliance," *The Complete Essays and Other Writings of Ralph Waldo Emerson*, ed. Brooks Atkinson(New York: Random House, 1950), 162-63. 에머슨은 "성령"을 대문자로 적지 않고 있는데, 자기 의존에 관한 그의 강조의 많은 부분은 과장이다. Heschel, Quest for God, 5과 비교해보라: "기도하는 것은 경이를 인식하는 것이다.…기도는 삶의 형언할 수 없는 놀라움에 대한 겸손한 '우리의 응답이다'(강조는 그가 한 것이다).

의 통상적인 예상을 무너뜨리는 세계관을 발견한다. 에베소서의 하나님은 그의 백성들의 삶과 연관이 있다. 성경의 중심적인 메시지는 하나님이 우리와 함께 사신다는 것이다. 이 메시지는 에덴동산에서 장막, 성전, 그리고 성전의 파괴와 재건에 이르는 '전체' 구약성경에 내재해 있다. 하나님의 임재는 신약성경에서 최고조에 달한다—예수의 탄생 시에 "임마누엘"이란 이름에서부터(마 1:23) 시대의 종말에 그의 임재하심에 대한 약속(28:20)에 이르는 메시지. 요한복음과 서신서들에서 신자는 하나님과 그리스도와 함께 거하고, 하나님과 그리스도는 그들과 함께 거한다(예. 요 15:4-7). 사도행전에서 인간은 하나님 안에서 거하며 움직이고 그들의 존재를 갖는다(행 17:28). "그리스도 안에"라는 바울의 용어는 하나님의 임재의 신학을 역시 강조한다. 우리는 이 신학을 우리의 기독교적 삶의 동기부여로 삼을 필요가 있다.

아버지로서 하나님에 대한 초점은 관심을 필요로 한다. 우리는 이전에 이 이미지가 사용되는 세 가지 방식을 주목했다: 그리스도로 제한되는 더 좁은 의미, 신자들과 관련한 관습적인 의미, 그리고 3:14-15과 같은 소수의 본문들에서 모든 사람들에 관한 것. 우리는 동심원적인 범주로 이것을 생각하는 것이 좋을 것이다. 즉 그리스도가 중앙에 계시고, 그 다음에 신자가 그 바깥에 있으며 맨 나중에 모든 인류가 있다.

어떤 사람들에게서 아버지로서의 하나님의 이미지는 문제가 있다. 인간 아버지의 부적절성이 그 이미지가 도움이 되기보다는 장애가 된다. 몇몇 주석가들은 아버지로서의 하나님이 모든 부성이 정의되는 원형적인 이미지라고 주장한다—그 이미지는 인간의 경험으로부터 하나님에게 적용되는 것이 아니라 하나님으로부터 인간에게 적용된다.[28] 이 논증은 타당하지만 파괴적인 방식으로 인간 아버지에 대한 실패를 경험했던 사람들에게는 여전히 별 도움이 되지 못한다. 교회는 그러한 사람들이 하나님을 "아버지"로 부르는 것이 무엇을 의미하는지를 재발견할 수 있게 도와야 한다.

신학적으로 더 문제가 있는 것은 하나님을 묘사하기 위해서 그러한 가부장적인 이미지를 사용한 것이다. 현대의 여성주의자들은 하나님을 재정의하거나 예배 시에 모성적인 이미지를 사용하는 일에 관심이 있다. 이슈는 수평적인 차원에서 포괄적인 용어의 사용이 아니라 예배와 가르침에서 모든 사람들을 포함하려는 모든

28. 예. Robinson, *St. Paul's Epistle to the Ephesians*, 84.

노력을 기울여야 한다는 것이다. 그런데 여기서 "아버지"가 중립적인 용어 즉, "창조자"와 같은 용어로 바뀌어야 하는지, 그리고 하나님을 "어머니"로 표현할 수 있는지에 대한 문제가 발생한다. 이 문제는 인간 아버지의 부적절성에 관한 첫 번째 이슈와 무관계한 것이 아니다. 왜냐하면 자주 여성들도 남성에 의해 그들에게 가해진 남용으로 인해서 남성적인 용어에 대해서 반감을 갖고 있기 때문이다.

이 문제는 쉽지 않다. 부분적으로 영어 용어의 관습 때문에 그리고 부분적으로 모든 용어의 비유적인 특징 때문에 그렇다. 여기서 적절한 취급으로 다룰 수는 없지만,[29] 몇 가지 말이 적법하다.

(1) "아버지"란 칭호의 사용은 남성과는 아무런 상관이 없다. 하나님은 남자가 아니시고, 하나님에 관한 적절한 묘사에서 성을 제공할 수는 없다. "아버지"란 칭호는 기원, 사랑, 안전, 그리고 돌봄과 관련이 있다.

(2) 모든 용어가 비유적일지라도, 성경에서 하나님에 대한 모성적인 이미지는 드물고, 설사 발생할 때도 비유적이다("같은"이나 "처럼"을 사용한다). 그것은 구체적인 칭호로서 "아버지"의 사용과는 다른 범주에 속한다.

(3) 관행은 재빨리 변할지라도, 영어에서 남성 용어는 총칭적인 잠재성을 갖지만 여성의 용어는 특별히 여성을 지칭한다.

(4) '아바'의 사용과 예수와 신약성경 전반(그리고 교회의 역사)을 통해서 "아버지"의 빈번한 사용은 이 용어가 중요함으로 그것을 차치하지 못하게 만든다. "아버지", "아들", 그리고 "성령"의 관계적인 양상이 너무 중요해서 "창조자", "구속자", 그리고 "보호자"로 순전히 대체될 수 없다.

(5) 하나님에 대한 여성 용어의 사용은 자연이나 출산과 관련되기 때문에 특히 남용될 여지가 있다. 이것을 다산 제의, 영지주의 이단들, 그리고 뉴에이지 운동과 연관된 현대의 신이교에서 볼 수 있다. 그러나 "아버지"와 같은 성경적인 용어조차도 그 의도와 멀리 떨어져서 남용되고 왜곡될 수 있다. 이 칭호의 적용은 사람들과 신학적인 문제의 범주에서 민감할 필요가 있다.

---

29. 이 주제에 관한 수많은 작품들 중에서 Elizabeth Achtemeier, "Female Language for God: Should the Church Adopt it…" *The Hermeneutical Quest*, ed. Donald G. Miller(Allison Park, Pa.: Pickwick, 1986), 97-114; Roland M. Frye, "Language for God and Feminist Language: Problems and Principles," *SJT*, 41(1989), 441-69; Paul K. Jewett, *The Ordination of Women: An Essay on the Office of Christian Ministry*(Grand Rapids: Eerdmans, 1980), 119-41을 보라.

하나님이 모든 가족을 이름 짓는 아버지라는 사실은 부분적으로 우리 모두가 동일한 기원과 가치를 갖는다는 것을 의미한다. 우리는 더 커다란 인간 가족에 속한다. 이 구성원들은 모두 그들의 존재를 정의하는 첫 부분으로서 하나님께 그들의 충성을 빚지고 있다. 또한 우리 모두 서로에게 속해 있다. 모든 가족, 종족, 그리고 민족에 대해 갖는 오만은 궁극적인 근거를 가질 수가 없다. 2:11-22에서 인종차별주의는 그리스도의 역사로 말미암아 제거된다. 3:14-15에서 우리는 인종차별주의가 무엇보다도 근거를 가질 수 없음을 보게 된다.

역사하는 삶. 이 기도는 크리스천의 삶이 자동적이 아니라는 것을 보여준다. 하나님으로부터의 삶은 선물로서 주어지지만 그것은 마술이 아니다. 그것은 그리스도와 그의 목적을 알게 하시는 성령이 관여하시는 삶이다. 인생은 관계적이고 이 관계는 시간과 투자를 요구한다. 하나님은 처음부터 인간이 하나님과 관련해서 살 것을 의도하셨다. 우리 안에 성령이 거주하심으로써 그 의도가 실현되었다.

바울의 기도는 성령의 역사가 일어나는 방법은 설명하지 않는다. 매일의 삶과 관련해서 분명히 성령은 최초의 회심이 선물인 것처럼 선물로서 나타난다. 우리가 행하는 어느 것도 하나님의 영이 우리의 영과 융합하는 것을 야기할 수 없다(참조. 갈 3:2-3). 하지만 우리가 어느 것도 행하지 않는다는 생각은 커다란 잘못이다. 성령은 무의지적이고 지각없는 영을 부여하지 않으신다.

바울의 기도는 하나님의 사람들이 성령의 필요를 인식하고, 하나님의 목적과 인도를 경청하며, 내적인 삶을 살피며 순종할 준비가 되어 있어야 한다는 것을 보여준다. 전체 서신—처음 세 장에서는 신학적인 설명이고 다음 세 장에서는 윤리적인 교훈이다—은 가르침과 이해와 결정과 노력이 모두 성령의 역사를 사람들이 누릴 필요가 있다는 것을 가정한다. 3:20에서 송영은 하나님이 우리 안에 역사하시지만 우리가 더욱더 그의 역사를 인식하고 기대할 필요가 있다는 것을 함축한다. 에베소서 5:18은 우리가 성령으로 계속해서 충만할 것을 가르친다. 우리는 이 과정에서 책임이 있고 능동적이 되어야 한다. 수동성은 크리스천의 신앙에 적합하지 않다.

문제. 바울은 독자들을 위해 능력과 강건함을 기도하고 하나님이 그들 안에서 하실 수 있고 역사하신다는 것을 강조한다. 이것은 높은 목표를 묘사해준다. 하지만 이것이 그렇다면, 성령이 크리스천들에게 능력을 부여하신다면, 우리는 왜 더욱더 이 성령을 경험하지 못하는가? 왜 교회와 교인들이 그렇게 비효과적인가? 이것은 우리가 직면한 문제이지만 오직 두 가지 대답을 줄 수 있다.

(1) 신학이 잘못되어 있다. 그것은 멋지게 들리지만 하나님은 하실 수 없고 하시지도 않는다.

(2) 신학은 옳다. 하지만 우리가 그 과정에 실패한다.

문제는 우리에게 있지 하나님께 있지 않다. 그리스도의 영은 우리의 의지가 없이 우리 안에서 역사하시지 않는다. 또한 그리스도의 영은 바라는 목표로 우리를 금방 데려가시지도 않는다. 그는 우리와 함께 사시며 이 삶은 성장의 과정에 있다. 우리는 유한하고 제한적이며 실패할 수 있는 성향이 있다. 진정한 문제는 우리가 충분히 '살피지' 않았다는 것이다. 우리는 변화로 이끄는 우리 안에 필요한 불만족을 갖지 않는다.[30] 우리는 거침이 없는 특권을 좋아한다. 하지만 이 세상의 삶은 어느 것도 그런 식으로 발생하지 않는다. 성령이 추구하는 것을 들을 수 있어야 한다. 믿음을 들음으로 온다.

사랑의 중심성. 사랑이 구조적으로 이 기도의 중심이라는 것은 우연이 아니다. 그리스도를 경험하는 것은 그의 사랑을 경험하고 그 사랑을 이해할 수 있는 옷을 입는 것이다. 이제 우리는 2:14, 16에서 언급된 적대가 어떻게 사라지게 되었는지를 보게 된다. 그리스도의 사랑이 인간과 하나님 사이에 적대를 없애셨고, 다양한 그룹의 인간들 간의 적대를 소멸시키셨다. 그리스도의 사랑은 그리스도 안에서 경험되는 하나님의 사랑의 모본이다.

합당하게 사랑은 크리스천의 믿음을 요약하는 다섯 용어들 중에 하나다.[31] 사실상 기독교 전체는 "진리"와 "사랑"이란 말로 요약할 수 있고, 우리가 보게 되는 것처럼 이 두 용어들이 이 서신의 후반부를 지배한다. 근원과 목표로서 사랑은 모든 크리스천의 행동을 정의하고 규제할 것이다. 따라서 사랑은 우리의 삶에서 중심이 되어야 한다.

---

30. 성 테레사(St. Theresa of Lysieux)는 "당신이 당신에게 불유쾌한 시련을 잠잠히 참아내려 한다면, 그때에 당신은 예수를 위해서 유쾌한 은신처가 될 것이다"라고 말했다(Scott Peck의 *People of the Lie*[New York: Simon and Schuster, 1983], 11에서 인용함).

31. 은혜와 진리와 믿음과 소망과 더불어, p. 75를 보라.

현대적 의미

이 본문의 적용의 대부분은 이전의 두 항목에서 언급한 것에서 쉽게 파생한다. 이제 행동이 요구된다.

예배하는 것을 배우기. 이 본문은 기도와 예배에 우선성을 둘 것을 우리에게 요구한다. 우리는 특히 이 부분에서 잘하고 있지 못하다. 어느 정도 우리 시대의 교회는 예배하는 법을 잊어버렸다. 우리는 전통과 옛 형태에 불만을 가지며 새로운 음악과 행위의 피상성에 대해서 불만족스러워 한다. 너무 많은 경우에 회중은 방관자가 된다. 그러므로 교회는 기도와 예배를 배우는데 훨씬 더 많은 관심을 가져야 한다. 의미 있는 예배는 단순히 발생하지 않는다. 그것은 관심, 생각, 그리고 노력으로 인해 발생한다. 이것이 예배를 기획하는 것보다 더 많이 요구된다. 즉 우리는 예배 교육과 진정한 예배 경험을 필요로 한다. 우리는 사람들이 지켜보게 하는 예배보다 참여하는 예배를 필요로 한다. 예배에 관한 재발견은 그 일을 행하는 성숙한 영성을 전제한다. 에베소서는 신학적인 자원과 그 일을 시작할 수 있는 모델을 제공한다.

아버지로서의 하나님. 하나님의 부성은 다른 사람들에 대한 우리의 책임을 결정짓는 모태가 된다. 우리가 하나님 안에서 동일한 기원과 하나님 앞에서 공통된 가치를 공유한다면 다른 이들의 필요를 무시할 수 없다. 우리는 고난과 가난으로 가득한 세상에서 살고 있다. 우리가 세상의 문제들을 고칠 수 없고 사람들에게 도움을 주는 것이 쉬운 일은 아니지만, 하나님의 부성이 우리로 하여금 다른 사람들을 돌보고 연관되며 도움을 외칠 수 있게 한다.

아울러 하나님의 부성은 우리의 책임의 한계를 기독교인의 범주로 선을 긋게 하지 못하게 한다. 우리는 그리스도 안에 있는 사람들과 특별한 연합을 누리지만 모든 인간 존재와의 폭넓은 연합이 역시 존재한다. 우리는 비그리스도인들을 간과하거나 그들과 저급한 기준으로 관계를 가질 수는 없다. 우리는 먼저 인간이고 그 다음에 크리스천이다. 즉 크리스천이 됨으로써 진정으로 참된 인간이 된다. 인간적이지만 기독교적이 아닌 많은 것들이 존재하지만 인간적이 아닌 기독교적인 것은 없다. 우리는 기독교에 대해서 공정하기 위해서 인간에 대해서 공정해야 한다.

이런 맥락에서 인종차별주의의 문제를 다시 점검해야 한다. 인종차별주의에 대한 두 가지 치명타를 에베소서에서 발견할 수 있다. (1) 그리스도의 죽음은 적대를 부수고 하나됨을 창출하고,[32] (2) 하나님이 우리 모두의 아버지시라는 사실이다.

---

32. pp. 160-167을 보라.

인종차별주의는 교회가 반대하여 행동을 취해야하는 대적이다. 인종차별주의는 다른 그룹들을 공격하는 것만이 아니라 하나님을 공격하는 것이다. 차별을 당하는 사람들이 하나님의 백성이고 하나님이 창조하시고 돌보시는 사람들이다.

남성으로서의 하나님이 아니시다. 이전에 지적했던 것처럼, 나는 하나님을 "아버지"라 부르는 중요성을 강조했다. 동시에 교회는 하나님이 남성이 아니라는 것을 사람들에게 상기시켜야 한다. 우리는 그 일을 하는 것을 소홀히 했다. 우리는 엉성한 전달로 용어 문제를 증폭시켜서는 안 된다. 이따금 우리는 "남자도 여자도 아닌 하나님"과 같은 말로 기도를 도입할 필요가 있다. 이따금 여성의 이미지를 사용한 성경적 '비유'의 사용이 도움이 된다(예. 사 66:13). 하나님에 대한 적절한 용어를 가지고 사람들을 '생각하는' 민감함을 보일 필요가 있다. 우리는 사람들을 하나님에 대한 가부장적인 이미지로 공격하거나 믿음을 형상화하려는 시도를 삼가야 한다. 이런 잘못은 우상 숭배적이고, 사실상 우리의 성적인 이미지로 하나님의 모습을 만들려는 것에 해당한다. 우리의 주요한 관심은 성경적 하나님을 상처 입은 세상에 연결하는 커뮤니케이션이 되어야 한다. 용어가 세상, 즉 우리가 살고 있는 실제를 창출하고, 우리가 창출하는 세상은 하나님을 영화롭게 하고 우리 주변에 모든 사람들에게로 그 은혜를 확대해야 한다.

그리스도로 스며들기. 이 본문의 이미지는 역시 믿음에 관한 우리의 인식을 도전한다. 우리의 영혼에 어느 곳에서도 작은 예수가 숨겨지기보다는 본문은 우리의 존재의 핵심에서 능력과 특성을 가져다주시고 우리 안에 거하시며 우리를 재정립하게 하시는 분의 임재를 가정한다. '우리 안에 사시는 그리스도' 란 말이 어느 것도 잘못된 것이 없을지라도, 나는 '그리스도 안에서의 우리의 존재' 라는 바울의 빈번한 말씀에 훨씬 더 호의를 두어 그것을 덜 강조했다. 하지만 이 두 개념이 모두 강력하고 예수가 주님이시라는 확신이 이 두 개념의 배후에 있다. 주님은 우리에게 생명을 주시고 그 삶을 결정하시는 분이시다.

우리가 그리스도로 스며 있다면, 독립, 자발적 결정, 그리고 자아 성취와 같은 소중한 개념들은 우리 사회가 그 용어들을 이해하는 방식에선 적어도 포기되어야 한다(참조. 고전 6:19-20; 갈 2:20). 윙크(W. Wink)는 예배와 기도를 "누가 그 집을 소유하고 있는지"를 상기하는 것으로 올바르게 묘사했다.[33] 크리스천들은 그리스도가 그 집을 소유하고 있음을 아는 것처럼 살아야 한다. 자발적 결정과 관련해

33. Walter Wink, *Engaging the Powers*, vol. 3: *The Powers*(Minneapolis: Fortress, 1992), 160.

서 우리는 우리의 특별함 속에서 하나님에 의해 결정되어진다. 자아 성취와 관련해서 우리는 하나님의 뜻을 성취하기를 추구한다. 그러나 자아에 관한 이런 부정은 사실상 하나님과 관련해서 자신의 참된 자아를 발견하는 것이다. 그것이 바로 창조의 목적이기 때문이다. 생명을 잃음으로써 우리는 생명을 발견한다. 우리 자신을 위해 생명을 지키려함으로써 우리는 그 생명을 잃는다. 참된 자유와 참된 자아실현은 그리스도와의 삶에서 발견된다.

이것은 제자도의 용어다. 그리스도로 스며있는 것은 그리스도의 성품에 의해 인이 찍혀지고 그리스도로 옷 입는 것이다(롬 13:14). 그러한 이미지는 그리스도가 우리의 삶을 형성한 방식을 강조한다. 그리스도처럼 되지 않고서 우리가 그리스도를 믿을 수 있다는 사상은 잘못된 것이다. 그리스도의 내주가 변화를 형성하지 않는다면, 우리는 그리스도가 내재해 있는지를 열심히 자문해 보아야 한다. 에베소서 본문의 적용은 우리가 우리의 믿음의 타당성을 검증할 것을 요구한다(고후 13:5를 보라). 크리스천은 자신들의 구원의 확신을 염려하고 또 다른 크리스천들은 모든 의심을 제거하려고 노력한다. 아마도 우리는 의심이 작동할 수 있게 해야 한다. 아마도 구원의 확증보다도 믿음의 타당성에 더 관심을 기울여야 한다. 정직한 의심은 건전할 수 있다.

묵상. 바울은 성령이 우리의 내적인 존재를 강화시킬 것을 기도한다. 필립 스페너는 "우리의 기독교 종교는 속사람이나 새 사람을 형성하고, 그 속사람이나 새 사람의 영혼은 믿음이고, 그 표현은 믿음의 열매다."[34] 이 단락의 적용은 묵상과 반성과 관련이 있다. 우리의 육체적인 필요와 바람을 단순히 좇기보다 우리의 내적인 삶을 검증해야 한다. 우리의 속사람은 우리의 육체적인 몸만큼이나 많은 관심과 훈련을 필요로 한다.

아울러 "그리스도를 아는 것은 그의 은혜를 아는 것이다"란 멜랑히톤의 말이 이 본문에 반영되어 있지만,[35] 그것은 더 구체적이다. 그리스도를 아는 것은 '그의 사랑'을 아는 것이다. 하나님의 사랑을 앎에서부터 사랑의 윤리가 이어지는 장들에서 형성될 것이지만, 인간의 사랑은 여기서 관심의 대상이 아니다. 우리는 하나님의 사랑과 그 사랑에서 귀결되는 경이와 예배를 경험해야 한다. 사랑이 인생을 위한 본질과 안정을 제공한다. 그것은 확신과 신뢰를 창출한다. 안다는 말은 하나

34. Theodore G. *Tappert*(Philadelphia: Fortress, 1964), 116에 의해서 번역된 3:16에 관한 필립 스페너(Philip Spener)의 언급.
35. 이전의 p. 103을 보라.

님의 사랑의 경이에 대한 묵상을 함축하고 그것으로부터 찬미가 발생한다.

우리는 하나님의 능력을 역시 묵상해야 한다. 송영의 시작(20절)은 본질적으로 하나님의 능력이 얼마나 위대하신지를 묵상하라는 요청이다. 다시금 우리는 기독교가 얼마나 마음에 초점이 맞추어져 있는지를 알게 된다. 기독교는 생각하는 종교다. 그 목표는 실제적인 행함과 분리된 추상적인 추론이나 학문적인 추구가 아니라, 삶을 형성하는 박식한 마음이다. 에베소서의 메시지는 마음, 머리, 그리고 손을 요구한다. 크리스천들은 묵상과 기억과 문제를 찾기 위한 시간이 필요하다. 이것이 그 지식을 깊게 한다. 이해를 넘어선 장엄한 주제로 괴로워하지 말라는 주장은 좋은 권고가 아니다. 우리의 명철을 넘어서는 것을 향해 내뻗음으로써 우리는 성장할 수 있다. 불가해한 하나님에 대한 탐구가 우리의 삶에 필요한 지식과 지혜를 제공해준다.

크리스천은 믿음과 삶에 대해서 정보를 제공하고 그들의 영혼이 성장하게 하는 읽고 생각하고 논하고 기도하는 규칙적인 일정(스케줄)을 필요로 한다. 우리 대부분은 우리가 그러한 시간을 소비하기에는 너무 바쁘게 살고 있다고 생각하지만 속사람은 그러한 일정으로 강화되지 않는다. 우리의 바쁜 스케줄은 자주 부차적인 관심들—쓸데없는 것은 아닐지라도—로 자주 가득 차 있다. 어떤 활동들은 내려놓을 필요가 있지만 믿음의 묵상적인 부분은 그런 것들 중에 하나가 될 수 없다.

당신의 하나님은 너무 작다. 이것은 수년 전에 J. B. 필립이 쓴 책의 제목인데, 그것은 여전히 관심을 끌만한 가치가 있다.[36] 이 제목은 에베소서 3:20에서 가져온 것일 수도 있었다. 확실히 이것은 믿음을 이해하고 그 믿음을 따라 살지 못한 크리스천의 배후에 있는 진정한 문제다. 이것은 '신학적' 인 문제다. 하나님에 대한 우리의 이미지가 묵상과 헌신과 순종을 드릴 만하게 자리 잡지 못하고 있다. 우리의 하나님은 너무 멀리 계시고, 우리의 문제에 관심이 없으시며, 비활동적이시다. 사실상 하나님을 우리와 같은 줄로 생각한다(참조. 시 50:21). 우리는 하나님으로부터 어느 것도 기대하지 않거나 하나님께 참여하지도 않는다.

하나님에 대한 우리의 견해는 하나님이 가지신 존재를 모두 포함할 수가 없다. 그의 방식과 생각은 항상 우리의 생각을 넘어서 있다. 그렇다고 성경의 하나님은 우리와 관계가 없으신 분이 아니시다. 여기에 우리가 삶을 위해 필요로 하는 하나님이 계신다. 우리의 묵상과 배움은 항상 한 가지 목표, 즉 '쉐마' 의 목표를 갖고

36. J. B. Phillips, *Your God Is Too Small*(New York: Macmillan, 1961).

있다—주 하나님을 온 마음과 영혼과 힘을 다해 사랑하는 것(신 6:4-5). 이 목표는 하나님에 대한 지식이 아니라 하나님의 지식, 즉 하나님을 위한 사랑으로 이끄는 경험적인 지식이다. 그러한 경험적인 지식은 행동을 변화시킨다.

에베소서가 그토록 '신' 중심적인 것은 바로 그런 이유에서다. 바울은 하나님이 얼마나 위대하시고 장엄하시고 그의 행위가 사랑스럽고 얼마나 능력이 있으신지 그리고 하나님이 그리스도를 통해서 무엇을 이루셨는지를 독자들이 알기를 원하신다. 하나님이 얼마나 전능하시고 사랑스러우시며 활동적이신 지를 이해한다면, 참된 예배와 삶의 변화가 뒤따른다.

지식으로의 길. 연구하고 묵상하며 논증하는 것이 중요할지라도, 그것들이 본질적인 요소가 되지는 못한다. 성령이 우리가 필요로 하는 지식의 열쇠다. 그는 "하나님의 깊은 것을 통달하게 하시며 하나님께서 우리에게 은혜로 주신 것들을 알게 하려 하시는" 계시자이시다(고전 2:10-12). 성령의 능력은 경건한 삶이 자연스럽게 흘러나오는 위대한 명철을 위한 것이다. 성령의 역사는 우리의 활동에 의존하시거나 우리의 노력을 대신하기보다는 "우리의 약함 속에서 우리를 도우신다"(롬 8:26). 그는 우리의 속사람을 강건하게 하기 위해서 우리와 함께 역사하신다. 우리가 그의 활동을 야기하는 것은 아니다. 3:20의 요지는 성령의 능력—'모든' 신자들에게 주어진 성령—이 우리 안에서 '이미' 역사하고 있다는 것이다. 우리가 추구하는 것은 하나님의 성령에 맞추어진 우리의 영이다. 요구되는 것은 하나님이 역사하시도록 열려 있는 마음과 들으려는 의지, 그리고 하나님과 함께 하는 삶에 관심을 갖는 것이다.

교회의 영광. 에베소서에서 고양된 교회론은 중요한 실천적인 결과를 갖는다. 교회는 기독교의 선택적인 부분이 아니다. 오히려 지금 그리고 영원을 통해서 하나님께 영광과 영예가 주어지는 장소다. 그리스도가 하나님의 구속하시는 사랑의 증거인 것처럼, 교회는 하나님의 변화시키시고 통일시키시는 능력의 증거다(참조. 2:7). 고양된 교회론은 영화롭게 되고 고양된 교회와 동일하지 않다. 교회가 영화롭게 된 것이 아니라 하나님이 영화롭게 되었다. 교회는 하나님의 사랑의 수령자일 뿐이다. 교회 역사는 여러 번 여러 곳에서 교회가 높아지게 되었다고 생각하는 실수를 저질렀다. 교회가 능력을 가졌다고 느꼈을 때마다 그것은 가장 위험스러웠다. 이것은 여전히 사실이다. 교회는 예배와 봉사를 위해 존재하고 주님과 동일한 겸손으로 행동해야 한다. 그때에 하나님께 영광과 영예가 주어진다.

이 주석을 씀에 있어서 가장 어려운 임무 중에 하나는 에베소서가 묘사하는 것과 나와 대부분의 크리스천들이 경험하는 실제 사이에 대조를 다루는데 있다. 자주 교회는 하나님의 변화시키시고 통일시키시는 능력보다는 인간의 타락하였다는 증거를 더욱더 보여준다. 크리스천에게서 흔한 문제는 적합한 교회를 발견하는 것이다. 그러므로 많은 사람들이 그런 교회를 찾는 것에 환멸을 느껴 개인적이고 은밀한 믿음으로 퇴보한다.

에베소서의 신학과 나머지 신약성경에서 교회의 실패를 재빠르게 확정지을 수는 없지만, 두 가지 요지를 만들 수 있다. (1) 예배와 교훈을 위해서 다른 크리스천들을 만나지 않은 것은 합법적인 선택이 아니다. 개인주의적인 기독교는 존재할 수 없다. 우리는 하나님을 알 수 있도록 다른 사람들을 필요로 한다. (2) 교회의 현재의 실패를 그냥 간과할 수는 없다. 교회는 현재의 모습에서 벗어나서 하나님과 그리스도 안에서의 믿음, 그리고 연합에 관한 더 좋은 이해를 발전시켜야 하며, 그 이해를 실천에 옮겨야 한다. 확실히 가장 커다란 장애는 인간의 자아이지만 그 장애가 크리스천에게 결정적이어서 텅 빈 십자가로 모이게 해야 하겠는가? 강대상의 설교자들만이 아니라 신도석의 크리스천들도 우리의 교회를 특징짓는 오만과 피상성과 분열에 항거해야 한다. 그렇다고 우리는 서로를 존중하고, 하나님의 사랑에 의해 이끌리고, 믿음의 의미를 발견하고, 그리스도 안에서 삶의 모습을 보이고, 하나님을 경배하는 모든 일에서 똑같을 것을 요구하고 있는 것은 아니다.

우리의 아버지 하나님
우리와 모든 다른 사람들이 당신 안에서 그 기원을 갖고 있다는 것을 인식하게 하소서.
우리는 우리의 삶을 당신에게 빚지고 있나이다.
우리가 다른 사람들보다 더 낫거나 더 중요하다고 생각한 오만을 용서해주시옵소서.
우리의 성령이 우리를 강건하게 하기 위해서 우리 안에 역사하시기를. 우리는 당신의 영이 우리에게 항상 통합되기를 원하나이다.
그리스도가 생생하게 임재하시어 우리가 당신의 사랑을 감지하게 하시고 당신의 사랑으로 살게 하소서.
우리가 당신의 사랑을 깊이 이해하여 당신의 모든 형상으로 변화되게 하소서.
우리가 인식할 수 있는 모든 것을 넘어선 놀라운 능력이 있으신 하나님을 우리는 찬양하나이다. 우리가 당신의 발에 모든 가치가 있는 것들을 내려놓나이다. 당신만이 하나님이십니다. 모든 다른 가치는 당신의 가치로부터 결정되나이다.
그리스도 안에서 생명의 은사에 대해서 우리와 모든 당신의 백성들은 당신을 경배하나이다. 우리 모두 함께 당신을 영원히 찬미하나이다. 아멘.

에베소서 4:1-16

1 그러므로 주 안에서 갇힌 내가 너희를 권하노니 너희가 부르심을 받은 일에 합당하게 행하여
2 모든 겸손과 온유로 하고 오래 참음으로 사랑 가운데서 서로 용납하고
3 평안의 매는 줄로 성령이 하나 되게 하신 것을 힘써 지키라
4 몸이 하나요 성령도 한 분이시니 이와 같이 너희가 부르심의 한 소망 안에서 부르심을 받았느니라
5 주도 한 분이시요 믿음도 하나요 세례도 하나요
6 하나님도 한 분이시니 곧 만유의 아버지시라 만유 위에 계시고 만유를 통일하시고 만유 가운데 계시도다
7 우리 각 사람에게 그리스도의 선물의 분량대로 은혜를 주셨나니
8 그러므로 이르기를 그가 위로 올라가실 때에 사로잡혔던 자들을 사로잡으시고 사람들에게 선물을 주셨다 하였도다
9 올라가셨다 하였은즉 땅 아래 낮은 곳으로 내리셨던 것이 아니면 무엇이냐
10 내리셨던 그가 곧 모든 하늘 위에 오르신 자니 이는 만물을 충만하게 하려 하심이라
11 그가 어떤 사람은 사도로, 어떤 사람은 선지자로, 어떤 사람은 복음 전하는 자로, 어떤 사람은 목사와 교사로 삼으셨으니
12 이는 성도를 온전하게 하여 봉사의 일을 하게 하며 그리스도의 몸을 세우려 하심이라
13 우리가 다 하나님의 아들을 믿는 것과 아는 일에 하나가 되어 온전한 사람을 이루어 그리스도의 장성한 분량이 충만한 데까지 이르리니
14 이는 우리가 이제부터 어린 아이가 되지 아니하여 사람의 속임수와 간사한 유혹에 빠져 온갖 교훈의 풍조에 밀려 요동하지 않게 하려 함이라
15 오직 사랑 안에서 참된 것을 하여 범사에 그에게까지 자랄지라 그는 머리니 곧 그리스도라
16 그에게서 온 몸이 각 마디를 통하여 도움을 받음으로 연결되고 결합되어 각 지체의 분량대로 역사하여 그 몸을 자라게 하며 사랑 안에서 스스로 세우느니라

원 의미

에베소서 4:1-16보다 능동적으로 교회에 대해서 묘사하고 있는 단락은 없다. 1절은 첫 세장에서 하나님의 은혜와 구원을 기도형식으로 묘사하고 있는 것에서 4-6장에서 은혜의 결과에 관한 설명으로 전환하고 있음을 나타내준다. 2:10의 논의에서 지적했던 것처럼,[1] 에베소서에서 바울의 윤리적인 교훈은 "걷다"

(walk, 헬. '페리타테오'; NIV: "살다"[live])라는 은유를 대체적으로 중심하고 있다. 4:1에서 적어도 5:21까지 윤리적인 가르침이 이 동사를 둘러싸고 구성되어 있다. 다음의 사실을 참조하라.

4:1: "너희가 부르심을 받은 일에 합당하게 '행하여'"
4:17: "이방인이 그 마음의 허망한 것으로 '행함' 같이 행하지 말라"
5:2: "사랑 가운데서 '행하라'"
5:8: "빛의 자녀들처럼 '행하라'"
5:15: "그런즉 너희가 어떻게 '행할' 지를 자세히 주의하여 지혜 없는 자 같이 하지 말고 오직 지혜 있는 자 같이 하여"

대체로 4:1-16은 4:17-6:20에서 이어지는 것의 특별한 신학적 근거와 구조를 제공한다.

우리는 1-3장의 신학적인 자료와 4-6장의 윤리적인 교훈 사이에 구분을 과도하게 강조해서는 안 된다. 1-3장에서 윤리적인 가르침이 거의 모두 암묵적일지라도, 4-6장은 의미 있고 명백한 신학적 가르침을 담고 있다. 4:17-24이 삶의 두 방식을 대조시키는 신학적 묘사임을 유념하라. 2:11-22처럼 말이다.

신약성경 전반을 통해서 윤리적인 명령은 신학적인 설명에 기초해 있다. 순종은 항상 은혜에 대한 반응이다. 하나님이 먼저 행하시고 인간은 반응한다. '케리그마'(선포)와 '디다케'(교훈)를 분리할 수 없는 것처럼 서술과 명령을 분리할 수 없다. 자주 두 가지가 같은 본문에 섞여 있다. 명령은 복음을 전파하는 수단이 될 수 있고, 윤리적인 진술은 전반적인 복음[2]을 담을 수 있다(참조. 5:1-2). 우리 앞에 놓여 있는 단락에서 4:4-16은 4:1-3에서의 명령을 위한 신학적인 지원을 제공한다.

우리는 여기 에베소서와 로마서 12-15장, 또는 고린도 서신에서건 간에 바울의 윤리적 자료에서 교회론에 대해서 가장 많이 배운다. 현재의 단락은 다양성과 난해성만이 아니라 삶, 질서, 연합, 그리고 교회의 목적에 초점을 맞춘다. 기독교를 요약하는 모든 다섯 용어들이 여기서 나타난다.[3] 다시 말해서 교회론과 윤리는 분리할 수 없다.[4] 우리가 지적했던 것처럼, 기독론은 구원론이고, 구원론은 교회론이

1. pp. 118-120, 143을 보라.
2. Barth, *Ephesians*, 2:453-57.
3. "은혜", "진리", "믿음", 그리고 "소망."

며, 교회론은 윤리이다.[5] 이런 이해는 이 서신의 전반을 통해서 계속된다.

"하나", "몸", "분량", "세움" 그리고 "사랑"이란 용어가 특출 나게 주어진다. 4:2와 16에서 "사랑 안에서"라는 어구의 출현은 이 전체 항목을 포괄하는 '인클루시오'를 형성한다. 즉 이 윤리의 모든 것은 사랑으로 특징지어진다. 이전의 항목에서처럼 예전적이고 전통적인 자료가 이 용어의 본질을 형성하고(예. 4:4-6, 9-10), 긴 문장들이 계속된다. NIV는 4:14에서 단락을 나누는데, 그것은 4:11-16이 헬라어 원문에서 한 문장이라는 사실을 감추어버린다.[6]

구조. 이 단락은 두 주요한 항목으로 나뉜다. 4:1-6와 4:7-16. 이 단락의 논리는 다음과 같이 전개된다.

A. 연합에 초점을 맞춘 당신의 소명을 따라 살라(4:1-6)
  1. 성령의 하나됨을 따라 너의 소명에 합당하게 살라(4:1-3)
  2. 연합은 신학적인 하나됨에 의해 동기부여를 받는다(4:4-6)
B. 각 사람은 그리스도의 몸을 세우기 위해서 은혜를 받았다(4:7-16)
  1. 은혜가 각기 주어졌다(4:7)
  2. 시편 68:18이 증거다(4:8)
  3. 승천에 관한 삽입구적인 언급(4:9-10)
  4. 섬기고 세우는 은사가 사람들에게 주어진다(4:11-16)
    a. 종들이 성숙, 연합, 그리고 그리스도의 지식을 세운다(4:11-13)
    b. 성숙하고 성장하는 믿음은 진리와 사랑에 의해 증거된다(4:14-16)

하나됨에 초점을 맞춘 소명에 합당한 삶(4:1-3)

이 항목은 요약적인 진술이며 거의 표제에 해당한다. 이에 관해서 서신의 나머지 부분은 언급할 것이다. 오직 한 명령만이 서신에서 이 항목 이전에 나타났다: 2:11에서 "기억하라"("생각하라"—개역개정). 4:1-3에서의 권면은 구체적이고 실천적이지만, 바울이 더욱더 윤리를 뒷받침할 필요가 있었던 것처럼, 그는 4:4-16에

4. Barth, *Ephesians*, 2:451.

5. p. 180을 보라.

6. 골 2:19; 3:11-12과의 평행을 참조하고, "너희가"가 4:1-6에서 "우리"가 4:7-16에서 사용되고 있음을 역시 참조하라.

서 신학적인 관심으로 되돌아간다. 그 다음의 구체적이고 실천적인 명령은 4:25까지는 나타나지 않을 것이다.[7]

3:1과 유사하게 바울은 자신이 갇힌 자 된 것을 언급함으로써 그의 교훈을 강화시킨다. 3:1이 "예수 그리스도의 갇힌 자"(the prisoner of Christ Jesus)인 반면에 4:1은 직역하면 "주 '안' 에서 갇힌 자"(the prisoner in the Lord)[8] 이다. 그는 주 안에서 갇혀 있고 이런 영광스러운 입장으로부터 그는 그의 윤리적인 도전을 만든다. "주"는 에베소서에서 26번 나타나는데, 그중에 20번이 4-6장에 나타난다(바울이 구원에 대해서는 본문에서 "그리스도"를 사용하고, 윤리에 대해서는 본문에서 "주"를 사용하는 경향은 일치한다).

"너희가 받은 부르심"(the calling you have received)이라고 번역함으로써 NIV는 선택에 관한 본문의 이중적인 강조(직역하면 "너희가 부름 받은 소명"[the calling with which you were called])를 상실한다. 바울은 독자들에게 1-3장에서 구원에 관한 묘사, 특히 1:3-14의 송영을 상기시킨다. 만약 하나님의 사랑이 그토록 위대하다면, 그의 구원이 그토록 능력이 있으시다면, 만약 하나님이 그러한 화해를 제공하셨다면, 그때에 신자들은 그것을 따라서 살아야 한다. 그들은 하나님의 사랑에 의해 형태가 지어질 수 있도록 그의 사랑을 소중히 여겨야 한다. "소명"(부르심—개역개정)은 모든 크리스천의 구원과 책임에 대해 사용되고 있음을 유념하라. 그 용어는 "전문적인 사역"이나 엘리트 그룹에 사용되지 않는다. 이것은 모든 크리스천들이 하나님이 행하신 것에 따라서 살아가는 소명이다.

4:2-3에서 이어지는 영어의 명령법은 사실상 전치사어구("겸손으로" 등등)와 분사들("오래 참음으로")이다. 이것은 일련의 명령법과 동등한 등급이 아니다. 2-3절의 어구가 설사 명령적으로 이해된다할지라도, 그것은 주요한 명령법—"너희가 부르심을 받은 일에 합당하게 행하여"—에 종속된다. 그것들은 '겸손, 온유, 인내, 관용하는 사랑, 그리고 평안에 의해 특징지어지는 하나님의 소명의 합당한 삶' 을 묘사해준다. 처음에 관심이 자아(ego)에 있지만, 그 다음에 사랑하는 관계에 있다. 하나님의 행위는 자아를 공격하여, 자아를 말살하거나 모욕을 주는 것이 아니라 하나님과의 관계에서 자아를 되돌리고 그 관심을 재조정하게 하는 것이다.

놀랍지 않게 겸손은 모든 바울 서신에서 크리스천의 삶의 필연적인 요소로서

---

7. 엡 4:15을 명령형으로 취할 수 있었고, 4:17은 일반적인 명령형이다.

8. 그리스도 안에(in Christ) 있는 존재에 대한 바울 신학의 중요성으로 보건대, NIV의 번역인 "주를 위해서"(for the Lord)는 바울 사상의 영향을 상실한다.

제기된다. 그 실제적인 용어가 사용되지 않을 때조차도, 바울은 독자들 안에 이 덕성을 추구했다.[9] 몇몇 다른 서신들에서 그는 정확히 윤리적인 결론을 이끌어내기를 시작하는 시점에서 겸손과 하나됨을 연결시킨다(예. 롬 12:3-8; 빌 2:1-11; 골 3:12-15).

"완전하게 겸손으로"("모든 겸손"—개역개정)로 번역된 용어는 사람의 생각에 초점이 맞추어져 있다.[10] 그것은 오만과 반대되는 것으로서 "마음의 낮아짐"을 의미한다(참조. 롬 12:3; 11:20; 12:16). 낮아짐의 생각은 종의 태도이고 고대 그리스인들 사이에서는 부정적인 특성으로 고려되었지만, 구약성경과 유대교는 그것을 긍정적으로 간주했다. 이런 태도에 대한 가장 훌륭한 해석이 그리스도의 낮아진 마음에 관한 빌립보서 2:5-8에서 나타난다.

잊혀진 덕성인 "온유"('프라우테스')는 바울의 윤리적 목록에서 규칙적으로 나타난다. 그것은 그가 이 덕성에 두었던 가치를 증거해준다[11](참조. 빌 4:5, 그것은 '에피에케스'를 사용하지만 동일한 윤리에 관심이 있다). 고린도후서 10:1에서 바울은 자신의 태도를 설명하기 위해서 온유에 대해서 이 두 용어들을 사용한다—그가 말하는 온유는 그리스도의 성품이다.[12]

"인내"('마크로디미아', "오래 참음"—개역개정)는 역시 바울의 덕성 목록에서 반복해서 나타난다. 정당하게 존 크리소스톰은 이 말을 그 어원으로부터 "넓고 큰 영혼을 갖는 것"을 의미하는 것으로 해석했다.[13] 인내는 오랜 시간에 걸쳐서 곤란과 성가심을 참아낼 수 있는 큰 영혼의 실천이다.

NIV의 "사랑 가운데서 서로 참고"는 고풍적으로 들리고 본문의 의미를 상실한다. 보다 적절한 번역은 "사랑 가운데서 서로 용납하고"(개역개정)이다. 크리스천의 삶은 다른 사람들을 용납하는 삶이며, 이런 관용은 사랑 안에서 그 능력과 동기를 발견한다(참조. 갈 6:2). "사랑"과 "서로 용납하는 것"은 연관성이 있고 상호적으로 서로를 설명해준다. 그것은 다른 사람을 소중하게 여기는 방식을 일컫는다.

"사랑"('아가페')은 다른 사람을 즐겁게 하지만, 그것이 즐거움만을 위해 존재

---

9. 갈 5:26과 사실상 고린도전서의 모든 부분(특히 1:29-31; 8:1-3; 13:4)을 보라.
10. 의문되는 용어인 '타페이노프로쉬네'가 바울의 옥중서신들에서만 나타나고, 그것은 골 2:18과 23을 제외하고서는 항상 긍정적인 의미를 갖는다.
11. 갈 5:23; 6:1; 골 3:12; 딤전 6:11; 딛 3:2을 참조하라.
12. NIV는 고후 10:1에서 "그리스도의 온유와 관용"을 사용한다. "그리스도의 온유"는 "그리스도로부터 오는 온유" 또는 "그리스도를 닮은 온유"로 이해할 수 있다.
13. 고전 13:4에 관한 크리소스톰의 강해를 보라.

하지는 않는다. 사랑은 감정이나 느낌이 아니라 의지적인 행위다. 그것은 구체적인 사람들과의 관계 속에서만 존재한다. 이 사랑에 초점을 맞춘 것은 3:17-19에서 사랑에 관한 강조를 확장한 것이다. 즉 그리스도 안에서 경험된 사랑은 다른 사람들에게로 확장되어야 한다. 명사 '아가페'는 유대 자료와 기독교 문헌 이외에는 아주 드물게 사용된다. 아주 적게 세속적인 문서에서 일부 출현되고 있지만 분명히 기독교인들은 이 용어를 하나님과 관련한 사랑에 대해서 이야기하는 새로운 내용의 용어로 투사시켰다—먼저 하나님으로부터의 사랑, 그 다음에 하나님에 대한 사랑과 하나님으로 인해 다른 사람들을 위한 사랑. 이 사랑은 인간의 동기 속에서 그 기원을 갖지 않는다. 그것은 하나님의 사랑 때문에 만들어지는 선택이다.

"서로"에 관한 초점은 의미가 있다. 이 용어는 바울 서신에서 40번 나타난다. 크리스천들은 서로의 일부이며, 서로 용납해야 하며, 서로를 생각해야 하며, 서로를 섬기고, 서로 사랑하고, 서로 세워주고, 다른 이의 짐을 덜어주며, 서로 순복하고, 서로 격려해야 한다. 기독교는 하나님이 지시하신, 그리스도가 정의하신, 타자 지향적인 종교다. 자아로부터 멀어지는 그러한 방향에서만 우리는 우리 자신을 발견할 수 있다.

부르심에 합당한 삶은 역시 "성령의 하나됨을 지키는" 열심을 요구한다. "힘써 지키라"(3절)는 "열정적이거나 애쓰는" 것을 의미하는 단어를 번역하고 있다. 우리는 하나됨을 소중하게 여기고 그것을 경각하며, 이 하나됨이 위협받지 않도록 힘을 다할 것을 요청받는다. "성령이 하나 되게 하신 것"은 성령이 주시거나 가져오시는 연합을 의미하지만 이어지는 구절과 평행들이 보여주는 것처럼 이 어구의 배후에 전반적으로 복잡한 개념이 놓여 있다. 동일한 성령이 모든 크리스천들 가운데 역사하시고, 그들을 동일하신 그리스도로 세례하시며, 그들을 육성하고 인도하신다(또한 고전 12:13; 빌 2:1을 보라).

하나됨이 우리가 창출하는 것이 아니라 성령에 의해 주어지는 것임을 깨닫는 것이 중요하다. 연합은 모든 사람들을 위해 동일하게 작용하는 하나님의 하나됨과 복음의 하나됨에 기초하고 있다. 연합의 주제가 바울의 서신에서 자주 나타날지라도, 실제적인 용어('헤노테스')는 오직 여기와 4:13에서만 나타난다. 4:3과 4:13을 비교할 때 다시금 '이제 하지만 아직 아닌'의 기독교적 특성이 다시 나타난다. 4:3에서 연합은 하나님이 창출하신 기초이고, 그것으로부터 우리가 시작하며, 4:13에서 그것은 우리가 진력하는 목표다.

"매다"('쉰데스모스', 다른 곳은 오직 행 8:23; 골 2:19; 3:14에서만 나타난다)

는 '데스모스' 와 관련이 있는데, 이는 죄수가 묶여 있는 것에 사용된다. "평안의 매는 줄"은 "평안의 줄" 또는 "평안이 창출되는 줄"을 의미할 수 있다. 양 경우에, 우리는 2:14-18에서 평안에 관한 논의를 생각해보아야 한다. 우리가 성령 안에서 공유하는 연합은 평안을 만드신 그리스도의 행위에 기초하고 있다. 그 행위가 새로운 존재를 낳았고 크리스천들을 서로 연결시켜준다.[14]

연합은 신학적인 하나됨에 의해 동기부여가 된다(4:4-6)

4:4-6에서의 신조는 바울 이전의 고백에서 적용되었을 수 있으나 바울의 교회들에서 사용된 신조일 수 있거나 바울이 본래 이 서신에서 만들어낸 신조일 수 있다. 그 신학은 바울적이다. 특히 어떤 다른 신약성경의 저자도 몸의 이미지를 사용하고 있지 않기 때문이다.[15] 그 고백은 세 번의 삼중적인 구조를 갖는다. (1) 몸, 성령, 소망, (2) 주, 믿음, 세례, (3) 모든 것 위에, 모든 것을 통해서, 모든 것 안에 계신 한 분 하나님과 모든 이들의 아버지. 다시금 우리는 삼위일체적이고 '신' 학에 초점을 맞춘 자료를 발견하게 된다.

크리스천들은 성령의 연합을 유지해야 한다. 크리스천들은 서로를 붙들어주어야 한다. 일곱 번 "한"(one)이란 말이 선행된다. 각각의 경우에 하나는 그 항목의 독특성과 연합을 위한 근본적인 가치를 표명해준다. 일곱 개 모두 오직 한 복음이 있고 그 복음을 믿는 것이 연합으로 들어가는 실제임을 표현해준다. 기독교는 공유하는 믿음이다. 분리나 단순히 개인적인 믿음은 존재할 수 없고, 또한 다른 구원은 없다.

이 항목은 2:14-18과 연결시켜줄 뿐 아니라 2:21-22과 3:6과도 역시 연결시켜준다. 다른 지역에 여러 그리스도의 몸이 있을 수 없고, 그리스도의 한 몸만이 있을 뿐이다. 각각의 지역의 회중은 그 몸을 대변한다. 한 몸—한 영이란 용어의 배후에는 2:16-18과 고린도전서 12:13이 있다. 성령에 의해서 크리스천들은 한 몸으로 연합되고 하나님께 함께 나아갈 수 있게 된다. 성령의 역사에 대한 공통된 기원과 그리스도의 몸 안에서의 공통된 존재와 더불어, 신자는 공통된 소망, 즉 복음의 공

14. NIV가 왜 "평안의 유대를 통해서"(through the bond of peace)를 선택하고 있는지는 불분명하다.
15. 1:18; 2:16, 18에서의 유사한 개념과 고전 8:6과 비교해 보라.

통된 종말론적인 운명을 공유한다.

4:4에서 바울은 "너희가 부르심의 한 소망 안에서 부르심을 받았느니라"고 말함으로써 그의 초점을 반복한다(참조. 1절).[16] 1절과 4절의 유사성은 부르심에 합당한 삶은 연합된 삶을 의미한다는 것을 강조한다. 모든 사람들이 동일한 소명을 공유하고 동일한 운명으로 가는 도중에 있다.

두 번째 삼중적인 언급(5절)도 마찬가지로 2장을 언급한다. 그리스도 안에 있는 전체 건물이 "주 안에서"(2:21)—1-3장에서 "주"(Lord)에 대한 유일한 출현—거룩한 전으로 성장한다. 세상이 수많은 "주들"(lords)을 알지라도(고전 8:5-6), 크리스천들은 오직 한 분 주를 알고, 이것은 이 한 분 주님이 그를 따르는 자들에게 모순된 명령을 하시지 않는다는 것을 함축한다.

"한 믿음"("믿음도 하나요"—개역개정)은 2:1-10에서 복음에 관한 설명을 회상하지만, 여기서는 믿음의 행위를 가리키지 않는다. "믿음"은 여기서 믿어지는 것, 즉 믿음의 내용의 환유로 사용된다. 이 진술은 오직 한 복음만이 있다는 것을 의미한다.

"세례"에 대한 다른 명백한 언급은 이 서신에서 나타나지 않지만 세례에 대한 암시가 4:22-24에 나타난다(아마도 또한 5:26).[17] 여기서 바울의 주요한 강조는 존재하는 유일한 세례는 성령에 의한 그리스도 안으로의 세례라는 것이다(또는 그의 몸으로의)(참조. 또한 고전 1:13; 12:13; 갈 3:27). 사람들이 같은 주를 갖고 같은 복음을 믿고, 그리스도 안으로 세례 되는 같은 실제를 경험한다면, 이 연합을 따라 살아야 하지 않는가?

연합을 위한 더 큰 기초는 "만유의 아버지"이신 하나님 안에서 존재한다(6절). 이 신학은 3:14-15의 신학에 가깝다. 확실히 유대의 '쉐마'—야훼가 한 분이시라는 고백(신 6:4)—가 이 구절의 배후에 있다(또한 롬 3:30; 고전 8:6을 참조하라). "만유 위에 계시고 만유를 통일하시고 만유 가운데 계시도다"라는 예전적인 표현은 여러 본문들과 평행을 이루지만 가장 두드러지게는 고린도전서 8:6이다(하지만 이 본문은 만물이 '그리스도를 통해' 있다는 점에서 다르다). 변화가 예전적인 표현을 적용하는 방식에서 나타난다.[18]

---

16. NIV의 용어는 1절과 4절의 용어의 유사성을 감춘다.
17. 이런 사실에도 불구하고 일부 학자들은 에베소서가 본래 세례시의 강론이었다고 주장한다. 특히 John C. Kirby, *Ephesians: Baptism and Pentecost*(Montreal: McGill Univ. Press, 1968)을 보라. 그는 에베소서가 아마도 오순절을 지키는 상황에서 세례 시에 서약의 갱신을 위한 것이라고 주장한다.

각 사람은 그리스도의 몸을 세우기 위해서 은혜를 받았다(4:7-16)

이 항목의 논리는 아주 밀접해서 연관되어 있어서 두 단락으로 분리할 수가 없다. 심지어 이 항목을 한 단위로 유지시킬 때조차도 그 논리를 따라가기가 쉽지 않다. 4:9-10이 삽입구이기 때문이다(참조. NIV의 구두점).

몸에 관한 다른 단락들처럼(롬 12:3-8; 고전 12:12-31), 연합에 대한 바울의 관심은 각 사람의 다양성과 책임에 대한 강조와 균형을 이룬다. 다른 본문들에서처럼 에베소서 4장에서도 명백하지는 않을지라도 이것이 분명히 바울의 의도다. 그러므로 NIV가 잘못된 개념을 막기 위해서 7절을 약한 역접의 "but"(개역개정에서는 번역하고 있지 않음)으로 시작하고 있는 것은 옳다. 즉 연합은 개성과 개인의 책임성을 상실한다는 것을 의미하지 않는다. 하나됨(연합)이 지배하지만 그리스도는 보편적인 차원에서 단순히 일하시지 않는다. 그는 각 개인들 속에서 역사하시며, 각 사람에게 은혜를 주신다.

다시 한 번 "은혜"는 예상치 못한 의미를 갖는다. 그것은 여기서 구원하는 은혜를 지칭하는 것이 아니라 사역을 위한 은혜를 지칭한다. 실로 이 두 개념을 나눌 수 있다면 말이다. 바울은 손쉽게 "우리 각자에게 '사역'이 주어졌다"라고 쓸 수 있었다. 하지만 3:8에서처럼 그는 이방인들에게 전파하기 위해서 그에게 주어진 은혜에 대해서 말했던 것처럼, 여기서 사실상 동일한 용어로 그는 그 사람의 소명의 역사를 행하기 위해서 각 사람에게 주어진 은혜를 말하고 있다.[19]

로마서 12:3-8과 고린도전서 12:4-14은 이 에베소 본문에 대한 주석으로 기능한다. 연합은 그 사람의 인격과 책임의 동일성에 있지 않고, 하나님으로부터의 기원과 복음에의 의존, 그리고 하나님과 동행하는 목적지에 있다. 연합 안에서 각 사람이 다른 책임을 가질 수 있도록 은혜가 모든 사람들에게 주어진다. 로마서 12:6이 말한 것처럼 "우리에게 주신 은혜대로 받은 은사가 각각 다르다." 연합은 다양성과 변화에 의해 유지된다.

---

18. 또한 롬 9:5; 11:36; 고전 8:6; 12:6; 15:28; 골 1:16; 3:11을 보라. 롬 9:5은 바울의 서신에서 "만물 위에"의 유일한 다른 출현이지만, 그가 그리스도를 언급하고 있는지 또는 하나님을 언급하고 있는지는 논쟁이 된다.
19. 적어도 "은혜"에 관한 바울의 101번의 사용 중에 15번이 사역을 위한 은혜를 일컫는다(특히 롬 1:5; 15:15-16; 고전 15:10; 고후 9:8)을 보라).

"그리스도의 선물의 분량대로"(7절)는 직역하면 "그리스도의 선물의 정도에 따라서"이다. 이것은 그리스도가 오직 작은 양의 은혜를 어떤 이에게는 준다는 것을 암시하지 않는다. 그리스도는 우리에게 그의 은혜를 풍성히 주시기 때문이다(1:8). 선물의 정체성[20]은 불확실하다. 그것은 은혜(3:7처럼), 성령(고전 12:7처럼), 또는 그리스도 자신일 수 있었다. 더 세세한 결정은 불가능하거나 바람직하지 않다. 은혜를 말하는 것은 그리스도와 성령을 말하는 것이기 때문이다. 그 관심은 그리스도의 몸 안에서 하나님이 의도하시고 하나님이 능력을 부으신 기능의 다양성을 인식하는 것이다.[21]

"분량"(7절; NIV, "분여된")이란 말은 4:13("그리스도의 장성한 분량이 충만한 데까지")과 4:16("각 지체의 분량대로 역사하여"; NIV는 "각 부분이 그 일을 행함으로")에서 다시 나타난다. 각 사람에게 각 사람에게 분여된 것은 그리스도의 몸의 완전한 분량을 이루기 위해서 필요하다.

8절에서 시편 68:18을 인용함으로써 바울은 주로 마지막 소절 즉, "사람들에게 선물을 주셨다"에 관심이 있다. 이것은 승천하신 그리스도가 사람들에게 선물을 주신다는 성경적 증거를 제공한다. 이 인용은 히브리 본문과 70인경과는 다른데, 이 두 성경 본문은 "그가 올라가셨다", "그가 이끄셨다", "그가 선물을 주셨다"라기보다는 "당신이 올라가셨다", "당신이 이끄셨다", 그리고 "당신이 선물을 받으셨다"라고 기록하고 있다.[22] 본래의 시편은 하나님의 승리에 대한 것으로서 포로를 사로잡으시고, 사람들로부터 선물을 받으시는(또는 아마도 선물로서 사람들을 받으시는) 모습을 그리고 있다.[23] 이 시편은 분명히 오순절과 토라를 하나님이 주신 것을 기념하는 것과 연관해서 사용되었다.[24] 승천-하강의 모티브를 사용하는 다른 단락들도 역시 계시에 초점을 맞춘다(요 1:51; 3:13; 롬 10:6-8을 보라). 바울은 그리스도의 승천의 시편을 이해했거나, 그가 적어도 그것을 그리스도의 승천에

---

20. 바울은 여기서 '카리스마'가 아니라 '도레아'를 사용하지만, 벧전 4:10은 유사한 진술에서 '카리스마'를 사용한다.

21. 유사한 용어가 롬 12:3; 고후 10:13; 벧전 4:10에서 나타난다.

22. 에베소서에서의 인용은 시리아역과 탈굼역(히브리 성경의 아람어 의역)과 유사하지만 탈굼역은 여전히 2인칭 단수를 사용한다. "당신은 하늘로 올라갔도다, 오 선지자 모세시여, 당신은 포로된 자들을 포로로 취하시고, 율법의 말씀을 가르치시며, 인간들의 자녀들에게 선물로서 그것들을 '주셨다.'"

23. 아마도 하나님께 주어진 것으로서 레위인들을 암시하는 시편(민 8:5-19; 18:6; 사 66:20-21). Gary V. Smith, "Paul's Use of Psalm 68:18 in Ephesians 4:8," *JETS* 18(1975): 181-89을 보라. 그렇다면, 크리스천 리더들에 대한 적용은 훨씬 더 쉬워질 것이다.

24. 특히 Lincoln, *Ephesians*, 242-44을 보라.

적용하였다. 그리스도의 승리적 페레이드인 "포로들의 행렬"은 신자들(고후 2:14)이거나 정사와 권세들(골 2:15)일 수 있다. 영적인 세력들에 비하여 주님의 높으심에 관한 에베소서 1:20-23의 내용에 비추어, 악한 세력들이 아마도 고려되고 있을 것이다. "선물들"이란 말은 이중적인 언급을 갖는다. 선물들이 4:7에서 사람들에게 주어지지만, 4:11에서 사람들이 역시 교회에 선물로서 주어진다.

승천에 관한 삽입구적인 언급(4:9-10). 8a절에서 승천에 관한 언급은 다음 두 구절의 삽입구적인 언급을 촉발시킨다. 이 구절들의 해석은 하데스로 내려간 것으로 그것을 이해했던 교회 전승에 의해 난해해졌다. 문제는 "땅의"(직역하면 "그가 '땅의' 낮은 지역으로 내려가셨다"[25])란 속격을 어떻게 이해해야 하느냐다. 이것은 "땅 아래의 지역들"을 의미하는가 아니면 "더 낮은 지역들, 즉 땅"을 의미하는가?[26] 전자라면, 그때에 하데스로의 하강이 의도되고 있고, 만약 후자자면, 세 가지 견해들이 가능하다.

(1) 그리스도의 성육신
(2) 오순절에 성령 안에서 그리스도의 하강[27]
(3) 2:17에 암시된 교회로의 그리스도의 하강.[28]

마지막 견해는 추천할 만한 여지가 적고, 하데스로의 하강은 이 본문이나 다른 본문들에서 받아들이기가 어렵다. 어느 곳에서도 바울은 하데스로의 하강을 언급하지 않고, 베드로전서 3:18-22이 역시 그러한 개념을 언급하고 있는지는 의심스럽다. 에베소서에서 능력과의 충돌은 하늘의 영역에서 발생하고 그리스도의 승리는 하강이 아니라 높아짐에 의해서다(1:20-23; 6:10을 보라[29]). 이 주제의 주요한 초점은 하늘에서 땅으로의 이동, 즉 성육신에 있다(요 1:51; 3:13; 6:51을 보라).

9-10절의 다른 두 견해(성육신이나 오순절)는 모두 "그가 땅 아래로 내려오셨

25. 참조. NIV의 각주: "땅의 깊이."
26. 즉, 그것은 부분사 속격인가 동격의 속격인가?
27. 이 견해는 G. B. Caird, "The Descent of Christ in Ephesians 4, 7-11," *Studia Evangelica II*, ed. F. L. Cross(Berlin: Akademie-Verlag, 1964), 535-45. Lincoln, *Ephesians*, 246-47에 의해 대중화되었다.
28. Abbott, *Commentary on the Epistle to the Ephesians and the Colossians*, 116.
29. 구약 성도를 풀어주기 위해서 하데스로 그리스도가 갔다는 어느 논의는 교회 역사에서 신학적인 이슈들에 의해 동기부여가 된다. 상승-하강 모티브의 다른 출현들은 하데스로의 하강을 가리키지 않는다. 오직 롬 10:6-8만이 그러한 개념을 암시하지만, 거기서도 그 개념은 어느 누구도 그리스도를 올리기 위해서 "깊은"('아비스소스', 죽음의 지역) 곳으로 내려갈 필요가 없다는 것이다.

다"고 그 용어들을 번역해야하는 것을 가정한다. 오순절에 대한 언급이 이 단락의 논리에 적합할지라도, 그것을 받아들이기가 어려운데, 바울이 그것을 표현했다고 하는 것은 너무 수수께끼적인 방식이 될 것이기 때문이다. 아마도 대체로 그는 성육신을 가리키고 있을 것이다: 성육신으로 내려오셨던 분이 승천하시고 이제 만유 위에 높아지신 동일한 분이라는 것이다.

이 삽입구에서 사도의 실제적인 관심은 하강 모티브가 아니라 상승 모티브다. "온 우주를 충만하게 하기 위해서"란 NIV의 번역은 공간적인 개념을 창출하고 있다는 점에서 오해를 일으킬 수 있다. 본문은 직역하면 "그가 만물을 충만하게 하시려고"라고 말한다. 바울이 이 승천을 언급할 때, 그리스도가 만물을 포괄하시고 그것들을 적절한 역할로 배치하신다는 사실과 그리스도의 권위를 강조한다. 어느 것도 그리스도의 관할권 바깥에 있지 않고, 그가 가져오신 혜택과 온전함에서 배제될 수 없다.[30]

사람들은 섬기고 세우기 위해서 선물로 주어진다(4:11-16). 이 항목은 헬라어에서 하나의 긴 문장이고, 거기서 두 주제가 다루어진다: 몸 안에서 발생하고 있는 사역과 이 사역이 이루는 성숙. 그리스도가 교회에 주신 선물은 '사람들'이 세우고 섬기는 것을 촉진하게 한다. 이 본문은 은사와 제도적인 질서에 대해서 가르친다.

신약성경의 역사를 재구성함으로써 학자들은 원시적인 교회는 성령과 '카리스마'에 의해 제어되었고, 교회 질서는 나중에 발전했다고 자주 주장한다. 이 때문에 일부 학자들은 에베소서를 "초기 가톨릭주의"를 대변하는 것으로 보았다. 저자가 여기서 "직무", 질서, 그리고 전통에 더욱더 초점을 맞추고 있기 때문이다. 이런 재구성은 유감스럽다. 성령에 관한 초점을 놓칠 수 있을지라도, 교회 역사의 초기부터 성령과 인간 지도자들이 연합되었다. 이 단락은 고린도전서 12:27-31을 단지 말하고 있다. 어느 공동체도 리더십의 형태가 없이 존재할 수 없고, 성령과 제도적인 질서는 서로 대조되는 것이 아니다.[31]

종들이 연합과 그리스도의 지식을 세운다(4:11-13). 이 본문은 성직자와 평신도의 위계구조를 형성하지 않는다. 오히려, 그것은 봉사와 교화를 돕기 위해서 교회에 주어진 사람들에 대해서 이야기한다. 이 개념은 특별한 그룹에 주어진 선물에 관한 것이 아니라 교회에 사람들을 주신 은혜에 관한 것이다(또한 고전 12:28을 참조하

---

30. 1:10, 22-23; 3:19과 골 1:15-20을 보라.
31. 그러나 "직책"이란 용어는 리더십에 관한 신약성경의 본문을 묘사하기에는 아마도 너무 강한 말일 것이다.

라. 그 구절에서 하나님은 교회에 먼저 사도, 그 다음에 선지자, 그 다음에 교사를 임명하셨다. 이 세 가지 이후에 능력과 치유의 은사와 같은 기능들이 열거된다).

기능이 11절에서 열거되고 있지 않지만, 사람들에 대한 동일한 세 범주들이 두 부연과 함께 열거된다: "복음전도자"와 교사에 합류되는 "목사"(직역하면 "목자"). 이 마지막 목사와 교사는 한 범주를 형성한다. 한 헬라어 관사가 이 둘을 통제하고 있기 때문이다. 다시 말해서 이 어구는 "가르치는 목사"를 의미했다. 고로 오직 네 그룹이 존재한다.[32]

여기서 열거된 칭호들은 오늘날 특히 "복음전도자"와 "목사"와 같이 1세기와 동일한 것을 필연적으로 의미하지 않는다. 사실상 모든 칭호들이 믿음을 선포하는 역할을 가리킬지라도, 칭호들을 실제적으로 정의하기가 어렵다. 특히 바울 서신들에서 증거가 제한되어 있다. 게다가 그 범주들은 상호적으로 배타적이지 않다. 적어도 이론적으로 그 모든 것들을 바울에게 적용할 수 있었다(참조. 딤후 1:11, 그것은 "전달자"와 더불어 바울을 "사도"와 "교사"로 적용한다; 또한 행 13:1은 "선지자"와 "교사"를 한 그룹으로 묶는다).[33] 분류를 교묘하게 하려는 어느 시도도 증거를 살필 때 실패하고 만다.[34]

"사도"는 신약성경에서 폭넓은 셈적인 범주를 갖는다. 그것은 대리자가 신약성경에서 보낸 자를 대변하기 위해서 나아간다는 에이전시의 유대적 개념을 배경으로 한다. 때로 그것은 어떤 이가 부활하신 주님을 봄으로써 하나님의 대리자가 된다는 것을 의미한다.[35] 다른 때에 사도들은 특히 예수와 같이 하고 초대 교회에서 활동하였기 때문에 믿음의 범위를 설명하는 기본적인 사역을 갖는 사람들을 일컫는다.[36] 또 다른 때에는 단지 교회의 사절임을 의미한다.[37] 적어도 한 곳에서(롬 16:7), 그 용어(사도, apostle)는 여성들에게 사용된다.[38] 하지만 대부분의 경우에 "사도"는 특별한 권위와 역할을 가졌던 제한된 지도자들의 그룹에 있는 사람을 일컫는다. 그렇지 않다면, 바울이 전력으로 자신의 사도적 직분을 변호하려고 노력

---

32. "어떤"이 선행되고 있는 각 칭호로 형성된 운율을 참조하라(사도들 앞에 '멘'과 다른 칭호들 앞에 '데'). "교사들" 앞에는 '데'나 관사가 나타나지 않는다.
33. 바나바는 교사-선지자로 열거되지만, 그는 행 14:14에서 사도로도 불려진다.
34. Ernest Best, "Ministry in Ephesians," *Irish Biblical Studies* 15(1993): 146-166을 보라.
35. 행 1:21-22과 고전 9:1을 참조하라.
36. 이것은 에베소서가 그 용어를 사용하는 방식이다(2:20; 3:5; 또한 행 1:21-22; 15:2-16:4; 갈 1:17-2:10).
37. 고후 8:23(NIV는 "대표자"); 빌 2:25(NIV는 "전달자[메신저]").
38. NIV의 번역인 "유니아스"(Junias)는 유감이다. 그 이름은 분명히 여성인 "유니아"(Junia)이기 때문이다.

했던 것은 난센스가 될 것이다. 사도들은 특히 권위를 부여받은 하나님의 대리자였고, 하나님의 좋은 소식을 설명하고 전파하는 책임이 있었다.

"선지자들"도 마찬가지로 폭넓은 범주를 전달한다. 그것은 사도들과 더불어 기초적인 역할을 했던 선지자들이나(2:20; 3:5), 지역 교회들의 생활에서 선지자들로 지칭되었던 사람들을 일컬을 수 있다(행 13:1; 15:32; 21:9; 고전 14:32). 어느 크리스천이 예언할 수 있었을지라도(고전 14:31), 간헐적인 예언적 언급은 '선지자'란 칭호를 필연적으로 가져다주지는 않았다. 때로 선지자들은 미래의 사건들을 예견하였지만(행 11:27-28; 21:10), 보통 그들은 복음과 하나님의 뜻의 상관성을 설명했다(고전 14:3-40을 보라).

"복음 전하는 자"는 거의 알려지지 않는 그룹을 형성한다(다른 곳에서 이 용어는 행 21:8에서 빌립에 대해서 그리고 딤후 4:5에서 디모데에 대해서 사용된다). 복음을 전하는 자가 복음을 선포하는 순회전도자였다는 것은 아마도 옳지 않을 것이다. 바울은 디모데가 에베소에 '머물러' 교회를 세울 것을 촉구했고(딤전 1:3), 복음 전도자 빌립은 가이사랴에서 집을 가졌다. 확실히 그들의 주요한 활동은 불신자들에게 있었지만, 복음전도자는 복음을 선포하고 그 관계성을 선포하는데 초점을 맞추었던 사람인 "복음 전파자"였다. 신자들이나 불신자들에게 동시에 그러한 활동이 해당될 수 있었다(롬 1:15을 보라).

모든 크리스천들이 가르치는 책임이 있었을지라도(고전 14:26; 골 3:16), 어떤 이들은 교회에서 "가르치는 목사"로서 인식되었고(더 문자적으로 번역하면 "가르치는 목자"), 그들의 가르침에 대해서 보상이 주어졌다(참조. 행 13:1; 갈 6:6; 고전 12:28; 딤전 5:17). 양떼를 이끌고 돌보는 목자의 모습은 하나님과 인간 지도자들에게 적용된 익숙한 구약성경의 이미지다.[39]

12절은 세 전치사 어구로 구성되어 있다. 그것을 문자적으로 번역하면 "성도를 구비하게 하려고 봉사의 일로 그리스도의 몸을 세우는 일로"라고 독법할 수 있다. 모든 세 어구가 지도자들을 묘사하는가? 그러므로 그들이 교회에 주어진 세 목적을 전달하고 있는가? 아니면 오직 첫 어구만이 지도자들을 묘사하고 다른 두 어구는 사람들을 묘사하고 있는가? 다른 방식으로 질문하면, 지도자는 모든 세 임무를 행하는가 아니면 그들은 봉사와 세우는 일을 하도록 사람들을 구비시키는가? 목

39. 이것은 초대교회 지도자들에 관한 완전한 목록은 아니다. 예를 들어, "감독과 집사"(빌 1:1) 그리고 "장로"(딛 1:5)를 참조하라.

사와 평신도의 관계에 대한 이해가 중요하다. NIV는 올바르게 두 번째 선택을 취했다. 4:7에서 사역을 위해 은혜를 받은 각 사람에 대한 강조와 로마서 12:2-8과 고린도전서 12:4-31에서의 평행은 교회의 봉사에서 모든 사람들의 참여에 초점을 맞추게 한다. 게다가 "준비하다"(NIV, "온전하게 하다"—개역개정)에 대한 강조를 완성하는 것을 필요로 한다. 그것이 몸을 섬기고 세우는 것이 아니라면, 하나님의 백성들이 무엇을 하도록 준비하겠는가?

"세우다"(또는 "교화")는 에베소서에서(4:16, 29) 그리고 바울의 교회론에서 중요한 주제이다. 그는 그의 서신들에서 15번 그 용어를 사용한다(에베소서, 로마서, 그리고 고린도전후서에서).[40] 세우는 것은 개인의 윤리(롬 14:19)의 목표이자 집합적인 예배(고전 14:26)와 바울 자신의 사역(고후 10:8)의 목표다. 초점은 주로 교회의 내적인 강화에 있지만 불신자들에게 다가감으로써 교회를 세우는 것도 역시 포함된다.

13절의 첫 부분이 종말에 대한 함축을 갖고 있을지라도, 이 단락은 현재에 크리스천들이 획득하고 기대할 수 있는 목표로 이해한다면 더 의미가 있을 것이다. 그렇지 않다면 14-16절에서 크리스천의 성숙에 관한 초점은 아무런 의미를 갖지 못할 것이다. 바울의 관심은 그의 독자들이 재림 이후가 아니라 지금 어린아이처럼 되지 않는 것이다. "그리스도의 장성한 분량이 충만한 데까지 이르리니"는 역시 여기서 지금 교화와 성숙에 대한 바울의 관심—성인의 온전함에 이르는 믿음—을 가리킨다.

연합이 4:3에서 주어진 것으로 가정될지라도, 그것은 여전히 크리스천들이 행해야할 것이다. "하나님의 아들을 믿는 것과 아는 일에 하나가 되어"는 단순히 우리가 믿는 개념에 대한 연합이 아니라 복음을 수용하고 그리스도와 함께 살아가는 경험에서 나오는 연합이다. 이것은 그리스도에 대한 지식이 아니라 무엇보다도 '그리스도'를 관계적으로 아는 것을 말한다. 우리 주님은 우리가 "성숙한" 믿음을 갖기를 원하신다(참조. 고전 13:11).[41]

진리와 사랑에 의해 증거되는 성숙하고 성장하는 믿음(4:14-16). 11-13절과 14-16절

---

40. 관련된 동사가 역시 9번 나타난다.

41. NIV는 "성숙해지다"가 "성숙한 사람"으로란 말을 대변한다. 2:15에서 새로운 존재에 대한 평행을 상정할 수 있지만, 두 이미지가 공동체적일지라도, 그 의도는 동일하지 않다. 2:15에서 사용되었던 '안드로포스' 보다 '아네르'가 여기서 "인간"을 위해 사용되고 있다. 다른 어느 곳에서도 '아네르'는 교회를 대변하기 위해서 사용되지 않고 있고, 그 초점이 남성이나 교회가 아니라 연합의 개념과 성숙을 전달하는 것에 있다고 말하는 것이 안전하다.

사이에 연관은 무엇인가? NIV는 접속사 '히나'를 시간적으로(14절에서 "then"[그때에]) 해석했지만 목적("하기 위해서") 또는 결과("그러므로")가 더 적합할 것이다. 어떤 이들은 13절을 12절과 연결시키는 14-16절과 함께 삽입구로 간주할지라도, 14-16절이 13절에 언급된 성숙과 직접적으로 연관될 가능성이 더욱더 있다. 바울은 독자들이 잘못된 가르침에 의해서 이탈하지 않'도록' 성숙하기를 원한다.

미성숙은 "이리저리 밀리고" "여기저기로 요동하는" 것으로, 즉 쉽게 속임을 당하는 것으로 설명된다.[42] 바울은 진리와 생명의 근원을 어디에서 발견할 것인지를 알지 못하는 사람들과 반복해서 엉터리와 협잡꾼에게 속임을 당하는 사람들을 묘사한다. 몇 가지 함축적인 대조가 본문에 설정되어 있다.

(1) 어린 아이 대 성숙
(2) 이리저리 밀리는 것 대 합세하여 요동하지 않는 것(16절)
(3) 속임 대 진리를 말하는 것(15절)
(4) 인간 기원 대 그리스도의 기원
(5) 자기 자신을 섬기는 교묘한 사람 대 다른 사람들을 섬기는 정직하고 사랑하는 사람들.

4:15에서 성숙에 관한 묘사에 대한 전환과 더불어 우리는 신약성경에서 가장 중요한 윤리적 가이드라인, 즉 크리스천의 삶이 무엇인지를 요약하는 것을 아마도 만난다: 진리, 사랑, 그리고 모든 것에서 그리스도로의 계속된 성장.[43] 여기서 "진리"에 대한 용어는 사실상 동사다. 문자적인 번역은 "사랑 안에서 참된 것"이다.[44] '진리가 중요하다'는 사상은 구약성경과 신약성경 그리고 쿰란 문헌에서 나타난다.[45]

진리에 관한 셈어적 개념은 신뢰할 수 있는 것에 초점을 맞춘다. 그것은 주로

42. 14절에서 속임수에 대한 용어들이 많이 나오고 있음을 참조하라: "속임수"(실제 노름을 할 때 사용되는 용어로서 속인다는 의미로 부정적으로 사용됨), "간사", 그리고 "속이는 교훈."

43. 진리와 사랑은 서신의 나머지 부분에서 강조된다. 이는 당연한데, 그 용어들은 기독교 신앙을 요약하는 다섯 용어들(은혜, 믿음, 그리고 소망; p. 75을 보라) 가운데 속하기 때문이다. 4:16, 21, 24, 25; 5:2, 9, 25-33; 6:14, 23에서 진리와 사랑에 초점을 맞추고 있는 것을 참조하라.

44. 이 동사는 갈 4:16에서만 신약성경의 다른 곳에서 나타난다.

45. 요 3:21과 요일 1:6을 보라. 그 구절들은 "진리를 행하다"(NIV는 "진리로 살다")를 갖는다. 구약성경에서 창 32:10; 47:29; 느 9:33을 보라(NIV는 "신실함", 또는 "신앙으로").

언약적 충성에 대한 관계적 용어이며, 때로 "신실함"으로 번역된다. 참된 사람은 말한 것과 행한 것을 포함하는 자신의 언약적 의무를 따라 살아가는 사람이다. 그러므로 진리와 사랑은 다른 사람들과 우리를 연결해준다. 우리가 진리를 따라 살아간다고 말하고서 언약적 관계를 위반할 수는 없기 때문이다. 진리는 사실에 대한 참된 평가와 환상과 반대되는 참된 것에 대한 생각을 포함한다. 하지만 그것은 마음과 관련된 것이라기보다는 훨씬 더 전체적이다. 적어도 그것은 일관된 행위와 신실한 관계의 말을 포함한다.

복음의 진리를 따라 말하고 살아가는 것은 미성숙함을 보이는 속임수적인 가르침과 정 반대된다. 하지만 진리에 대한 폭넓은 관심이 일반적으로 포함되어야 한다. 복음의 진리를 일반적인 진리와 분리할 수 없다. 그것이 하나님의 목적을 설명하는 것이든 다른 인간과의 관계를 설명하는 것이든 상관없다. 이런 폭넓은 관심이 염두에 두어졌음이 4:21, 24-25와 5:8에서 이어지는 진리에 관한 언급에서 나타난다.

이런 윤리적인 요약의 세 번째 특징은 가장 중요하다. 우리는 "범사에 그[그리스도]에게까지 자라"야 한다. NIV에서처럼 미래라기보다 주 동사는 사실상 1인칭 명령이다. "우리가 범사에 그에게까지 자라자[또는 성장하자]." 사랑 안에서 진리로 살아가는 것은 성장의 수단이자 성장의 결과다. 그리스도 안에서 접했던 진리와 사랑으로 살아가고(3:19과 4:21), 이런 자질을 표현할 때, 우리는 더욱 밀접하게 그리스도에 더욱 부착되고 더욱 그와 같아지는 것이다. 그리스도로의 성장의 개념은 처음에 이상해보일지 모르나, 그것은 바울에게서 아주 중요한 "그리스도 안에서"란 어구로 표현된, "영향의 영역" 신학의 일부이다.[46] 크리스천들은 믿음으로 그리스도에게 부착되고, 그들이 성장할 때, 더욱더 그리스도와의 관계로 인도되며, 그리스도의 성품과 뜻으로 합해진다.

성장의 개념은 몸의 이미지로 손쉬운 전환을 제공해주고, 첫 번째 사상은 몸의 머리로서 그리스도의 역할이다. 이것은 "머리"가 "근원"을 의미할 가능성이 있는 논증을 펼칠 수 있는 몇 안 되는 곳 중에 하나다.[47] 그러나 근원의 개념은 "머리"란 말에서 유래하기보다는 높아지신 주님으로서의 그리스도가 생명의 근원이자 모든 선한 것의 근원이라는 사실에서 유래한다. "머리"는 여기서 다른 곳에서처럼 그가

46. pp. 51-54, 60-61, 72-73, 80-81을 보라.
47. pp. 98-99, 363-366을 보라.

주님이시라는 사실을 가리킨다(참조. 1:22). 그가 주님이시기 때문에 그는 몸이 필요로 하는 것을 제공하는 능력과 권위를 가지신다.

몸의 이미지는 이미 여러 번 나타났다.[48] 사실상 여기서 바울의 언급은 1:22-23에서의 개념을 발전시킨다. 어떤 다른 신약성경의 저자도 "몸"을 비유적으로 사용하지 않지만,[49] 바울에게서 그 "몸"은 구원과 교회와 윤리를 설명하기 위한 주요한 용어다.[50] 게다가 여기서 그 용어는 2:21-22에서 건축적인 용어와 유사하다. 건물은 성장하고 몸이 세워진다. 이처럼 사람들은 그리스도에게 연결됨으로써 서로 연합된다(참조. 골 2:19). 몸의 이미지는 여러 개념을 전달해준다.

(1) 밀접한 관계가 그리스도와 그를 믿는 사람들 사이에 존재한다. 그들은 그리스도에게 묶여 있고, 생명을 위해서 생명을 위한 근원을 그로부터 가져온다.
(2) 그리스도와의 연합이 서로 사람들을 연합시켜준다.
(3) 각 사람은 그들의 소명을 이루기 위해서 몸 안에서 책임을 갖는다.
(4) 몸은 성장하고 각 부분의 활동과 그리스도로부터 오는 자양분에 의해 세워진다.
(5) 몸 안에서 행해진 모든 것은 사랑의 맥락에서 행해진다.

"온 몸이 각 마디를 통하여 도움을 받음으로"란 말들은 난해함을 보인다. "도움을 받음으로"('에피코레기아')는 "지원"이나 "공급"이란 의미를 보통 담고 있고, "마디"로 번역된 '아페'란 용어는 일반적으로 "연결"로 더욱더 사용되며, 적어도 나중에 "마디"로 사용되었다. 그러므로 바울은 "모든 지원하는 연결"을 의미하는가 아니면 "공급을 돕는 모든 접촉"을 의미하는가?[51] 함께 묶여 있어서 공급한다는 두 개념이 구문론적으로 난해한 이 구절에 내재해 있을지라도, 이런 증거는 이 어구를 "공급을 위한 모든 접촉"으로 번역하는 것을 선호하게 만든다.

---

48. 1:22-23; 2:16; 3:6; 4:4, 12; 그것은 5:23, 28, 30에서 다시 나타날 것이다.
49. 해석하는 자에 따라 달라질 가능성 있는 공관복음서에 성찬의 말씀을 제외하고서는 말이다.
50. "몸"에 관한 바울의 91번의 사용 중에서 오직 네 번만이 로마서와 고린도후서, 에베소서, 그리고 골로새서 바깥에서 그 용어가 나타난다. "머리"가 고전 11:3에서 그리스도에 관해서 사용될지라도, "몸"과 관련해서 제기된 "머리"에 관한 기독론적인 이해는 오직 에베소서와 골로새서에서만 있다.
51. Barth, *Ephesians*, 2:449을 보라. 그는 번역하기를 "주는 각각의 단일한 부분의 필요에 따라서 모든 접촉들을 통해 그것에 자양분을 공급하신다"('에피코레기아'를 갖는 유일한 다른 신약성경의 단락은 빌 1:19이다, "성령이 주신 도움").

상황잇기

현대적 상황으로 본문을 연결하는 것은 비교적 쉽다. 대부분의 개념들이 익숙하고 본래의 독자들만큼이나 현대의 독자들에게 적절하기 때문이다. 하지만 본문의 신학과 세계관이 우리의 세계관과 충돌하는 것을 고려할 필요가 있다.

왜 윤리적이어야 하는가? 왜 우리는 윤리적이어야 하는가? 부모, 학교, 그리고 사회는 사람들이 해야 할 것이나 하지 말아야 할 것을 가르치는 것으로 예상할 수 있다. 많은 현대 사회에서 이런 노력이 지금 실패하고 있고, 신자와 불신자가 모든 계층에서 윤리적 붕괴를 한탄하고 있다. 범죄, 남용, 그리고 폭력이 흔하고, 많은 사람들에게서 성적인 윤리가 존재하지 않는다. 그러나 왜 우리는 누군가 상처를 입는가를 상관하지 않고서 우리의 필요와 욕구를 만족시키는 일을 하지 않아야 하는가? 경찰이나 복수를 당할 두려움은 충분한 이유가 되지 못한다. 자주 비윤리적인 행위의 혜택은 위험을 무릅쓰게 하기 때문이다. 존경도 동기가 되지 못한다. 우리 사회는 존경에 별 가치를 두고 있지 않다. 어떤 이들은 이 구조를 작동시키기 위해서 우리가 윤리적이 되어야 한다고 주장하지만, 사람들은 그것에 대해서 관심을 갖지 않는다. 많은 사람들에게서 구조가 작동하지 않는다.

바울이 4:1에서 함의한 것처럼, 모든 윤리는 신학적으로 동기부여가 되고 있다. 신학이 적용을 자극한다. 신학은 그 주제의 중요성을 인식하고 있기 때문이다. 바울의 윤리는 주로 기독론적인 윤리이며, 이 본문은 그것이 무엇을 의미하는지를 설명하기를 시작한다.[52] 기억하라, 기독론은 구원론이고 구원론은 교회론이며 교회론은 윤리다. 모든 윤리—그리고 특히 크리스천 윤리—는 필연적으로 반응의 윤리다. 하나님이 창조와 출애굽과 그리스도 안에서, 그리고 성령을 통해서 또는 우리 자신의 삶에서 행하시고 우리는 그의 은혜에 반응한다.

우리 사회에서 이전에 충분한 사람들이 윤리적인 삶을 자극하는 신학적 확신을 가졌고, 다른 이들은 신학을 알지 못한 윤리를 가정했다. 그런데 지금 대부분의 사람들은 신학에 대해서 알지 못하고, 그럼으로써 윤리적 행위를 위한 근거를 상실하였다. 규율이 윤리적 행위를 자극하지 못하고, 하나님에 대한 인식이 윤리적 행위를 자극한다. 그러므로 이 단락의 윤리를 오늘의 시대로 가져오기 위해서 우리는 그 신학을 발견해야 한다. 목사와 교사들은 크리스천들을 하라 하지 말라의 목

52. 윤리는 설사 크리스천일지라도 필연적으로 기독론이나 그 문제에 기초하고 있지는 않다. 예를 들어, 윤리는 창조 신학, 구약성경의 언약, 또는 종말론에 합법적으로 기초할 수 있다.

록을 단순히 주어서는 안 된다. 방향을 주어야 하고 그 방향과 함께 삶에 동기부여를 제공하는 신학을 전달해야 한다.

우리는 우리가 부름 받은 소명에 관한 인식을 발견해야 한다. 대부분의 크리스천들은 자신들이 부름 받았다는 인식을 갖지 못하고 있지만 모든 크리스천들이 은혜의 행위로 하나님에 의해 부름 받았고 삶을 위해 필요한 모든 은사가 부여되었다. 은사는 책임이 따른다. 우리는 우리를 위한 하나님의 사랑의 실제를 따라 살아야 한다.

다시 말해서 신학은 학문을 위한 어떤 불가해한 주제가 아니라 어떻게 살아야 할지를 알 수 있도록 복음을 이해하는데 있어서 근본적인 훈련이다.

크리스천들 사이의 관계. 모든 삶은 관계적이다—심지어 우리가 혼자이고 독립적이라고 생각할 때조차도 마찬가지다. 우리는 다른 사람들로부터 존중과 관심을 필요로 한다. 설사 우리가 사람들로부터 돌아섰을지라도, 우리의 능력과 견해와 그리고 자주 우리의 존재가 다른 사람들에게 의존해 있다. 기독교는 관계적인 종교이고, 이 본문은 관계에 대한 보고서는 아닐지라도 서로의 관계에 대해서 많은 것을 말한다.

긍정적인 관계는 몇 가지 사실에 기초해 있다: 가정, 문화, 하부문화, 그리고 인종의 측면에서 공통된 정체성, 공통된 경험, 공통된 가치, 그리고 존중.[53] 기독교 종교는 다른 사람들과의 관계를 위한 강력한 근거를 제공해준다. 그들이 하나님의 형상으로 창조된 사람들이기 때문이다. 하지만 크리스천들 사이에 관계는 폭넓은 기초를 갖는다. 그들은 그리스도 안에서의 정체성, 그리스도의 경험, 그리고 그리스도에 의해 결정된 가치를 공유하고 있다. 이 때문에 바울은 연합과 몸에 관한 초점을 전달하기를 시도하였다. 신약성경의 윤리적 가르침에서 대부분의 악은 공동체를 깨는 죄이고, 대부분의 덕성은 공동체를 촉진시킨다.

자아는 관계에 대한 주요한 문제점으로 떠오른다. 열등감과 오만, 시기와 탐욕, 편견과 방어, 그리고 불관용과 남용의 감정의 기원도 자아에서 기원한다. 윌리엄 템플이 말한 것처럼, 교만은 항상 영적인 실패의 근원이다.[54] 해결책은 하나님의 은혜에 대한 인식에 있다. 은혜는 자아가 그 의미를 부풀리지 못하게 해준다.

---

53. 하나님과 우리들의 관계는 이중에 어느 것에도 기초하고 있지 않다. 하나님과 우리들의 관계는 순전히 은혜에 기초하고 있기 때문이다.

54. William Temple, *Readings in St. John's Gospel*(London: Macmillan, 1939), 1:118.

고대의 헬라 문화처럼, 우리 사회도 자주 낮아짐, 온유, 그리고 부드러움을 부정적인 용어로 간주한다(참조. 2절). 낮아짐은 너무도 자주 수동성과 성공에 대한 반대로 오해된다. 하지만 이것은 잘못된 왜곡이다. 낮아짐은 추진이나 에너지 또는 능력에 관한 것이 아니라 가치에 관한 것이다. 그것은 우리의 존재와 소유가 하나님으로부터 온다는 것을 인식하는 것이다. 겸손한 사람은 다른 이들보다 자기를 가치 있게 여기는 것을 부정하거나 다른 이들보다 자기 자신에게 특권과 중요성을 부여하지 않는다. 낮아짐은 좋은 관계와 죄를 피하기 위해서 필수적이다. 이그나티우스가 말한 것처럼, 겸손으로 "이 세상의 왕자를 소용없게 만든다."[55] 한편으로 에고이즘은 자아에 대한 우상숭배이고 우리가 아니라 하나님이 인생을 위한 원형(패턴)이라는 것을 깨닫지 못한 것이다.

연합. 에베소서는 연합의 편지이지만 우리는 연합을 가치 있게 여기지 않는다. 연합을 유지하려는 모든 노력을 만들기보다(3절), 차이를 자랑하는 것으로 연합을 희생시킨다. 우리는 연합이나 사람보다 차이를 가치 있게 여긴다. 크리스천들은 그리스도의 몸을 분해하는 것보다 소위 에큐메니컬적인 세계 구조를 더욱더 두려워하였다. 우리를 다른 사람들과 분리하여 설정하기를 원하는데, 이것이 에고이즘의 형태가 아니고 무엇이겠는가?

비연합은 고린도 서신이 맹렬하게 보여주는 것처럼 교만에서 기원한다. 교단과 단체는 개인주의만큼이나 에고이즘과 오만의 죄가 있다. 거의 모든 교단들이 오만과 편협함의 죄를 지었고, 복음을 간과하는 싸움에 굴복했다. 게다가 각 교단들은 자유주의와 보수주의로 갈리고 있다—그 교단들이 실제로 얼마나 자유적이거나 보수적인지는 알 수 없지만 말이다. 우리는 그룹들 사이에서, 그룹들 내에서, 또는 지역 회중들 속에서 연합을 갖지 못하고 있다.

대부분의 그룹들은 인사이더와 아웃사이더를 갖고 있다. 우리는 연합과 공동체에 대해서 이야기하지만, 그것을 갖고 있지 못하다. 폴 미네아르(Paul Minear)의 말은 고통스럽게 진실로 들리는데, 그는 말하기를, 우리는 에베소서 4장을 "20세기 기독교에 관한 묘사"로 거의 사용할 수가 없다. "우리가 손가락을 걸고 다짐하지 않거나 조소의 야유를 막아내지 못하거나 이런 예전적인 어구('당신은 당신의 소명에 속하는 소망으로 부름을 받았습니다', 엡 4:4)를 경건하게 따라하는 교회에서

55. Ignatius, *To the Trallians* 4.2. 이그나티우스는 엡 4:2에서 "온유한"으로 번역된 용어의 변형적인 스펠링인 '프라오테스'에 대해서 이야기한다.

의 위선에 분노로 도전하지 않는다면 말이다."[56]

연합을 어떻게 형성할 수 있는가? 그것을 형성할 필요가 없다. 왜냐하면 그것은 이미 하나님에 의해 주어져서 존재하고 있기 때문이다. 단지 소중히 여기고 유지할 필요가 있다. 그리스도는 나뉘지 않았다(고전 1:13). 공동체가 존재의 근원이 아니라 그리스도가 존재의 근원이시다. 그가 교회의 연합이시다. 교회는 오직 그 안에 존재하기 때문이다. 기독론은 교회론이다.

이것은 공동체들 사이에서 차이의 타당성과 가치를 부정하지 않는다. 또한 신학적이고 문화적인 구분을 무시하지도 않는다. 우리의 관심은 어떤 조직화된 연합을 위한 것에 있지 않다. 오히려 십자가에 못박혀 죽으시고 부활하신 주님으로서 그리스도에 대한 성경적 메시지의 수락을 가져오는 '그리스도 안에서'의 연합에 관심이 있다. 크리스천은 연합하기 위해서 모든 면에서 일치할 필요는 없지만, 그리스도에 대한 공통된 헌신의 연합을 살아야 필요가 있다. 리차드 백스터에 의해 대중화된 루퍼트 멜데니우스(Rupert Meldenius)의 공식이 여전히 좋은 인도자가 된다. "연합은 본질적인 것이고, 자유는 부차적인 것이며, 모든 것에 자비[사랑]가 있다."[57]

교회의 선교가 중요하다. 연합과 선교는 동시에 속한다. 3:5-10에서 다양한 그룹들 사이에 연합은 복음의 핵심에 해당하며, 그것은 하나님의 능력과 지혜의 증거다. 교회의 선교가 다양한 그룹들 사이에 분열에 의해 불구가 되고 있다. 우리가 연합을 보이지 않는다면, 우리의 증거는 들려질 만한 가치가 없게 될 것이다.

한 세례. 4:4-6에서 연합에 관한 모든 확증들 중에서 가장 지나치기 어려운 것이 "한 세례다." 세례가 분열의 원인이었을 때에도 우리가 이 말을 할 수 있는가? 그렇다. 오직 한 세례가 존재하고, 이 세례는 예수 그리스도로의 세례다. 바울은 의식의 양태나 시간에 대해서 말하지 않았다. 그는 그리스도로의 세례 이외에 어느 다른 세례도 존재하지 않는다고 말하였다.[58]

가장 어려운 주제는 재세례다. 유아로서 세례를 받았고 그 다음에 성인으로서 재세례를 받는다면, 그것은 이전 세례의 타당성을 거부하는 것인가? 한편으로 재세례가 허락되지 않는다면, 그것은 신자의 세례를 믿는 것을 거부하는 것인가? 손

---

56. Paul S. Minear, *To Die and to Live: Christ's Resurrection and Vocation*(New York: Seabury, 1977), 92.
57. Richard F. Lovelace, *Dynamics of Spiritual Life*(Downers Grove, Ill.: InverVarsity, 1979), 296을 보라.
58. 고전 1:12-17; 갈 3:26-28을 보라.

쉬운 해결책은 존재하지 않지만, 관련된 사람들에 대한 존중과 신실이 핵심적인 열쇠다. 우리는 각 사람을 받아들이는 세례의 신학에 일치하지 않을 수 있다. 그때에 양 진영은 동의하지 않는 사람들을 차별함이 없이 자신들의 확신을 진술할 수 있는 자유가 필요하다. 양 진영은 자신의 확신을 따라서 세례를 받는 사람들에게 자유를 허락해야 한다. 그들은 태생 시(세례 또는 헌신)에 그리고 열두 살 경(견진이나 결정을 위한 압력)에 어떤 일을 행하고, 둘 다 열여덟 살 경에 성인으로서 믿음의 확증을 추구한다. 그것은 단순히 언제 얼마나 많이 물을 사용하느냐의 문제다. 우리는 그리스도 안에서 우리의 연합보다 우리의 차이를 더 소중하게 여기는가? 바울은 연합을 선택했다.

상승과 하강 모티브. 적용하기 어려운 항목 중에 하나가 4:8-10이다. 그 상관성이 즉시로 나타나지 않기 때문이다. 핵심열쇠는 이 자료의 목적에 머무르는 것이다. 바울은 시편 68:18을 인용하여 승천하신 그리스도가 그의 교회를 세우기 위한 선물을 주신다는 증거를 제공한다. 9-10절은 사역을 위해 그의 교회를 주님이 구비시킨다는 메시지를 강화시킨다.

본문의 목적은 교회에서 그리스도의 역사에 대한 신학적인 근거를 제공하는 것이다. 적용은 그리스도의 주되심, 그의 성육신, 그리고 그를 따르는 자들의 삶에서 그가 지원하시는 신학적인 확증으로부터 나오는 순종과 기대에 초점을 맞출 것이다. 그가 선물을 주시고 만유를 채우시는 주님이시라면, 우리는 우리의 행위에서 그의 지원을 기대하고 순종할 준비가 되어야 한다.

교회의 역사. 이 단락은 교회의 모든 행위를 묘사하고 있지는 않지만 사역의 신학에 많이 기여한다. 관심의 대부분은 교회 외부의 선교보다는 교회를 내적으로 세우는 것에 있다. 그러므로 그것은 완전한 것이 아니다. 우리는 본문을 포괄적인 신학적 진술로 간주하지 않아야 한다. 그 강조에도 불구하고 에베소서는 여전히 완전한 교회론은 아니다.

개인의 책임. 아주 많은 교회들에서 사람들이 와서 설교를 듣지만 거의 어느 것도 행하지 않는다. 당연히 그리스도의 몸이 한 큰 입과 많은 작은 귀들을 가진 것으로 보인다는 비난을 받는다! 그러나 바울이 교회를 간주했던 방식은 그것이 아니다. 일부 사람들이 가르치고 설교하는 특별한 책임을 갖는 것은 사실일지라도, 바울은 모든 크리스천들이 교회를 세우는 일에 책임이 있다는 것을 강조한다. 우리는 모두 사역을 위한 은혜를 받았고, 우리의 소명에 합당한 삶을 살아야 한다. 우리는 모두 교회를 강화시키는 일을 행할 것을 기대해야 하고, 각 사람이 각자의 소명을 완수할 때만이 교회가 참으로 건강해진다.

가르치고 설교하는 특별한 책임을 가진 사람들은 다른 이들을 봉사할 수 있도록 구비시켜야 하고, 이들은 분리된 범주나 다른 이들은 하지 못하게 금지된 임무로 주어져 있지 않다. 우리는 교회 안에서 모든 이들의 봉사를 소중히 여겨야 하고, 통상적인 크리스천들은 그들의 책임을 인정하고 그들의 소명을 완수할 수 있도록 추구해야 한다.

사역을 위한 선물들. 영적인 은사에 관한 논의가 이 단락에서 풍성해진다. 어떤 이들은 은혜가 회심 시에 각각의 크리스천들에게 주어진 봉사의 새로운 능력이라고 주장하며, 그것을 발견하고 행사해야 한다고 말한다. 보통 그들은 선물이 재능과 동등하지 않을지라도 사람이 재능을 발견하는 방식으로 은사를 발견한다고 주장한다: 은사에 매력을 갖고, 그것을 연구하고, 노력하고, 발전시키며, 행사하라.[59] 영적인 은사 개발은 사람들이 그들의 은사를 발견할 수 있게 돕는다. 하지만 이런 접근은 순진하고 성경적 설명에 적합하지 않다. 사실상 그것은 자기중심적인 접근이다. 신약성경은 우리가 우리의 은사를 확인하라고 요구하지 않는다.

은사에 대한 신약성경의 용어는 놀라운 방식으로 사용된다. 다양한 사용들 중에 적어도 은사의 여섯 가지 범주를 언급해야 한다.

(1) 근본적인 은사('카리스마')는 그리스도 안에서 영원한 생명(롬 6:23)이며, 모든 다른 은사들은 이것 때문에 존재한다.[60]
(2) 성령은 모든 크리스천들에게 주어진 은사(자주 '도레아')이다.
(3) 삶에서 그 사람의 신분, 특히 결혼과 독신(고전 7:7)은 은사('카리스마')다.
(4) 사역은 은사로 간주된다(엡 3:7-8에 '도레아').
(5) 사람들은 교회에 대한 선물('도마타')이다(엡 4:8, 11).
(6) 다양한 활동들이 고린도전서 12:28에서 열거된 것들과 같이 "영적인" 선물로 사려되는 은사들('카리스마타')이다.

이것은 우리가 전형적인 경우보다 '은사'에 대해서 훨씬 넓은 생각을 가질 필

59. 예를 들어, Ray C. Stedman, *Body Life*(Glendale, Calif.: Regal, 1972), 38-39, 51-58을 보라.
60. Ernst Käsemann, "Ministry and Community in the New Testament," *Essays on New Testament Themes*(Philadelphia: Fortress, 1982), 63-94을 보라.

요가 있다는 것을 암시한다. 은사가 회심 시에 주어진 어떤 것이고 재능과는 다르다고 말하는 것은 잘못이다. 고린도전서 12:4-7에서의 평행은 은사가 봉사나 행위와 동일한 것임을 보여준다. 은사는 단순히 성령이 공동체의 선을 위해서 어떤 사람을 통해서 역사하시는 방식이다. 따라서 어느 누구도 은사를 일생동안 소유하는 것이라고 가정하지 않아야 한다.

에베소서 4:11에서 어떤 지도자들을 교회에 대한 선물로 간주했지만 사실상 이것은 모든 크리스천들에게 해당된다. 모든 이들은 은혜를 받았고 교회를 세우기 위한 책임이 있다. 성령이 공동체의 선을 위해서 각 사람을 통해 역사하실 때, '각 사람은 교회에 대한 선물이다.' 우리는 은사를 확인하는데 덜 관심을 갖고 은사자가 되는데, 즉 성령이 몸을 강화시키기 위해서 우리를 통해 기능하시는 방법에 대해서 더 관심을 갖는 것이 좋다.

크리스천 지도자. 이 본문은 기독교 지도자들이 하나님의 말씀을 선포하는 것과 관련이 있음을 확인해준다. 열거된 것들이 전부는 아닐지라도 현대 세계에서 교회의 구조를 형성하는데 4:11의 중요성에 대해 의문을 제기한다. 이 네 영역들이 직분이 되어야 하는가? 오늘날 여전히 사도적 직분과 예언적 직분이 존재하는가?

우리는 이 본문의 목적과 사용된 칭호들, 그리고 현대 교회와 1세기 교회와의 차이에 세심한 관심을 기울일 필요가 있다. 1세기 이후에 지도자를 묘사하기 위해서 "사도"와 "복음 전도자"를 거의 사용하지 않았다. 사도 교부시대에 "사도"는 오직 디다케(*Didache* 11:3)에만 나타나고 "복음 전도자"는 나타나지 않는다. '사도'란 말은 부활하신 주님을 보았거나 믿음의 경계를 세우는 일을 도왔던 사람들을 일컫는 신약성경의 주요한 의미를 뺀다면, 오늘날도 사용할 수 있었다. 우리는 여전히 믿음의 내용을 보호하는 사람들을 필요로 한다. 하지만 오늘날 그러한 용어의 사용은 오도될 수 있고 주제넘은 것일 수 있다. 현대교회에서 예언을 배제할 근거는 없지만 특별한 사람들을 위한 칭호의 사용은 마찬가지로 위험스럽고 주제넘은 것일 수 있다.

11절은 교회 질서를 설명하고 있지 않고, 이 네 범주는 어느 것도 교회 직분이 아니다. 그것은 그리스도가 봉사를 위해 교회를 구비시키시는 방식을 묘사하고 있을 뿐이다. 여기에 열거된 기능들은 중복되고 있지만 중요한 것은 '그들이 모두 말씀의 사역자'라는 것을 아는 것이다. 지도자들은 말씀을 전달해야 한다. 초대교회의 교회 구조를 재생산하려는 어느 시도도 실패할 수밖에 없다. 신약성경의 본문은 교회 질서를 제시하고 있지 않고, 그러한 칭호에 대한 연구는 1세기에 존재했던 단일하거나 고정된 질서를 보여주고 있지 않다.[61] 게다가 현대 교회의 필요는 1세기의 필요와는 다르다. 교회들이 이제 더 커졌고, 사역이 팽창했으며, 다른 문화적 배경에 서 있다. 구조와 행정에 대한 많은 것들이 '문화적'이며, 성령의 인도와 함께 우리는 우리의 임무에 적합한 구조를 만들어내야 한다.

사역에 관한 건전한 이해는 필수적이다. 모든 다른 것들의 중심에 봉사를 위해 공동체를 준비시키는 사역이 있다. '언어는 공동체를 창출하고', 예수 그리스도의 메시지를 전달하는 사람들은 공통된 정체성과 공통된 가치를 가진 공동체를 창출한다. 설교는 강력한 능력의 영역을 창출하여 사람들이 그것으로부터 살아가게 한다. 언어는 우리가 실제를 형성하기 위해 사용하는 도구다. 설교는 모든 설교자가 하나님의 말씀에 기초해서 혼돈으로부터 질서를 가져오기 위해서 갖는 기회다.[62] 이 질서, 즉 십자가와 부활에 기초한 질서는 사람들에게 봉사를 위한 기초와 방향을 제공한다.

지도자의 역할은 사람들을 섬기는 것이고, 특권적인 계급구조를 형성하지 않는다. 불행하게도 크리스천들이 종의 리더십에 대해서 이야기할지라도, 그것이 실제로 거의 존재하지 않는다. 목사들은 종의 리더십을 진실로 믿지 않는다. 현대 사회에서 우리 모두는 리더십을 자아실현과 구분하는데 어려운 시간을 갖는다. 리더십은 사람들을 위한 것이 아니라 지도자나 제도를 위한 것으로 자주 끝난다. 그러나 크리스천 리더십은 달라야 한다. 우리의 소명을 성취하는 첫 번째 부분이 겸손이라면(4:2), 그때에 이것이 먼저 지도자들에게 해당되어야 한다.[63] 예수가 요구하신 종의 리더십은 리더십의 임무를 복음에 적용한 것이다. 지도자가 자신을 복음에 적용할 수 없다면, 그들은 리더가 아니다.[64]

몸. 바울 사상의 복합성으로 인해서 몸의 이미지를 우리 시대로 가져오기가 난해하다. 그는 크리스천들이 그리스도의 몸과 '같다'는 것 이상을 의도했다. 그는 몸의 이미지를 사용하여 그리스도와의 하나됨의 실제를 표현한다. 그의 전체 구원 신학은 이 하나됨에 의존한다. 2:15-16에서 바울은 그리스도가 한 몸 안에서 유대

---

61. Kevin Giles, *Patterns of Ministry Among the First Christians*(Melbourne: Collins Dove, 1989)을 보라.
62. John William Beaudean, Jr., *Paul's Theology of Preaching*(Macon, Ga.: Mercer Univ. Press, 1988), 205-7에서 설교에 관한 논의를 보라.
63. 마 20:25-28과 고전 16:15-16을 보라.
64. "'Your Slaves-on Account of Jesus:' Servant Leadership in the New Testament," *Servant Leadership: Authority and Governance in the Evangelical Covenant Church*, eds. James R. Hawkinson and Robert K. Johnston(Chicago: Covenant Publications, 1993), 1:7-19에서 이 문제에 관한 나의 논의를 보라.

인과 이방인을 하나님과 화해시키기 위해서 한 새로운 존재를 창출하셨다고 말했다. 우리는 그 몸의 일원이다(5:30). 이 용어는 바울의 "그리스도 안에" 사상의 확장이다.

로마서 12:5에서(엡 4:16의 사상과 밀접한 본문) 바울은 "우리 많은 사람이 그리스도 안에서 한 몸이 되어 서로 지체가 되었느니라"(참조. 또한 엡 4:25)[65]고 썼다. "하나 그리고 많은"은 우리의 어휘의 일부로 만들어야 하는 어구다. 우리는 개인이지만 그리스도와의 연합이 우리를 그와 하나가 되게 하고 신자들과 하나가 되게 한다. 이것은 두드러진 특권이자 책임이다. 그리스도는 만유를 채우시고, 그 과정에서 우리를 서로 묶으신다. 우리가 기억해야 하는 "종교"란 말은 "마디"라는 어근에서 유래하고 있고, 그것은 함께 연결해주는 것을 가리킨다. 연합과 서로 도우려는 노력은 필연적인 결론이다.

진리의 필수성. 진리와 함께 우리는 우리의 목적에 따른 구조를 세워나가야 한다. 우리 많은 사람들이 진리를 희생시키는 경향이 있다. 사람들이 빛보다 어둠을 사랑한다는 요한의 진술은 여전히 참이다(요 3:19). 작사자들과 철학자들 그리고 윤리론자들은 모두 사람들이 진실하지 못한 것을 한탄한다. 빌리 조엘의 노래인 "정직"이란 호소적인 코러스는 보편적인 감정을 표현해놓고 있다.

> 정직은 아주 외로운 단어입니다
> 모든 사람들이 정직하지 못합니다
> 정직은 거의 들을 수가 없습니다
> 정직은 내가 당신으로부터 가장 필요로 하는 것입니다.

고대 철학자인 디오게네스는 정직한 사람을 찾으려고 랜턴을 가지고 여행을 떠났다. 블레이스 파스칼은 인간의 삶이 오로지 영속적인 기만이고, 인간관계를 서로 속이는 것에 기초하고 있음을 불평했다.[66] 마틴 부버는 영혼이 숨기기를 추구하는 그 모호함 속에서 감추고 찾는 기괴한 게임에 관해서 썼다.[67] 토마스 머톤은 우리의 마음이 일종의 실제에 관한 능멸로 불구가 되었고, 진리를 더럽힘으로써

---

65. NIV: "그리스도 안에서 많은 우리들은 한 몸을 형성하고, 각 지체는 모두 다른 지체들에게 속한다."
66. B. Pascal, Pensees(New York: Random House, 1941), no. 100.
67. M. Buber, *Good and Evil: Two Interpretations*(New York: Scribners, 1953), 111.

우리는 우리 자신의 영혼을 더럽혔다고 비난했다.[68] 그리고 창세기 3장에 맞추어, 스캇 펙은 악은 항상 거짓과 관련이 있다는 것을 지적했다.[69]

이런 분석가들은 과장하고 있지 않다. 우리는 우리 자신과 다른 사람들과 왜곡되게 살고 있다. 예를 들어, 중국에서 도박은 불법이지만, 베이징에서 사람들은 경마장에서 "말 지능 테스트"를 갖는다. 베팅하는 창이 티켓 카운터이고, 지불하는 창에서 상금 티켓을 교환하며, 도박자들은 즐거움을 추구하는 자들이다—도박은 엄격히 금지되고 있다는 것을 모든 사람들에게 상기시키는 거대한 현수막 아래에서 말이다.[70]

우리의 삶의 많은 부분에서 우리는 "말 지능 테스트"로 살고 있다. 정부는 그릇된 정보를 전달하고, 정치가는 텅 빈 약속을 하고, "정치 전문가들"은 사실을 왜곡하며, 변호사들은 진실을 말하면 송사에서 질 것을 알고서 진실을 가로막는 왜곡된 판단을 추구한다. 우리가 국세청에 말하는 것에서부터 친구와 애인에게 말하는 것에 이르기까지 왜곡이 우리 사회에 범람하고 있다. 심지어 최근의 책은 진실이 도덕적으로 과대평가 되어 있다고 주장한다.[71] 거짓이 이 사회에서 아주 범람해서 그것이 TV 시트콤의 주요 요소가 되고 있다. 왜곡되게 살아가는 사람들로부터 웃음을 자아내기가 쉽기 때문이다.

크리스천들도 역시 진실을 평가절하 하는 일에 빠지고 있지만, 악은 항상 거짓과 관계가 있고, 이런 때에 확실히 크리스천들은 진실에 거대한 우선권을 두어야 한다. 거짓은 건강한 자아와 건강한 관계를 망가뜨린다. 정신적이고 영적인 건강은 진실을 말하려는 우리의 의지에 달려 있다. 진실에 대한 여러 중요한 진술들은 상고할 만한 가치가 있다.

> 정신적인 건강은 무슨 수를 쓰더라도 실제에 대한 계속된 헌신의 과정이다.[72]

---

68. Thomas Merton, *No Man Is an Island*(New York: Harcourt, Brace, Jovanovich, 1983), 190-91.
69. Scott Peck, *The People of the Lie*(New York: Simon and Schuster, 1983), 135.
70. Chicago Tribune, November 7, 1993, section 1, p. 3
71. David Nyberg, *The Varnished Truth: Truth Telling and Deceiving in Ordinary Life*(Chicago: Univ. of Chicago Press, 1993). 니베르그는 아주 많은 속임수가 있어서 이런 배경에 비추어 순전히 진실을 말하는 경우의 사례가 두드러진다고 주장한다.
72. Peck, *People of the Lie*, 162. 또한 또 다른 심리학자인 리차드 레스탁(Richard Restak)의 말을 참조하라. "비밀, 특히 우리의 의식적인 자아로부터 숨기려하는 것들은 마음을 아프게 한다. 역으로 말해서 원치 않는 생각을 수용하는 것은 그것이 고통을 가하는 능력을 갖지 못하게 한다"(Chicago Tribune, December 1, 1991, section 5, p. 4).

진실이 중요하다.…진실에 충실함으로서 인간의 고결성을 쌓게 된다.…진리의 증거에 순종함으로써 인간은 낮아지는 것이 아니라 오히려 고결해진다.[73]

우리는 진실을 말함으로써 우리 자신을 드러낸다.[74]

제도의 가치와 고결성은 올바른 이름으로 사물들을 부를 수 있는 의지에 달려 있다.[75]

진실은 우리가 합법적으로 자유롭게 살아가는 유일한 장소다. 우리는 두 가지 주요한 이유 때문에 진실을 피한다. 그 두 가지 이유는 모든 죄의 근원이다: 교만과 게으름. 교만은 진리를 거부한다. 교만은 더욱더 자기 확장의 그림을 제시하기를 추구하고, 게으름은 진리가 일을 요구하고 창출하기 때문에 그것을 피한다. 그러나 진리를 피한 대가는 엄청나다. 거짓은 우리와 주변 사람들을 파괴하고, 하나님과 다른 사람들과 우리의 관계를 파괴한다.

진실이 역시 상처를 줄 수 있다. 그것이 크리스천의 삶에서 진실이 두 번째 단어가 되어야 하는 이유다. 첫 번째 단어는 은혜다. 은혜는 우리가 진실에 직면할 수 있게 해준다. 사랑, 믿음, 그리고 소망과 더불어 은혜와 진리는 인생에 대처하기에 충분히 강력한 기초를 제공해준다. 진리는 그 자체로 적용해서는 안 되고, 사랑도 그 문제에서는 마찬가지다. 진리와 사랑은 같이 간다. 대조적이지 않다. 그런 사상은 바울에게서 결코 발생하지 않는다. 오히려 사랑은 진리와 함께 기뻐한다(고전 13:6). 사랑과 진리가 함께 할 때, 참된 공동체가 존재한다.

현대적 의미

서신에서 이 시점까지 독자들은 과거의 소외와 현재에 그리스도 안에서 수용을 기억하는 것을 제외하고선 어느 것도 행할 것을 요청받지 않았다(2:11). 세 장에서 독자들은 하나님의 선하심과 그들의 것이 된 놀라운 구원을 상기하게 되었다. 이제 강력하게 독자들은 그들의 소명에 합당한 삶을 살 것을

73. Michael Novak, "Awakening from Nihilism: The Templeton Prize Address," *First Things* 45(August/September, 1994): 18-19.
74. Merton, *No Man Is an Island*, 188.
75. Wendell Berry, "The Loss of the University," *Home Economics*(San Francisco: North Point Press, 1987), p. 87을 약간 개정했다.

요청받는다.

적용은 믿음을 따라 살아가라는 도전을 수용할 것을 요구한다. 그러므로 자주 기독교는 마치 신자들에게 어느 것도 요구하지 않는 것처럼 제시된다. 우리는 인간의 연약함과, 어떤 일을 유익하게 행하지 못한 무능력, 그리고 인간의 책임에 대한 여지가 남아있지 않은 구원에서 하나님의 행위의 필연성에 아주 많은 강조를 두게 된다. 그러나 '신약성경은 이런 인상을 결코 주지 않는다!' 인간의 책임이 하나님의 행위와 결합되지만, 우리가 책임이 있다. 우리는 우리 자신의 어떤 것을 기대해야 한다. 만약 하나님의 구원이 그토록 선하시다면, 그와 같이 살아라. 이것은 의지의 행위와 뒤이은 결의를 요구한다. 필립 스페너가 말한 것처럼 "기독교적인 믿음의 지식을 갖는 것만으로는 결코 충분치 않다. 기독교는 실천을 형성하고 있기 때문이다."[76]

"걸으라"(NIV, "살라")란 은유는 제어되고 견뎌내며 지시된 어떤 것을 암시하지만 광란적이거나 목적 없는 어떤 것이 아니다. 단기간의 노력은 가치가 없다. 우리는 하나님의 소명을 반사하는 오랜 기간의 신실함을 필요로 한다. 이 중에 어느 것도 우리가 스스로 어떤 것을 이룬다고 주장할 수 없지만 하나님과 함께 하는 하나님의 도움에 의한 삶은 훈련과 노력의 삶이다. 우리는 제자 훈련이 없이 제자를 원한다. 그것은 있을 수 없다. 우리는 우리가 얻을 수 있는 것을 추구하지만, 반드시 해야 하는 것을 행하며 소명에 합당한 삶을 사는 도전이 있다.

우리의 문제는 수백만 달러의 구원에 5센트의 반응을 보인다는 것이다. 우리는 하나님의 구원에 인상을 받지 않는 것으로 보인다. 우리는 어느 누구도 이 소명에 합당한 삶을 실제로 살 수 없다고 항변하고 완벽주의의 두려움을 표현한다. 본문은 그런 문제에 대해서 염려하지 않는다. 본문의 관심은 우리의 삶이 하나님의 구원에 의해 형성된다는 것이다. 올바른 신학이 올바른 행위로 이끈다. 그런데 이런 과정이 왜 자주 기능하지 못하는가? 신학이 뇌를 통해서만 풀어지고 가슴에 와 닿지 않기 때문이 아닌가? 그러한 믿음은 소용이 없다. 우리의 지식은 교만의 근원일 뿐인가? 우리의 소명에 대한 이해는 우리의 존재의 깊은 곳까지 나아갈 수 있도록 신실하고 정직해야 한다. 그때에 우리의 의지의 결의된 행위와 하나님의 성령의 도우심으로 우리의 삶이 이 소명에 맞추어 인도된다. 우리는 은혜를 받고 보일 수 있도록 부름을 받고 있다.

---

76. P. Spener, *Pia Desideria*, trans. Theodore G. Tappert(Philadelphia: Fortress, 1964), 95.

관계적인 윤리. 바울이 4:2에서 열거한 덕성—겸손, 온유, 인내, 그리고 사랑 안에서 용납함—은 아마도 우리가 하나님의 소명에 합당한 삶을 묘사하는데 있어서 열거하는 첫 번째 것은 아니겠지만, 이런 덕성들이 정확히 필요한 것이다. 하나님의 새로운 사회는 다르게 작용한다.[77] 이 모든 네 덕성의 열쇠는 우선 어떤 것을 제거하는 것과 관련이 있다.

겸손. 겸손을 이루기 위해서 '우리는 자아 중심주의를 버려야 한다.' 적절한 자기 이해는 삶을 위해 가장 중요한 요소다. 우리는 벌레도 하나님도 아니다. 우리는 하나님과 관계를 가질 것으로 의도된, 하나님의 형상을 가진 놀랍고 관계적인 피조물이다. 하나님이 없다면, 우리는 아무런 의미가 없다. 인간은 위대한 어떤 것이 되도록 의도되었다. 하지만 그 일을 하는 과정에서 우리는 자기중심주의와 자기를 추구하는 자가 되었다. 우리는 창세기 3장의 이야기를 우리의 삶에서 매일 재생한다. 모든 삶의 에너지가 자기와 자기의 관점으로 향해 있다. 우리는 독단적인 훈련을 가지며, 우월성을 위해 애쓰며, 넘버원을 조심할 것을 권면 받는다. 우리의 자기추구는 다른 사람에 대한 질투와 비방과 관련이 있다. 하지만 개인주의와 자기주장은 기독교인의 성숙에 대적이다.[78]

자기 중요성과 영예를 포기하라. 모든 단계에서 기독교 신앙은 자기 추구에 대한 공격이다. 우리가 중요하지만, 권세자가 되기를 추구하지 않는다. 우리가 중심이 아니라 하나님이 중심이다. 우리의 존재와 우리가 갖고 있는 모든 것은 선물이다. 그러므로 우리가 왜 자랑해야 하는가?[79] 다른 사람들의 최대한의 이득을 추구하고 그들을 과소평가하지 않거나 우리 자신을 높이 세우려는 욕심을 갖지 않는다는 것을 그들이 처음부터 알았다면, 훨씬 더 손쉬운 관계가 있었을 것임을 상상할 수 있다. 겸손, 곧 마음의 낮아짐은 우리가 발전시켜야 하는 습관이다. 겸손에 대한 과정과 훈련이 있지만[80] 결국에 겸손은 하나님과 우리 자신의 죄성과 연약함, 그리고 모든 다른 사람들의 동등한 가치에 대한 계속된 인식이다.

목사에게서보다 겸손이 더 중요하고 필요한 곳은 없다. 목사들은 그들의 사람들을 위한 태도에 모범을 보여야 하지만, '가장 실패할 가능성' 이 있는 자들이다.

---

77. *God's New Society*은 에베소서에 대한 존 스토트의 주석의 본래 제목이었다.
78. Robinson, *St. Paul's Epistle to the Ephesians*, 101.
79. 고전 4:7.
80. Richard Foster and James Bryan Smith, eds., Devotional Classics(San Francisco: Harper, 1990), 178-83, 269-74을 보라. 고백, 순종, 그리고 구별됨에 대한 욕구를 버리는 것이 분명히 첫 번째 단계다.

목사들은 수행할 수 있는 "강단 위에" 서 있고, 권위가 주어져 있으며 계속된 비판적 점검에 노출되어 있다. 자기 이해에서의 어느 결함이 매우 확장될 수 있다. 목사들은 겸손을 배우고 실천하는 일에 첫 번째 줄에 서있어야 한다.

온유. 온유하기 위해서 '우리는 거칠고 폭력적인 것을 버려야 한다.' 우리의 세상에서 자주 만나게 되는 거침, 돌봄과 수용성의 부족, 그리고 폭력이 아니라 우리는 온유를 실천해야 한다. 건강한 관계는 무력과 위협 하에 존재하지 않는다. 어떤 크리스천들은 어느 누구도 그들 주변에 있기를 원치 않을 정도로 자기 자신을 완고하고 냉담하게 보이게 만든다. 그들이 옳을 수 있을지라도 반발적으로 옳을 수 있다.[81] 온유는 민감함과 해롭게 하지 않는 마음, 그리고 다른 이들에 대한 가치를 전달한다. 온유와 함께 사람들이 육성된다.

온유가 직장과 교회를 포함하여 모든 우리의 관계에서 중요할지라도, 온유가 가장 필요한 곳은 가정 안에서다. 아주 많은 감정적이고 물리적인 손상이 가장 사랑이 있어야 하는 상황에서 발생한다. 자녀들과 배우자들이 거친 비속한 언어와 폭력에 의해 짓밟힌다. 우리는 그것으로 어느 것도 의미할 수 없고, 이런 손상은 회복할 수 없을 정도의 상처를 입힌다. "크리스천" 가정은 때로 최악의 공격자들 속에 있을 수 있다. 우리는 가정의 구성원들이 "약하므로 조심해서 다루어야한다"는 것을 알 필요가 있다. 온유는 사람들을 육성시키고, 존중하며, 사람들이 방어적인 자세를 내려놓고 문제를 더욱 객관적으로 다룰 수 있게 한다.

인내. 인내를 갖기 위해서 '우리는 우리 자신의 일정만을 생각하는 폭정을 버려야 한다.' 우리 모두는 어떤 사건이 일어나야 할 때의 타이밍을 생각하지만 그것은 거의 다른 사람들의 타이밍의 일정과 일치할 수 없다. 우리 사회는 "그것을 지금 원하고" 그것을 얻기를 기대하도록 가르쳤다. 우리가 어느 사람이나 어느 것을 기다려야 하지 않아야 한다는 개념은 자기중심주의의 또 다른 형태다. 인내의 부족은 영혼이 좁다는 것을 반영한다. 인내는 실패하고 배우고 발전할 수 있는 시간과 여지를 다른 사람들에게 줄 만큼 충분히 그들을 소중히 여기는 넓은 영혼을 반영한다. 인내가 매일의 스케줄에서 중요하고, 어떤 이들이 옳은 것을 행하고 그것을 지금 당장 행하도록 기대하기보다 그들의 수준에서 성숙하기를 허락하는 것으로서 이것은 특히 필연적이다.

관용하는 사랑. 오래 참음으로 사랑 가운데서. 관용하는 사랑을 갖기 위해서 '우

81. 이 말은 Morris, *Expository Reflections on Ephesians*, 131에서 유래한다.

리는 우리의 권리를 포기해야 한다.' 우리는 우리의 권리에 초점을 맞추지만 권리—그것이 중요할지라도—또 다른 형태의 손상을 입히는 자기중심주의다. 이전에 말했던 것처럼, "당신의 권리를 주장하는 것이 하나님을 방해하지 않도록 조심하라." 자신의 권리를 주장하는 것은 건강한 관계로 이끌지 못한다. 사람들은 권리를 포기하고 사랑 안에서 서로 용납할 수 있어야 한다. 우리 모두가 때로 억압과 고통이 있다는 것을 인식하자. 우리가 그리스도 안에서 다른 사람들에게 연결되어 있기 때문에 그들을 그냥 내버려 둘 수가 없다.

사랑은 선택, 즉 다른 이들에게 관심을 가지며 돌보는 행위다. 자주 언급했던 것처럼, 사랑의 반대는 미움이 아니라 무관심이다. 우리는 먼저 사랑하고 그 다음에 사랑하는 것을 배운다. 다른 사람에게 투자하기를 선택하고 이 헌신이 그들을 용납하게 만든다. 그러므로 우리는 그들이 성장할 수 있는 플랫폼을 제공한다. 자주 그러한 플랫폼을 제공하지 못한 것이 사람들이 선한 선택을 하지 못하게 하고, 얼마나 자주 사람들을 용납하지 못한 우리의 실패가 그들을 위험으로 몰아가는가?

사랑으로 용납하는 것은 가족과 친구들이 해야 하는 것이다. 그것은 우리가 좋아하지 않는 활동, 선택, 그리고 불편을 감수하는 것을 의미한다. 어느 누구도 십대의 부모보다 그것을 더 잘 알지는 못할 것이다. 사랑으로 용납하는 것은 교회가 역시 해야 하는 것이다. 그것은 완전히 만족할 수 없는 음악이나 예배 형태를 관용하는 것을 역시 의미할 것이다. 그것은 다른 사람들과 힘든 시간을 갖지만, 그들을 뇌리에서 지워버리지 않는 것을 의미한다.

이것은 약간 극단적이지 않은가? 이 모든 것들은 너무 수동적이고 유약하게 들린다. 강력하고 공격적이며, 자기 일정을 추구하고, 대결할 필요가 있는 사람들을 맞대하는 합법적인 과정은 어디로 사라졌는가? 우리가 겸손한 접근을 취한다면, 이기적이고 부담스러운 사람들에 의해 짓밟히고 비굴해지는 것인가?

그 반대로 이 본문은 하나님의 소명을 성취하기 위해 정확히 필요한 것을 우리에게 말해준다. 소명에 합당한 삶은 교제의 삶이며,[82] 그것은 겸손, 온유, 인내, 그리고 관용하는 사랑을 떠나서 발생하지 않는다. 하지만 이 네 가지 덕성은 유약함과 관계가 없다. 오히려 정 반대로 이러한 덕성들은 강함과 목표에 대한 명민한 인식을 요구한다. 자기를 높이는 것을 부정하는 것이 무능이나 수동성으로 이끌지 않는다. 오히려 그 사람이 관심과 욕심을 바라지 않을 만큼 충분히 강력하다는 것

82. Foulkes, *Ephesians*, 116-17.

을 의미한다. 그는 끊임없는 지원을 필요할 만큼 유약하지 않고 베푸는 자원을 가진 사람이다. 돌보는 성숙과 능력을 가진 사람이다.

이 덕성을 가진 사람들은 다른 사람들이 이기적이고 무책임하고 짐이 되게 하는 것을 허락한다는 주장은 맞지 않다. 사랑은 불의에 맞설 만큼 충분한 정의와 돌봄을 추구한다. 그렇지 않다면 그것은 진실로 사랑이 아니다. 4:15에서 사랑 안에서 진리를 말하는 것(아래를 보라)은 다른 사람들에 의한 남용을 단순히 관용해야 한다는 사상과는 반대된다. 사랑 안에서 진리를 말하는 것과 사랑 안에서 서로 용납하는 것이 동시에 요구된다. 이와 같은 삶이 유약하고 수동적이라는 생각이 발생한다면, 자신을 닮으라고 회심자들에게 말하고 안디옥에서 베드로를 그리고 갈라디아와 고린도의 교회들을 책망한 바울의 확신과 적극성을 참조하라.[83]

몸 안에서의 연합. 그리스도가 평강을 주시고 우리에게 연합케 하셨다면, 그때에 연합은 우리의 자기 이해의 일부가 되어야 한다. 우리는 그리스도 안에서 다른 사람들과 하나이다. 그것을 좋아하던 좋아하지 않던 상관없이 말이다. 믿음의 연습은 하나됨(연합)의 연습이다. 당신은 그리스도를 당신 자신에게로만 한정할 수 없다. 우리가 서로 관련되어 있다는 것은 연합에 대한 이해로부터 발전하고, 이 연합을 위해 힘써야 한다. 그러므로 그리스도 안에서의 연합은 신앙의 출발점이자 목표다(4:3과 13).

우리는 스스로 성숙한 크리스천이 될 수는 없다. 우리가 믿음의 삶을 위해 필요한 모든 것을 스스로 제공할 수 없기 때문이다. 그리스도가 직접적으로 우리의 필요들을 공급하실 수 있었지만 그 대신에 그는 다른 사람들을 통해 은혜를 베푸는 것을 선택하셨다. 그러므로 다른 사람들이 우리에게 베풀고 우리는 다른 사람들에게 베푼다. 은혜는 하나님으로부터 오지만 그것이 수평적인 통로를 따라 전달된다.[84] 또는 F. F. 브루스(Bruce)가 말한 것처럼, "크리스천의 삶의 더 높은 영역은 동료 신자들과 따로 떨어져서는 도달할 수 없다."[85]

연합에 관한 강조가 교단들이나 신학교들에게만 두어질 수 없다. 연합은 복음의 일부이기 때문이다(2:14-18을 보라). 교회 지도자들은 연합에 대해서 가르치고

---

82. Foulkes, *Ephesians*, 116-17.
83. 바울을 닮는 것에 관해서는 고전 4:16; 11:1을 보라. 언급된 갈등에 관해서는 갈 2:11-14; 나아가서 1:6-9; 3:1-6; 5:2-12, 그리고 고린도전후서를 보라.
84. Lovelace, *Dynamics of Spiritual Life*, 168을 보라.
85. Bruce, *The Epistles to the Ephesians*, 87.

전파할 필요가 있다. 지역 회중들 내에서 또한 회중들 사이에서 하나됨을 전달할 방법을 찾아야 한다. 그리스도 안에서 다른 사람들은 우리의 일부이며 우리는 그들의 일부이다(4:25).

동시에 각 사람의 개성과 독립성이 보호되고 존중되어야 한다. 연합은 동일성을 의미하지 않는다. 사실상 연합은 다양성을 통해서 이룩된다. 연합은 모든 크리스천들이 동일한 구조 아래서 일하고 항상 같이 만나야 된다는 것을 의미하지 않는다. 우리는 상호적인 존중을 보여야 하고 대화와 일과 예배의 과정에 기꺼이 참여하는 것을 필요로 한다. 우리 모두 사회에서 우리 교회에서 동일한 문제들에 직면한다. 그리스도 안에서 우리의 공통된 정체성, 그리스도에 대한 공통된 경험, 우리의 공통된 가치, 그리고 상호적인 존중은 우리의 차이—대부분의 경우에 신학적 것만큼이나 문화적인 차이들—보다 더 관심이 주어져야 한다.

종교개혁과 갱신이 자주 분열로 이끌었다. 우리는 이제 연합으로 이끄는 개혁과 갱신을 필요로 한다. 어떤 이가 그리스도의 이름을 부르고 따른다면, 나는 그 사람에게 속한다. 내가 그를 좋아하지 않을지라도 말이다. 우리들이 문화적으로 다를 때, 사람들과 의견을 같이하고 그들을 사랑하는 것은 힘든 일이다. 하지만 그리스도에 대한 우리의 헌신이 우리 문화에 대한 헌신보다 작을 수는 없다.

잘못된 전환: 어떤 희생이라도 치른 연합. 한편으로 연합에 관한 강조는 어떤 희생을 치르더라도 연합하는 것을 의미하지 않는다. 연합은 목표가 아니라 '그리스도 안에서'의 연합이다. 즉 그리스도에 대한 공통된 믿음과 지식으로부터 오는 연합이다. 그러므로 연합에는 제한이 있다. 교회와 그 연합은 항상 기독론적으로 그리고 신학적으로 정의된다.

현대 기독교에서 많은 분열들이 신학과 관계가 거의 없다. 오래 전의 신학적인 전쟁은 기억에서 사라지고 많은 교단들이 더 이상 그들이 나타났던 이유들을 생각하지 않는다. 많은 분열들이 신학만큼이나 문화와 개인적인 이유들로 말미암아 발생한다. 사실상 신학에 대한 논쟁은 향상이 될 수 있을 것이다! 어떤 교회들에서 신학적인 기저가 아주 희석되거나 왜곡되어서 성경적인 신앙을 닮아가는 것을 도무지 찾을 수가 없다—적지 않게 급진적인 여성주의자들이 신앙을 "재형성"하려고 할 때 이런 일이 발생했다. 어느 누구도 이단이나 부도덕과의 연합을 생각해서는 안 된다.

분열은 필연적인 사실이 아니지 않는가? 우리가 아주 많은 분열들—사라지지 않을 분열들—이 있을 때 연합에 대해서 어떻게 생각할 수 있는가? 단일한 그룹이 우리 사회의 다양한 소(小)문화에 이를 수 없기 때문에 분열은 정당한 것이 아닌가?

그렇다. 그룹의 다원성은 가치가 있고, 그 다원성은 계속될 것이다. 하지만 동시에 대부분의 크리스천들은 차이보다는 더욱더 공통점을 갖고 있다. 단일한 구조들은 우리의 목표가 아니다. 사도행전 6-8장에서 예루살렘의 헬라 크리스천들은 히브리 크리스천들과 같지 않았고, 그들은 확실히 모든 것을 동시에 충족시킬 수 없었다. 그 대신에 우리의 목표는 공통된 유대의 인식, 서로에 대한 상호적인 투자, 그리고 복음을 전하고 서로의 문제들에 응답하려는 연결성이다. 다른 크리스천들은 적이 아니라 그들은 우리의 일부이며, 공통된 특권과 책임을 공유하고 있다.

우리의 어느 차이가 실제로 분열을 '요구' 하는가? 대부분 그렇지 않다. 설사 세례에 관한 믿음의 차이조차도 분열을 요구하지 않는다.[86] 성찬을 우리 모두가 한 테이블에 참석할 수 있는 방식으로 지켜질 수 있었다. 4:4-6에서 신학적인 하나됨의 일곱 가지 영역들이 우리의 차이를 무의미하게 만들어야 한다. 지금은 우리의 공통성을 강조해야할 때다.

일부 복음주의자들은 특히 가톨릭과 논의하는 것을 자주 두려워한다. 사실상, 오늘날 복음주의자들은 많은 주요한 개신교도들과 공통점을 갖는 것보다 더 가톨릭과 공통점을 가지고 있다. 하지만 가톨릭과의 협력하고자 하는 노력과 복음주의-가톨릭의 연합된 성명들은 그 협력이 가톨릭의 복음화를 제한할 것이라는 비판과 경종을 가져왔다. 그러나 모든 그룹들을 복음화할 필요는 없지 않은가? 남부 침례교들—나의 교인이지만 은혜보다 싸움으로 더 잘 알려진—은 1,500만 명의 소속된 신자들을 갖고 있지만 그들 중에 절반을 찾을 수가 없다. 기독교의 어느 무리도 타종교로 개종해서는 안 되지만, 나는 가톨릭이 침례교도들을 그리스도에게로 이끈다면 상관하지 않을 것이다.

어느 그룹이 실제로 덜 죄스럽거나 더 영적인가? 가톨릭은 관용할 수 없는 남용의 죄를 지었지만, 침례교와 모든 다른 그룹도 마찬가지다. 게다가 우리 신자들의 삶이 불신자들의 삶과 거반 다르지 않다. 모든 종류의 크리스천들이 이혼하고, 외도하고, 다른 가정을 갖고, 중독의 문제를 갖고 있다. 그리스도를 믿는 모든 그룹들은 "그는 우리의 평화시다"라고 말하고 그가 그의 몸 안에 우리 모두를 두심으로써 이루신 연합을 따라 살아야 하지 않는가? 복음주의와 연합을 동시에 이룰 수는 없는가?

---

86. 어떤 교단들은 사실상 성인 세례나 유아세례 그리고 침수와 살수를 동시에 허락한다.

우리의 보이는 교회의 어느 것도 '그' 보이지 않는 교회인 그리스도의 몸이 아니다. 오직 하나님만이 누가 그 몸 안에 있는지를 아시고, 우리는 하나님의 편에서 그 모습을 상고할 수 있어야 한다. 하나님은 교단을 인정하시는가 아니면 그가 그리스도 안에 있는 사람인가를 보시는가? 연합하며 평화의 유대를 지켜야 한다.

이 신학은 충분한가? 4:4-6에서 언급된 일곱 항목들은 충분한가? 바울의 글과 의도를 따라 그것들을 살핀다면, 이는 최소적인 묘사가 아니다. 오히려 그것들은 그리스도와 하나님 안에서 구원에 초점을 맞춘 충분하고 성숙한 삼위일체 신학이다. 일곱 용어들 중에 다섯 용어들은 구원에 초점을 맞춘다: 한 몸, 한 영, 한 소망, 한 믿음, 그리고 한 세례. 십자가와 부활이 언급되고 있지는 않지만 이 다섯 용어들은 1:18-22와 2:14-18에서의 십자가와 부활의 보다 상세한 논의에 대한 정수다. 종말론과 하나님의 승리는 "한 소망" 안에 내포되어 있고, 바울의 유일신론이 분명하게 나타나 있다. 하나님은 만유 위에 계시고 만유를 통일하시고 만유 가운데 계시며(4:6), 그리스도는 만유를 채우신다(4:10).

이런 기초 속에서 연합에 대한 강조가 우리의 신학의 모습과 관심을 결정해야 한다. 우리는 복음과 하나님이 그리스도 안에서 이루신 것에 초점을 맞추어야 하고, 진리를 결정하는 우리의 능력에 덜 주안점을 두어야 한다. 우리 모두 거울을 통해 어둡게 보기 때문이다(고전 13:12). 겸손이 신학을 하는데 제일 먼저 요구된다. 너무 오랫동안 우리는 오래된 낡아빠진 항목들이 분열을 야기하게 허락했다. 우리는 종말론적인 시간표와 제도의 뉘앙스를 소중히 여기고 하나님이 그의 백성들을 구속하신 것에 관한 초점을 상실하고 있다. 오래 전에 루터는 영혼을 속되게 하고 정작 중요한 것을 소홀히 하게 하는 논쟁에 의해 진리를 상실한다고 지적했다.[87] 신학적인 분명성과 정확성이 필요하기는 하지만. 우리의 설명이 분열을 야기할 때, 우리는 우리의 구원을 올바르게 이해하고 있지 못한 것이다.

아울러 하나님은 만유 위에 계시고 만유 안에 만유를 통해서 계신다는 것(참조. 또한 행 17:28)은 만유를 그리스도가 채우신다는 것에 초점을 맞추어 진지하게 취해야 한다. 어느 사람이나 사물도 하나님의 영역을 넘어서 존재할 수 없다. 하나님과 그리스도는 우리가 일치하지 않는 사람들 속에서도 작용하신다. 설사 사람들이 나쁘거나 믿지 않을지라도, 그들은 하나님의 임재를 피할 수가 없다. 하나님은 여전히 역사하시고, 여전히 그는 하나님이시며—설사 인식하지 못할지라도—여전히

87. 이 진술은 루터에 대한 번역된 책에서 가져온 것이 아니라 Spener, *Pia Desideria*, 100로부터 인용했다.

만유에 내재하시고 채우시고 계신다.

교회의 일. 교회가 비효과적이고 영향력을 상실했다고 말하는 것은 오히려 절제된 표현이다. 교회를 통해 바라본 공동체의 모습은 거의 위로가 되지 않는다. 주요한 교회들이 뒤뚱거리고 있고, 반발적이고 보수적인 교회들은 자주 문화에 대처하지 못한다. 그리스도가 침묵되거나 알아 볼 수 없게 왜곡되었다. 더 많은 충성이 복음보다는 복음주의적인 하위문화에 주어진다. 목사의 탁월함이 크리스천들의 봉사를 질식시키고 자기를 고무시키는 것을 촉진한다. 이 단락은 교회와 교회 지도자들의 봉사를 재정의하기 위한 청사진을 제공한다.

그렇게 하기 위해서 크리스천들은 목회자가 사역의 임무에서 가지고 있는 독점권을 깨야 한다. 그리스도의 몸은 두 부류의 멤버들—목회자와 평신도—이나 두 종류의 기대로 나눌 수 없다. 그 책임이 다를지라도 어느 사람도 그 몸을 세우기 위한 동일한 임무를 갖는다. 확실히 어떤 임무들은 목사에게 더 적합하고 직업적인 전문성을 요구하지만 그런 일에서조차도 목사는 교회 구성원들을 포함시키고 훈련시켜야 한다. 사역은 그 자체로 어느 것을 간직해야 하는 유일한 직업이 아니며, 그 모든 지식을 자유로이 공유할 수 있게 해야 하며, 섬기는 사람들이 같은 일을 할 수 있게 초대해야 한다.[88]

교회는 사역의 다양한 차원을 위해서 사람들을 훈련해야 한다. 그리고 단순히 이 훈련은 장래의 목회자만을 위한 것이 아니다. 모든 멤버들이 하나님이 그들을 부르신 일을 하기 위해서 훈련을 받고 구비되어야 한다. 모든 신자들을 훈련하고 모집하지 못한 실패는 하나님의 은혜를 부족하게 만든다(참조. 고후 6:1). 세례와 성찬조차도 교인들에게 출입금지 구역이 아니다. 교회가 그들의 리더십을 인정하고 그들의 행위를 적절하게 인정한다면 말이다. 주요한 이슈는 그 행위의 고결성이다.

모든 신자들을 교회의 봉사로 모집하는 것은 단순히 공중 예배나 교육의 행위에서만 초점을 맞추어서는 안 된다. 이것을 주장하는 것은 우리들이 얼마나 좁게 사역을 바라보고 있는지를 보여줄 뿐이다. 사람들의 사역은 삶의 대부분을 망라해야 한다—그 어떤 것은 가정과 친구들에 대한 주의를 끌지 않는 사역과 보다 의도적으로 전도하는 사역에 이르기까지. 사역은 조용히 개인들을 양육하고, 소그룹으로 봉사하며, 사회 문제에 반응하며, 그리고 낙심하고 있는 사람들을 돌보는 것을

88. 교회의 지체들이 결혼식에서 주례를 할 수 없다는 것은 신학적인 제한이 아니라 법적인 제한 때문이다.

포함한다. 이것은 사회개량주의가 아니고—그것도 나쁘지는 않다—그 몸을 세우기 위해서 복음의 은혜를 실천하는 것이다. 전체 몸이 그 몸에 대한 봉사와 관련되어야 한다.

지도자들의 봉사. 이 본문의 적용은 우리가 기독교 지도자들의 봉사를 더욱더 진지하게 취할 것을 역시 요구한다. 목회자가 그 몸을 세우고 돌보기 위해 필요한 모든 것을 다할 수는 없다. 우리의 현재의 관습은 불가능한 짐을 목사들의 사역에 두고 있다. 우리는 너무 많고 그릇된 종류의 일들을 목사들에게서 기대하는데, 그중에 많은 일들이 다른 교회 구성원들이 해야 하는 것들이다. 목사들은 사역을 행하기 위해서 고용된 것이 아니라 사람들이 봉사로 구비될 수 있게 하기 위해서 세워졌다. 목사들은 단지 교구에서 일할 것이 기대되는 첫 번째 사람이어야 한다. 우리는 목사들을 다른 사람들은 지켜만 보는 봉사를 행하는 의식 주관자로 간주하기를 멈추어야 한다. 아브라함 헤쉘(Abraham Heschel)은 사람들이 지도자가 그들의 기도를 대리로 기도하게 하는 것을 불평했다.[89] 예배는 단지 다른 사람들이 그것을 행하는 것을 지켜보는 것이라면, 진정으로 발생할 수가 없다. 목사들이 예배를 인도하지만, 참된 예배는 사람들의 내적인 존재가 참여하고 강화되고 연관될 때에 오직 발생한다.

우리가 목회자로부터 기대해야 하는 것—하나님의 말씀을 명확하게 전달하고 사람들의 영혼들을 모집하는 것—을 우리가 드물게 받고 있다. 이것이 정확히 바울이 에베소에서 행하고 있는 것이다: 그는 복음과 그 효과에 초점을 맞추고 있다. 많은 목회자들이 모든 종류의 다른 활동들에 연관되고 말씀의 지식과 말씀을 설명하는 능력을 발전시키지 못하고 있다. 자주 그들은 더 이상 지도자로 인정받지 못하고 있다. 그들의 전문성이 명확하지 않기 때문이다. 목사들은 복음—이 세상에서 가장 폭넓은 주제—에 전문가가 되어야 하고, 그것을 삶에 적용하고 그 일을 자기 자신에게서부터 시작해야 한다. 그들은 그들의 사람들을 성경적으로 훈련해야 한다. 그렇지 못하다면, 많은 사람들이 번뜩이는 텔레비전 전도자에 의해 속임을 당하는 것은 놀랍지가 않다. 목사의 일은 사람들이 그들 자신의 기독교적인 일과 봉사에 생산적이게 하는 것이다.

사랑 안에서 진리를 행하기. 진리의 중요성을 아무리 강조해도 지나치지 않다. 삼

---

89. Abraham Joshua Heschel, *Quest for God: Studies in Prayer and Symbolism*(New York: Crossroad, 1990), 50-51.

위일체의 세 위격은 진리와 연관되어 있고, 복음은 진리의 말씀이고, 우리는 진리를 말하고 행하며, 그리고 우리는 진리로 예배를 드린다. 예배는 하나님에 대한 진리를 말하는 것이다. 고백은 우리 자신에 대해서 진리를 말하는 것이다. 카운슬링은 사람들이 진리를 대면할 수 있게 하는 과정이다. 결국에 우리는 사랑 안에서 진리를 말하고 살아가는 것 외에 다른 활동을 갖지 않는다.

이 말씀들의 적용은 무엇보다도 복음에 초점을 맞춘다. 우리는 모든 다른 진리가 수렴되는 그리스도 안에서 하나님의 진리인 복음을 따라 살아야 한다. 우리가 이미 보았던 것처럼,[90] 복음은 실제를 표현하고, 사랑 안에서 진리를 말하는 것은 우리 사회가 추구하는 거짓 실제를 대적하고 진정으로 참된 것—하나님과 이 세상에서 하나님의 일—을 수용하는 것과 관련이 있다. 사랑 안에서 진리를 따라 사는 것은 하나님의 전체 메시지를 포함하는 '신학적' 인 행위다. 에베소서는 하나님과 인간에 관한 포괄적인 견해를 취하고 있다. 그것은 하나님의 영원하신 선택의 은혜에서부터 만물이 그리스도 안에서 통일되는 충만한 때로 이동하고 있다. 에베소서는 언젠가, 이제, 그리고 아직 아닌을 고려하고 있다. 이것은 진리를 따라 사는 것이 전달하기를 추구하는 실제이며, 그것은 진리의 모든 다른 삶과 사랑이 발생하는 구조다.

사랑 안에서 진리를 따라 사는 것은 추상적인 행위가 아니다. 그것은 인격적이고 실제적이며, 포용적이다. 건강한 삶을 위한 어떤 다른 기초도 존재하지 않는다. 인간으로서 우리는 우리 자신으로부터 숨고 우리가 실제보다 더 좋거나 나쁘다고 생각하는 환상 속에 살기를 좋아한다. 우리는 우리 자신을, 서로를, 그리고 하나님을 속인다. 연예 산업은 의식적으로 실제를 숨기고 사람들이 살기를 추구하는 환상을 창출한다. 한 연기자가 아주 경솔함에 사로잡혀서 말한 것처럼, "나는 진리를 믿을 수가 없다. 나는 스타일을 믿는다." 아주 많은 거짓말과 함께 사람들은 모든 방향으로 떠다니는 폭풍우의 파도 속에 코르크 마개와 같다는 것은 놀랍지가 않다(4:14). 하지만 조만간 이런 환상이 산산조각이 나고 우리와 우리의 관계는 고통을 당한다. 우리는 하나님께—설사 그것이 우리의 의심과 두려움을 표현하는 것일지라도—우리 자신에게 그리고 다른 사람들에게 진리를 말해야 하고, 그러고 나서 진리를 따라 '살아야' 한다.

90. pp. 77, 143-151, 179-185을 보라.

사람들은 자신들의 존재가 수용되고 정직하게 두려움과 좌절과 소망을 이야기 할 수 있는 곳을 필요로 한다. 지역의 술집이 아닌 교회가 사람들이 사랑 안에서 진리를 말하고 사랑 안에서 그들에게 진리를 말하는 것을 들을 수 있는 장소가 되어야 한다. 크리스천들은 진정한 의사소통을 할 필요가 있다. 무엇을 말할 것인지 그리고 그것을 어떻게 말할 것인지를 아는 것은 결코 쉬운 일이 아니다. 때로 사랑 안에서 진리를 말하는 것은 대결을 필요로 한다. 또한 때로 그것은 사람들에게 스스로를 발견할 수 있는 여지를 주는 것을 필요로 한다.

사랑 안에서 진리를 따라 사는 것은 진리에 대해서 흔들리지 않는 헌신으로 사람들을 포용하는 것을 의미한다. 이런 헌신은 복음 안에서 신학적인 기초를 갖고, 우리 자신의 진리의 일부로서 우리가 거울을 통해서 희미하게 본다는 것을 아는 것이다(고전 13:12). 하지만 부분적인 지식에 대한 겸손함을 가지면서도 우리가 알고 있는 것을 회피하지 않는다. 진리는 해를 입히는데 사용할 수 없고, 사랑이 왜곡이 발생하도록 허락할 수 없다. 사랑은 진리와 함께 기뻐한다(13:6). 사랑과 진리는 건강함과 모든 관계를 위해서 필요하다.

모든 커플은 항상 진리를 말하겠다는 깨어질 수 없는 서약을 해야 한다. 모든 부모와 자녀들은 동일한 깨어질 수 없는 서약을 해야 한다. 사랑은 비즈니스 윤리에서는 예외로 보일지라도, 비즈니스를 위한 가이드라인은 역시 사랑 안에서 진리를 말하는 것이다. 교회와 목사들은 오직 동일한 길을 갖는다. 스스로 "선하다"고 말하는 사람의 얄팍함을 다루는 것이든 암과 투쟁하는 사람을 다루는 것이든 간에 사랑 안에서 진리는 우리가 반드시 가져야 하는 것이다.

사랑 안에서 진리를 말하는 것은 대결을 필요로 할 수 있다. 그것은 우리 많은 사람들이 우리 자신의 안전함에 대한 관심으로 인해 회피하기를 추구하는 것이다. 하지만 타락한 세상 속에서 대결은 사랑의 필수다. 네 이웃을 네 자신처럼 사랑하라는 명령은 "이웃을 인하여 죄를 당치 않도록 그를 반드시 책선하라"(레 19:17-18)가 뒤따른다. 인내와 관용은 모두 그들의 역할을 갖는다. 지혜는 다른 사람들에 대한 봉사가 말을 해야 하는 것을 의미하는 것인지 또는 "당신의 입술을 붙잡아 매야하는 사역"을 의미하는 것인지를 식별할 것을 요구한다.[91]

사랑 안에서 진리를 따라 사는 것은 사회가 우리에게 전달해주고 있는 거짓말과 대결할 것을 요구한다. 술은 좋은 시간을 위해서 필요한 것이 아니다(그렇다).

91. Dietrich Bonhoeffer, *Life Together*, trans. John W. Doberstein(New York: Harper & Row, 1954), 91.

포르노그래피는 여성들을 비하한다(그렇다). 사람들의 대다수는 성관계가 문란하다(아니다). 가난한 사람들은 필연적으로 게으르다(아니다). 우리들 중에 어느 누구도 독립적이고 자기 지원적이지 않다(그렇다). 모든 크리스천들이 위선자는 아니다(그렇다). 당신은 하나님을 스스로 예배할 수 없다(그렇다).

게다가 교회의 거짓말과 대결할 필요가 있다. 가톨릭교회가 그 사람이 세례를 받지 않았기 때문에 열세 살 이후의 결혼, 두 자녀들, 그리고 이혼을 무효로 할 때, 그것은 봐줄 수 없는 거짓말이다. 다양한 사람들이 성적인 무분별이나 지도자들에 의한 학대를 덮으려고 추구할 때 그것과 대결해야 한다. 교단이 원한과 분열로 복음을 부인할 때, 그들이 거짓을 따라 살고 있다고 말하는 것이 필요하다. 부패는 그 문화가 고결성보다는 충성을 칭송하기 때문에 만연한다.

고결성을 위한 싸움은 대가를 치를 수 있다. 사람들이 사랑 안에서 진리를 말하려하면 그들의 직업을 잃을 수 있다. 악은 그 거짓말이 폭로될 때 폭력에 의존할 수 있다. 하지만 제자도는 항상 대가를 치른다. 사랑 안에서 진리를 말하는 것은 십자가와 동일시되는 방법이다. 그러나 대가를 치를 때조차도 고결성은 여전히 우리가 갖고 있는 유일한 것이다.

갈등을 다루기. 갈등은 삶에서 피할 수 없는 것이고, 결코 다루기가 쉽지 않거나 불유쾌하다. 자동적으로 성공적인 절차가 따라 오는 것이 아니다. 이 단락은 갈등을 다루기 위한 가이드라인을 제공한다. 요컨대 당신의 자아를 잊어버리고, 먼저 당신 자신을 살피라. 그리고 사랑 안에서 진리를 말하라. 겸손, 온유, 인내를 보이고, 간섭하지 말고 사랑 안에서 사람들을 용납하라. 다른 이들이 일치를 강요하지 않는다는 것을 알 수 있도록 사랑과 관심은 아주 분명해야 한다. 설사 그들의 분리된 길을 갈지라도, 사람들은 크리스천의 성품을 위반하지 않고 그렇게 할 수 있다. 크리스천의 태도가 긴박한 순간에 각성할 수 있을지라도, 이를 진정한 것이라고 주장할 수는 없다.

묵상의 결론. 이 단락의 적용은 기독교의 종교개혁에 못지않은 것을 요구한다. 우리는 마치 면죄부를 팔았던 것처럼 복음에서 유리했다. 우리의 개인주의, 교회의 계급주의, 그리고 고결성의 부족은 우리를 부르신 부름에 맞지 않다. 우리는 그리스도의 몸의 의미를 상실했다. 그의 은혜의 좋은 청지기가 되고 그의 몸 안에서 당신의 역할을 이루라. 사랑 안에서 진리를 따라 살라. 그것은 나에게서 멀리 있는 것이 아니다. 그리스도에게 부착됨으로써 가능하다.

새로운 진리로부터 움츠려드는 겁쟁이에서
절반의 진리에 만족하는 게으름에서
그리고 모든 진리를 안다고 생각하는 오만에서
오 진리의 하나님, 우리를 건져내소서.[92]

92. Henlee H. Barnette, "The Minister As a Moral Role-Model," *RevEx* 86(1989): 509-10에서 인용함.

에베소서 4:17-24

17그러므로 내가 이것을 말하며 주 안에서 증언
하노니 이제부터 너희는 이방인이 그 마음의
허망한 것으로 행함 같이 행하지 말라
18 그들의 총명이 어두워지고 그들 가운데 있
는 무지함과 그들의 마음이 굳어짐으로 말
미암아 하나님의 생명에서 떠나 있도다
19 그들이 감각 없는 자가 되어 자신을 방탕에
방임하여 모든 더러운 것을 욕심으로 행하되
20 오직 너희는 그리스도를 그같이 배우지 아
니하였느니라
21 진리가 예수 안에 있는 것 같이 너희가 참
으로 그에게서 듣고 또한 그 안에서 가르침
을 받았을진대
22 너희는 유혹의 욕심을 따라 썩어져 가는 구
습을 따르는 옛 사람을 벗어 버리고
23 오직 너희의 심령이 새롭게 되어
24 하나님을 따라 의와 진리의 거룩함으로 지
으심을 받은 새 사람을 입으라

원 의미

이 단락은 에베소서에서 다섯 가지 명백한 "이전-이제" 대조의 네 번째 부분이다.[1] 그것은 권면으로 기능하고, 4:1에 관한 설명을 제공해준다: "너희가 부르심을 받은 일에 합당하게 행하여[walk]." 바울은 그의 신학에서 그의 윤리적인 관심의 기초를 놓는다. 그것은 죄된 인간과 회심의 가장 중요한 설명 중에 하나를 발생시킨다.[2] 대조되는 것들을 참조하라.

이전의 "이방인"의 삶 대 현재의 삶
무익 대 진리
어두움과 무지 대 교육받음
옛 존재를 벗어버림 대 새 존재를 입음
속임 대 진실

1. p. 117을 보라.
2. 마음, 무지, 생각, 욕구, 배움, 진리, 그리고 죄에 대한 용어들에 주어진 특출함을 참조하라. 평행들이 2:12, 15; 롬 1:21-32; 골 1:21; 그리고 특히 골 3:9-10에 있다.

부패한 대 새로운 피조물

불순과 탐욕 대 의와 거룩

하나님의 삶에서 분리된 대 하나님처럼 창조된

정당하게 A. 링컨(Lincoln)은 유대교의 신학과 초기 기독교의 "두 방식들"의 유사성을 지적한다.[3]

구조. 이 단락의 헬라어 원문은 두 긴 문장을 포함하고 각기 NIV에서 한 단락을 형성한다. 17-19절은 이전의 죄된 삶의 방식과는 다른 삶을 호소하는 반면에, 20-24절은 그리스도 안에서 발생한 변화를 묘사한다.

주변 구절들과의 연관 관계를 상실해서는 안 된다. 정확히 몸의 연합과 몸 안에서 그리스도의 행위로 인해서(4:1-16), 소명에 합당한 삶을 살라는 호소가 강화되고 확장된다. 뒤이어지는 말씀(4:25-6:20)은 대체로 4:17-24에 관한 설명이다. 주요한 관심이 기독교에서 마음의 역할과 진리, 색욕, 분노, 말, 그리고 참욕과 관련한 죄들에 주어진다. 서신의 후반부에서 바울의 관심은 이전의 삶과 크리스천의 삶 사이에 분명한 대조를 설명하고, 그렇게 함으로써 크리스천들이 죄나 죄와 연관되지 않는 삶을 사는 것이다.

무익한 옛 삶(4:17-19)

NIV에서 "내가 그것에 대해서 단언하노니"(17절)라고 번역된 헬라어는 직역하면 "내가 증거하노라"나 "내가 선언한다"이다. 이와 같은 문맥들에서 그것은 "권면하다"를 함축한다(참조. 살전 2:12). 바울은 서신이 전개될 때 독자들에게 점증적인 강조로 호소한다. "주 안에서"는 그의 호소에 권위를 부여하고 사실상 그의 가르침이 주님으로부터 온다는 것을 제기한다. 이 서신은 여기서 절정에 이른다. 바울의 독자들은 윤리적인 결정을 하지 않고서는 더 이상 나아갈 수가 없다. 주사위가 던져진다. 이 서신의 나머지 부분은 오직 상세한 설명을 취할 뿐이다.

바울은 그의 이방인 독자들이 이방인처럼 살지 말 것을 요구한다.[4] 이것은 이상하게 들리지만 분명히 "이방인"은 인종적인 의미로 그리고 도덕적인 의미로 동시

3. Lincoln, *Ephesians*, 272. "두 방식들"은 악과 의에 관한 방식들이다(예를 들어, 시 1편을 보라).

4. "살다"["걷다"]란 용어가 구조적으로 지배하고 있다는 내용에 대해서는 p. 240을 보라.

에 사용될 수 있었다. 이 용어는 영어에서 "이교도"(pagan)와 유사한 융통성을 갖고 있었다. 유대인들은 인간을 두 부류—유대인과 이방인—로 나누었다. 바울이 그들을 인종적으로 이방인으로 부를 수 있었지만(2:11), 그는 그의 독자들이 같이 살고 있는 이방인들처럼 되는 것을 원치 않았다. 2세기에 크리스천들은 그들 자신을 "제3의 인종"으로 말하였을 것이다(이미 고전 10:32에서 상고한 사상).

마음의 허망한 것으로서의 죄. 바울의 주요한 관심은 구체적인 죄의 목록이 아니라 마음의 왜곡과 잘못된 지향에 있다. 여러 가지 표현들이 이 사상을 전달해준다.

(1) "그 마음의 허망한 것"(17절)
(2) "그들의 총명이 어두워지고"(18절)
(3) "그들 가운데 있는 무지함"(18절)
(4) "그들의 마음이 굳어짐으로 말미암아"(18절)
(5) "욕심으로 행하되"(19절)
(6) "유혹의 욕심"(22절).

로마서 1:21-32과의 평행은 주목할 만한 가치가 있다. 두 본문은 죄를 마음의 왜곡으로 간주한다. 로마서에서 지식의 과정에서 분리가 소외를 야기한다. 이방인들이 "하나님을 알았을"지라도, 그들은 그를 인정하지 않았다(롬 1:21). "그들이 알고 있는 것을 알기"를 거부한 것은 에베소에서 마음의 강퍅함으로 표현된다(3:19에서 독자들이 알지 못한 것을 알 것, 즉 그리스도의 사랑을 알 것을 기도한 것과는 대조된다). 에베소서 4:17-19와 로마서 1:21-32은 하나님으로부터의 소외로 이끌고, 결국에 부정과 죄로 이끄는 욕정과 탐욕을 낳는 자의적인 허망함, 어둠, 왜곡된 추론에 초점을 맞춘다. 죄는 문제의 원인이 아니라 결과다. 잘못은 마음과 하나님에 대항한 선택에 있다. 로마서에서 하나님은 사람들이 그들의 마음을 좇을 것을 허락하신 반면에, 바울은 여기서 사람들이 자신의 나아갈 길을 가게 하신 것을 말하기 위해서 이와 동일한 말을 사용한다.

"허망"('마타이오테스')으로 번역된 단어는 무의미함, 쓸모없음, 무가치함, 또는 허무를 표현한다. 70인경에서 이 용어의 대부분은 삶의 무의미함을 표현하는 전도서에서 나타난다. 신약성경에서 이 용어는 로마서 8:20(NIV, "좌절")과 베드로후서 2:18("텅빈")에서만 다른 곳에서 나타난다.[5] M. 바르트(Barth)가 생동력 있게 표현한 것처럼, "한 단일한 용어로 바울은 무의미한 목표의 어리석은 방법을 따른 것으로서 그리스로마 제국의 거주자들의 대다수를 묘사한다."[6]

18절의 네 요소들은 이 문제를 근원으로부터 추적한다. (1) 이방인의 삶의 방식은 무의미하다. 그들은 생명과 지침을 제공하는 빛이 없기 때문이다. 그들은 지적으로 캄캄하다.[7] 고대 세계에서 빛은 명철을 위한 보편적인 상징이었다. 유대교(참조. 시 36:9)와 신약성경에서 빛은 생명을 주시는 하나님과의 관계에 대해 사용된다(참조. 엡 1:18; 5:8-14). (2) 어둠이 이방인의 마음을 삼켜버린다. 빛의 근원이신 하나님이 주시는 "생명에서 분리되었기" 때문이다. (3) 이방인은 의도적인 "무지"로 인해서 하나님으로부터 분리되었다. 그 무지가 그들의 영혼을 사로잡았다. (4) 이방인은 마음의 굳어짐(강퍅함)으로 인해 무지하다.[8] 마음은 모든 충성의 근원이다.[9] 이 경우에 마음의 굳어짐은 하나님께 대한 모든 충성을 차단했다. 요컨대, 하나님께 무감각한 마음은 빛을 꺼버리고 무의미함으로 이끄는 속박된 반응을 촉발시킨다.

18절이 그 문제를 근원에서부터 추적한다면, 19절은 그 결과를 보여준다. 한 방향에서 "무감각"은 다른 방향에서 "방탕"(색욕)으로 이끈다. NIV에서 언어유희는 헬라어 원문에서는 나타나지는 않지만, NIV는 효과적으로 이 단락의 내용을 전달해주고 있다. "방탕", "더러운 것", 그리고 "욕심"의 삼박자가 5:3에서도 평행이 되는데, 그 구절에서는 "방탕"을 "성적인 부도덕"으로 대체한다. "모든 감각을 잃어버렸다"고 번역된 말은 강퍅함을 낳는 냉담함과 무감각을 묘사한다.

의미상 "방탕"(색욕, '아셀게이아')은 이방인들이 스스로 내어주었던 우상이다. 로마서 1:21-32에서처럼 하나님과의 관계를 상실함은 특히 성적인 것과 관련하여 무절제하고, 무법하고 죄된 행동으로 이끈다.[10] "모든 더러운 것"이 수많은 죄들을 망라할지라도, 다양한 악에서 이 용어들의 군집은 그것의 주요한 언급이 여전히 성적인 죄라는 것을 암시한다(갈 5:19을 보라). 4:19에서 "빠지다"(indulge, "방임

5. 관련된 형용사('마타이오스')가 여섯 번 나타난다(예를 들어, 고전 15:17["무익한"]; 약 1:26["가치 없는"]).
6. Barth, *Ephesians*, 2:499.
7. Ibid., 2:500.
8. "굳어짐"으로 번역된 어근은 대리석과 느낌이 없는 뼈나 피부에 사용된다. NEB의 번역인 "돌처럼 굳어진"은 그 개념을 잘 전달해준다.
9. Paul S. Minear, "A Theology of the Heart," *Worship*, 63(1989): 247.
10. 다른 본문들에서 NIV는 이 헬라어를 "음란"(막 7:22), "호색"(롬 13:13), "부끄러운 방식"(벧후 2:2), "더러움"(2:7), 그리고 "탐욕"(2:18)으로 번역한다. 성적인 죄에 대한 다른 용어들이 자주 근접하게 나타난다.

하여"—개역개정)란 번역은 너무 강하여서 잘못된 뉘앙스를 줄 수 있다. 그것은 단지 "행하다"나 "저지르다"를 의미한다.

"욕심으로 행하되"('플레오넥시아')로 번역된 용어는 문자적으로는 "더 많은 것을 가지려는 욕심"을 의미한다.[11] 에베소서 5:5과 골로새서 3:5은 탐욕과 우상숭배를 동일시하는데, 그것은 여기 4:17-19에서 내재된 주제다. 이 구절은 모든 죄의 근원을 우상숭배로 그리고 모든 죄를 포괄하는 죄로 탐욕을 이해한 유대적인 사상을 반영한다(참조. 솔로몬의 지혜서 15:5-6). 불순한 행위는 탐욕적인 욕구에 뿌리를 두고 있다. 22절에서 "유혹의 욕심"과 18절에서 "마음의 굳어짐"과 조합된 이 용어는 죄의 자아 중심적인 특징을 강력하게 고발한다.

메시아를 배우기(4:20-24)

이 구절들은 바울의 독자들의 이전에 정신적인 왜곡과 그리스도 안에서 발생한 진리, 배움 그리고 마음의 갱신 사이에 강력한 대조를 제공한다. 이방인들의 핵심적인 문제가 왜곡된 마음이라면, 그 해결책은 오직 마음의 갱신일 수 있다. 그것이 정확히 구원에 대한 바울의 이해다(참조. 롬 12:2). 그는 그 대조를 이루기 위해서 세 이미지를 사용한다. 마음, 바뀐 옷, 그리고 새 창조에 대한 가르침. 바울은 2:11에서처럼 여기서 동일한 것—신자들이 '이전에' 사실이었던 것과 '지금' 사실인 것 사이에 대조를 '기억하는' 것—을 추구한다.

그리스도와 예수를 아는 것(4:20-21). 20-21절의 어휘는 특이하고, 거칠고 본문의 뉘앙스를 전달하기가 난해하다. 문자적으로 20절은 이렇게 독법할 수 있다: "너희는 '그' 그리스도를 이런 식으로 배우지 않았다."[12] 어떤 사람을 배우는 것에 대한 평행은 존재하지 않는다. 그리스도에 대한 사실을 단순히 배우는 것이 아니라, 더 많은 것이 의도되어 있다. 즉 독자들은 메시아 안에서 훈련을 받았다. 그들은 그를 알고, 그에 대한 지식을 먼저 알았고, 그의 삶이 이방인의 삶과는 근본적으로 얼마나 다른 삶인가를 알고 있다. 그 의미는 고린도전서 2:16과 유사한 것으로 보인다.

---

11 NIV는 이 용어를 보통 "욕심"(greed)이라고 번역하고, 보다 전통적인 번역들은 "탐욕"(covetousness)을 사용한다.

12. 에베소서에서 헬라어 '크리스토스'("메시아")의 46번의 출현 중에 23번이 관사를 갖는다(자주 헬라어에서 적합한 이름들과 함께 사용된다). 관사 사용의 의미와 관련해서 어떤 패턴이 나타나지는 않는다. 여기서 관사가 있는 것은 무의미할 수 있으나 메시아 안에 있는 전체적인 하나님의 계획을 강조하는 것일 수도 있다.

그들은 그리스도의 마음을 갖고 있거나 가져야 한다.

21절에서 바울은 그들이 이미 알고 있는 것을 강조하기를 계속한다.[13] 그들은 17-19절에서 묘사했던 삶을 사는 것과는 다른 삶을 잘 알고 있다. 그들은 예수 안에 있는 진리를 알고 있기 때문이다.[14] 홀로 "예수"란 이름만 있는 경우는 바울에게서 드물고 이는 지상의 예수와 그의 삶, 죽음, 그리고 부활을 가리키는 것으로 보인다.[15] 이 구절에서 그리스도는 교사, 주체, 그리고 배움의 영역으로 간주된다. "그에 관해서 들었다"(Heard of him, "그에게서 듣고"—개역개정)는 20절에 "그리스도를 배웠다"와 평행으로서 "그를 들었다"[16]로 번역할 수 있다(참조. 2:17). 또한 "'그 안에서' 가르침을 받았다"는 진술은 특이하지만, 그들의 배움의 정황이 그리스도와의 연합이었던 것을 의도하고 있는 것으로 보인다.

"예수 안에 진리를 따라서"(직역하면 "예수 안에 있는 진리처럼", "진리가 예수 안에 있는 것 같이"—개역개정)는 예수에 대한 정보를 암시해서는 안 된다. 바울의 요지는 예수가 그 진리를 구현하고 포괄한다는 것이다. 예수를 발견하라, 그러면 진리를 발견할 것이다. 진리를 발견하라, 그러면 예수를 발견할 수 있다. 진리는 예수를 떠나서는 존재하지 않는다. 만유가 그리스도 안에서 통일될 것이라는 1:10에서의 기대로 보건대, 이것은 놀랍지 않다. 요컨대, 20-21절은 예수 안에서 진리를 발견할 수 있도록 예수와의 만남과 예수와의 연합으로 인한 가르침을 묘사한다. 이어지는 구절들은 진리가 그리스도와 함께 죽고 사는 것에서 주로 계시된다는 것을 보여준다.

옛 존재-새 존재(4:22-24). 22-24절은 세 가지 부정사어구를 포함한다. 여러 방식으로 해석될 수 있는 "벗는 것", "새롭게 되는 것", 그리고 "입는 것." 그것들을 다음과 같이 취할 수 있었다.

(1) 그리스도의 가르침의 내용을 설명하는 20-21절의 보충으로. NIV는 이 대안을 취하고, 연결을 용이하게 하기 위해서 "너희가 가르침을 받았다"(You were taught)란 말을 삽입했다.

13. NIV를 독자들이 예수에 대해서 듣지 않았다는 것을 암시하기 위한 것으로 이해해서는 안 된다.
14. Lincoln, *Ephesians*, 271은 20절에 "그리스도"가 기독교 전승을 대변한다고 주장하지만, 이것은 그럴 것 같지 않다. 특히 "그리스도"에서 21절에 "예수"로의 변화에 비추어 볼 때에 그러하다.
15. 롬 8:11; 고전 12:3; 고후 4:5, 10-11, 14; 11:4; 갈 6:17; 살전 1:10; 4:14을 보라.
16. "그를"(Him)은 "그에 대해서 들었다"나 "그를 들었다"로 번역될 수 있는 목적격이다.

(2) 명령으로서.

(3) 결과로서("너희가 벗을 수 있도록 가르침을 받았다").

문제는 이 변화된 행위를 과거로 간주하는가 아니면 여전히 행해지고 있는 것으로 간주하느냐다. 거짓말하지 말라는 명령이 옛 존재가 이미 제거되었다는 사실에 기초하고 있는 골로새서 3:9-10에서의 평행을 참조하라. 에베소서에서의 의도도 동일할 수 있다. 이 용어들이 뒤이어지는 윤리적인 내용에 동기부여를 하는 신학적인 상기이기 때문이다(25절에 "그런즉"을 참조하라). 우리가 그밖에 다른 어떤 것을 말하든지 간에 이 단락은 바울이 설명과 명령을 빈번하게 혼합시키고 있다는 사실의 증거다. 그는 다른 삶의 양식을 위한 4:17에서의 그의 간청을 뒷받침하는 것을 의도하고 있다. 22-24절은 독자들이 가르침 받았지만 이 말들을 역시 실천해야 한다는 것을 의미한다.

몇몇 본문들과의 비교는 4:22-24이 세례 의식이나 적어도 바울의 세례 신학에서 유래한다는 강력한 가능성을 보여준다. 아래의 성구들을 참조하라.

에베소서 4:22-24: "너희는 유혹의 욕심을 따라 썩어져 가는 구습을 따르는 옛 사람을 벗어 버리고 오직 너희의 심령이 새롭게 되어 하나님을 따라 의와 진리의 거룩함으로 지으심을 받은 새 사람을 입으라."

골로새서 3:9-11: "이제는 너희가 이 모든 것을 벗어 버리라 곧 분함과 노여움과 악의와 비방과 너희 입의 부끄러운 말이라 너희가 서로 거짓말을 하지 말라 옛 사람과 그 행위를 벗어 버리고 새 사람을 입었으니 이는 자기를 창조하신 이의 형상을 따라 지식에까지 새롭게 하심을 입은 자니라 거기에는 헬라인이나 유대인이나 할례파나 무할례파나 야만인이나 스구디아인이나 종이나 자유인이 차별이 있을 수 없나니 오직 그리스도는 만유시요 만유 안에 계시니라."

로마서 6:3, 6: "무릇 그리스도 예수와 합하여 세례를 받은 우리는 그의 죽으심과 합하여 세례를 받은 줄을 알지 못하느냐…우리가 알거니와 우리의 옛 사람이 예수와 함께 십자가에 못 박힌 것은 죄의 몸이 죽어 다시는 우리가 죄에게 종노릇 하지 아니하려 함이니."

로마서 13:14: "오직 주 예수 그리스도로 옷 입고 정욕을 위하여 육신의 일을 도모하지 말라."

고린도전서 12:13: "우리가 유대인이나 헬라인이나 종이나 자유인이나 다 한 성령으로 세례를 받아 한 몸이 되었고 또 다 한 성령을 마시게 하셨느니라."

갈라디아서 3:26-28: "너희가 다 믿음으로 말미암아 그리스도 예수 안에서 하나님의 아들이 되었으니 누구든지 그리스도와 합하기 위하여 세례를 받은 자는 그리스도로 옷 입었느니라 너희는 유대인이나 헬라인이나 종이나 자유인이나 남자나 여자나 다 그리스도 예수 안에서 하나이니라."

갈라디아서 3:26-28은 이 세례 신학의 완전한 형태이지만 로마서 6:3-6와 고린도전서 12:13도 역시 세례를 명확하게 언급한다. 구별된 분리의 탄원이 갈라디아서와 고린도전서 그리고 골로새서에 나타난다. 갈라디아서와 로마서 13:14은 그리스도로 옷입는 것에 대해서 말하는 반면에 에베소서와 골로새서는 새로운 존재로 옷입는 것에 대해서 말한다(참조. 롬 6:6). 그 의미는 분명하다: 새로운 존재는 그리스도 자신이다(참조. 엡 2:15).

이는 "옛 존재"("옛 사람"—개역개정)와 "새 존재"("새 사람"—개역개정)를 어떻게 이해해야 하는가와 관련한 질문을 제기한다. 이 용어들은 회심 이전과 이후에 개인들을 가리키는가? 아니면 삶의 두 방식에 대한 '집합적' 인 표현으로 간주해야 하는가?[17] 이 후자의 선택은 이상하게 들릴지 모르지만 그것을 상고할 만한 가치가 있다. 바울의 신학은 복합적이고, 그의 "영향의 영역" 사상,[18] 그의 아담-그리스도 모형론,[19] 옛 존재와 새 존재에 대한 그의 용어,[20] 겉사람과 속사람,[21] 그리고 새로운 피조물[22]을 생각해 보아야 한다. 2:15에서 "새 존재"의 집합적인 의미와 아담 또는 그리스도 안에 있는 모든 사람들에 대한 견해는 집합적인 이해를 제

17. Robert Tannehill, *Dying and Rising with Christ*(Berlin: Verlag Alfred Töpelmann, 1967), 24-25을 보라.
18. p. 127을 보라.
19. 롬 5:12-21; 고전 15:20-22, 45-49.
20. 롬 6:6; 엡 2:15; 4:22-24; 골 3:9-10.
21. 롬 7:22; 고후 4:16; 엡 3:17.
22. 고후 5:17; 갈 6:15.

기한다. 하지만 다른 용어들은 개인적인 이해를 제기한다. 4:23이 개인들을 고려하고 있는 것으로 보이기 때문이다(또한 골 2:11을 보라). 결국에 개별적인 이해가 보다 지배적으로 보일지라도, 집합적이고 개인적인 양상들을 동시에 보유해야 한다. 설사 이 용어들을 집합적으로 취할지라도, '개인들' 이 집합적인 실제에 순응함으로 행하고 있음에 초점이 맞추어져 있다.

여기서 바울의 주요한 이슈는 변화다—정체성의 변화. "벗다"와 "입다"란 용어는 비기독교적인 자료를 포함하여 다양한 윤리적 문맥에서 나타난다.[23] "벗다"와 "입다"는 그리스도와 함께 죽고 산다는 개념을 표현하는 또 다른 방식이며, 그것은 세례와 윤리에 관한 논의에서 역시 나타난다(참조. 롬 6:1-11; 골 2:11-3:4).

이 세 구절들에서 시제는 중요하다. 옛 존재를 벗어버리고(22절) 새 존재를 입는 것(24절)은 부정과거 부정사로 묘사된다. 이 시제는 확정되지 않은 행위에 대해 사용되고,[24] 더 자세한 설명이 없이 언급된다. 가장 중요한 이슈는 이 용어들이 제공하는 대조다. 계속되는 행위를 보여주는 현재 시제는 옛 존재의 계속된 부패(22절)와 마음의 계속된 새로움(23절)을 묘사한다.[25] 두 항목은 중요하다. 옛 존재는 더욱 부패해지고, 크리스천의 삶은 더욱 마음이 새롭게 된다(고후 3:18; 4:16을 보라).

옛 존재(사람)는 이전의 삶의 방식에 적합하고, 그 계속되는 부패는 "유혹의 욕심"에 의해 부채질 되었다.[26] 바울의 사상은 육체적인 욕심을 따름으로 야기된 불순종을 이야기하는 2:3과 관련이 있지만, 공중의 권세 잡은 자에 대해서는 여기서 아무런 언급이 없다. 옛 존재는 육체적인 욕구에 의해 상승되는 기만적이고 속임수적인 하나님 없는 인간의 자아이다. 이 문제의 해결책은 계속되는 새로움과 새로운 피조물이 되는 것을 필요로 한다—우리가 뒤바뀐 순서로 예상할 수 있었던

23. 이전에 본문과 더불어, "벗는 것"에 대해서는 롬 13:12; 엡 4:25; 골 2:11; 3:8; 히 12:1; 약 1:21; 벧전 2:1을 보고, "입는 것"에 대해서는 롬 13:12; 엡 6:11-14; 살전 5:8을 보라. 세례가 "벗는 것"과 "입는 것"의 배후에 있을지라도, 옷을 갈아입는 개념을 문자적으로 옷을 갈아입는 세례 의식의 증거로 간주하지 않아야 한다. 이런 관행에 대한 증거는 2세기 전에는 나타나지 않는다. Lincoln, *Ephesians*, 284-285는 이런 주제와 그 용어의 배경에 대한 유익한 정보를 제공해준다.

24. 부정과거 시제를 바라보는 전통적인 방식에서처럼 필연적으로 "순간적인" 행동이 아니다.

25. NIV는 새로움의 계속된 과정을 전달하지는 않는다. 그렇게 하는 것은 어색하다—"지금 만들어지고 있는"(to be made new).

26. "유혹"을 "유혹에서 발원하는 욕심"을 낳는 기원의 속격으로 간주해야 한다는 Lincoln의 주장(*Ephesians*, 283, 286)은 가능성이 있지만 그럴 것 같지 않다. 하지만 그것이 사실이라면, 24절에서 진리가 의와 거룩의 기원이라는 주장을 강화시킬 것이다.

두 어구. 하지만 계속되는 부패에 관한 바울의 강조가 먼저 계속되는 새로움에 상응하는 강조를 두게 한 것으로 보인다. 골로새서 3:10을 참조하라. 거기서는 계속된 새로움은 새로운 존재를 입는 것에 뒤따라 나온다.[27]

NIV의 "너의 마음의 태도에서 새롭게 되어"("오직 너희의 심령이 새롭게 되어"—개역개정, 23절)는 직역하면 "너의 마음의 영에서 새롭게 되어"이다. "영"이란 용어는 "'태도"(딤후 1:7)를 의미할 수 있지만 에베소에서는 "영"이 더 의도되어 있는 것으로 보인다. 어떤 학자들은 심지어 "영"을 성령에 대한 언급으로 취하고 바울이 거룩한 영에 의해 인도된 기독교인의 마음을 의도하고 있는 것으로 이해한다.[28] 하지만 이것은 23절에서의 그의 요지가 아니다. 그는 인간의 영, 우리의 존재를 제어하는 중심, 그리고 하나님과 우리의 관계의 수단에 대해 관심을 두고 있다. 이것이 계속된 새로움의 대상이다.

새 존재("새 사람"—개역개정, 24절)에 대한 용어는 창세기 1:26-27과 우리 인간이 하나님의 형상으로 창조된 개념을 상기시킨다. 에덴에서 손상을 입은 이 형상은 그리스도 안에서 재창조된다. 이 새 창조는 하나님이 이미 이루신 역사로 간주되고, 2:10과 동일한 개념을 반영한다. 옛 존재(옛 사람)가 탐욕으로 살아가는 이전의 삶에 적합한 반면에(19절), 이 새로운 존재는 "의와 거룩" 속에 있는 하나님에게 적합하다. 이 두 명사는 중언법—두 단어로 표현된 한 개념—을 형성한다. 직역하면, 본문은 "진리의 의와 거룩"이라고 독법할 수 있는데, NIV는 그것을 형용사적인 속격—"'참된' 의와 거룩"—으로 이해했다. 그러나 진리가 이 문맥에서 거짓과 속임(14, 22, 25절)에 반대되어 아주 많이 강조되고 있기 때문에(15, 21, 25절), 근원의 속격은 더 적합한 것으로 보인다. 의와 거룩은 진리, 즉 예수 안에서 발견되는 진리 안에서 그들의 근원을 갖는다.

새 존재는 의와 거룩으로 어떤 모습처럼 보일 것인가? 여기서 진리와 자기 자신을 주신 그리스도에 관한 초점은 새 존재의 핵심적인 특징이 진리와 사랑이라는 것을 가리켜준다. 이어지는 항목들은 이런 결론을 증거하고 예증할 것이다.

---

27. 에베소서와 골로새서는 새로움을 묘사하기 위해서 두 가지 서로 다른 어근을 사용하고, 그것들을 각기 다르게 사용한다. 엡 4:23-24은 '아나네우'("새롭게 하다")와 '카이노스'("새로운")를 사용하는 반면에 골 3:10은 '아나카이누'("갱신하는")와 '네오스'("새로운")를 갖는다. 이 두 어근들은 바울의 시대에 호환적으로 사용되었고, 의미상의 차이는 의도되어 있지 않다. Schnackenburg, *Ephesians: A Commentary*, 200의 주장에도 불구하고 말이다.
28. 예를 들어, Schnackenburg, *Ephesians: A Commentary*, 200을 보라. 성령에 의한 새로움을 언급하는 딛 3:5을 참조하라(참조. 엡 3:16).

상황잇기

"이방인들"이란 말을 "미국인들" 또는 다른 관련된 칭호로 바꾸어보라. 그러면 우리는 17-19절을 우리의 현대적 상황으로 가져오는데 별 어려움을 갖지 않을 것이다. 그들은 우리의 거울과 같기 때문이다. 우리도 역시 우리 자신을 잘 볼 수 있다. 20-24절은 더 상세한 심사를 필요로 하는데, 그것이 표현하고 있는 종교적인 개념은 예상하지 못한 것이고, 사실인 것으로 보이지 않기 때문이다. 우리는 이 구절들이 요구하는 것을 참으로 행할 수 있는가? 우리는 역시 이 구절들의 신학을 적용할 필요가 있다. 타락과 회심에 관한 더 좋은 묘사를 찾을 수 없기 때문이다.

인간의 타락(4:17–19, 22). 오늘날 오직 순진한 사람만이 인간의 타락을 의심한다. 전쟁, 갈등, 죄, 그리고 도덕적 쇠퇴는 인간의 타락에 대한 피할 수 없는 증거를 제공해준다. 우리는 특히 다른 사람들과 비교해서 '우리'가 근본적으로 좋다고 생각할 수 있지만 우리 모두는 인간의 심리에서 어떤 것이 나쁜 상태에 있다는 것을 곧바로 인식한다. 하지만 우리 대부분은 이 본문만큼 부정적으로 느끼지는 않는다. 우리는 인생이 허망하고, 하나님으로부터 단절되어 어둠의 상태에 있으며, 무지하고 강퍅하며, 제어되지 않은 탐욕과 욕정에 내어져 있음을 인정하지 않는다. 동시에 우리는 우리가 옛 존재를 벗어버리고 새 존재를 입을 수 있다고 생각하지 않는다. 우리는 인간의 곤경의 깊이나 우리에게 주어진 기이함을 인정하지 않는다. 우리의 생각의 평범함이 행동을 요구하지도 성공을 가능하게 하지도 못한다.

이런 묘사는 너무 부정적인가? 이 구절들은 너무 절대적인가? 인간이 아주 많은 것을 이룩하였는데, 그 인간의 마음이 허망하다—무가치하다—고 생각하는 것이 어떻게 가능한가? 그리고 확실히 모든 이방인들이 바울이 말한 것처럼 그렇게 나쁘지는 않다.

이 단락은 인간의 가치를 부정하고 있지도 않고, 그런 목적에 맞추어 읽어서도 안 된다. 이것은 인간의 가치와 능력 또는 성취에 대한 논의가 아니며, 또한 바울은 일부 이방인 철학자들이 윤리적인 문제와 씨름하고 아주 높은 도덕성을 추구했다는 것을 인식하고 있다.[29] 이 단락은 인간으로서 이방인에 대한 부정이 아니라 이방인의 삶의 방식에 대한 부정이다(이방인의 사도로서 자신을 간주했던 사람에게는 그것은 이상한 일이 될 것이다, 참조. 3:1). 여기서 바울의 진술은 독자들이 살았던 사회의 지배적인 삶의 양식에 대한 거부이자 독자들이 그런 삶을 거부하라는

29. Ernest Best, "Two Types of Existence," *Interpretation* 47(1993): 39-51의 과잉반응을 보라.

요청이다. 게다가 이것은 하나님과 함께 하는 삶에서 스스로를 단절시킨 사람들의 행위를 묘사하는 일반적인 진술이다.

본문의 내용으로 보건대, 그것은 그렇게 부정적이지 않다. 그것은 정확히 목표(타켓)가 있다. 기독교는 하나님 없는 인간의 허망함과 왜곡을 강조하고 다른 한편으로 하나님의 안목에서 하나님과 함께 하는 인간의 가치를 강조하는 종교다. 기독교는 우리가 무익하다는 것을 인식하도록 요청하지만 또한 우리가 하나님을 닮으려는 소망을 가질 것을 요청한다.[30] 기독교는 인간이 가질 자격이 없는 구속을 필요로 할 뿐 아니라, 하나님이 인간이 구속할 만한 가치가 있다고 생각하신다는 것을 알고 있다. 오직 우리 자신에 대한 고통스러운 진리에 직면할 때, 거기에 치유의 소망이 있다.

우리가 솔직할 때, 이 본문은 너무 부정적이라기보다는 우리들 각자를 묘사해 주고 있다는 것을 알고 있다. 17-19절의 신학은 두 가지 주요한 영역에서 묵상을 하게 만든다.

(1) 하나님이 없는 삶은 무의미하다. 참된 삶은 하나님으로부터 온다.
(2) 인간의 마음은 우상숭배적인 사리사욕에 의해 왜곡되어 있다.

(1) 우리 사회는 보통 삶의 의미에 관한 오래된 질문을 간과한다. 우리는 스스로 바쁘게 살고, 스스로를 즐김으로써 자신에 대해서 생각하지 못하게 만든다. 마약, 술, 오락, 그리고 일과 같은 것에 마음을 돌리는 것이 우리가 인생에 대해 상고하지 못하게 만든다. 하지만 놀랍도록 인생은 짧고, 고통스럽고, (인간의 관점에서 볼 때) 의미가 없다. 우리가 단순히 "빅뱅"(대폭발)의 우연적인 결과라면, 인간 존재는 잔인하고 우주적인 조크(농담)이며, 윤리적 행위를 위한 이유가 존재하지 않는다. 어떤 사람이 말한 것처럼, "당신은 아프고 죽는다. 그러므로 바쁘게 살아야 한다." 그런데 우리가 존재하지 않는다면 무엇이 중요할 것인가? 인간은 오늘 여기에 있다가 내일은 없어지는 들의 풀과 같다(사 40:6-8). 전도서의 저자가 옳다. 인생은 무의미하다. 그 모습에서 하나님이 없다면, 우리가 그것을 진지하게 분석한다면, 이 땅의 어느 것도 우리를 위로할 수가 없다.

---

30. Blaise Pascal, *Pensees*(New York: Random House, 1941), no. 536. 파스칼은 이 주제를 반복해서 강조한다. 특히 넘버 139, 164, 171, 194, 418, 430, 494, 555과 561을 보라.

(2) '호모 이쿠르바투스 인 세'("자아에서 왜곡된 인간")는 죄에 대한 마틴 루터의 정의였다.[31] 인간으로부터 소외된 인간은 배위에서 대패질한 것처럼 구부러져 있다.[32] 교만과 자기중심주의는 마음의 강퍅함을 야기하고, 이는 나아가서 하나님 대신에 자아를 선택하는 것으로 이끈다. 이는 왜곡된 역전을 낳는다. 빛이 사라지고 생명이 허망함 속에 거한다.

파스칼의 글은 자주 우리의 본문에 관한 묵상인 것으로 보인다.

- 교만은 당신에게서 하나님을 제거하고, 탐욕은 당신 자신에 대해 눈멀게 한다.
- 인간이 사소한 것에 민감해지고 큰 것에 무감각해지는 것은 이상한 역전이다.
- 우리 자신의 이익만을 바라보는 것은 우리의 눈을 멋지게 도려내는 도구다.[33]

파스칼은 인간을 갈대로 묘사했지만, 생각하는 갈대라 했다. 이는 고결성이 생각에 있다는 것을 말해준다.[34] 마음이 중요한 요소다. 하지만 생각이 하나님을 도외시하고 자아에 집중할 때 모든 고결성이 상실된다. 하나님이 없다면 마음은 목적 없이 교차된다. 그 에너지는 잘못된 방향으로 나아간다. 파스칼은 이런 왜곡이 이성과 감정 사이에 내적인 전쟁을 설정시키는 것을 보았다. 그러므로 우리는 우리 자신과 항상 상충된다.[35] 탐욕은 육체의 반항이다.[36] 우리의 육정은 결코 만족될 수가 없다. 우리는 항상 더 많은 것을 원한다. 심지어 우리가 어떤 행동들이 우리의 몸과 관계에 해롭다는 것을 알 때조차도, 여전히 그런 것들을 선택한다. 고대 철학자들이 인식했던 것처럼, 인간은 그들의 악을 사랑하고, 동시에 그 악들을 미워한다. 그들은 그들의 죄를 미워하면서도 그것에서 떠나지 못한다.[37]

---

31. 롬 8:3에 관한 *Luther: Lectures on Romans*, trans. and ed. Wilhelm Pauck, *The Library of Christian Classics*(Philadelphia: Westminster, 1961), 218, 225을 보라. 또한 John Loeschen, *Wrestling With Luther: An Introduction to the Study of his Thought*(St. Louis: Concordia, 1976), 43-58의 취급을 보라.
32. 이런 심상은 은둔자 테폰(Theophon the Recluse)에게서 기원한다.
33. Pascal, *Pensees*, nos. 430, 198과 82.
34. Ibid., no. 347.
35. Ibid., no. 412.
36. Augustine, "On Continence," sections 5-9, *Nicene and Post-Nicene Fathers*, 3:381-83; "Sermons on Selected Lessons of the New Testament," *Sermon* 78, *Nicene and Post-Nicene Fathers*, 6:491-95을 보라. 파스칼은 "인간은 탐욕 이외에 다른 적을 갖고 있지 않다"라고 말했다.

의미상 이 본문은 우상숭배에 대한 것이다. 우리는 하나님에게서 자아의 우상으로 돌아선다. 우리는 자아에 자기 자신을 주고 욕구—행복을 약속함으로써 속이지만 결코 만족이나 성취를 주지 못하는 욕구—에 지배를 받는다. 톰 라이트(Tom Wright)가 지적한 것처럼, "우상은 희생을 요구한다."[38] 그 희생되는 대가가 사람과의 관계와 온전함일 수 있다. 죄의 심판—적어도 부분적으로—은 그들의 죄에 사람들이 내어지는 것이다. 죄가 그 벌이다. 인간은 육정(passion)을 따르기보다 더 높은 소명을 따라야 한다.

견유학파와 스토아학파와 같은 고대 헬라인들은 욕심이 삶을 부패시키고 망가뜨린다는 것을 알았다. 그러므로 그들은 욕심이 없는 삶을 살기를 추구했다. 사실상 그들은 육정을 마음의 질병으로 간주했다.[39] 욕심 없는 삶은 지혜와 성숙의 표지로 상고되었다. 하지만 어느 누구도 욕심 없이 살 수 없다. 그 해결책은 욕심을 거부하는 것이 아니라 하나님께 순복하는 것이다.

에베소서 4:19은 우리의 삶에 대한 효과적인 설명으로 작용한다. 우리는 사소하고 유희적인 것에 우리 자신을 내어준다. 우리는 생각을 피하기 위해서 우리의 마음을 스포츠와 영화, 그리고 시트콤에 내어준다.[40] 우리의 자기중심주의는 우리를 하나님으로부터 소외시킨다. 우리는 하나님에 대한 우리의 필요를 인식하지 못하고 하나님을 위해 시간을 내지 않는다. 설사 우리가 하나님에 대해 생각한다하더라도, 우리의 생각은 아주 초보적이다. 하나님에 대한 민감함과 그와의 교제를 상실한 우리는 색욕에 우리 자신을 내어준다. 우리는 쾌락을 통해 특히 우리가 창조된바 그 밀접성을 재발견하기 위해서 성적인 방법으로 이 일을 시도한다. 우리는 우리 자신을 섬기는 하강적인 방식에 사로잡힌다. 쾌락과 즐거움이 비합법적인 것은 아니지만, 그런 것들이 삶의 초점이 될 때, 그들은 왜곡되고 부패해진다.

생명은 하나님으로부터 온다. 본문은 우리가 하나님으로부터의 생명을 필요로 한다는 것을 함축한다. 인간은 단순히 개인으로 사는 것으로 의도되어 있지 않다. 우리는 하나님과의 관계를 위해 창조되었다. 우리는 우리보다 더 위대하신 분, 즉 하나님에게서 분리될 때 축소된다. 하나님이 없다면, 우리는 고결성을 상실한다. 지

---

37. 예를 들어, Seneca, *Ad Lucilium*, Epistle 116과 *Hippolytus*, 177을 참조하라.
38. Tom Wright, *Bringing the Church to the World*(Minneapolis: Bethany, 1992), 48.
39. 헬라사상의 많은 부분에서 하나님의 뜻은 한결같은 형태로 표현된다: "욕심이 없으신." "θυμός," *TDNT*, 3:167을 보라.
40. 50회 이상의 시트콤이 매주 TV의 중요한 시간대에 나타난다.

속적인 행복은 하나님과의 관계를 떠나서는 존재하지 않는다. 우리는 하나님 안에 거할 때까지 안식이 없다.[41] 우리가 필요로 하는 것은 자아 표현과 자기만족이 아니라 하나님에 대한 자기 포기와 자기 부착이다. 하나님과의 관계에서 우리는 진정한 즐거움을 얻을 수 있다(고전 3:21-22; 딤전 6:17을 보라).[42]

2:1-3처럼, 이 단락은 타락에 대한 것이다. 그 우울한 모습은 인간에 대한 거부가 아니며, 인간 안에 어느 가치도 존재하지 않는다는 의미에서 "전적인 부패"가 아니다. 그것은 모든 우리 인간에게 영향을 주고 하나님을 간과하는 왜곡된 사상에서 기인하는 범람하는 타락에 대한 것이다. 다시 한 번 의미상 죄는 잘못된 거래다. 우리는 하나님과의 삶을 자아와의 부패하고 무의미한 삶으로 바꾸어놓았다.

그리스도의 학교(4:20-24). 바울의 말은 인생이란 크리스천에게서 다르다는 것을 가정한다. 예수와의 만남이 사물을 바꾸어 놓았다는 것을 진술한다. 유감스럽게도, '크리스천'이라고 주장하는 아주 많은 사람들이 비기독교인처럼 완전히 자기를 섬긴다. 그들의 회심은 사산(死産)이다. 그들은 그들을 창조하셨던 하나님보다 비기독교적인 세계가 삶을 정의하게 만든다. 우리 모두는 너무 자주 이 세상의 구조에 순응하기를 추구하거나 적어도 세상으로부터 인정을 추구한다. 우리는 이 본문을 그리스도인과 비그리스도인에게 동시에 적용하도록 추구해야 한다. 17-19절은 "다른 사람들"에 관한 묘사가 아니다. 이 본문은 크리스천들이 그러한 삶을 살지 않도록 하기 위해서 '크리스천들에게 말하고' 있는 것이다.

우리는 그리스도와의 접촉에 관해서 여기서 사용된 강력한 용어를 역시 이해해야 한다. 그리스도와의 관계와 연합의 깊이에 대한 바울의 표현은 2장에서 설명한 믿음의 종류를 가정한다.[43] 이는 예수에 대한 신념이 아니라, 예수와의 관계성과 열림에 대한 것이다. 예수가 우리를 인도하시는 주님이시기 때문에 배움의 용어는 자연스럽다. 배우는 진리는 그리스도의 죽음과 부활에 대한 진리이고, 그 진리로부터 다른 모든 진리가 이해된다. 우리는 자아에 대해서 죽고 새로운 생명으로 살아남으로써 그리스도의 죽음과 부활과 일체가 된다. 여기서 그것은 "옛 사람을 벗고" "새 사람을 입는" 것으로 표현된다.

회심이 가능한가? 이것은 회심에 대한 본문이다.[44] 우리가 옛 사람을 참으로 벗

41. 이 유명한 소절은 어거스틴의 『고백록』(*Confessions* 1.1)에 나온다.
42. 참조. Abraham Joshua Heschel, *Quest for God*(New York: Crossroad, 1990), 57. "자기의식에서 자기 포기로 삶의 중심을 이동하는 것은 정확히 기도의 기능이다."
43. pp. 130-131, 139-142.

어버리고 새 사람을 입을 수 있는가? 이 질문은 기독교의 진리에 대한 질문이다. 만약 우리가 그렇게 하지 않는다면, 기독교 신앙은 무의미하다. 그 가르침이 아무리 멋질지라도, 이 질문을 생략한다면, 우리의 문제의 핵심, 즉 죄를 다루지 못할 것이다. 내가 어떻게 나의 옛 존재와 나의 개성과 욕심을 벗어버릴 수 있는가?

다시 한 번 이것은 우리의 정체성의 문제다.[45] 회심은 그리스도로 정의된 정체성을 선호하여 자기중심적인 정체성을 포기하는 것이다. 우리를 형성하는 모든 것이 그리스도에게 내어지고, 자기를 주신 그의 사랑의 마음이 우리의 마음이 된다. '회심은 그리스도의 인격 속에서 하나님의 사랑과의 직접적인 만남으로 말미암아 성령에 의해 어떤 이의 사고가 재구성되는 것이다'(5:1-2을 보라; 참조. 롬 5:5; 8:5-9). 그렇지 않다면, 우리는 크리스천이 아니다. 사실상 우리는 우리가 생각했던 삶을 벗어버리고 그리스도로 옷입는 것이다. 로빈슨이 지적했던 것처럼, "그리스도가 나를 대신해서 들어서셨다"[46](참조. 갈 2:20).

그러나 욕심은 강력하며 사람을 속인다. 인간이 그런 것들을 아주 쉽게 차치할 수 있는가? "벗는 것"과 "입는 것"은 우리가 행할 것에 대한 요청이지만 그것은 단순히 인간의 활동이 아니다. 모든 것이 그리스도 즉, 우리가 합세되고 우리를 가르치시고 가능케 하시는 분과의 연합으로 이루어지고, 그의 성령이 새로움의 동인이다.[47] 이 본문은 하나님의 활동과 인간의 책임을 동시에 강조한다.[48] 우리는 하나님이 지으신 것을 입는다(4:24). 얼마나 많은 것이 하나님의 편에 속하고 얼마나 많은 부분이 인간의 편에 속하는 지를 묻는 것은 그 과정을 오해한 것이다. 구원은 전적으로 하나님의 행위이고, 우리는 전적으로 그것과 연관된다. 이것만이 그리스도 안에 있는 존재의 사상에 적합하다.

이 "벗음"과 "입음"이 단번의 사건(즉, 세례에서 행해진 것)이라면, 바울은 독자들이 다시금 그 일을 행해야 한다고 함축하지는 않았을 것이다. 즉 이기적인 욕심을 가진 옛 자아가 여전히 그렇게 내재하지는 않았을 것이다. 우리는 전과 동일한 많은 약점과 욕구와 성격을 갖는 동일한 사람으로 계속 살고 있다. 또는 보다

---

44. 또한 pp. 124-133, 145-147, 336-340에 관한 논의를 보라.

45. pp. 143-151을 보라.

46. Robinson, *St. Paul's Epistle to the Ephesians*, 108(강조한 부분은 그의 것이다).

47. 4:23이 아니라, 1:13-14; 3:16; 4:30과 성령에 관한 다른 언급들에 기초해 있다.

48. Stott, *God's New Society*, 182; Barth, *Ephesians*, 2:542을 보라. 바르트는 극적인 투쟁에서 하나님과 동역하는 것으로 인간을 간주한다. 이 단락은 신인협력설, 즉 하나님과 인간이 구원의 과정에서 합력하는 개념에 관한 두려움을 드러내지 않는다

독설적으로 표현하면, 옛 자아가 세례에서 물에 빠지나 꾸러기가 물에서 수영할 수 있다![49]

성경 본문은 변화가 세례에서, 반복해서 삶을 통해서, 또는 종말에 발생한다고 주장하는 것으로 제시할 수 있다.[50] 다시 한 번 이제 하지만 아직 아닌의 기독교적 믿음의 성격이 명백하게 나타난다. 변화는 이미 발생했고, 발생하고 있으며, 그리고 종말에 완성될 것이다. 세례에서 발생했던 것은 자아를 벗고 그리스도를 옷입는 것이다. 변화가 없다면, 구원이 없다. 그러나 이것은 단순히 어떤 결정이나 단번의 사건이 아니다. 4:23의 현재시제가 설득력 있게 보여주는 것처럼, '회심은 과정이다.' "벗고" "입는" 것(또는 죽고 사는 것)은 크리스천들이 살아가는 방식이다. 우리가 구원받은 역동성은 우리가 살아가는 역동성이고, 우리는 그 완성을 여전히 기다리고 있다.[51] 바르트(Barth)가 말한 것처럼, 변화는 개인의 삶의 매순간마다 발생한다.[52]

두 가지 잘못된 방향. (1) 만약 회심이 종말까지 완성되지 않은 과정이라면, 완벽주의에 대한 어느 사상도 잘못된 것이다. 이런 잘못은 우리의 존재에서 죄의 깊이와 우리가 살고 있는 죄스러운 세상의 영향을 충분히 진지하게 취하지 못하게 한다. 동시에 완벽주의에 대한 거부가 죄를 가볍게 다루지 않은 것에 대한 핑계가 되어서는 안 된다.

(2) 사람들은 두 동등한 존재가 각각의 크리스천들 안에 존재한다고 결론을 내리지 말아야 한다. 이 단락은 두 충동, 즉 우리 안에서 악을 향한 성향과 선을 향한 성향에 관한 것이 아니다.[53] 본문은 삶의 옛 방식과 새 방식 즉, 세상에 의해 형성된 옛 사고방식과 그리스도에 의해 형성된 새로운 사고방식에 관한 것이다. 사실상 이 본문은 인간학적이라기보다 더욱더 종말론적인 것을 다루고 있다. 이것은 부활하신 주님이 우리의 현재 삶에 가져오신 새로움에 대한 것이기 때문이다.

---

49. 약간 다른 번역을 위해서는 Eduard Schweitzer, *The Letter to the Colossians, trans. Andrew Chester*(Minneapolis: Augsburg, 1976), 202을 보라.

50. 세례에서는 갈 3:27; 반복해서는 롬 13:12-14; 종말에는 고전 15:53-54; 고후 5:2-4.

51. 고전 15:31; 고후 4:10-11; 갈 3:3을 보라.

52. Barth, *Ephesians*, 2:545.

53. 유대교에서 악한 '에체르' 와 선한 '에체르' 와 같다.

현대적 의미

이 본문의 적용은 직접적이다. 무익한 생각으로 미국인들이 행하는 것처럼 살지 말라. 필요하다면 명칭을 바꿔라. 그러나 당신은 당신의 사회와 그 사상의 구조에 순응할 수는 없다. 일반적으로 우리가 우리 사회에 더욱더 순응하면 할수록, 우리는 회심을 더 잘 이해하지 못한다. 여기서 바울은 윤리에 동기부여를 주기 위해서 신학적인 이해를 제공한다. 4:25-6:9은 구체적인 "실천적"인 이슈들로 그것을 적용할 것이다. 이런 때에 이 단락의 적용은 주로 마음과 더 넓은 신학적 관심사들에 초점을 맞추어야 한다.

생각하는 것을 배우기. 문제가 왜곡된 추론이라면, 우리는 마음의 건전한 재구성을 필요로 한다. 에베소서의 다른 본문들은 이 과정에서 성령의 역할을 강조했다(1:17-18; 3:16-17). 그러므로 어느 사상도 타락한 마음을 본질적으로 고칠 수는 없다. 복음의 빛이 새로운 사상을 운영하는 채널을 보여주고, 성령은 삶을 다시 세우는데 있어서 우리의 영을 참여시킨다. 우리는 크리스천의 노선을 따라서 우리 자신에 대해서 생각하는 법을 배워야 한다.

오늘날 우리의 주요한 도덕가는 대중 가수, 연기자, 그리고 토크쇼 진행자이고, 그들은 우리를 타락으로 이끈다. 확실히 크리스천들은 말할 수 있는 더 좋은 것들을 갖고 있다—만약 크리스천들이 복음의 의미를 통해서 생각한다면 말이다. 그러므로 우리는 삶과 복음을 분석하고 내적인 삶을 돌아보아야 한다. 삶을 질서지우는 제어적인 위치에 있는 마음은 자기 자신만이 아니라 항상 하나님을 의식해야 한다. 우리는 하나님과의 교제를 생각하고 묵상하고 재고하는 시간을 가져야 한다. 내적인 삶에 대한 관심이 없다면, 삶의 재구성은 발생하지 않을 것이다.

사회의 평가. 우리 사회에 대한 순응을 금지한다면 그것에 대한 정직한 평가가 필요하다. 사회에 허망하고 뒤틀린 마음과 강퍅함, 그리고 방탕과 부패한 욕심에 관한 어떤 증거가 있는가? 너무 자주 우리는 사회가 설정해놓은 일정(어젠더)이 실제적이며 따라서 크리스천들에게도 역시 해당하는 일정이라고 가정한다. 그러나 우리는 제어되고 있지 않은 사회 속에서 살고 있다. 그 어젠더는 삶의 목표로서 쾌락, 인정, 그리고 소유의 자기 이득에 두고 있다. 하나님과 자아 부인—아마도 그것이 칭송을 받을지라도—은 그 제도에 적합하지 않다. 하지만 인생은 자아 만족에 대한 것이 아니고, 하나님과 다른 사람과의 관계에 대한 것이다.

아마도 허망함과 색욕(방탕)의 가장 분명한 증거는 연예 산업이다. 그것은 우리 자신의 거울로서 작용한다. 영화와 텔레비전에서 제공되는 것들의 대부분은 공허하고 시간 소비적인 것들이다. 시간을 때우기 위해서 우리는 무익한 유머, 기괴한 토크쇼, 그리고 끝없는 자극을 제공받는다. 긍정적인 방식의 교훈적인 것은 거의 없다. 하지만 미디어는 단순히 우리 자신을 비추어주는 것만이 아니다. 그것은 우리의 형태를 만들기를 추구한다. 최근의 방송에서 한 영화감독이 낭만적인 코미디를 만드는 그의 의도가 모든 관람자들이 가정을 운영하면서 의미 있는 타자와 사랑을 만들게 하는 것이라고 말했다.[54] 영화관에 가는 대부분의 사람들은 도덕적으로 영적으로 형성되는 중요한 시기인 12-24살의 연령대의 사람들이다. 그들은 과도한 성과 난잡함, 성적인 일탈, 그리고 여성에 대한 폭력에 너무 노출되어 있다. 현대—어떤 사람이 말하는 것처럼—성적인 비행을 합리화한다. 게다가 그러한 난잡함에서 주어지는 유머는 더 이상 건강하지도 카타르시스적이지도 않다.

윌슨 미즈너(Wilson Mizner)는 "헐리우드는 리츠칼톤에서 봉사하는 하수구와 같다"고 말했다. 그는 옳다. 40년 전에—영화가 비교적 무해하였을 때, 크리스천들이 영화관을 가야하는지를 논쟁했다. 이제 영화가 대체로 문제가 있다고 여길 때, 우리는 더 이상 그 문제를 묻지 않는다. 아마도 이때는 단지 크리스천들이 "아니오"라고 말할 때이다. 확실히 연예 미디어를 건설적인 방식으로 사용할 수 있지만, 그런 일은 드물게 일어난다. 이 산업은 크리스천의 지원 없이는 존재할 수가 없고, 이 본문의 적용은 크리스천들에게 그러한 해로운 산업을 억제하도록 영향을 주어야 한다. 미국인들처럼 살지 말라.

우리 사회에 무지가 고통스러울 정도로 분명하게 있다. 무지 외에 술과 담배, 마약, 그리고 도박에 대한 중독을 어떻게 설명할 수 있는가? 우리는 남성들이 여성들을 이용하는 방식, 근친상간, 학대, 사기, 들치기 되는 수억만 달러의 상품, 또는 수많은 다른 범죄들을 무지 외에 어떻게 설명할 수 있는가? 이런저런 대부분의 다른 문제들은 고삐 풀린 쾌락과 자기 이득의 직접적인 결과다. 욕심이 주인이 될 때, 그것은 곧 악이 된다.[55]

모든 것 중에 가장 커다란 무지는 하나님과 우리의 삶에 대한 하나님의 주장을 생각하지 않는 것이다. 우리 사회는 "하나님"에 대한 질문을 다루지 않고 회피한

---

54. 유사하게 소설가는 부족의 나머지 사람들이 사용할 수 있도록 자신의 경험을 제공하는 샤만으로 정의되었다.(Russell Hoban, *Chicago Tribune Magazine*[July 23, 1995], 8). 동일한 것이 연기자와 음악가들에게 해당된다.

55. Pascal, *Pensees*, no. 502.

다. 어느 다른 주제도 정당한 경기이지만, 하나님을 직접적으로 다룰 수가 없다. 교육은 종교적인 가르침을 포함했으나, 교회와 국가의 분리라는 위장 하에 종교 교육이 이제 금지되고 있다. 그 과정에서 우리는 국가를 도덕적 백치로 만들었다. 우리는 우리가 창조된 이유와 장래에 왜 등을 돌리는가?

먼저 당신 자신을 살피라. 사회를 평가하는 것만으로는 충분하지 않다. 모든 사람—크리스천이 먼저—은 자신의 부패에 대해 무자비할 정도로 정직해야 한다. 우리는 그 부패로부터 숨을 수는 없다. 교만과 쾌락은 대부분의 종교적인 행위를 포함하여 우리가 행하는 모든 것을 지배하기를 추구한다. 교만과 사리사욕은 우리가 진리를 볼 수 없도록 우리의 눈을 도려내는 놀라운 도구다.[56] 우리는 면밀한 자기분석의 고통을 감내하고, 하나님에 대한 진리와 교만과 사리사욕에 대한 우리 자신의 진리를 말할 필요가 있다. 이것을 소위 고백이라고 부른다. 우리가 자기중심주의를 논하고 그것을 사로잡을 때만이, 우리가 그것을 제쳐놓을 수 있다. 그때까지는 자기중심주의가 우리를 소유한다.

우리는 물질적인 소유를 위한 욕구에 대처해야 한다. 이 세상의 많은 부분들이 먹는 것에서 충분하지 않을지라도, 우리는 우리가 필요로 하지 않은 것들을 원한다. 우리는 돈과 소유물의 축적—그 자체로는 긍정적이고 유익할지라도, 인생의 무거운 가방이자 끔직한 주인이다—으로 성공을 측정한다. 우리는 결코 충분하지 않다. "욕심"이란 신이 우리를 제어하고 결코 만족할 수가 없다.[57] 우리가 욕심에 더 많이 자신을 내어줄수록, 더욱더 부패해진다. 물론 욕심이 그 자체로 나쁜 것은 아니다. 그것은 인생을 위해서 하나님이 주신 조력물이다. 하지만 그것은 하나님을 필요로 한다. 하나님께 그것을 내어주라.

우리는 크리스천들이 어느 누구와 마찬가지로 성적인 욕구에 많이 내어져 있다는 사실을 인정해야 한다. 성적인 죄에 대해서 악평하는 것만으로는 충분치 않다. 우리는 색욕으로 비뚤어지고 잘못 설정된 마음을 다루어야 한다. 크리스천들과 그 지도자들은 성적인 죄에서 비참하게 실패했다. 너무도 자주 우리는 비그리스도인들을 조롱했지만 신자들 사이에서 성적인 실패를 논하는데 있어서 당황스럽게 벙어리가 되었다. 성적인 욕구는 쾌락, 교만, 그리고 힘이 아주 무겁게 결집하는 곳이

56. p. 295. 또는 아트 스팬더(Art Spander)가 어떤 미식축구 선수에 대해서 말했던 것처럼, "에고이즘은 어리석음의 고통을 무디게 하는 마취제다"(Sporting News[August 22, 1988]).
57. 참조. '스타 트랙'(Star Trek)으로부터의 말: "가진 것은 부족한 것만큼이나 유쾌한 일은 아니다."

기 때문에 매우 유혹적이다. 우리는 성욕을 정직하게 다룰 필요가 있고, 그것을 그리스도의 주되심 아래로 가져와야 한다. 성욕은 적절하게 사용하도록 하나님으로부터 받은 놀라운 선물이지만, 그것이 우리를 제어한다면 폭군이 될 것이다. 이 우상숭배가 요구하는 희생은 자기 자신, 다른 사람들, 그리고 관계성을 파괴하고, 교회의 증거를 파괴하는 것은 말할 것도 없다.

학교로 가라. 생각에 초점을 맞추는 것은 아주 핵심적이어서 이 본문의 적용은 배움에 투자를 요구한다. 크리스천들은 배우는 자이다. 즉 제자가 된다는 것은 곧 배우는 것을 의미한다. 우리는 그리스도의 학교에서 배우는 자다. 그리스도로부터 배우고, 그리스도에 대해서 배우며, 그리스도처럼 되는 것이다. 공식적인 배움이든 비공식적인 배움이든 간에 그것은 의도적이어야 한다(참조. 또한 1:17-18; 3:16-19).

너무 많은 사람들이 크리스천이 의미하는 것을 배우지 않고 그리스도인이란 이름을 주장하고 있다. 믿음에 대한 이런 접근은 쓸모가 없고, 인간 무지의 증거를 보여줄 뿐이다. 다른 이들은 존중을 받을 만한 지점에 이르러서는 더 이상 나아가지 못한다. 크리스천들 사이에 성인 교육이 지체되고 비효과적이다. 오직 제한된 소수의 성인들만이 이 교육과 관련되어 있을 뿐이다. 교회는 여름에 주일학교를 중단한다. 하지만 배움이 없이는 성장이 멈추고 예배는 시들해진다.

그리스도의 지식을 위한 식욕을 새롭게 해야 한다. 우리는 사람들이 배움을 유지할 수 있을 만큼 충분히 관계적이며 실제적이고 정직하지 못했다. 바울은 마음의 계속된 새로움을 요청하고, 개인과 교회는 예배와 가르침을 통해서 그 새로움이 발생하는 것을 보아야 한다. 목사들은 예배와 설교를 인도하는 것만큼이나 가르치는 상황과 연관되어야 한다. 이는 다른 사람들이 "목회적 임무"를 행하는 것을 필요로 하는 것일 수 있다. 하지만 4:12이 제기하는 것처럼, 사역은 지도자들이 아니라 사람들에 의해서 행해진다. 배움에 대한 새로운 초점은 배움이 구체적인 공동체의 상황에서 어떻게 가장 잘 실현되는가를 재상고하는 것을 요구할 것이다. 전통적인 교회 학교적 접근은 많은 회중들을 위한 가장 좋은 절차가 아닐 수 있다.

어떤 접근을 취하든지 간에, 모든 배움은 희생을 요한다. 특히 그리스도의 학교에서 배우는 것에서 그러하다. 그리스도의 학교에서 배우는 것은 시간과 투자를 요구할 뿐 아니라 변화—하나님이 뜻하신 것을 이루기 위해서 우리의 현재 상태를 기꺼이 포기하려는 마음—를 요구한다. 배움의 주제는 그리스도이지만 두 가지 다른 용어들이 부연으로 기능한다: 민감함과 진리. 민감하지 못하고 속임을 당하는 것이 우리의 문제의 근원에 있기 때문에, 우리는 민감함에 대한 교훈을 필요로 한다—하나님과 사람들에 대한 민감함. 그리고 속임이 왜곡을 야기함으로, 우리의 배움은 진리와 예수가 진리를 구원한 방식, 그리고 모든 다른 진리가 예수와 어떻게 관계되는지에 초점을 맞추어야 한다.

가르치는 임무를 진지하게 취하는 교회와 더불어, 크리스천의 더 높은 교육은 개선될 필요가 있다. 몇몇 좋은 기독교 학교들이 있음에도 불구하고, 이 나라에서 기독교 교육은 대체로 실패했다.[58] 근본적으로 음식의 색깔만을 바꾼 세속 교육이기 때문이다. 마크 놀(Mark Noll)은 "복음주의적인 마음의 수치는 복음주의적인 마음이 많이 없다는 것이다"라고 말함으로써 그 문제에 대한 자신의 평가를 시작한다.[59] 피상적인 생각이 자주 복음을 진부하게 만든다. 마음과 진리에 맞춘 믿음에서 어떻게 이런 일이 일어났는가 하는 것은 신비다. 우리는 크리스천들 사이에서 전체적인 교육적 계획을 재고해야할 필요가 있는 시점에 와 있다. 우리는 학문적인 기준을 희생시키지 않으면서 믿음의 헌신을 버림으로써 그들의 존중을 찾으려고 하지 않는 학교를 필요로 한다. 지적으로 은사가 있는 크리스천들은 학문적인 경력을 갖는 것을 고려하는 것으로 도전을 받아야 하고, 기부자들은 자금을 제공하는 것에 고무될 필요가 있다. 교육은 교회 선교의 주변에 있는 것이 아니라 교회 선교의 핵심에 있다.

세례를 따라 살라. "벗고", "입는"이 세례에서 발생하지만, 우리가 이 세례를 따라 살기를 추구할 때 우리의 삶에서 계속된 활동이 역시 있다. 세례의 양태는 중요한 것이 아니라 세례의 신학이 중요하다—변화된 삶을 따라 살아가는 신학. 대부분의 크리스천들에게서 세례는 입문 예식으로서만 의미를 갖는다. 이것은 슬픈 일이다. 세례는 살아가야 하는 것이거나, 마틴 루터가 촉구한 것처럼, 우리는 매일 우리의 세례로 돌아가야 한다.[60] 크리스천의 삶은 옛 존재를 계속해서 벗어버리고 그리스도로 옷입는 것을 필요로 한다. 이 일은 어떤 영적인 형태를 위한 선택적인 요소가 아니다. 이것은 모든 크리스천들에게서 가정된다. 우리가 계속해서 새롭게

---

58. George M. Marsden, *The Soul of the American University: From Protestant Establishment to Established Nonbelief*(New York: Oxford Univ. Press, 1994)을 읽어야 한다. 크리스천들이 이 나라의 대부분의 사립 대학교와 대학을 시작시켰다는 사실에도 불구하고, 사실상 현재 명문 기독교 대학교는 존재하지 않는다.
59. Mark A. Noll, *The Scandal of the Evangelical Mind*(Grand Rapids: Eerdmans, 1994), 3.
60. *Luther's Large Catechism*, 4.84-86을 보라.

되어져야 하기 때문에 크리스천들은 그 과정에 규칙적이고 반복적인 관심을 가져야 한다. 즉 하나님과 그때그때마다 계수하는 일이 필요하다. 관심이 없다면 그런 일이 발생하지 않을 것이다.

유감스럽게도 우리는 세례로부터 살아가야 하는 삶의 부분들을 면제받으려고 시도한다. 우리는 세례를 받을 때 물에서 자신의 검을 분리시켰던 이전 시대의 병사들처럼 행동한다.[61] 또는 우리가 옛 존재를 분리시켰다면, 적어도 그것이 어디에 두어졌는지를 기억하기를 원한다. 우리는 『햄릿』의 클라우디우스 왕과 같다: "용서를 받으나 복수를 유지할 수 있는가?"[62] 옷이 사람을 만든다면, 우리는 재빠르게 바꾸어 입기 위해서 옛 존재의 유니폼을 그대로 옷장에 유지하기를 시도한다. 크리스천의 삶은 그런 식으로 작용하지 않을 것이다. 우리는 예수의 존재를 부분적으로 살아있게 유지할 수는 없다. 그리스도—새로운 존재의 유니폼—을 필요에 따라 갈아입기 위해서 옷장에 걸어놓을 수는 없다. 크리스천은 "그리스도의 유니폼을 벗어나서"는 적합할 수가 없다.

어떤 면에서 "벗고", "입는" 것은 동일한 목적을 이룬다. 우리는 자기중심적인 마음을 벗어버리고 그리스도의 자아를 비운 마음을 입는다. 다시 말해서 우리의 세례를 따라 살기 위해서 우리는 죽는 법을 배워야 한다. 폴 미니아르(Paul Minear)는 중생의 증거를 찾는 대신에 얼마나 많이 죽었는지를 물어야 한다고 주장한다. 죽는 것이 없는 중생은 크리스천의 난센스이고, 십자가가 없는 새로운 창조도 마찬가지다.[63] 죽음—그리스도와 함께 죽고 자아에 대해 죽는 것—이 크리스천의 삶에서 필요하다. 하지만 죽은 것은 순서의 유일한 부분이 아니다. 새로운 자아로 옷입음으로써 우리는 그리스도의 부활에 참여한다. 그때에 생명이 하나님의 원래의 의도에 맞추어 재창조된다.

새 존재(새 사람)는 단순히 자아 중심주의의 부재가 아니라 하나님과 하나님의 의의 성품을 취하는 것이다(4:24). 의도된 것은 4:25-5:2이 보여주는 것처럼 그리스도 안에서 발견되는 진리와 사랑으로 특징지어지는 삶이다. 그것은 하나님의 은혜로 인한 인간의 능력의 범위 안에 있다.

---

61. Walter Wink, *Engaging the Powers*, vol. 3, *The Powers*(Minneapolis: Fortress, 1992), 294에 의해 언급됨.
62. William Shakespeare, *Hamlet*, Act 3, Scene 3.
63. Paul S. Minear, *To Die and to Live: Christ's Resurrection and Christian Vocation*(New York: Seabury, 1977), 155.

요약하면,

(1) 허망한 생각을 가진 미국사람들처럼 살지 말라.

(2) 당신의 마음을 정돈하고 정직한 평가를 하라.

(3) 당신의 마음을 새롭게 하는 그리스도를 배우는 자가 되라.

(4) 계속해서 자아와 욕심에 대해서 죽어라.

(5) 그리스도의 진리와 사랑을 따라 그리스도로 옷입어라.

에베소서 4:25-5:2

25 그런즉 거짓을 버리고 각각 그 이웃과 더불
어 참된 것을 말하라 이는 우리가 서로 지
체가 됨이라
26 분을 내어도 죄를 짓지 말며 해가 지도록
분을 품지 말고
27 마귀에게 틈을 주지 말라
28 도둑질하는 자는 다시 도둑질하지 말고 돌
이켜 가난한 자에게 구제할 수 있도록 자기
손으로 수고하여 선한 일을 하라
29 무릇 더러운 말은 너희 입 밖에도 내지 말
고 오직 덕을 세우는 데 소용되는 대로 선
한 말을 하여 듣는 자들에게 은혜를 끼치게
하라
30 하나님의 성령을 근심하게 하지 말라 그 안
에서 너희가 구원의 날까지 인치심을 받았
느니라
31 너희는 모든 악독과 노함과 분냄과 떠드는
것과 비방하는 것을 모든 악의와 함께 버
리고
32 서로 친절하게 하며 불쌍히 여기며 서로 용
서하기를 하나님이 그리스도 안에서 너희를
용서하심과 같이 하라

5:1 그러므로 사랑을 받는 자녀 같이 너희는 하
나님을 본받는 자가 되고
2 그리스도께서 너희를 사랑하신 것 같이 너
희도 사랑 가운데서 행하라 그는 우리를 위
하여 자신을 버리사 향기로운 제물과 희생
제물로 하나님께 드리셨느니라

원 의미

이 서신의 다음 항목(4:25-6:20)은 4:17-24의 부연설명으로 기능한다. 첫 번째 단위(4:25-5:2)는 4:20-24에서 묘사된 크리스천의 삶이 무엇과 같은지를 실제적인 용어로 설명해준다. 그때에 5:3-14에서 바울은 빛과 어둠 간에 대조를 활용하여 생명에서 차단된 것들을 묘사한다. 이것을 요약적인 결론이 뒤따른다(5:15-21). 그것은 가정율에 의해 더 구체적으로 제시된다(5:22-6:9). 마지막으로 6:10-20은 악을 대항하고 하나님을 의지하는 클라이맥스적인 호소로서 기능한다.

4:25-5:2과 4:17-24간의 연결은 명백해 보인다. 4:25에서 바울은 4:22에서 사용된 용어인 "벗다"로 시작해서 옛 존재를 벗는 것이 무엇을 의미하는지를 보여준다. 4:28에서 "더 이상"(no longer)을 역시 참조하라. 그것은 17절에서와 동일한 용

어를 반복하고 있다. 신약성경의 윤리적 교훈의 많은 부분에서 그런 것처럼 이 항목에서의 관심은 공동체를 파괴하는 것을 배격하고 공동체를 세우는 것을 촉진하는 것이다.

다루어진 구체적인 이슈는 진리, 화, 도둑질, 언어, 그리고 사랑이다. 이 명령이 독자들의 실제적인 행위에 대해서 많이 말하고 있는지는 의심스럽다. 참으로 고린도 서신은 초대 교회가 여전히 가장 근본적인 윤리적 교훈들을 배워야 했던 사람들이 있었다는 것을 보여준다. 그러나 에베소서는 폭넓은 청중에 전달되는 일반적인 서신이고 그의 독자들의 구체적인 상황에 대해서 저자가 어느 것도 인식하지 못하고 있음을 보여준다. 만약 저자가 알려진 문제들을 교정할 필요를 느꼈다면, 그는 보다 직접적으로 그 문제들을 대면했을 것이다. 아마도 이 명령들은 옛 존재를 벗어버리고 새 존재를 입는 의미를 보여주기 위한 직접적인 방식이었을 것이다.

바울의 형태는 신학적인 기초를 놓는 것에서 윤리적인 모범으로 이동할 때, 이 구절들에서 더 짧은 문장으로 바뀐다. 그는 2인칭 복수 용어들을 전반적으로 사용한다. 4:28(3인칭 단수)과 5:2(1인칭 복수)를 제외하고서 말이다. 그는 이 항목에서 몇몇 구약성경 본문을 인용하거나 암시한다: 4:25에서 스가랴 8:16; 4:26에서 시편 4:4; 4:30에서 이사야 63:10; 5:2에서 아마도 시편 40:6. 골로새서 3:8-14에서의 평행도 역시 참조하라. 다시 한 번 이 항목의 신학은 삼위일체적이다.

구조. 5:1에서 장 구분은 유감스럽다. 하나님을 닮고, 5:1-2에서 사랑 받은 사람들로서 사랑하라는 명령은 4:31에서 하나님이 용서하셨던 것처럼 용서하라는 개념을 연속시킨다. 에베소서 5:1-2은 에베소서 서신의 이 항목의 결론으로 가장 잘 간주되어진다.

이 항목은 교훈의 번잡한 목록이 아니다. 오히려 이 명령은 부정적인 개념과 긍정적인 개념간의 대조로서 제공되고, 대부분의 경우에 신학적인 동기가 그 명령을 준수해야하는 이유로 제시된다.[1]

4:25: 부정-긍정("거짓을 버리고 참된 것을 말하라")

---

1. Lincoln, *Ephesians*, 295은 이 본문의 단위에서 일곱 문장을 발견한다. 그중에 다섯 문장(4:25, 26-27, 28, 31-32; 5:1-2)은 동기부여적인 대의가 뒤따르는 두 권면을 갖고 있다. 분사를 명령법으로 취한다면 이것은 26-27절이 아니라 25절만을 위해 작용한다. 이는 5:1에 "사랑을 받는 자녀 같이"라는 동기부여를 간과한다.

동기부여: "우리가 서로 지체가 됨이라"

4:26a "분을 내어도 죄를 짓지 말며")[2]

4:26b: 긍정(분은 제한되어 있다)

4:27: 부정(마귀를 위한 발판을 만들지 말라—또는 이것은 동기부여인가?)

4:28: 부정-긍정(도둑질하지 말고 선한 일을 하라)

동기부여: "돌이켜 가난한 자에게 구제할 수 있도록"

4:29: 부정-긍정(무릇 더러운 말은 너희 입 밖에도 내지 말고 오직 덕을 세우는 데)

동기부여: "은혜를 끼치게 하라"(직역하면 "은혜를 주라")

4:30: 부정("하나님의 성령을 근심하게 하지 말라")

이것은 모든 명령에 대한 '동기부여'로 기능한다.

4:31-32: 부정-긍정("모든 악의와 함께 버리고 서로 친절하게 하며")

동기부여: "하나님이 그리스도 안에서 너희를 용서하심과 같이 하라"

5:1: 긍정("하나님을 본받는 자가 되고")

동기부여: "사랑을 받는 자녀 같이"

5:2: 긍정("사랑 가운데서 행하라")

동기부여: "그리스도께서 우리를 사랑하시고 우리를 위해 자신을 주신 것처럼"

윤리를 위한 일곱 개의 '동기부여'는 주목을 받을 만하다.[3] 첫 세 동기부여는 공동체와 관련한 것이다—몸 안에서 다른 사람들과의 관련과 그들에 대해 나누어 주는 것. 마지막 세 동기부여에서 바울은 크리스천들이 하나님이 그들을 대하셨던 방식으로 다른 이들을 대할 것을 촉구한다. 중간에 한 가지 동기부여는 우리가 하나님을 기쁘시게 하지 못하는 모든 것을 삼갈 것을 촉구한다. 이 동기부여가 의도적으로 정 중앙에 있는지는 불확실하지만 하나님을 기쁘시게 하지 못하는 것을 삼가는 것은 확실히 가장 중요한 동기부여다.

편리를 위해서 우리는 세 항목으로 이 말씀을 다룰 것이다: 거짓말과 분을 다루는 4:25-27, 다른 이들에게 나누어주는 것과 관련한 4:28-29, 일반적으로 요약적인 진술로 기능하는 4:30-5:2.

2. 직역하면 "화를 내라 그리고 죄를 짓지 말라."

3. 27절을 30절과 평행되는 동기부여로 간주한다면 아마도 여덟 개다.

거짓말과 분(4:25-27)

4:15, 21, 24에서 '진리'에 관한 초점으로 보건대, 진리를 말하는 것이 바울의 윤리적 명령에서 우선된다는 것은 놀랍지 않다. NIV의 번역은 언급할 만한 가치가 있는 세 가지 선택들을 제공한다.

(1) "버리고"란 명령은 정당하게 명령법으로 취할 수 있는 실제로는 분사이지만, 강조는 주요한 명령법인 "말하라"에 있다.
(2) "거짓됨"(falsehood)이란 말은 사실상 "거짓말하다"란 의미로 이해되는 "거짓말"(단수, the lie)이다.
(3) "진실하게"(truthfully)란 부사는 NIV가 보여주는 것보다 더 강력하게 진리에 초점을 맞추는 사실상의 명사 "진리"다.

주요한 명령법(직역하면 "각 사람은 그 이웃과 진리를 말하고"이다)은 스가랴 8:16로부터의 인용이다. 진리를 말해야 하는 동기부여는 우리가 각기 지체들이라는 사실이다. "몸"이란 용어가 이 본문에 실제로는 나타나지 않을지라도, NIV는 그 용어가 본문에 함축되어 있기 때문에 첨가했다. 유사한 용어가 그리스도의 몸을 묘사하면서 5:30과 로마서 12:5에 나타난다.

"분을 내어도 죄를 짓지 말며"(26절)는 직역하면 "화를 내되 죄를 짓지 말라"는 의미인 시편 4:4의 인용이다. 대부분의 주석가들은 오늘날 첫 번째 명령이 양보나 조건이라고 인정한다: "너희가 화를 낼지라도(또는 낸다면) 죄를 짓지 말라." 이것이 NIV의 배후에 있는 추론이다.[4] 하지만 어떤 이들은 여전히 이것을 이중적인 명령으로 간주하고 필요하다면 화를 내지만 분노 속에서 죄를 짓지 않는 것이 신자의 도덕적 의무이게 만든다.[5] 이것은 바울의 관심이 분노의 의무가 아니라 죄의 방지에 있기 때문에 이 구절에서 그것을 그런 식으로 너무 많이 독법할 수는 없다. 이 구절은 죄를 짓지 않는 분노의 가능성을 전제하지만,[6] "의로운 분노"에 강조를

---

4. "분"이라고 번역된 히브리어가 보통 "떨다"나 "흥분하다"를 의미할지라도 NIV는 이 구절에 대해서 시 4:4에서와 동일한 번역을 사용한다. 시편의 문맥은 하나님의 임재 앞에서 떠는 것을 암시하는가 인간의 부당함에 분노로 떠는 것을 암시하는가? 바울은 70인경에서의 본문의 형태를 사용한다.
5. Daniel Wallace, "᾿ΟΡΓΙΖΕΣΘΕ in Ephesians 4:26: Command or Condition" *Criswell Theological Review* 3(1989): 353-72을 보라.

두고 있지는 않다. 오히려 분이 죄를 야기하지 못하게 하는 것에 관심을 두고 있다. 분노가 마귀의 교두보로 사용될 수 있다는 점에서 그 위험성은 명백하고, 31절은 이 "모든 악독과 노함과 분냄"을 차단시킨다. 분명히 분노는 새로운 존재에 적합하지 않다.

"해가 지도록 분을 품지 말아야" 하는 것은 분노가 지속되어서는 안 된다는 것을 말하는 하나의 방식이다. 분노는 재빨리 다루어져서 내쳐져야 한다. 27절에서 "틈"이란 용어는 직역하면 "장소"(발판)다. 즉 우리는 마귀가 우리의 삶을 작용하게 하는 여지를 주지 않아야 한다. 분노는 마귀가 공격을 감행하기 위한 침투로를 놓는 트로얀 목마에 해당한다.[7] 다시 말해서 분노는 보통 다른 죄로 이끈다.

해를 입히느냐 도움을 주느냐?(4:28-29)

이 두 구절들은 부정-긍정의 대조만이 아니라 "필요"와 "선"이란 말로 함께 묶여 있다(NIV는 후자를 "유용한"[useful]과 "도움 되는"[helpful]으로 번역한다). 두 구절들은 이전의 자기중심주의와 옛 자아의 남용적인 특징과 반대되는 것으로서 새 존재의 "다른" 성향을 보여준다.

도둑질이 노예들 사이에서 흔하였을지라도, 28절이 그들에게 전달되는 것으로 생각해서는 안 된다. 지금처럼 그때에 도둑질은 흔한 문제였다. 이 구절은 신약성경에서 회심에 관한 가장 두드러진 묘사가 될 것이다. "도둑은 박애주의자가 되어야 한다."[8] 자신의 이기적인 욕심을 충족시키기 위해서 잘못을 행했던 사람들은 이제 다른 이들의 필요를 돕기 위한 일을 해야 한다. 이것이 그리스도와 함께 죽고 사는 강력한 사례다. 공동적인 필요에 응답해야 하는 관심은 초대교회 공동체가 서로 물건을 나누어주었던 것을 상기시킨다.[9] 데살로니가전서 4:11에서 바울은 신자들에게 스스로 일할 것을 요청하고, 자신도 복음을 전파한 사람들에게 부담을 주지 않기 위해서 몸소 일하였음을 동일한 용어를 사용하여 언급한다.[10] 그의 목

6. 그것이 이 용어들의 구약성경의 기원을 위반하는 것이 아니라면.
7. 다른 본문들은 마귀가 공격의 방법을 추구하는 것에 대해서 언급한다(참조. 고전 7:5; 고후 2:11; 11:14; 딤전 3:7; 딤후 2:26; 벧전 5:8; 계 12:9; 20:10).
8. Lincoln, *Ephesians*, 304.
9. 행 2:45; 4:34-35; 롬 12:13; 딛 3:14.
10. 고후 4:12을 보라; 참조. 살전 2:9.

표는 신자들이 스스로를 부양하고 궁핍한 중에 있는 사람들을 지원하게 하는 것이다. 여기서 "필요"(need, "소용되는 대로"—개역개정)와 4:22에서 "욕심"(desires, 참조. 4:19에서 "욕심"[lust]) 간에 대조를 참조하라.

29절에 "더러운 말"이란 용어는 부패한 생선이나 썩은 과일에 사용되지만 거친 돌을 묘사하는데도 역시 사용된다. 비유적인 의미는 "나쁜"이나 "더러운"을 것을 함축한다. 음탕한 말이 염두에 두어지고 있을지라도(5:4을 보라), 이 구절에서 나중에 "세우는" 것에 대한 관심은 "파괴적인" 언어를 암시한다. "세우는" 것은 몸을 세우라는 4:16에서 바울의 관심을 독자들에게 상기시킨다. "은혜를 끼치게 하라"에서 NIV는 이전 항목과의 또 다른 연결 관계를 상실한다. 직역하면 이 본문은 "독자들에게 '은혜'를 줄 수 있도록"이다. 그것은 교회의 이득을 위해서 각 사람에게 주어진 은혜와 특히 연결시켜준다(4:7). 우리는 구원을 위해(1-2장), 그리고 사역을 위해(3-4장) 하나님으로부터 은혜를 받는다. 하나님의 은혜를 다른 사람들에게 확장시킬 수 있도록 말이다.

간결하게 말한 기독교 윤리(4:30-5:2)

성령을 근심하게 하지 말라는 용어(30절)는 이스라엘의 불순종을 묘사하는 이사야 63:10에서 유래한다. "with whom"은 "by whom"이나 "in whom"일 수 있었다. 하지만 1:13에서의 어휘는 성령이 구원을 보증하는 우리의 인이라는 것을 함축한다.[11] 이 구절은 하나님께 우리가 속하고 장래의 구원을 위해 보증이 되시는 분을 근심하게 하는 부조화를 특징짓는다. 왜 우리가 우리의 소유권을 보증하시는 분을 적대하고 우리 인생의 목적을 위반하는 삶을 살아야 하는가? 여기서 종말론은 윤리를 포함하는 것으로 나아가고, 다시 한 번 현재(지금)와 미래(아직 아닌)의 이중적인 초점이 표현된다. 이 구절은 27절에서 마귀에 대해 언급했던 것과 눈에 띄는 대조를 이룬다. 마귀에 대한 여지는 허락되지 않아야 하지만, 하나님은 성령을 통해서 우리 안에서 역사하신다. 성령의 인격적인 특징이 가정된다.

선한 뜻, 악한 뜻(4:31-32). "버리고"는 3인칭 수동형 명령법이지만(직역하면, "분노, 등등을 없애라"), 이것은 하나님이 독자들을 대신해서 죄스러운 행동을 제거해주신다는 것을 의미하지 않는다. 이 단락의 초점은 신자들이 행동할 책임이

11. 고후 1:21-22에서 하나님은 보증을 행하시는 분이시다.

있다는 사실이다. 물론 신자들의 그러한 행위는 성령의 역사에 의해 도움을 받는 것으로 가정된다. "분"이 이미 26절에서 다루어졌지만, 31절의 두 서로 다른 용어들과 함께 강조되고, 또 악한 뜻을 나타내는 다른 용어들과 분노의 연관에 의해 강조된다.[12] "떠드는 것"(brawling)으로 번역된 용어는 물리적인 폭력이 아니라 "크게 외치는 것"을 암시한다.

31절에서 모든 용어들은 인간관계를 망가뜨리는 행위와 적대를 표현하는 것으로 의도되어 있다. 다섯 용어들의 군집(골 3:5, 8, 12와 유사함)을 참조하라. 다섯 용어들의 그룹은 덕과 악에 관한 고대의 목록에서 전통적이었다. 혹자는 다섯 용어들 사이에 발전이 있다고 주장하지만[13] 그것은 정확하지 않다. 악독은 분노의 원인이면서도 그 결과이기도 하다.[14] "악의"는 가장 중요한 용어일 것이다. 그것은 다른 용어들이 묘사하는 적대를 요약하기 때문이다. 4:31과 크리스천의 소명을 묘사하는 4:2-3 사이에 대조가 두드러진다.

31절에서 유해와 악의와 대조되어 32절은 인간에게 적용되는 "온유한"으로 이해되는 선을 촉구한다(동일한 어근이 2:7에서 하나님의 온유에 사용된다). 또한 바울은 긍휼과 용서를 요청한다. 다른 이들을 향한 선한 의지가 새로운 존재에 가정된다. 다른 곳에서처럼, 다른 이들을 대하는 것은 하나님이 우리들을 대하신 것에 기초한다. 용서('카리조마이')는 구원을 위한 바울의 통상적인 용어는 아니다.[15] 하나님의 용서에 기초해서 다른 이들을 용서한다는 개념은 마태복음 6:12, 14-15; 18:21-35; 눅 6:36을 상기시킨다. 다시금 그리스도 '안에'서 발생한 구원에 관한 초점을 주목하라(참조. 고후 5:19).

하나님처럼 되기(5:1–2). 하나님을 닮으라는 명령은 우리를 놀라게 하지만, 이는 철저히 성경적인 개념이며 유대나 헬라 사상에서 흔하다. 다른 본문들은 이것을 명백하게 말하고 있지는 않을지라도, 성경은 하나님의 언약 백성들이 하나님으로부터 그들의 성품을 취한다는 것을 가정한다. 레위기 19장은 아마도 가장 두드러

12. 혹자는 '듀모스'가 분노의 폭발에 사용되는 반면에 '오르게'가 지속적인 분노에 사용된다고 말함으로써 분노에 대해서 두 용어들을 구분한다. 하지만 70인경과 신약성경에서 그 용어들을 호환적이다.

13. Schnackenburg, *Ephesians: A Commentary*, 211.

14. 이 용어는 신약성경에서 다른 세 곳에서만 나타난다: 행 8:23; 롬 3:14; 히 12:15. 이 동사 형태는 골 3:19에서 유사한 내용으로 사용된다.

15. 골 3:13에서의 평행 이외에 바울은 이 용어를 크리스천들이 서로 용서하는 것과 관련해서 고후 2:7, 10; 12:13에서만 용서에 대해 사용한다. 그는 또한 엡 1:7과 골 1:14에서 '아페시스'를 사용하고 롬 4:7에서 이런 의미로 동사 '아페이미'를 사용한다. 바울에게서 "칭의"나 "구속"과 같은 용어들은 분명히 구원의 개념을 표현할 만큼 더욱 포괄적이었다.

진 본문일 것이다. 이스라엘 백성들이 하나님이 거룩하시기 때문에 거룩해져야 한다고 요구하기 때문이다. 그 장에서 적어도 14번이나 이스라엘에 대한 명령에 "나는 하나님이라"는 말이 뒤따라 나온다. 윤리적인 행위가 하나님의 성품에 의해 결정된다는 것을 보이기 위해서 말이다.[16] 유사하게 마태복음 5:43-48에서 예수는 제자들에게 하나님 아버지처럼 되기 위해서 원수를 사랑할 것과 하늘의 아버지가 완전하신 것처럼 그들도 완전할 것을 명하셨다.[17] 그밖에 다른 곳에서 바울은 독자들에게 자신을 본받을 것을 촉구하거나 그가 그리스도를 본받는 것처럼 자신을 본받을 것을 촉구한다.[18]

5:1의 후반부는 하나님을 닮으라는 명령이 왜 합법적인지를 보여준다. 독자들은 하나님이 사랑하시는 그의 자녀들이다. 이 말은 1:5의 양자됨의 개념과 2:19과 3:14-15에서 가족의 개념을 가리킨다. 사람들은 자신이 속하고 있는 가정의 특징을 취한다(참조. 고전 4:15-16). 바울의 독자들이 하나님의 가정에 속하고, 하나님의 자녀로서 사랑을 받았기 때문에, 그들은 하나님처럼 되어야 하고 사랑을 보여야 한다.

하나님과 하나님의 사랑을 닮는 것은 그리스도와 그리스도의 사랑을 닮는 것으로 5:2에서 바뀐다. 사랑 안에서 사는 것은 4:25-5:1을 요약해준다.[19] 사랑은 신자들이 거하는 영역이다.[20] 크리스천의 사랑이 형성되고 동력을 얻는 기준은 십자가 위에서의 그리스도의 자기를 주는 사랑이다. 이 구절은 중요한 구원론 구절이다. 그것은 하나님이 아들을 주시거나 보내신 것보다 그리스도가 자기 자신을 주신 것[21]과 "희생"으로서 그리스도의 죽음에 초점을 맞추고 있기 때문이다. 어네스트 케제만이 강조했던 것처럼, '우리를 위한' 그리스도의 죽음은 두 개념을 포함한다. 우리를 대신하시고 우리의 혜택을 위해서.[22]

그리스도의 죽음은 여기서 우리의 삶을 위한 모범으로 나타나지만, 그의 죽음은 단순히 하나의 모범만이 아니다. 그의 죽음으로 하나님과 그리스도의 사랑에

---

16. 또한 레 18:2-6과 20:7-8을 참조하라.
17. 참조. 눅 6:36: "너희 아버지의 자비하심 같이 너희도 자비하라"(또한 요일 4:11을 보라).
18. 고전 4:16; 11:1, 살전 1:6; 살후 3:7, 9을 보라.
19. 참조. 롬 14:15.
20. NIV의 "사랑의 삶을 살라"는 문자적으로는 "사랑 안에서 걸어라"이다.
21. 또한 갈 1:4; 2:20; 딤전 2:6; 딛 2:14을 보라.
22. Ernst Käsemann, "The Saving Significance of the Death of Jesus in Paul," *Perspectives on Paul*(London: SCM, 1969), 39. p. 160을 보라.

기초한 보속의 신학이 오게 된다. 대속, 대변, 그리고 희생의 개념은 분명하게 여기서 내재되어 있다. 구약성경의 희생제도에서 제사 시에 피어나는 연기는 드려진 예배에서 하나님의 기쁨을 표현하는 한 방식인 하나님에 대한 기쁨의 향기로서 올라간다.[23] 이 이미지는 그리스도의 죽음에서 이룩된 하나님의 기쁨을 표현하는 것으로 적용된다. 바울은 크리스천의 사역(고후 2:14-16)이나 자신을 돕는 다른 이들의 은사(빌 4:18)를 묘사하기 위해서 이와 유사한 용어를 사용했다.

상황잇기

여기서 제기된 실제적인 교훈을 우리 시대로 가져오는 것은 사실상 다리를 연결할 필요가 없다. 오히려 그것을 순종하는 일을 필요로 한다. 존 칼빈이 지적한 것처럼, 하나님에 대한 모든 정확한 지식은 순종에서 기원한다.[24] 여전히 이 구절의 신학은 묵상을 요한다. 우리는 부가적인 정보를 필요로 하고, 적용에 대한 장애물들을 고려해야 한다. 예를 들어, 거짓말을 허용할 수 있는가? 의로운 분노는 무엇인가? 용서와 정의가 어떻게 서로 조화될 수 있는가?

저자가 새로운 존재를 묘사하고 있는 방식은 인상적이다: 진리, 분노하지 않음, 도둑질하지 않음, 파괴적인 말을 하지 않음, 긍휼, 용서, 그리고 사랑. 이것은 우리가 제공할 수 있었던 목록이 아닐 것이다. 그것은 다소 근본적이고 단순해 보인다. 하지만 진리와 사랑의 두 닻을 가지고서 저자는 목표가 있다. 이것들이 없다면 삶과 공동체는 비틀거릴 수 있다. 게다가 거짓과 분노와 도둑질과 파괴적인 용어를 금함으로써 바울은 대부분의 다른 죄들을 가능하게 하는 죄들을 금지시킨다.

어떤 크리스천들은 삶에 대한 그러한 구체적인 방향에 대해서 염려한다. 그것이 율법주의로 이끌 것을 두려워하기 때문이다. 하지만 그런 사상은 신약성경에 없다. 이와 같은 본문들은 율법주의를 부여하는 것이 아니라 그리스도 안에서 삶에 관한 묘사를 담고 있을 뿐이다. 그것은 결코 내용이 없는 공허한 말이 아니다. 크리스천의 삶은 어떤 구체적인 행동들을 '요구한다.' 크리스천의 믿음은 수동적인 종교가 아니다. 생산적이고 유익한 것들을 적극적으로 추구하는 것이다.

관계적이고 반영적인 윤리. 이 단락의 구체적인 명령들을 다루기 전에 크리스천 윤리가 관계적이고 반영적이라는 사실에 관심을 가져야 한다. 크리스천 윤리는 하

23. 예를 들어, 출 29:18; 레 1:9.
24. John Calvin, *Institutes of the Christian Religion*, 1.6.2.

나님과의 언약적 '관계'에 대한 것이다. 하나님의 영은 우리의 삶에 내재되어 있으시고, 우리가 그 소명에 합당하게 살지 못할 때 근심하시게 된다(4:1). 우리는 우리의 행위에 반응하시는 하나님 안에서 하나님에 의해 하나님과 더불어 실천한다.

하나님과의 관계가 다른 사람들과의 관계를 설정한다. 어떤 노력을 하든지 간에 하나님과의 관계를 다른 사람들과의 관계와 분리할 수 없다. 관계적인 윤리가 4:25에서 몸 신학에 내재되어 있고, 이 단락 전반을 통해 함축되어 있다. 크리스천으로서 우리는 다른 신자들의 일부이고, 우리는 그들과 함께 고통하거나 번성한다. 이런 내적인 관계를 진지하게 취할 때까지 우리는 우리가 부름 받은 것에 이를 수 없다. 이런 관점이 그리스도 안에서 다른 이들을 세워야할 필연성을 뒷받침해준다. 우리는 다른 이들을 말로 그리고 물질적으로 나누어줌으로써 세워줄 수 있다. 무감각해지고 적대적인 되는 것을 허락해서는 안 된다.

에베소서가 주로 그리스도의 몸 안에서의 관계를 언급할지라도, 비그리스도인과의 관계도 동일한 패턴을 따른다. 이전에 지적했던 것처럼[25] 동일한 윤리가 모든 사람들에게 적용된다. 그 관계가 다를지라도 말이다.

우리의 윤리는 또한 '반영적'인 윤리다: 우리는 우리를 향한 하나님의 태도와 행위를 다른 이들에게 반영해야 한다. 하나님은 십자가와 부활로 알려지셨다. 그는 "저기 바깥에" 계신 것이 아니라 우리의 삶을 변화시키기 위해서 내재하신다. 그는 우리의 행위를 위한 표준이시고 우리가 그의 자녀들이라는 것은 우리가 그의 행위를 본받아야 한다는 것을 의미한다. 우리는 은혜와 용서를 하나님으로부터 받았고, 다른 이들에게 이런 특성을 보여주어야 한다. 그는 사랑하시고 우리는 사랑해야 한다.

4:24에서 창세기 1:26-27을 암시한 것처럼 분명히 크리스천들은 하나님의 형상을 담지한 자들이고, 세상이 하나님의 형상을 볼 수 있게 반영한다. 우리는 자아에게 자신을 내어줄 것인가 하나님에게 내어줄 것인가? 우리는 하나님의 자리를 차지하려고 시도하고 불순종을 선택할 것인가 순종을 선택하고 하나님을 닮기를 선택할 것인가? 에덴동산에서의 유혹은 하나님처럼 되고자 하는 것이었는데, 이는 아주 이상한 일이다. 인간이 이미 하나님의 형상으로 존재했기 때문이다. 이 본문에서 크리스천은 그 형상을 담지하고 하나님이 어떤 분이신지를 세상에 보이도록 부름을 받고 있다.

---

25. pp. 109, 179, 230, 232, 258을 보라.

물론 많은 면에서 우리는 하나님을 모방할 수가 없다. 예를 들어, 우리는 하나님의 전지하심이나 전능하심을 닮을 수가 없고, 닮도록 요구할 수도 없다. 우리는 하나님의 '성품'을 닮도록 요구될 뿐이다. 이슈는 우리의 행동이다. 그 표준이 아주 높지만 그 특권도 높다. 크리스천은 하나님의 영을 가지고 있고(4:30), 하나님의 가족에 속한다(5:1). 그러한 높은 위치는 하나님의 성품이 우리가 다른 사람들을 다루는 방식에서 반영되어야 하는 것을 요청한다. 하나님을 모방하는 것은 하나님이 명하신 삶을 우리가 진지하게 취하는 것을 의미한다.

진리. 무엇보다도 새 존재는 진리를 말한다. 거짓말은 더 이상 크리스천의 병기고의 무기가 아니다. 크리스천에게서 진실은 선택이 아니라 필연적인 것이다.[26]

거짓말은 자아와 다른 사람과의 관계를 파괴한다. "거짓말을 함으로써 남자는 내어던져지고 인간으로서의 고결성을 무효로 만든다."[27] 여자에게도 이는 동일하게 해당된다. 하지만 파괴하는 것은 자아만이 아니다. 크리스천은 서로의 일부가 되기 때문에 존 맥케이는 독설적으로 이렇게 말했다: "거짓말은 그리스도의 몸의 활력을 해친다."[28] 몸의 한 부분이 다른 부분을 속인다는 것은 얼마나 이상한 일인가? 눈이 앞에 보이는 위험에 대해서 발에게 거짓말을 한다면 어찌 되겠는가?[29] 거짓말은 실제를 왜곡하고 모든 다른 형태의 잘못을 동반한다.[30] 거짓말은 보통 자아 확장이나 자기변호에 의해 동기가 부여되지만 보통 다발로 발생한다. 오직 한 번만 거짓말하는 것이 어렵기 때문이다. 악인은 거짓말의 사람이다.[31]

어느 누구도 의미 있게 살 수 있는 유일한 장소는 진리와 함께 하는 곳이다. 자유로운 사회는 진리 없이 존재할 수 없고, 또한 진리 없이 개인이 자유로울 수 없다. "진리를 순종하는 것은 자유롭게 되는 것이다.…우리가 진리를 '갖는' 것이 아니라 진리가 우리를 소유하는 것이다.…"[32] 진리—사실과 일치하고 우리가 의존할 수 있는 것—는 필연적이고 자유롭게 한다(참조. 요 8:31-32). 진리는 하나님과의

---

26. 진리는 이미 4:15과 관련해서 논의했다: pp. 253-254, 265-266, 278-281을 보라.
27. Immanuel Kant, *Doctrine of Virtue*(Sissela Bok, Lying: Moral Choice in Public and Private Life[New York: Pantheon Books, 1978], 32에서 인용함).
28. Mackay, *God's Order*, 174.
29. 존 크리소스톰(John Chrysostom)은 이 본문에 관한 그의 주석에서 이와 유사한 요지를 만든다.
30. 요 8:44에서 마귀는 거짓의 아비임을 참조하라.
31. Scott Peck, *The People of the Lie*(New York: Simon and Schuster, 1983), 66.
32. Michael Novak, "Awakening from Nihilism: The Templeton Prize Address," *First Things* 45(August/September, 1994): 18-19.

관계를 포함하여 삶 전체를 포괄한다. 하나님이 참되시고 그리스도를 보내셨다면, 그때에 진리 안에서 사는 것은 하나님과의 관계 속에서 사는 것을 요구하고, 진리를 말하는 것은 그리스도와 삶의 실제를 소통하는 것을 포함한다. 중요한 것은 단지 말만이 아니라 말과 행위의 일관성으로 특징지어지는 고결성이다.

진실은 특히 공동체를 세우는데 중요하다. 공동체는 상호적인 의존에 기초하며 지원할 사람들을 서로 신뢰할 수 있어야 한다. 일단 그 신뢰가 상실되면, 회복하기가 어렵다. 우리의 이웃에 진실을 말함으로써 우리는 "너는 나에게 믿을 수 있어, 우리의 관계가 너를 잘못된 길로 인도하거나 너에게 해를 입히지 않을 것이야. 나는 너를 도울 것이고 나의 말은 나의 행위와 일치할 것이야"라고 말하고 있는 것이다. 건강한 공동체는 진실이 없다면 발생할 수 없다.

우리는 모든 사람에게 진실을 말해야 하는가? 본문은 동료 신자들과 진실을 말하는 것과 관련이 있지만 그렇다고 우리가 다른 이들에게는 거짓말할 수 있다는 것을 의미하지 않는다. 예수는 윤리의 적용을 제한하는 경계를 항상 부정하셨다.[33] 어떤 종교들은 적들에게는 거짓말하는 것을 허용하지만, 예수는 제자들에게 그들의 적을 사랑할 것을 요구하시고, 그것은 확실히 그들에게 거짓말하는 것을 배제한다.

그러나 철학자와 신학자들은 생명을 보존하는 것과 같은 선을 이루기 위해서 거짓말을 허용할 수 있는가에 대해서 논쟁했다.[34] 분명히 누가 선을 정의하느냐는 주요한 이슈다. 보통 적절하게 알아야 할 사람의 권리에 관심이 두어지지만, 살인자는 자신의 희생자가 어디에 숨어있는지를 알 권리를 갖지 않는다. 그러므로 많은 사람들이 더 큰 죄를 막기 위해서 거짓말할 것을 선택할 것이다. 반면에 임마누엘 칸트와 같은 사람들은 '모든' 거짓말의 도덕성을 거부했다. 이 문제의 일부는 우리가 죄된 세상에서 우리의 "필요한" 행위를 정당화하기 위해서 거짓말할 수 있다는 것이다. 만약 우리가 더 큰 죄를 피하기 위해서 극단적인 경우에 거짓말을 필요로 한다고 가정한다면, 거짓말에 저항하는 것이 합법적이 되지 못한다. 생명을 보존하기 위한 거짓말 신드롬은 곧 거짓말이 '내가 원할 때' 나의 삶을 보존하기 위해서 허용될 수 있는 교활한 영역이 된다. 거의 모든 거짓말은 어떤 이들을 위한 선을 이루기 위한 시도에 기초해 있지 않다. 다시금 존 맥케이의 말을 생각해볼 필

33. 마 18:21-22; 눅 10:25-37을 참조하라.
34. 개관에 대해서는 Bok, *Lying*을 보라.

요가 있다. "잘 의도된 거짓말을 위한 영역이 기독교 윤리에서는 없다."[35]

이것은 우리가 만나는 모든 사람들에게 모든 진실을 말해야 한다는 것을 의미하지는 않는다. 프라이버시는 합법적이고 삶에 필요한 부분이다. 사람들은 모든 것을 알 권리를 갖고 있지 않다. 그런 자세는 공동체를 과다하게 강조하는 것이고, 개인의 영역을 간과하는 것이다. 우리는 거짓말하지 않을 것이 요구되나 우리가 알고 있는 모든 것을 말하도록 요구받지는 않는다. 물론 우리가 전달하는 것은 진실이어야 하지만 실제적인 문제와 세부적인 차원은 건강하고 유익한 관계와 식별의 본질에 의존한다. 진실은 항상 사랑에 의해 인도함을 받아야 하지만(4:15), 사랑에 의해 희생되어서는 안 된다.

우선해서 관심이 필요하다. 진리의 일부를 말하는 것은 거짓말의 방도일 수 있다. 상대방에게 필요한 정보를 보류하는 것은 역시 속이는 것일 수 있다. 사람들은 자신과 상관없는 정보를 말하지 않을 것을 인정하지만, 그들은 신뢰하는 유익한 관계를 추구한다. 중요한 것 가운데, 관계가 끝났을 때조차도 작용해야 하는 동기가 있다. 그것은 고결성이다.

분노. 이 단락은 의로운 분노를 정당화하는데 자주 사용된다. 존 스토트는 이 단락에서 크리스천이 보다 분노할 것을 주장한다.[36] 그의 요지는 합법적이고, 우리가 2:3에서 하나님의 진노와 관련하여 지적한 것처럼, "화를 내지 않는 사람은 관심도 없다."[37] 크리스천은 부당함, 가난, 인종차별주의, 거짓말, 그리고 남용에 대해서 분노해야 한다.[38] 확실히 모든 분노가 죄는 아니다.[39] 하지만 의로운 분노가 에베소서 4:26의 의미인지는 의심스럽다. 본문의 주요한 의도는 분을 자극하거가 허락하는 것이 아니라 분을 막는 것이다.

인간의 분노는 보통 파괴적이고, 분노에 대한 신약성경의 태도는 강력하게 부정적이다. 야고보서 1:20은 인간의 분노가 하나님의 의를 이루지 못한다고 말한다. 게다가 의로운 분노를 식별하기가 어렵다. 어느 누구도 자신의 분노가 의롭지 않다고 느끼지 않는다. 27절과 유사한 용어로 로마서 12:19-21은 "하나님의 진노

35. Mackay, *God's Order*, 174.

36. Stott, *God's New Society*, 185-87.

37. p. 138을 보라.

38. 다른 한편으로 세네카는 현명한 사람['시크']은 일단 분노를 시작한다면 결코 멈추지 않을 것이다. 모든 곳이 범죄와 악으로 가득차 있기 때문이다. *De Ira* 2.9.1을 보라. 스탤린(Stählin, "ὀργή," *TDNT*, 5:419)은 오직 두 신약성경의 본문이 인간의 분노를 긍정적으로 간주한다고 주장한다: 롬 10:19과 고후 7:11.

39. 예수는 몸소 분노하셨다. 예를 들어, 마 18:6-9; 23:13, 17, 33-39; 막 3:5; 10:13-16을 보라.

하심에 맡기라"고 조언한다. 다시 말해서 죄를 야기하는 마귀에게 분노가 자리를 내어주지 않게 하라. 복수를 추구하지 말라. 오히려 하나님의 복수하심에 맡기라. 너의 임무는 너의 적을 사랑하는 것이다.

신약성경이 분노를 하나의 선택으로 두지 않는 이유는 분노가 대체로 자기중심적인 감정이라는 사실이다. 분노는 우리가 관심을 갖고 있는 것—보통은 우리 자신—을 전달하는 수단이며, 벌을 주고자 하는 시도다. 분노는 세상이 우리가 원하는 대로 되지 않는 불쾌함에 화학적이고 물리적인 반작용을 보이는 것에 해당한다. 그것은 역시 우리가 만드는 선택에 해당한다. 즉 우리는 어떻게 반응하고 그 반응이 어떤 차원으로 발생할 것인지를 선택한다. "사람들이 우리를 화가 나게 할 수 있지만 그 분노를 쉽게 표출해서는 안 된다. 그것을 우리 안에 소유해야 한다."[40] 사실상 우리는 안전한 곳에서만 분노를 표현하고 두려워하거나 매우 존경하는 사람들에게는 분노하지 않는다. 자주 우리는 분노를 사용할 때 해를 야기한다. 분노에 관해서 처음으로 논문을 쓴 것으로 알려진 세네카는 "어느 재앙도 분노보다 인간에게 희생을 가져온 것은 없다"[41]라고 썼다. 거짓말처럼, 분노는 성난 사람을 망가뜨리고—심지어 육체적으로도—공동체를 파괴한다. 크리스천은 자신들을 불쾌하게 하는 것에 초점을 맞추기보다 하나님과 세상을 사랑하는 방법에 초점을 맞추어야 한다.

본문은 사람들이 우리가 화를 내게 할 수 있음을 가정하지만, 분노가 둥지를 틀게 해서는 안 된다. 분노가 자리를 잡으면, 그것은 더 진전된 분개와 적대로 바뀌어 영향을 미친다. 그렇게 되면 마귀가 죄를 야기하게 위해 이용하는 수단이 된다. 그 때문에 재빨리 분노가 나갈 수 있는 문을 열어놓아야 한다.

이 단락이 마귀에 대해서 무엇을 가르치고 있는가? 여기서 본문은 짤막함으로 그런 사상은 2:2와 6:10-20에서의 폭넓은 논의에 의거해야 한다.[42] 여기서 포획하려고 잠복해 있는 마귀에 초점을 맞추는 것은 오용된 공포를 이끌 수 있다. 그 대신에 본문의 주요한 요지의 초점을 문제의 근원에 있는 마귀가 아니라 우리 자신의 분노에 맞추는 것이 바람직하다. 한편으로 마귀를 무시하는 사람들은 파괴의 수단을 추구하는 대적자로서 악의 실체를 얼버무린다. 성경은 어느 주제에 주어진

40. Janet Malone, "Exploring Human Anger," *Human Development* 15(1994): 33-34을 보라.
41. De Ira 1.21. 세네카(Seneca)는 B.C. 4년에서 A.D. 65년까지 살았다.
42. pp. 121, 135-137과 428-436에서의 언급을 보라.

관심의 양에 대한 주요한 가이드라인이 되어야 한다. 우리가 그 지침을 따른다면, 마귀에게 적절히 제한되고 합당한 관심이 주어지게 된다.

생산성. 우리 모두 짧은 시간 동안 세상에 와서 그 대부분을 "나에게 관심을 가져주시오"라고 외치면서 보낸다. 우리는 우리 자신을 만족시키는 것에 정당성을 느낀다. 심지어 다른 사람들을 희생시키고서 말이다. 우리가 대상들을 인식할 만큼 충분히 나이가 들었을 즈음부터 다른 사람들이 갖고 있는 것을 원한다—다른 이유가 아니라 그들이 그것을 갖지 못하도록 말이다. 에베소서 4:28은 자기중심적인 사고방식에 폭탄을 터트린다. 우리의 목표는 즐거움이 아니라 우리가 나누어줄 수 있도록 생산성을 갖는 것이다. 우리는 우리 자신을 위해 존재하지 않고 다른 사람들과 하나님과의 관계를 위해 존재한다.

이런 단순한 구절이 도둑, 공동체, 생산성, 그리고 청지기직에 대해서 말해준다. 소유에 대한 구약성경의 존중을 확인할 수 있지만, 소유물은 붙잡는 것이 아니라 나누어주는 것이다. 공동체는 필요를 식별하는 공동체가 되어야 한다. 필요가 있다면, 공동체는 이 필요를 충족시키기 위한 책임을 갖는다. 이 구절은 인간의 필요를 실제적이고 합법적인 것으로 인정한다. 이는 2:3과 4:22에서 언급된 비합법적이고 기만적인 욕심과는 대비된다. 필요는 하나님 앞에서 삶을 가능하게 하는 필수품들—물질적인 것(28절)이나 비물질적인 것(29절)—인 반면에 욕심(22절)은 자아 중심주의에 의해 왜곡된 필요들이며, 이는 우리를 하나님으로부터 멀어지게 만든다.

우리는 "청교도"의 노동 윤리를 조롱하는 소비적인 사회에 살고 있다. 하지만 우리는 하나님의 창조적인 활동 즉, 일에 참여할 수 있도록 하나님의 형상으로 창조되었다. 생산하지 못함으로써 우리는 인간으로서 우리의 소명을 따라 사는 것에 실패한다.[43] 아마도 크리스천이 할 수 있는 가장 강력한 증거는 주는 자가 되는 것이다. 이것은 돈을 주는 것에 관심을 가지라는 것이 아니다. 그것은 기껏해야 본문에 보조적인 부분에 해당한다. 주요한 관심은 다른 이들에게 유익이 되기 위해서 일하는 것이다.

말. 이 단락의 많은 부분은 말에 관심이 있다. 말은 경건한 행위의 수행이다. 창세기에 하나님에 관해 기록된 첫 번째 행위는 말이다.[44] 말은 그 자체로 창조적인

43. Doug Sherman and William Hendricks, *Your Work Matters to God*(Colorado Springs: NavPress, 1987).
44. Stanley Walters, "The Voice of God's People in Exile," *Ex Auditu* 10(1994): 81.

행위다. 말로 우리는 세상을 만들고—공통된 의견을 나누는 공동체—말로 우리가 살고 있는 실제를 형성한다. 전문가들은 "수행적 언어", 즉 우리가 임무를 완수하기 위해서 또는 실제를 형성하기 위해서 사용하는 용어에 대해 말한다.[45] 우리는 언어의 능력과 위엄을 깨달아야 한다. 거의 모든 우리의 언어는 일을 행한다. 말은 헌신이고,[46] 그것으로 인해 우리는 흥하기도 하고 망하기도 한다.

크리스천들은 의사소통의 전문가가 되어야 한다. 그 과정에 대해서 할 수 있는 한 모든 것을 배우면서 말이다.[47] 또한 우리는 언어를 사용하는 방식에 세심해야 한다. 29절의 전제는 우리가 말하는 방식에 의해 오염되기도 하고 세워지기도 한다는 것이다. 우리의 권위는 사람들을 세우기 위한 것이지 누르기 위한 것이 아니다(고후 10:8).

용서는 너무 허약한 것인가? 세속적인 세계도 용서가 기독교의 주요한 특징 중에 하나라는 것을 알고 있다. 두 가지 문제가 발생한다. (1) 우리의 지식과 의지 사이에 골이 있다. 우리는 하나님의 용서를 알지만 용서하려는 의지를 갖지 않는다. 크리스천은 다른 사람들보다 더 낫지 않은 경향이 있다—사실상 그들은 더 나쁠 수도 있다. 불쾌함이 쓴 뿌리와 냉정함, 그리고 거부로 바뀔 수 있다. "크리스천들"이 친척이나 친구 또는 갈라진 교회와 전혀 말을 하지 않고 오랜 세월을 지낼 수 있다. 그러나 용서하기를 거부하는 것은 위험하다. 마태는 우리의 용서는 우리의 용서받음과 연관되어 있다는 것을 강조한다(마 6:12, 14-15; 18:21-35). 게다가 용서를 거부하는 것은 자기중심적인 행위이고 우리 것이 아닌 심판자의 역할을 가정하는 것이다. 그것은 다른 사람들을 곤혹스럽게 하고 관계를 망가뜨린다. 그러나 그 과정에서 우리는 우리 자신을 황폐케 한다.

(2) 하지만 우리가 용서한다면, 정의가 사라지는가? 사실상 이 서신의 전체적인 항목은 너무 유약하지 않은가? 만약 우리가 온유와 용서를 보인다면, 우리는 적대적인 세상에 의해 무시를 당하지 않겠는가? 본문은 이 세상의 위험과 폭력성에 대해서 순진할 것을 권면하지 않는다. 하지만 그것이 온유와 용서가 필요한 정확한

45. G. B. Caird, *The Language and Imagery of the Bible*(Philadelphia: Westminster, 1980), 20-25을 보라. 사례: "나는 당신들을 남편과 아내로 선언한다", "이 대화는 이제 끝났다", "너는 죄인이 아니다."

46. Abraham Joshua Heschel, *Quest for God: Studies in Prayer and Symbolism*(New York: Crossroad, 1990), 25. 또한 p. 98을 보라. "말은 영혼을 갖고 있고, 우리는 말을 사용하는 삶에서 통찰을 얻는 방법을 배워야 한다."

47. p. 280을 보라.

이유일지도 모른다. 죄가 죄를 낳고, 폭력은 폭력을 낳는다. 크리스천은 복수를 하지 않음으로써, 또 다른 사람들에 대해서 개인의 권리를 주장하지 않음으로써, 주기(사이클)를 깨뜨릴 필요가 있다. 이것이 바로 그리스도와 함께 죽은 것의 일부다. 유약한 사람들은 그 일에 적용되지 않는다. 유약한 자는 용서할 수 없다. 오직 강한 자만이 자기를 포기하고 용서하는 근원을 갖는다. 기독교 윤리는 힘 그리고 그 힘을 어떻게 적용할지를 아는 지혜를 요구한다.

정의를 간과할 수는 없다. 우리 대부분은 '우리의' 권리가 침범을 당할 때 정의를 원하지만, 우리의 잘못에 대해서는 용서를 원할 것이다. 바울은 이미 용서와 정의가 양립할 수 있는 방법을 이미 지적했다. 사랑 안에서 진리를 말하라(4:15). 정의는 다른 사람에 대한 거부가 아니라, 대가, 반환, 그리고 방지에 관한 평가를 포함하여 진리를 말하는 것이다. 용서는 책임의 부재가 아니다. 과거의 잘못된 것이 현재의 관계를 망가뜨리지 않게 하는 것이다. 하지만 정의에 대한 우리의 관심은 외적인 표준에 대한 관심이냐 사람들에 대한 관심이냐? 정의는 사람들을 '위해' 존재한다—심지어 정의가 벌을 심사할 때조차도 마찬가지다. M. 제르윅(Zerwick)이 "네가 정의롭기를 원한다면 자비로워라"고 말한 것은 바로 그 때문이다.[48]

죄를 위한 희생. 아마도 이 항목을 적용하는데 가장 어려운 부분은 그리스도의 죽음에 관한 말씀이다. 우리는 인간의 곤경이 절망적이고 하나님의 진노를 받아 마땅하는 사실을 동의하는데 문제가 없을 것이다(2:1-3; 4:17-19). 하지만 예수가 어떻게 우리를 위해서 자기 자신을 주실 수 있고, 또 그 희생의 개념이 타당한가? 이 문제는 이전의 에베소서에서 접했다. 특히 2:14-18에서 말이다.[49] 여기서의 관심은 윤리에 동기부여를 주는 것이다.

희생의 개념은 중요하다. 정확히 이 세상에서 적대와 죄로 인해서 예수가 인간의 곤경과 동일시하시고 그 곤경과 벌을 취하였다. 그는 자신을 내어주시고 그렇게 함으로써 인간과의 유대를 발전시키셨다. 그것이 그의 소명이었다.

희생의 이런 유형은 하나님이 그의 분노를 없애시는 것을 묘사한다.[50] 우리의 하나님은 우리로부터 멀리 계시는 하나님이 아니라 우리를 돌보시고 공감하시는 하나님이시다. 우리는 하나님이 주신 명령을 범했지만 그는 자기를 주시는 사랑으로 응답하신다. 아버지 하나님은 아들의 행위에 의해 유화되어서 그저 초연히 계

48. Zerwick, *Epistle to the Ephesians*, 129.

49. pp. 164-167, 172-173을 보라; 또한 1:4-8; 2:4-7에 관한 언급을 보라.

50. 참조. 시 78:38; 85:2-3.

신 분이 아니시다.[51] 예수는 우리를 대신해서 죽으셨고(5:2), 우리는 그의 죽음과 부활에 참예했다. 자기를 주는 이 사랑은 하나님의 호의의 증거다. 이 희생은 그리스도의 순종 때문에 또한 인간을 하나님과의 관계로 회복시킴으로써 하나님을 기쁘시게 한다. 희생의 초점은 우리가 스스로 이룰 수 없었던 것을 우리를 위해 하나님이 이루신 것을 보이는 것이다.

현대적 의미

이 본문의 적용은 직설적이다. 그것은 순종을 요구한다. 우리는 세 가지 일반적인 요지로 시작할 수 있다. (1) 패턴을 유지하라, (2) 자기중심주의를 배격하라, (3) 당신의 의지를 활성화하라.

(1) 크리스천 윤리가 관계적이고 반영적인 윤리라면, 우리는 항상 우리 앞에 하나님의 성품의 유형과 우리의 관계적 실제를 유지시켜야 한다. "그리스도 안에"나 "몸"과 같은 이미지가 그러한 실제적인 중요성에 속하는 이유가 바로 그 때문이다. 우리는 우리에게 나타나지 않은 것을 반영할 수 없고, 우리가 보지 못한 것을 모사(copy)할 수 없다. 신학은 윤리를 이끌어가므로,[52] 신학은 의식적이고 활동적이어야 한다. 우리의 순종에 동기부여를 주는 것은 정확한 행동에 관한 지식이 아니라 하나님에 대한 지식이다. 하나님을 닮는 것은 압도적으로 난해한 개념이지만 하나님의 용서하시는 사랑의 경험은 이 모방을 필연적이고 자연스럽게 만들어준다.

(2) 하나님과 다른 사람들과의 관계에 대한 인식은 자기중심주의를 배격할 수 있는 열쇠다. 이 단락의 명령 중에서 어느 것도 주요한 관심이 자기 자신인 한 따를 수가 없다. 우리의 관심이 우리 자신보다 더 큰 것으로 이동할 때만이 사리사욕의 감옥에서 탈출할 수가 있다. 우리가 성령이 우리 안에 계신다는 것은 인식하고, 우리가 하나님께 속하였음을 드러내며, 성령의 지시 아래 우리 자신을 둔다면, 우리 자아를 섬기는 것을 막을 수 있다. 유사하게 다른 사람들과의 하나됨에 대한 인식이 그들을 함부로 대하거나 무관심하지 않을 것이다. 다른 이들이 축소된다면, 우리도 축소된다. 만약 그들이 번성한다면, 우리도 그들과 함께 번성한다.

(3) 이 명령에 대한 순종은 역시 의식적인 선택과 훈련을 요구한다. 그것은 우리

51. 1:6-8에서 하나님의 은혜가 그의 아들을 보내셨다. 2:4에서 하나님의 자비가 죽음에서 생명을 가져온다.

52. pp. 256-257.

의 본성과 반대되기 때문이다. 너무 자주 우리는 옛 자아가 불순종으로 이끌게 허락한다. 우리는 명령을 이해하고 순종을 선택해야 한다. 이것은 "행위 의"가 아니다. 우리가 하나님과 하나님의 임재에 반응하여 선택하는 것이기 때문이다. 그러나 인간의 의지와 훈련은 필연적이다. 하나님은 우리 위에 군림해서 행하시는 것이 아니라 우리와 함께(with) 행하신다.

고결, 고결, 고결. 하나님이 그 유형이라면, 고결은 그 결과다. 하나님은 진리로 특징지어지고, 그의 사람들도 역시 그러해야 한다(4:5을 보라).[53] 이것은 무엇보다도 우리가 하나님 안에서 진리를 식별하는 것을 의미한다. 그는 진리이시고, 그것으로 우리가 산다. 이것을 진지하게 취한다면, 그것은 우리를 거짓말로 살아가기를 추구하는 우리 사회의 많은 부분에서 분리시킨다. 연예산업은 환상과 왜곡을 창출하고, 진리를 그냥 지나치기를 추구한다. 우리 사회는 직접적인 쾌락이 목표라고 주장하고 죽음이나 우리의 행위에 대한 심판의 실제를 부정한다. 우리 주변의 거짓말들을 식별하고 도전해야 한다. 예를 들어, 어떤 사람이 "나는 더 이상 거짓말로 살아가지 않을 것이야, 그러므로 나는 나의 아내와 이혼할 것이야"라고 말할 때, 그는 고결성을 향하고 있지 않다.

고결성은 고통스러울 때조차도 진리를 말하는 계속된 헌신을 요구한다. 하지만 그러한 상황에서조차도, 진리를 사랑 안에서 말해야 한다. 우리는 속임수의 혜택을 허락해서는 안 된다. 우리의 이웃은 우리의 일부이며, 거짓말하는 것은 우리와 그들을 망가뜨린다. 법정에서건 식탁에서건, 크리스천은 진실을 보증하는 맹세를 필요로 하지 않는다.

하지만 우리는 우리의 현 상태보다 더 좋게 보이려고 거짓을 행하고 있지는 않은가? 사람들이 우리가 참으로 어떤 사람인지를 안다면, 그들은 우리를 거부하지 않을 것인가? 그러나 아마도 우리가 개인적으로 알고 있는 퇴락은 우리 모두가 공유하고 있는 퇴락이고 우리는 그것에 대해서 진실할 필요가 있다. 그렇지 않다면, 우리는 순결을 위장한 가면 뒤에 숨어서 우리의 죄를 진정으로 다루지 못할 것이다. 본문은 투명성, 즉 적절한 것과 관련해서 지혜로 인도되는 열려 있음을 요청한다. 죽음은 우리가 관장하는 주제가 아니다. 그러므로 이 문제에 대해서 왜 우리는 더 직접적으로 논하지 않는가? 성욕이 우리를 자주 사로잡음으로 우리는 보다 직접적인 상황에서 그것을 논하고 다루어야 하지 않는가? 우리는 우리의 자아에 대

53. 진리의 적용에 관한 논의에 대해서는 pp. 254-255, 265-267을 보라.

해서 왜 보다 솔직하지 못한가? 우리는 진실을 말함으로써 우리 자신을 실제적이게 만든다.

우리가 거짓말하는 방식 중에 하나는 과장이다. 우리는 좀더 좋게 들리게 하는 이야기를 원하고, 우리의 행위가 좀더 칭찬을 받게 만들기 원하거나 다른 이들이 좀더 천하게 보이게 만들기를 원한다. 하지만 과장함으로써 우리는 이런 실제를 왜곡한다. 아주 죄스러운 과장을 하는 사람들 가운데 목사들이 들어 있다. 그들은 하나님을 보다 놀랍게 보이게 하고 자기 자신을 강력하게 보일 수 있도록 일방적인 진술을 큰 소리로 외친다. 하지만 하나님은 과장을 필요로 하지 않으신다. 사람들은 과장에 반응하지만, 그러한 용어는 자아 지향적이고 복음증거와 영적인 건강에 해롭다. 목사들은 단편적인 강조가 아니라 모든 진리에 합당한 균형적인 방식으로 진실을 말함으로써 말씀의 고결성으로 인도해야 한다.

이 본문은 역시 재물에 대한 고결성으로 이끈다. 당신은 동일한 문장에 도둑질과 하나님을 닮는 것을 둘 수는 없다. 자기중심주의는 "방법이 무엇이든 간에 네가 얻을 수 있는 것을 취하라"고 말한다. 하나님 중심주의는 필요에 합법적으로 응답할 수 있는 경계선을 그린다. 도둑질을 정당화할 수 있는 합리화는 허락되지 않는다. 변명이 있을 수 없다. 어떤 도둑질은 재물을 직접적으로 훔치는 것일 수 있고, 우리 사회에서 도둑질의 많은 부분은 가게에서 물건을 훔치거나 고용인에 의한 도둑질이다. 도둑질의 또 다른 형태는 속임수와 거짓에 더 가깝다. 사람들은 사업에서 속이고, 자금을 구애하며, 시험지를 훔쳐보며, 또는 정부에 세금을 보고하는 일에서 속임수를 쓴다. 심지어 어느 누구가 알지 못한다할지라도 크리스천들은 어떤 종류의 도둑질이라도 관여되어서는 안 된다. 중요한 것은 우리 자신의 자아 이해와 하나님에 대한 우리의 관계에 있다. 다른 사람들과의 관계와 하나님의 고결성을 증거하는 우리의 능력은 말할 것도 없다.

많은 면에서 고결성은 이 전체 단락의 주제다. 즉 복음의 목적은 우리의 존재에 고결성을 세우는 것이다.

적대가 아니라 도움. 우리는 적대적인 세상에 살고 있다. 우리 모두는 폭력이나 학대를 두려워하고, 따라서 우리 권리의 모든 부분을 보호하면서 조심하는 경향이 있다. 우리 모두는 잘못 대해질 수가 있고, 그것은 우리로 하여금 자기변호에 적극적이게 만들거나 아주 혐오감을 갖고 다른 이들을 해롭게 하는 것으로 복수할 수 있다. 우리의 제도와 운동에서 발생하는 실패와 폭력은 우리를 적대와 냉소주의로 밀어 넣는다. 크리스천은 변호적이고, 의심하며, 앙심을 품을 수 있다. 복음의 신학에 대한 이야기가 자기중심주의를 완전히 근절하지는 못한다. 결과적으로 교회가 필요로 하는 솔직함이 그곳에 없다. 교회는 하나님의 관대한 은혜를 나타내지 못한다.

"적대적인 크리스천"은 모순어법이다. 우리는 적대를 도움으로 바꾸어야 한다. 적대와 냉소가 나타나는 주요한 장소는 가정이다. 우리에게 가장 가까운 사람들이 문제의 책임이 있다고 가정하고, 그 문제를 해결하는 것에서 실패했을 때 그들을 앙갚음을 위한 손쉬운 대상으로 만들기 때문이다. 에베소서 5장과 6장은 가정에 초점을 맞출 것이지만 이 단락이 먼저 가정에 적용될 필요가 있다. 가정이 쓴 뿌리와 분노, 고함, 또는 학대와 폭력으로 특징지어진다면 어느 누구도 기독교 신앙을 말할 수 없다. 보통 우리의 분노는 참으로 문제가 되지 않는 작은 것들에 반응해서다. 그리고 분노가 두려움이 내재해 있지 않은 곳에서 불쾌감을 표현하는 하나의 선택이기 때문에 분노는 잘못된 사람에게 가장 자주 방향이 맞추어지게 된다. 분노의 희생자는 보통 그 원인자가 아니라, 그들은 단순히 같이 하고 있는 사람들이다. 즉 그들은 전혀 위협이 되지 않는 사람들이다—여성들, 자녀들, 또는 힘이 없는 사람들, 우리가 안전을 보증해주어야 하는 바로 그런 사람들이다.

교회 내에서 쓴 뿌리와 적대에 역시 대처해야 한다. 쓴 뿌리의 첫 번째 단계인 냉소는 자주 세상의 잘못됨에 대한 변호이고 대처의 수단이지만, 그것이 가능성을 훼손하고 닫아버리기 때문에 역시 죄다. 냉소는 목사들과 교회 지도자들에게 가장 위험한 요소 중에 하나라고 말할 수 있다. 그들은 교회의 실패를 너무 잘 알고 있기 때문이다. 피상성과 실패에 대한 냉소를 갖기보다 사랑 안에서 진리를 말하고 적절히 행동하는 것이 더 좋다. 우리는 그 일을 하기에 충분히 용기가 있는가?

분명히 이 본문은 4:2에서 언급된 온유와 관용의 사랑을 추구한다. 본질적으로 이것은 우리가 사람들로부터 받고 베풀고 있는 환대의 문제다. 너무 자주 우리의 태도는 거슬리고 거친, 또는 기껏해야 무관심을 전달한다. 그 대신에 사람들이 우리 안에서 환대와 선한 의지를 발견하게 할 필요가 있다. 그들이 교회 안에서 안전하고 도움을 위한 근원을 발견할 수 있다는 것을 알게 해야 한다. 그리스도의 몸은 적대를 도움으로 바꾼 사람들로 구성된다. 크리스천은 건설자이지 파괴자가 아니다. 그들은 다른 이들이 갖는 필요들에 응답해서 생산적이 되어야 한다. 그들의 말은 유익한 말이 되어야 하고,[54] 그들의 행위는 유용한 행위가 되어야 한다. 목표는

54. 바울은 5:4과 12절에서 더욱 긴밀하게 언어에 관한 주제를 다룰 것이다(pp. 335, 342, 349을 보라).

공동체를 세우기 위해서 사람들에게 투자하는 것이다. 우리는 우리 자신만을 단순히 돌보도록 허락되지 않는다.[55]

도움보다 더욱더 해가 되지 않는가? 그러나 도우려는 시도가 문제를 더 악화시킬 수 있다. 사람들이 도움에 의존적이 되고 자원을 고갈시킬 수 있다. 이때에 복지 제도가 무능해지고 부패해진다. 모든 교회가 크리스천의 선한 의지를 녹여버리는 반 신불수적인 사람들이 있음을 알고 있다. 게다가 어떤 이들은 너무 깨져 있어서 그것을 고칠 수가 없다. 이 본문의 이상주의는 참으로 작용하는가?

물론 작용한다. 모든 필요를 충족시키고 모든 사람들을 "고칠" 수는 없다. 인간의 퇴락과 이 세상의 망가짐은 강력한 세력이고, 이는 구속의 날까지 계속된다. 도움이 현명하지 않은 방식으로 주어질 수 있으나 만약 도움이 없다면 어느 누구도 그것을 고칠 수가 없다. 하나님은 크리스천들에게 상호적으로 그리스도 안에서 연합을 교훈할 것을 요청하셨다. 그것은 우리의 임무이자 정체성이다. 우리는 생산적이고 유익하게 살아야 하며, 이는 우리가 옳고 선한 것을 '위해' 싸워야 한다는 것을 의미한다. 그렇지 않다면, 우리는 거의 확실히 잘못된 것에 '대항해서' 나중에 싸워야만 할 것이다.[56] 당신은 사람들을 도와줌으로써 의를 위해 싸운다.

목표는 일부 크리스천들이 다른 이들을 돕는 것에 있지 않고, 모든 이들이 서로 돕는 것이다. 우리 모두는 공동체가 응답해야 하는 필요들을 갖고 있다. 그리스도의 몸에 참여하는 것은 일을 회피하거나 이득을 취하는 것을 허락하지 않는다. 사람들은 자신을 위한 책임을 가져야 하며 다른 이들을 도와야 한다(문제가 있음에도 불구하고 말이다). 하나님이 돌보시고, 또 하나님이 돌보시기 때문에 그의 백성들도 돌본다. 설사 그들의 유일한 자원은 간구하는 것이라 할지라도 말이다.

말은 쉽다. 도움은 희생이 따른다. 때로 사람들의 필요가 아주 깊어서 단순히 생각으로만 돕는 것은 오히려 좌절을 안길 수 있다. 우리는 치명적인 알코올 중독에 빠진 자녀들이나 자급할 수 있는 기술이나 의지가 없는 성인들을 어떻게 도울 수 있는가? 자주 유일하게 가능한 방법은 공동체적인 것일 수 있다. 우리는 물론 모든 필요들을 충족시킬 수는 없지만 그들의 필요에 눈을 감거나 개입하지 않는 것은 그리스도 안에 있는 것이 의미하는 바와 모순될 수 있다.

---

55. 가난한 자를 억누르지 말고 하나님 앞에 빈손으로 나타나지 말라고 제기하는 신 15-16장을 보라. 헌물은 주님이 복 주신 방식에 비례해서 가져와진다.

56. Heschel, *Quest for God*, 148은 이 요지를 만듦에 있어서 아주 강력하다. 그는 화목제단에 희생제물을 가져오지 않는 것은 전쟁의 제단에 드려져야할 것을 요구한다고 지적한다.

용서. 용서는 그리스도 안에서 하나님이 우리를 용서하신 것에 기초해 있다. 하지만 교회와 가정에 수많은 분열과 갈등이 증거하는 것처럼, 크리스천은 용서를 기꺼워하지 않는 것으로 보인다. 크리스천이 앙심을 품고 어찌 그토록 오랜 세월을 지낼 수 있는가? 용서가 부여된다할지라도 우리는 장래의 전투에서 사용하기 위해서 그 불쾌함을 간직한다. 컨츄리 송이 들려주는 것처럼, "우리는 화해하지만 특별한 일로 표시해둔다.!" 우리는 용서하는 것에 늦다. 용서가 정의와 보상을 간과하는 것으로 보이기 때문이다. 하지만 대부분 용서를 거절하는 것은 정의의 높은 의미에서 발원하는 것이 아니라 자기중심주의에서 유래한다. 얼마나 어리석은가! 어떤 사람이 말한 것처럼, "용서를 기꺼워하지 않는 사람은 그가 반드시 건너야 하는 다리를 부셔버리는 것이다." 게다가 하나님 앞에서 우리의 권리를 주장하는 것은 어리석다. 하나님이 그 위에 계시기 때문이다. 신약성경은 용서하지 않는 사람은 용서를 받지 못할 것이라고 우리에게 확증한다. 에베소서 4:32은 "황금률"을 바꾸어놓는다. 우리는 하나님이 우리에게 행하신 것처럼 다른 이들에게 행할 것을 요청받는다. 우리는 우리가 행하는 방식으로 우리가 누구에게 속하였는지를 보여준다.

그러나 용서는 정의를 간과하지 않는다. 하나님은 확실히 그러하시며, 다시 한번 열쇠는 사랑 안에서 진리를 말하는 것에 있다. 용서는 그 죄를 필연적으로 잊어버리거나—그 고통이 너무 깊어서 잊을 수가 없을 수 있다—보상을 간과하지 않는다. 죄의 본질이 반응을 결정짓는다. 용서가 이루는 것은 쓴 뿌리와 악의 그리고 복수를 거부하는 것이다. 우리는 다른 이들의 행위를 제어할 수는 없지만 용서를 선택함으로써 우리 자신의 반응을 제어할 수 있다.[57] 우리는 다른 이들이 불쾌하게 했음에도 불구하고 그들을 소중하게 여길 것을 선택하고 하나님 앞에서 그 사람에게 좋은 일이 일어나기를 바랄 것을 선택한다. 용서는 역시 관계를 회복시키거나 적어도 그들이 회복될 수 있는 기초를 놓는다. 하지만 용서는 과정이고 필연적으로 즉시 일어나지는 않는다. 죄의 본질과 용서하는 사람의 성숙이 그 과정의 성격과 시간을 결정지을 것이다. 하지만 용서는 필수적이고, 그 과정에서 쓴 뿌리가 자리를 내리고 자라게 할 수는 없다.

수시로 계수하기. 크리스천은 이 단락과 다른 단락들에서 하나님과 수시로 계수

---

57. Malone, "Exploring Human Anger," 38은 "그러므로 다른 사람을 용서함으로써 우리는 우리 자신에게 능력을 부여한다"고 덧붙인다.

하는 것을 권면 받는다. 이 계수는 주로 다른 사람들을 다루는 방식과 주로 관련이 있으므로 우리는 하나님 '과' 다른 사람들과 수시로 계수하는 것이 필요하다. 필립스(H. B. Phillips)는 4:26b을 "결코 잠자리에 분을 담아두고 가지 말라"고 번역했다.[58] 이것은 결혼한 부부와 가정에게만 좋은 조언이 아니라, 우리 모두를 위한 조언이다. 우리는 즉시 분노와 악의와 용서의 필요를 다루어야 한다. 문제에 대한 무관심은 그것을 더 악화시킨다.

사업 전문가들이 정의하는 것처럼 탁월함은 많은 작은 것들을 잘 하는 것이다. 크리스천들은 많은 작은 일들을 잘 해야 한다—경로를 유지하고, 관심을 가지며, 사람들을 육성하는 것. 하나님과 더불어 규칙적이고 빈번한 점검을 하는 습관은 우리가 근심할 것인지 성령을 기쁘게 할 것인지를 결정하는데 필수적이다. 우리는 분노에 젖어서 앙심을 육성할 것인가 재빨리 용서를 할 것인가? 우리는 하나님이 우리를 대하신 것을 반영하고 있는가 우리 자신을 위해 요구하는 것과는 다른 기준을 다른 사람들에게 둘 것인가? 우리는 주고 세우는 자인가 뺏고 파괴하는 자인가? 다른 방식으로 말한다면, 예수의 자기를 주시는 희생이 하나님에게 기쁨의 향기였다면, 우리의 삶은 그러한 기쁨의 향기를 낼 것인가 썩은 내를 풍길 것인가?

요약적인 방식으로 이 본문을 적용해보자.

(1) 당신의 혀를 조심하라. 혀가 진리를 말하게 하고, 세우게 하며, 파괴하지 않게 하라.
(2) 당신의 손과 발을 조심하라. 손과 발이 재산을 존중하며, 나누어 줄 수 있도록 일하게 하라.
(3) 당신은 그리스도 안에서 사람들의 일부이다. 사람들을 온유함으로 양육하라. 어느 것도 악의와 분노로 행하지 말라.
(4) 당신은 하나님께 속하고 그의 영은 당신 안에 있다. 하나님이 당신을 대하신 것처럼 다른 사람들을 그렇게 대하라. 용서하고, 사랑하라.

58. *The New Testament in Modern English* (London: Geoffrey Bles, 1960).

에베소서 5:3-14

3 음행과 온갖 더러운 것과 탐욕은 너희 중에
서 그 이름조차도 부르지 말라 이는 성도에
게 마땅한 바니라
4 누추함과 어리석은 말이나 희롱의 말이 마
땅치 아니하니 오히려 감사하는 말을 하라
5 너희도 정녕 이것을 알거니와 음행하는 자
나 더러운 자나 탐하는 자 곧 우상 숭배자
는 다 그리스도와 하나님의 나라에서 기업
을 얻지 못하리니
6 누구든지 헛된 말로 너희를 속이지 못하게
하라 이로 말미암아 하나님의 진노가 불순
종의 아들들에게 임하나니
7 그러므로 그들과 함께 하는 자가 되지 말라
8 너희가 전에는 어둠이더니 이제는 주 안에
서 빛이라 빛의 자녀들처럼 행하라
9 빛의 열매는 모든 착함과 의로움과 진실함
에 있느니라
10 주를 기쁘시게 할 것이 무엇인가 시험하여
보라
11 너희는 열매 없는 어둠의 일에 참여하지 말
고 도리어 책망하라
12 그들이 은밀히 행하는 것들은 말하기도 부
끄러운 것들이라
13 그러나 책망을 받는 모든 것은 빛으로 말미
암아 드러나나니 드러나는 것마다 빛이니라
14 그러므로 이르시기를 잠자는 자여 깨어서
죽은 자들 가운데서 일어나라 그리스도께서
너에게 비추이시리라 하셨느니라

원 의미

바울의 주제가 여전히 크리스천의 행위에 있을지라도, 변화가 분명히 5:3에 나타난다. NIV는 그것을 단락의 구분과 "하지만"(but)이란 단어를 사용하여 보여준다.[1] 4:25-5:2가 주로 크리스천이 적용해야 하는 습관과 연관되어 있는 반면에 5:3-14은 피해야할 것에 초점을 맞춘다: 성적인 죄, 말의 죄, 그리고 탐욕. 사실상 이 단위는 세상으로부터의 분리를 신약성경에서 가장 길게 다루는 분문 중에 하나다.

몇 가지 연관성이 5:3-14과 4:25-5:2에 있다: "선", "진실", 그리고 말의 죄. 특

1. 보통 헬라어 본문은 4:25-5:2의 다양한 명령들 사이에 접속사를 거의 두지 않는다. 그것은 5:3의 접속사를 강조해준다(역접의 '데').

출 나게 조명되고 있는 항목은 주로 일련의 반대되는 것들이다. 어둠과 빛, 거짓과 진실, 열매와 공실, 숨겨진 것과 드러난 것. 수치의 개념과 동역자정신이 역시 강조된다. 4:25-5:2와는 대조적으로, 14절에서 신앙고백을 제외하고선 구약성경에 대한 암시는 없다. 골로새서 3:5-8과의 평행들을 참조하라.

에베소서 5:8은 특별한 관심을 받을 만하다. 그것은 전체 서신의 효과적인 요약을 제공하거나 그 문제에 대해서 바울신학의 효과적인 요약을 제공한다. 윤리적인 가르침과 관련하여 "걷다"(NIV, "살다")를 사용한 것과 더불어 이 구절은 "이전-이제"의 대조, 주안에 있는 존재의 개념, 그리고 직설법과 명령법의 조화가 들어 있다.

구조. 이 단락은 두 항목으로 쉽게 나뉘지만, 이 구분이 실제로 어디에 있는가에 관한 문제가 있다. NIV는 단락 구분을 5:8에 두는 반면에 UBS 헬라어 본문은 그 구분을 5:6에 둔다. 7절이 뒤이어지는 것과 조화되기 때문에 가장 좋은 설명은 7-14절이 전반부에 대한 설명을 제공하면서 후반부(11-14절)와 한 단락을 형성한다는 것이다.[2] 4:25-5:2에서처럼, 명령의 순종에 대한 신학적인 동기는 전체 단락에 산재해 있다. 이 단락은 다음과 같이 전개된다.

5:3-6: 수치스러운 죄를 피하라는 명령
　5:3: 성적인 죄와 탐욕을 피하라는 명령
　　동기부여: 하나님의 백성들에게 적합한 것
　5:4: 말의 죄를 삼가고 도리어 감사하라는 명령
　　동기부여: 그러한 죄는 "적합"하지 않다
　5:5 '양 명령을 위한 동기': 그러한 죄는 하나님 나라를 상속받지 못하게 한다
　5:6 동기부여가 강조적으로 재진술된다: 하나님의 진노는 불순종하는 자에게 임한다
5:7-14: 크리스천과 불순종자와의 관계
　5:7-10: 크리스천의 본질은 불순종하는 자와의 연관을 차단해야 한다
　　5:7: 그러한 사람들과 같이 하는 자가 되지 말라는 명령

2. Lincoln, *Ephesians*, 316-17은 번역에서 6절에 단락의 구분을 두고 있음을 참조하라. 하지만 구조에 관한 그의 언급에서 이 단락은 두 주요한 범위에서 파생한다고 말한다: 3-6절과 7-14절.

5:8a: 동기부여: 이전에 어둠과 현재의 빛

5:8b: 대조되는 명령: 빛의 사람으로 살라

5:9-10: 빛의 삶에 관한 삽입구적인 설명

5:11-14: 구분되고 빛으로 사는 삶에 관한 설명

5:11a: 불순종하는 자들의 행위에 참여하지 말라는 명령

5:11b: 오히려 그러한 사람들을 타이르라

5:12-13: 동기부여: 불순종자들의 행위의 부끄러운 특징과 빛의 드러내는 본질

5:14: 확증: 이전의 신앙고백에 관한 말들

부끄러운 죄를 피하라(5:3-6)

성적인 죄와 탐욕. 5:2에서 그리스도의 자기를 내어주는 본질로부터 5:3의 자기 방종으로의 전환이 두드러진다. 언급된 세 가지 죄－"성적인 부도덕성"('포르네이아'), "불결"('아카다르시아'), 그리고 "탐욕"('플레오넥시아')－는 이미 4:19에서 언급했다. 두 번째 죄와 세 번째 죄는 양 단락에서 동일하지만 4:19에서 첫 번째 죄는 "방탕"('아셀게이아')이다. 갈라디아서 5:19은 '프로네이아', '아카다르시아', 그리고 '아셀게이아'를 "육체의 행위"의 첫 번째 설명으로 열거하는데, 이 모든 세 가지는 분명히 성적인 죄와 관련된다.[3] NIV는 그것을 보여주지 않지만, "성적인 부도덕성"과 "불결"은 5:3에서 나란히 연결된다(또한 골 3:5을 보라). "불결"("더러운 것"－개역개정)은 "온갖"이 첨가되었을지라도 주로 성적인 죄를 가리킨다.[4] "탐욕"은 성적인 욕심을 포함할 수 있는 분리된 죄로 추가되고 있지만, "더 많은 것을 가지려고" 욕심을 내는 것을 가리킨다.[5]

'프로네이아'는 어느 성적인 죄를 망라하는 넓은 용어다.[6] 그것은 근친상간(고전 5:1), 난잡함(살전 4:3), 창녀와의 성적인 관계(고전 6:13), 또는 은밀한 성적인

---

3. 약간 다른 순서로 동일한 세 가지가 고후 12:21에서 나타난다.

4. "온갖 더러운 것"(불결[impurity])이란 말은 문자적이거나 의식적인 불결함을 포함하여 어떤 깨끗하지 못한 것에 대해서 사용할 수 있다. 또한 이 용어가 성적인 죄에 대해 사용되는 롬 1:24을 보라.

5. 이 용어의 동사 형태가 성적인 기만을 묘사하기 위해서 살전 4:6에서 사용된다는 것을 참조하라.

6. 참조. Testament of Simeon 5:3에서 "간음은 모든 악의 어미이다. 그것은 하나님과 분리시키고, '간음에 빠진 사람들'을 벨리알에게로 데려간다."

관계들(요 8:41)를 가리킬 수 있다. 그것은 또한 배교나 우상숭배에 대해서 비유적으로 사용되는데, 구약성경이 야훼를 그의 백성들의 남편으로 형상화했기 때문이다(게 2:20-21을 보라). '플레오넥시아'("더 많은 것을 가지려는 욕심")는 여기서와 골로새서 3:5에서 "우상숭배"와 동일시된다. 이런 동일시의 배후에는 유대인들이 우상숭배를 모든 죄의 근원으로 또한 모든 죄를 포괄하는 죄로서 탐욕을 이해한데 따른 것이다.[7] 탐욕은 모든 다른 죄를 자극하고, 벤겔(J. A. Bengel)이 지적한 것처럼, 하나님으로부터 멀어지게 하는 가장 지극한 반항의 행위다.[8] 욕심은 하나님을 대신한다. 하나님보다 욕심이 삶을 결정짓기 때문이다.

"하나님의 성도들에게 부적절하기 때문에 너희 중에서 어느 암시도 있게 하지 말라"(NIV)로 번역된 말들은 직역하면 "[이 죄들이] 너희 중에서 거론되지 않게 하라 이는 성도에게 마땅한 바니라"이다. 어떤 이들은 바울이 이 죄를 언급조차 원치 않았다고 주장할지라도(12절을 보라), NIV가 이 죄가 크리스천이 의미하는 바와 전적으로 반대된다고 말하는 것을 강력한 방식으로 표현한 것은 옳다. 이 구절의 양 반절(halves)은 부적절한 성적인 죄와 탐욕이 어떻게 하나님이 제쳐두신 사람들 사이에 있는지를 보여주는 것으로 의도되어 있다.

말의 죄(5:4). 이 구절은 4:29의 확장이다. 이 구절에서 말의 죄의 세 가지는 신약성경의 다른 곳에서는 나타나지 않지만, 동족어가 "부끄러운 말"('아이스크로테스', 예를 들어, 골 3:8을 보라)로 번역된 용어에서 나타난다. 이 어근은 수치스럽거나 모욕적인 것을 표현한다. 이 용어가 폭넓은 언급을 가질 수 있었을지라도, 여기서 말에 관한 두 용어와 짝을 이룬 것은 바울이 부끄럽고 추잡한 말에 대해서 관심이 있다는 것을 나타내준다. "어리석은 말"('모롤로기아')은 어리석은 자의 말(명철이 없는 자)을 암시하고 구약성경의 지혜문헌에서 어리석은 자에 대한 빈번한 정죄를 상기시킨다. "상스러운 농담"("희롱의 말"–개역개정, '유트라펠리아')은 보통 신약성경 이외에서는 긍정적인 의미를 갖지만 여기서는 분명히 부정적인 의미를 갖는다. 그것은 쉽게 바뀌는 어떤 것, 즉 이중적인 의미를 갖는다–본질적으로는 악의가 없는 말이지만 외설스러운 내용을 갖는 것으로 바뀌었다. 그러한 말은 신자들에게 적합하지 않다.[9]

---

7. 솔로몬의 지혜서 14-15, 특히 14:12, 27-28을 보라. 유다의 유언 19.1은 돈 사랑을 우상숭배의 확실한 길로 간주한다. 죄와 롬 7:7-12에서 율법에 관한 바울의 논증은 탐내지 말라는 명령에 초점을 맞추고 있음을 유념하라(참조. 또한 마 6:24; 딤전 6:10).

8. J. A. Bengel, *Gnomon of the New Testament*(Edinburgh: T. & T. Clark, 1877), 3:102.

하나님의 백성들에게 적합한 것은 "감사"다.[10] "감사하다"란 어군은 에베소서의 다른 곳으로는 오직 1:16과 5:20에서만 나타나며, 후자 즉, 5:20은 성령으로 충만함의 표지로서 감사를 가리킨다. 감사는 바울의 사상에서 중요한 요소다. 감사는 크리스천의 기본적인 태도다. 감사는 하나님, 하나님의 은혜, 그리고 자신의 바람보다 하나님의 바람에 관심을 둔다.[11] 오 브리엥(P. T. O'Brien)은 이 용어는 사실상 크리스천의 삶과 동의어라고 주장한다[12](특히 롬 1:21; 14:6; 고후 4:15; 골 3:17을 보라).

경고의 형태 속에서 동기부여(5:5-6). "너희도 정녕 이것을 알거니와"는 직역하면 "너희가 이것을 알고 있는 것을 알고 있다"이다. 바울은 독자들에게 이미 알고 있는 정보를 상기시키고 있다. 즉 성적인 죄와 탐욕은 하나님의 백성들에게 적합하지 않고 그러한 죄를 저지르는 사람들은 그리스도와 하나님의 나라를 상속받지 못할 것이다.[13] 상속의 용어는 하나님으로부터 선물로 받거나 소유하고 있는 것을 표현하는데 자주 사용된다(참조. 고전 6:9-10; 갈 5:21).

그 경고가 6절에서 강화된다. 그러한 죄를 행하는 자들은 그 나라에서 배제될 뿐 아니라, 보다 무서운 운명이 하나님의 진노의 형태로 그들을 기다리고 있다. "임하나니"(comes)는 현 세상에서 시행되는 하나님의 진노(롬 1:18-32처럼)나 종말에 하나님의 심판하시는 진노로 이해할 수 있다. 일부 학자들은 현재와 장래가 동시에 의도되고 있다고 주장하지만 주요한 언급은 마지막 심판 시에 진노에 있는 것으로 보인다.

---

9. 3절에 "부적절한"(improper, "마땅한 바니라"—개역개정)과 4절에 "마땅치 아니한"(직역하면 "적합하지 않은 것들")은 스토아 철학적인 논증에서 유명한 표현들을 반영한다(또한 행 22:22; 롬 1:28; 골 3:18; 몬 8).

10. 헬라어 본문은 감사('유카리스티아')와 희롱의 말('유트라펠리아') 사이에 언어유희를 갖는다.

11. Zerwick, *Epistle to the Ephesians*, 138.

12. P. T. O'Brien, "Thanksgiving Within the Structure of Pauline Theology," *Pauline Studies*, eds. Donald A. Hagner and Murray J. *Harris*(Exeter: Paternoster, 1980), 50-66, 특히 62. 그는 또한 바울이 어떤 다른 헬라어 저자와 이교도 또는 기독교인보다 더 감사의 용어를 사용하고, 감사의 용어는 우리가 보통 찬미로 이해하는 것과 유사하다고 지적한다.

13. NIV 각주에서 대안적인 "'그' 그리스도와 하나님의 나라"는 "하나님"으로 그리스도를 이 본문이 가리키는지에 대한 논쟁을 반영하고 있다. 헬라어 본문은 "그리스도"와 "하나님"을 선행하는 한 관사를 갖는다. 보통 이것은 두 용어들에 대해 언급하는 한 실재를 가리킨다. 그러나 헬라어에서 관사의 있고 없음은 항상 쉽게 설명할 수가 없다. 특히 명칭과 이름과 관련해서 그렇다. "하나님"이 여기서 역시 그리스도로 귀결된다는 것을 가정하는 것은 위험하다. 특히 에베소서가 다른 곳에서 이런 요지를 만들고 있지 않다(확실히 동일시에 관한 어느 내용도 없이 하나님과 예수 그리스도 앞에 관사를 사용하는 딤전 5:21과 딤후 4:1을 참조하라).

6절의 어휘는 2:2-3과 4:14, 22을 상기시킨다. 그 때문에 바르트(M. Barth)가 이 구절을 크리스천들과 크리스천들의 징계를 가리키는 것으로 독법한 것은 잘못이다.[14] 크리스천들이 고린도서신이 보여주는 것처럼 그러한 죄를 지을 수 있으나 바울의 독자들이 그러한 죄를 행하고 있었다는 증거가 여기서 없다. 그들이 그러한 죄를 짓고 있었다면, 그는 보다 직접적으로 그 문제를 이야기했을 것이다. 이 단락은 신자와 불신자간에 강력한 대조를 가정하고 있다.

이 다가올 진노에 관한 정확한 본질은 바울 서신에는 명확하게 나타나 있지 않다. 그는 '하데스' 나 '게헨나' 와 같은 "지옥"에 대한 용어들을 사용하고 있지 않고, 하나님의 진노와 심판을 주장하고 있었을지라도, 사도는 그 벌이 무엇인지를 거의 설명하지 않는다. 임할 심판의 가장 강력한 표현은 데살로니가후서 1:8-9에 있다("주님의 임재로부터 차단되고 영원한 멸망에 이른다"). 분명히 벌은 끔찍하지만(롬 2:9), 바울은 심판을 묘사하는 것을 상당히 유보한다. 하지만 이 유보가 벌의 실제에 대해 의심하는 것으로 오역해서는 안 된다. 심판의 전제가 없다면, 구원을 말할 필요가 없다. 동시에 우리는 이 본문과 달리 바울 서신에서 심판에 대한 거의 80번의 언급 가운데 60번이 크리스천들에게 주어지고 있다는 것을 기억해야 한다.[15]

크리스천과 불순종자와의 관계(5:7-14)

그러한 사람들과 같이 하지 말라(7절). 이 구절은 7-14절의 서언으로 기능한다. "파트너"('쉼메토코이')로 번역된 용어는 사실상 복합어 형태인 "같이 하는 파트너" 또는 "동료 파트너"이다.[16] 더 단순한 형태는 전문적이고 법적인 의미에서는 항상 아닐지라도 사업의 파트너십에 대해 자주 사용된다.[17] 에베소서 5:7 복합어 형태는 신약성경에서 오직 3:6에서만 나타난다: 그리스도 예수 안에 있는 약속을 '함께 공유한 자.' 어느 사람이 그리스도에게 합류하고 그와 나누고 있다면, 그는 성적인 죄와 탐욕을 행하는 사람들의 삶을 공유할 수 없다(참조. 고후 6:14).

---

14. Barth, *Ephesians*, 2:566, 592-98. 저자가 교회 바깥에 부도덕한 사람들을 요약적으로 정죄하고 있지 않다는 그의 언급은 고전 5:9-13에서의 바울의 태도에 적합하지만, 그것은 엡 4:17-19에는 정당하지 않다.
15. 이 평가는 Herbert Braun, *Gerichtsgedanke und Rechtfertigungslehre bei Paulus*(Leipzig: J. C. Hinrichs' sche Buchhandlung, 1930), 44에서 가져온 것이다.
16. 그것은 에베소서에서 14번의 '쉰'(with) 복합어 중에 하나다. pp. 167-168, 199을 보라.
17. 더 단순한 형태가 히브리서에서와 사업 파트너에 관한 눅 5:7에서 사용되는데, 보통 그리스도, 성령, 또는 하나님으로부터의 어떤 것을 공유하거나 참여하는 것을 가리킨다.

빛으로 살라(8-10절). 이전에 지적했던 것처럼, 8절은 에베소서의 많은 부분과 일반적으로 바울의 신학을 멋지게 요약하고 있지만, 동시에 그 내용은 놀랍다. 1:18; 3:9; 4:18에서 빛과 어둠의 주제의 사용은 여기서의 근본적인 진술을 위해 독자들을 준비시킬 필요를 갖지 않는다. 다른 단락들도 제자들이 세상의 빛이거나(마 5:14) 빛을 갖고 있다거나 빛의 자녀(요 12:35-36)라고 언급한다. 아울러 요한복음 8:12에서 그리스도는 세상의 빛이며, 요한일서 1:5은 "하나님이 빛"이라고 주장한다. 하지만 우리는 "당신은 주안에서 빛이라"는 적나라한 진술을 예상하지 못한다. 어느 본문도 회심에 관한 설명에서 이만큼 강력하지 않다.

기본적인 사상은 바울의 "영향의 영역" 신학에 기초하고 있다. 사람들은 그들이 살고 있는 영역의 특징을 입는다. 그들은 언젠가 어둠 속에 살았고 어둠이었다. 그러나 이제 그들은 빛 속에 살고 있고, 빛이다. 그들은 물론 스스로가 빛은 아니다. 그들은 오직 "주안에서" 빛이다. 그들이 빛이신 분 안에 있을 때, 역시 그들도 빛이다.

이 구절은 서술형과 명령형을 혼합하고 있는 또 다른 명확한 사례다. 그러므로 명령형은 소망스러운 생각이 아니라, 복음이 말하는 참된 것을 따라 살라는 요청이다. 크리스천의 삶은 항상 하나님이 말씀하신 존재가 되라는 소명의 삶이다. 믿음의 삶은 그 말에서 하나님을 취하는 삶이다.

NIV의 "빛의 자녀들"은 "빛으로 특징지어지는 사람들"(즉, "빛의 사람들")에 대한 셈어적인 표현이다. 9절에 삽입구적인 설명은 그러한 삶이 어떠한지를 재빨리 요약해준다—"선, 의, 그리고 진리." 그것은 특히 4:20-5:2에서 이미 다루었던 요지를 독자들에게 상기시킨다.[18] 새로운 삶의 윤리는 "선한 행위들"이나 다른 사람들에게 혜택을 주는 것(4:28-29)에 초점을 맞춘다. 새로운 존재는 "사랑 안에서 진리"(4:15, 25)를 말하고, 예수 안에서 진리를 발견하며(4:20), 그리고 진리의 "의와 거룩"으로 창조된다(4:24). 5:9에서 삼중주는 미가서 6:8의 진술을 생각나게 하는데, 즉 하나님은 인간들이 의롭게 행하고, 긍휼을 사랑하며, 하나님과 함께 겸손히 행할 것을 요구하신다.

윤리는 항상 "주님을 기쁘시게 하는 것"으로 인도된다(5:10)—"성령을 근심하게 하지 말라"(4:30)는 말씀의 긍정적인 방식. "발견하다"(find out, '도키마조')로 번역된 단어는 "타당성을 결정하다"란 점에서 "검증하다, 살피다, 또는 식별하다"

18. KJV의 "성령의 열매"의 배후에 있는 텍스트의 변형은 분명히 열등한 것이고, 갈 5:22에 영향을 받는 것으로 보인다.

를 의미한다. 검증을 통과한 것은 "인정된"('도키모스') 것이다. 이 언어군은 바울의 윤리적 가르침에서 중요한 역할을 한다. 예를 들어, 크리스천이 하나님의 뜻이 무엇인지를 식별할 수 있도록 로마서 12:2에서 마음의 새로움이 발생한다. 빌립보서 1:10에서 바울의 기도는 신자들이 참으로 중요한 것이 무엇인지를 식별할 수 있도록 "분별력 있는 사랑"을 갖는 것이다. 데살로니가전서 5:21에서 독자들은 모든 것을 분별하고 선한 것을 붙들 수 있도록 가르침 받는다. 크리스천의 윤리는 대체로 분별의 윤리다.

빛이 작용하게 하라(5:11-14). 불순종하는 자들과 같이 하지 말라는 7절의 명령은 그들의 행동에 참여하지 말라는 명령과 함께 11절의 확장이다. NIV의 "관계하지 말라"는 잘못된 행위에 참여하거나 그것을 공유하지 말 것을 신자들에게 가르치고 있다.[19]

"어둠의 행위"[20]는 하나님이 바라시는 것을 생산하지 못하는 것을 의미하는 "무익한"이다. 그들은 어둠에 적합하고, 그리스도에 적합하지 않다. 그러한 행위는 하나님이 보시기에 가치 있는 것을 생산하지 못한다. 크리스천이 빛이라면 그들은 그러한 행위에 참여할 수 없다.[21]

그러나 바울이 요청하고 있는 분리는 물러나는 것이라기보다는 대결하는 것이다. "드러내라"("책망하라"—개역개정, 11, 13절)는 자주 어떤 사람을 교정하는 것이나 설득하는 뉘앙스를 담는다.[22] 이 대결이 행위에 의한 것인지 말에 의한 것인지는 논쟁이 되지만, 이 단락이 말로만의 대결과 관련이 있다고 주장하는 것은 너무 좁다. 어느 가이드라인도 대결에 대해서 주어지고 있지는 않을지라도, 분명히 바울은 지역적인 분리와 접촉의 회피를 생각한 것이 아니라 외설스러운 행동에 참여하지 말 것을 생각하고 있다. 결국 빛이 그 목적을 이루려면, 비그리스도인과의 접촉은 필요하다.

분명히 말하기도 부끄러운 것들은 3절에서 다루었던 성적인 불결을 가리킨다. 종교적인 의식과 관련한 은밀한 행위들이 그 배경에 있을 수 있었으나, 그것이 바울이 언급하고 있는 문제에 깔려 있는 것으로 보이지는 않는다. 그는 타락의 상세

19. 이 동사는 다른 곳으로는 오직 빌 4:14와 계 18:4에서만 나타나고, 상응하는 명사형은 롬 11:17; 고전 9:23; 빌 1:7; 계 1:9에서만 나타난다.
20. "어둠의 행위"를 형용사적 속격("어둠으로 특징지어지는 행위들")이나 근원의 속격("어둠에 그 기원을 갖는 행위들")으로 이해할 수 있었으나 아마도 전자일 것이다.
21. 논리는 고후 6:14와 동일하다: "빛과 어두움이 어찌 사귀며."
22. 예를 들어, 마 18:15; 고전 14:24; 딤전 5:20을 보라.

한 설명을 하지 않고서 성적인 죄들에 관한 심각성을 전달하기를 원한다. 그것은 사람들의 잘못에 참여하지 않고서 그들의 행위를 책망할 수 있는 다양한 가능성이 있음을 의미한다.

13-14절은 '파네루' 란 용어 때문에 난해한데, 그것은 13절에서 "드러나나니" (becomes visible)와 14절에서 "드러나는"(visible)으로 번역되어 있다. 이 용어는 보통 "알리다", "계시하다" 란 의미를 갖는다. 그것은 어떤 것을 감추는 것과 반대된다. NIV의 번역은 13절에서는 이해할 만하다.[23] 설사 그 진술이 이 논증에 많이 기여하지는 않을지라도 말이다. 하지만 14절의 번역은 문제가 있다. 문자적으로 번역하면 14a절은 이렇게 읽을 수 있다: "드러난(계시되고 있는) 모든 것은 빛이니라."[24] 이와 같은 술어적 주격은 본질상 질적이다, 다시 말해서 빛을 접한 것은 빛의 특성을 지닌다.

해결해야하는 문제는 "드러나는 것"이 단순히 부정적(사람들의 죄를 드러내는 것)인 것인지 긍정적인 요소가 역시 있는지다. 사람들이 드러나'고' 변화될 수 있도록 말이다. 문맥은 둘 다를 요구하고, "드러나다"로 번역된 용어가 역시 "설득하다"를 의미하기 때문에 이것은 이해할 만하다. 드러나고 빛에 의해 설득된 사람은 변화된다. 이것이 8절과 14절에 고백에 의해 확증된다. 폴케스(F. Foulkes)는 13-14절에서 은혜의 역사에 관한 세 단계를 올바르게 바라본다. 사람들은 드러나고, 계시에 노출되며, 그 다음에 그들은 빛이 된다.[25]

문맥(의미의 주요한 결정자)은 다음과 같은 번역을 요구하는 것으로 보인다.

빛에 의해 드러나고/설득된 모든 것이 계몽되고
계몽된 모든 것이 빛의 특성을 지니고
이 때문에 그것은
　잠자는 자여 깨어서
　죽은 자들 가운데서 일어나라

---

23. "빛으로"를 NIV에서처럼 "exposed"(개역개정에서는 "책망을 받는")와 연결하거나 "become visible" ("드러나다"—개역개정)와 연결할 수 있었다. 둘 다 의미가 있다. 하지만 "exposed"와의 연결이 더 선호된다.

24. 이것은 보통 그렇게 이해하는 것처럼 동사형인 '파네루메논'을 수동태로 이해한다. 만약 능동적인 의미를 갖는 중간태로 취한다면, 이 번역은 "드러나고 있는 모든 것은 빛이니라"가 될 것이다. 그것은 훨씬 덜 적합한 의미를 갖는다.

25. Foulkes, *Ephesians*, 154.

그리스도께서 너에게 비추이시리라

고 말한다.

문제는 '파네루'가 보통 "계몽하다"(enlighten)란 의미를 지니고 있지 않다는 것이다. 그래서 해석자들은 조심해야 한다. 보통 이 용어는 "계시하다"(reveal), "알려지다"를 의미한다. 다른 한편으로 직역인 "드러난 모든 것은 빛이다"라고 번역한 것과 잘 맞지 않는다. "계몽하다" 대신에 어떤 주석가들은 "조명하다"(illumine)를 제시하지만,[26] 그 효과는 동일하다. 논리는 빛이 드러낼 뿐만 아니라 변화시킨다고 가정하는 것으로 보인다(고후 4:6을 보라). 아마도 우리는 압축된 논리를 빌려주는 빛의 잠언적인 진술을 다루고 있다(또한 요 3:19-21; 롬 13:11-14; 살전 5:4-8).

14절의 후반절은 그리스도의 변화시키시는 빛에 대한 것이다. 이것은 "이르시기를"이 보여주는 것처럼 분명히 전승적인 자료다. 이 용어들은 고백이거나 어둠에서 깨어나서 부활하신 그리스도가 주시는 변화를 경험할 것을 사람들에게 요청하는 찬미적인 진술의 외침이다. 이 말은 이사야 26:19와 60:1에 빛과 부활에 관한 단락에서 가져왔을 것이다. 바울은 어둠이 빛으로 변화되는 과정을 묘사하고 있고 5:8의 진술이 왜 참인지를 보여주고 있다: 신자들은 그리스도와 함께 부활을 경험하고, 그의 생명을 주시는 빛에 의해 변화된다.[27]

상황잇기

"해석학은 본문에 비추어 삶을 해독하는 것이다."[28] 우리는 우리의 세계와 성경의 세계에 대해서 본문과 대화함으로써 삶을 해독한다. 이 단락의 개념은 분명하다. 우리가 보고 있는 세상은 우리의 세상과 유사하다. 본문의 메시지를 우리의 세대로 가져오는 것은 본문의 정확성과 상관성에 대한 '확신'에 주로 의존할 것이다.

우리의 세상의 거울. 에베소서는 "오늘을 위한 서신"이라 불려 왔다.[29] 이 서신의

26. Lincoln, *Ephesians*, 330.
27. 4:18과 pp. 91-93, 286-287을 보라.
28. Paul Ricoeur, "Preface to Bultmann," *Essays on Biblical Interpretation*, ed. Lewis S. Mudge(Philadephia: Fortress, 1980), 53.
29. Neil Alexander, "The Epistle for Today," *Biblical Studies: Essays in Honour of William Barclay*, eds. Johnston R. McKay and James F. *Miller*(London: Collins, 1976), 99-118.

많은 다른 곳에서처럼, 5:3-14은 우리의 현재 교회들에 대해서 작성된 것일 수 있었다. 분명히 여기서 죄의 목록은 총망라한 것이 아니다. 그것은 폭력, 살인, 또는 다양한 다른 죄들을 언급하고 있지 않다. 바울의 관심은 죄를 포괄적으로 다루는 것이 아니라 그의 독자들을 경로에서 이탈하게 할 가능성이 높은 죄들을 이야기하는데 있다. 하지만 성적인 죄, 언어, 그리고 탐욕에 왜 그렇게 많이 초점을 두고 있는가? 성적인 죄는 교만과 힘과 쾌락이 과도하게 집중되는 곳이다. 죄가 지배하기 시작한다면, 성적인 부도덕이 자주 그 결말이 된다. 말과 탐욕도 아주 중요하다. 그것들은 죄가 출입구를 발견할 수 있는 방편이 되기 때문이다.

현대 서방 사회는 사실상 성을 우상시하고, 그것에 사로잡히며, 성적인 표현의 한계를 인식하는 것을 싫어한다. 최근의 뉴스 매거진은 우리 사회가 수치심을 상실하고 있음을 조명함으로써 윤리의 상실을 한탄했다. 어느 것도 가능하다. 그러나 나중의 이슈에서 동일한 잡지가 우리 문화에서 양성애를 논함으로써 윤리의 상실에 기여하고 있는 것으로 보이는데, 말하자면 그 잡지가 양성애를 촉진하거나 적어도 그것을 인정하는 방식으로 논증하고 있기 때문이다.[30]

고대 그리스로마 세계에서 성적인 태도는 때로 더 노골적이었을지라도 오늘날의 태도와 유사하였다. 자주 이중적인 기준이 존재하여 아내들은 남편과만 성적인 관계를 갖는 것으로 예상되었다. 여성의 정절을 높이 샀지만 필연적으로 지켜지지는 않았다. 그러나 남자들은 다른 남자의 결혼을 흔들어버리는 간음을 하지 않는 한, 다양한 성적인 출구를 가졌다. 유명한 말이 이런 느슨함을 잘 설명해 준다. "우리가 쾌락을 위해서 갖는 정부(Mistresses), 일상을 돌봐주는 첩, 하지만 합법적인 자녀를 낳아주고 가정의 신실한 수호자인 아내."[31] 키케로는 정부와 정사를 가진 젊은 남자들의 합법성을 인정하는 글을 썼다.[32] 성매매, 동성연애, 그리고 양성애가 흔하였고, 노예는 자주 성적으로 학대를 받았다.

동시에 우리는 고대 세계의 사례를 과장해서는 안 된다. 모든 사람들이 난잡한 것은 아니었다. 다양한 비문들은 부부의 정조에 두었던 가치를 증거해준다. 아울러 에베소에서 아데미 여신에 대한 숭배가 비옥다산의 의식과 관련이 있었다는 빈

---

30. Newsweek, *February* 6, 1995, 20-21을 보라. 양성애가 Newsweek, July 17, 1995, 44-50의 "카버 스토리"로 나타났다.

31. Demosthenes, *Against Neaera*, 122(B.C. 4세기). 플타르크(A.D. 1세기)는 아내는 남편이 정부(情婦)나 종과 성관계를 가졌다 하더라도 화를 내지 말아야 하지만 그녀의 남편이 그녀를 존중하고 오락을 즐겼는지를 알아야 한다고 주장했다. 그의 *Moralia: Advice to Bride and Groom* 140B(16)을 보라.

32. Pro Caelio, 20.48. 그는 그러한 행위를 비난했거나 금하지 않았다고 주장한다.

번한 주장은 증거가 없다.[33]

느슨한 성적인 기준은 1세기이건 21세기이건 기독교와는 맞지 않는다. 크리스천들은 너무 쉽게 주변 문화의 성적인 태도를 채택했다. 하지만 성적인 죄는 그리스도 안에 있는 삶과 조화되지 않을 것이다. 우리가 우리의 몸을 가지고 행하는 것이 우리가 하나님께 속하여 있기 때문에 문제가 된다. 부부 이외의 성교가 합법적이라는 주장이 고린도에 범람했는데, 그것에 대해서 바울은 강력하게 반응했다: 그리스도의 일부가 된 삶이 어찌 창기와 같이 할 수 있는가? 성적인 죄는 자신의 몸에 반하는 죄다(고전 6:15-19). 그러한 사상의 배후에 있는 전제는 성교가 단지 육체적인 행위만이 아니라는 것이다. 성교는 두 사람을 하나로 묶고 하나님의 형상을 반영하는 '물리적' 행위다. 성교는 "당신이 누구에게 속하고 누구의 모습을 닮았는지"에 관한 문제에 답을 준다. 특히 우리가 하나님께 속해 있다면 다양한 파트너들에 속하지 않는다. 다른 한편으로 성교는—기독교가 자주 함축했던 것처럼—더럽지 않다. 결혼의 언약 안에서 성교를 하는 것은 하나님으로부터 오는 친밀의 놀라운 은사다. 달리 주장하는 것은 빈 말로 속이는 것이다(6절).

탐욕도 역시 본문에 비추어 우리를 살피게 한다. 더 많이 가지려는 욕구는 성적인 죄와 모든 다른 죄를 유발시킨다. 사실상 죄는 하나님이 주신 것 이상으로 삶에서 더 많이 가지려고 추구하는 것으로 묘사된다. 하나님이 좋은 것으로 충만한 삶을 주셨을지라도, 우리 대부분은 결코 만족하지 않는다. 더 많은 것을 가지려는 욕심에 사로잡을 때—특히 성적인 관계에서—욕심은 마음을 왜곡시키고, 삶을 소진하게 하며, 마침내 그 욕심이 우리의 주인이 된다.[34] 우리는 사람들이 좋은 이유에 대한 향수병이 있다고 말한다: 탐욕은 우리를 아프게 한다. 탐욕은 역시 우리의 마음을 제어할 수 있고 우리를 소유에 대한 욕심으로 왜곡시킨다. 탐욕은 우리를 더 많은 돈과 자원을 얻도록 밀어넣는다. 우리는 결코 충분하지 않다. 거짓말이 죄를 가능하게 한다면, 탐욕은 죄의 기원이다(참조. 딤전 6:10).

우리는 탐욕의 모든 형태를 고무시키는 사회 속에 살고 있다. 음악과 연예 산업은 성적인 욕구를 조명하고 두드러진 소비를 보여줌으로써 성공을 추구한다. 광고 사업은 탐욕의 다른 형태를 창출하고 불러일으키기 위해서 성을 사용한다. 자기중심주의는 더 이상 단순히 성향이 아니라, 욕심스러운 추구로 상승한다. 대부분의

---

33. Richard Oster, "The Ephesian Artemis as an Opponent of Early Christianity," *Jahrbuch fur Antike und Christentum* 19(1976): 28을 보라.

34. Diogenes Laertius 6.66을 보라. "나쁜 남자는 종이 주인에게 순종하는 것처럼 욕정에 순종한다."

사람들이 알고 있는 유일한 목표는 쾌락과 소유이고, 많은 사람들에게서 그것은 삶이 통제를 벗어나 있는 것을 의미한다. 우리는 병에서 치명적으로 감염적인 질병으로 자기중심주의를 이동시켰다.

왜설, 어리석은 말, 그리고 희롱의 말은 우리가 경건하지 않는 삶의 방식을 강화시키거나 구애하는 방식이다. 이런 세 범주는 비속어에서 하나님에 대한 도전과 빈정거림에 이르는 모든 것을 망라한다. 사람들은 자신들이 담대하고 "세상의 방식"을 알고 있다는 것을 입증하기 위해서 그러한 용어를 사용하기를 시작한다. 그러나 죄는 그런 이들의 마음에 죄가 거주하고 수치가 명예가 되고 또 그것을 포용하고 있다는 증거다. 그것은 죄를 가지고 장난치는 한 방식이지만 카이어드(G. B. Caird)가 지적한 것처럼, 악을 놀이로 간주하는 곳에는 그 악을 행하기가 쉽다.[35] 또는 고대의 랍비가 말했던 것처럼, "희롱과 음담은 왜설을 습관이 되게 만든다."[36] 그러나 이 단락은 창조적이고 즐거울 수 있는 유머를 거부하는 것이 아니다. 오히려 어리석은 말—도덕적으로 영적으로 왜곡된 것들—과 죄를 가지고 장난치는 방식으로서의 유머를 거부하고 있는 것이다.

놀랍게도 바울은 그리스도에게 적합한 용어에 대한 포괄적인 묘사로서 감사를 제시한다. 이것은 말에 대한 좁다란 제한을 부과하는 것이 아니라 감사의 태도가 삶에서 얼마나 결정적인지를 인식하고 있다. 우리가 하나님을 인식하고 하나님으로부터의 생명에 대해 감사할 때, 하나님에 대한 책임이 설정되고 삶이 자기중심주의와 죄에서 빠져나와 질서를 잡을 수 있다. 죄는 불평에서 발생한다. 감사는 죄에 대한 해독제다. 감사하면서 동시에 죄를 짓는 것은 어렵기 때문이다.

심판. 비교적 우리 사회에서 적은 사람들만—크리스천을 포함하여—이 진지하게 심판을 생각한다. 유명한 사람들의 장례식에서 주로 표현되는 대중적인 종말론에서 모든 사람들은 천국에 가서 이 땅에서 행했던 것을 본질적으로 그곳에서도 행한다. 심판이 있을 곳이 없거나 기껏해야 살인을 저지른 중범죄자에게만 해당된다. 이런 순진함은 놀랍다.

우리가 "지옥불"의 설교로 되돌아갈 필요는 없지만 심판에 초점을 맞추는 것으로 아주 많이 되돌아갈 필요가 있다. 심판에 관한 바울의 말의 기준은 그 길을 보여준다. 심판을 진지하게 취하지만 항상 균형이 있고 과도하게 묘사되지 않는다.

35. Caird, *Paul's Letters From Prison*, 84.
36. Aboth 3.14.

그는 공포적인 전략을 사용하지 않지만 심판의 위협이 명백하다. 보편구원설은 물론 매력이 있지만, 그것은 거짓말이다.[37] 만약 심판이 없다면, 어느 누구도 구원을 필요로 하지 않고, 우리가 행하는 것은 진실로 중요하지 않다. 죄가 그 자체의 심판이 있음으로 피해야할 충분히 이유가 있지만, 진정한 위험은 종말의 심판이며 하나님과 같이 하는 삶에서 제외되는 것이다. 하나님이 이 세상에 진노로 반응하시지 않는다면 그는 진정으로 하나님이 아니시다. 진노하시지 않는 하나님은 돌보시지도 않는다.[38] 하나님이 돌보시고 심판은 실재한다.

주님 안에서의 빛? 이 단락을 이해하는데 가장 어려운 말 중에 하나는 확실히 "너희는 주 안에서 빛이라"는 주장이다(5:8). 바울이 어떻게 그러한 말을 할 수 있는가? 그는 로마서 7장에서 자신이 원하는 것과 반대되는 것을 행했다(그가 고린도인들에 대해서 알았던 것은 말할 것도 없고)고 말했었다.[39] 우리는 바울이 "너희는 빛의 일부이고 어둠의 일부"라거나 "빛이 되도록 하라"고 적었다면 그를 이해했을 것이다. 하지만 바울은 우리가 생각하는 것보다 더 진지하게 회심을 취했다. 이것은 사람들이 '그리스도 안에' 있다는 것에 대한 진술이다. 우리가 빛인 것은 주안에서만이다. 13-14절에서 8절에 관한 설명은 의도된 것을 보여준다. 우리에게 비추이는 그리스도의 빛을 갖는 것은 그리스도의 존재로 변화되는 것이다. 그 안에 있는 것은 그의 본성을 취하는 것이다. 이 설명은 참된 것을 진술한다: 그리스도인은 주 안에서 빛이다. 다시 한 번 이것은 정체성의 문제이고 정체성을 결정짓는 위치의 문제다.[40] 우리가 거하고 있는 그리스도가 우리의 정체성을 결정짓는다. 그러한 높은 이해로부터 높은 도덕성이 발생한다.

빛의 사람으로서 살아가라는 명령은 별다른 설명이 없다. 바울은 선, 의, 그리고 진리를 삽입구적으로 언급하지만(9절), 여기서 그의 유일한 지시(10절)는 주님을 기쁘시게 하는 것을 식별하는 것이다(식별은 3-4절에서 적절한 것을 결정짓는데 역시 함축되어 있다). 다시 한 번 우리는 마음에 초점을 맞추는 것을 발견하게 된다. 크리스천은 그 행위가 주님에게 적합한지를 알기 위해서 그것을 분석하는 사상가이다.

분리. 크리스천의 성숙의 표지를 "분리"가 무엇을 의미하는지를 설명하고 그것

37. Stott, *God's New Society*, 197.
38. 하나님의 진노에 관해서는 pp. 138-139을 보라.
39. 물론 로마서 7장이 자전적인지에 달려 있지만 설사 그렇지 않더라도 요지는 타당하다.
40. pp. 143-147을 보라.

을 따라 살아가는 능력에서 알 수 있다. 본문은 우리가 불순종하는 자와 같이 할 수 없고, 또한 어둠의 일을 행하는데 참여할 수 없음을 요구한다. 분명히 죄에 참여하는 것이 차단되지만, 우리는 죄된 사람들과 모든 접촉을 삼가야 하는가? 넓은 범주의 선택이 이 문제를 다루는데 있어서 가능하다. 예를 들어, 고대 세계에서 에센파들은 사해 해변의 쿰란으로 가서 그들 주변의 부정과 분리시켰다. 크리스천들은 가끔 이런 길을 선택했지만, 이것은 본문이 요구하는 것이 아니다. 사실상 우리가 분리에 대해서 생각할 때 너무도 자주 우리는 삶의 양식에서 구분보다는 지역적인 거리를 생각한다. "분리"는 실로 잘못된 단어일 수 있다. 그것은 거리를 함축하지만 본문이 추구하는 것은 구분이다.

물론 문제는 크리스천들이 세상과 분리하기를 추구할 때, 그들이 가는 곳마다 세상 속에 살고 있다는 것이다. 우리는 너무 세상에 가까이 있고, 우리의 분리에도 불구하고 많은 크리스천들이 불신자들과 동일한 가치와 삶의 양식을 공유한다. 게다가 거의 필연적으로 우리는 우리의 직업, 이웃들, 그리고 삶의 다른 부분들에서 불신자들과 관련이 있다. 분리는 결코 쉽지가 않다. 고대 세계에서 유대인과 크리스천들은 생계를 유지하는데 어려움을 겪었다. 많은 직업들이 지역의 신들에게 경의를 표하는 길드에 속하였기 때문이다.[41] 우리는 사회 속에서 살아야 하지만, 신들에게 제의를 드리는 것을 배우지 않아야 한다.

고린도전서 5:9-13에서 평행되는 논의는 통찰을 제공해준다. 바울은 고린도 교회에 대한 "이전의 서신"에서 성과 다른 죄들을 지은 사람들과 관계를 갖지 말라고 적었다. 고린도인들은 바울이 부도덕한 불신자들에 대해서 이야기하고 있었다고 생각했지만, 바울은 그것이 크리스천이라고 주장하는 부도덕한 자들을 의미한다고 지적했다.[42]

예수의 사례도 유사하다. 그의 가장 큰 갈등은 종교지도자들이었지만, 그는 부도덕하다고 생각되는 사람들과 의도적으로 관계를 가지셨다. 우리는 자주 그 반대로 행한다: 부적절한 "크리스천"의 삶의 행위는 관용하고 불신자들과는 분리한다. 우리가 불신자들과 분리한다면 복음을 나눌 수가 없다. 빛은 어둠에 비추어져야 한다. 11절과 13절에서 "드러내라"는 불신자와의 접촉을 전제한다. 우리는 죄로부

---

41. G. H. R. Horsley, *New Documents Illustrating Early Christianity*(Macquarie University, 1989), 5:106-7을 보라.

42. 분명히 이것은 교회에서 분리를 논하는데 중요하다. 우리는 크리스천이라고 주장하면서 부도덕하게 살아가는 사람들과 연합해서 살 수는 없다.

터 분리해야지 사람들로부터 분리해야 하는 것이 아니다.

죄를 드러내거나 책망하라는 명령은 죄를 삼가는 것만으로는 충분하지 않다는 것을 의미한다.[43] 크리스천들은 본문이 우리에게 그 방법을 말하고 있지 않을지라도 죄와 대결할 책임이 있다. 너무 자주 우리가 죄와 대결할 때, 현명하게 행하지 못한다. 우리가 대결하는 방식은 대결하는 사람들과의 관계에 달려 있다. 우리는 불신자 사회에서 크리스천의 윤리를 강요할 권리를 갖지 못한다. 특히 그러한 윤리가 신학적으로 지향되고 있다면 말이다. 그러면서 동시에 우리는 수동적일 수만은 없고 어둠을 어둡다고 외치는 것을 삼갈 수가 없다. 삶의 방식과 대화로 우리는 빛이 역사하는 도구가 되어야 한다. 빛이 있다면, 그 빛은 변화시키는 능력이 있다. 빛의 대리자가 되는 것은 지혜와 식별을 요한다. 식별이 주님을 기쁘시게 하는 것을 발견하는 것이라면, 불신자 세계와 관련해서 대결하는 방법에 대해서 생각이 필요하다.

현대적 의미

우리는 도덕적인 혼란이 있는 사회에서 살고 있다. 1950년대에 우리 사회는 공산주의를 두려워했고, 파괴의 막강한 무기와 생명을 보존하기 위한 은신처를 개발하는데 여념이 없었다. 어느 관심도 사회의 도덕적 구조를 변호하는데 두어지지 않았다. 그러나 "적"이 우리의 제도와 오락에 침투했고 우리의 도덕적 구조를 손상시켰다—또는 아마도 망가뜨렸다. 우리는 그 문제를 과장할 필요는 없다. 많은 도덕성이 여전히 존재하고 있기 때문이다. 하지만 그것 또한 공격을 받고 있다. 너무 많은 사람들이 윤리에 대한 모든 동기를 상실했다.

점차적으로 우리 사회의 문제는 주요한 도덕적인 문제가 되었다. 성적인 죄, 폭력, 인종차별주의, 그리고 부패. 정치가들은 우리 사회에서 일어나고 있는 일을 묘사하기 위해서 "일탈"과 "주류의 일탈"과 같은 어구를 사용한다. 가족이 함께 하는 시간에 텔레비전 프로는 이제 간음, 혼음, 그리고 동성연애로 가득하다. 폭력이 볼만한 재미가 있는 것으로 상영된다. 우리는 가수와 연기자 그리고 토크쇼 사회자를 윤리론자요 철학자인 것으로 만들었다. 하지만 이들 중에 그 말을 들을 만한 가치가 있는 사람은 별로 없다. 고대 세계에서 연기자는 평판이 나쁜 직업이었다.[44]

43. Bengel, *Gnomon*, 3:103.
44. 로마에서 상원 의원은 어느 때이고 부모가 배우로 있었던 여성과 결혼하는 것이 금지되었다(Mary F.

눈부실지라도, 자주 그 직업은 여전히 그러하다.

크리스천들이 문화의 퇴락이나 영향을 인식하지 못하고서 그런 일들에 참여하고 있다. 과연 이런 도덕적인 쇠락에서 빠져나올 수 있는가? 물론 가능하다. 빛이 그 일을 행한다면 말이다. 너무 자주 빛이 어둠으로 물러나기를 선택하기 때문에 사람들이 빛에 의해 깨달음을 얻지 못한다. 사회는 개혁될 필요가 있지만 무엇보다도 교회가 개혁될 필요가 있다.

성적인 죄. 우리 사회는 성을 다루는데 있어서 주요한 문제가 갖고 있다. 간음, 혼음, 그리고 그와 유사한 것들의 문제도 충분히 나쁘지만 문제의 정도가 더 심각해서 강간, 근친상간, 그리고 성적인 학대에 노출되어 있다. 보수적인 추산은 여섯 명의 여성 가운데 한 명이 강간을 당할 것이고 열 명의 어린이들 중에 한 명이 근친상간의 피해자라고 말한다. 사랑과 친밀함을 위한 우리의 합법적인 욕구는 엉클어졌고, 성욕과 합체된 교만, 힘, 그리고 쾌락이 모든 건전한 것의 제어를 파괴시켰다. 누군가가 말한 것처럼 현대는 성적인 비행을 합리화시키고, 그 욕망을 자극하기 위해서 할 수 있는 모든 것을 하고 있다. 포르노그래피와 "폰섹스"는 수억 달러의 산업이다. 성 담화는 컴퓨터 온라인 서비스의 가장 인기 있는 수단이 되었다. 옷과 관련해서 온화함과 정장의 기준이 사라졌다. 언어는 왜곡되어서 "정교한", "성숙한", 또는 "신사"와 같은 말들이 성적인 왜곡, 일탈, 그리고 포르노그래피를 묘사하는데 사용되고 있다.

하지만 사회는 그런 것들을 포용하면서도 그러한 활동을 정죄하고 있음을 보여주는 모순적인 메시지를 보내고 있다. 우리는 이런 것들을 자녀들에게서 차단하지만 그것이 그렇게 해롭지 않다면 왜 그러해야 하는가? 우리는 성적인 감흥에 빠지고 있지만 성적인 학대에 대한 어떤 암시도 분개한다. 우리는 성적인 제한이 거의 없음을 인정하지만 언론은 은밀한 성적 활동을 한 정치가들을 십자가에 못 박고 있다. 연예 산업은 성적인 혼음을 촉진하고(그것은 불법인가?) 동시에 에이즈와 싸우고 있다. 다시 한 번 죄란 우리가 알고 있는 것을 행하지 못하는 것임을 보여준다.

하지만 자신의 집에서 개인적으로 보는 포르노그래피가 무엇이 잘못인가? 사

Lefkowitz and Maureen B. Fant, *Women's Life in Greece and Rome*[Baltimore: John Hopkins, 1983], 185, 188-89을 보라). 또한 Pascal, *Pensées*, no. 11을 보라. 파스칼은 극장이 크리스천의 삶에 가장 위험하다고 느꼈다.

람들을 성적인 대상으로 간주함으로써 품위를 떨어뜨리는 것 외에 포르노그래피가 마음에 거주함으로써 그를 망가뜨린다. 포르노그래피가 비합법적인 방식으로 뇌를 구성시킨다. 이것은 아름다움에 대한 인식을 하지 못하게 할 뿐 아니라 정욕을 육성하고 품는다. 그것은 부적절한 행동으로 나아가게 마음을 촉진시킨다. 포르노그래피는 성적인 죄에 대한 첫 번째 단계이며 그 자체로 죄이다. 예수가 강력하게 지적하신 것처럼, 특히 성적인 죄와 관련해서 우리의 마음이 중요하다(마 5:27-30). 게다가 포르노그래피는 남자들을 특히 사로잡아 중독에 빠지게 하는 교활한 괴물이다.

성적인 죄를 거부하고 분리와 대결에 대한 요청을 언급하는 우리 앞에 놓여 있는 단락을 직접적으로—대체로 사회에서만이 아니라 교회에서—적용할 필요가 있다. 근친상간이 교회 가족들 사이에서 나타나고, 간음과 혼음이 사회의 다른 곳에서처럼 교회 안에서 자주 득세하고 있다. 유감스럽게도 목사들도 역시 죄를 짓고 있다. 포르노그래피와 다른 "성적인 죄의 산업"은 "기독교인들"의 지원이 없었다면 생존할 수 없었다. 유일한 해결책은 회개이고, 참여하지 않겠다고 성령으로 충만한 서약을 하는 것이다. 성적인 죄가 있는 곳에 가지 말라, 그것에 몸을 담그지 말라, 그런 것을 읽지 말라. 그런 것이 속한 곳에 마음이 거하지 않게 하라. 타협적인 상황에 자신을 두지 말고, 어느 유형의 성적인 죄도 범하지 말라. 그러한 죄는 하나님의 백성들 사이에서 심지어 거론조차 하지 말아야 한다. 그런 죄를 짓는 사람들에게 하나님의 심판이 시행될 것이다.

이 본문을 적용함에 있어서 우리는 표면적으로 본문에 나타나 있지 않은 것조차도 심사할 필요가 있다. 무엇이 그토록 성적인 죄를 짓게 만드는가? 자기중심적인 쾌락 추구가 주요한 요인이지만 여성들을 존중하지 않는 것이 또한 의미심장한 요소다. 여성들을 깎아 내리고 열등한 것으로 간주하면 할수록 그들을 자기 유익을 위해서 이용하기가 더 쉽다.[45] 반대편 성을 정복하는 것으로 간주하면 할수록 성적인 죄가 더욱더 기승을 부린다. 다른 한편으로 반대편 성을 하나님의 형상으로 창조된 사람들로 소중히 여기면 여길수록, 성적인 죄를 지을 가능성이 적어진다. 놀라운 일은 아주 많은 여성들이 스스로를 남자들이 이용할 수 있게 허락한다는 것이다. 사랑에 대한 그들의 필요가 클지라도, 성적인 죄는 사랑을 얻을 수 있는 방도가 아니다.

---

45. 더 완전한 논의를 위해서는 pp. 372-379, 384-393에서 남편-아내의 항목에서의 언급을 보라.

말. 우리가 이야기하는 방식이 성적인 죄를 짓게 하는 방도가 될 수 있다. 말은 존재를 표현한다. "입의 포르노그래피"에 의해 우리는 성적인 죄가 삶을 정의하게 하고, 그 과정에서 우리는 인간의 성을 더럽히고, 사람들을 비열하게 만든다. 음탕한 말은 파괴적이다. 크리스천들은 그러한 용어를 사용하는 일에 참여해서는 안 된다. 다른 한편으로 어떤 신자들은 반항의 형태로 부적절한 말을 선택하거나 자신들의 "존재"를 과시하기 위해서 그렇게 한다. 때로 그들은 성적인 주제를 실제로 죄를 짓지 않고서 죄에 가장 가까이 나아갈 수 있는 것으로 논하고, 일부 목사들은 상담할 때 성적인 문제를 논하는 것에 아주 열심을 낸다. 우리는 성에 대해서 솔직하고 점잖은 신학적으로 지향된 논의를 가질 수 있어야 하지만, 또한 호색적인 관심을 조장하는 것을 피해야 한다. 우리가 그러한 논의를 전달하는 방식이 우리의 존재를 드러낸다. 주 안에서 빛인 우리가 어둠을 표현하는 말을 할 수는 없다.

"어리석은 말"은 성적인 본질에 관한 어리석은 말에 주로 관심이 있는 것으로 보이지만, 본문의 적용은 어리석은 것에 적합한 '어느' 말(즉, 도덕적으로 영적으로 왜곡된 것들)도 거부할 것을 요구한다. 유머는 은사이지만 그것이 에고이즘, 도피주의, 또는 자기변호의 형태일 수 있고, 해롭고 민망한 방식으로 사용될 수 있다. 모든 다른 은사들처럼, 은사를 어떻게 사용하느냐가 중요하다. 유머는 창조적이고, 계몽적이며 회복적이 될 수 있거나 아니면 파괴적이고 품위를 떨어뜨리며, 공허한 것일 수 있다. 강대상 뒤에서 행하는 것을 포함하여, '어느' 파괴적이고 목적 없는 말도 이 본문의 고발에 해당된다. 목사들이 절제된 논증보다 감정주의와 과장, 그리고 과격하게 호통 치는 말을 사용할 때, 그들은 죄를 짓고 있다. 그것은 주님에게 맞지 않는다.

탐욕. 많은 크리스천들이 성적인 죄를 비난하지만 탐욕에 대해서는 침묵한다. 우리 사회가 탐욕을 죄로 생각하지 않고 있다. 그것은 악이 침투하는 방식을 보여준다. 성에 대한 정욕, 물질주의에 대한 탐욕, 또는 어떤 특별한 관심에 빠지든지 간에 모든 탐욕은 죄다. 그것은 하나님 이외에 다른 것이 우리의 삶을 질서 짓게 하는 것이기 때문이다. 이 본문의 적용은 성적인 정욕의 분명한 탐욕으로 시작하는데, 그것은 이 땅에서 가장 방향을 잃게 만드는 탐욕이다. 두 번째는 물질주의의 탐욕, 곧 소유의 우상숭배다. 우리 대부분은 그 죄를 짓고 있다. 세 번째는 권력에 대한 탐욕이다. 탐욕으로 발동된 다양한 다른 죄들이 그 뒤를 따른다.

탐욕은 우리 사회에서 도박에 대한 강렬한 열정에 분명히 내재해 있다. 도둑질과 횡령은 보통 탐욕의 확장이다. 술에 의존하는 것이든 스포츠에 매료되는 것이든 간에 중독은 탐욕의 결과다. 한 미식추구 팬이 자기 팀이 다른 팀을 크게 이긴 후에 "이 날은 내 생애에 가장 위대한 날이다"라고 말할 때, 그것은 어리석은 종류의 우상숭배다. 삶을 규정짓는 어느 소비적인 열정은 하나님이 자리할 올바른 장소를 우상에게 대신 내어주는 형태다. 기독교 공동체는 자기 반영적이어야 하고, 우상들을 거론하고, 탐욕을 회개하며, 하나님의 지배 아래서 모든 좋은 것들로 삶을 질서 잡아야 한다. 이 문제에 대한 유일한 해결책은 하나님만이 충성을 받으시고 삶을 질서 잡게 하신다는 것을 인식하는 감사에 있다.

빛을 비추다. 맥스 루케이도는 심한 뇌우 동안에 빛을 제공하기 위해서 창고에서 꺼내지기를 거부한 몇몇 초(candles)에 대한 이야기를 언급한다. 이 초들은 각자가 빛을 주지 않아야 하는 이유를 갖고 있었다. 남편이 아내에게 초들이 일하기를 거부한다고 말하였을 때, 그녀는 "응, 그것들은 교회의 초들이야"라고 설명한다.[46] 아이고! 그 이야기가 작용하는 것은 고통을 발생시킨다.

크리스천의 임무는 빛을 비추는 것이다. 우리는 주안에서 빛이며, 빛의 사람으로 살아야 한다. 너무 자주 빛이 몇 시간만 비추고 그 다음에는 보통의 생활로 돌아간다. 우리는 주안에서 빛이지만 일련의 어둠을 보유한다. 복음주의자들은 개인의 죄에만 초점을 맞추고 인종차별주의나 부의 남용과 같은 사회적 죄들을 소홀히 한다. 과거 십여 년 동안 죄는 개인적인 차원에서보다 사회적인 차원에서 점차적으로 간주되고 있다. 어느 극단도 용인할 수 없다. 죄는 개인적이고 사회적이다. 우리의 일의 일부는 죄를 발견할 때마다 그것을 저항하는 것이다. 우리는 빛을 비추임으로써 그것을 저항할 수 있다.

빛을 비추는 것은 네 가지 행위를 요구한다.

(1) 주안에서 계속해서 살고, 그를 인식하며, 그에 의해 결정하며, 그를 기쁘시게 하는 것이 무엇인지를 식별하라. 교제, 즉 그리스도와 함께 삶을 공동으로 나누는 것은 우리가 빛이 되게 한다.

(2) 성적인 죄, 탐욕, 부적절한 말, 그리고 불순종의 형태와 같이 하거나 참여하지 말라.

(3) 긍정적인 행위, 선행, 의 그리고 진리를 행하라.

---

46. Max Lucado, "Light of the···Storage Closet···" *God Came Near*(Portland, Ore.: Multnomah, 1987), 113-17.

(4) 어둠의 실존을 드러내라.

이런 것들은 자동적으로 발생하지 않는다. 우리가 이 서신에서 전반적으로 보았던 것처럼, 크리스천은 주변 문화에 부합하기보다 강하고 지혜로우며 그리스도를 적극적으로 따르는 삶을 살 것이 기대된다. 전술한 네 가지 행위는 각기 의도적인 선택과 에너지의 투자를 요구한다. 15절이 강조하는 것처럼, 그것들은 역시 지혜를 필요로 한다.

하지만 우리가 어떻게 너보다 거룩하다는 태도를 보이지 않고 구분을 보여줄 수 있는가? 우리가 어떻게 반동적이거나 얌전한 척 또는 판단적이 되지 않고 죄에 참여하는 것을 피할 수 있는가? 우리가 죄와 대결할 때 어떻게 파괴적이 되지 않을 수 있는가? 보통 이 질문들의 구조는 대답을 함축하고 있다. 너보다 거룩하고 얌전한 척 그리고 판단적이거나 파괴적이 되는 것은 교회가 죄를 짓는 것이다. 그런 것들이 필요하지도 않고 용인될 수도 없다. 이 문제의 해결책은 이미 에베소서의 윤리에서 제시되었다. 바울의 첫 번째 윤리적 가르침은 겸손과 온유와 인내와 관용하는 사랑에 대한 요청이다(4:2). 우리가 이런 품성들을 행사한다면, 부정적인 결과를 피할 수 있다. 우리는 잘못된 행위에 참여하기를 거부하고 그런 일들을 행하는 사람들을 깊이 돌아볼 수 있다. 우리는 하나님에 대한 불순종을 대결하고 거부할 때 사랑 안에서 진리를 말할 수 있다.

대부분의 경우에 사람들은 자신들이 행하고 있는 것이 일반적으로 적절하지 않거나 바람직하지 않다는 것을 동의할 것이다. 문제는 자아가 방해하고 우리가 그들을 참으로 돌아볼 수 없다고 생각할 때에 발생한다. 우리가 죄를 드러낼 때(죄를 책망하거나 확증할 때), 우리는 그 문제에 대한 신학적 이해와 구체적인 행위가 왜 잘못되었는가 하는 이유를 명확히 해야 한다. 빛이 무엇을 말하고 있는지를 알지 못한다면 어둠은 드러나지 않을 것이다.

하지만 본문은 참으로 우리에 대해서 무엇을 요구하는가? 불순종하는 자들과 같이 하지 말라는 것은 무엇을 뜻하는가? 불신자를 결혼과 사업의 파트너로 삼지 말라는 것으로 제한하는 것은 너무 단순하고 율법적이다. 우리는 다수의 사람들이 크리스천의 명칭을 달고 있는 사회 속에서 살고 있고, 그러한 명칭은 율법주의를 만족시킬 수 있을지라도 이 성경의 본문을 만족시키지 못할 것이다. 또한 일부 불신자들은 자칭 크리스천이라고 하는 사람들보다 덜 불순종의 죄를 짓는다.

본문의 주요한 관심은 접촉으로 더럽혀지는 것에 대한 두려움이나 불신자를 피하는 것에 있지 않다. 오히려 빛이 참으로 빛이 되고 그 일을 행하는 것에 관심이 있다. 어떤 행위들은 빛에 적합하지 않고, 빛의 사람들은 어둠이 그들을 정의하는 것을 허락하지 않을 것이다. 다시금 이슈는 복음이 항상 그러한 것처럼 정의와 정체성에 있다.

어둠과 불순종은 정체성에 적합하지 않고, 빛의 사람들은 자신들이 어둠에 의해 정의되는 '어느' 상황도 허락하지 않을 것이다. 오히려 우리는 빛이 되어야 하고 어둠의 실체를 드러내야 한다. 행위와 말로 우리는 어둠에서 그리스도가 주시는 빛으로 사람들을 불러내야 한다. 사람들은 빛을 싫어하고 어둠을 선택하지만, 그리할 때, 이는 그들의 행위가 악하기 때문이지 빛이 무례하기 때문이 아니다(요 3:19-21을 보라). 빛은 무례할 수가 없다. 빛은 선과 의와 진리를 생산하기 때문이다. 빛은 사람들이 은혜를 발견함으로써 진리를 대면하고 빛으로 변화될 수 있게 한다.

식별의 계속된 과정이 없다면 빛을 비추일 수가 없다. 온전한 삶은 그리스도에게 적합하고 그를 기쁘시게 하며 그의 백성들을 위해 적절한 것으로 인도한다. 어느 율법주의도 여기에 존재하지 않는다. 그리스도인과 불신자와의 관계와 삶은 어떤 차트에 의해 결정되는 것이 아니라 그리스도와의 삶과 개인의 이슈와 관계에서 무엇을 행해야 하는지를 결정하는 것에서 비롯된다. "분리", 즉 우리가 다루고 있는 구분은 우리 존재의 중심에서 발원한다. 우리는 우리의 영혼의 고결성을 따라 살아야 한다. 우리가 그리스도와 함께 하는 관계의 진리를 따라 살아갈 때만 빛이 될 수 있다. 빛을 비추라.

에베소서 5:15-33

15 그런즉 너희가 어떻게 행할지를 자세히 주
의하여 지혜 없는 자 같이 하지 말고 오직
지혜 있는 자 같이 하여
16 세월을 아끼라 때가 악하니라
17 그러므로 어리석은 자가 되지 말고 오직 주
의 뜻이 무엇인가 이해하라
18 술 취하지 말라 이는 방탕한 것이니 오직
성령으로 충만함을 받으라
19 시와 찬송과 신령한 노래들로 서로 화답하
며 너희의 마음으로 주께 노래하며 찬송하며
20 범사에 우리 주 예수 그리스도의 이름으로
항상 아버지 하나님께 감사하며
21 그리스도를 경외함으로 피차 복종하라
22 아내들이여 자기 남편에게 복종하기를 주께
하듯 하라
23 이는 남편이 아내의 머리 됨이 그리스도께
서 교회의 머리 됨과 같음이니 그가 바로
몸의 구주시니라
24 그러므로 교회가 그리스도에게 하듯 아내들
도 범사에 자기 남편에게 복종할지니라
25 남편들아 아내 사랑하기를 그리스도께서 교
회를 사랑하시고 그 교회를 위하여 자신을
주심 같이 하라
26 이는 곧 물로 씻어 말씀으로 깨끗하게 하사
거룩하게 하시고
27 자기 앞에 영광스러운 교회로 세우사 티나
주름 잡힌 것이나 이런 것들이 없이 거룩하
고 흠이 없게 하려 하심이라
28 이와 같이 남편들도 자기 아내 사랑하기를
자기 자신과 같이 할지니 자기 아내를 사랑
하는 자는 자기를 사랑하는 것이라
29 누구든지 언제나 자기 육체를 미워하지 않
고 오직 양육하여 보호하기를 그리스도께서
교회에게 함과 같이 하나니
30 우리는 그 몸의 지체임이라
31 그러므로 사람이 부모를 떠나 그의 아내와
합하여 그 둘이 한 육체가 될지니
32 이 비밀이 크도다 나는 그리스도와 교회에
대하여 말하노라
33 그러나 너희도 각각 자기의 아내 사랑하기
를 자신 같이 하고 아내도 자기 남편을 존
경하라

원 의미

바울의 다음 항목은 사실상 5:15-6:9로 이어진다. 주석들은 이 말씀을 더 짧은 단위로 세분하지만 그렇게 함으로써 오해를 불러일으킨다. 네 가지 주제들이 5:15-6:9에서 다루어진다: 성령 안에서의 삶(5:15-21), 아내와 남편의 관계(5:22-33), 자녀와 부모의 관계(6:1-4), 그리고 종과 주인의 관계(6:5-9). 그러나 이 말씀을 이런 식으로 나누는 것은 성령 안에서의 삶과 "가정율"(가정에서의 관계에 대한 자료)에 대한 관계를 왜곡시킨다. 이 때문에 우리는 5:15-33을 단일한 단위로 다룰 것이다.

에베소서 5:15-21은 '요약적인 클라이맥스'이고, "부르심을 받은 것에 합당한 삶을 사는"(4:1)이 의미하는 바를 더 발전시키고 있다. 5:15에서 우리는 바울이 기독교 윤리를 정의하기 위해서 사용했던 용어인 "걷다"(NIV, "살다")의 마지막 출현을 발견하게 된다. 이 서신의 많은 다른 항목들에서처럼 이 구절들은 강력하게 삼위일체적이다. 15-17과 5:4 그리고 10절간의 논리적인 연관관계를 주목하라. 또한 골로새서 3:16과 4:5-6에서의 평행들을 참조하라.

단락의 구조. 이 본문을 이해하기 위한 핵심적인 열쇠는 그 구조를 인식하는 것이다. 그것은 단락의 구분이 어디에서 있는지를 결정하기가 어려울 정도로 복잡하다. 그 구조를 이해하지 못하는 것은 이 항목을 성경에서 가장 남용되는 본문 중에 하나로 만들었다. 문제는 5:15-33이 한 항목의 절정을 담고 있을 뿐 아니라 다른 항목의 시작을 담고 있으며, 이 항목 내에 어느 단락 구분도 본문을 왜곡할 경향이 있다는 사실이다.

"그런즉 너희가 어떻게 행할지를 자세히 주의하여"(5:15)란 명령은 세 가지 "아닌…하지만"("not…but")의 대조로 설명된다.

(1) 지혜 없는 자 같이 하지 말고 오직 지혜 있는 자 같이 하여(15b절)
(2) 어리석은 자가 되지 말고 오직 주의 뜻이 무엇인가 이해하라(17절)
(3) 술 취하지 말라 그러나(NIV는 대신에) 오직 성령으로 충만함을 받으라(18절).

NIV는 이 시점부터 헬라어 본문의 구조를 따르지 않는다. 18-21절은 헬라어 성경에서 본래 성령으로 충만한 것이 무엇을 의미하는지를 설명하는 다섯 분사들과 더불어 한 문장이다. 그리고 그 문장의 마지막 분사는 "그리스도를 경외함으로 피차 복종하라"이다.[1] 5:22-6:9에서 나오는 "가정율"은 그리스도의 몸 안에서 복종하는 명백한 사례다. 5:15-21과 분리해서 5:22-6:9을 다루는 것은 잘못된 것으로 이끈다.

NIV와 헬라어 본문을 긴밀하게 비교하는 것은 도움이 된다. NIV는 5:18-21에서 한 문장을 번역하기 위해서 여섯 개의 명령을 가진 다섯 문장을 사용한다.

---

1. NIV는 이것을 독립적인 문장으로 만든다.

"술 취하지 말라"(18a절)

"성령으로 충만함을 받으라"(18b절)

"시와 찬송과 신령한 노래들로 서로 화답하라"(19a절)

"노래하라"(19b절)

"찬송하라"(19b절)

"그리스도를 경외함으로 피차 복종하라"(21절)

NIV는 하나의 분사(20절에 "감사하고")를 갖는다. 하지만 헬라어 본문은 사실상 오직 '두' 명령—"술취하지 말라"와 "성령으로 충만하라"—과 '다섯' 분사다.

시와 찬송과 신령한 노래들로 서로 화답하며

노래하며

찬송하며

감사하며

그리스도를 경외함으로 피차 복종하며

분사를 명령으로 해석할 수 있을지라도, 이 다섯 분사들은 하나님의 영으로 충만한 것에 따른 '결과'를 묘사한다. 우리는 다른 항목들을 선택할 수 있지만 적어도 이 본문에서 바울은 삶이 노래와 감사와 피차 복종함으로 특징지어지는 사람들로 성령이 충만한 그리스도인들을 묘사하는 것으로 만족하였다.

분명히 전환이 5:22에서 발생하지만 이 항목은 새로운 주제를 시작하지 않는다. 아내와 남편에 대한 언급은 5:21에서 언급된 '상호적인(피차) 복종의 사례'일 뿐이다. 사실상 헬라어 신약성경의 표준판들이 따르는 사본들은 이 본문에서 "복종하다"란 말을 갖지 않는다. 그것은 단지 5:21로부터 가정되고 적용한 것임에 틀림없다.[2] 전환이 5:22에서 나타나기 때문에 일부 번역들은 이 시점에서 새로운 단락을 시작한다. 그러나 그렇게 하는 것은 21절에서 상호적인 복종의 주제와의 관계를 손상시킨다. NIV처럼 다른 번역들은 연관을 유지하기 위해서 5:21에서 새로운 단락을 시작하지만 그 과정에서 하나님의 영으로 충만한 본질적인 표지로서 복종에 관한 초점을 상실한다.[3]

2. 다른 사본들은 문장을 더 부드럽게 하기 위해서 "복종하다"란 형태를 추가시켰다.

5:22-33과 5:21을 같이 묶을 수 있는 부가적인 사실은 5:21과 33절에서 "경외"(fear)란 단어의 반복이다. (NIV는 그 용어를 21절에서 "경외"[fear]로 33절에서는 "존경"[respect]으로 번역했다.) 고대 세계에서 저자들은 자주 단일한 단위로서 항목을 묶기 위한 수사적인 고안물로서 동일한 주제를 가지고서 자주 항목을 시작하고 끝맺었다.

이 단락의 구조에 관한 다른 양상들도 역시 도움이 된다. 세 주제들이 5:22-33에 다루어진다: 아내들의 행위, 남편들의 행위, 그리고 그리스도와 교회의 관계. 첫 두 항목을 마지막 항목과 엮은 것이 단락을 더 어렵게 만든다. 각기 세 주제에 할당된 분량을 주목하라.

아내에게 하는 말: 5:22-23a, 24b, 33b
남편에게 하는 말: 5:25a, 28-29a, (31)과 33a
그리스도와 교회의 관계: 5:23b-24a, 25b-27, 29b-32

그리스도와 교회의 관계는 아내에 대한 남편의 태도에 모델을 제공해준다. 이 본문을 아내의 행위를 언급하는 것으로 자주 사용하는 것과 달리, 바울은 주로 남편의 행위와 그리스도와 교회의 신학에 초점을 맞춘다.

목표가 있는 크리스천의 삶(5:15-21)

주의하는 삶(5:15-17). 이 항목의 주요한 진술은 15a절이다: "너희가 어떻게 행할지를 자세히 주의하여." 15-21절의 나머지 부분은 이 부분을 상세히 설명해주는 일을 한다. 직역하면 "너희가 걷고 있는 방식을 주의하여(또는 면밀히) 살피라"고 그 본문을 번역할 수 있다. "주의하여"로 번역된 용어는 정확하게 정밀하게 행하거나 또는 면밀한 관심이 주어지는 것을 내포한다.[4] 15b절의 주제는 사실상 17절에서 반복된다. 지혜로우라는 것은 주의 뜻을 이해하는 것이며, 그것이 10절에서 재

3. 5:22에서 새로운 단락을 시작하는 번역은 적어도 "상호적인 복종의 사례로서"와 같은 문장으로 이 구절을 시작해야 한다. 사람들은 남편에 대한 아내의 순복과 남편에게 요구되는 사랑이 5:21에서 모든 크리스천들에게 요구된 상호적인 순종의 '두' 사례임을 알아야 한다. 또한 순복이 사람들의 삶에서 성령의 역사의 '필연적'인 표지임을 알아야 한다.
4. 참조. 눅 1:3; 행 18:25.

진술되고, 이는 이 구절들의 배후에 있는 구약의 지혜전승에 상응한다. 지혜롭게 살라는 소명은 이론적인 지식에 대한 요청이 아니다. 그것은 도덕적인 식별과 결정의 실제적인 기술에 대한 요청이다. 다시 한 번 마음과 목표(그리스도를 기쁘시게 하고 그의 목적에 적합한 목표)를 향한 삶을 유지하는 세심한 관심에 강조가 주어진다.

16절에서 NIV의 "대부분의 모든 기회를 만들라"("세월을 아끼라"—개역개정)는 "시간을 구속하라(redeem)"는 어구를 해석한 것이다. "구속하다"로 번역된 헬라어는 "사다"나 "구하다"를 의미하는 말의 복합어 형태이고 강화(强化)이다. 그것은 노예를 사는 것과 관련하여 사용되지만 신약성경에서 이 본문과 골로새서 4:5을 제외하고서는 오직 그리스도의 사신 구원을 가리킨다(갈 3:13; 4:5). 그 의미가 시간을 벌거나 악의 속박에서 시간을 되찾는 시도인지에 관한 논의들은 너무 문자적이다.[5] 그것은 시간을 잘 사용하는 것을 말하는 비유적인 방식을 표현하고 있다. 가장 좋은 번역은 "모든 기회를 사라"가 될 것이다. 시간은 지나가고 악은 크리스천이 시간을 제대로 사용하지 못한다면 그것을 이용할 것이다.[6] 때(day)가 악하다는 것은 이 세상에 악이 있음을 총칭적으로 묘사하는 것이다. 17절과 19절에서 "주"는 그리스도를 가리킨다(모두 기독론적으로 의미가 있는 8, 10, 20절을 참조하라).

성령 안에서의 삶(5:18-21). 바울이 "술취하지 말라"고 한 이유는 즉시 분명하게 나타나지 않는다. 이어지는 대안들은 생각해 볼만한 가치가 있다. 그는 아마도

(1) 소아시아에서 크리스천들 사이에 구체적인 문제를 인식하고 있었을 것이다. 고린도에서의 경우에 나타났던 것처럼 말이다(고전 11:21).
(2) 영적인 세계와의 일치의 수단으로 술취함을 간주했던 이교 제의들의 관행을 경고할 필요가 있다고 느꼈을 것이다.
(3) 단순히 위험하고 용인할 수 없는 라이프스타일을 일반적으로 경고하기를 원했을 것이다.
(4) 그의 진정한 관심이었던 성령의 지배와 대조되는 것을 제시하기를 원했을 것이다.

---

5. Lincoln, *Ephesians*, 341-42에서 다양한 가능성에 관한 논의들을 보라.
6. J. A. Bengel, *Gnomon of the New Testament*(Edinburgh: T. & T. Clark, 1877), 3:105는 시간을 '구속하는'(redeem) 것의 반대가 시간을 상실하는 것이라고 말한다.

첫 두 선택을 정당화할 만한 증거는 없다. 마지막 두 선택들이 그 명령에 동기 부여가 되었을 것이다. 4:17부터 바울은 불신적인 세상의 용인할 수 없는 행동과 하나님의 백성들의 행동을 대조하였다. 술취함에 대해서 그가 쓴 것은 그들의 주변 문화에서 아주 많은 파괴적이고 용인할 수 없는 삶의 방식을 상기시키는 편리한 방식이었다(유사하게는 롬 13:12-13; 살전 5:7을 참조하라).[7] 술취함과 예배 또는 경건한 삶간의 대조는 오랜 전통을 갖는다.[8]

술취함은 더욱더 낭비적인 삶으로 묘사된다('아소티아'; NIV, "방탕").[9] 술취함은 어리석음의 극치, 방향 상실, 그리고 하나님이 없는 삶의 낭비를 상징한다.

"성령으로 충만함을 받으라"는 명령은 예상하지 못한 말이다. 고든 피(Gorden Fee)는 이 명령을 모든 다른 것들의 핵심으로 올바르게 칭하고, 바울서신에서 궁극적인 명령이라고 여긴다.[10] 성령의 소유는 크리스천이 되는 표지이다(1:13-14을 보라). 하지만 성령이 회심 시에 신자에게 주어지고 실로 회심의 대행자라면, 이 명령은 무엇과 관련이 있는가? 인간은 성령의 움직임을 제어할 수 있는가?

우리는 이 명령을 이 개념이나 이와 유사한 개념을 갖고 있는 다른 본문들을 살핌으로써 이해할 수 있다. 어떤 본문이 사람들이 슬픔(요 16:6), 기쁨(행 13:52) 또는 지식(롬 15:14)으로 가득 찼다고 말한다면, 우리는 감정이나 지식이 그들의 존재를 '지배하고' 그들이 진실로 어떤 사람인지를 '묘사하는' 것이라고 이해하는데 어려움을 겪지 않는다. 사도행전 5:3이 사탄이 아나니아의 마음에 가득했다고 말하는 것으로 그를 묘사하고 있다면, 분명히 사탄이 그의 충동을 지배했다. 어떤 대항하는 성향도 차단되었다. 성경은 성령으로 충만한 사람들에 대해서 특히 말해준다. 세례 후의 예수(눅 4:1), 스데반(행 6:5; 7:55), 바나바(11:24). 헬라파 과부들을 돕기 위해서 선택된 일곱 집사들도 성령과 지혜로 충만하였다(6:3). 확실히 그것은 선택된 사람들이란 하나님의 영에 일치하는 삶을 살고 지혜로 특징지어져야 한다는 것을 의도한다. 그때에 바울의 요지는 성령이 신자들의 삶을 자극하고 인도한다는 지배적인 영향을 갖는다는 것이다.

우리가 보았던 것처럼, "충만"은 에베소서에서 중요한 주제다.

---

7. 술취함과 오순절에 성령에 관한 대조를 역시 참조하라(행 2:13-15).
8. 삼상 1:12-16; 사 28장을 참조하라. Schnackenburg, *Ephesians: A Commentary*, 236을 보라.
9. 신약성경에서 이 용어는 오직 여기서와 딛 1:6(NIV, "거친")과 벧전 4:4(NIV, "방탕")에서만 나타난다. 이 용어의 부사적인 형태는 눅 15:13(NIV, "wild")에서 탕자의 행위를 묘사한다.
10. Gordon Fee, *God's Empowering Presence*(Peabody.: Mass.: Hendrickson, 1994), 721-22.

다음의 것들을 참조하라.

1:23: 그리스도는 만유를 충만하게 하는 하나님의 충만이시다.
3:19: 크리스천은 하나님의 모든 충만하심으로 채워지기 위해서 그리스도의 사랑을 알아야 한다.
4:10: 그리스도는 만유를 채우기 위해서 승천하셨다.
4:13: 크리스천은 그리스도의 충만한 정도에 이르러야 한다.

"충만"은 삼위일체 하나님과의 일치와 하나님의 구원이 가져다주는 완성을 표현한다. 성령으로 충만하라는 요청은 연합함으로 살고 하나님과 함께 하는 삶의 온전함을 누리라는 요청이다. 크리스천은 하나님의 임재와 능력이 증거되는 처소가 되게 해야 한다.[11] 우리는 성령으로 충만해져야 한다.

5:18의 메시지는 성령이 그의 독자들에게 활기를 돋게 하고 충만하게 해달라는 1:17과 3:16에서 바울의 기도의 목표에 가깝다. 여기서 관심이 성령을 받는 신자들의 책임에 두어져 있다. 인간이 하나님의 영의 움직임을 조장할 수는 없을지라도, 거기에 인간의 책임이 관련되어 있다. 게다가 피(Fee)가 이 본문에서 공동체적인 초점을 강조한 것은 옳다. 전체 교회는 성령으로 충만해지도록 가르침을 받는다.[12]

그리고 바울은 크리스천들이 하나님의 영으로 '계속해서' 충만해질 것을 강조한다(이것이 헬라어 동사의 의미다). 그들은 술이나 다른 어떤 것에 의해서가 아니라 성령에 의해 지배를 받아야 한다. 우리는 그 문제에서 선택을 갖는다. 우리 안에서 성령의 변화시키는 역사가 인간의 관계와 분리되어서 행해지지 않기 때문이다.

성령 안에서의 삶을 묘사하는 다섯 분사들 중에 셋은 찬양하는 것과 관련이 있다(5:19). 전체 항목은 1:3-14에서 최초의 송영을 상기시킨다. 노래하는 것은 하나님이 사람들의 삶에 가져오신 기쁨을 자연스럽게 표현하는 것이다. 초대 기독교 찬미의 실존(예. 딤전 3:16; 아마도 빌 2:6-11)은 초대교회에서 노래의 중요성을 알려준다. 노래하는 목적은 하나님에 대한 찬미와 신자들을 가르치기 위한 것이다.[13]

---

11. pp. 168-171을 보라.
12. Fee, *God's Empowering Presence*, 722.
13. 또한 고전 14:26; 골 3:16을 보라.

그때에 노래는 두 청중들을 갖는다. 크리스천은 그리스도 안에서 하나님의 성품과 역사에 대해서 서로 상기시키면서 서로에게 노래하지만 또한 주님에게 찬미를 드리는 방식으로 주님에게 노래한다. 평행되는 골로새서 3:16에서 노래는 하나님에게 드려지지만, 여기 에베소서 5:19에서 "주"는 분명히 그리스도를 일컫는다.[14] 요한계시록에서 찬미는 하나님과 그리스도/어린양에게 드려지고(5:9, 13; 7:10; 12:10), 신약성경에서 확인되는 찬미의 전형적인 특징은 주로서 예수에게 초점이 있다. 나중에 A.D. 111경에 작성된 유명한 서신에서 플리니(Pliny the Younger)는 크리스천의 모임을 하나님과 관련해서 그리스도에게 교호적으로 찬미를 부르는 것으로 묘사했다.[15]

시, 찬미, 그리고 영적인 노래들 사이에 어떤 구분이 의도되어있는지는 말하기가 어렵다.[16] 아마도 분명한 경계는 의도되어 있지 않을 것이다. 사람들이 마음으로 노래해야 하는 것은 사람들이 감정이나 느낌으로 노래하라고 요청하는 것은 아니다. 오히려 "마음"은 사람의 지배적인 중심을 가리킨다: "너의 전 존재로 노래하라"(그것은 확실히 감정을 포함한다). 중요한 것은 사람들이 감정이 아니라 진심으로 노래하는 것이다. 말은 단순히 노래하는 것이 아니라 성령 안에서의 삶의 실제를 표현하는 것이다.

노래와 더불어, 성령 안에서의 삶은 감사를 주는 것으로 특징지어진다(5:20). 많은 크리스천들이 신약성경에서 감사의 중요성을 인식하지 못하고 있다. 에베소서보다도 오히려 자매 서신인 골로새서가 반복해서 감사를 더 강조한다(골 3:15-17; 4:2). 우리가 이미 보았던 것처럼, 로마서 1:21은 감사하지 않는 것을 죄의 근원으로 간주한다.[17] 그러한 신학으로 인해 감사가 성령 안에서의 삶과 연관되어 있다는 것은 놀랍지 않다. 감사는 하나님과 그리스도 안에서 선하신 하나님의 목적을 믿는다고 인정하는 것이다. 분명히 그러한 감사를 주는 것은 삶의 형태를 가리키는 것이지 단순히 언급된 말을 가리키는 것이 아니다.

---

14. 에베소서에 전반적으로, 특히 이 장에서 그러하다(8, 10, 17, 20절).
15. *The Letter of Pliny*, 10.96.7
16. 어떤 이들은 구약성경의 시편을 사용한 것으로서의 "시", 크리스천의 노래로서의 "찬미", 그리고 천상의 예배자들의 노래(참조. 계 5:9-10)나 즉석의 성령으로 영감된 노래로서의 "영적인 노래들"을 구분한다(Ralph P. Martin, "Ephesians," *The Broadman Bible Commentary*[Nashville: Broadman, 1971], 11:166). 또한 Donald Hustad, "Doxology: A Biblical Triad," *Ex Auditu*, 8(1992): 9-13을 보라. 브루스(Bruce)는 "영적인 노래들"은 "'성령으로' 노래된 미리 생각하지 않은 말들"을 가리킨다고 주장한다(*The Epistle to the Ephesians*, 111.)
17. pp. 285-287, 297-299을 보라.

크리스천은 "우리 주 예수 그리스도의 이름으로" 모든 것에 대해서 항상 하나님께 감사해야 한다. "이름"은 그 사람이 대변하고 성취한 것을 가리키는 하나의 방식이다. 크리스천은 예수의 존재에 "기초하여", 그가 이루신 것이나 그의 존재에 "맞게" 감사해야 한다. 이 항목에 함축된 기독론과 삼위일체에 대한 초점은 의미심장하다. 예배에서 부활하신 예수를 경험하는 것이 기독론의 첫 번째 단계였다. 신약성경의 문서가 작성될 즈음에는 완전한 기독론이 이미 존재했다.

이 본문은 기독론적으로 의미가 있다. 그것은 예수를 예배하고, 예전적으로 예수가 하나님과 연결되어 있으며, 그리고 "주"라는 칭호가 그에게 전이되었다는 증거가 되기 때문이다.[18] 초대교회는 부활한 예수를 만남으로 자신들이 하나님을 만나고 있다고 인식했다. 그들은 단순히 예수와 하나님을 동일시한 것이 아니라 그리스도 안에서 하나님의 충만함이 자신들에게 알려졌다는 것을 알았다(엡. 1:23; 2:21-22).

성령 안에서 삶을 묘사하는 분사는 아마도 가장 놀랍다. 성령으로 인도된 사람들은 "피차 복종한다"(21절). 많은 사람들이 "복종"을 부정적인 자아 이미지가 지배하는 수동적이고 유약한 삶, 즉 제어와 자유의지의 포기를 가리키는 것처럼 그 용어를 싫어했다. 그러나 그런 식의 사고방식은 크리스천에 대한 제어가 이미 그리스도에게 내어졌다는 사실을 제외하고는 바울의 의도가 아니었다.

'히포타소'("복종하다")란 헬라어는 직역하면 "아래에 두다"를 의미한다. 그것은 하나님의 율법에 복종하는 것(롬 8:7) 그리스도의 발아래 복종하는 모든 것(엡 1:22), 또는 청년이 노인에게 복종하는 것(벧전 5:5)에 사용된다. "복종하다"를 "지원하다"나 "헌신하다"로 번역하기를 시도하는 것은 용인할 수 없다. 이 본문이 일부 크리스천들이 다른 크리스천에게 복종할 것을 요구하고 있지 않다는 것을 유념하는 것이 중요하다. 그것은 '모든' 크리스천에게 '피차' 복종할 것을 요구한다. 어느 특권적인 그룹이 고려되고 있지 않다.

복종은 크리스천의 삶에서 중요한 요소다(이 주제는 베드로전서에서 핵심이 된다). 고린도에서 크리스천들은 교회의 종이 된다고 하는 일꾼들에게 복종할 것이 요구되었다(고전 16:16)—그들은 종들에게 복종해야 했다! 예언자들은 계시가 오게 된 다른 예언자에게 복종해야 했다(14:32). 복종은 신약성경의 저자들에게 아

---

18. 신약성경의 신자들이 그리스도에게 "주"라는 칭호를 적용했을 때, 그들은 그리스도에게 '야훼'라 일컫는 구약성경의 본문들을 역시 적용했다.

주 중요했다. 그것은 자기를 내어주는 사랑, 겸손, 그리고 모든 크리스천들에게 요구되는 기꺼이 그리스도를 위해 죽으려는 의지를 묘사했다. 예를 들어, 빌립보서 2:3에서 바울은 이기심을 배격하고 겸손함으로 다른 이들을 낫게 여길 것을 요구한다. 이어지는 구절들에서 그는 그리스도가 그러한 삶에 모범이 되었음을 보여준다(참조. 롬 12:3; 갈 5:13).

예수는 반복해서 동일한 요지를 만드신다. 자기를 높이는 자마다 낮아질 것이요 자기를 낮추는 자는 높아질 것이라(마 23:12). 예수와 바울은 약하지도 어느 누구에게도 마지못해 따르지 않았지만 하나님이 무엇을 요구하시는지를 알았다. 크리스천은 상호적인 복종으로 살 것을 요청받고 있고, '상호적인 복종이 없다면, 그들의 소명을 이룰 수가 없다.' 그러한 복종은 다른 사람에 대한 진정한 사랑에 기초한 강력하고 자유로운 의지의 행위다(참조. 4:2). 결국에 복종은 다른 사람들을 합당하게 여기는 결정, 그리스도와 함께 죽고 사는 방식, 그리고 다른 사람들을 존중하고 사랑하는 방식일 뿐이다. 사실상 크리스천들에게서 권위와 복종은 동일하다.[19]

또한 21절에서 곤란한 것은 복종이 그리스도를 '두려워'(fear, "경외"—NIV와 개역개정) 함으로 발생한다는 진술이다. 이것은 신약성경에서 이 표현이 유일하게 나타나는 곳이고, 하나님을 두려워할 것을 통상적으로 강조한 것과 비교할 때 기독론적으로 중요하다. 구약성경에서 "두려움"(fear)은 하나님을 '사랑하는' 사람들의 특징인 '언약' 언어다. "두려움"과 "사랑"은 하나님에 대한 충성과 순종을 묘사하기 위해서 거의 동의어적으로 사용된다(예. 신 6:2, 4; 10:12; 시 103:17-18). 신약성경은 고넬료와 같이 하나님을 두려워하는 자들(행 10:2), 초대 크리스천들(9:31), 또는 크리스천의 삶과 사역(고후 5:11; 빌 2:12)을 묘사함으로써 이 의미를 존속시킨다.

우리들에게서 "두려움"이란 용어는 보통 부정적이고, 성경의 저자들은 이런 부정적인 사용을 알았다. 하지만 그들은 점차적으로 그 용어를 긍정적인 의미로 사용하였다. 그 때문에 이 용어에 대한 만족스러운 영어 동의어는 없다. "경외"나 "존경"과 같은 용어들은 의도된 이 뉘앙스를 포착하기에는 너무 약하다. 그리스도에

19. 이 문제에 관해서는 나의 "'Your Slaves-on Account of Jesus': Servant Leadership in the New Testament," *Servant Leadership*, eds. James R. Hawkinson and Robert K. Johnston(Chicago: Covenant Publication, 1993), 1:7-19; "Authority and Submission," *Between Two Truths: Living with Biblical Tensions*(Grand Rapids: Zondervan, 1990), 81-94을 보라.

대한 두려움이란 긍정적인 의미는 그리스도의 능력과 거룩 그리고 그가 주님이시고 다가올 심판자시라는 인식을 보여준다. 그러한 두려움이 찬미와 복종의 근거다. 우리가 두려워해야 하는 분은 5:2에서 "우리를 사랑하시고 우리를 위해 그 자신을 주셨던" 동일한 분이시라는 것을 잊어서는 안 된다.

가정율(5:22-33)

"가정율"은 에베소서, 골로새서, 그리고 베드로전서의 항목들에 할당된 별칭이다. 그것들은 아내와 남편, 자녀와 부모, 그리고 종과 주인에 대한 지침을 담고 있다. 이 동일한 세 관계들이 다소 전형적인 방식으로 헬라와 유대 저자들에 의해 자주 언급되었을지라도, 기독교 가정율의 근원은 발견할 수 없거나 헬라나 유대 저자들은 신약성경의 저자들과 동일한 용어를 사용하지 않는다. 이 말씀의 구체적인 어휘들은 교회 내에서 발생했다.

크리스천들은 적어도 부분적으로는 자유, 사랑, 그리고 그리스도를 따르는 것에 초점을 맞춤으로써 사회를 파괴한다고 비난을 받았기 때문에 이 주제들을 다루어야 한다. 불신자들은 기독교가 그렇지 않다는 것을 알아야 했고, 크리스천들도 주요한 사회적 관계에 대한 믿음의 상관성을 가르침 받아야 했다. 다른 가정율과 달리, 기독교 가정율은 아내, 자녀, 그리고 종만이 아니라 더 힘 있는 자들(남편, 부모, 그리고 주인)의 '책임'에 초점을 맞추었다.

아내에 대한 지침(5:22-24, 33b). 남편에게 복종할 것을 아내에게 가르치고 있는 것은 모든 크리스천들에게 요구된 상호적인 복종의 첫 사례일 뿐이라는 것을 강조함으로써 우리는 시작해야 한다. "복종하다"란 말은 22절의 헬라어 본문에서는 심지어 사용되지 않는다.[20]

기독교는 여성들을 위한 의미심장한 변화를 가져왔고, 분명히 그들의 자유는 불신자들에게 불쾌감을 주었다. 예를 들어, 갈라디아서 3:28에서 바울은 남자와 여자와 같은 구분이 더 이상 가치를 결정짓지 않는다고 썼다.[21] 고린도전서 7:15에서 그는 크리스천들에게 조언하기를 떠나기를 원하는 불신 배우자와 같이 있지 말라고 했다. 그가 아내들에게 그러한 특권을 부여한 것은 불신자들에게 놀라운 일

20. p. 355을 보라.

21. 갈 3:28에 관해서는 내가 다른 "갈 3:28: Conundrum or Solution" *Women, Authority, and the Bible*(Downers Grove, Ill.: InterVaristy, 1986), 161-81을 보라.

이었을 것이다. 당시에는 아내가 남편의 신들을 취할 것을 가정했다.[22] 그러므로 디도서 2:5에서 바울은 여성들에게 "자기 남편에게 복종하게 하라 이는 하나님의 말씀이 훼방을 받지 않게 하려 함이니라"고 가르친 것은 이해할 만하다.

바울이 아내들이 "자신의 남편을 주님에게 하듯 복종해야"한다고 말한 것으로 무엇을 의미했는지는 분명하지 않다. 이 말씀은 (1) 주님에게 했던 복종과 유사한 방식으로 (2) 남편이 마치 주님인 것처럼, 또는 (3) 주님에 대한 그들의 복종의 일부를 의미할 수 있었다. 바울이 두 번째 선택을 주장하였다고 가정하기는 어려울 지라도, 다른 둘 중에 하나가 합법적일 수 있었다. 하지만 세 번째 선택에 함축된 신학이 분명히 본문에 기저에 깔려 있다. 주님과 아내의 관계가 기초이고, 동기이며, 아내가 남편에게 복종해야할 자격이 이루어진다. 24절에서 "범사에"란 말은 삶의 모든 영역들이 이 복종에 포함된다는 것을 가리키며, 이는 "주님께" 하는 삶과 일치하는 것을 전제한다.

23절은 확실히 신약성경에서 가장 남용되고 논쟁되는 본문 중에 하나다. 그 초점은 남편의 특권과 지배에 있지 않고, 바울은 아내들이 종이 되고 남편의 모든 욕구를 억지로라도 따를 것을 주장하고 있지 않다. 본문은 여자들이 남편들에게 '굴복할' 것을 말하는 것이 아니며, 또한 남편이 복종을 강요할 수 있도록 허가를 주고 있는 것도 아니다.[23]

논쟁은 최근에 "머리"에 대한 헬라어인 '케팔레'의 의미에 의해 강화된다. 많은 이들이 '케팔레'가 "주인", "책임이 있는 사람" 또는 "지도자"를 의미한다고 가정했다. 그 용어가 영어에서 그런 비유적인 의미를 갖기 때문이다. 그리고 "머리"('로쉬')에 대한 히브리어가 족장의 지도자나 권위가 있는 다른 사람들을 구약성경에서 비유적으로 자주 사용한다.[24] 문제는 이 비유적인 의미가 헬라어에서 공통되지 않다는데 있다. 대부분 70인경은 '로쉬'를 번역하기 위해서 일부 다른 단어('아르콘'과 같은)를 사용한다. '케팔레'는 "권위"에 대한 개념이 내재될 때 '로쉬'를 번역하기 위해서 70인경에서 오직 16번만(약 180번 중에서) 사용되었다.[25] 따라서 일부 학자들은 '케팔레'의 비유적인 사용을 "근원"으로 이해해야한다고 주장했다. 또한 소수의 학자들은 "특출남"과 같은 의미를 주장하거나 에베소서 5:23

22. 여성들과 관련한 다른 문제들은 고전 11장과 14장에서 증거된다.
23. "순종"과 "복종"이 긴밀하게 다루어지는 유일한 곳은 벧전 3:1-6에서다.
24. 민 1:16; 신 1:13; 삼하 22:44; 사 7:8을 보라.
25. 어느 사본을 의존하느냐에 따라서 달라질 것이다.

에 대해서 "완성을 가져오는 자"라고 주장했다.[26] 유감스럽게도 이런 논쟁과 관련한 어떤 것도 객관적이지 않고 증거가 공정하지 않다.

논쟁이 확실히 계속될지라도, 그 의미를 결정하기 위한 가장 중요한 요소는 에베소서와 바울의 다른 문서들의 '문맥'이다. '케팔레'의 의미로 "근원"을 주장하는 것은 설득력이 없다. 아주 소수의 성경 이외의 문헌들에서 그 용어가 "근원"을 의미할지라도, 그것은 흔치 않은 일이다. 게다가 "근원"은 바울의 서신들의 대부분에서 잘 맞지 않는다. 바울은 5:22-24에서 그리스도가 교회의 근원인 것처럼 남편이 아내의 근원이라고 주장하고 있지 않다. 학자들은 현대 시대에 남성과 여성의 관계에 관한 논의에서 부정적인 함축을 피하기 위해서 오직 이 의미를 선택한 것으로 보인다. 1:22과 골로새서 2:10에서 '케팔레'의 사용은 모두 그리스도에게 만유가 복종하는 것을 이슈로 하고 있는데, 이는 이 본문들에서 그 의미가 근원의 개념임을 차단시켜준다. 바울은 그리스도가 공국과 권세의 근원이라고 주장하고 있지 않고 그들에 대한 권위를 갖고 있음을 주장하고 있다. 권위에 대한 일부 함축이 '케팔레'에 대한 바울의 비유적인 용법에 포함되어 있는 것으로 보인다.

여전히 에베소서 5:23은 권위에 초점을 두고 있지 않고, 그리스도와 남편의 자기를 내어주는 사랑에 초점을 두고 있다. 이 문맥에서 "머리"는 "책임"을 암시한다. 남편은 리더십의 역할을 갖지만 아내의 주인이 되기 위해서도 아니고 특권으로서의 그의 위치를 이용하기 위해서도 아니다. 예수가 종이 되는 것으로 위대함을 재정의했던 것처럼(마 20:26-27), 바울은 사랑하고 자기를 내어주고 양육할 책임이 있는 것으로 머리됨을 재정의한다. 우선권이 남편에게 두어지지만, 고대 사회와 달리 그 우선권이 '아내의 유익을 위해서 있다.' 아내와 남편의 활동은 그리스도와 그리스도가 교회를 위해 자신을 내어주신 것에 기초한다.

바울이 남편의 우선권이나 책임을 명백하게 할지라도, 본문은 역시 5:28과 31절에서 남편과 아내의 하나됨과 동등성을 가정한다. 머리됨과 동등성이 적절이 주어져야 한다. 다른 곳에서처럼, 진리가 본문의 긴장과 균형 속에 있다.

그리스도가 몸(즉, 교회)의 구주시라는 5:23의 삽입구적인 진술이 아내와 남편의 관계를 비추고 있지 않다. NIV는 그것을 보여주지 못하지만 5:24은 사실상 5:23의 대조("but"[그러나], 개역개정은 "그러므로")로 시작하고 있다. 남편이 아

26. 논쟁의 개관을 Wayne Grudem, "The Meaning of Kephale('Head'): A Response to Recent Studies," *TrinJ*, 11(1990): 3-72에서 발견할 수 있다.

내의 복리에 대해서 책임이 있을지라도, 그는 그녀의 구주도 아니고 그녀의 구원에 어떤 역할도 하지 못한다.

5:33의 요약적인 진술에서 아내는 남편을 "두려워"(NIV는 "존경", "존경하라"—개역개정)할 것이 요구된다. 이것은 5:21을 상기시키고 남편과 아내의 관계가 그리스도와 교회의 관계를 반영하는 또 다른 방식을 제공하는 동심원적 구성을 제공한다. 하지만 여기에 공포나 해로운 두려움에 관한 사상이 내재해 있지 않다. 여기서 "존경"으로 사용된 헬라어 단어의 번역—사랑이 연합된—은 남편을 향한 태도를 위해 의도된 개념에 아주 가깝다. 아내는 남편의 역할과 책임을 인정하는 모습을 보여야 한다. 확실히 그리스도에게 적합한 두려움이 남편에게 적합한 두려움과는 아주 다르다. 남편에게 적합한 두려움은 광대하지도 본질적으로 거룩하지도 않다. 또한 종말적인 심판의 개념도 없다.

남편에 대한 지침(5:25a, 28-29a, 31, 33a). 아내들이 복종할 것이 요구되기 때문에 사람들은 본문이 남편으로 하여금 적절한 방식으로 통치할 것을 요구한다고 예상할 것이다. 그런데 그것이 아니다. 오히려 남편이 '사랑하고' 그리스도가 교회를 위해 자기 자신을 내어주신 것과 같이 자기 자신을 내어주는 사랑을 할 것을 요구한다. 아내는 복종하고 남편은 사랑하라는 지시는 5:2과 21에서 모든 크리스천들에게 이미 주어진 구체적인 명령("그리스도를 경외함으로 피차 복종하라")을 만들어준다(참조. 4:2).

놀랍게도 고대의 자료들은 남편이 아내를 사랑하라는 것을 자주 말하지 않는다. 여성들에 대한 바울의 말은 우리에게 부정적으로 보일지라도, 당대에 그 말은 놀랍게도 긍정적이었다. 그가 아내들로 하여금 남편을 사랑할 것을 요구하지 않은 이유는 불분명하다.[27] 복종하라는 아내들에 대한 명령보다 사랑하는 남편들에 대한 명령에서 서로 다른 어떤 것이 의도되어 있는가? 아니다. 두 명령들은 기독론에 기반해 있고, 다른 이에게 서로를 내어줄 것을 요구한다. 마지막으로 분석한다면, 복종과 '아가페' 사랑은 동의어다. 어떤 다른 것이 있다면, 더 강력한 말이 남편의 책임에 대해 사용되고 있다. 남편이 아내를 자기 자신처럼 사랑하라는 명령은 모든 크리스천들에게 요구된 피차 복종하라(5:21)는 기대를 남편들에게 적용한 것이다.

고대 세계에서 남편은 음식과 은신처를 제공하는 것 이외에 별다른 의무를 갖

27. 딛 2:4은 남편을 사랑할 것을 말하지만, 엡 5:25에서와는 다른 용어를 사용한다.

지 않았다. 그들은 자신이 좋아하는 대로 행동할 수 있었던 반면에 아내는 집안일과 남편이 요구하는 일을 할 의무가 있었다. 바울의 말은 급격하게 이런 모습을 바꾸어 놓는다. 사리사욕에 의해 이끌리기보다 남편은 먼저 아내의 행복에 우선을 두고, 그녀를 돌보기 위해서 자기를 내어주는 것이 요구된다.

에베소서 5:28은 네 이웃을 자기 자신처럼 사랑하라는 명령(레 19:18)을 특히 아내에게 적용한다. 바울은 우리가 다른 사람을 사랑할 수 있기 전에 우리 자신을 사랑해야 한다고 주장하고 있지 않다. 레위기서의 저자와 바울은 사람이 자기 자신의 관심과 행복을 추구할 것임을 전제하고 둘 다 다른 사람들을 위해 동일한 것을 추구한다. 결국에 사랑은 다른 사람을 위한 '정의'의 문제이지만, 자신의 권리와 관심과 욕구보다 선행할 수 있는 정도로 제기된다. 바울은 창세기 2:24에 기초하여 남편과 아내의 하나됨의 신학을 가정한다(5:31을 보라). 따라서 아내를 미워하거나 소홀이 하는 개념은 자기 자신을 미워하거나 소홀이 하는 것처럼 이상한 것이다.

5:29의 용어들은 아내의 행복과 복을 확증할 수 있도록 남편으로부터 예상되는 온유와 양육을 표현한다. 33절만이 남편이 아내를 사랑하라는 명령을 강조적이고 개인적인 방식으로 반복한다. 이 사랑은 단순히 여자에 대한 남자의 자연적인 사랑이 아니다. 그러한 사랑이 놀라운 것처럼, 결혼 관계에 대한 것만으로는 '충분치 않다.' 그러한 사랑은 감정과 태도로 제한되지 않고, 예수 그리스도에 대한 제자도를 표현하는 일련의 선택과 관련이 있다. 남편에게 요구된 사랑은 '기독론적으로 정의되어 있다.' 그리스도의 사랑이 교회의 선을 위해서 자신을 내어주시는 것으로 그리스도를 촉진시켰다. 남편은 동일한 유형을 따라야 하고 아내를 위해서 자기를 내어줄 만큼 사랑해야 한다.

그리스도와 교회의 관계(5:23b-24a, 25b-27, 29b-32). 자주 구원과 교회에 대한 바울의 성숙한 묵상이 이 단락에서 자주 간과된다. 결혼 관계는 그리스도의 사랑, 그의 구원하시는 행위, 그리고 그가 교회를 계속해서 돌보시는 것을 유추하는 것으로 간주된다. 하나님과 이스라엘의 관계에 대한 구약성경의 이미지가 결혼의 유추를 사용한 것의 배후에 있다. 이스라엘은 하나님의 결혼 상대자로 간주되었다(특히 사 54:5-7; 62:4-5; 호세아서). 에스겔 16:1-14이 에베소서 5:26-27의 배경을 제공하는 것일 수 있다. 그것은 하나님을 광대하게 이스라엘을 돌보시고, 정결케 하시고, 혼인하시고, 칭송하는 것으로 묘사한다.

그리스도가 어떻게 구주가 되시는가를 설명하는 25-27절(23b절)은 초대교회에서 기원하는 신앙고백의 자료와 자주 동일시되었다. 그렇게 초대교회의 형식에 의존하는 것은 특히 그것의 특별한 어구로 인해서 가능하기는 하다.[28] 하지만 바울의 자료와 전승적인 자료를 구분하기는 자주 어렵다. "그리스도께서 교회를 사랑하시고 그 교회를 위하여 자신을 주셨다"는 표현(5:25)은 5:2과 갈라디아서 2:20과 거의 축어적으로 유사하다. 만약 이것이 신앙고백의 용어라면, 바울은 그것을 자신의 신학으로 만들었다.

바울의 사상에서 그리스도의 사랑의 중요성은 아무리 강조해도 지나치지 않고, 또한 그리스도의 사랑은 아버지의 사랑과 구분할 수 없다. 이 서신에서 하나님의 사랑은 선택(1:4)과 구원(2:4)을 위한 동기이고, 그리스도의 사랑은 인간의 지식을 능가하며(3:19) 그의 희생적인 죽음(5:2, 25)과 내주(3:17)의 동기다. 아버지와 아들은 인간에 대한 사랑으로 연합되신다.

5:25의 희생 용어와 더불어, 그리스도의 구원하시는 행위는 거룩하게 하고 깨끗하게 하며 드린다("세우는"—개역개정)는 측면에서 묘사된다. 신부를 "거룩하게 하다"(sanctify, NIV, "make holy")란 용어의 선택은 이상해 보이나, 이 용어들은 특히 바울에게 적합하였다. "거룩하게 하다"란 말에서 주요한 강조는 "구분하다"를 의미한다. 그것은 결혼에서 행해지는 것과 정확히 유사하다—배우자는 다른 모든 사람들과 구분된다.[29] 다시 말해서 거룩하게 하는 행위는 여기서 크리스천의 성장을 가리키지 않는다. 설사 "거룩하게 하다"란 말의 어군이 그런 식으로 사용될 수 있을지라도 말이다(참조. 롬 6:19, 22). 여기서 그 용어는 전체적으로 구원을 총칭적으로 묘사하는 것으로 사용된다.[30]

26절에서 "깨끗하게 하다"를 구원 이전의 행위로 간주해서는 안 된다.[31] 그리스도는 깨끗케 하심으로써 거룩하게 하시고 구원하신다. 그것은 동일한 한 행위를 가리킨다(참조. 고전 6:11; 딛 3:5). 대부분의 학자들은 바울이 5:25에서 세례의 깨끗하게 하심을 가리키고 있음을 가정한다. 하지만 물이나 씻음에 대한 언급이 필연적으로 세례를 가리키는 것은 아니고, 또한 바울이 에스겔로부터 자신의 용어를 가져오고 있다면 세례에 대한 언급이 아닐 것이다(특히 겔 35:25).[32] 신약성경

---

28. "물로 씻어 말씀으로 깨끗하게 하사"(5:26)와 "영광스러운"(NIV, "빛나는")을 보라, 하지만 후자에 관해서는 고전 4:10을 참조하라.
29. 후대의 랍비 문서에서 "거룩하게 하다"는 유대의 결혼에서 신부를 맞아들이는데 실제로 사용되었다.
30. 고전 1:2; 6:11을 보라.
31. NIV의 각주에서 대안적인 번역을 참조하라.
32. Barth, *Ephesians*, 2:691-99에서의 논의를 보라.

에서 어느 곳에서도 '교회'가 세례를 받지는 않는다. 직역해서 "말씀 안에서 물로 씻어 깨끗케 하사"("물로 씻어 말씀으로 깨끗하게 하사"—개역개정)가 난해한 표현일지라도, 두 개념이 고려되고 있다. (1) 성령에 의해 가져와진 깨끗하게 함, 그리고 (2) 이 깨끗하게 함을 가져오시는데 있어서 복음 선포의 역할. 씻고 깨끗하게 하는 것과 성령의 연관이 신구약성경에 자주 나타난다.

그리스도가 교회를 깨끗하게 하는 목적은 하나님께 흠없이 "교회를 드리려"("세우는"—개역개정)는 것이다. 5:26에서 그리스도는 교회를 자신에게 드리는 반면에, 고린도후서 4:14에서 하나님은 우리를 예수와 함께 (하나님께) 세우실 것이다. 골로새서 1:22에서 그리스도는 신자들을 그리스도 자신이나 하나님께 드리신다(세우신다). 그밖에 다른 곳에서 바울은 그리스도에 대한 거룩한 처녀로서 고린도교회를 드리는 것으로 묘사한다(고후 11:2). 분명히 바울은 현재와 종말에 교회와 관련해서 여러 방식으로 "드림"(또는 세움)의 용어를 사용할 수 있었다. 장래의 종말론이 고린도후서 4:14에 분명히 염두에 두어져 있지만, 이 단락과 고린도후서 11:2은 현재를 가리키는 것으로 보인다.

이 항목에서 교회에 대한 용어는 특이하다. 교회는 (다른 곳에서처럼) 단순히 그리스도의 행위의 결과로 간주되는 것이 아니라 그리스도의 행위를 '촉진하는' 실체로서 초점이 주어져 있다. 여기서 그리스도는 '교회'를 사랑하셔서 자기 자신을 내어주셨다.[33] 이것은 교회가 그리스도의 죽음 시에 이미 존재했던 것으로 간주되고 있음을 의미하지 않는다. 오히려 그것은 그리스도의 죽음의 의미를 묵상하는 한 방식이다.

교회에 대한 가장 놀랍고 강력한 개념 중에 하나가 5:30-32에서 표현된다. 신자들과 그리스도 간의 연합은 크리스천이 그리스도의 몸의 '지체'가 될 만큼 매우 놀랍다. 4:25에서 크리스천은 서로 '지체'임이 언급되었고, 이런 상호적인 연합은 진리를 말하기 위한 신학적인 동기를 제공한다. 5:30에서 크리스천은 자신들이 그리스도의 일부가 될 수 있도록 그리스도와 아주 밀접하게 연합되어 있는 것으로 가정된다.

크리스천이 그리스도의 지체가 된다는 것을 정당화하지 않는 바울에 대한 어느

33. 다른 곳에서 이 용어는 그리스도가 자신을 한 개인을 위해서(예. 갈 2:20에서 바울) 또는 우리를 위해서(엡 5:2) 자기 자신을 내어주셨다는 것이다. 여기서의 변화는 이 서신 전반 통해서 교회에 증가된 초점을 맞추고 있는 것과 일치한다.

설명도 바울의 신학을 적절하게 설명하지 못한다. 에베소서를 두 표현으로 편리하게 요약할 수 있다: 그리스도의 일부(지체)요 서로의 일부. "몸"은 바울에게서 모호한 교회론적 개념이 아니다. 오히려 그것은 그리스도와 신자의 유대를 표현하는 용어다. 놀랍게도 창세기 2:24의 인용은 남편과 아내의 관계가 아니라 그리스도와 교회의 관계로 이해된다(엡 5:32; 참조. 또한 고전 6:15). 확실히 창세기 2:24과 남편과 아내의 관계와의 상관성을 가정할 수 있지만, 에베소서에서의 초점은 크리스천과 주님간의 일치에 있다.

바울은 이 관계를 "심오한 신비"(mystery, "비밀"—개역개정)로 묘사한다. "신비"가 "이해하기 어려운"을 의미하는 것이 불가능하지는 않을지라도, 이것은 다른 곳에서 특히 에베소서에서 "신비"를 이해하는 방식이 아니다. 바울은 하나님으로부터의 '계시'를 가리키기 위해서 이 용어를 사용한다. 즉 하나님이 그것을 드러내시지 않으면 어느 누구도 알 수 없는 것을 말한다.[34] 바울이 아마도 의미했던 것은 "그리스도와 교회에 대한 계시는 장엄하고 심오하다"는 사실이다.

상황잇기

에베소서 5:15-33은 상황을 연결하는데 있어서 세 가지 다른 과정들을 요구하는 서로 다른 세 종류의 자료를 포함한다. (1) 18-21절은 대부분의 경우에 우리 세대로 가져오는데 있어서 거의 어려움을 겪지 않는 '권면'이다. 이 용어와 개념들은 커다란 문제를 불러일으킬 만큼 역사적이거나 문화적으로 뿌리내려 있지 않다. 그 가운데 어느 것도 고대 세계에만 해당되는 상황을 말하고 있지 않다. 그러나 다른 곳에서와 마찬가지로 우리는 권면을 이끌어가는 신학적인 전제들을 식별해 보아야 한다.

(2) 22-23절에서 남편과 아내에 대한 '가정율의 지침'은 현대 세계와 다른 시대와 문화에 깊이 뿌리내리고 있다. 이 항목을 오늘의 세계로 가져오는 것은 주요한 임무가 될 것이다. 본문이 말하는 문제와 차이에 조심스러운 관심이 필요하다.

(3) 22-33절의 일부는 그리스도와 교회에 대한 '신학적인 묘사'다. 그것이 어느 다른 것만큼 현대교회에 타당할지라도, 그 용어는 종교적인 개념과 신학적인 구조를 가정한다. 둘 다 설명을 필요로 한다.

성령 안에서의 삶(5:15-21). 5:15-21의 신학적인 의미는 중요하다. "너희가 어떻

34. 참조. 1:9; 3:9; pp. 67, 197-198을 보라.

게 행할지를 자세히 주의하여"[35]는 삶의 목적과 방향을 제기한다. 인생은 목적 없는 것도 아니고 또한 비가동시간이 이어지는 일련의 열정적인 활동도 아니다. 인생은 목표를 향한 끊임없는 진보다. "주의 뜻"이 있는 17절에서 강조한 것처럼 이런 방식이 삶을 특징짓는다. 우리는 어디로 가고 있는지를 주의하고 그 길을 따라 끊임없는 진보를 만들어야 한다. 15-16절은 삶의 노고를 제기하고 그 여행이 위험하다는 것을 알려준다. 우리는 실족할 수 있고 도 그 결과가 재앙적이기 때문에 면밀히 살펴야 한다.

시간을 아끼는 것에 관심을 갖는 16절은 인생의 긴급성을 반영한다. 시간은 중요함으로 낭비하지 않아야 한다. 삶의 신학과 시간의 신학이 이 간단한 권면의 배후에 있다.

지혜와 명철에 대한 권면은 우리로 하여금 구약성경과 유대교의 지혜전승을 살피게 만든다. 지적인 것에 대한 강조가 내재해 있을지라도 주요한 관심은 지적인 것에 있지 않고 삶과 순종에 통찰을 가져오기에 충분한 현명한 삶과 하나님의 명철에 있다. 지혜는 하나님과의 관계에 비추어 모든 정보를 상고하고, 알고 있는 것을 행동으로 옮기는 것과 관련이 있다. 우리가 에베소서 전체에서 보았던 것처럼 그 초점은 마음과 주님이 원하시는 것을 식별하는 과정에 있다.

술취함(18절)은 오늘날과 마찬가지로 고대 세계에서 진정한 문제였다. 물론 그 문제가 범람하지는 않았을지라도 말이다. 포도주가 매우 많이 생산되었을지라도, 술의 효능과 다양성은 오늘날처럼 방대하지는 않았다. 아울러 포도주는 자주 물과 혼합되었다. 하지만 술은 여전히 문제였고, 구약성경의 저자와 고대 헬라 철학자들은 자주 술의 남용에 대해서 경고했다. 고대 세계의 아주 소수 그룹은 술의 모든 소비를 정죄했을지라도, 에베소서의 본문은 그렇게 말하지는 않는다. 술취함은 분명히 죄이지만 술의 모든 소비가 죄는 아니다. 다른 한편으로 우리는 술의 위험성과 그 술이 우리 사회에서 야기하는 수많은 문제들을 다루어야 한다. 정확히 이것은 우리가 주의 뜻을 식별해야 하는 영역 중에 하나다.

이 본문의 두 부분은 고대의 독자들에게서처럼 우리들에게도 특이하게 들릴 것이다: "성령으로 충만함을 받으라"(18절)와 "피차 복종하라"(21절). 사람들은 악한 영의 소유에 대해서 알고 있었을지라도, 첫 부분은 특이하다.[36] 하지만 우리가 이

35. NIV는 "너희가 살아가는 방식을 조심하라."

36. Seneca, *Moral Letters to Lucilius*, 41.1-2은 하나님을 우리에게 거하시는 거룩한 영으로 언급한다.

서신의 전체를 통해서 성령에 대해서 바울이 가르친 것을 주의 깊게 생각한다면 이 말에 대해서 놀랍지가 않다.[37] 오늘날 그것을 어떻게 이룰 수 있는가? 이 서신의 처음부터 바울이 강조했던 그리스도와의 연합을 통해서다. 성령은 우리에게 예수의 임재를 전달하시는 분이시다. 믿음은 우리 안에 하나님과 그리스도의 임재 의식을 창출함으로써 우리가 하나님이 바라시는 것에 관심을 증폭시키고, 우리 안에서 하나님의 뜻을 행사하게 하는 그의 역사를 인식하게 만든다.

상호적인 복종의 개념은 오늘날처럼 고대 세계의 사람들에게 불쾌하게 느끼게 했을 것이다. 사람들이 "복종"이란 말을 과민하게 받아들일지라도, 이 본문을 희석시키지 않아야 한다. 특히 크리스천의 삶의 패턴으로서 그리스도에게 초점을 맞추고 있을 때, 이 본문은 고대와 현대의 문화를 동시에 도전한다.

본문은 우리들이 "종교적"이 되라고 요구하지 않는다. 다섯 분사들은 위장된 경건에 빠지게 요청하지 않는다. 그러한 종교적인 모습은 신실함을 추구하는 모든 사람들에게 대적이다. 그 대신에 본문은 자연스럽고 참된 기쁨을 낳는 하나님의 임재 의식을 요청한다. 그러한 기쁨은 다양한 형태로 표현될 수 있다.

아내와 남편의 관계(5:22–33). 몇 가지 요인들이 이 메시지를 현대 세계로 가져오는데 어려움을 겪게 만든다. 가정율과 세 짝으로 이루어진 전형적인 방식에 초점을 맞춘 것(아내-남편, 자녀-부모, 노예-주인)이 이 본문과 현대 사회 간에 거리감을 갖게 만든다. 우리가 가정 안에서의 관계에 대해서 관심을 가질지라도, 그러한 명확한 코드와 노예를 갖고 있지 않으며 또한 철학자와 윤리론자들이 고대세계에서 그랬던 것처럼 아내와 자녀와 노예로 무리 지을 수는 없다. 본문의 형태는 문화적이다. 게다가 우리는 아내들이 자기 남편을 "두려워"(fear, "존경"—NIV, 개역개정)할 것을 요구하지 않는다. 현대 사회는 적어도 여성들의 동등성에 대해서 이야기한다. 물론 여성들이 여전히 자주 더 약한 존재로 취급될지라도 말이다.

가장 중요한 것은 다른 성경의 본문들이 가정율에 대한 조언을 '구체적인 문화적 상황'—기독교가 파괴적이라는 일부 사람들의 두려움—에서 말하고 있음을 보여준다. 사회적 질서를 위협하는 고대 세계에서 어느 움직임도 위험한 것으로 간주되었다.[38] 디도서 2:5은 그러한 모습을 보여주고 있는데, 그것은 아내들이 복종해야 하는 이유를 전달한다: "이는 하나님의 말씀이 훼방[직역하면 신성모독]을

37. 특히 1:13-14, 17; 2:18, 22; 3:16; 4:3을 보라.
38. 유대교와 이시스와 디오니수스의 제의도 역시 파괴적인 것으로 비난을 받았다.

받지 않게 하려 함이니라." 분명히 크리스천 아내와 남편의 관계는 비기독교인들에게 추문(스캔들)의 근원이었다.

다른 단락들을 민감하게 독법하는 것이 이런 잠재적인 추문이 왜 분명했는지를 보여준다. 갈라디아서 3:28은 여성들에게 동등한 가치를 부여했다. 또한 아내들이 남편의 종교를 취할 것으로 예상되었던 사회에서 고린도전서 7:15은 크리스천 아내들이 먼저 그리스도에게 먼저 충성할 것을 가정했다. 만약 불신 남편이 크리스천 아내와 같이 사는 것을 만족한다면, 문제가 없다. 하지만 그가 떠날 것을 선택한다면, 그 아내는 남편이 가도록 내버려 두어야 한다—그리고 그 반대도 마찬가지다. 아내가 남편보다 그녀의 종교에 더 큰 충성을 가졌다는 것은 확실히 놀랄 일이었다.

고린도전서 7장의 다른 부분들은 에베소서 5:22-33과 긴장관계를 형성하고, 결과적으로 가정율을 구체적으로 해석할 수 있는 힌트를 제공한다. 남편이 에베소서에서 머리인 반면에, 고린도전서 7:2-16은 놀라운 '상호성' 을 표현한다. 거기서 바울은 아내가 남편의 몸을 주장한다고 말하기까지 한다(7:4). 그리고 열 번이나 바울은 남편에 대해서 말한 것을 아내에 대해서 명백하게 말할 정도로 세심하다. 고린도전서 11:2-16; 14:34-36 그리고 디모데전서 2:8-15과 같은 본문들은 초대교회에서 여성들의 행위에 대한 문제들을 증거한다. '성경 본문 자체 내에서의 긴장' 은 역사적으로 조건 지워진 문서를 가리킨다. 우리는 합당한 지침을 얻기 위해서 여러 본문들을 상고해 보아야만 한다.

신약성경에서 다른 가정율에 대한 분석은 불신자들에 대한 증거를 위한 상당한 관심을 보여준다. 골로새서 4:5(엡 5:15과의 평행)은 크리스천들이 교회 바깥의 사람들과 관련해서 현명하게 행할 것을 고무시킨다(참조. 고전 10:32). 마찬가지로 베드로전서 2:12, 15; 3:1-2은 크리스천들에 대한 험담을 멈추고 사람들을 하나님께로 데려오기 위한 행동을 고무시킨다. 그러한 변증적인 동기가 각기 다르게 가족관계를 생각하는 사회 속에서 이 본문을 적용하는데 고려되어야만 한다.

이 본문의 메시지를 이해하는데 있어서 더 어려운 점은 고대 세계에서 '여성들을 향한 태도에 관한 연구' 에 의해서 야기된다. 여성들은 유대교와 그리스 로마 세계에서와 현대의 서방 문명에서 서로 다르게 간주되었다. 자료들이 모든 사회 계층에서 여성들에 대해서 동등하게 말하고 있지는 않지만,[39] 우리가 갖고 있는 어

39. 예를 들어, 하층 계급에서 여성들의 삶에 대해서는 거의 알려진 것이 없다.

떤 정보도 여성들과 여성들을 향한 태도에 대해서 '절대적으로 끔찍한 모습'을 보이고 있다. 예를 들어, 한 저자는 여성들이 제우스가 만든 최악의 재앙이었다고 말했다. 다른 저자는 "여성들의 삶에서 가장 좋은 두 날은 그녀가 결혼했을 때와 그녀의 시신을 남편이 무덤으로 가져갈 때이다"라고 말했다. 유대교에서 여성들은 회당에서 필요한 정족수에 계산되지 않았고, 월경 동안에 의식적으로도 사실상 불결했다. 한 랍비는 "여인과 많이 이야기하지 말라"고 조언했고, 다른 이는 "심지어 아내와도 함께 하지 말라"고 부연했다.[40]

대체로 여성들은 열등한 것으로 간주되었고, 비교적 적은 자유가 주어졌다. 물론 그들의 신분은 지역과 시대에 따라 달랐다. 일반적으로 말해서, 서쪽으로 더 갈수록 더 좋은 신분이 주어졌지만 로마에서조차도 여성들은 동방의 자매들보다 약간만 더 좋은 위치에 있었다.

스파르타와 애굽의 여인들처럼 아주 소수의 지역들에서 여성들에게 더 큰 자유와 책임이 부여되었다. 그러나 대부분의 지역에서 여성들이 태어나면, 최소한으로 교육을 받았고, 법정에서 증인이 될 수 없었으며, 자녀를 입양하거나 계약을 할 수도 없었다. 또한 토지나 재산을 물려받을 수 없었고, 아리스토텔레스와 요세푸스가 말했던 것처럼 모든 면에서 남성보다 열등한 것으로 간주되었다. 여성들은 덜 지적이고, 덜 도덕적이며 죄의 근원이며 계속된 유혹의 대상으로 여겨졌다(집회서 25:13-26:27을 보라).

존경 받는 여성—적어도 우리의 자료들에서 묘사된 자들—은 공개적인 생활이 차단되었다. 전형적으로 여성들은 그 집의 한 영역에서 살았고 남자들은 다른 곳에서 살았다. 많은 경우에 아내와 남편은 같이 식사하지 않았다. 큰 가정에서 처녀들은 그들을 위해 마련해놓은 영역에서 그들의 시간의 대부분을 보냈다. 집 바깥에 있는 사람들과의 대화는 최소한으로만 유지되었다. 심지어 여성들이 출입문 쪽에서 노닐는 것도 추문에 해당되었다. 초대교회에서 남자와 여자가 예배를 위해서 한집에 모여 성찬을 나누었던 것을 얼마나 추문으로 간주했을 것인가를 상상해보라!

40. 고대 세계에서 여성들에 관한 훌륭한 요약에 대해서는 Sarah B. Pomeroy, *Goddesses, Whores, Wives, and Slaves: Women in Classical Antiquity*(New York: Schocken, 1975); Leonard Swidler, *Women in Judaism*(Metuchen, N.J.: Scarecrow Press, 1976); Mary R. Lefkowitz and Maureen B. Fant, *Women's Life in Greece and Rome*(Baltimore: Johns Hopkins Univ. Press, 1982); Ross S. Kraemer, ed., *Maenads, Martyrs, Matrons, Monastics*(Philadelphia: Fortress, 1988)을 보라.

소녀가 결혼했을 때(보통 15세나 16세의 나이에), 그녀들은 남편의 종교를 취할 것이 예상되었다. 그들은 그들의 아버지, 남편, 또는 다른 남성 친척들의 권위 아래 그들의 온 삶을 두었다.[41]

이런 상황에 대한 인식이 없이 여성들에 대해서 신약성경을 독법하는 사람들은 분명히 그 본문을 적절하게 적용하지 못할 것이다. 우리는 고대 세계에서 여성들을 비하한 것과, 여성들이 기독교 신앙에서 발견한 새로운 자유와 가치에 의해 야기된 문제들을 고려해야 한다. 그렇다면 아내에 대해 만들어진 이 진술들이 역사적으로 조건이 부여된 것이라면 그것들을 무시할 수 있는가? 일부 크리스천들이 그런 식으로 주장할지라도, 그 대답은 "아니오"이다. '모든' 진술들은 문화적으로 역사적으로 조건이 부여되어 있지만, 경우의 차이가 있다.

어떤 본문들은 우리들을 위한 적용을 거의 갖지 않을 수 있을지라도[42] 성경 본문을 과소평가하거나 무시할 수 없다. 중요한 것은 우리가 그 본문들을 어떻게 이해하고 적용하느냐다. 성경 본문은 하나님과 인간 그리고 적용할 필요가 있는 하나님과 인간 사이의 관계를 보여준다.

우리는 가정율에 대한 세 가지 중요한 사실을 알 수 있다.

(1) 가정율은 교회에 대한 중상모략을 피하기 위한 의도가 동기부여가 되었다.
(2) 가정율은 가정에서 기독교인의 행위에 대한 지침을 제공했다.
(3) 가정율은 다른 헬라와 유대 저자들과 마찬가지로 동일한 세 그룹에 대해서 이야기했지만, 남편, 아버지, 그리고 주인의 책임에 대해서 더욱더 초점을 맞추었다.

건강치 못한 가정 관계를 갖고 있는 크리스천은 제외될지라도, 가정의 관계에 대한 비기독교인들의 중상모략은 더 이상 실제적인 위협이 아니다. 현대적 상황은 여전히 가정 내에서의 행위를 위한 지침을 필요로 하지만, 가정에 대한 전제가 다르다. 하지만 전처럼, 더 커다란 책임이 여전히 대부분의 특권을 가진 사람들에게

41. 서방에서의 결혼은 때로 '시네 마누'("손이 없는")였는데, 이는 아내가 남편의 권위에 넘어가지 않았다는 것을 의미한다.
42. 예를 들어, 민 5:16-31은 쓴물로 여성들을 시험하는 것을 묘사한다. 대체로 이 본문은 고대 세계에서 여성들의 곤경을 나타내고, 어느 누구도 그러한 시험을 오늘날 주장하지는 않을 것이다. 그러한 시험들은 자주 있는 것은 아닐지라도, 고대세계와 성경의 특징을 이해하는데 여전히 교훈적이다.

두어져야 한다.

우리가 직면해야 하는 또 다른 문제는 남편이 아내의 머리가 된다는 진술은 서술적인가 규범적인가? 즉 이 진술은 우리에게 고대 그리고/또는 현대의 죄악된 세상에서 사실적인 것을 단지 말해주고 있는가 아니면 하나님의 의도를 표현하고 있는가? 분명히 고대의 문서들에서 묘사된 사회는 가부장적이었다. 이는 죄악된 세상에서의 한 삶의 방식인가? 또는 타락 이전에 에덴동산에서 이미 설정된 헤드쉽(headship, 권위)이였는가?[43] 그런 주장들에도 불구하고 창세기의 어느 것도 그러한 개념을 지원하지 않는다. 하지만 그렇다면 에베소서는 그밖에 다른 것을 가르치기 위한 수단으로서 단지 남성 헤드십을 사용하고 있는가? 어느 대답도 본문에 주어져 있지 않지만, 바울이 그리스도의 권위와 남편의 권위를 비교하는 것으로 볼 때 그가 죄악된 세상에서의 삶을 단지 묘사하고 있다고 말하기는 어렵다. 남편이 헤드(권위)가 된다는 사실은 바울과 그의 사회에서 가정되었다.

어느 정도 동일한 것이 여전히 참이다. 우리 사회도 역시 가부장적이다. 만약 그렇지 않다면, "유리 천정"(여성이나 다른 집단이 높은 자리에 올라가지 못하게 막는 눈에 보이지 않는 장벽-옮긴이)에 관한 논의, 차별적인 봉급, 아내들에 대한 남용, 그리고 여성에 대한 강간이 그렇게 범람하지 않았을 것이다. 남성의 더 커다란 힘과 공격성이 자주 여성들에게는 거부되는 혜택과 선택을 가져다준다. 아울러 여성들은 남용적인 남성 지배의 죄악의 희생자가 더욱더 되기 쉽다. 문제는 권력의 남용이다. 그러한 상황에서 헤드로서 남편은 아내를 돌볼 책임이 있다. 그렇다고 이 말은 여성들이 수동적이고 스스로 돌볼 수 없다는 것을 제기하고 있는 것이 아니다. 이것은 남편에게 주어진 책임을 가리킬 뿐이다.

우리는 그러한 본문에서 무엇이 규범적인지를 어떻게 결정하는가? 우리는 하나님, 하나님의 구원, 그리고 인간에 대한 하나님의 목적에 관한 가르침과 그 의도를 물어야 한다. 그리고 루터가 강조했던 것처럼, 항상 그리스도와 그의 행위에 비추어 이 질문에 대답해야 한다. 이 본문은 남편에게 특권적인 위치를 부여하거나 여성들이 열등하다는 것을 가르치고 있지 않다. 그 내용은 상호적인 순종—아내의 편에서는 복종 그리고 남편의 편에서는 자기를 내어주는 사랑—을 고무시킴으로써 외부자들에게 상처를 주는 것을 피하는 것이다. 양 파트너들이 그리스도의 자

43. *Christianity Today*, 33, no. 1(January 13, 1989), 41에서 '성경적 남성상과 여성상에 관한 위원회'(Council on Biblical Manhood and Womanhood)의 광고로 인쇄된 "The Danvers Statement"을 보라.

기를 내어주는 사랑에 의해 고무되고 결정된 인생을 삶으로써 말이다. 여전히 우선권이 남편에게 두어지는데, 그것은 아내를 돌보아야할 더 큰 책임이 있는 우선권이다.

이 본문의 가르침을 어떻게 확장해야 하는가? 그것은 보다 일반적으로 여성과 남성과는 어떤 관계가 있는가? 고대 세계에서보다 우리 사회에서 훨씬 더 많은 싱글(독신)들이 있지 않은가? 5:22-33은 그들에게 무엇을 함축하는가? 이 본문은 모든 남성들에게 복종하는 모든 여성들에 대한 것이 아니다. 그것은 각기 모든 크리스천들이 서로 복종하고 아내는 자기 남편에게 복종하라는 것이다. 이는 여성들이 열등하다는 것과는 관계가 없고, 또한 여성들이 리더의 역할로 기능할 수 없다는 것을 함축하지도 않는다. 다른 한편으로 나는 본문의 논리가 크리스천 남성들에게 남용적인 세계에서 모든 여성들의 희생에 대항할 것을 지시한다고 주장한다.

이 본문은 교회와 사역에서 여성들의 역할에 대한 결정과 상관이 있는가? 상호적인 복종이 모든 사람들에게 동등한 가치를 전달한다는 사실을 제외하고선 그 대답은 "아니오"이다.[44] 이 단락은 상호적인 순종과 가족 관계에 대한 것이지, 교회의 지도자가 되는 것과 여성이 그 일을 할 수 있느냐 없느냐에 관한 것이 아니다.

이 단락을 이해하는데 있어서 중요한 요소는 본문의 제한성을 인식하는 것이다. 5:22-33에서의 묘사는 이상적인 상황을 전제한다: 두 파트너가 크리스천이고 그리스도를 좇는 일에 열심을 내는 삶을 살고 있다. 이것은 문제를 낳는다.[45] 에베소서는 결혼관계에서의 문제를 왜 언급하지 않는가? 파트너의 어느 한쪽이 크리스천이 아닐 때 이 본문의 상관성은 무엇인가? 어느 한 사람이 그리스도를 따르려 하지 않는다면 어찌하는가? 그 관계가 남용적이면 어떻게 하는가? 본문은 아무런 대답을 주고 있지 않다.

그리스도와 교회 사이에 유추가 설명의 "이상적"인 특징을 요구한다. 이것은 목회적인 결혼 카운슬링이 아니며, 그런 방식으로 이 본문을 다루는 것은 근시안적이다. 이 단락은 결혼 관계가 기능해야 하는 방식을 모델로 하고 있지만, 우리가 직면하는 문제들을 다룰 수 있는 기초만을 제공할 뿐이다. 해석자들은 이 본문의 이상과 다른 관련된 본문들—본문을 다른 본문들과 분리시켜 해석해서는 안 된다—에 기초한 신학을 발전시켜야 하고, 나아가서 그 신학을 삶에 어떻게 적용해야하

44. 이전의 각주에서 언급된 "The Danvers Statement"와는 반대된다.
45. 베드로전서와 고전 7장의 가정율은 이상적인 상황을 덜 인식하고 있다.

는지를 식별해야 한다.

더 진전된 요소가 이 본문을 적용하는데 도움을 준다. 6:5-9에서 노예와 주인의 관계에 대한 평행적인 논의는 교훈적이다. 거기서의 이상적인 상황이 기독교 가정에 주어진 방향에서 전제된다. 노예는 대체로 성경의 원리에 영향을 받아 폐지된 지가 오래 지났다. 우리가 노예 폐지를 환영하는 것처럼, 세상이 아내들에 대해서 어떻게 변했고, 또 어떻게 변하는 것이 필요한지를 물어볼 필요가 있다. 복음의 어떤 의미가 여전히 작용할 필요가 있는가? 무엇이 바뀌지 않는 것으로 보이고, 또 무엇을 바꾸지 않아야 하는가? 우리는 고대 세계에서의 이상, 우리 자신의 이상, 그리고 우리가 직면하는 실제적인 문제들과 씨름하는가? 우리의 삶은 어떻게 그리스도의 성품에 의해 결정되고, 또 그리스도의 자기를 내어주는 사랑에 의해 동기부여가 되고 있는가?

바울은 노예제도나 여성에 대한 사회의 관념을 직접적으로 공격하지 않았다. 그는 복음, 즉 "유대인이나 헬라인이나 종이나 자주자나 남자나 여자 없이 다 그리스도 예수 안에서 하나"(갈 3:28)인 복음에 집중했다. 여전히 차이가 존재하지만 그 차이들은 가치가 없다. 모든 이들이 그리스도 안에서 하나이고, 모든 이들이 그리스도에 의해 결정되고 동기가 부여되는 삶을 살 동일한 의무를 갖기 때문이다. 바울은 복음의 사회학적 의미를 작업하지 않았다. 그는 그런 시간을 갖지 않았고, 또한 그것은 그의 선교적 노력의 초점이 아니었다. 그는 그의 상황에서 요구되는 몇몇 사회적 의미와 교회들의 문제에 대해 응답했다. 다른 의미들은 수세기에 걸쳐서 도출된 것이고, 복음의 의미를 이해하고 적용할 임무는 오늘날도 계속된다.

그리스도와 교회의 관계(5:22-33). 이것은 신학이 '상황잇기' 항목에서만 행해지지 않고 해석의 모든 세 단계에서 나타난다는 것을 지적할 수 있는 적절한 곳이다. '원 메시지를 이해함' 에 있어서, 우리는 본문에서 명백하거나 기초로 하고 있는 신학에 초점을 맞춘다. '상황잇기' 에서 우리는 문화와 문맥을 넘나들고 여전히 타당한 신학을 추구한다. '적용' (현대적 의미)에서 우리는 그 신학이 우리의 상황에 어떻게 뿌리를 내리고 있는가를 결정한다. 우리는 본문이 하나님과 인간에 대해서 가르치고 있는 것을 끊임없이 물어야 하고, 그 가르침을 삶에 적용해야 한다.

특히 이 본문과 관련하여 그리스도와 교회에 대한 신학적인 묘사들을 오늘의 세계와 연결하는 작업은 비유적이고 종교적인 용어의 의미를 설명해야 한다.

크리스천들이 그리스도의 몸이라는 것은 항상 난해함을 야기할 것이다. 이 개념은 "그리스도 안에"라는 바울의 개념과 유사한 그리스도와의 연합과 부착을 표현한다. 사실상, 그것은 그 용어의 확장이다. 믿음은 그리스도와의 친밀한 유대를 낳는다.

마찬가지로 결혼의 유추도 난해함이 있다. 바울은 이 유추를 몸의 유추와 동일한 개념을 전달하기 위해 사용한다: 크리스천들은 그리스도와 한 실체이며, 따라서 그리스도는 크리스천의 삶의 형태를 결정짓는다. 남성에게서 그리스도의 '신부'가 되는 것은 이상해보이지만, 남성이나 여성을 성적인 뉘앙스를 갖는 개념으로 이해해서는 안 된다. 결혼한 커플의 성적인 연합의 하나됨은 그리스도와 신자의 유사한 하나됨을 예증하고 있을 뿐이다. 유감스럽게도 우리 자신의 성 개념으로 그리스도와 우리의 관계를 독법하는 것은 우리 대부분이 인정하는 것보다 더 큰 문제이다. 그리스도와 하나님과 관련한 매력이나 불편이 우리 자신의 성적인 이해에 너무 쉽게 사로잡히게 만든다.

아울러, 우리는 그리스도에게 '복종하는' 교회를 통상적으로 생각하지 않지만 이 본문은 그것을 전제한다(5:24). 그러한 진술에 함축되어 있는 것은 주로서의 그리스도의 역할과 그리스도의 인도와 모범을 교회가 항상 따라야할 필요성이다. 이 본문은 항상 교회를 위한 그리스도의 활동에 초점을 맞춘다—교회를 구원하고(23절), 자기 자신을 내어주시고(25절), 순결하고 흠없게 드리기 위해서 거룩하게 하시고 깨끗하게 하시며(26-27절), 또 양육하신(28절) 것. 분명히 우리는 그리스도가 교회에 두고 있는 가치와 교회를 위해 가지신 사랑, 그리고 교회 안에서의 현재의 역사를 보아야 한다.

이 용어의 다른 부분들은 오해할 수 있거나 이상하게 들릴 수 있지만 그것들은 우리의 삶에서 중요하다. 우리 대부분은 "거룩하고 흠없음"을 느끼지 않지만 그것은 그리스도가 지금 우리에게서 찾으시는 것이다(참조. 빌 2:15). 이 단락의 이 부분은 심판 날을 위한 것만이 아니다. 그것은 교회와 그리스도의 현재의 관계를 염두에 두고 있고 현재에 그 영향을 가져야 한다. 그리스도가 교회를 거룩하게 하신 것(26절)은 그 교회를 따로 세우신 것에 초점을 맞춘다. 사람들이 따로 구분된 것처럼, 크리스천들은 "분별된" 삶을 살아야 한다. 그것이 "거룩한"이란 말이 의미하는 것이다.

현대적 의미

우리가 이 단락을 적용하려 할 때 반드시 염두에 두어야 하는 네 질문들이 있다.

(1) 본문의 상황은 오늘날 어떻게 긴밀하게 연관되는가?
(2) 함축적이거나 명백한 어떤 신학을 적용해야 하는가?
(3) 그 신학의 실천은 현재의 상황에서 어떤 것과 같아 보이는가?
(4) 그 신학을 본문이 언급하지 않는 영역들에 어떤 방식으로 적용할 수 있는가?

성령과 함께 하는 삶(5:15-21). 이 본문은 우리의 편에서 에너지와 노력을 요구한다. 영적인 성숙은 행함을 수반하기 때문이다. 우리가 어떻게 걷고 있는가를 세심하게 살피려 한다면, 당연히 조심하고 자기 분석적이어야 한다. 자기 분석이 균형을 읽는다면 숨 막히는 일이 될 수 있지만, 크리스천이 선택된 운명에 대해서 자기 자신과 하나님에게 정직하지 않고서 하나님과의 삶에서 성공을 예상할 수는 없다. 방향감각과 진보를 상실한 어느 여행객도 원하는 목적지에 도달하지 못할 것이다. 우리는 이미 이것을 자문해 보았다: 우리의 삶은 성령을 근심하게 하는가?(4:30) 우리의 행위는 하나님을 닮고 있는가?(5:1) 그것은 그리스도 안에 있는 사람들에게 적절하고 적합한가?(5:3-4) 그것은 주님을 기쁘시게 하는가?(5:10) 그것은 하나님의 뜻인가?(5:17) 이 항목은 우리 크리스천의 삶에 대해서 스스로 질문하게 만든다. 예배와 기도는 삶의 패턴과 목표를 유지하게 만드는 주요한 상황을 제공한다.

시간(5:16). 시간에 대한 관심이 이 문맥에서는 짧게 주어지지만 그것은 아주 중요하다. 우리 사회는 서두르는 사회다. 우리는 많은 활동들이 가능한 한 짧은 시간에 결정되는 것을 좋아한다. 우리는 시간을 사용하는 방식을 재고해야 한다. 우리 사회에서 대부분의 가정들이 적어도 하루에 TV를 4-5시간을 소비하지만 우리가 보고 있는 것을 조심하지 않는다. 다른 "오락들"도 역시 우리의 관심을 끈다. 그러나 우리는 하나님과 함께 하는 삶과 그 삶을 배우는데 얼마나 많은 시간을 드리고 있는가? 우리는 얼마나 많이 사람들에게 투자하거나 유익한 일을 행하고 있는가? 우리는 비생산적인 오락으로 우리의 삶을 낭비하지 않아야 한다. 그 대신에 우리의 믿음에 시간을 투자하는 것을 배워야 한다. 16절에서 함축된 위험성과 긴급성이 영적인 갈등으로서 6:10-20에서 논의될 것이다.

주님의 뜻(17절). 크리스천이 주님의 뜻을 식별하는 것에 대해서 이야기할 때 보통 그들은 배우자나 직업과 관련한 주요한 결정과 관련한 하나님의 뜻을 염두에 둔다. 본문은 이런 것에 관한 것이 아니다. 본문은 우리가 매일의 삶을 살아가는 방식에서 하나님의 뜻과 우리가 하나님을 기쁘시게 하는 것에 더욱더 관심이 있다. 만약 우리가 그리스도가 주신 패턴을 우리의 삶에서 순응하면서, 삶의 전반을 통해서 하나님의 뜻을 식별하는 습관이 있다면, 아마도 우리는 중요한 결정에서 하나님의 뜻을 찾는데 그렇게 많은 곤란을 겪지 않을 것이다.

술에 대해서는 어떠한가? 술취함을 본문이 금지시킨 것은 분명히 직접적으로 적용할 수 있고, 아마도 바울의 시대에서보다도 지금 시대에 더욱더 필요하다. 술취함은 크리스천의 삶에서 있을 곳이 없다. 우리가 술에 취한다면 어떻게 우리가 살아가는 방식을 조심할 수 있겠는가? 술을 먹는 것이 필연적으로 죄는 아니지만, 우리는 술의 위험성과 남용을 확실히 경고해야 한다.

술취함—알코올 중독은 말할 것도 없고—은 우리 사회의 주요한 문제다. 확실히 이 문제는 음주 운전, 도피의 형태로서의 술취함, 빈정댐(특히 학생들에 의한), 그리고 즐기기 위해서는 술을 마셔야 한다는 우리 사회의 이상한 관념에서 나타난다. 우리는 술을 마시지 않고 운전하는 사람을 얻으려고 많은 시간을 소비한다. 만약 그것이 아주 많이 판단을 흐리게 한다면, 우리는 단지 "술마시지 말라"고 말해야 한다. 마음의 발전과 인간의 분별을 강조하는 믿음보다 더 의미가 있는 것은 없다.

술을 분배하고 판매하는 사람들은 사람들이 술을 마시게 하려고 엄청난 양의 돈을 소비하면서도 알코올 중독과 남용에 대한 경고는 단지 얼버무린다. 우리 사회는 담배 산업의 남용에 대해서는 신랄하게 불평하면서도 알코올 산업에 대해서는 왜 아무것도 말하지 않는가? 크리스천들도 술 소비에 책임이 있다. 그 때문에 그들도 역시 느슨함과 방종의 죄가 있다. 술취함과 중독은 순전히 제어를 상실하는 것만이 아니다. 그것은 하나님을 위해 살아야 하는 삶을 파괴적으로 낭비하는 것이다. 바울의 실제적인 관심은 "방탕"—과도하고 낭비적인 방종—을 피하는 것이다. 크리스천으로서 우리가 술을 마실 것을 선택한다면, 우리는 그것이 세심하게 조절된 양인지 그리고 우리의 증거가 이런 행위로 인해 손상되지 않는지를 확실히 해야 한다. 주어진 문화에서 어떤 행위가 남용될 가능성이 크면 클수록, 크리스천들은 그것에 덜 참여해야 한다.

분명히 술취함을 금지한 것은 약물 남용으로 확대되지만, 그것은 역시 과도한 탐닉에 적용된다. 인간은 하나님과의 관계 속에서 살도록 창조되었고, 하나님에 대한 인식과 하나님에게 반응해야할 능력을 축소시키고 삶을 제어하지 못하게 하는 어느 행위도 본문에 의해 고발을 받는다. 확실히 물질주의, 미용술, 성형, 그리고 장엄한 스포츠에 사회가 과도하게 초점을 맞추는 것은 여기서 이 성경 본문에 의해 모두 고발을 받게 된다.

성령으로 충만하라(5:18-21). 본문은 독자들이 성령의 중요성을 알고 있고, 또 그 때문에 우리가 노래하고 감사해야 한다는 것을 가정하지만, 성령으로 충만하라는 명령은 쉽게 이해가 되지 않는다. 그것은 우리의 행위에 강조를 두지만 우리는 인간을 성령의 역사를 기다리는 수동적인 도구로 생각하는데 더욱 익숙해 있다. 우리는 행위 의나 신인협력설을 너무 두려워하며 수동성을 상승시켰다. 신약성경은 이런 두려움을 공유하고 있지 않다. 하나님은 이런 수동적인 도구에 대해 마술을 행하시는 것이 아니다. 구원은 하나님의 역사이지만 신인협력설을 긍정적으로 이해할 수 있는 부분이 있다.[46] 하나님은 그의 행위에 반응하고 그의 뜻에 적극적으로 참여하는 인간의 의지를 요청하신다. 우리가 이 본문을 올바르게 적용하려면 하나님과 함께 하는 삶에 대한 선택을 해야 한다. 즉 우리가 우리의 시간을 사용하는 방식과 관련한, 하나님께 우리 자신을 열어놓는, 그리고 우리를 기꺼이 변화시키려는 선택을 해야 한다.

우리가 성령의 역할을 아무리 강조해도 지나치지 않다. 기독교는 성령의 종교이기 때문이다. 우리가 존재하면서 갖고 있는 모든 것은 성령의 행위의 결과다. 성령은 선택적인 추가나 은혜의 두 번째 행위 또는 엘리트들의 특권이 아니다. 오히려 성령은 이 세상에서 하나님의 역사의 대리자이시고 회심의 근원이요 증거다. 그리스도 안에 있는 것과 성령 안에 있는 것은 사실상 동의어다. 성령은 신자와 함께 하는 그리스도의 임재다.

이 본문이 우리가 성령으로 충만할 것을 요구한 것은 반복된 은사주의적인 경험을 가리키지 않는다. 그것은 우리가 그리스도와 우리 안에 그리스도의 임재에 관심을 두고 우리 자신을 성령의 계속된 변화에 열어놓을 것을 요청하고 있는 것이다. 그리스도의 임재가 우리의 삶에 능력을 주고 변화를 이룰 수 있도록 말이다. 성령은 모든 크리스천들을 위한 지배적인 영향이 되어야 한다.

---

46. 빌 2:12-13이나 약 2:22을 보라. 초대교회의 주해들은 하나님의 뜻과 인간의 노력을 조합했지만 신인협력설의 개념을 갖지는 않았다. Schnackenburg, *Ephesians: A Commentary*, 312을 보라.

어느 본문도 현재에 말하고 있는 주제에 대한 완전한 논증을 갖고 있지 않고, 5:18-21도 확실히 성령으로 충만하라는 것에 관한 완전한 논증은 아니다. 하지만 여기서 그 가르침은 여전히 중요하다. 사람들이 영적인 것이 방언으로 말하고 자기 부인과 신비주의 또는 종교적 경험을 포함하는 것이라고 주장하지만, 이 본문은 찬양과 감사와 그리스도와 같은 복종을 지적한다.

참된 영성은 그리스도 안에서 삶의 은사에 초점이 맞추어져 있고, 그리스도에 의해 형성된다. 아울러 참된 영성은 다른 사람들에게 기쁨에 대한 이유를 설명하고 하나님께 감사하는 노래로 넘쳐난다. 그러한 영성은 우리의 존재의 핵심과 관련이 있고, 단순히 영적인 훈련으로만 생산되지는 않는다. 물론 그렇게 하는 것이 가치가 있을지라도 말이다. 본문은 분위기에서의 변화를 이야기하고 있지 않다. 어느 누구도 감정이 항상 동일한 차원에서 머물러 있다고 예상해서는 안 된다. 감정이 항상 영성과 관련이 있을지라도, 영적인 것은 감정적인 느낌의 차원에 의존하지 않는다.

감정주의의 위험성 때문에 많은 크리스천들—특히 중산층의 화이트칼라 계층들—이 그리스도 안에서의 삶에 대해서 감정에 대한 어느 표현도 억누른다. 그러나 존 맥케이(John Mackay)가 지적한 것처럼, "어느 위대한 것도 감정이 없이는 발생하지 않는다"라고 지적한다. 그는 나아가서 광신주의를 억누르기 위한 시도에서 믿음을 파괴할 위험성이 있다는 것을 경고한다.[47] 크리스천의 믿음은 조용한 것이 아니다. 감정 '주의'는 잘못이지만, 우리는 감정—열정—을 우리의 예배와 삶에서 필요로 한다. 감정이 없다면, 우리는 인간이 아니다. 우리는 성령으로 충만하고 그리스도에 의해 규율되는 평화와 열정을 필요로 한다.

여기서 암묵적인 삼위일체적 기독론이 중요하다. 초대 크리스천들은 예수에 대해서 노래했고, 예수가 행하신 것에 기초해서 하나님에 대한 감사를 드렸다. 초대 교회는 처음부터 기독론으로 시작하지 않았고, 예수와의 경험으로 움직였다. 그들은 부활하신 예수와의 경험으로 시작했다. 그것이 그들로 하여금 그를 예배하도록 이끌었다. 기독론은 그들의 경험에서부터 성장했다. 동일한 것이 오늘날의 대부분의 사람들에게 해당된다. 예수에 대한 경험은 예배와 묵상의 기초이다.

노래. 이 본문의 적용은 인위적인 종교성으로 이끌 수 있었다: 사람들은 영적으로 보이게 하는 말과 소망을 노래하거나 말할 수 있다. 종교적인 선전에 의해 촉진

47. Mackay, *God's Order*, 177-78. 두 번째 요지에 대해서 그는 아놀드 토인비에 의존한다.

된 영성이 자주 이런 식의 행위를 할 수 있게 하나 그것은 자연스러운 방법이 아니다. 영성은 노래의 '원인' 이지 그 결과가 아니다. 어느 누구도 문화적인 종교적 함정을 덧입을 것이 요구되지 않는다. 설사 노래를 잘 하지 못할지라도, 또는 그리스도 안에서 찾을 수 있는 실제를 신실함으로 표현하는 새로운 노래를 써야 했을지라도, 오직 그리스도가 가져오시는 내적인 기쁨을 표현할 것이 예상된다.

감사. 성령의 두 번째 특징인 감사가 대부분의 크리스천들에 의해 피상적으로 행해지고 있지만, 그것은 우리가 행하는 가장 중요한 활동이 되어야 할 것이다. 여러 사람들이 지적했던 것처럼, 죄는 근본적으로 불평이고, 기독교에서 신앙은 은혜이며 윤리는 감사다. 감사하는 것은 우리가 독립적인 존재가 아니라 하나님께 충성을 빚지고 있고 하나님의 의해 복을 받았다는 인식에서 나오는 첫 번째 행위다.

우리는 우리가 존재하며 갖고 있는 모든 것이 하나님으로부터 온다는 것을 확증해야 한다. 그때만이 우리는 은혜에 대한 반응의 삶을 살 수 있다. 감사의 행위는 변화를 발생시킨다. 어떤 이가 감사하고 동시에 원한을 품을 수는 없다. 어떤 이가 자기 배우자에게 감사하고 동시에 다른 사람을 바라기는 어렵다—불가능하지는 않지만 어렵다.

에베소서 5:20은 우리가 항상 그리스도의 이름으로 '모든 일에 대해서' 감사할 것을 요구한다. 크리스천들은 자녀의 죽음과 같은 아주 비극적인 상황에서조차 이와 같은 본문들을 통해서 감사할 것이 강요되는 것처럼 가끔 느꼈다. 이 때문에 많은 비탄을 가졌다. 확실히 그러한 추론은 본문의 의도를 넘어선 것이다. 성경이 "모든"(all)이나 "범사에"(every)를 사용할 때, 그것은 제한이 있는 것인지 없는 것인지를 물어보아야 한다. 바울의 의도는 우리가 악이나 비극에 대해서 감사하라는 것이 아니다. 존 스토트는 20절에서 "범사에"는 과장법이라고 말한 것은 옳다.[48] 우리는 악에 대해서 하나님께 감사하라고 요구받지 않는다. 오히려 그것은 우리가 삶의 모든 것, 심지어 "나쁠 때"조차도 하나님과의 관계 속에 있고 하나님의 지배를 받고 살고 있다는 인식을 가질 것을 요구한다.

복종. 고대와 현대의 독자들에게 이 본문의 가장 어려운 부분은 크리스천들이 서로에게 복종할 것을 기대하고 있는 말이다(5:21). 어떤 이들은 상호적인 복종이 비논리적이라고 주장하지만, 우리가 복음을 올바르게 이해한다면, 상호적인 복종

48. Stott, *God's New Society*, 207.

은 완벽하게 좋은 의미를 갖는다. 바울이 염두에 둔 것은 크리스천들이 자기중심주의를 배격하고 다른 이의 선을 위해서 살라는 것이다. 복종은 다른 사람들의 가치를 인정하는 것에 지나지 않는다.

우리 사회는 동등성을 강조하지만, 상호적인 복종(피차 복종하라)은 훨씬 더 강력한 개념을 갖는다. 동등성으로 우리는 여전히 권리의 전쟁을 위해 싸우지만, 그것은 기독교 공동체를 생성시키지는 못할 것이다. 상호적인 복종으로 우리는 권리를 포기하고 서로를 세워준다. 상호적인 복종은 사랑의 행동이다. 그것은 동등한 가치를 가져오고, '크리스천' 공동체가 세워지는 능력이다.

상호적인 복종은 우리가 우리 자신과 우리의 이득만을 촉진하지 않을뿐더러 자신을 다른 이들이 이용하게 하는 "흙 떨개"로 만들지도 않는다. '합법적' 인 복종은 강요되는 것이 아니다. 본문은 공동체의 모든 사람들이 지원되고 확장되는 것을 가정한다. 그런 일이 발생하지 않는 곳에는 사람들이 자신의 권리를 우선하는 것인지 정의를 추구하는 것인지를 식별할 만큼 충분히 현명해야 할 것이다. 자기를 내어주는 사랑의 그리스도 유형은 우리가 정의를 추구한다는 것을 의미한다. 예수는 헤롯이나 바리새인들에게 묵묵부답하지 않으셨다. 바울도 갈라디아나 고린도에 대해서 자신을 변호하고 강력하게 말하는 것을 주저하지 않았다. 복종은 정의를 추구하는 일에서조차도 자기 사랑에 의한 것보다 공동체의 다른 사람들을 사랑함으로 동기가 되어야 한다는 것을 의미한다.

목사와 회중의 관계는 상호적인 복종이 보충될 필요가 있는 분명한 곳이다. "복종하라"는 말의 언어유희에서 고린도전서 16:16-16은 사람들이 하나님의 사람들에 대한 '봉사로 준비한 사람들에게 자신을 내려놓을' (즉, 복종할) 것을 요구한다. 즉 그들은 종들에게 복종해야 한다. 목사는 교회의 종이고, 사람들에게 복종해야 하지만 그들을 사소하게 대하거나 비굴하게 만들어서는 안 된다. 그러한 위치에서 그들은 그리스도의 성품을 모델로 사람들을 이끈다. 교회의 사람들은 목사에게 복종해야 한다. 그렇다고 목사를 사람들이 묵묵부답하며 따라가야 하는 독재자가 되게 해서도 안 된다. 각기 다른 이들의 이득을 추구할 책임이 있다. 그리스도의 자기를 내어주는 사랑을 따라 삶으로써 말이다.

상호적인 복종을 예배의 형태에 관한 현재의 논의에 적용해야 한다. 예배가 오직 한 방식으로만 발생한다고 주장하는 것은 근시안적인 것이고, 전체 몸의 표현을 제한시킨다. 상호적인 복종은 듣고 관용하고 가르침을 받는 겸손을 요구하고, 합법적인 범위 안에 있는 한, 다른 이들의 예배에 의해서 풍부해진다.

상호적인 복종을 적용해야 하는 더 진전된 장소는 돈과 관련이 있다. 보통 우리는 우리 사회가 돈을 사용하고 할당하며 축적하게 하는 방식을 관장하게 내버려둔다. 상호적인 복종은 사회의 이런 관행을 혼란스럽게 만든다. 왜냐하면 상호적인 복종은 임금을 결정하고 부를 나누는 방식을 재고하게 만들기 때문이다. 이것은 어려운 문제를 제기하지만, 동등한 가치와 자기를 내어주는 사랑이 경제적인 영향을 가질 수는 없는가? 우리의 지갑이 상호적인 복종에서 제외될 순 없다. 4:28은 도둑이 상호적인 복종의 모범이 되기 위해서 일할 것을 명함 받고 있지 않는가? 특히 정의는 여성들을 위해 동등한 임금을 지불할 것을 필요로 한다. 유감스럽게도 기독교 조직들이 여성 사역자들에게 저임금을 지불하는 최악의 일을 행하는 자들 속에 있다.

상호적인 복종은 모든 크리스천들의 관계를 특징지어야 한다. 이는 사람들이 항상 동의할 것을 의미하지 않는다. 바울과 바나바도 마가를 두고 서로 일치하지 않았기 때문이다(행 15:36-41). 그것은 확실히 잘못에 대해서 눈감는 것을 의미하는 것은 아니다. 사람들은 복종하지 않아야 할 때가 있다. 복음의 특징이 위험에 처했을 때, 바울이 대적자들에게 복종하지 않은 것을 참조하라(갈 2:5). 하지만 어떤 이슈가 잘못된 것이 없다면, 복음은 자기중심주의를 희생하고 다른 이들의 가치를 촉진할 것을 요구한다. 우리가 이미 지적했던 것처럼, 더 큰 책임이 더 특권을 누리고 있는 사람들에게 있다. 따라서 부자와 가난한 자의 상호적인 복종은 부자에게 더 부담이 추가된다. 각기 서로에게 기여할 것을 깨달으면서 말이다. 결국에 복종은 겸손과 그리스도의 자기를 내어주는 사랑에 해당할 뿐이다.

"그리스도에 대한 경외"의 개념을 복종에 추가하는 것이 우리의 불편함을 심화시킬 수 있다. "경외"(직역하면 "두려움")는 하나님의 거룩성을 인정하는 것이고, 그리스도가 하나님의 사랑과 연관되어 있음을 인식하는 것이다. 여기서 그것은 복종의 기독론적인 기초를 표현해준다. 그리스도가 사랑의 구세주이시고 오실 심판자라는 것을 알고 있기 때문에 자기중심주의를 버리게 된다. 그리스도는 친구이시지만 단지 친구만도 아니다. 그는 우주의 주인이시다.

아내와 남편의 관계(5:22-33). 특히 남편과 관련해서 여성들의 위치와 역할에 대한 많은 논쟁과 불일치가 있다. 우리는 다른 어느 관계도 우리와 하나님의 관계와 하나님의 목적을 반영하지 못한다는 것을 기억할 필요가 있다. 결혼관계는 우리가 참으로 어떤 자인지를 가장 잘 드러내고, 그것은 제자도를 위한 주요한 관계를 이룬다. 많은 젊은 사람들이 결혼을 포기하는 시대에 우리는 이 본문의 말씀을 유심히 들을 필요가 있다.

잘못된 전환. 너무 자주 남성들은 여성들을 자신들이 좋아하는 대로 제어하거나 다룰 수 있는 것으로 결론 내렸다. 고통스러운 사실은 이런 구절들이 여성들을 패배적인 역할로 두기 위한 곤봉처럼 사용되었다는 것이다. 기독교인이든 아니든 간에 "아내들이여 너희 남편에게 복종하라"와 "남편은 아내의 머리다"라는 말을 알고 사용한다. 그들이 에베소서 5장을 결코 읽지 않을지라도 말이다. 이런 진술들은 아내가 항상 수동적인 역할을 하고 남편은 항상 결정하는 위치에 있는 것을 의미하는 것으로 잘못 해석되었다. 남편들은 아내를 자신이 원하는 대로 다룰 수 있는 재산으로 간주했다.

남편에 의해 남용적인 행위가 에베소서 5:22-24에 기초해서 정당화되었다. 목사들은 아내들에게 복종해야 한다고 말함으로써 공범자가 되었다. 그런데 제임스(James)와 필리스 알스더르프(Phyllis Alsdurf)의 『복종으로의 전쟁』(*Battered into Submission*)과 같은 책[49]은 바울의 진술의 해석이 얼마나 왜곡되었는지를 아주 상세하게 제시한다. 이 책은 일반적으로 아내에 대한 학대—그는 모든 아내의 1/3이 결혼 중에 매를 맞고 있다고 추산한다—에 대한 것이 아니다. 그 책은 고통스럽게도 '기독교' 가정에서 아내의 학대에 대한 것을 말하고 있다. 그의 연구는 기독교 가정의 아내들의 18퍼센트가 남편에 의해 일종의 학대를 받고 있고, 그중에 5퍼센트는 육체적인 학대를 받고 있음을 보여주었다. 결혼에 관해서 전통적인 견해를 가진 보다 보수적인 교단의 남성들이 아내를 학대할 가능성이 더욱 있다.

에베소서 5장에 대한 그러한 잘못된 사용은 추문이고, 관용할 수가 없다. 크리스천은 아내들을 학대하고 깔보는 것에 강력한 입장을 취해야 한다. 교회는 이런 문제에 대해서 말해야 할 뿐 아니라, 그런 것들에 적극적으로 대항하고 가르치며, 필요하다면 학대하는 교인들을 징계해야 한다.

문제는 물리적인 학대보다 더 폭넓다. 여성들에 대한 남성들의 태도, 특히 아내에 대한 남편의 태도는 자주 품위를 떨어뜨리고 있다. 남편의 말이 아내를 상처주려고 의도한 것은 아닐지라도, 남편이 지적인 것, 걱정들, 음식, 또는 습관의 차원에 대한 말에서 아내들을 자주 비하하거나 조롱하고 있다는 사실이다. 물론 아내들도 동일한 죄를 행하고 있지만, 남편들이 자신이 "머리"가 된다는 뜻으로 더욱 아내들을 경시하는 것으로 보인다.

---

49. James and Phyllis Alsdurf, *Battered into Submission* (Downers Grove, Ill.: InterVarsity, 1989).

가정에서 아내들에 대한 학대는 우리 사회의 성적인 질병을 여실이 드러낸다. 우리 사회는 여성들을 비하하는 다양한 방식을 발전시키는 성 질병의 사회에 살고 있다. 영화와 텔레비전이 강간, 폭력, 그리고 여성들에 대한 "이용"에 초점을 맞추고 있다. "사이버섹스"에서 모든 성적 이미지의 1/4이 여성들에 대한 고문과 관련이 있다. 사실상 모든 이들이 이것이 끔찍하다는 것에 동의하지만 누구도 그것에 대해 어느 것도 행하지 않고 있고, 심지어 "좋은" 사람들도 여전히 그런 일에 가담한다. 크리스천은 그러한 "유흥"과 분리시켜야 하고, 여성들을 그런 식으로 다루는 것을 적극 반대해야 한다. 그것은 그리스도에게 적합하지 않기 때문이다.

어떤 크리스천들은 남편의 "권위의 우산"에 대해 말함으로써 이 단락을 역시 왜곡시켰다. 너무 많은 강조가 남편이 특권적인 권위가 있는 인물인 것으로 간주하는 "머리"로 여기고, 아내는 두 번째 위치에 있는 것으로 축소시켰다. 극단적인 경우에는 아내는 자신의 행동에 대해서 전혀 책임이 없고 남편이 책임을 갖는다! 이 본문에서 머리됨은 특권과 관련한 것이 아니다. 그것은 권위의 종의 성품에 대한 것이다. 아내들은 그들의 행위에 대한 책임을 가지며, 동등한 가치를 갖는다. 남편들은 섬김을 받는 주인이 아니며, 아내들은 남편들의 생각 없는 종이 아니다.

그것은 우리에게 무엇을 의미하는가? 우리는 다시 한 번 아내들(그리고 남편들)에 대해서 언급된 것을 '모든' 크리스천들에게 요구되는 상호적인 복종이고 또 "복종하다"(순복하다)란 말이 5:22의 헬라어 본문에서는 심지어 나타나지도 않는다는 것을 강조해야 한다. 아내들은 남편에게 순복해야 한다. 즉 아내들은 남편들이 그들에게 주는 것처럼 남편에게 주는 관계를 대변한다. 그러나 이 본문은 마치 아내가 모든 일에 종이 되거나 남편이 생각하는 어느 요청에도 동의해야하는 것처럼 맹목적인 정신의 구조를 승인하지 않는다. 본문이 요구하는 모든 것은 아내가 자기중심주의를 포기하고 남편과의 상호성을 진지하게 취하고, 남편의 이득을 촉진하는 것이다. 그것은 삶의 어느 부분도 결혼관계에서 배제되지 않는다는 것을 강조한다.

다른 한편으로 머리됨(헤드십)은 남편에게 특권과 우월성을 주지 않는다. 그리스도의 머리됨과 남편의 머리됨에 대한 유추로부터 나온 논증은 그 머리됨이 동일하다는 것을 결론짓지 않는다. 그리스도와 남편이 서로 다르기 때문에 남편에게 적합한 경외가 그리스도에게 적합한 경외와 동일하지 않은 것처럼, 그리스도의 머리됨은 남편의 머리됨과는 다르다. 그리스도는 만유의 주인이시지만, 남편은 어느 것에 대해서 '주인'이 아니다. 머리됨의 유추의 요지는 그리스도가 교회에 대해서 자기 자신을 주셨던 것처럼, 남편이 아내들에게 자기 자신을 주어야 하는 책임을 일컫는다. 남편은 취하는 자가 아니요 주는 자가 되어야 한다. 남편은 아내의 행복을 촉진하기 위해서 자기중심주의와 머리됨의 어느 특권도 포기해야 한다. 남편들은 결혼의 연합이 그들의 몸처럼 아내들을 만든다는 것은 인식하고서 아내들을 사랑해야 한다. 남편은 아내들이 세워지고 확장될 수 있도록 그들을 돌보고 육성해야 한다. 아내가 확장될 때, 남편도 확장된다. 두 파트너들은 하나인 것으로 가정하고 서로를 세워주어야 한다.

그러므로 크리스천의 결혼이 기능하는 방식이 이 본문에 분명하게 나타나 있다. 양 파트너들은 무엇보다도 그리스도 안에서 그리스도에 대해 그리고 그리스도를 위해 살아야 한다. 결혼관계의 진정한 머리는 '항상' 그리스도이시다. 양 파트너들은 피차 복종하고, 그리스도의 목적 안에서 서로를 촉진하는 일을 추구하며, 그들의 관계의 하나됨을 따라 살아야 한다.

상호적인 복종("피차 복종하라")은 비이기적인 이유를 위해 양 파트너들이 결정을 행한다는 것을 역시 의미한다. 불일치가 발생할 때, 남편이 자동적으로 결정권을 갖지는 않는다. 불일치가 있을 때, 한 파트너가 다른 사람에게 선택권을 부여하거나 또는 양 당사자가 두 선택들을 거부하는 것에 동의할 수 있다. 상호적인 복종은 한 파트너가 다른 파트너가 교육을 마치는 동안 목표하고 있는 경력을 보류하는 것을 의미할 수도 있고, 다른 곳으로 이동하기 위해서 만족스러운 직업을 포기하는 것을 의미할 수도 있다. 또는 다른 파트너를 위한 부수적인 선택을 하기 위해서 당사자에게 자유를 주는 것일 수도 있다.

이 본문은 이상적인 상황을 전제하고 있음은 분명하다. 그렇다면 남편이 상호적인 복종과 사랑을 행하지 않는다면 어떻게 되는가? 남편이 오직 섬김을 받으려고만 한다면 어떻게 할 것인가? 고대 세계에서 여성은 거의 선택권이 없었고 어떤 여성들에게는 이런 일이 여전히 사실일 수 있다. 베드로는 아내들에게 이런 남편들을 교훈하고 경건한 행동으로 그들을 그리스도에게로 인도할 것을 촉구한다(벧전 3:1-6). 이것은 역시 이상적인 것을 표현하지만 남편들을 교훈할 필요가 있음을 지적해준다.

여성이 오늘날 결혼 관계로 들어갈 때, 고대 세계에서는 어떤 문제에 전혀 말할 수 없었던 것과는 다른 방식으로 행하게 된다. 아내와 남편은 현명하게 그리고 서로의 맹세를 유념하고 상호적인 관계 속으로 들어가야 한다. 상호적인 복종은 사실상 이혼을 근절시킨다.

고대 세계에서 여성들은 가정일 이외에는 다른 선택을 거의 갖지 않았지만 우리 시대의 문화에서 여성들은 거의 무제한적인 라이프스타일과 경력 그리고 사역의 기회를 갖는다. 이 본문은 여성들에게 어떤 역할이 열려 있고 다른 어떤 역할들은 차단되어 있는지는 함축하지 않는다. 그것은 확실히 여성들의 열등함을 가르치고 있지 않다. 여성들을 위한 기회의 증가는 남편의 책임이 기능하는 방식을 바꾸어 놓는다. 여성들이 권위의 자리에 있지 않다는 것을 이 본문으로부터 이끌어내는 것은 피상적인 추론이다. 만약 남편들이 자기 자신처럼 아내들을 사랑한다면, 그들은 아내들을 위한 자유와 존중과 가능성을 찾고 배려할 것이다. 그들은 아내들을 감정적으로 물리적으로 지원할 것이고, 가정에서의 일을 정당하게 분배할 것이다.

물론 여성들에게 허락하는 일에서 문화적인 다양성이 존재한다. 어떤 문화에서는 여성들이 고대세계보다 더 좋아지지 않을 수 있다. 이런 사회에서 교회의 임무는 무엇인가? 페미니즘은 예수 그리스도의 복음을 위한 대체물이 될 수 없지만, 교회는 복음의 의미가 약화되게 할 수는 없다. 복음은 하나님 앞에서 그리고 교회 안에서 모든 사람들의 동등성에 초점을 맞추는 것을 포함한다. 성, 인종, 그리고 경제적인 위상에 기초한 옛 가치들이 더 이상 관계성을 정의할 수는 없다. 모든 크리스천들은 그리스도 안에서 발견한 연합 속에서 상호적인 복종 속에서 살도록 요청을 받고 있다. 문화적인 관습이 무엇이든지 간에 크리스천의 결혼은 달라야 한다. 필요한 곳에서는, 남편에 의한 힘의 남용과 둔감함의 죄를 대항해야 한다.

아내는 상호적이지 못할 때 어느 정도까지 그녀의 크리스천의 헌신을 따라 살아가며, 남편—그리고 그녀 자신—을 위한 일을 촉진할 수 있는가? 남편(또는 아내)이 상호적인 협력을 거부할 경우에는 어려운 선택을 해야 할 것이다. 유감스럽게도 어떤 환경이 결혼을 용이하지 못하게 한다는 것을 인정할 수밖에 없다. 만약 그 관계가 감정적으로나 물리적으로 남용적이라면, 아내는 순복할 것이 요구되지 않는다. 그녀는 남용적인 남편의 손에 고통을 당하거나 맞아죽는 것이 아닌 그리스도의 사랑에 모범을 보일 것이 요청된다. 아내는 위험으로부터 자기 자신을 보호할 것을 조언받는다. 진리와 정의를 간과할 수 없다.

남편이 크리스천에게 부적절한 어떤 일을 아내가 하도록 요구한다면, 아내는 순복할 필요가 없다. 그녀의 태도는 사도행전 5:29에서 초대교회와 동일해야 한다: "우리는 인간보다 하나님을 순종해야 한다!" 모든 인간관계를 하나님과 우리의 관계의 일부로서 경험된다.

본문이 특권이 있는 사람에게 더 커다란 책임을 두고 아내가 육성될 필요가 있다는 것을 인정하고 있기 때문에 크리스천 남성들은 특히 여성들을 위한 정의를 추구하는데 특히 관심이 있어야 한다. 사실상 모든 문화에서 여성들에 대한 부당한 학대와 부정의가 있음으로 나는 기독교가 여성들의 정의를 위해서 강력하게 말할 기회와 책임을 갖는다고 확신한다. 크리스천 남성들은 결혼한 여성이든 싱글 여성이든 모든 여성들을 지원할 책임이 있다. 그 과정에서 생색을 내거나 그 책임을 성적인 이용을 위한 기회로 전환하지 않고서 말이다.

성교. 결혼에서 연합에 관한 바울의 언급, 특히 창세기 2:24은[50] 인간의 성관계에 대한 중요한 요지를 만들어준다. 고린도전서 6:15-17에서의 평행이 보여주는 것처럼, 바울은 성교를 단순히 육체적인 행위로만 바라보지 않았다. 오히려 그는 그것을 두 사람이 연합하고 하나가 되는 포괄적인 행위로 간주했다. 아내는 남편의 일부가 되고, 남편이 아내를 사랑하는 것은 자기 자신을 사랑하는 것이다.[51]

위험성들. 그러나 하나됨과 상호적인 복종에 초점을 맞출 때, 위험성들이 있다. 한 가지 위험성은 배우자에게 너무 관심을 집중하여 아내나 남편이 배우자를 우상시하고 아양을 떠는 것으로 끝날 수 있다는 것이다(참조. 고전 7:32-35). 결혼 관계는 한 가지 관계일 뿐이고 남편과 아내는 개인으로서 단지 서로를 확장하는 것이 아니라 크리스천으로서 확장하고 있는 것이다. 커플의 주요한 헌신은 항상 주님에게 있고, 결혼에서 상호적인 복종은 주님께 대한 헌신의 표현일 뿐이다.

두 번째 위험성은 너무 많은 관심이 개인이 상실되는 하나됨에 두어지는 것이다. 하나됨에도 불구하고, 남편과 아내는 서로 다른 목적과 하나님으로부터의 소명을 가진 별개의 사람들이다. 만약 그 의존이 너무 과장되면, 한 파트너 또는 양 파트너가 덜 생산적이 될 것이고, 배우자의 죽음은 다른 배우자의 삶을 황폐케 할 것이다.

그리스도와 교회의 관계(5:22-33). 이 본문에서 표현된 기독론, 구원론, 그리고 교회론은 오늘날 교회의 삶을 위해 모두 중요하다. 우리는 때로 교회의 의무에 빠져서 교회 안에서 그리스도의 역할을 잊어버린다. 이 본문은 그리스도의 사랑과 그리스도의 주되심을 강조한다. 그가 머리이시고 교회가 그에게 헌신한다는 것은

---

50. 그가 5:30-32에서 이 인용을 그리스도와 교회에 적용할지라도 말이다.
51. 남편이 아내의 일부가 되고 남편의 존재가 아내의 몸과 같이 된다고 동일하게 말할 수 있었다. 본문이 이것을 말하지 않은 이유는 지금 남편에게 초점을 맞추고 있기 때문이다.

교회란 그리스도에 의해 세워지고 모범이 되는 것 이외에 다른 어젠더가 없음을 끊임없이 상기시킨다. 목사와 교회 위원회가 교회를 주도하지 않는다. 그들은 교인들이 그리스도의 목적을 발견하는 것을 도울 뿐이다. 그리스도가 그의 목적을 발견하는데 있어서 상호적인 복종으로 연합한 교회를 인도하신다는 더 큰 깨달음이 교회로 하여금 현재의 많은 문제들을 이기게 해 줄 것이다.

에베소서 5:25은 그리스도가 역사적으로 십자가에서 보여주신 사랑을 가리키지만, 29절과 결혼의 유추는 그리스도의 계속된 사랑을 가리킨다. 그는 '여전히' 교회를 양육하시고 돌보시며, 교회는 그의 계속되는 사랑과 임재를 더욱 의식한다면 훨씬 더 강력해질 것이다. 교회는 더 많은 시간을 그리스도를 경험하고 그리스도를 예배하며 그리스도화의 합일을 묵상하는데 소비할 필요가 있다. 단지 그리스도에 대해서 이야기하는 것보다 말이다. 에베소서 5:31에서 창세기 2:24의 인용을 그리스도가 이 땅에 오시기 위해서 하나님 아버지를 떠난 것을 언급하는 것으로 우화(알레고리)해서는 안 된다. 바울은 여기서 교회와 그리스도의 하나됨에만 관심이 있을 뿐이다.

그리스도의 구원하시는 역사(26-27절)도 역시 현재의 초점이 두어진다. 교회의 완전함이 종말 때까지는 발생하지 않을 것이지만, 십자가상에서의 그리스도의 역사는 교회를 구분케 하고 깨끗케 하며 현재에 거룩하고 아무런 흠이 없게 하신다. 송영에서(1:4), 창세전에 하나님의 목적은 그의 백성들이 거룩하고 흠이 없게 되는 것이었다(참조. 빌 2:15). 분명히 가장 어려운 문제 중의 하나는 교회가 왜 그렇게 불완전한 것으로 가득 차 있느냐는 것이다. 우리는 불완전을 당연한 것으로 여기거나 구원을 주시지만 순종을 요구하지 않는 "값싼 은혜"에 관한 이해를 사야하는가? 물론 바울은 고린도서신이 아주 잘 증거하는 것처럼, 교회의 불완전을 알았다. 그러나 그의 모든 서신들, 특히 에베소서 4-6장이 보여주는 것처럼, 그는 반복해서 크리스천들이 하나님이 그들에게 행하신 것을 그들의 삶에서 입증할 것을 요구했다. 크리스천은 하나님께 구별되기 때문에 다르게 살아야 한다(참조. 5:26-27). 신약성경은 삶이 변하지 않는 구원에 관해서 어느 것도 알지 못한다.

교회. 이 본문의 두드러진 부분은 확실히 교회론이다. 바울의 "몸 신학"은 아주 자주 교회의 다양성과 개별적인 지체의 중요성을 묘사하는데 사용된다.[52] 에베소서와 골로새서에서 바울은 그리스도가 지금 몸의 머리가 될 수 있도록 그의 사상

52. 롬 12장과 고전 12장을 보라.

을 발전시킨다. 그는 모든 몸이 활성화되고 연합된 분으로서 그리스도와 크리스천의 관계에 지금 초점을 맞춘다(엡 4:16).

에베소서 5:30에서 몸 신학은 그 절정적인 표현을 발견한다. 그의 몸의 지체로서 크리스천은 '그리스도의 일부다': 그들은 그와 하나이고 서로와 하나이다. 그리스도 안에 있고 그리스도와 함께 참여하는 것은 이 서신의 두 위대한 신학적 진리다. 바울은 독자들이 그리스도의 일부가 된다는 것을 인식하고서 살기를 기대한다.

우리는 이 신학이 '크리스천들은 더 이상 그들 자신을 단순히 개인으로 간주하지 않음'을 의미한다고 이전에 살펴보았다.[53] 그들은 그리스도와 연결되어 있고, 그리스도에 의해 정의된다. 그것으로 가치와 특권의 의미 그리고 그리스도의 임재와 삶을 위한 능력의 의미가 발생하게 된다. 그리스도와의 하나됨은 선교 의식을 가져오고 그의 목적에 참여하게 된다. 우리는 단순히 특권을 위한 그리스도의 일부가 아니라 성장과 봉사를 위한 그리스도의 일부다(참조. 4:16).

이 신학의 윤리적인 의미는 방대하다. 상호적인 복종은 크리스천이 서로의 일부가 된다는 바울의 이해의 논리적인 결론일 뿐이다. 그리스도와의 하나됨은 '모든' 크리스천 윤리의 근거다(참조. 고전 6:15). 어떤 종류의 활동이 그리스도의 일부가 되는 것에 적합한가? 그리스도의 성품은 크리스천들이 열망하는 어떤 외적인 규범이 아니라 존재의 구조다. 크리스천들이 어떻게 그리스도와의 하나됨을 실천하지 않을 수 있는가? 여기서 완벽주의에 대한 암시는 의도되어 있지 않지만, 그리스도의 일부가 되는 것은 변화되는 특권을 의미한다.

그러한 추론은 우리로 하여금 복음에 관한 통상적인 설명을 넘어서서 나아가게 한다. 이 본문을 적용하는데 있어서 첫 번째 단계는 우리의 복음전도적 개념에서 변화가 있게 할 것이다. 그리스도와 하나가 되고 그의 일부가 될 필요와 가능성을 사람들에게 보여주지 않는 복음 선포는 부적절하다. 그러한 축소된 복음은 충분한 윤리적 동기를 제공하지 못할 것이다.

이 본문은 결혼관계를 이해하는데 명백한 중요성을 갖지만, 그 주제는 핵심적인 것은 아니다. 주요한 포커스(초점)는 그리스도와 그의 교회의 관계에 있다. 핵심적인 주제는 그리스도의 사랑과 크리스천이 그리스도와 하나가 되는 것이다. 그 관계가 남편과 아내의 관계를 포함하여 모든 다른 크리스천의 관계를 이끌어간다.

---

53. pp. 80, 145, 179-180을 보라.

에베소서 6:1-9

1 자녀들아 주 안에서 너희 부모에게 순종하
라 이것이 옳으니라
2 네 아버지와 어머니를 공경하라 이것은 약
속이 있는 첫 계명이니
3 이로써 네가 잘되고 땅에서 장수하리라
4 또 아비들아 너희 자녀를 노엽게 하지 말고
오직 주의 교훈과 훈계로 양육하라
5 종들아 두려워하고 떨며 성실한 마음으로
육체의 상전에게 순종하기를 그리스도께 하
듯 하라
6 눈가림만 하여 사람을 기쁘게 하는 자처럼
하지 말고 그리스도의 종들처럼 마음으로
하나님의 뜻을 행하고
7 기쁜 마음으로 섬기기를 주께 하듯 하고 사
람들에게 하듯 하지 말라
8 이는 각 사람이 무슨 선을 행하든지 종이나
자유인이나 주께로부터 그대로 받을 줄을
앎이라
9 상전들아 너희도 그들에게 이와 같이 하고
위협을 그치라 이는 그들과 너희의 상전이
하늘에 계시고 그에게는 사람을 외모로 취
하는 일이 없는 줄 너희가 앎이라

원 의미

이 구절들은 5:22에서 시작했던 가정율을 지속시킨다. 바울은 이 항목을 구성하는데 있어서 거의 확실히 잘 알려진 초기 기독교적 가르침에 의존했을 것이다. 그는 수많은 관계들이나 문제들을 다룰 수 있었지만 이 주제들을 선택했다. 그것들이 전통적이기 때문이고, 또 크리스천들—유대인들처럼—이 사회에서 파괴적인 요소들로서 특히 가족의 구조에 위협적인 것으로 간주되었기 때문이었다.[1] 크리스천들이 질서와 품위를 위협하지 않았음을 보이는 것이 필요했다. 기독교 가정율의 바로 이 형태는 중상과 비방을 제쳐두기 위한 변증이다.

크리스천들을 가정의 구조에 위협으로 간주한 것은 이해할 만하다. 우리가 이미 보았던 것처럼, 아내들은 자기 남편에게 순종해야 했는데, "이는 하나님의 말씀이 훼방을 받지 않게 하려 함이"다(딛 2:5).[2] 유사한 진술이 종과 관련하여 나타난다:

1. pp. 363-365, 372-373을 보라.

종은 주인을 마땅히 존경할 자로 여겨야 하는데, "이는 하나님의 이름과 교훈으로 훼방을 받지 않게 하려 함이"다(딤전 6:1). 그러한 중상모략은 바울이 자유자냐 종이냐에 기초한 가치들을 제쳐두었고(갈 3:28), 그리스도가 종을 자유케 한 것에 대해서 썼으며(고전 7:21-23), 그리고 종들을 주인의 형제로 삼았기(몬 15-16절) 때문에 발생한다. 아내들처럼 종들은 자주 주인의 가족의 신들을 채택하는 것으로 예상할 수 있었고, 그것이 크리스천들에게 갈등을 더욱 불러일으켰다. 그리고 자녀들과 관련해서 예수의 몇몇 말씀들은 가족보다도 예수 자신에게 충성을 두었다.[3]

바울은 이 세 그룹에 대해 사회의 교훈을 단순히 채택하지 않았다. 오히려 그는 그의 가르침을 신학적인 동기로 수놓았다. 그가 다른 윤리적 이슈들을 다룰 때처럼 말이다. 게다가 불신자의 가정율과 달리 그는 더 특권이 부여된 사람들만이 아니라 직접적으로 종속된 사람들에게 호소했다. 그들은 공동체에 온전히 참여하고 있었고, 그 서신이 공개적으로 읽혀지는 것을 들었을 것이다. 바울은 남편/아버지/주인에게도 역시 제한을 두었는데, 복음에 비추어 그들의 책임을 가르쳤다. 그는 권위에 대한 문화적인 구조를 가정했지만, 그리스도에 대한 더 높은 헌신에 기초하여 재조직했다.

6:1-9에서 바울은 4:25-5:21에서 언급된 윤리를 가정의 관계에 적용한다. 다음의 연결관계를 참조하라.

"옳은"(6:1)과 "적합한"(5:3), "합당한"(5:4; NIV와 개역개정, "마땅치 아니하니") 그리고 "의"(5:9)

"짜증나게 하다"('파라오르기조', 6:4)와 "성난"('오르기조', 4:26-27, 31)

"하나님의 뜻"(6:6)과 "주의 뜻"(5:17)

"선"('아가토스', 6:8)과 "유용한"과 "유익한"('아가도스', 4:28-29)

장래 심판에 관한 주제(6:8-9과 5:5-6에서).[4]

골로새서 3:20-4:1과의 유사한 평행을 참조하라.

---

2. pp. 363-364, 384-393에서 이 문제에 관한 논의를 보라.

3. 마 10:21, 34-37; 12:46-50; 19:27-29; 눅 9:57-62; 14:26을 보라.

4. 아울러 6:4과 5:29에서 "양육"('에에크트레포')이 사용되고(NIV, "기르다"와 "먹이다"), 6:5과 5:21, 33에서 "두려움"(NIV, "경외", "존경")이 사용된다. 6:4, 6에서 "아닌…하지만"(not…but)을 참조하라. 이는 5:15-18에서의 대조와 유사하다.

구조. 이 항목의 구조는 간단하다.

6:1-3: 자녀들이 부모들에게 순종해야 한다는 가르침(6:1-3)

6:1a: '동기': 이것은 옳다(1a절)

6:2-3: 성경으로부터의 '증거와 진전된 동기': 부모를 공경하는 것이 번영과 장수를 가져온다

6:4: 아버지가 자녀들을 가르쳐야 한다는 가르침

6:5a: 종이 이 땅의 주인에게 순종해야한다는 가르침

6:5b-7: "as"("하듯", "처럼")란 어구로 각기 네 가지 봉사에 대한 묘사[5]

6:5b: 그리스도에게 '하듯' 두려움과 떨림으로 성실하게 행할 것

6:6a: 사람을 기쁘게 '하듯' 눈가림으로 하지 말 것

6:6b: 그리스도의 종 '처럼' 하나님의 뜻을 행할 것…

6:7: 주를 섬기 '듯' 전심으로…

6:8: '동기': 주가 행한 대로 모든 이들을 판단하실 것이다

6:9: 주인도 동일하게 행하라는 가르침

6:9b: '동기': 그들은 편애가 없으신 하늘의 공통된 주인을 모시고 있다.

자녀와 부모에 대한 가르침(6:1-4)

자녀들과 종들은 순종할 것을 듣게 되는데, 이는 바울의 방향이 아내들에게서 ("복종하라") 의식적인 전환을 형성하며, 자녀들과 종들이 여성들보다 심지어 덜한 위치가 주어졌다는 것을 인식하고 있다. 가정율의 모든 관계들은 그리스도에 대한 관계에 의해 재정의된다.

"주안에서 너희 부모를 순종하라"는 것은 "너희 크리스천 부모들에게 순종하라"를 의미하지 않는다.[6] 오히려 그것은 주님과의 관계의 일부로서 순종해야 한다는 것을 의미한다. 그 의미는 사실상 5:22이나 6:6에서 "주께 하듯"과 동의어다. 부모에 대한 순종이 "옳다"는 것은 본질적으로 그것이 기독교적인 관점에서 옳다

5. NIV는 5절에서 "as", 6a절에서 "그들의 호의를 얻기 위해서"("as pleasing men"), 6b절에서 "like", 그리고 7절에서 "as"를 사용함으로써 평행을 상실한다. 모든 네 "as" 어구는 헬라어 '호스'를 사용한다.

6. 몇몇 사본들은 아마도 순종이 크리스천 부모들에게로 한정된다는 사상을 피하기 위해서 "주안에서"를 생략한다.

는 것을 의미한다. 이 어구는 5:3-4에서 "마땅치 않은"과 "부적절한"과 동일한 영향을 갖는다. 거기서 묘사된 성적인 죄는 그리스도 안에서의 삶에 적합하지 않기 때문에 잘못된 것이다. 다시 말해서 바울은 그의 윤리적인 결론이 사회의 결론과 동일할지라도 단순히 윤리적으로 논하고 있지 않다. 그 대신에 그는 기독교적 구조에서 신학적으로 논증하고 있다. 자녀들이 부모를 순종해야 하는 것은 사회에서 주어진 것이었지만 그에게서 그것은 그리스도와의 관계 때문에 "옳다."

"자녀들"에는 성인들을 포함하는 것으로 이해할 수 있다. 그 사회에서 아버지는 60살이 되었을 때까지 또는 죽을 때까지 가정에서 권위를 유지하였기 때문이다. 하지만 성인이 된 자녀들이 그들의 부모를 공경할 것을 기대할지라도, 본문의 관심은 어린 자녀들에게 있는 것으로 보인다. 그들은 여전히 배움과 형성의 과정에 있기 때문이다(4절).

자녀들이 아버지와 어머니를 공경해야 한다는 명령은 신약성경에서 다른 곳에서 다섯 번 인용된다.[7] 인용의 자료는 신명기 5:16로 NIV 각주에서 확인되지만, 출애굽기 20:12의 70인경의 형태(또한 십계명의 기사)는 사실상 신명기의 본문과 동일하다. 하지만 이중에 어느 것도 에베소서의 본문과 똑같지는 않다.[8] 바울이 에베소서의 윤리적 가르침의 동기로서 이 명령과 다른 구약성경의 본문을 사용한 것은 그가 율법을 제쳐두지 않았다는 것을 입증해준다.[9] 우리는 율법에 관한 바울의 가르침을 어렵게 발견할 수 있으나, 그는 율법이 폐지되었다고 결코 생각하지 않았다.[10]

장수와 복된 삶에 관한 구약성경의 내용은 하나님이 그의 백성들에게 주셨던 이스라엘 땅에서의 삶과 관련이 있다. 부모를 공경하는 것은 하나님의 언약백성들의 본질적인 기초였다(레 19:3을 참조하라). 그러나 바울은 이스라엘에 대한 초점을 생략하고 그 진술을 보다 일반적이고 잠언적이게 만든다. 하나님의 약속은 부모에 대한 순종이 질서와 안녕으로 이끈다는 가정에 기초해 있다. 이 약속은 공동체에 적용되는 것이지 개인에 대한 보증이 아니다.[11] 이 단락을 장래의 삶을 언급

7. 마 15:4; 19:19; 막 7:10; 10:19; 눅 18:20.
8. 신 22:7의 유사한 어휘를 참조하라.
9. 2:15에도 불구하고 말이다.
10. 이것이 약속 있는 첫 번째 계명이 아니라는 반대가 가끔 제기된다. 십계명에서 두 번째 계명이 그의 계명을 지키는 자들에 대한 하나님의 사랑을 확증하기 때문이다. 이것은 다소 현학적인 반대인데, 왜냐하면 두 번째 계명에서 하나님의 사랑에 대한 확증은 특별한 약속이 아니라 하나님에 대한 묘사이고, 십계명만이 아니라 더 넓은 율법이 고려되고 있기 때문이다.

하는 것으로 영해해서는 안 된다.

4절에 "아비들"(fathers)이란 헬라어는 "부모들"을 의미할 수 있으나 더 그럴듯한 것은 바울이 관심을 특히 아버지에게로 전환시키고 있다. 아버지들은 자녀들에 대한 합법적인 제어를 가지며, 7살 경부터 가르침에 대한 책임이 있었다. 딸들은 공식적인 교육을 보통 받지 못하였지만 가정의 의무에 대해서 가르침 받았다. 레온 모리스가 바울이 "소년" 대신에 "자녀들"이라고 적은 것은 의미심장하다고 말한 것은 옳은 것으로 보인다.[12] 딸들은 고대 세계에서 덜 가치가 있었지만, 바울은 그런 한계를 인정하지 않았다.

고대 세계에서 아버지들은 절대적인 권위를 가졌고, 때로 가혹하기까지 했다. 그 때문에 바울은 자녀들의 분노를 자극하지 말라는 경고를 포함시킨다. "짜증나게 하다"("노엽게 하다"—개역개정)에 사용된 동사는 드물고, 신약성경에서는 오직 로마서 10:19에서만 나타난다(NIV, "너희를 화나게 하다"). 그것의 명사형은 에베소서 4:26에서 분노를 금할 것을 가르치는데서만 나타난다.

"키우다"(Bring them up)는 그 동사가 표현하고 있는 관심의 개념에 정당하지 않다. 특히 이전에 5:29에서 바울이 그 동사의 사용(NIV, "feeds"[육성하다])에서 "양육"(nurture)의 개념을 전달하고 있기 때문이다. "훈계"(instruction)는 "경고"나 "훈계"를 자주 내포하는 말을 번역하지만, "교훈과 훈계"(training and instruction)는 아버지들이 해야 할 가르침을 설명하면서 아마도 한 개념을 표현하는 두 명사의 용례일 것이다. "주의"(of the Lord)는 모호하다. 아마도 그 가르침이 주님에 의해 적용되고 결정된다는 사실을 의미할 것이다.

종과 주인에 대한 가르침(6:5-9)

"주인"('퀴리오스')으로 번역된 헬라어는 신약성경에서 그리스도(4절에서처럼)나 하나님과 관련하여 "주"로 보통 번역된다. "육체의"("이 땅의"—NIV)[13]란 수식어가 5절에서 나오는 것은 바로 그 때문이고, 또한 9절에서 "주인"(master)과 "그들의 주"(their Master) 사이에 언어유희가 의미를 갖게 된다.

한편으로 노예들에게 주어진 방향은 이 새로운 믿음이 문화적인 질서를 뒤집어

11. 신 4:40; 22:7; 시 55:23; 잠 9:11; 10:27에서 유사한 진술을 보라.
12. Morris, *Expository Reflections on Ephesians*, 192.
13. 직역하면 "육체에 따른."

없는다는 어떤 주장도 제거하지만, 다른 한편으로 '이 구절들은 여전히 지극히 전복적이다.' 노예 소유주들은 자신들이 원하는 봉사로 기뻐할 수 있으나 그 과정에서 그들은 지배력을 상실한다. 노예는 이제 소유주에 대한 충성보다 더 높은 충성을 갖고 있었기 때문이다. 노예들은 더 이상 그들의 주인에게 속하지 않았고, 실로 그들을 섬기는 것이 아니며, 그들의 뜻을 행하지도 않는다. 또한 그들을 기쁘게 하는 것을 추구하지도 않으며, 그들의 주인과 다를 게 없다. 그들은 그리스도의 종이며, 그를 섬기며 하나님의 뜻을 행한다. 노예 소유주는 노예들이 주인을 대하는 것과 동일한 방식으로 노예들을 대해야 한다. 인간을 대함에 있어서 그리스도를 대한다는 개념은 마태복음 25:40을 생각나게 한다: "너희가 여기 내 형제 중에 지극히 작은 자 하나에게 한 것이 곧 내게 한 것이니라."

이 항목은 5:10, 17, 21에서 모든 이들에게 요구한 것을 특별히 노예들에게 요구한다: 주님을 기쁘시게 하고, 그의 뜻을 행하며 피차 복종하는 것. 노예(종)와 노예 소유주(주인)에게 피차 복종할 것을 적용시킨 것은 노예에 대한 놀라운 재정의였다. 고린도전서 7:21-23에서 바울은 심지어 노예가 된 것이 문제가 될 수 없으며, 노예도 그리스도의 자유로운 백성이며, 자유자나 노예도 모두 그리스도의 종이며, 따라서 그들은 인간의 종이 되지 않아야 한다고 말했다. 바울이 이런 요지를 손쉽게 말할 수 있었던 것은 노예와 그 소유주와 자신이 모두 그리스도의 종이라는 확신을 갖고 있었기 때문이다. 그는 그리스도의 종으로 자주 자신을 언급했고, 그것으로 인해 놀라워하지 않아야 할 것은 그리스도가 종의 형태를 취하였기 때문이다.[14] 이 신학의 배경은 구약성경에서 이미 있었다(특히 레 25:55).

5절에서 우리는 다시금 고대세계에서 "두려움"이란 단어를 어떻게 이해했으며[15] 또 이 용어에 "떨며"라는 단어가 추가되고 있는 문제에 봉착한다(NIV는 "존경과 두려움"). 이 두 용어들의 조합은 전통적이며, 강조적인 것으로 간주해야 한다.[16] 어떤 이들은 존경과 두려움이 노예 소유주에게 주어지기보다는 하나님에게 주어져야 한다고 주장하지만 그럴 것 같지 않다. 바울은 이와 동일한 조합을 고린도전서 2:3에서 고린도로 갈 때에 그의 태도를 묘사하기 위해서 사용하고, 또한 고린도후서 7:15에서 디도에 대한 교회의 영접을 묘사하기 위해서 사용한다(또한 빌

---

14. 특히 롬 1:1; 고후 4:5; 빌 2:7을 보라.
15. pp. 363, 366, 387-388을 보라.
16. 신약성경에서 "떨다"란 말의 다섯 번의 출현 중에 네 번이 "두려워하다"와 연결된다.

2:12을 보라). 이 조합은 실제적으로 떠는 것을 묘사하는 것이 아니라 관계에서 경외를 표현한다(또한 벧전 2:18을 참조하라).

노예들은 5절에서 "성실한 마음으로" 섬길 것이 요구된다.[17] "눈가림으로"(6절)는 "눈만을 섬기는"을 의미하는 복합어를 번역한 것이다. 노예는 인간에게 보이기 위해서 행해서는 안 된다. 사실상 6-7절은 노예들이 인간이 아니라 그리스도를 섬긴다는 요지를 각기 반복하면서 5절을 부연설명하고 있다. 노예들은 게으르고 거짓말을 하는 것으로 유명했다. 그것은 크리스천 노예들을 위한 선택으로 기능할 수 없다.

이런 윤리를 위한 주요한 동기는 마지막 심판이다(참조. 5:5-6). 바울은 여기서 심판이 행위에 따라 있게 될 것임을 가정한다. 이는 성경 전반의 통상적인 예상을 그대로 담고 있다(참조. 특히 롬 2:6-11, 하지만 이 단락은 노예와 자유자에 대한 것이 아니라, 유대인과 이방인의 심판에서에서 동등성을 다루고 있다). 다른 신약성경의 본문들도 역시 노예나 자유자에 기초한 가치들을 배격한다.[18]

주인(노예 소유주)들도 "동일한 방식으로"("이와 같이"—개역개정) 노예들을 대할 것을 요구한 것은 아리송할지라도 여전히 충격적이다. 주인들이 이런 지침을 따르기 위해서는 그들의 노예들을 존경과 두려움 그리고 그리스도에게 하듯 하는 마음의 신실함으로 대해야 할 것이다. 그러기 위해서 크리스천들은 노예제도를 폐지했어야 했다! 주인들은 사람들에게 보이기 위해서 행하지 않아야 하며 그리스도의 종으로서 하나님의 뜻을 행해야 한다. 아울러 노예들이 게으름을 피우지 말아야 하는 것처럼 주인들도 위협을 삼가야 한다. 그런 행위는 4:2-3에서 요구된 그리스도에 대한 봉사와 겸손과 온유의 삶에 적합하지 않다. 이런 윤리는 황금률, 즉 자신이 대접받기 원하는 대로 남을 대접하라는 말씀을 초월한다. 그것은 우리로 하여금 우리가 주님을 대하는 것처럼 다른 이들을 대할 것을 가르친다.

여기서 노예들이 심판에 대해서 갖는 지식(8절)과 주인들이 편애하지 않으시는 하늘의 주님에 대해서 갖는 지식 간에 구조적인 평행이 있다. 모든 특권적인 사상은 그리스도 앞에서 사라진다.

17. NIV는 두 곳에서 "마음"(heart)을 사용하지만, 6절의 보다 문자적인 번역은 "영혼으로부터"(from the soul)이다.

18. 고전 12:13; 갈 3:28; 골 3:11을 보라.

상황잇기

노예에 대한 항목을 우리 시대와 연결하는 것은 자녀들에 대한 항목보다 더 어렵다. 근본적으로 그 태도들이 다를지라도 노예제도는 우리에게 낯설지만 부모와 자녀간의 관계는 본질적으로 동일하기 때문이다. 그러나 같이 그룹지은 아내-자녀-노예에 대한 낯설음을 간과해서는 안 된다. 오직 고대 세계의 가부장적인 구조와 이 주제들을 다루어야 했던 이유들에 직면함으로써, 우리의 눈은 본문을 충분히 적용할 수 있게 열릴 것이다.

자녀와 부모(6:1-4). 유대와 그리스로마 세계에서 부모들을 공경하는 것은 신을 공경하는 것 다음이었다. 사실상 어떤 저자들은 부모들이 그들의 자녀들의 신과 같았다고 말했다.[19] 부모를 공경하는 것은 윤리적인 출발점으로 기대되었다. 신약성경의 저자들도 이런 기대를 공유했다.[20]

아버지들의 파워는 그리스 로마 세계에서 거의 무제한이었다. 아버지가 신생아를 살릴 것인지 죽일 것인지를 결정했고, 특히 많은 여아들이 죽는 것으로 버려졌다. 아버지들은 자녀들을 팔 수 있었다. 특히 여자 소녀들을 노예로 팔아넘길 수 있었다. 아버지들은 자녀들을 원하는 대로 체벌할 수 있었고, 노동을 시켰으며, 죽음에 처하기까지 했다. 여론이 작용하고 진정한 가족의 사랑이 있기는 했지만, 이런 남용들이 자주 기록되어 있다. 집회서 30:1-3은 고대 세계의 태도를 대변한다: 아들을 사랑하는 아비는 아들이 여전히 어렸을 시에 그를 때리고 자주 매질해야 할 것이고(1, 12절), 아비는 아들이 하고 싶은 대로 나두어서는 안 되며, 그와 놀아서도 안 되며, 같이 웃음을 나누어서도 안 된다(7-10절).[21]

고대 사회의 많은 영역에서 사람들은 결혼이나 자녀를 바라지 않았다. 경제적인 이유와 관련된 성가신 것들 때문이었다. 이런 상황은 B.C. 1세기말에 아주 악화되어, 아우구스투스 황제는 간음과 과도한 소비를 막는 법과 돈으로 보상함으로써 결혼과 자녀를 고무시키는 법을 발행했다.[22] 여유가 있었던 여성들은 아기

---

19. Philo, *Special Legislation* 2.225을 보라. "내 견해로 부모들은 자녀들에게 하나님이 세상에 대한 것과 같다"; Josephus, *Against Apion* 2.206: "율법은 부모들에 대한 공경을 하나님을 공경하는 것 다음으로 두고 있다."

20. 롬 1:30; 딤전 3:4; 딤후 3:2; 딛 1:6을 보라; 참조. 구약성경은 불순종하는 자녀들에게 죽음을 언도한다(레 20:9; 신 21:18-21).

21. 이 단락은 심지어 딸들에 대해서는 언급도 하지 않는다. Lincoln, *Ephesians*, 395-402은 자녀들과 아비들과 관련한 태도에 대해서 훌륭한 논의를 제공한다. 또한 Jane F. Gardner and Thomas Wiedemann, *The Roman Household: A Sourcebook*(London: Routledge, 1991)을 보라.

를 양육하기 위해서 유모를 고용했고, 나이든 노예나 교사를 고용하여 아이를 돌보게 했다.

우리 사회는 이런 설명보다는 덜 혹독할지라도, 고대세계의 태도와 다양성은 우리 자신을 반영해준다. 결혼과 자녀에 대한 비용과 부차적인 수고는 여전히 많은 사람들이 결혼과 자녀를 갖지 않게 한다. 부모들은 고대 세계에서 아버지들이 가졌던 막무가내의 지배력을 갖지는 않을지라도, 아주 많은 가정에서 자녀들이 끊임없는 학대—고함과 폭력 그리고 성적 학대—를 받고 있다. 우리는 폭력의 사이클을 영속시키고 있다. 냉혹한 가정은 냉혹한 자녀들을 생산한다. 현대의 가정에서의 문제들은 고대세계의 가정에서의 문제들보다 심지어 더 심각하다. 오늘날 자녀들이 부모를 공경해야 하는 압박이 거의 존재하지 않기 때문이다. 십대들은 부모에게 불손하며 반항할 것이 예상되고, 또 이 사회에서 그것이 고무되고 있다.

하지만 본문은 자녀들이 부모에게 순종하고 공경할 것을 가르친다. 이것이 실제적인 측면에서 무엇을 의미하는지는 자녀의 나이와 부모들의 고결성에 달려 있을 것이다. 순종은 다섯 살 된 아이와 20살 된 성인 자녀에게서 차이가 있을 것이다. 공경은 동일한 것으로 남아 있을지라도 말이다. 특히 우리 문화에서 성인 자녀들에게는 자유가 주어지지만, 그럴지라도 부모에 대한 공경은 동일해야 한다.

본문은 이상적인 것을 가정하고 있는데, 실제 현상이 훨씬 나쁘게 작용하고 있다면 어떻게 해야 하는가? 부모에게서 고결성이 부족할수록 공경이 더욱더 어려워질 것이다. 때로 공경은 부모의 인격보다는 부모의 "직무"로 축소될 수도 있다. 공경을 보이는 것이 진리를 왜곡시키는 것이 되어서는 안 된다. 모든 것과 마찬가지로 여기서의 지침은 사랑 안에서 진리를 말하는 것이다. 부모의 의지가 하나님의 의지와 충돌할 때, 다시금 초대 교회의 태도가 올바른 길이다: "우리가 사람보다 하나님을 더 순종해야 한다"(행 5:29). 이 항목의 모든 적용은 이 명령들이 구체적인 영역에 대한 에베소서의 더 큰 윤리의 적용임을 기억해야 한다. 전체 서신은 이 지침을 적용하기 위한 골격을 형성한다.

모든 관계에서처럼, 분노는 사라지고 양육이 발생해야 한다. 이것은 가정에 적용된 몸 신학이다. 자녀들을 노엽게 하지 말 것에 관심을 가진 것은 그것이 가정에서 야기하는 파괴성 때문에 강조되고 있다. 동시에 나무 자주 자녀들이 더 큰 성공

---

22. Mary R. Lefkowitz and Maureen B. Fant, *Women's Life in Greece and Rome*(Baltimore: John Hopkins Univ. Press, 1982), 180-81을 보라.

에 대한 잠재력 때문에 부모로부터 위협이나 학대의 목표가 되고 있다. 자녀들에 대한 경시와 학대는 자녀들에게 자신감을 상실케 하거나 정신적 피해를 주지만 그 과정에서 부모들도 스스로를 파괴시킨다. 다시금 이것은 권력의 남용의 문제다. 권력을 긍정적으로 확장시킬 것인가 부정적으로 파괴할 것인가?

이전의 항목에서처럼, 이 본문은 가르침의 중요성을 강조한다. 크리스천들은 양육자가 되어야 한다. 특히 가정에서 말이다. 그러나 가르침에 두어진 강조는 가정으로만 한정할 수 없다. 교회도 역시 자녀들을 가르치고 육성할 책임이 있다. 본문은 자녀들을 가볍게 취해서는 안 되는 가치를 함축하고 있다. 그들은 무시되거나 무작정 관용되어서도 안 되고, 그리스도 안에서 삶이 보호되고 교육되어야 한다. 청지기가 자산의 적절한 관리자라면 크리스천 청지기는 무엇보다도 자녀들을 육성하는데 초점을 두어야 한다. 교회나 가족에서 자녀들보다 더 귀한 자산은 없다.[23]

노예와 주인(6:5-9). 노예가 우리들에게 낯설 뿐 아니라 그것에 대한 우리의 이해는 미국의 19세기 노예제도에 의해 결정되었다. 이것이 초대교회가 노예제도를 전적으로 거부하지 않은 이유를 이해하는데 어려움을 가중시킨다.

그리스로마 세계에서 노예제도는 삶의 일부여서 거의 어느 누구도 그것이 비합법적이라고 생각하지 않았다. 오직 치유파(Therapeutae), 애굽의 유대 종파, 그리고 에센파들만이 원리상 노예제도를 거부했다. 노예제도는 경제적이고 실천적이고 생활적인 필수품으로 고려되었고 새와 나무의 공생처럼 삶의 일부분으로 가정되었다. 학자들은 그 수에 대해서 추산하기를 꺼려하지만, 그리스로마에서 사람들의 1/3이 노예였을 것이다. 따라서 바울이 이 말씀을 선언할 때 그는 매우 많은 사람들에게 말하고 있다. 사람들은 다양한 형태를 통해 노예가 되었다: 태생, 또는 부모에 의한 판매와 유기, 전쟁 포로, 빚을 갚지 못한 것, 그리고 더 좋은 조건에 대한 자발적인 시도. 종족이 요인은 아니었다.

확실히 많은 노예들에게서 삶은 혹독하고 잔인했지만 그들의 환경은 전적으로 주인에게 달려 있었다. 그들은 사소한 일을 할 수도 있었고, 감독, 관리, 그리고 대부분의 직업을 포함하여 거의 모든 일과 관련되었다. 많은 노예들이 주인보다 더 많이 교육을 받기도 했다. 그들은 자신의 재산을 소유할 수 있었고 심지어 다른 노

---

23. 반대적인 요지에도 불구하고(Martin S. Sommer[St. Louis, Mo.: Concordia, 1952], 250이 번역한 George Stoeckhardt, *Ephesians*), 이 본문은 유아세례에 관한 논의와는 상관이 없다.

예들도 소유할 수 있었다. 그리고 돈을 저축하여 자신의 자유를 살 수 있도록 허락되었다. 노예들의 계층은 존재하지 않았다. 노예들은 가장 높은 경제적 사회적 지위로 올라가는 것을 제외하곤 가능했다. 특별히 도시 지역에서 많은 노예들은 30살의 나이에 자유를 얻었다. 그러나 자유를 얻은 후에도 필요하다면 그들은 이전 주인의 의무 아래 여전히 있을 수 있었다.

법은 노예들에 대한 커다란 남용을 막는 것을 시도했지만 주인들은 원하는 대로 노예들을 다룰 수 있는 지배권이 주어졌다. 어떤 노예들은 가족과 같이 사랑과 대우를 받았지만 권리는 갖지 못했다. 어떤 다른 노예들은 잔인하게 취급을 당했고, 주인이 그들을 고문하고, 십자가에 못 박거나 죽이기를 원한다면 가능하였다. 육체적인 남용의 주요한 제한은 단지 노예에게서 가질 수 있는 가치를 상실하는 것이었다. 위협과 폭력은 노예들을 다루는데 필요한 것으로 가정되었다. 유대의 노예구조에서 노예들은 다소 대우되었고, 구약성경은 영구적인 노예로 유대인들이 다른 유대인을 삼는 것을 금지시켰다.[24] 그리스로마에서 노예들은 자주 비인간적으로 대우받았다. 예를 들어, 아리스토텔레스는 자유인은 노예들이 생각할 수 있는 능력을 갖지 못했고 단지 살아 있는 도구이기 때문에 노예를 다스려야 한다고 말했다.[25]

에베소서 6:5-9은 이상적인 상황을 묘사한다. 바울은 성적으로 학대를 받거나 자신의 뜻에 반하게 불법적인 행위를 하도록 요구받는 노예들에게 무엇을 말하였을 것인가?[26] 베드로전서 2:18-25에서 이 어려운 질문을 어렴풋하게 엿볼 수 있다. 그 구절은 노예들에게 혹독한 주인들에게조차도 순복하고 그들이 부당하게 고난을 받을 때조차도 그들의 확신을 보유해둘 것을 가르친다. 이 크리스천들은 그들의 환경과 상관없이 그리스도와 동일하게 행할 것이 요청되었다. 전복은 불가능하였다. 하지만 그들의 삶은 조용한 항거였고 더 높은 소명에 대한 증거였다.

초대 교회가 전복을 주창하였다면 기독교 운동은 중단되었을 것이다. 노예제도

---

24. 유대인들은 오직 6년 동안만 다른 유대인을 노예로 살 수 있었다. 그 이후에는 자유케 해야 했다(출 21:2-11을 보라). 여자들은 6년 이후에도 자유케 되지 않았다. 만약 그들을 보속하려면 결혼을 위한 것이었다.
25. Aristotle, *Politics*, 1253b5, 1259b3-1260b6; *Nichomachian Ethics* 5.1134b, 8.1161ab. 고대 세계의 노예제도에 관한 정보에 대해서는 "Slavery," *The Anchor Bible Dictionary*, ed. David Noel Freedman(New York: Doubleday, 1992), 6:65-73; Thomas Wiedemann, *Greek and Roman Slavery*(Baltimore: John Hopkins Univ. Press, 1981)을 보라.
26. Publilius Syrus은 "주인을 위해서 잘못을 저지르는 것은 덕성으로 간주된다"고 적었다(금언 534; Gardner and Wiedemann, *The Roman Household*, 46을 보라).

와 다른 사회적 이슈들이 그들의 초점은 아니었다. 복음과 삶에 대한 설명이 그 초점이었다.[27] 그들은 교회 내에서 메시지의 수용과 관계와 관련된 것을 제외하고는 복음의 사회학적 의미를 만들려고 하지 않았다. 그러나 그들이 그리스도 안에서 삶을 보여주었을 때, 마침내 노예제도를 무너뜨리는 과정을 작동시켰다. 고통스러운 사실은 그 일을 해내는데 너무 오랜 시간이 걸렸다는 것이고, 19세기에 노예제도의 합법성을 크리스천들이 변호하기를 시도한 것은 혼란스러울 뿐이다.[28]

이것은 우리가 너무 단순하게 우리 사회의 구조의 필요성을 가정하고 있지는 않는지 의문하게 만든다. 사람들은 고용주와의 관계성에 의해 여전히 비인간화되고 학대를 받고 있다. 노예는 없을지라도, 사람들은 경제적이고 사회적인 제도에 의해 노예화되고 있다. 우리는 "다 그런 거야"라고 말하고 너무 쉽게 체념한다. 우리는 바울처럼 "일꾼들은 당신의 형제입니다"라고 말할 수 있는 방법을 찾아야 한다. 사람들을 소중히 여기고 양육하는 방식으로 제도가 바뀔 수 있도록 말이다. 교회는 그러한 사상을 주도해야 한다.

하지만 그러한 상황에서 사람들의 태도도 역시 바뀔 필요가 있다. 많은 사람들이 제도에 붙들리거나 실업 상태에 있지만, 그들이 가질 직업을 필요로 한다. 이런 상태에서 그들은 어떤 외부적인 요인이 그런 상황을 고칠 수 있기를 기다리면서 분개하고 비협조적이며 또는 수동적이 되는 경향이 있다. 바울이 노예들에게 말한 것은 우리와 직접적으로 연관이 있다. 문화 속에서 우리의 일과 역할이 우리가 누구인지를 결정짓지 못한다. 우리는 우리가 행하는 모든 것에서 하나님 안에서 하나님에 대해서 그리고 하나님을 위해서 산다. 게다가 우리의 가치와 정체성은 우리의 환경에서 유래하는 것이 아니라 그리스도로부터 유래한다. 모든 우리의 행위를 그리스도에게 맞춤으로써 삶의 모든 것—심지어 가장 사소한 부분조차도—이 하나님에 대한 의미와 봉사로 상승된다.

이 본문의 메시지는 분명히 고대의 노예제도에서 현대의 고용주-고용인 관계로 이동하지만, 그것은 그 이상의 것으로 우리를 밀어 넣는다. 그 신학은 우리가 참으로 누구이며, 무엇이 우리에게 동기부여를 주며, 우리가 누구를 기쁘시게 하는 것을 추구하며, 힘을 우리가 어떻게 사용할 것이냐에 관심이 있다. 삶의 모든 부분이 재정의된다. 어느 행동이나 관계로 단순히 표면적인 차원에서 다루어지지 않는다.

---

27. 그러나 노예제도에 관한 신학적인 변호가 신약성경에 주어지지 않는다는 것을 역시 유념하라.
28. E. N. Elliott, ed., *Cotton Is King and Pro-Slavery Arguments*(Augusta, Ga.: Pritchard, Abbott & Loomis, 1860).

우리가 행하는 모든 것은 예수 그리스도와의 직접적인 만남과 관련이 있다. '그는 모든 행위의 기원이시오 수령자이시다. 이것이 사실이라면, 어느 행위도 사소한 것이 없으며, 어느 사람도 덜 중요하지 않다. 힘을 그리스도를 위해 사용해야지 그리스도와 반대되는 것에 사용해서는 안 된다. 그리고 우리 모두는 동일하신 주님에게 동등한 위치에 서 있으며, 그는 우리가 서로를 어떻게 대하는가를 살피시며 우리에게 책임을 부여하신다.

현대적 의미

이 본문의 바로 그 형태는 현대 교회들에 대한 고발이라고 할 수 있다. 이와 같은 본문들이 보여주는 것처럼, 초기 크리스천 회중은 사회의 한 단면을 형성했지만 그 사회의 통상적인 가치들을 거부했다. 대부분의 우리 교회는 실제적인 단면이 형성될 수 없도록 사회의 가치들을 보유하고 있다. 우리는 다른 사회-경제적 그룹을 위한 교회를 지금 갖고 있다. 우리는 계급구조와 가치들을 제쳐두고 모두가 하나님 앞에서 동등한 자리에 서 있는 공통된 곳으로 사람들을 이끌지 않고 있다. 교회가 "우리의 종류의 그룹"이라면, 교회는 그 사명에 실패한 것이다. 본문의 적용은 은혜가 나타나고 모든 사람들이 동등하게 형성되는 곳을 창조하도록 요구한다.

부모와 자녀(6:1–4). 본문은 자녀가 전통적인 가정율의 주제이기 때문에 먼저 그들을 언급한다. 이상적으로는 부모가 먼저 언급되어야 한다. 자녀들이 순종할 수 있기 오래 전에 보무들이 자녀들을 양육하고 있기 때문이다. 이 본문은 4:1-5:21의 윤리를 가정에 가져오는 시도를 하고 있다. 겸손, 관용적인 사랑, 그리고 상호적인 복종은 무엇보다도 가정에 해당한다.

유감스럽게도 크리스천을 포함하여 너무 많은 사람들이 공개적인 인격과 사적인 인격 간에 차이가 있다. 그들은 공개적으로는 따뜻하고 친절하며 의로운 사람으로 보이지만, 집에서는 악마와 같다. 우리는 우리에게 가장 가까운 사람들에게 최악의 자아를 갖는 경우가 있다. 크리스천들은 오직 한 인격을 소유해야 한다. 그렇지 않다면 우리는 더 이상 진리 안에서 살고 있지 않다. 우리는 사적이든 공적이든 간에 변함없이 복음 안에서 겸손과 관용하는 사랑과 상호적인 복종으로 살아야 한다. 우리가 갖는 가장 중요한 증거—우리의 가족 내에서의 증거—가 위험에 처해 있다.

자녀들이 자기 부모의 기독교 신앙을 등질 때 가장 고통스럽지만, 부모의 비행과 위선이 그런 선택을 야기하였을 때 그것은 비극적이다. 믿음의 고결성은 가정에서부터 시작한다.

부모들. 부모가 되는 것은 어려운 일이지만 하나님이 그 사람에게 은혜를 부여하신다면, 삶의 어느 것도 이보다 더 중요한 것은 없다. 4절에서 간략하게 말한 것처럼, 그 가르침은 많은 토대를 포괄한다: 양육하고 짜증나게 하지 말라[또는 노하게 하지 말라]. 이 교훈의 실제적인 결론은 다음과 같은 것들을 포함한다.

(1) 은혜, 사랑, 지원, 존중, 그리고 격려의 상황을 만들라
(2) 항상 사랑 안에서 진리를 말하라
(3) 자녀들의 물질적이고 감정적인 필요들을 공급하라
(4) 그리스도를 따르는 삶의 일부분으로서 모두 가르치고 계몽하고, 견책하고, 책임을 지우며, 훈련하라. 그들에게 일종의 신학을 전달하라
(5) 경험을 나누어라. 특히 일에 있어서 그리고 다른 이들을 돌보는 일에 있어서 말이다
(6) 그들을 경시하고, 품위를 떨어뜨리거나 손해를 끼치지 않게 하라(고성과 화를 표출하는 것은 이에 속하지 않는다).
(7) 질투와 경멸을 배격하라
(8) 합법적인 범주 내에서 자유를 주라
(9) 건강치 못한 압박이나 기대를 삼가라
(10) 자녀들을 통해 살아가는 것을 거부하라

이 모든 것은 시간과 전달 기술과 징계를 요한다. 자녀 교육은 나중에 고칠 수 있는 부분이 아니다. 우리 사회에서 자주 양 부모들이 집 바깥에서 일하고 자녀들은 이로 인해 고통한다. 크리스천 부모들은 이런 문제를 살필 필요가 있다. 그들은 자녀들이 관심을 받을 수 있도록 스케줄을 조정해야 한다. 전달 기술이 요구된다. 자녀들은 끊임없이 변하고 있고, 모든 자녀들이 각기 다르다. 그들이 무엇을 말하는지를 듣고 적절히 반응하는 관심이 없다면, 관계는 발전하지 않을 것이다.

나아가서 위의 지침이 암시하는 것처럼, 부모들은 먼저 자신을 훈련해야 한다.[29] 부모들은 좋은 정신적인 건강을 유지해야 한다. 그들의 자녀들의 삶이 그것

29. Stott, *God's New Society*, 249을 보라.

에 달려 있다. 어느 때이고 이 지침을 시행하는 것이 너무 늦지는 않지만, 자녀들이 어렸을 때에 시작하는 것이 가장 좋다. 자녀들이 요구하는 사랑의 부족과 결함은 마음의 질병을 점차적으로 야기한다.[30] 좋은 정신적인 건강에 필수적인 가치의 감정은 어린 시절에 획득되고, 후대의 인생에서 발견하기가 어렵다.[31]

십대는 반항과 무례의 시기가 되어서는 안 된다. 사실상 그들은 가장 누릴 수 있는 시기에 살고 있는 것일 수 있다. 십대들은 어린 자녀들이 할 수 없는 활동의 범주에 참여하고 논할 수 있는 충분한 나이이기 때문이다. 부모들은 반복해서 자신들이 자녀들의 편에 있다는 것을 확신시켜야 하고, 어느 상황에서도 그들의 자녀들을 위한 위치에 설 수 있어야 한다. 그들은 적이 아니다. 어느 누구도 완벽하지 않지만, 가정은 서로의 가능성을 이루기 위해 함께 애쓸 수 있다.

잘못된 방향. 그러나 자녀들에 대한 초점이 자녀들에 대한 우상숭배로 잘못된 탐닉이 되어서는 안 된다. 이런 모습이 상처로 이끈다. 다른 모든 것과 마찬가지로 부모가 되는 것은 그리스도 안에서의 삶으로 들어가는 것이다. 자녀들은 삶의 목표가 될 수 없고, 그리스도 안에서 삶을 살아가는 정황을 형성할 수 있을 뿐이다. 가정은 제자도를 위한 주요한 장소가 되어야 한다.

자녀들. 사실상 자녀들은 부모가 그들에게 준 것을 되돌려 주어야 할 것을 요청받는다: 그리스도에 대한 헌신의 구조 내에서 존경과 사랑. 순종함으로써 그들은 부모들에게 관심을 갖고, 감사를 표현하며, 돕기를 추구한다. 이것은 여전히 크리스천 자녀들을 위한 적절한 책임이다.

순종은 맹목적인 순종이 되어서는 안 된다. 본문의 이상적인 상황은 부모들의 요청이 합법적인 것을 가정하고 있지만 때로 부모들은 자신들이 요구하는 것에서 무감각하거나 잘못된 것일 수 있다. 자녀들은 역시 사랑 안에서 진리를 말하는 것을 배워야 하고, 부모에 대한 그들의 순종은 그리스도에 대한 불순종을 의미하지 않는다. 크리스천 자녀들에게서 가장 어려운 상황은 기독교에 대해서 적대적이거나 감정적으로 균형이 없는 부모와 관련이 있다. 가정은 제자도를 위한 주요한 장소이지만 때로 가정이 가장 시험이 되는 장소일 수 있다. 하지만 심지어 극단적인 경우에서조차도 자녀들은 여전히 부모를 사랑하고 공경해야 한다.

이것은 단지 어린 자녀들과 사춘기의 자녀들에게만 해당되는 것이 아니다. 고

30. M. Scott Peck, *The Road Less Traveled* (New York: Simon and Schuster, 1978), 175.
31. Ibid., 24.

대 세계에서 부모에 대한 의무는 죽을 때까지 확장되었다. 우리는 동일한 방식으로 의무를 보이지는 않을 것이지만, 성인 자녀들은 여전히 부모를 공경해야 한다. 심지어 전적으로 독립적인 자녀들도 인생 전반을 통해서 부모로부터 배울 수 있고 배워야 한다—또한 부모들을 가르쳐야 한다. 인정하듯이 과거의 죄나 현재의 품행이 때로 그 관계성을 견딜 수 없게 만들지만, 좋든 나쁘든 우리의 심리는 부모와 연결되어 있다. 부모와 온전함이 없이 우리는 온전할 수 없다. 직접적인 전달이 해로울 수 있을 만큼 환경이 때로 너무 나쁠 수 있지만, 우리는 서로의 뜻을 전하고, 하나님 앞에서 부모들을 공경하며, 용서를 행하며, 사랑 안에서 진리를 말하는 방법을 찾아야 한다. 복수와 벌이 목표가 될 수는 없다. 그것은 그리스도의 십자가에 적합하지 않기 때문이다.

우리 시대에 부모를 공경할 절실한 필요가 노인을 돌보는 것과 관계가 있다. 우리는 그 일을 잘 하지 못하고 또 쉬운 대답이 있을 수가 없다. 제도적인 도움이 때로 필요하지만, 노인들에 대한 많은 제도가 단지 희망하는 상태에 남겨져 있다. 공경이 돌봄과 관심과 관련이 있다면, 우리는 노인이 된 가족 구성원을 보이지 않는 곳에 보냄으로써 잊어버리거나 도외시할 수 없다.

종과 주인(6:5-9). 종과 주인에 관한 가르침의 적용은 분명히 노동 현장과 관계가 있지만, 그것은 사실상 모든 관계와 행위와 연계되어 있다. 어느 관계도 단순한 관계가 아니다. 그 상황은 그리스도와 연관되어 있다. 어느 직업도 단순한 일이 아니다 그것은 그리스도를 섬기는 상황과 관계가 있다.

사람들과의 관계. 이 본문의 첫 번째 적용은 우리가 우리 자신과 다른 사람들을 이해하는 방식과 관계가 있다. 사회는 우리의 관계적인 가치를 선언하고 우리에게 우리가 어느 계급구조에 적합한지를 말하는 신호를 보내지만, 이 본문은 가치의 다른 체계를 전달해준다. 계급구조는 존재하지 않는다. 우리 모두 역할과 의무를 갖고 있지만 그것은 사람에 대한 가치와 관계가 없다. 우리 모두 동일하신 주님을 갖고 있고 동일한 심판에 직면할 것이다. 오만이나 열등감은 편애와 마찬가지로 내쳐져야 한다. 하나님이 편애를 보이시지 않는다면, 우리도 그러해야 한다. 우리는 전형적으로 부자와 힘 있는 자들에게 편애를 보이고, 가난한 자와 힘없는 자들은 과소평가한다.[32] 이 모든 것들은 죄이다.

우리는 "힘이 없다"라고 생각되는 사람들을 너무 쉽게 과소평가한다. 우리가 노

32. 참조. 약 2:1-13.

예를 가질 수 없지만, 우리는 "노역자"들과 "대수롭지 않은" 사람들을 갖는다. 우리는 그들을 비인간화하고 지배하기가 쉽다. 우리는 만족스럽지 못할 때 "그들을 씹는다." 우리는 그들을 시간이 없을 때 만날 필요가 없는 사람들로 간주한다. 관심과 몸짓, 또는 태도의 부족을 통해 우리는 그들에게 "우리는 참으로 당신을 신경쓰지 않습니다"라고 전달한다. 하지만 그러한 사람들이 어느 "스타"나 권력 중개인만큼 중요하고 우리 크리스천의 증거는 그들을 어떻게 대하느냐에 달려 있다. 우리는 그리스도와 관계하는 것처럼 그들과 관계해야 한다.

이 본문의 적용은 비인간적인 상황에서 사람들을 건져내고 그들에게 자신에 대한 통치권을 준다. 다른 이들이 그들을 비인간화하기를 추구하지만 그들은 높은 소명을 갖고 있다. 즉 그들은 그리스도를 섬긴다. 그들은 어떤 권위적인 인물에 반응해서 행하고 있는 것이 아니라 하나님의 뜻을 행하기를 추구하고 있다. 어느 인간도 그들을 지배할 수 없다. 그들은 주 그리스도를 섬기고 있기 때문이다.

우리가 행하는 것이 중요하다. 이 본문의 가장 중요한 적용은 우리가 그리스도의 종이라는 깨달음이다. 이 용어를 축소시켜서는 안 된다. 우리는 그리스도에게 속하고 그리스도를 섬긴다. 만약 우리가 그리스도가 모든 행위의 기원이시자 수령자라는 것을 진지하게 취한다면,[33] 모든 우리의 행위는 의미를 갖게 되고, 사람들에 대한 우리의 태도는 변할 것이다. 행동을 그럭저럭 하는 것이 아니라 조심스럽게 행할 것이다. 사람들을 무시하거나 이용하는 것이 아니라 양육할 것이다. 이런 의식으로 우리는 하나님의 창조적인 행위를 반영하게 될 것이다. 이것은 삶을 다루는데 있어서 근본적인 변화를 요구한다.

예를 들어, 비행기에서 일하는 사람은 그럭저럭 지낼 수 있지만 그렇게 함으로써 안전을 소홀히 하거나 관리에 문제가 발생할 수 있다. 그것은 윤리적인 이슈이며, 확실히 그리스도에게 적합하지 않다. 그의 행위는 단순히 하나의 직업이 아니라 고결성과 하나님께 대한 순종을 보일 수 있는 기회다. 자신이 그리스도를 섬긴다는 것을 앎으로써 그는 비행기가 가능한 한 안전하고 효과적이게 한다.

교사는 일상 하던 대로 쉽게 할 수 있다. 자료를 제시하고, 시험을 보며, 퇴근한다. 모든 이들이 그 교사가 자신의 계약을 충실히 이행하고 있다고 동의할 것이지만, 그것으로 충분하지 않다. 만약 그 교사가 그리스도에게 하듯 가르친다면, 가르치는 것은 더 이상 직업이 아니다. 그것은 영혼을 돌보고 육성하는 것이다. 그것은

33. 참조. 골 3:17.

사람의 가치에 투자한다는 탁월한 사상이 된다.

웨이트리스는 메뉴를 보여주고, 주문을 받으며, 음식을 가져다주고 식탁을 깨끗하게 한다. 아마도 그것으로 충분할 것이지만 그녀가 그리스도에게 하듯 섬긴다면, 그녀 자신과 그녀가 봉사하고 있는 사람들을 소중하게 여길 것이다.

어떤 남자가 거리에서 신문을 판다. 그는 돈을 받고 신문을 준다. 그는 어느 누구도 관심을 두지 않는다. 그가 그리스도를 섬기고 있음을 안다면 그는 사람들에게 관심을 갖고, 그들이 자신을 가치 있게 여기지 않는다 하더라도 그들을 소중하게 여길 것이다. 그가 행하는 것은 중요하다—둘도 없는 것은 아닐지라도 중요하다.

하지만 이것은 오로지 열악한 환경에 있는 사람들을 행복하게 하고 열심히 일하게 하기 위한 본문이 아니다. 신문을 사는 사람들은 그리스도에게 하듯 그것을 파는 사람과 관련이 있게 된다. 우리가 중요하지 않은 것으로 취급할 수 있는 사람들은 없다. 중요하지 않은 사람조차도 중요하고, 우리는 우리가 그리스도를 대하듯이 그들을 대한다.

우리가 행하고 우리가 어떻게 그것을 행하는가가 중요하다. 모든 사람이 주님 안에, 주님에게, 그리고 주님을 위해서 있기 때문이다. 필연적으로 우리는 그의 사랑과 진리를 반영한다. 사람들과 의무가 세심하게 다루어지게 된다. 주님이 그것을 요구하시기 때문이다.

우리는 어떤 청중에게 보여주는가? 대부분의 사람들이 불완전하게 정의될 수 있는 청중들로부터 그들의 삶을 존경과 칭송을 받기를 추구하는 삶을 산다. 하지만 관심이 맞추어질 때, 청중은 더욱더 제련된다. 우리는 우리가 인상짓기를 원하는 영역을 선택한다. 우리는 우리를 보고 있다고 생각하는 청중에게 직접적으로 반응함으로 행동한다. 우리가 청중들을 의식할수록 더욱 근면해진다. 우리는 상관이 보고 있다면 더 열심히 일한다. 우리는 어떤 사람이 우리를 보게 된다면, 옷을 더 조심스럽게 입는다. 우리는 어떤 그룹들에서 혀를 조심한다. 그러나 청중이 없다면, 그런 노력을 기울이지 않는다. 이 때문에 우리는 어떤 사람을 비하하고 다른 어떤 사람들에게는 잘 보이려고 애쓴다. 우리는 무엇보다도 관심을 두어야 할 청중을 상관하지 않고 두 번째 청중만 관심을 둔다.

크리스천은 오직 한 청중—항상 임재하시고 우리에게 책임을 주시는 청중—즉 하나님을 기억할 것이 요구된다. 우리는 부차적인 청중들에게 보이려고, 또 다른 구역에 감명을 주려고 추구하지 않아야 한다. 우리는 진리와 사랑 안에서 살아감으로써 하나님을 영화롭게 해야 한다.

에베소서 6:10-20

10 끝으로 너희가 주 안에서와 그 힘의 능력으
로 강건하여지고
11 마귀의 간계를 능히 대적하기 위하여 하나
님의 전신 갑주를 입으라
12 우리의 씨름은 혈과 육을 상대하는 것이 아
니요 통치자들과 권세들과 이 어둠의 세상
주관자들과 하늘에 있는 악의 영들을 상대
함이라
13 그러므로 하나님의 전신 갑주를 취하라 이
는 악한 날에 너희가 능히 대적하고 모든
일을 행한 후에 서기 위함이라
14 그런즉 서서 진리로 너희 허리 띠를 띠고
의의 호심경을 붙이고
15 평안의 복음이 준비한 것으로 신을 신고
16 모든 것 위에 믿음의 방패를 가지고 이로써
능히 악한 자의 모든 불화살을 소멸하고
17 구원의 투구와 성령의 검 곧 하나님의 말씀
을 가지라
18 모든 기도와 간구를 하되 항상 성령 안에서
기도하고 이를 위하여 깨어 구하기를 항상
힘쓰며 여러 성도를 위하여 구하라
19 또 나를 위하여 구할 것은 내게 말씀을 주
사 나로 입을 열어 복음의 비밀을 담대히
알리게 하옵소서 할 것이니
20 이 일을 위하여 내가 쇠사슬에 매인 사신이
된 것은 나로 이 일에 당연히 할 말을 담대
히 하게 하려 하심이라

원 의미

이 서신 전반을 통해서 바울은 그리스도 안에서 삶의 특권과 놀라움을 묘사했고, 독자들에게 그러한 특권에 적합한 방식으로 살 것을 간청했다. 4:17부터 그는 독자들에게 주변 이교도의 삶의 형태를 따르지 말 것을 촉구하였다. 중대한 죄들을 그들 가운데서 이름을 떠올리기조차 하지 않아야 한다. 그들은 어둠에서 떠나야하고 또 책망해야 한다. 그들의 가정은 복음의 특징 즉, 연합하고 자기를 내어주는 모습을 반영해야 한다. 이 모든 것은 결정적인 노력을 요구한다. 어둠이 지금 여전히 내재하고 있기 때문이다.

서신의 본론의 마지막 항목에서 이제 바울은 효과적인 요약과 도전을 제시한다. 독자들은 마치 전쟁이 있는 것처럼 그것을 준비해야 한다. 올바른 삶은 단순히 발생하지 않고 그 반대편이 실재하기 때문이다. 5:8-14에서 어둠에 대한 논의를 제외하고선, 에베소서는 이상적인 상황만을 제시했다. 예를 들어, 결혼은 믿고 사랑하는 남편과 아내의 이상적인 조건에서 묘사되었다. 노예와 주인은 고결성과 상호적인 복종과 관련한 신자들이었다. 이제 그 이상적인 제시가 상실된다. 바울은 악의 실제를 능동적인 세력으로 인식하고, 서신이 그리스도 안에서 그들의 정체성에 대해서 말하고 있는 모든 것을 악 가운데서도 실제가 될 수 있도록 독자들에게 추구하고 있다.

신약성경 연구에서 수사학 비평에 매료된 사람들은 이 항목을 '페로라티오', 즉 반복을 추구하고 행동을 불러일으키는 연설의 마지막 항목으로 구분한다.[1] 신약성경의 문서들이 기술적인 수사학적 묘사에 적합한지는 논쟁이 되지만, '페로라티오'의 의도가 정확히 이 마지막 항목의 목적이다. 즉 이 항목은 확장시키고 강화시키며 요약하고 또한 행동을 불러일으키고 있다. 물론 어느 좋은 연설이나 글은 청중에게 동기부여를 제공하는 매듭적인 논증으로 결론을 내리기를 추구한다.[2]

이 서신에서 이전의 관심들을 독자들에게 다시 가져오는 정도는 강조할 만한 가치가 있다. 다음의 상응하는 것들을 참조하라.

6:10-11과 1:19-20; 3:7, 16, 20에서 능력

6:11, 14(NIV, "매고")와 4:24에서 "입다"

6:11에서 "마귀의 간계"와 4:14에서 "간사한 유혹"; "마귀에게 틈을 주지 말라" 4:27에서(참조. 2:2).

6:12과 1:21; 3:10에서 악한 영의 세력들

6:12과 5:8, 11에서 "어둠"

6:12과 1:3, 20; 2:6; 3:10에서 "하늘의 영역"

6:13에서 "악한 날"과 5:16에서 "때가 악하니라"

6:14과 1:13; 4:15, 21, 24, 25; 5:9에서 진리

6:15과 4:24; 5:9에서 "의"

6:15과 1:13; 3:6에서 "복음"

6:15가 1:2; 2:14-17; 4:3에서 "평강"

---

1. Andrew Lincoln, "Stand, Therefore…' Eph 6:10-20 as Peroratio," *Biblical Interpretation*, 3(1995): 99-114에 의한 취급을 보라; 또한 그의 *Ephesians*, 432-41 주석을 보라.
2. 수사학자들은 효과적인 전달법이 무엇인지를 설명했고, 사람들에게 가르쳤다. 많은 사람들이 수사학 훈련을 받지 않았어도 효과적일 만큼 명민했다.

6:16과 1:15; 2:8; 3:12, 17; 4:5, 13(참조. 1:13, 19)에서 "믿음"

6:17과 1:13(참조. 5:23)에서 "구원"

6:17-18과 1:13-14, 17; 2:18, 22; 3:5, 16; 4:3-4, 30; 5:18에서 "성령"

6:17과 5:26에서 "말씀"(참조. 1:13['레마' 대신에 '로고스'])

6:18-20과 1:15-19; 3:14-20에서 기도

6:18과 1:1, 15, 18; 2:19; 3:8, 18; 4:12; 5:3에서 "성도"

6:19-20과 3:12에서 "담대함"(NIV는 각기 "자유"와 "두려움이 없이")

6:19과 1:9; 3:3-4; 5:32에서 "신비"

이 목록은 인상적이고 거의 우연적일 수 없다. 바울은 이 서신의 모든 것을 반복하고 있지는 않지만, 분명히 독자들이 그리스도 안에서 새로운 삶과 그 영향을 상기하기를 원한다. 행동을 불러일으키는 시도는 전쟁 용어들의 분기시키는 용법에 의해 이루진다. 전쟁의 비유들은 흔하였다(그리고 흔하다). 구약성경과 요한계시록은 하나님의 백성들을 변호하는 것이든 심판하는 것이든지 간에 상관없이 하나님의 행위를 묘사하기 위해서 그러한 전쟁의 이미지를 충분히 사용한다.[3] 우리가 보게 되는 것처럼, 갑옷을 묘사하는 말들은 이사야서에 주로 의존하고 있다.[4]

이 본문의 가장 밀접한 유추는 전쟁을 앞둔 군대를 고무시키는 장군의 연설이다. 이런 것들의 가장 흥미로운 것 중에 하나는 쿰란의 "전쟁 두루마리"에서다. 그것은 그때를 위해 특별히 선택된 제사장이 연설하는 종말의 전투 계획에 관한 것이다. 이 두루마리의 용어는 비유적이 아니다. 에센파들은 실제적인 전쟁이 그들의 진영을 포위하고 하나님과 천사의 군단들이 열방들과 마귀 그리고 그의 무리들에 대항해서 그들에게 합세할 것이라고 믿었다. 빛의 아들들인 에센파들은 어둠의 아들들 즉, 하나님의 대적들을 물리칠 것이다. 여기에 그들을 격려하는 말들을 참조하라.

3. 예를 들어, 창 15:1; 출 14:14, 25; 신 1:30; 3:22; 33:29; 수 10:14-15; 시 18:35; 사 42:13-25; 렘 21:3-7; 46; 계 2:16; 6:2-8; 9:7-19; 19:11-16을 보라.

4. Wisdom of Solomon 5:17-23은 구성의 일부 배경이 될 수 있을 것이다. 그것은 하나님이 입으시는 진노의 갑주를 묘사하고, 사 59:17로부터 "의의 호심경"을 채택한다. 거기서 "갑주"에 대한 용어는 엡 6:11, 13에서와 동일한 용어를 사용하고 있다— '파노플리아.' 또한 Ignatius, *Letter to Polycarp* 6:2을 보라. 그것은 크리스천의 삶을 위한 권고에서 전쟁의 장비에 관한 용어를 사용한다. 신약성경에서 롬 13:12와 살전 5:8을 보라. 에베소서가 "의의 호심경"과 "구원의 투구"를 말하는 반면에, 살전 5:8은 "믿음과 사랑의 흉배를 붙이고 구원의 소망의 투구를 쓰자"고 말한다(또한 롬 6:13; 고후 6:7; 10:3-4을 보라).

> 강하고 깨어 있으라 전사들이여!…하나님의 전쟁에서 용감하고 강하라! 이 날은 하나님의 전쟁의 시간이니라…이스라엘의 하나님은 그의 손을 들어 사악한 모든 영들에 대한 놀라운 능력을 일으키실 것이다…이스라엘의 하나님은 모든 열방들에 대해서 검을 요청하시고 그의 거룩한 백성들로 놀라운 일을 행하실 것이다(1QM 15.8-16.1).[5]

쿰란에 대한 의존을 주장할 수는 없지만, 제사장들이 실제 전쟁을 위해서 전사들을 고무시키기를 원했던 것처럼, 바울은 악과의 전투를 위해 크리스천들을 고무시키기를 원한다.[6]

11, 13-14절에서[7] 네 번 나타나는 "서다"(stand)란 말, 10절에 능력에 대한 말들, '두나마이'(NIV, 11, 16에 "can"[할 수 있다]), "갑주"(11, 13절), 그리고 "두려움 없이"("담대히"—개역개정, 19-20절)란 말들에 주어진 특출함을 참조하라.

구조. 세 명령법—"강하라", "하나님의 전신갑주를 입어라", 그리고 "서라"(10-11, 14절)—이 본문을 지배한다. 나머지는 설명적이다. 10절은 전체 단락의 표제로서 기능한다. 11절은 우리가 주님이 제공하시는 갑주를 입을 때 주 안에서 강해진다는 것을 설명하고 있다. 12절은 왜 능력이 필요한지를 보여주고, 그 다음에 하나님의 갑주를 입으라는 명령을 반복하고(13절) 설명한다(14-20절). 오직 두 명령만이 14-20절의 헬라어 본문에서 나타난다—14절에서 "서라"와 17절에서 "가지라." (분사들은 다른 주요한 개념들을 전달하는데 사용된다.) 어떤 것들은 17절에서 새로운 단락을 시작하고, NRSV와 같은 어떤 것들은 18절에서 새 단락을 시작하며, NIV와 같은 다른 어떤 것들은 여전히 19절에서 새 단락을 시작한다.[8]

구조를 해부하는 것은 여전히 유익하다.

표제: "그 힘의 능력으로 강건하여지고"(10절)

목표를 이루는 수단들: "하나님의 전신 갑주를 입으라"(11a절)

---

5. 이것은 G. Vermes, *The Dead Sea Scrolls in English*(Baltimore: Penguin, 1962)로부터의 번역이다.
6. 또한 출 14:13; 수 1:6-9; 삼상 4:9을 역시 참조하라.
7. 13절에서 첫 번째 출현("서서")은 사실상 복합어 형태이며, "반대하다"나 "저항하라"란 의미에서 "대항하라"를 의미한다.
8. UBS 헬라어 텍스트의 첫 판에서 14-20절은 한 긴 문장으로 되어 있다. 논리적으로 18절은 기도의 주제로 전환하지만, 문법적으로 17절에 의존한다. 그것은 본문의 흐름에 대한 논쟁을 야기한다. NIV는 19절에서 새로운 단락을 시작시켰다. 논리가 '바울을 위한' 기도로 바뀌고 있기 때문이다. 하지만 문법적으로 19-20절은 18절을 단순히 연속시키고 있다. NIV는 19절에서 "기도하다"란 용어를 삽입했다. 원문은 오직 "그리고 나를 위해서"라고 되어 있다.

목적: "마귀의 간계를 능히 대적하기 위하여"

문제에 관한 설명: "우리의 씨름은 혈과 육을 상대하는 것이 아니요"(12절)[9]

목표를 이루는 수단의 반복과 설명: "하나님의 전신 갑주를 취하라"(13a절)

목적: "너희가 설 수 있도록"

헌신에 대한 요청: "서서"(14a절)

(우리가 서는 수단들을 설명하는 네 분사들)

"진리로 너희 허리띠를 띠고"(14b절)

"의의 호심경을 붙이고"(14b절)

"평안의 복음이 준비한 것으로 신을 신고"(15절)

"믿음의 방패를 가지고"(16절)

구비할 것에 대한 요청: "구원의 투구와 성령의 검을 가지라"(17절).[10]

(구원의 투구와 성령의 검을 취하는 방법을 설명하는 두 분사들):

"성령 안에서 기도하고"(18a절)

"모든 성도들을 위한 간구와 인내로 '깨어 있으라' "[NIV, "깨어 있어 항상 모든 성도들을 위한 기도에 힘쓰라"](18b절)

두 가지 목적을 위한 바울을 위한 기도의 요청:

"내게 말씀을 주실 것을"(19절)

"내가 담대히 [복음을] 선포할 것을"(20절)

악을 강력하게 대항하라(6:10-13)

강하라(10-11, 13절).[11] 에베소서가 그리스도 안에서 살아가는 능력에 대한 것이

---

9. Robert A. Wild, "The Warrior and the Prisoner: Some Reflections on Ephesians 6:10-20," *CBQ*, 46(1984): 286-88은 6:12이 6:10-20의 중심적인 요지라고 주장한다. 그것이 양쪽으로 하나님의 갑주를 입으라는 명령을 둘러싸고 있기 때문이다. 이것은 역시 12절에 아주 많은 강조를 둔다.

10. 바울은 분사를 사용하여 "take"(취하라)란 명령을 사용하는 17절까지 갑주를 묘사한다. 어떤 이들은 인간의 노력을 요구하는 항목에서 순전한 은사의 항목으로 이동하고 있다고 주장하지만, 그럴 것 같지는 않다. 갑주의 다른 부분들도 못지않게 은사들이고, 인간의 노력도 역시 구원의 투구와 성령의 검을 취하는 것에 관련이 있다. 아마도 갑주의 이 두 부분은 보다 포괄적이며, 모든 다른 은사들을 망라한다. 어쨌든 바울은 문법적인 변화로 구원과 성령을 강조한다. 믿음은 "모든 것 위에"(16절)라는 삽입으로 역시 강조된다.

11. "끝으로"("finally")는 "남아 있는 시간을 위해서"로 이해할 수 있었지만, 이 서신의 결론을 도입하는 것으로 기능할 가능성이 있다.

기 때문에 결론적인 권면이 이런 강조를 갖는 것은 놀랍지가 않다. 동사의 수동적인 형태("강건하여지고")는 이런 능력이 그들 스스로 행한 것이 아니라 그들에게 행해진 어떤 것임을 가리킨다. 그것의 현재 시제는 능력이 계속되고 있음을 보여준다. 이것은 응급조치에 대한 가르침이 아니라 그리스도로부터 오는 능력으로 살아가라는 삶에 대한 가르침이다. 주안에서 강하여진다는 것은 그의 능력을 알고 그에게 더 가까이 나아가라는 의미다. 그것은 알고 있는 대로 행하라는 권면이다.[12]

"그 힘의 능력"으로 번역된 말들(10절)은 1:19에서 "그의 힘의 위력"으로 번역된 것과 동일하다. 이전에 거기서 바울은 독자들이 하나님의 능력의 위대함을 알 것을 기도했고, 이제 그는 그들이 이 능력을 사용할 것을 권면한다.

"하나님의 전신 갑주를 입으라"(11절)는 4:24에서 "하나님을 따라 의와 진리의 거룩함으로 지으심을 받은 새 사람을 입으라"는 명령을 상기시킨다.[13] 새 사람을 입는 것은 본질적으로 하나님의 갑주를 입는 것과 동일하다. "하나님의 갑주"를 하나님이 제공하시는 갑옷, 하나님 자신이 입는 갑옷, 하나님 자신인 갑옷으로 이해할 수 있다. 14-17절에서 갑옷을 묘사하는 용어는 이사야 11:5; 52:7; 59:17에서 출원한다. 구약성경의 배경이 그 의도가 하나님이 입으시는 갑옷임을 암시하고, 결국에 모든 갑옷이라는 용어는 하나님과 그의 목적에 일치시키는 것을 이야기하는 방식이다.[14] 갑옷의 일부—진리, 의, 그리고 구원—은 우리가 하나님이나 적어도 하나님의 특징을 입는 것을 암시한다. 그러므로 그 개념은 5:1에 가깝다: "하나님을 본받는 자가 되라." 오직 하나님이 드러내시는 성품을 취함으로써 우리는 강해질 수 있다.

영어 번역은 그것을 쉽게 보여주지 못하지만 이 항목 전체에서 명령법은 복수다. 우리는 보통 그것들을 마치 개인에게 전달되는 것처럼 해석하지만, 개인에 대한 상관성을 부정할 수는 없을지라도, 우리는 그것들을 하나님의 갑주를 입고 한 사람으로서 설 것을 바울이 집합적으로 교회에 가르치고 있는 것으로 이해해야 한다(참조. 빌 1:27).[15]

---

12. 유사한 권면이 고전 16:13; 딤후 2:1(또한 빌 4:13; 골 1:11; 딤전 1:12을 보라)에서 나타난다.
13. NIV는 11절과 13절에서 "하나님의 전신갑주를 입으라"는 동일한 표현을 사용하지만, 다른 헬라어 동사를 사용한다. 13절에서 바울은 '아날람바노'("취하다", 동일한 동사가 "믿음의 방패를 취하다"라고 말하는 16절에서 다시 나타난다)를 사용한다.
14. 유사한 사 52:1을 참조하라.
15. 특히 비서방 문화의 사람들은 개인주의적인 접근에 반대한다. Gottfried Osei-Mensah, *Wanted: Servant-Leaders, the Challenge of Christian Leadership in Africa Today*(Achimota, Ghana: Africa Christian Press,

마귀의 궤계를 맞설 필요가 가정된다. "선다"는 것은 갈등이나 어려움에서 힘, 안정, 그리고 성공을 내포한다.[16] 마귀의 "궤계"에 관한 언급은 우리들에게 악과 유혹이 우리의 삶에서 제시하는 핑계와 속임수를 상기시킨다. 악은 목표를 이룰 때까지 악하게 보이지 않는다. 그것은 매력적이고 바람직하고 완벽하게 합법적으로 보이게 함으로써 출입구를 얻는다. 그것은 미끼를 건네는 위장 전술이다. 바울이 고린도후서 11:14에서 말한 것처럼, 사탄은 빛의 천사처럼 가장한다.[17]

11절의 내용은 약간의 변화를 갖고 13절에서 반복된다. 단수의 "악한 날"은 종말 직전에 악의 발발을 가리키는 것으로 어떤 이들에 의해 해석되지만 본문의 초점은 현재의 삶에 있다. 그것은 "어느 때이고 악을 직면한다"는 것을 의미한다. "모든 일을 행한 후에"의 의도는 분명하지 않지만, 아마도 갑옷을 입는 것과 관련한 모든 것을 가리킬 것이다(14-17절에서 상술됨).

영적인 세력들과의 싸움(12절). "씨름"으로 번역된 용어는 신약성경에서 어느 곳에서도 나타나지 않고, 다른 문서들에도 자주 나타나는 용어는 아니다. 그것은 주로 "씨름하는" 것을 가리키지만 전투나 싸움에 대해서 보다 일반적으로 사용될 수 있다. "혈과 육"은 "인간"에 대한 셈어다. 그러므로 바울이 의미하는 바는 "우리의 싸움은 인간에게 있지 않고 악한 영적 세력에 있다"이다. 이것은 크리스천의 삶이 이런 종류의 언어로 묘사되는 신약성경의 유일한 곳이다.

12절에서 영적인 세력들에 대해서 사용된 네 표현들 중에 오직 "통치자"와 "권세"만이 1:21의 영적인 세력들의 다섯 목록에서 나타난다.[18] 우리는 악마적인 영들의 일곱 범주가 존재한다고 결론지을 수는 없다. 두 단락들은 강조와 수사적인 효과를 위해서 용어들을 모아두고 있다. 두 새로운 용어들은 이 세력들이 어둠과 악과 연결되어 있음을 상세히 설명하기 위해서 추가되어 있다. 보다 문자적으로 번역하면, "이 어두운 세계의 능력들"은 "이 어둠의 세상 통치자들"이 될 것이고, 이는 2:2과 5:8-11을 상기시킨다.[19]

1990), 67을 보라. Martin Kitchen, *Ephesians*(London: Routledge, 1994), 112-28은 이런 견해에 대해서 확장적이지만 항상 설득력이 있지는 않은 논증을 제공한다.

16. 롬 11:20; 14:4; 고후 1:24; 갈 5:1; 빌 4:1; 골 4:12; 살전 3:8; 살후 2:15; 딤후 2:19을 보라. 마귀에 대항하고 하나님에 의해 강건해지라는 유사한 촉구가 약 4:7-8과 벧전 5:8-10에 나타난다.
17. 다른 곳에서 바울은 사탄의 유혹을 경고하고 그 장애물들을 비판한다(고전 7:5; 고후 2:11; 11:3; 12:7; 살전 2:18).
18. 1:21에서 "능력"으로 번역된 단어는 6:12에서 "권세들"로 번역된 것과 동일한 단어가 아니다.
19. "세상 주관자들"은 행성의 움직임이 이 땅에 생명을 지배했다는 점성술적인 사상에서 행성들에 관해서 사용된 단어다.

1:21의 논의에서 지적했던 것처럼,[20] 다양한 표현들에 대한 정확한 분별은 용어들의 모호함과 희소성 때문에 불가능하다. '영적인 세력들을 서열 짓는 시도는 근거가 없고, 단순히 흥미를 돋우는 추론일 뿐이다.[21] 6:12에서 표현된 모든 네 가지는 동일한 실제를 가리키고, 네 번째는 아마도 가장 설명적이고 유용하다—"악에 대한 영적인 세력들"(the spiritual forces of evil).

악한 세력들에 대해서 '영적인'(spiritual)이란 용어를 사용한 것은 다소 놀랍다. 이는 이 용어가 부정적인 함축을 담고 있는 신약성경에서 유일한 경우이지만, 부정적인 사용은 빈번하게 "영"(spirit)이란 용어가 복음서와 사도행전에서 악한 영들이나 때로 하나님의 목적과 반대되는 영에 대해서 사용되고 있다는 점에서 이해할 만하다.[22] 바울은 심지어 고린도후서 4:4에서 사탄을 언급하면서 "신"(god)이란 말을 사용했다.

여전히 더욱더 놀라운 것은 이 투쟁이 "하늘의 영역들"에서 발생하고 있다는 것이다. 욥기 1-2장과 요한계시록 12:7-17이 그러한 개념의 배경을 제공할 수 있었을지라도, 이것은 하늘에서의 싸움을 의미하지 않는다. 우리는 하늘보다 더 낮지만 땅보다는 더 높은 영역에 대해서 생각해서는 안 된다.[23] 오히려 에베소서의 다른 곳에서처럼, 이 어구는 하나님이 주셨던 것과 신자들이 행하도록 요청을 받는 것을 포함하여 하나님과의 관계에서 삶을 포괄하는 '실제'를 가리킨다.[24]

그리스도 안에 있는 사람들은 모든 영적인 은사들이 주어졌고, 하늘의 실재에서 그리스도와 함께 살며 지배를 받는다(1:3; 2:6). 하늘의 실재—하나님의 실재—에서 그의 지배는 모든 세력의 복종을 포함한다(1:20). 신자들은 영적인 세력들에게 하나님의 지혜를 알리고(3:10) 그들에 대항해서 설 수 있도록 이 보이지 않는 실재 속에서 의무를 갖고 있다(6:10-13). 우리가 그리스도와 함께 능력들을 지배하는 것은 우리가 이 땅에서 살아가는 방식을 결정짓는다. 우리의 씨름은 하늘의 실재를 반영한다. 그것은 우리가 '복종할' 세력들에 대항해서 싸운 것을 의미한

20. pp. 96-98을 보라.

21. Mark I. Bubeck는 가장 강력한 악한 영은 공국이고, 그 다음에 권세들(덜 자존적인 힘을 갖는), 어둠의 통치자들(낮은 등급의 관리자들), 그리고 악마들로 설명한다. 그의 *The Adversary*(Chicago: Moody, 1975), 72-73을 보라. 또한 C. Peter Wagner, ed., *Engaging the Enemy: How to Fight and Defeat Territorial Spirits*(Ventura, Calif.: Regal, 1991), 38, 48을 보라.

22. 고후 11:4; 살후 2:2; 요일 4:1-3을 보라.

23. 이 견해에 대해서는 Schnackenburg, *Ephesians: A Commentary*, 273; Hendriksen, *Exposition of Ephesians*, 273을 보라.

24. pp. 58-59, 202를 보라.

다. 능력들은 어둠과 악을 통치하지만 그리스도인으로서 우리는 더 이상 거기에서 살고 있지 않다(5:8, 16).

12절이 11절에 "마귀의 간계에 대적해서" 서는 것을 설명하고 있기 때문에 바울은 확실히 정부, 법, 또는 사회적 관습과 같은 악한 구조들에 대해서 생각하지 않았다. 오히려 그는 하나님이 의도하신 대로의 삶을 망가뜨리려고 하는 개인적인 영적 존재들에 대해서 생각하였다.

하나님의 갑주(6:14-20)

이미 지적했던 것처럼 갑주의 용어와 영적인 관계는 이사야에서 의존했을지라도, 언급된 갑주는 천상의 무장한 로마 보병의 갑주다. 바울은 구약성경의 영향, 구약성경이 제시하고 있는 모습, 그리고 그것의 수사적인 효과 때문에 이 유추를 사용하고 있다. 그 의미는 그가 "진리, 의, 신속함, 그리고 믿음으로 옷 입고, 구원과 복음을 붙들라"고 적었다면 다르지 않을 것이다. 구체적인 "덕성들"과 갑옷의 구체적인 부분 간에 연관관계에 대한 추측은 유익하지는 않다. 흉배와 투구는 데살로니가전서 5:8에서 다른 자질들과 연관된다.

14-16절에서 갑옷의 부분들은 하나님으로부터의 선물인가 아니면 하나님에 대한 우리의 순종인가? 즉, 예를 들어, 우리는 하나님의 진리로 허리띠를 매는가 아니면 진리의 실천으로 허리띠를 매는가? 둘 다 사실이지만 바울은 어느 것을 염두에 두었는가? 선물과 의무를 너무 엄격하게 분리해서는 안 된다. 바르트(M. Barth)가 여기서 언급된 모든 신학적인 용어들은 관계적인 용어들이라고 지적한 것은 옳다. 그것들은 언약과 관계가 있다.[25] 각기 인간의 행위를 결정짓는 하나님에 대한 실제를 가리킨다. 초점이 하나님에게 더 있는 것인지 신자에게 더 있는 것인지에 따라서 뉘앙스가 항목마다 다르다.

"진리의 허리띠"에 대한 결정은 가장 어렵다. 하지만 14-16절에서 다른 세 항목들("의", "준비성", 그리고 "믿음")은 하나님의 구원하시는 행위에 대한 인간의 반응을 강조한다. 이 단락은 인간의 행위에 대한 호소다. 분명히 14절에 "의"는 의의 선물(롬 5:17)을 가리키기보다는 신자들에 의한 의로운 행위들을 가리킨다(4:24; 5:9을 보라).[26] 그러나 17절에서 "구원"과 "하나님의 말씀"은 분명히 하나님으로

25. Barth, *Ephesians*, 2:796.

부터의 선물이며 그것은 동시에 인간의 순종을 가능하게 하고 동기부여를 준다.

허리띠에 대한 결정은 "진리"에 대한 이전의 사용을 결정하는 것에 달려 있다. 진리로 허리띠를 매는 것은 이사야 11:5을 암시하는데, 그것은 "공의로 그 허리띠를 삼으며 진리[NIV, 성실]로 몸의 띠를 삼는" "다윗가의 구원자", 즉 "가지"를 묘사한다. 이사야에서의 의미가 결정적이라면, 초점은 의로운 것을 행하고 언약의 약속에 믿음을 지키는 것에 있다. 에베소서의 문맥은 더욱더 결정적이지만 진리는 이 서신에서 복음 안에서 드러난 하나님의 진리(1:13; 4:21)와 새 존재 속에서 올바르게 말하고 사는 것으로서 진리와 관련해서 둘 다 이 서신에서 사용된다(4:15, 24-25; 5:9). 나는 바울이 진리의 이 두 양상을 분리시켰다는 것을 진지하게 의심한다. 진리로 허리띠를 매는 것은 복음 안에서 하나님의 진리로 강해지고 진리를 따라 살 것을 결심하는 것을 의미한다.

NIV는 "허리를 매다"는 개념을 전달하기 위해 "허리띠"를 사용한다—고대 세계에서 "허리를 맨다"는 개념은 자주 긴 도포를 묶는 것과 연관되고, 행동을 준비하는 것을 지칭한다.[27] 병사들에게서 이것은 아마도 하복부를 보호하기 위해서 허리 주변에 묶었던 가죽 덮개를 가리킨다.[28]

"의의 호심경"은 이사야 59:17에서 출원한다. 그것은 하나님이 심판으로 오실 때에 갑옷을 입는 것을 묘사한다. 그런데 바울은 여기서 심판에 대해서 말하고 있는 것이 아니라 새로운 존재가 하나님처럼 창조되었다는 사실을 말하고 있다(4:24). 의의 호심경을 입는 것은 그리스도인들이 행동에서 하나님의 의로운 성품을 반영해야 한다는 것을 의미한다.

"평안의 복음이 준비한 것으로 신을 신고"(15절)는 이사야 52:7에서 적용한 것이다. 그것은 좋은 소식을 전하는 자를 묘사해준다. 보통 이것은 복음을 의지적으로 나누려는 측면에서 이해되지만 그 내용은 좋은 소식을 나누는 것보다 더 폭넓다. "준비"(readiness)는 삶의 모든 것을 포함한다. 복음의 지식이 사람들이 깨어 있어(18절) 사람을 준비하게 만든다. 크리스천들은 그리스도의 학교에서 가르침 받고 있다. 그들은 말과 행동에서 조심해야 한다. 그들은 어둠 속에서 살고 있지 않

---

26. 바르트(Barth)는 의를 은사로 이해해야 한다고 주장한다. 사 11:1-9에서 그것의 배경 때문이다. 하지만 에베소서에서의 사용은 다른 것을 주장한다(믿음과 사랑의 호심경에 대해서 말하는 살전 5:8처럼 확실히 인간의 행위를 가리킨다).

27. 눅 12:35; 벧전 1:13을 보라.

28. Barth, *Ephesians*, 2:777은 그 대신에 사 11:5에 대한 암시가 관리를 지칭하는 특별한 허리띠를 가리킨다고 주장한다.

다. 그들은 현명하게 시간을 아끼고 주님의 뜻을 이해하는 삶을 살아야 한다. 그러한 사람들은 좋은 소식만을 나누는 것이 아니라 하나님의 온전한 뜻을 행할 준비가 되어 있는 평화와 사랑의 대리자가 된다. 평화의 복음에 헌신하는 사람들에게 주어진 갑옷의 역설은 이 용어가 비유적이라는 것을 독자들에게 상기시킨다.[29]

방패로 바울은 로마 보병들이 자신의 온 몸을 보호하기 위해서 사용한 커다란 방패를 염두에 두고 있다. 그러한 방패는 4피트의 높이와 2.5피트의 넓이를 가졌는데, 나무에 가죽을 덧입혔고 맨 아래와 위를 금속으로 강화시켰다. 특히 물에 적시면 불화살의 불을 꺼지게 할 정도로 효과적이었다.[30] 병사들의 방패를 양 진영으로 중복시킬 때, 그것은 효과적인 보호를 제공해주었다. 그러나 방패는 단순히 방어적인 것만은 아니었다. 서로 맞물린 방패 그리고 독이 묻은 병기를 가진 병사들의 대열은 적진으로 밀고 들어갈 수 있었다.

분명히 "믿음의 방패"는 바울에게서 특히 중요하다. 그가 이런 표현을 하기 전과 한 후에 그것을 첨가한 것으로 보아서 말이다.[31] 믿음이 보호한다는 것은 믿는 인간의 능력으로 스스로를 보호한다는 것을 암시하지 않는다. 이전에 보았던 것처럼,[32] 믿음을 말하는 것은 인간의 믿음에 초점을 맞추는 것이 아니라 하나님의 신실하심에 초점을 맞추고 있다. 우리를 악의 화살(즉 잘못이나 실수를 하게 하는 유혹들)로부터 보호하는 것은 하나님과 우리의 관계이다.

"구원의 투구"(17절)도 역시 다시금 하나님의 갑옷을 묘사하는 이사야 59:17로부터 유래한다. 바르트(M. Barth)는 투구가 예식적인 투구, 즉 승리의 투구라고 주장했다. 물론 논쟁이 있을지라도, 그것은 이미 전쟁을 이겼다는 것을 가리킨다.[33] 이사야서에서 하나님은 의와 구원을 가져오기 위해서 의의 호심경과 구원의 투구를 쓰셨다. 그러나 에베소서에서는 신자가 의를 행하고 구원을 받기 위해서 그것을 쓴다. 하나님의 구원은 보호에 대한 궁극적인 확증이다. 이 서신에서 이전에 구원을 다룬 것처럼 이 구원은 현재적이고 미래적이다(참조. 1:10; 2:5-8; 4:30; 5:5).

---

29. "방패"와 "검"은 역시 비유다. 그것들은 구약성경에서 하나님의 보호와 심판에 각기 사용된다(시 3:3; 사 34:6). 하지만 그것은 여기서 바울의 주요한 초점은 아닌 것으로 보인다.
30. 화살은 쏘기 직전에 타르에 불을 붙여서 자주 사용되었다.
31. "모든 것 위에"(16절)는 직역하면 "모든 것들에"이고, 모든 상황에서를 의미할 수 있었다.
32. pp. 130-131을 보라.
33. Barth, *Ephesians*, 2:775.

성령의 검으로 변화가 발생한다. 갑옷에 관한 이전의 항목들에서 두 번째 요소는 첫 번째를 설명하는 것이었다. 예를 들어, 허리띠는 진리였다. 그런데 성령의 검으로 이것은 그런 경우가 아니다. 검은 하나님의 말씀이다. 성령은 검에 능력을 주시는 분이시다.[34] 성경 전반을 통해서 하나님의 말씀은 그의 능력이 나타나는 도구다.[35] 여기서의 어휘는 이사야 11:4에 영향을 받은 것으로 보인다.

"하나님의 말씀"은 성경을 가리키는 것이 아니라 복음 메시지를 가리킨다. 여기서 사용된 헬라어('뤠마')는 보통 가르침이나 예언적인 말씀, 또는 더 구체적으로는 복음을 가리킨다.[36] 이런 동일시는 모든 초점을 외적으로 복음을 선포하는 것에 두고 있지 않다. 성령에 의해 능력이 있게 된 복음은 잘 무장한 크리스천의 삶이 보호되고 능력이 부여되는 수단이기도 하다. 그것은 좋은 소식을 나누는 것을 포함하지만 훨씬 더 포괄적이다.

6:18-20의 NIV의 번역과 단락구분은 사상의 연속성을 상실한다. 기도(18절)는 주어진 다음 명령이 아니다. 또 어떤 번역들과 헬라어성경의 역본들은 여기서 새로운 문장을 시작할지라도, 이는 이전의 개념과의 연관을 상실한다. 이전에 지적했던 것처럼, 18절에서 "기도"와 "깨어"로 번역된 단어들은 명령법이 아니라 분사다. 어떤 이들은 이 분사들을 되돌아가서 14절에 "서서"(stand firm)와 연관시키고 그것들을 모든 갑주를 획득하는 방식을 설명하는 것으로 간주한다. 신학적으로 이것은 의미를 만들어주지만 문법적으로는 그럴 것 같지 않다. 가장 분명한 연결은 18절에서 "성령"의 반복으로 강화되는 17절에 "가지라"이다. 그것은 구원의 투구와 성령의 검을 취하는 사람들의 '태도'를 강조하는 것을 의도한다. 정의상(definition) 그리스도의 군대에서 잘 무장한 병사는 성령 안에서 항상 기도하며 깨어 있다.

기도가 구비되는 장비의 일곱 번째 요소인지는 논쟁이 된다.[37] 문법은 그렇지 않다는 것을 암시하거나 또는 기도와 평행을 이루고 있는 '깨어 있는' 것을 역시 장비의 요소로 생각할 수 있을 것이다. 하지만 그 문제는 상관이 없다. 장비의 요소이거나 장비가 대변하는 태도이든 간에 기도와 깨어 있는 것은 신자들에게 선택적

34. 고려되고 있는 검은 로마 보병들이 사용하던 짧고 곧은 검이고, 이는 각개 전투에 효과적이었다.
35. 일반적으로(사 55:11; 히 4:12), 또는 창조(창 1:3; 시 33:6; 히 1:3), 치유(시 107:20), 심판(사 11:4), 구원(요 6:63)을 위해서. 또한 사 49:2; 계 1:16; 2:12, 16; 19:15을 참조하라.
36. 특히 롬 10:8, 17; 벧전 1:25을 보라.
37. Fee, *God's Empowering Presence*, 730은 그렇다고 주장하고 Lincoln, *Ephesians*, 451은 그렇지 않다고 주장한다.

인 요소가 아니다. 정의상 그리스도의 군사가 되는 것은 기도하고 깨어 있는 것이다.

"성령 안에서 기도하고"는 방언으로 기도하는 것을 가리키지 않는다.[38] 오히려 그것은 에베소서의 성령에 관한 다른 단락들, 특히 3:16("그의 성령으로 말미암아 너희 속사람을 능력으로 강건하게 하시오며")과 5:18("오직 성령으로 충만함을 받으라")[39]과 연관해서 독법해야 한다. 성령은 우리에게 하나님을 전달하고, 우리는 그를 통해서 모든 은사와 하나님으로부터 오는 능력을 받는다.

기도와 깨어 있으라는 교훈은 신약성경의 다른 곳과 평행을 이룬다.[40] "항상"(always)을 사용함으로써 NIV는 18절에서 인내에 관한 강조를 완화시킨다. 인내와 조화된 기도가 사실상 깨어 있는 기도의 방식이다. 사람들이 하나님의 평강으로 보호를 받는 결과를 낳는 빌립보서 4:6-7에서의 유사한 가르침을 참조하라.

"기도"와 "간구" 사이에 명확한 구분은 의도되어 있지 않다. 두 용어를 사용함으로써 단지 바울은 기도를 강조하기를 추구하고 있다. "간구"로 번역된 단어는 18절의 후반부에 다시 사용되지만, 단지 "기도"로 번역되고 있다. 기도는 이 구절의 핵심 요지이고 네 번 반복된다. "모든"이란 용어도 역시 네 번 사용되는데, 그중에 하나를 NIV는 "항상"으로 번역한다. 이런 반복으로 바울은 기도가 인생의 모든 부분에 얼마나 중요한지를 강조한다. 신자의 전체 삶은 하나님께 대한 한 커다란 기도다. 서신의 집합적인 초점에 맞추어 기도는 개인적이고 자기중심적인 것이 아니다. 독자들은 모든 하나님의 백성들을 위해 기도해야 한다.

바울이 독자들을 위해 기도하는 것으로 이 서신을 시작했던 것처럼, 그는 자신을 위해 독자들이 기도할 것을 요청함으로써 이 서신을 마감한다(19-20절). 바울은 서신의 말미에 자신을 위해 기도할 것을 자주 요청했다(참조. 롬 15:30-33; 골 4:2-4; 살전 5:25; 살후 3:1-2).[41] 데살로니가전서 5:25을 제외하고선, 그의 요청

---

38. 피(Fee)가 *God's Empowering Presence*, 730-31에서 주장하는 것처럼. 유사한 어구를 위해서는 유 20을 보라. 참조. 요 4:24; 고전 12:3; 14:16.

39. 롬 8:26은 또한 교훈적이다. "우리가 마땅히 빌 바를 알지 못하나 오직 성령이 말할 수 없는 탄식으로 우리를 위하여 친히 간구하시느니라."

40. 특히 마 26:41; 막 14:38; 눅 21:36; 골 4:2을 보라. 살전 5:6-8에서 "깨어"라는 권면이 주요한 심상에 선행한다.

41. 19-20절은 가명의 저자 이론에 쉽게 부합하지 않는다. 저자가 가명의 일환으로 바울의 이름을 채택하고 있다는 설명은 설득력이 없다. Lincoln, *Ephesians*, 453, 455을 보라. 퀸틸리안(Quintillian)의 말에 기초해서 '페로라티오'를 활성화하기 위해 흉내로 이것을 설명하는 그의 시도("그러므로 서라", 108)는 잘못된 것이다. 퀸틸리안은 가명을 언급하지 않고 독자나 청자가 다른 이의 말을 대변하고 있음을 알고 있었던 대화의 사용을 가리켰다. Quintillian, *Institutes*, 9.2.29-37을 보라. 바울이 자신을 위해 기도를 추구하고

은 자신의 혜택을 위한 것이 아니라 복음의 증진에 있었다. 그가 그리스도를 위해서 말하는 특권(엡 3:8-10)과 말의 능력(4:29)에 두었던 관심으로 보건대, 그가 복음을 전하기 위한 노력에서 하나님의 도움을 위해 기도를 요청한 것은 당연하다. 기도에서도 하나님의 도움이 필요하다면(롬 8:26), 좋은 소식을 설명하는데 있어서 하나님의 도움은 확실히 필요하다.

"두려움 없이"로 번역된 말은 사실상 "열려 있음"이나 "담대함"이다. 말과 관련하여 사용되었을 때, 그 용어는 보복에 대해서 염려하지 않는 자유인의 솔직하고 제한받지 않는 말을 의미한다. 이와 동일한 용어가 하나님의 나라를 담대하게 제한 없이 전파한, 경호원 하에서 로마에 있는 바울을 묘사하기 위해서 사도행전의 말미(행 28:31)에 사용된 것에 놀라지 않아야 한다. 여기서 묘사된 담대함은 로마서 1:16에서 직설적으로 표현된다: "나는 복음을 부끄러워하지 않노라."

"복음의 비밀"은 복음의 신비로운 부분을 의미하지 않는다. 이전에 지적했던 것처럼,[42] "비밀"(신비)은 "알려지지 않은" 것이나 "신비로운" 것을 의미하지 않고 하나님이 계시하실 때까지는 알려지지 않은 것을 의미한다. "복음의"란 말은 계시의 내용을 설명해준다. 유익한 번역은 "복음 안에서 계시된 것을 알게 하는"이 될 것이다.

복음으로 인해서 바울은 쇠사슬에 매인 사신이 되었다(바울이 자신을 "그리스도의 사신"으로 묘사하는 고후 5:20을 참조하라). "사신"이란 말은 황제의 사절에 대해서 사용되었다. 사신이라는 바울의 주장은 사실상 자신이 사도라고 말한 것과 동일하다. 그리스도의 대변자로서 바울은 말씀을 갖고 보내졌다. 이것은 그의 사역의 위엄성을 강조하지만 존경과 영예 대신에 그는 사슬과 투옥을 받았다(참조. 행 20:28; 딤후 1:16). 바르트는 "사슬"이란 용어에 언어유희를 제기한다. 축제적의 시기에 사신들은 자기 나라를 대변하는 표지로서 장식용의 사슬을 둘렀다. 바울의 사슬은 십자가에 못 박히신 주님에 대한 적합한 상징이었지만, 또한 그것은 이 세상의 악을 강조한다.[43] 이런 자기 묘사에 함축되어 있는 것은 메시지의 수령자들에게 상황을 오독하거나 그의 투옥으로 인해 당황하지 말라는 것이다.

있거나, 어떤 다른 이가 독자들이 마치 바울이 행하고 있는 것으로 생각하도록 오도하기를 추구하고 있거나 둘 중에 하나다.

42. pp. 67, 197-198을 보라.

43. Barth, *Ephesians*, 2:782.

상황잇기

영적인 세력에 관한 논의를 제외하고는 그 용어들이 낯설지라도 우리는 오늘날 우리의 삶으로 이 항목의 개념을 가져오는데 거의 어려움을 겪지 않는다. 우리가 갑옷을 입지는 않을지라도, 사실상 보호의 동일한 논리를 가지고 완전무장을 한 경찰—허리띠, 방탄조끼, 부츠, 방패, 헬멧, 그리고 무기들—을 보는 것이 익숙하다. 우리가 부족한 것은 영적인 세력들의 이해와 관련한 보호의 '필요성'을 인식하는 것이다.

주안에서 강해지라. 우리는 인간관계가 격려와 헌신과 지원과 도움을 통해서 힘을 전달해준다는 것을 안다. 주안에서 강력해지는 것은 그 이상을 의미한다. 에베소서 전반을 통해서 그리스도 안에 있다는 개념이 바울의 사상을 지배했고, 이 신학이 여전히 서신의 끝까지 작용한다. 그리스도인은 주안에서 살고 있고, 주께 가까이 붙어 있으므로 부활하신 주님으로서 그리스도가 소유하신 자원을 얻는다(1:19-20; 참조. 3:16-17, 거기서 바울은 내주하시는 그리스도의 영이 우리의 내적 존재를 강화시킬 것을 기도한다).

이것은 능력에 관한 어떤 마술적인 개념이 아니며, 시몬 마구스가 생각했던 것과는 반대로(행 8:18-19), 능력이 목표가 아니다. 목표는 하나님과 관련한 삶에 있다. 능력은 인상적인 행위를 위한 것이 아니라 순종함으로 살아가기 위한 것이다. 클린톤 아놀드(Clinton Arnold)는 고대 세계의 능력에 관한 "물질적"인 개념과 에베소서에서 강조된 능력에 관한 관계적인 개념을 대조시킨다.[44] 능력은 껐다 켰다하는 전기와 같지 않다. 그것은 그리스도 안에서 살아감으로써 발생하는 계속되는 관계적인 능력이다. 이것은 우리의 개인적인 이득을 위해 사용되는 능력이 아니다. 그 능력은 한 가지 목적을 갖고 있다: 우리가 하나님을 붙들고 악을 대항하게 하는 것.

입어라. 다양한 자질을 입으라는 비유적인 용어의 의미는 명백하다(4:24의 유사한 용어를 참조하라). 우리는 "옷이 그 사람을 만든다"가 그 사람의 옷이 그 사람을 정의하고 그 사람이 어떤 사람인지를 드러냄을 의미한다는 것을 안다. 유사하게 진리와 같은 자질을 입는 것은 그 자질이 그 사람을 결정한다는 것을 의미한다. 다시금 이슈는 정체성과 관련이 있다. 크리스천의 정체성은 진리, 의, 준비, 믿음, 구원, 그리고 복음의 메시지에 의해 형성된다.

44. Arnold, *Power and Magic*, 36-39, 73.

우리는 마귀와 악한 영들에 대해서 무엇을 할 것인가? 12절을 우리 시대와 연결하는 것은 말하기가 쉽지 않다. 우리의 세계—크리스천이건 아니건 간에—는 마귀와 악마적인 것에 대한 태도에서 분열되어 있다. 우리 문화의 많은 것들은 그러한 개념을 낡아빠진 난센스로 거부하지만, 또 다른 문화는 그런 개념에 과도하게 사로잡히는 경향이 있다. 물론 역사를 통해서 거의 모든 문화들이 악마적인 것을 믿었고, 서방 세계를 제외하고선 지금도 여전히 그렇다. 그러나 우리가 악마에 대한 믿음이 사라졌다고 생각했을 때조차도 그 세력은 여전히 되돌아오고 있다.

우리는 세상의 악의 내용을 설명하기 위해서 거의 악마를 필요로 한다. 무엇이 14살 난 아이를 성적으로 학대하고 네 살 난 아이를 죽이는가? 인간은 스스로 그토록 타락할 수 있는가? 무엇이 한 인종 그룹이 다른 인종그룹을 학살하기를 시도하는가—그것이 독일이든, 캄보디아이든, 세르비아이든, 또는 르완다이든 말이다.

사람들이 스스로 그토록 타락하고 있는가, 아니면 마귀에게 그 책임이 있는가? 마귀를 거부하는 사람들조차도 사악한 세력들이 그들에 대항하여 작용하고 있다고 느끼고, 그들의 감정을 설명하기 위해서 그런 악마에 대한 용어를 사용한다.

아울러 악이 아주 인격적인 방식으로 내재하고, 악마에 대한 신념이 자연스럽다. 사람들은 "내가 그것을 했을 때 나 자신이 아니었다"라고 고백한다. 우리는 악이 우리가 대처할 수 있는 능력을 넘어서 있고 우리 바깥에 어떤 것이 우리를 제어하기를 추구하고 있다는 인식을 발전시킨다. 레오나르도 보프가 지적한 것처럼, "악은 모호하거나 추상적인 형태로 경험되지 않는다."[45] 그것은 우리가 다른 임재를 생각할 수 없게 만들 만큼 아주 강력하고 인격적으로 접근한다. 월터 윙크가 지적한 것처럼, 어떤 것이나 어떤 이가 우리를 사탄의 존재를 단정하도록 이끈다. 이런 신념이 논쟁의 문제가 될 수 있지만 사탄에 대한 경험은 끔직하고 잔인한 사실이다.[46]

마귀에 관한 신약성경의 본문을 단지 무시하지 않는다면 해석과 적용을 위한 두 주요한 선택들이 발생한다.[47] 통치자와 권세들을 삶의 결정적인 '구조'로 비신화화하여 이해하거나 잘못된 모든 것들이나 많은 것들에 '문자적인 마귀'가 책임이 있는 것으로 이해하는 것이다. 일반적으로 제시되는 것처럼 어느 접근도 만족

45. Lawrence S. Cunningham, "Satan: A Theological Meditation," *Theology Today*, 51(1994): 359에 의해 참고문헌이 없이 인용됨.
46. Walter Wink, *Unmasking the Powers*, vol. 2: The Powers(Philadelphia: Fortress, 1986), 11, 26.
47. pp. 96-99, 105-108과 120-124, 135-139. 1:21에서 1:21과 2:2에 관한 논의를 보라.

스럽지는 못하다.

비신화화한다면, 통치자와 권세들은 삶을 부정적으로 결정짓고 개인들을 압제하는 역사적이고 생물학적이며 정치적이고 사회적인 구조들이 된다. 그때에 적용은 물질주의와 집합적이고 정치적인 세계, 관료주의, 민족주의, 군국주의, 사회적 습관, 그리고 유사한 결정자들에 대항하는 것으로 방향이 맞추어진다. 복음의 사회적 영향을 강조하는 사람들은 이런 선택에 자주 매력을 발견한다. 성경이 인간 지도자들의 "통치자와 권세들"을 사용하고 있기 때문에 이런 비신화화하는 단계는 비교적 쉽다.[48] 게다가 구조에 대항하는 '신학'은 극단적으로 취하지 않는다면 옳다. 구조는 실로 그 영향에서 "악마적"이기 때문이다. 하지만 이 본문에서 이런 신학이 나타나지는 않는다. 11절과 12절의 관계가 보여주는 것처럼, 바울은 악한 존재를 염두에 두고 있기 때문이다.[49] 어떤 이들은 글자 그대로의 악마가 구조를 통해서 작용한다고 주장함으로써 이 접근을 적용시킨다.

다른 한편으로 본문을 글자 그대로의 악마(마귀)로 이해한다면, 악마가 모든 곳에서 나타나고 악마가 잘못된 모든 것들에 책임이 있는 것으로 초점을 맞추게 하는 경향이 있다. 이는 잘못된 것이고 재앙적인 결과로 이끈다.

실제는 무엇인가? 의문은 실제의 본질에 관한 것이고, 우리의 첫 번째 반응은 지식의 부족을 인정하는 것이어야 한다. 결국 우리는 악령의 존재나 비존재에 대해서 알지 못한다. 우리는 악을 알고 있고 악이 있음을 추정한다. 악마와 마귀에 대한 용어는 악의 존재로 아주 인격적으로 느꼈던 것을 의인화한 것인가? 아니면 그것은 필연적으로 실제적인 악한 존재에 대한 것인가? 바울은 실제적인 존재를 묘사하고 있다고 생각했다. 우리는 여전히 악마와 마귀의 존재를 필요로 하는가? 또는 우리는 우리가 이해하지 못하는 영역에서만 마귀(그리고 하나님)를 사용하는가?

한편으로 악령의 존재에 관한 질문은 중요치 않다. 우리는 모두 악의 존재와 실존을 알고 있기 때문이다. 다른 한편으로 우리는 윙크가 그러는 것처럼, 동일한 영역에서 하나님의 존재에 관한 질문을 다루지 않고서 마귀의 존재에 관한 존재론적 질문을 괄호로 묶어놓을 수는 없다.[50] 그러나 한 가지 주요한 차이가 있다. 하나님

---

48. 눅 12:11; 고전 2:8(참조. 눅 20:20)을 보라.

49. 구조로 이 용어를 해석하는 것의 비판에 대해서는 Stott, *God's New Society*, 267-75; Arnold, *Power and Magic*, 169-82; Peter T. O'Brien, "Principalities and Powers: Opponents of the Church," *Biblical Interpretation and the Church: The Problem of Contextualizaiton*, ed. D. A. Carosn(Nashville: Thomas Nelson, 1984), 110-50을 보라.

은 우주에서 본질적인 연주자이시지만 마귀와 악마는 그렇지 않다. 우리는 마귀와 악마의 존재를 필요로 하지 않으며, 어느 날 그들은 제거될 것이다.[51]

이런 실제에 대한 질문에 대답하기 위한 시도는 우리의 세계관에서 드러난다. 네 가지 질문들에 대답해야만 한다.

(1) 물질적이고 자연적인 세계, 즉 우리의 감각을 넘어서 있는 비물질적인 실재들이 있는가? 기독교인들은 "예"라고 대답한다. 우리 자신을 물질적인 세계로 한정하는 것은 물질적인 세계를 설명하고 인간 존재의 무의미함과 이형(異形)들을 다루는데 있어서 문제를 일으킨다. 그 문제는 우리 자신을 내파시킬 만큼 아주 크다.

(2) 비물질적인 것인 실재한다면, 물질적인 것과 비물질적인 것은 서로 어떻게 관련이 있는가? 몇 가지 선택들이 존재한다. ⓐ 자연적인 세계가 초자연적인 세계를 반영하는 두 분리된 영역이 있다(이 땅의 환경이 영적인 세계의 실제를 반영한다는 정령주의에서처럼). ⓑ 비물질적인 세계와는 거의 또는 전혀 관계가 없는 영적인 세계의 두 분리된 영역이 있다(영지주의, 이신론, 그리고 분리주의의 다른 형태들에서처럼). ⓒ 하나님과 마귀가 실재하고 사람들의 삶에 관계하는, 물질과 비물질의 한 영역이 있을 뿐이다. 성경적인 증거는 강력하게 이 세 번째 선택을 확증한다.

(3) 선과 악의 관계는 무엇인가? 다시금 몇 가지 선택들이 존재한다. ⓐ 우주론적인 이원론에서 선과 악, 하나님과 마귀는 동등하고 반대되는 세력들이다. 우리 사회의 많은 것들이 이런 패러다임을 가정하지만 그것은 성경적이 아니다. ⓑ 악이 세상을 제어하고, 하나님은 하늘을 제어하신다. ⓒ 하나님은 유일하게 실제적이고 합법적인 주님이시고, 악과 마귀는 비합법적인 침해자다. 성경적인 증거는 이 세 번째 선택을 주장한다.

(4) 악은 얼마나 강력한가? 다시금 성경의 증거는 명백하다. 악은 실재이고, 심지어 위협적이지만 염려하거나 놀랄 이유가 없다. 하나님의 승리는 확실하다. 죄는 이기지 못할 것이고, 그것이 주인이 아니다. 이는 심지어 정당한 싸움도 아니다. 부활이 그 결과를 이미 보여주었기 때문이다.

이 마지막 질문은 의미심장하다. 많은 이들이 마귀에게 너무 많은 관심을 주고

---

50. pp. 135-138을 보라.
51. 이전에 지적했던 것처럼(p. 137을 보라), 혜택을 주는 존재(하나님)나 존재들(천사들)은 사람들이 믿기 쉬워도, 마귀나 악마를 믿는 것은 아주 어렵다.

있기 때문이다. 우리는 마치 마귀가 무소부재하고 전지하며 전능한 것처럼 말한다—그것은 하나님에게만 독점적으로 적용할 수 있는 용어다. 만약 사람들이 마귀가 무소부재하지 않다는 것을 인정한다면, 그들은 그때에 마귀가 대리자로서 악마들의 떼를 거느리고 있다고 가정한다. 에베소서 6:11-12은 마귀와 통치자와 권세들을 명확하게 연결시키는 몇 안 되는 본문들 중에 하나이지만,[52] 성경은 악마들로 가득한 것으로 세상을 묘사하지 않는다.[53] 개인을 공격하는 마귀에게 사로잡힌 인간은 우리 자신을 중심으로 하는 우주의 광대한 전쟁을 바라보는 에고이즘(자기중심주의)의 또 다른 형태다.

그 질문에 다른 방식으로 대답한다면, 그것은 누가 파워를 갖고 우리는 무엇에 취약한가이다. 성경은 우리가 마귀(즉, 사탄)나 악마가 아니라 하나님을 두려워할 것을 가르친다. 우리를 유혹하고 죄를 짓게 하는 마귀의 궤계를 인식해야 할지라도, 우리는 마귀에게 소유되거나 사로잡히는 것을 두려워하지 않아야 한다. 성경의 관심은 마귀에게 사로잡히는 것이 아니라 '윤리'에 있다. 6:10-20에서 바울의 관심은 4:27에서와 동일하다—삶에 대한 무관심으로 우리가 죄를 짓게 하는 마귀에게 자리를 내어주는 것.

악마를 논하는데 있어서 근본적인 이슈는 하나님의 영광이다.[54] 우리가 살아가는 방식으로 귀결되는 합법성과 능력은 누구에게 있는가? 우리가 악마에게 신임을 주는 만큼 그것이 지배한다. 쉴러(H. Schlier)가 말한 것처럼, "그리스도는 불신앙이 허락하는 것만큼 마귀가 지배하도록 허락하신다."[55] 악의 세력들은 사람들이 통치하게 하는 것만큼 통치한다. 그것들은 관심을 받을 가치가 없고, 피해야만 하는 것들이다. 그것들은 실재하지만 삶을 결정짓지는 못한다.

신약성경은 '두' 가지 목적을 위해서만 마귀(사탄)와 악마에게 초점을 맞춘다: 악과 죽음이 패배된다는 것을 말하는 것과 악에 미혹되지 않을 것을 경고하는 것. 모든 이들이 악과 죽음에 대해서 알고, 크리스천들은 그리스도가 이미 이 둘을 정복하신 것을 믿는 사람들이다.

---

52. 또한 눅 11:11-13과 마 25:41을 보라. 그것은 마귀와 천사들에 관해서 이야기한다.
53. 그러한 개념의 유일한 근거가 게네사렛의 마귀들린 자에 관한 마가와 누가의 기사에 나타난다(막 5:1-20; 눅 8:26-39; 참조. 마 8:28-34). 두 기사들은 마귀(들)를 언급하기 위해서 단수와 복수를 사용한다(또한 마 12:43-45; 눅 11:24-26을 참조하라).
54. Timothy M. Warner, "An Evangelical Position on Bondage and Exorcism," *Essays on Spiritual Bondage and Deliverance*, ed. Willard M. Swartley(Elkhart, Ind.: Institute of Mennonite Studies, 1988), 79을 보라.
55. Heinrich Schlier, *Principalities and Powers in the New Testament*(New York: Herder and Herder, 1961), 58.

다른 성경적 증거. 성경적 증거를 면밀하게 살펴보면, 성경은 위의 두 요지—마귀는 패배되고, 우리는 그 유혹에 사로잡히지 않아야 한다—를 만들기 위해서만 마귀에 대해서 관심을 갖는다는 것을 입증해준다. 구약성경은 마귀에 대해서 거의 다루지 않는다. 어느 곳에서도 성경은 악의 기원이나 사탄의 타락을 다루지 않는다.[56] 신학적인 필연성으로 우리는 창조된 존재의 타락을 가정하지만,[57] 성경 본문은 그것을 설명하지 않는다. 거짓말하는 뱀이 죄를 야기하기 위해서 에덴동산에 단지 나타난다.

구약성경에서 사탄은 오직 세 경우에만 언급되고, 마귀는 결코 나타나지 않는다.[58] 영이 사로잡혀 있는 유일한 사례는 사울에 대한 언급에서이고,[59] 동일한 현상이 신약성경의 부정한 영을 의미하는 것인지는 확실하지 않다. 이사야 34:14(그것은 "밤에 활동하는 동물"을 언급한다), 다니엘 10:13(그것은 "페르시아 왕국의 왕자"를 언급한다)와 같은 소수의 다른 본문들이 관계가 있을 것이지만, 이 본문들을 어떻게 해석해야 하는지는 논쟁에 열려 있다. "창기의 영"(호 4:12)이나 "거짓의 영"(왕상 22:19-23)에 대해서 언급하는 본문들은 "두려워하는 영"이 그런 것처럼 글자 그대로의 악마를 가리키지는 않는다. 악은 구약성경에서 실재하지만, 악마는 작은 관심을 받는다.

1세기 세계에서 유대인과 이방인들은 구약성경보다도 마귀와 악마에 더욱 초점을 맞추었다. 악에 대한 유대인들의 추상은 중간기에 상당히 발전했는데 아마도 안티오커스 에피파네스의 범죄에 반응해서일 것이다.

신약성경에서 그 증거는 놀랍다. 영들이나 마귀의 소유에 대한 이야기가 공관복음서와 사도행전의 몇몇 장들에서 출현한다.[60] 병과 마귀의 소유됨이 신약성경에서 명백히 구분되지만, 벙어리와 같은 몇몇 육체적인 문제들은 마귀의 소유됨과 관련이 있었다.[61] 공관복음서(그리고 사도행전)에서 마귀에게 초점을 맞춘 목적은

---

56. Thomas B. White, "Understanding Principalities and Powers," *Engaging the Enemy*, ed. C. Peter Wagner(Ventura, Calif.: Regal, 1991), 60의 추측과는 다르다. (사 14장과 겔 28장은 '둘 다' 지상의 왕들을 묘사한다).

57. 그리스도가 통치자와 권세들을 만드셨다고 말하는 골 1:16을 참조하라. 하나님에 대항한 천사들의 불순종에 관한 제한된 증거가 벧후 2:4과 유 6에 나타난다.

58. "사탄"이 대하 21장; 욥 1-2장; 슥 3장에서 언급된다. "마귀들"이 우상숭배와 관련해서 두 번 언급되고, 유사한 언급이 고전 10:19-21에 나타난다(신 32:17; 시 106:37-38을 보라).

59. 삼상 16:14-23; 18:10; 19:9.

60. 행 5:16; 16:16-18; 19:13-16을 보라. 요한복음에서 이 용어의 유일한 출현은 예수가 마귀가 들렸다고 하는 비난에서다. 요한은 사탄과 마귀와 세상의 통치자들에 관해서 이야기한다.

하나님의 나라가 악을 패배시키기 위해서 침투하셨음을 보여주기 위한 것이다(참조. 마 12:28).

바울은 고린도전서 10:19-21과 디모데전서 4:1에서만 "마귀"에 대해서 언급한다. 사실상 그는 마귀에게서가 아니라 사탄에게서 사람들을 건져내었다(고전 5:5; 딤전 1:20). 게다가 "식별하는 영들"의 은사(고전 12:10; 참조. 요일 4:1)는 악한 영들의 임재를 감지하는 것에 대한 것이 아니라 예언자가 한 말이 타당한지를 식별하는 능력에 대한 것이다(고전 14:29-32을 보라).[62] 이는 사탄이나 악한 영들이 바울에게서 작은 이슈임을 제기하는 것이 아니다. G. B. 카이어드(Caird)가 지적한 것처럼, 빌레몬서를 제외한 모든 바울 서신에서 통치자와 권세들이나 사탄에 관한 언급이 주어진다.[63]

악을 경고하는 데 대한 관심은 방대하지만, 악마에 대한 증거는 제한되어 있다. 예수의 오심으로 야기된 절정적인 영적 전투로 인해서 공관복음서에서 마귀에 대해서 그렇게 많이 초점을 두고 있는가? 악마의 활동의 양과 관련하여 그리스도가 오신 이후로 양상이 달라졌는가? 우리가 악령이 존재한다는 것을 인정한다면, 세 가지 선택에 열려 있게 된다.

(1) 악마적인 세력은 예수의 시대에 그랬던 것처럼 지금도 활동하고 있다.
(2) 그것들은 그리스도 의해 패배하여 더 이상 활동하지 못한다.
(3) 그것들이 패배되었고 그 활동은 제한적이다.

확실하게 입증할 수는 없을지라도, 마지막 선택이 전반적인 신약성경의 증거와 누가복음 10:18과 요한계시록 12:7-17로 보아서 가장 그럴 법하다.[64]

재앙적인 잘못된 전환. 많은 복음주의 교회들이 중요하지만 잘못된 변화를 겪었다. 소위 "성령의 제삼운동"으로 인해서 많은 이들이 마귀, 마귀들림과 축사(엑소시즘), 토지 영들,[65] 마귀를 묶는 문제에 더욱 더 자주 초점을 맞추고 있다. 이런 변화를 지원하는 주해적이고 신학적인 사상은 피상적이다.[66] 자주 그 용어는 신약성

---

61. 막 1:32-34; 9:17을 보라; 참조. 눅 13:10-17.
62. Fee, *God's Empowering Presence*, 171-72을 보라.
63. G. B. Caird, *Principalities and Powers*(Oxford: Clarendon, 1956), p. 9.
64. Everett Ferguson, *Demonology of the Early Christian World*(Lewiston, N.Y.: Mellen, 1984), 170-74을 보라.
65. 특별한 영들이 특별한 지역을 지배한다는 개념은 단 10:18에서 발전했다. 영들의 이름을 부르고 속박함으로써 그 지역이 복음을 받아들일 수 있도록 해방되는 것으로 생각했다.

경의 용어와 거의 유사하지 않다. 왜 "마귀의 무리"나 "바알세붑과 졸개들의 늪지"를 말해야 하는가? 왜 323개의 형태의 마귀들을 시도하거나 특별한 지역에서 영토적인 영들을 묘사해야 하는가? 사람들이 영들에 대해서 "식별하는" 것을 실제화할 어떤 증거가 있는가? 골드 러쉬 동안에 캘리포니아에 들어왔던 "탐욕의 영"을 말하고, 그것이 여전히 샌프란시스코 주변을 어슬렁거리고 있다고 말하는 것이 정당한가?[67] 이 모든 것들은 스타워즈와 비디오게임에 매혹되어 있는 사회에 훌륭하게 들리지만, 성경에 따르면 탐욕은 인간의 마음으로부터 발생한다.

마귀들림과 관련하여 마귀들이 남성인 반면에 왜 대부분의 사례들이 여성들과 관련이 있는가?[68] 이런 현상은 정신적이고 심리적인 병과 왜 그렇게 밀접하게 연관되어 있는가? 어떤 이들은 영들이 가슴 아픈 상처, 반복된 죄의 형태, 비의(occult), 물려받은 영들, 또는 부모에 의해 가해진 영향을 통해서 들어갔다고 주장한다.[69] 참으로 비의, 사탄주의, 그리고 약물은 자주 마귀들림과 연관되지만, 무슨 증거로 영들이 전수될 수 있다고 주장하는가? 성경은 우리의 족보적인 과거를 깨끗이 할 것을 가르치는가?

우리는 건전하고 건강한 마음, 감정, 그리고 의지의 본질적인 방어가 마귀에 대항하여 보호할 것이라고 역시 듣게 된다.[70] 이 모든 것은 마귀에 관한 것보다도 더욱더 정신적인 것처럼 들리게 한다. 마음의 상처와 불안정한 부모들이 마귀들림의 방도라면, 마귀가 들렸다고 의심되는 사람은 가해자보다 더 큰 남용의 희생자다. 정신적인 병과의 연관과 엑소시즘과 관련한 카운슬링의 사용은 이해할 만하다.[71]

---

66. 이것을 조정하려는 시도가 *The Kingdom and the Power*, eds. Gary S. Greig and Kevin N. Springer(Ventura, Calif.: Regal, 1993)에서의 에세이들의 집합이다. 이런 운동에 대항해서 *Power Religion: The Selling Out of the Evangelical Church?* ed. Michael Scott Horton(Chicago: Moody, 1992)의 에세이들이 있다. 사도 시대 이후에 어느 "능력의 표적"도 거부하려는 시도는 능력에 대한 과도한 강조와 마찬가지로 오도된 것이다.
67. 그러한 개념과 용어에 대해서는 P. Wagner, *Engaging the Enemy*이 편집한 에세이들을 보라.
68. Wink, *Unmasking the Powers*, 63.
69. Robert T. Sears, "A Catholic View of Exorcism and Deliverance," *Essays on Spiritual Bondage and Deliverance, ed. Willard M. Swartley*(Elkhart, Ind.: Institute of Mennonite Studies, 1988), 108-10을 보라.
70. Warner, "An Evangelical Position on Bondage and Exorcism," 83.
71. Swartley, ed., *Essays on Spiritual Bondage and Deliverance*에서의 몇몇 글들, 특히 "Jane Miller's Story and Testimony" and "The Case of Jane: Psychotherapy and Deliverance," 174-91을 보라. 그것은 치료 과정에서 몇몇 엑소시즘을 겪은 여인의 고통스러운 어린 시절과 삶을 이야기하고 있다. 우리는 마귀들림을 갈라진 인격적인 무질서와 구분해야 한다. 게다가 마귀들림의 거의 모든 논의들은 인간이 몸, 영, 혼으로 구성되어 있다는 전제가 선행되는데, 그것의 편리함에도 불구하고, 나는 이런 삼분법적인 견해가 성경적으로 실재할 수 있는지를 의문한다. 살전 5:23만이 우리가 인간의 구성과 관련해서 독법할 수

그러나 이런 가난하고 상처 입은 희생자에게만 왜 마귀가 자신을 나타내는가? 왜 영들은 '진실로' 악한 것들—마피아, 마약상, 가난한 이들을 등쳐먹는 악덕기업주나 여성들을 남용하는 상원의원들—속에는 왜 자신을 나타나지 않는가? 월터 윙크가 옳다. 마귀에 대한 논의가 과도하게 부여되어 있고 과도하게 개인화되어 있다.[72]

마귀들림, 영토적인 영들, 그리고 사탄을 묶는 것에 관한 이런 새로운 초점은 잘못된 것이다. 성령 운동으로 주장된 것들이 마귀에게 너무 많이 관심을 갖는 것도 역시 이상한 일이다. 그 과정에서 창조에 관한 성경의 교리가 비하되고 있다. 물질적인 대상들이 마귀의 거주지가 되고 있기 때문이다. 아마도 마귀와 사탄을 묶는 것에 대한 모든 이야기들은 사람들이 악을 인식하고 용기를 세워주는 것에 있어서는 합법적이다. 하지만 극단적인 용어들은 사실상 정령주의로 회귀하는 것으로 이끌 수 있다.[73]

그러므로 우리는 무엇을 말할 수 있는가? 첫째로 우리는 몇 가지 사실을 상기해야 한다. (1) 우리는 항상 어두운 유리를 통해서 봄으로써 마귀와 악마와 관련해서 궁극적인 대답을 가질 수가 없다. 특히 인간의 마음과 관련해서 악, 남용, 그리고 우리가 살고 있는 구조적인 세계와 씨름하는 방법에서 너무도 많이 배워야할 것이 있다. (2) 우리는 이 주제에 대해서 서로 일치될 수가 없다. 이것은 복음이 아니다. (3) 성경 본문들과 마귀에 대해서 경험했다고 하는 주장들과 관련해서 조심스럽고 비판적인 분석이 필요하다. 많은 "증거"가 일화적인 것들을 예로 들어 느슨하게 생각하고 있는 것으로 보인다. 우리는 경험을 무시할 수 없지만 그것을 신학적으로 평가해야 한다.

자주 사람들은 너무 재빨리 현상에서 존재론으로 주장과 경험에서 존재의 진술로 이동하는 경향이 있다. 고대 세계(그리고 일부 현대 세계)가 생각했던 많은 것들이 우리가 정신적인 병으로 설명할 수 있는 마귀들림이었다. 우리는 또 다른 현상들을 물리적인 세계의 더 좋은 이해의 차원에서 설명할 수 있을 것이다. 여전히 대부분이 인정하는 것처럼, 일부 현재의 것들을 포함하여 "찌꺼기" 사례들은 일부 악한 영들을 살피는 것이 필요해 보인다.[74] 하지만 그것들은 아주 적은 부분이고

있는 유일한 본문이 될 수는 없다.

72. Wink, *Unmasking the Powers*, 63.

73. 정령적인 문화는 이 땅과 멀리 떨어져 있는 하나님을 생각한다. 그것은 인간이 스스로 다른 영들과 싸우게 내버려둔다. 마귀에 관한 초점은 유사하다.

크리스천이 관심을 집중해야할 정도는 아니다.

요지는 사탄의 가장 커다란 무기는 자신이 존재하지 못하는 세계에 자신의 존재를 입증하려 한다는 것이다. 그것은 아마도 사실일 것이다. 그러나 우리는 왜 사탄의 존재에 대해서 알 필요가 있는가? 악에 의해 속임 당하지 않기 위해서다.

현대적 의미

에베소서 전반에서 그 메시지는 마음과 의지에 전달되었다. 바울은 독자들에게 인지된 행위를 추구하였고, 그는 진지한 반응을 요구했다. 이 본문을 적용하기 위해서 우리는 역시 인지된 행위에 박차를 가하여야 한다. 에베소서는 묵상을 위한 훌륭한 자료이지만 유일하게 적절한 반응은 활동적인 순종이다.

강건하고, 경각하고 준비하라. "주 안에서 강건하여지라"는 명령은 하나님이 힘을 제공하기를 기꺼워하시고 능력의 부족은 우리의 소홀함에서 기인한다는 것을 가정한다. 그것은 또한 능력을 얻는 것이 자동적인 것이 아니라 그리스도와 가까운 관계를 추구할 때에 가능하다는 사실을 전제한다. 우리가 그리스도와 관계적인 삶을 인식하는 것이 중요하다.

이 명령은 우리가 강건해질 필요가 있다는 것을 역시 전제한다. 삶의 기쁨에도 불구하고, 인생은 쉽지 않고 어려움과 도전과 함정으로 가득하다. 이 중에 어떤 것들은 병과 죽음에서 올 수 있고, 또 어떤 것들은 다른 사람으로 인해서 또는 우리 자신의 자아로 인해서 올 수 있다. 그러나 그 환경이 어떠하든지 간에 그리스도 안에 있는 삶은 우리의 전체 존재를 요구한다. 그 기준과 도전이 높지만 도움도 역시 높다. 공급된 힘은 하나님의 영의 능력이다.

당신을 편하게 만드는 종교를 추구한다면, 모든 것이 평안과 혜택에 초점을 맞추고 있을지라도, 그것은 기독교가 아니다. 기독교는 약하거나 게으른 자의 종교가 아니다. 수동적인 크리스천은 하나님의 뜻을 행할 수가 없다. "수동적인 크리스천"이란 별명은 모순이다. 전쟁이 시작되고 있고 우리는 중립적인 영역에서 살 수 없다. 우리는 하나님을 위해 살거나 하나님에 대항해서 살 수 있을 뿐이다. 우리가 만드는 선택은 하나님의 성품이나 죄의 성품이냐를 반영한다. 레온 모리스가 지적한 것처럼, 죄에 표류하면서 의에 거주할 수는 없다.[75]

---

74. Scott Peck, *People of the Lie*(New York: Simon and Schuster, 1982), 182-211, 특히 183의 취급을 보라. "우리가 아는 것처럼 진정한 마귀들림은 매우 드물다. 한편으로 인간의 악은 흔하다."

우리 대부분에게서 이것은 우리의 목표가 잘못되어 있다는 것을 의미한다. 우리는 태평한 삶을 추구한다. 그런 삶은 존재하지 않는다. 삶에 대한 우리의 개념, 특히 은퇴에 대한 우리의 개념이 바뀌어야 한다. 삶의 목표는 "황금 우물"(평온한 상태)이 아니다. 크리스천은 평정으로 부름 받지 않았다. 우리를 평강의 사람이라 불리지만, 그것은 투쟁 가운데서의 평강이다. 이 평강은 우리를 수동적이게 만들지 않는다. 그것은 우리가 하나님의 뜻을 행할 준비가 되게 만든다.

우리는 대체로 긴급함, 갈등에 대한 인식, 그리고 우리 자신의 위험에 대한 인식을 필요로 한다. 하지만 우리 많은 사람들이 적과 내통하는 죄를 범하고 있다. 보호적으로 운전하는 것이 우리의 차사용에 필요하다면, 조심하고 실수를 피하는 것이 우리의 삶에 필요하다. 그 대부분은 차를 운전하는 것보다 훨씬 더 위험하기 때문이다. 크리스천의 삶은 주위를 요한다. 조심하라.

한 국가로서 우리는 다른 나라로부터의 공격에 대항해서 우리자신을 보호하기 위한 군사력을 증강하는데 수많은 달러를 소비하고 있다. 레이더, 스텔스 폭격기, 항공모함, 방공망, 미사일, 다른 수많은 공격적이고 방어적인 무기들은 우리의 삶의 방식을 보호하기 위해서 제작되었다. 군사 위원회는 우리를 안전하게 하기 위해서 생각할 수 있는 모든 공격 방식을 추적하고 있다. 지역적인 부분에서는 경찰과 경호원을 고용하고 전등과 펜스를 설치하며 문에 잠금장치를 설치한다. 그러나 이런 준비에도 불구하고 우리는 우리 사회의 도덕성이나 우리의 도덕적인 삶을 안전하게 할 수 있는 경호원을 두지 않는다. 어느 누구도 이런 공격의 방식을 추적하지 않는다. 결과적으로 우리의 "삶의 방식"이 파괴된다. 이런 공격들이 우리의 학교와 대학, 음악과 영화, 법정, 그리고 교회에 행해지고 있다. 크리스천들은 준비하지 않음으로써 포로자가 되고 있음을 인식하지 못한다.

강건하고 준비하는 능력은 한 가지 일—두 실제, 즉 이 세상의 실제와 그리스도 안에서 하나님과 함께 하는 삶의 "하늘의 영역"의 실제를 인식하는 것—에 달려 있다. 우리 대부분은 우리가 살고 있는 세상만 인식한다. 우리는 이 세상의 정의, 관심, 그리고 세력들에 의해 결정된다. 그러나 하나님의 실제에 대한 인식이 이 세상을 평가하고, 이 세상이 어떤 방식으로 측정하는지를 알게 하며, 또 악이 세상에 내재해 있고 변화가 필요하다는 사실을 알게 하는 관점을 제공한다. 하나님과 하나님의 정의, 그리고 하나님의 영으로 정의되는 것은 강건하게 준비되는 것을 가

75. Morris, *Expository Reflections on Ephesians*, 200.

져올 것이다. 본문은 "당신은 어느 실제 속에서 살 것인가"라고 묻고, 우리가 이 세상의 악에 대항해서 하나님을 닮아갈 것을 요청한다. 그것이 복음의 목적이다. 은사와 도전으로서 복음은 강건케 하고 준비케 한다. 복음을 따라 살라.

강력하지만 폭력적이지는 않다. 아마도 그것을 언급할 필요가 없지만 너무 자주 교회는 전쟁의 비유를 폭력을 사용해도 되는 것으로 잘못 이해했다. 우리의 전쟁은 악의 유혹에 저항해서 확고하게 서는 것이지 사람들을 파괴하는 것이 아니다. 12절에서의 진술은 중요하다: 우리의 싸움은 인간에게 있지 않다. 그들은 우리의 적이 아니다. 사람들에게 악을 행하는 것은 크리스천의 신앙에 맞지 않다. 우리가 잘못된 일을 행하는 사람을 만날 때 관용적인 사랑, 인내, 그리고 평화를 잊어서는 안 된다. 우리는 여전히 진리와 의와 준비와 믿음과 복음으로 무장해야지 악의와 증상과 분노와 폭력으로 무장해서는 안 된다. 우리가 우리의 전투에 담고 있는 방식이 우리의 믿음에 대한 가장 멋진 증거다.

분명히 그러한 진술은 유산과 동성연애와 같은 사회적 이슈에 대한 논쟁에서 크리스천들이 반응하는 방식과 직접적인 관계가 있다. 우리 사회가 이런 행위들을 인정하는 것은 잘못이지만,[76] 만약 우리가 죄를 거부하는데 있어서 비기독교적인 방식으로 행한다면, 우리는 어떻게 되는가? 선을 행하기 위해서 폭력을 사용할 수는 없다. 고대의 한 유대인이 그것을 잘 진술했다: "폭력으로 옳은 것을 행하려고 하는 자는 젊은 여인을 유혹하려고 하는 내시와 같다"(집회서 20:4). 절대적인 무저항주의가 죄악된 세상에서 하나의 선택인지는 논쟁이 되지만, 크리스천들은 평화의 사람이 되어야 한다는 것은 논쟁의 여지가 없다. 교회의 역사는 이런 복음을 고통스럽고 잔악하게 위반한 것으로 널려 있다. 다시는 그런 일이 일어나지 않게 하라!

악은 두렵지 않다. 최근의 기독교 소설의 표지는 "악을 더 이상 두려워할 것이 없다"라고 주장한다. 소설은 그냥 재미있게 읽는 것일 수 있지만 신학적인 관점에서 그러한 말은 불경에 해당한다. 이것은 시편기자들, 예수, 그리고 바울과는 얼마나 다른가! 악에 관한 마틴 루터의 말, 즉 "한 마디 말이 그를 망하게 할 것이다"[77]와는 얼마나 다른가!

크리스천의 삶에 필수적인 요소 중에 하나는 악에 대해서 균형 잡힌 관점을 갖

76. 이것은 근친상간이나 강간의 경우에 유산의 합법성에 대한 진지한 문제를 가볍게 여기는 것이 아니다.
77. "A Mighty Fortress Is Our God"의 세 번째 소절에서 가져옴.

는 것이다. 악을 가볍게 여겨서는 안 된다. 악은 우리가 조심해야하는 파괴적인 세력이다. 악과 졸개들은 분명히 속이는 자들이다. 신약성경에 따르면, 사탄은 아주 압도적인 세력이라기보다는 괴롭히는 자이다. 악의 위험성이 존재하지만 이 적은 이미 패배되어 있고, 통제할 수 없는 자가 아니며 능력에서 한계가 있다. 하나님이 악이나 마귀를 두려워하시는가? 이런 사상은 한심스러운 것이다. 하나님이 악을 패배시키기 위해서 사용하시는 무기가 우리에게 주어졌다. 우리가 왜 두려워해야 하는가? 우리는 대적자가 이미 패배되어 있기 때문에 삶의 용기를 경험해야 한다.

악은 속이는 자다. 우리가 악의 역할을 과대평가하지 않고 악의 위협에 정당성을 부여할 수 있는가? 도대체 악은 무엇인가? 악은 경계(boundary)의 위반이고 우리 자신이나 사물에 우리와 그것이 소유하고 있지 않은 가치를 할당하는 것이다. 악은 하나님과 하나님이 지정하신 한계와 가치에 대한 불순종이다. 십계명과 성경의 다른 윤리적인 가르침은 하나님, 부모, 재산, 인생, 우리의 몸의 사용, 실제들, 그리고 다른 사람들에게 두어진 가치와 경계를 특징짓고 있다. 악은 우리가 빚지고 있는 충성을 하나님이 받지 못하도록, 그리고 재산, 생명, 다른 사람들에 대한 존엄이 우리가 좋아하는 대로 재정의될 수 있도록 그 경계를 바꾸도록 우리를 유혹한다. 악은 우리가 우리 자신에게 가장 좋은 것을 얻으려는 시도의 자기중심주의에 그 뿌리를 두고 있다. 악은 여기서 함정을 놓는다. 악은 항상 우리에게 선한 것처럼 보이게 한다. 하지만 그것은 하나님이나 다른 사람들에 대해서 묻지 않는다. 그것은 장기적인 영향에 대해서 묻지 않는다. 그 과정에서 하나님이 삶에 질서를 부여하신 경계와 가치를 왜곡시킨다.

에베소서에서 악의 영적인 세력들은 함정을 놓는 자들이고, 하나님이 정해주신 경계를 바꾸도록 우리를 유혹한다. 우리는 어떤 함정들은 쉽게 인식한다. 이전의 포로자들을 망가뜨린 방법을 우리가 알고 있기 때문이다. 그런데 또 다른 함정들은 우리가 쉽게 인식하지 못한다. 우리가 가치를 재조정하는 것을 인정하였기 때문이다. 대부분의 경우에 우리의 선택은 눈에 명확히 보이는 악과 좋은 것에 있지 않고, 겉으로 보기에 좋은 두 좋은 것과 올바른 선택 간에 있다. 월터 윙크가 지적한 것처럼, 사탄은 우리의 성향을 주시하고, 우리가 잘못 기대고 있는 방향으로 우리를 밀어 넣는다. 하나님의 뜻을 식별하는 것은 사탄이 양쪽 다 좋게 보이게 만든 곳에서는 항상 어렵다.[78] 악은 경계에서 약간만 벗어난 것으로 그저 좋게 보이는

78. Wink, *Unmasking the Powers*, 33.

것으로 우리에게 함정을 놓는다. 이렇게 약간 벗어나 선택은 어느 것도 하나님의 뜻이 남아 있지 않을 때까지 그 경계를 재조정한다.

악이나 귀신에게 초점을 맞추지 말라. 나는 필요해서가 아니라 성경 본문이 그것을 요구하기 때문에 마귀가 있음을 믿는다. 그러나 나는 특히 마귀를 믿는 것에서 특히 도움을 얻지 못한다. 마귀가 있다는 믿음과 상관없이 나는 여전히 악을 다루어야 하기 때문이다. 그러나 목표는 악을 삼가는 것이지 악에게 초점을 맞추는 것이 아니다. 크리스천은 적합한 것 이상으로 마귀에게 관심을 주는 잘못을 자주 범한다. 마귀는 하나님보다 자신에게 흥미를 갖게 하고 관심을 두게 한다. 이것은 왜곡된 우상숭배의 일종이고, 악이 원하는 바로 그것이다. 만약 당신이 악에 매력을 갖는다면, 당신은 악에 유혹될 것이다. 신약성경은 우리가 옳은 것을 행함으로써 마귀에 대항하여 서서 경계할 것을 가르친다. 그러면 그것은 도망할 것이다.[79]

악이나 마귀에게 집중하는 것은 몇 가지 부정적인 결과를 낳는다. 그것은 다음과 같다.

(1) 관심이 하나님에서 마귀에게로 분산된다.
(2) 악에 대한 책임은 우리 자신의 포로에서 우리 바깥의 어떤 것으로 이동한다.
(3) 고백과 변화가 더욱더 어려워진다.
(4) 능력과 용기에 대한 인식이 축소된다.

악에게 초점을 맞춤으로써 우리는 우리 자신을 파괴시키고 하나님에게 초점을 맞춤으로써 우리는 생명과 보호를 발견한다. 하나님은 우리의 관심을 받으시기에 합당하고, 악은 그렇지 않다. 우리가 하나님의 갑주를 입을 것을 요구하는 본문은 우리의 관심을 악에서 떠나 하나님과 그의 목적에 맞추게 한다.

그러나 마귀들림과 축사에 대해서는 무엇을 말할 수 있는가? 인간은 기괴하고 특이한 것을 좋아함으로 마귀들림이 기독교인들과 비기독교인들에게 흥미를 주는 것은 놀랍지 않다. 마귀들림에 대한 신념이 이해가 될 정도로 악은 종종 아주 실제적이고 위압적이며 인격적이다. 분명히 신약성경은 적어도 어떤 기준 내에서 마귀들림의 실제를 가정하고, 교회는 이런 현상을 다루려고 애썼다. 로마 가톨릭과 성공회는 예배에서 축사에 대한 순서를 갖고 있다.

---

79. 이 단락 이외에 약 4:7; 벧전 5:8-9을 참조하라. 또한 복음서의 예수에 대한 유혹의 기사들을 참조하라.

다른 한편으로 이 주제를 접근하는데 있어서 조심성이 요구된다. 축사는 성령의 선물 중에 하나로 언급되고 있지 않고, 위에서 지적한 것처럼, 성령을 식별하는 은사는 거짓 선지자들에 대한 것이지 마귀가 임하고 있음을 탐지하는데 있지 않다. 아울러 성경은 마귀들림을 결정할 수 있는 기준을 제공하고 있지 않다. 만약 우리가 요한일서 4:1-3을 이런 주제와 연관 지을 수 있다면—그것은 확실하지 않다—유일한 기준은 기독론적이 될 것이다. 나아가서 어떤 합리적인 추산으로 마귀들림이 존재한다면, 그것은 드물 것이다.[80] 보통의 크리스천들이 이런 주제에 사로잡히는 것은 난센스다. 나는 이런 주제를 축소시키려고 의도하고 있지 않다. 마귀들림을 강력하게 믿는 사람들에게서 그것은 매우 실제적이기 때문이다. 그러나 신약성경의 증거는 마귀와 축사에 초점을 맞출 것을 격려하지 않는다. 현대 의학도 마찬가지다.

마귀들림에 초점을 맞추는 것은 파괴적이기 때문에 조심성이 역시 요구된다. 어떤 사람이 마귀에게 사로잡혔다고 주장하는 것은 그 사람이 자기 이해와 그 문제에 대처할 수 있는 인격적인 능력이 상실되었다고 주장하는 것이다. 그나 그녀는 더 이상 그 문제에 대해서 책임감을 느끼지 못한다. 순진한 크리스천들이 간질병이나 치명적인 알코올 중독을 가진 자녀들이 귀신들렸다고 주장할 때 그 상황은 어느 누구도 도움이 되지 못한다. 또한 "의심이 들 때, 그것을 쫓아내버려라"와 같은 그럴 듯한 반응은 기독교와 인간에 대한 관용할 수 없는 무지를 드러내고 있는 것이다. 자주 구원에 대한 노력은 지속할 수 없는 재빠른 수리에 지나지 않는다.[81] 마귀가 들렸다고 하는 것은 매우 조심성 있게 접근해야 하고 우선해서 기독교 심리학적인 도움을 필요로 한다.

두 가지 진전된 요지가 강력하게 발생한다. (1)사람들은 자신의 악에 대해서 책임이 있음을 인식해야 한다. 어떤 사람들은 마귀에 영향을 받았다고 하는 개념을 좋아한다. 그때에 그들은 그 문제에 대해서 책임이 없고 고백하고 회개할 필요가 없게 되기 때문이다. (2)사람들은 비교, 사탄주의, 그리고 유사한 관행들을 멀리 할 것을 경고 받아야 한다. 비교에 빠진 사람들과 마귀들림과 같은 경험 사이에 상관관계가 아주 높기 때문이다.[82]

---

80. 각주 70에서 펙(Peck)의 언급을 보라.

81. Joe D. Wilmoth, "After Deliverance, Then What?" *Leadership*(Summer 1991), 68-70의 글을 보라. 사람들은 "구원 사역"이 장기적인 영향을 갖거나 갖지 않을 수 있는 감정적인 충격이 아닌지를 의심할 수밖에 없다.

크리스천이 마귀에게 들리거나 압제될 수 있는가? 신약성경은 크리스천이 마귀에게 들릴 수 있다는 사상을 드러내지 않으며, 어떤 사람이 하나님의 성령과 다른 영을 동시에 가질 수 있다고 말하는 것은 신학적인 의미를 갖지 못한다. 크리스천은 그들의 신앙의 합법성에 대해서 관심을 가져야지 무언가에 사로잡혀 있다고 하는 것에 관심을 가질 필요가 없다.[83]

크리스천이 억압될 수 있는지는 또 다른 문제이고, 그것은 "억압되었다"는 것이 의미하는 정도에 달려 있다. 바울은 자신의 육체의 가시가 사탄의 사자이고(고후 12:7), 사탄이 데살로니가를 방문하는 것을 가로막았다고 분명히 느꼈다(살전 2:18). 한때에 마틴 루터는 마귀가 자신에게 잉크병을 던졌다고 생각할 정도로 마귀를 인식했다. 문제는 초점이다. 마귀에 의한 억압을 말하는 것은 마귀에게 초점을 두고 그것을 실제 벌어지고 있는 것보다 더 강력하게 느끼는 것이다. 타락한 세계에서 발생하는 일련의 불행한 사건들이 마귀의 억압을 입증하지는 못한다. 신약성경은 그러한 사상을 고무시키지 않는다. 오히려 그리스도와 그리스도가 제공하시는 능력을 생각할 것을 우리에게 권면한다. 악은 실제적인 위협이고, 우리는 마귀와 악마에 대해서 염려하기보다 인간의 타락에서 악의 임재를 깨닫는 것이 더 좋다.

항상 기도하라. 크리스천은 악마에 대해서 염려할 필요가 없다. 우리는 기도하는 방법을 알고 있기 때문이다. 빌립보서 4:6-7의 유사한 단락에서 바울은 독자들에게 이렇게 교훈했다: 어느 것도 염려하지 말고 모든 것에 대해서 기도하라, 그리하면 하나님의 평강이 너의 마음을 지키시리라. 경각하라. 그렇다. 하지만 염려하거나 두려워하지 말라.

기도는 강해지고 경각되는 핵심적인 요소 중에 하나다. 우리가 성령 안에서 기도할 때, 성령은 우리들과 함께 역동하신다. 결과적으로 우리는 능력이 부여되고 성령에 의해 지도를 받는다. 우리는 하나님과 교통함으로써 하나님의 갑주를 입는다. 트랙에 비행기를 유지케 해주는 레이더 빔처럼 기도는 우리를 경각케 하고 하나님의 목적에 맞추게 한다.

---

82. 우상에게 바쳐진 음식을 먹는 것에서 마귀에게 참여하는 것에 관한 바울의 우려(고전 10:19-21)를 참조하라.

83. 반대 편 입장이 C. Fred Dickason, *Demon Possession and the Christian: A New Perspective*(Wheaton, Ill.: Crossway, 1987)에 의해 제기된다. 그는 성경적인 증거를 훨씬 넘어서서 주장하고, 방언을 마귀가 들어오는 길로 간주한 것은 잘못되었다.

'성령 안에서' 기도하는 것은 일반적으로 기도하는 것과는 다르다. 종교적인 설문조사를 신뢰할 수 있다면, 대부분의 사람들이 기도하지만, 우리의 기도의 대부분은 "소원 목록"과 보호의 기도인 경향이 있다. 성령 안에서 기도하는 것은 우리의 직접적인 관심을 넘어서는 성령으로부터의 도움과 하나님과 함께 하는 삶과 관련이 있다. 참된 기도는 포괄적인 활동이다. 그것은 찬미에서 한탄, 고백에서 순종, 그리고 묵상에서 중보에 이르는 다양한 형태와 관련이 있다.

삶의 모든 것이 단지 활동이 아니라 기도가 되어야 한다. 이 때문에 바울은 "항상"(수시로) 기도할 것을 교훈한다(6:18). 우리는 삶의 모든 부분을 "조용한 시간을 갖는 것"으로 보낼 수는 없지만, 하나님과의 교제 속에서 계속 있을 수 있다. 크리스천은 자신들의 기쁨과 문제를 경험하는 것만이 아니라, 하나님과의 대화 속에서 자신들을 평가할 수 있다. 기도는 일종의 영적인 호흡이다.

우리가 해야 하는 것은 하나님 그리고 하나님과 우리의 관계를 인식하고 채널을 열어 놓는 것이다. 우리는 너무 쉽게 아침이나 식사 시간에 하나님께 인사하고는 나머지 시간에는 하나님과 상호작용하지 않는다. 기도의 특별한 시간이 중요하지만 삶의 모든 것이 기도가 되어야 한다.

아울러 기도는 "나와 하나님과의 생활"이 아니다. 기도는 세상과 관계의 더 큰 설정을 인식하는 것을 의미한다. 우리는 우리 자신을 위해서만 기도하는 것이 아니라, 하나님의 모든 백성들 나아가서 하나님의 모든 세계에 대해서 기도해야 한다. 기도는 우리가 다른 사람들의 기도를 필요로 한다는 것을 역시 상기시킨다. 우리는 오직 이 세상에서 홀로 살고 있지 않고 믿음의 공동체에 의해 지원을 받는다. 바울이 그런 필요를 느꼈다면, 우리도 역시 그러해야 한다. 기도함으로 우리는 편협함을 벗어나서 우리의 사랑과 관심을 표현하며 하나님의 목적과 우리 자신을 관련시킨다.

기도의 그러한 신학은 역시 삶이 미리 결정되어 있지 않다는 것을 가정한다. 우리의 관심이 하나님께 중요하고 하나님이 우리를 돌보시여 우리의 기도에 반응하신다는 것이다. 기도는 삶에 의미를 제공한다. 우리가 행하는 것이 중요하다. 하나님과 우리의 교제가 결과를 변화시킬 수 있는 잠재력을 갖고 있기 때문이다. 다시금 균형과 조심성이 요구된다. 기도는 우주를 사로잡는 마술은 아니다. 우리는 삶을 운행하시는 하나님과 연관될 수 있기 때문에 기도하고, 우리의 삶과 하나님과의 대화가 결과를 변화시키기 때문에 기도한다.

그리스도의 대변자. 바울은 자기 자신을 복음을 전달하는 특별한 책임이 있는 그리스도의 대사로 간주했다. 다른 크리스천들이 바울이 가졌던 것과 동일한 임무를 갖지는 않을지라도, 우리가 그리스도 안에서 살고 있다는 바로 그 사실은 모든 크리스천이 그리스도의 대변자이게 만든다. 우리의 주님은 그의 백성들이 행하는 방식에 의해서 세상에 알려진다. 노예와 주인에 관한 항목에서 우리는 그리스도가 모든 행위의 수령자라는 사실을 보았다.[84] 우리가 그리스도의 대변자라는 것은 그가 모든 행위의 '기원' 이시라는 것을 강조한다. 우리의 행위가 그리스도를 대변하지 아니할 때, 우리는 우리의 소명에 합당한 삶을 살지 못하게 된다(4:1).

바울의 사례에서 명확하게 나타났던 것처럼, 인식과 위치가 역할을 유효하게 하지 않고, 환경—설사 비극적일지라도—이 그것을 축소시키지 못한다. 유효성은 그리스도와 관계를 통한 삶과 그의 성품에 따른 행위, 그리고 복음을 명확하게 표현하는 방식에서 발생한다. 우리는 믿음의 대변적인 양상을 더 진지하게 취해야 한다. 기독교는 천국에 가는 것에 관한 것이라기보다는 그리스도와 함께 하는 삶에 대한 것이다. 우리는 다른 사람들과 관계할 때 그리스도를 대변한다. 다시 한 번 우리는 삶을 놀랍게 의미 있는 것으로 간주하는 신학을 발견한다.

복음전도. 이 서신 전반을 통해서 복음에 초점을 맞춘 것은 에베소서를 복음전도에 대해서 생각할 수 있는 주요한 근원을 제공해준다. 서신의 말미에 이 문제에 대한 강조는 바울의 안목에서 복음전도의 중요성을 강조한다. 하나님의 말씀—복음의 메시지—은 단순히 보호의 수단이 아니라(17절), 나누어야할 것이다. 복음전도는 교회의 '어떤' 임무가 아니라 유일한 임무다. 우리가 행하는 모든 것은 그리스도를 알리는 것이어야 하기 때문이다. 그러한 말씀은 복음에 대한 구체적인 설명으로 복음전도를 제한하지 않는다. 그렇다고 복음전도가 항상 비의도적이어야 한다는 뜻은 아니다. 크리스천—특히 복음주의자들—은 "복음의 사람들"이다.

우리는 복음전도에 대해서 죄책감을 가질 필요가 없고 우리는 만나는 사람들에게 "기독교적"인 것을 항상 말해야 한다고 생각할 필요도 없다. 그 대신에 우리는 인도하시고 있는 그리스도와의 삶의 고결성과 언제 어떻게 말할 것을 아는 지혜를 필요로 한다. 복음을 설명하는데 있어서 명확하게 말하는 것이 중요할지라도, 그리스도와의 삶의 고결성은 더욱 중요하다. 우리 사회의 대부분은 너무 많이 말하는 것을 듣지만, 실제적으로 살아가는 그리스도의 삶을 쉽게 보지 못한다.

우리의 뜻과 기도가 바울의 것과 동일해야 한다. 바울은 그리스도가 어떤 분이

84. p. 406을 보라.

신지를 드러내야할 필요성을 느꼈고, 그렇게 하는 것에 그의 마음을 고정시켰다.[85] 우리는 동일하게 행해야 한다. 그것이 낯설게 보일지라도, 우리의 삶이 그리스도를 드러낼 때, 다른 곳에서는 불가능한 위엄과 의미를 덧입게 된다. 우리는 생명을 잃음으로써 생명을 발견한다. 바울은 올바른 말과 표현의 지혜를 필요로 한다는 것을 알았고, 그렇기에 그의 친구들에게 그것을 위해 기도할 것을 부탁했다. 우리도 여전히 지혜와 올바른 것을 말할 수 있는 자유를 위해 기도하는 것을 필요로 한다. 그때에 우리는 그 일을 행해야 한다.

85. 20절에서 NIV의 "내가 해야 하는 것으로"(as I should)는 직역하면 "마땅한 것으로서"이다.

에베소서 6:21-24

21 나의 사정 곧 내가 무엇을 하는지 너희에게
도 알리려 하노니 사랑을 받은 형제요 주
안에서 진실한 일꾼인 두기고가 모든 일을
너희에게 알리리라
22 우리 사정을 알리고 또 너희 마음을 위로하
기 위하여 내가 특별히 그를 너희에게 보내
었노라
23 아버지 하나님과 주 예수 그리스도께로부터
평안과 믿음을 겸한 사랑이 형제들에게 있
을지어다
24 우리 주 예수 그리스도를 변함 없이 사랑하
는 모든 자에게 은혜가 있을지어다

원 의미

이 항목에 대한 NIV의 표제—"마지막 인사"—는 잘못된 표기다. 바울은 어느 누구에게도 인사하지 않는다. 오히려 이 항목은 두 가지 목적이 있다: 두기고와 그가 전달한 부가적인 메시지를 확증하고(21-22절), 독자들에게 평강과 은혜를 확장시키는 축원으로 공식적으로 서신을 마감하는 것이다(23-24절).

두기고, 서신 전달자(6:21-22). 두기고와 관련한 지침은 골로새서 4:7-8과 거의 문자적으로 평행된다. 이것은 이 두 서신들 간에 가장 광범위한 유사성을 갖는 곳이다.[1] 그 외에 골로새서와 에베소서 간에 어느 다른 평행도 일곱 단어를 초과하지는 않는다.[2] 골로새서로부터 모방한 사람이 갑자기 여기서 축어적으로 모방했다고 하는 것은 설득력이 없다. 특히 에베소서 6:23-24이 골로새서의 마감과 유사하지 않기 때문이다. 서신 전달자에 대한 언급은 바울의 다른 서신들에서는 나타나지 않는다. 다른 목적을 갖는 로마서 16:1-2에서 뵈뵈에 관한 천거를 제외하고선 말이다. 이 지침은 두기고가 참으로 골로새서와 에베소서 서신의 전달자라면 오직

1. 32개의 같은 단어가 있다. 그 가운데 에베소서는 "내가 하고 있는 것"(what I am doing)을 추가하고, 골로새서는 "그리고 동료 종"(and fellow servant)을 추가한다.
2. 전형적인 어구들이 1:1에서 일곱 단어들 그리고 1:2에서 여덟 단어들의 일치를 보여주는 1-2절을 제외하고서 말이다.

의미를 갖는다. 십중팔구 골로새서, 에베소서, 그리고 빌레몬서는 모두 동일한 시기에 작성되어서 두기고가 수신자들에게 그것들을 전달했을 것이다.

공식적인 서신을 전달한 우편 체제가 존재했을지라도, 사적인 편지들은 개인의 사신들에 의해서 전달되거나 의도된 목적지로 여행하는 것으로 알려진 사람들을 통해 보내졌다. 서신 전달자와 보내는 자와의 관계가 가까울수록, 서신 전달자에 대한 부가적인 정보와 설명이 보다 상세하게 주어졌을 것이다.

두기고에 대해서 주어진 설명은 바울의 다른 가까운 조력자들에게도 사용된다.[3] 두기고와 독자들은 여기서 "형제들"이라고 불리는데, 이는 이 서신에서 이 용어를 사용하는 두 번의 유일한 출현이다—바울이 동료 사역자들과 크리스천 친구들에 대해 흔히 사용한 지칭. 어떤 경우에 적어도 복수형은 남자와 여자를 포함하는 것으로 총칭적으로 사용된다. 이 용어는 초대 교인들이 느꼈던 가족의 유대감을 강조한다. NIV의 번역인 "사랑하는 형제"(dear brother)는 약간 고어적이다. 문자적으로 그 본문은 "사랑하는 형제"이고, 우리는 그것을 "가치 있는 친구"라고 말할 수 있다.

서신의 서두에서 바울은 자신의 독자들을 "예수 그리스도 안에서 신실한 자들"이라고 묘사했다. 유사하게 서신의 말미에서 두기고가 "주안에서 신실한 종"으로 묘사된다. 이는 그리스도 안에 있는 존재의 개념과 신실함의 중요성을 강조한다. 그리스도 안에 있는 삶의 신학은 구원과 윤리에 관한 바울의 이해를 결정지을 뿐 아니라 그가 그의 기독교 친구들을 어떻게 바라보고 있는지를 묘사한다.

두기고에 대해서는 비교적 거의 알려져 있지 않다. 사도행전 20:4은 그가 아시아 출신이며 유대 크리스천들을 위한 이방인 교회의 헌금을 전달하기 위해서 예루살렘으로의 여행에 바울을 동반한 것으로 나타난다. 물론 이것은 바울이 체포되고 감금된 여행이었다. 디모데후서 4:12에 따르면, 바울은 두기고를 에베소로 보냈다. 그것이 우연이라고 믿기는 어렵다. 디도서 3:12은 두기고가 디도에게 보내질 가능성을 언급한다.

22절에 "격려하다"(encourage, "위로하다"—개역개정)로 번역된 단어는 몇 가지 뉘앙스를 담고 있다(이 용어는 4:1에서 "권하다"로 고후 1:4에서 "위로하다"[comfort]로 번역되어 있다). 바울은 감옥에 있지만 자기 자신에 대한 격려를 추구하기보다 오히려 격려를 주고 있다. 이것은 역시 이 서신의 목적을 살필 수 있게

---

3. 빌 2:25; 골 1:7; 살전 3:2을 보라.

만든다. 에베소서는 격려의 서신이다.

마감하는 축원(6:23–24). 어느 다른 서신의 마감도 이와 같지는 않다. 바울의 모든 서신은 독자들에게 부여되는 은혜로 끝나고 그중에 몇 가지는 평강이나 사랑으로 확대된다.[4] 여기서 축원은 보다 완전하고 대부분의 다른 것보다 더 예전적이다. 에베소서의 예전적 성격으로 보아서 그것은 놀랍지가 않다. "주 예수 그리스도"란 표현이 두 번 연속해서 나타나고 있고, 이 서신의 네 주요한 주제들(평강, 사랑, 믿음/신실, 그리고 은혜)이 상기되고 있음을 주목하라.

바울의 열두 서신은 서두에 "너희에게 은혜와 하나님으로부터 평강"이라는 인사말을 갖고 있다.[5] 그의 모든 서신들은 은혜의 축원으로 결론을 짓고, 그중에 몇 가지는 마감하는 축원에서 평강을 포함시키거나 서신의 말미에 평강에 관한 초점을 갖는다. 하지만 어느 다른 서신도 말미에 "하나님으로부터의 평강"이나 "하나님으로부터의 사랑"이란 표현을 갖지 않는다. 이것은 하나님을 평강과 확대되는 사랑의 근원으로 강조하는 명백한 노력을 보여준다.

NIV의 "하나님으로부터의 믿음을 겸한 사랑"이란 번역은 문제가 있다. 이 번역은 불가능하지는 않지만 두 가지 문제점을 불러일으킨다. (1) 본문은 "하나님이 너희들에게 그의 평강과 사랑을 보이시는가"를 말하고 있는가 아니면 "당신이 하나님의 평강과 사랑을 보이시는가"를 말하고 있는가? 축원에서 우리는 전자를 예상할 수 있지만 "믿음을 겸한(with)"은 두 번째 질문이 우세하다. (2) "하나님이 너희들에게 '믿음을 겸한' 사랑을 보이시기를"이 말하는 것은 무엇을 의미하는가? 이것은 믿음이 역시 하나님으로부터의 선물이라는 것을 말하려는 시도인가? 만약 믿음이 인간의 믿음에 초점이 맞추어져 있다면 아마도 사랑도 역시 그러할 것이다.[6]

이런 유형에 관한 다른 복들과의 비교는 분명히 은혜, 사랑, 그리고 평강—그리고 때로 자비—이 복의 표준적인 항목이며, 그것은 수령자들에게 전달되는 하나님의 선물과 성품을 가리킨다는 것을 분명히 보여준다.[7] 다시 말해서 바울은 "하나

---

4. "평화"에 관해서는 에베소서와 가장 근접한 고전 13:11-13; 갈 6:16; 살후 3:16을 보라. "사랑"에 관해서는 고전 16:24(바울의 사랑)과 고후 13:13(하나님의 사랑)을 보라.

5. 데살로니가전서에서 인사는 단순히 "너희에게 은혜와 평강"이다. 목회서신은 약간 다르다.

6. Meyer, *Ephesians*, 555은 "도덕적인 요소"로서 사랑을 이해했다. 거룩한 사랑에 대한 언급이 믿음과는 맞지 않기 때문이다.

7. 예를 들어, 롬 15:13; 고전 1:3; 고후 13:13; 갈 6:16; 살후 3:16; 딤전 1:2; 유 1:2을 보라.

님이 당신들에게 그의 사랑의 본성을 계속해서 나타내시기를"을 말하고 있다. 이 축원은 하나님이나 그리스도가 사람들의 삶에 내재하시고 역동하시기를 바라는 기도다(살후 3:16을 보라). 적어도 사랑과 관련해서 그 구원은 독자들이 그리스도의 사랑을 알게 되리라는 3:19에서의 기도와 본질적으로 동일하다.

그러나 그때에 "믿음을 겸한"은 무엇을 의미하는가? 그것은 인간의 믿음의 중요성을 강조하는 축약된 방식일 수 있었으나, 소홀이 되고 있는 대안이 더욱 가능성이 있다. "믿음"으로 번역된 단어가 역시 문맥에 따라서 "신실함"을 의미할 수 있음을 기억하라. 만약 그 초점이 하나님과 그리스도로부터 오는 사랑과 '신실함'이라면, 이 단락은 더 좋은 의미를 갖는다. 그 선택은 이렇게 번역할 수 있다: "형제들에게 평강과 하나님 아버지와 주 예수 그리스도로부터의 신실하신 사랑." 이것은 하나님이 우리를 그리스도 안에서 모든 영적인 복과 3:12에서 그리스도의 신실하심으로 우리를 축복하셨다는 것을 상기시킨다.[8] 이 번역이 옳다면, 23-24절은 두기고의 신실하심과 하나님의 신실하심, 그리고 하나님의 사랑과 신자들의 사랑에 모두 초점을 맞추고 있다.

두 번째 번역의 난해함이 24절의 말미에 나타난다. 문자적으로 번역하면 그 본문은 "불멸로(in immortality) 주 예수 그리스도를 사랑하는 모든 이들에게 은혜가 있을지어다"이다.[9] 이 말은 그리스도를 사랑할 필요성과 가치를 강조하지만, 이 "불멸로"의 의도와 연관은 무엇인가? NIV는 "불멸로"("변함없이"—개역개정)를 주를 사랑하는 사람들에 관한 묘사로 취하고 그 어구를 "끝나지 않는 사랑"(with undying love)으로 번역했다. KJV는 "신실함으로"로 번역하고,[10] NEB는 "은혜와 불멸"로 번역한다. 문제는 "불멸로"를 어디와 연결해야하는지를 이해하는 것에 주로 달려 있다. 몇 가지 가능성이 있다.

(1) 이 용어를 NIV가 그리한 것처럼 "사랑하는"과 연결한다.
(2) 그것을 NEB가 한 것처럼 "은혜"와 연결한다.
(3) 그것을 그리스도가 이미 불멸로 통치하신다는 것을 강조하는 "주 예수 그리

8. pp. 58-59, 203-204을 보라. 또한 딤전 1:14을 보라. 그것은 "믿음을 겸한"의 유일한 다른 출현이고, 그리스도의 신실함을 가리키는 것으로 보인다.
9. 이 진술의 부정적인 뜻이 고전 16:22에 나타난다. "어느 누구가 주님을 사랑하지 않는다면 저주가 그에게 있으리라."
10. 이것은 배제해야 한다. 헬라어의 다른 여섯 번의 출현은 모두 불멸을 가리킨다.

스도"와 연결한다.

(4) 단순히 그것을 복음의 영원한 결과를 언급하기 위한 일반적이고 비밀적인 방식으로 간주하는 것이다.[11]

세 번째 선택이 문법적으로 신학적으로 가장 그럴듯해 보인다. 이런 초점으로 독자들은 그리스도의 승귀(1:20-23)와 그리스도와 함께 하는 신자들의 위치(2:5-6), 그리고 만물이 그리스도 안에서 통일된다는 약속(1:10)을 상기하게 된다. 하나님의 은혜는 우리의 끝없는 사랑에 달려 있지 않고 그의 약속에 대한 그의 신실하심에 달려 있다.[12]

상황잇기

두기고와 관련한 지침의 적용은 오늘날 상관성이 거의 없다. 축원은 직접적으로 관련이 있지만 서신에서 이전에 만났던 것에 거의 추가할 것이 없다. 이 항목에서 주요하게 전이시킬 수 있는 가치는 바울이 크리스천 친구들에 대해서 가졌던 관심과 그들을 위한 그의 바람에서 표현된 신학적인 어렴풋한 특징들에 있다. 바울은 두기고와 그의 독자들을 깊이 배려한다. 바울이 그의 조력자인 두기고를 "주안에" 있는 것으로 간주했던 것은 두기고에게 위엄을 부여하고 다른 표현이 상응할 수 없는 관계성을 부여했다.

축원은 역시 신학을 담고 있다. 서신에서 그리고 여기서의 초점은 독자들의 삶에서 필요한 평강과 사랑과 신실함과 은혜의 근원으로서 하나님과 그리스도에게 있다. 그 축원은 1:3에서 이 서신이 시작되었던 요지인 하나님이 그리스도를 통해 신자들이 필요로 하는 것을 제공하신다는 것을 우리에게 상기시킨다. 초점이 역시 "우리 주를 사랑하는 모든 자"에게라는 인간의 반응에 두어진다.

현대적 의미

우리는 이와 같은 본문들의 상관성을 무시하는 경향이 있다. 그것의 적용은 제한적이지만, 우리가 하나님과 우리 자신을 살펴보는 방식을 형성함에 있어서 여전히 의미가 있다. 친구들에 대한 바울의 견해와 그들에 대한 그의 관심은

11. Robinson, *St. Paul's Letter to the Ephesians*, 138; Caird, *Paul's Letters From Rome*, 94을 보라.

12. Ralph Martin, "Ephesians," *The Broadman Bible Commentary*, ed. Clifton J. Allen(Nashville: Broadman, 1971), 177을 보라.

모방할 만한 가치가 있다. 다른 크리스천들을 주 안에 있는 것으로 간주하고, 그들을 위한 하나님의 은사들을 바람으로써 우리가 그들과 관계하는 방식을 바꾼다. 우리는 우리가 관심을 두고 있지 않은 사람들에게 솔직히 하나님의 평강과 사랑을 확장시킬 수는 없다.

아마도 이 본문의 가장 중요한 적용은 하나님과 그리스도가 삶의 본질이라는 것을 상기시키는 것이다. 하나님과 그리스도는 우리가 살아야 할 필요가 있는 것의 의지적인 근원이시고, 하나님이 우리에게 기대하시는 모든 것은 사랑의 반응이다.

많은 면에서 축원은 전체 서신의 적용이다. 하나님은 당신이 필요로 하는 모든 것을 그리스도 안에서 제공하셨다. 따라서 우리는 그 은혜에 합당한 삶을 살아야 한다!